《中国农业文明史论丛》编委会

主　编

施由明

副主编

王建平　尧水根

学术顾问

陈文华　万建强

编　委

姜　玮　梁　勇　毛智勇　叶　青

曹幸穗　王思明　倪根金　王星光

徐旺生　朱宏斌　惠富平　魏露苓

中国农业文明史论丛 一

2013年中国·南昌

"明清以来的农业农村农民"

学术研讨会论文集

施由明 / 主　编　　王建平　尧水根 / 副主编

江西人民出版社
Jiangxi People's Publishing House
| 全 | 国 | 百 | 佳 | 出 | 版 | 社 |

前 言

农业农村农民问题,一直以来都是人们所关注的焦点问题。而要更好地研究这一问题,就必须回顾其发展历史,借鉴其经验教训。为了更好地了解农业农村农民问题的发展历史,交流学者们最新的研究成果,2013 年 11 月 27—29 日,由江西省社会科学院与南京农业大学主办,江西省社会科学院《农业考古》编辑部、南京农业大学中华农业文明研究院、江西省社会科学院中国农业文明史学科承办的"明清以来的农业农村农民"学术研讨会在南昌召开。江西省社会科学院院长梁勇致欢迎辞,副院长万建强主持开幕式,来自全国各地的学者共计 46 人出席会议。

梁勇院长代表江西省社科院向全体与会代表和来宾表示热烈欢迎。他指出,江西是一个传统的农业大省,有着深厚的农业文化积淀,曾为中国农业文明发展做出了杰出贡献。近年来,江西在新型工业化、城镇化持续深入发展过程中,现代农业体系不断健全完善,在由传统农业大省向现代农业强省跨越进程中阔步前行。在江西这块红土地上,学者们云集一起,共同研讨"明清以来中国的农业、农村、农民"问题,有着深远的历史意义和重要的现实意义。

梁勇先生认为选择"明清"时期作为研究时段是很有意义的,因为明清时期社会经济文化的发展与我们今天的社会经济文化发展更为密切相关,如明清时期的人口变动奠定了我们今天的人口结构基础;明清时期的农业耕作技术,在中国古代社会中最成熟,其技术一直沿用到今天;明清时期粮食作物结构奠定了我们今天的粮食作物结构特点等。而选择农业农村农民三者同时研究,也是很有意义的,因为这三者存在着相互关联和相互依存的三位一体的关系。没有农村和农民,农业经济就会成为无源之水、无本之木;农民是农业经济活动的主体和农村建设的主体,对农业与农村的繁荣发展起着主导作用。

著名学者王先明教授、王思明教授、徐旺生研究员、乔柏教授以及韩国釜山大学崔德卿教授作大会学术报告,25 位学者在小组学术讨论中作学术发言。学者们都表现了严谨的学术态度、良好的学术素养,发表了一些颇具学术价值和富有创新意义的观点,主要观点如下:

(一)关于明清以来的农业史

我国农业的发展历史悠久,特别是明清以来的农业史,对研究我国农业的发展具有重要的意义。中国农业历史学会副理事长、南京农业大学中华农业文明研究院院长、《中国农史》主编王思明教授的《如何看待明清时期的中国农业》,首先通过历史数据,从中国经济长期特别是明清时期保持着世界领先的地位和从明代开始人口出现了历史上罕见的快速而稳定的增长两个方面反驳了明清时期农业发展停滞的说法。认为中国农民在技术创新与技术利用上能够结合中国的国情做出理性和正确的抉择，是明清时期农业发展的源泉。最后通过和同时期欧美等国家的农业发展数据进行比较认为，明清时期是中国农业发展最为迅速的历史时期，也是中国传统农业发展的巅峰。明清中国农业发展继承了中国传统农业中许多好的东西并将其发展到极致，对我们今天的农业和农村发展具有弥足珍贵的借鉴意义。

华南农业大学教授魏露苓在《中国传统菊谱中的"洋菊"探析》一文中，对目前学术界关于菊谱的研究进行整理发现，在为数不多的菊谱中，虽然有着"洋菊"或"洋种"的记载，但是尚未有人对这类来自域外的菊花或菊科植物进行系统研究。因此，通过含有"洋菊"的菊谱述略、菊谱中的域外菊科植物分析、菊谱中的外来菊花品种分析、《洋菊谱》(1756)所列品种及其"土"与"洋"之辨析来对中国传统菊谱中的洋种进行专门的探讨，进而分析邹一桂"冒以洋名，实出中国"之说。

华南农业大学公共管理学院教授向安强的《珠三角"代耕农"发展的历史考察》从历史背景、历史阶段、历史类型、历史特点、历史贡献、历史问题深层次了解"代耕农"的发展历史，为解决"代耕农"问题提供决策支持。

此外，湖南省双峰县农业局研究员徐迪新的《1970年代早、中稻品种作"倒种春"栽培的调查研究》，中国科学院自然科学史研究所在读博士研究生杜新豪的《明季的农业炼丹术——以徐光启著述中"粪丹"为中心》，南京农业大学博士研究生李昕升的《南瓜在东三省的引种和推广》，华南农业大学硕士生李毅钊的《试论晚清农业的改良与农学的传播》也分别从不同方面研究了我国农业的发展历史。

（二）关于明清以来的农业经济史

在我国经济的发展历史中，农业经济所占的比重是不可忽视的。研究农业经济史，特别是明清以来的农业经济史，对当今我国农业的发展有着借鉴性的意义。韩国釜山大学教授崔德卿在其《明清时代江南地区农业生产力的发达和豆饼》一文中，详细阐明了在明末清初时期江南地区的环境变化和豆饼的作用。首先分析了豆饼是怎么出现的以及它在明末清初江南地区受到重视的原因，并且详细了解了豆饼的用途、豆饼和已存在的肥料的差别、豆饼的供需状态等等。通过豆饼的结构、作用和当时明末清初先进地区江南地区的农业和农民生活进行对照，认为豆饼作为家畜的饲料和各种农作物的肥料，对副业生产和农业生产力的提高起着很大的作用。

广西师范大学产业经济与人才发展战略研究所所长、教授乔柏在《泛城市化与"三农"改革》一文中，从城市与泛城市化的概念与内容出发，提出泛城市化就是农业现代化、农村城市化、农民市民化。指出在我国当前大规模的农村居民向城市迁徙的进程中，泛城市化不期而至。从明确泛城市化与"三农"政策调整、泛城市化与国家政策制定路径、泛城市化必备的政策跟进、泛城市化时空格局成因集合等方面重点阐述了泛城市化的发展与"三农"问题的解决。最后认为，泛城市化就是推动城乡发展一体化（"三农三化"），有必要从国家层面提前布局，并将泛城市化总结为六个意味,而只有这样,泛城市化才正得其时。

中国农业博物馆研究员李三谋的《清朝庄田再认识》研究了清朝庄田的发展历史,通过分析清代各类庄田的组织活动和经济性质,认为其大都是封建租佃形式的,管理也较为简单。清朝之庄田都是承担着赋税义务的,基本没有出现官庄、旗兵驻防田庄与国家财政之间的冲突,只是很少或基本没有考虑到各类田庄的享有者包括庄头与庄田劳动者之间的利害冲突,很少顾及这方面的社会矛盾,也是一件甚为遗憾的事情。

除了以上这些研究,中国科学院自然科学史研究所研究员曾雄生的《水土不服:影响南方稻作技术在北方传播与接受的因素》,中国农业博物馆副研究员范荣静的《抗日战争时期晋绥边区的田税征收》,《江西师范大学学报》编辑吴赘的《历史时期鄱阳湖区渔业生产与渔民生活》,南京农业大学讲师刘馨秋、教授王思明的《清代粤港澳茶叶出口贸易对欧洲茶业形成和发展的影响》等对农业经济的研究都有着独到的见解,提出了许多富有价值的论题。

(三)关于明清以来的农村社会史

研究农村社会史,可以更好地把握农村社会结构的变迁,了解农民所处的变化的外部条件。学者们关于明清以来农村社会史的研究,也有着不少重要的成果。中国社会史学会常务理事、南开大学历史学院教授王先明在其《历史演进与时代性跨越——百年中国"新农村建设"思想的历史进程》一文中,认为"新农村建设"并不是今天才提出来的思想命题,它既是过去百年来中国乡村建设运动在新的历史阶段的一个延伸,同时也是历史上"新农村建设"思想的一个历史性跨越。从"新农村建设"思想的历史源起、"新农村建设"思想的制度建构、"新农村建设"思想内涵的时代性跨越三个方面阐述了"新农村建设"思想的时代演变进程。最后在历史演变进程的比较与审思、主导方向与基本诉求中,提出了我们可以动态性地梳理和把握"新农村建设"思想的历史轨迹与演变趋势。

对于自秦汉以来国家与农民的关系,目前学术界很少有人进行专门的研究。中国农业博物馆研究员徐旺生的《宏观视野下秦汉以来国家与农民的关系》试图从宏观的角度,通过系统的分析其关系发生的途径与过程,解析国家与农民之间关系的演变过程。文章分析了秦汉以来的制度设计——郡县制度。郡县社会是一种二重结构的社会,国家直接面对农民,从而也决定了国家与农民的关系是一种直接从属关系,和谐与冲突并存。而官员介入到国家与农民之间,成为带头私利的收税承包人角色,王朝早期的和谐局面便会在中后期被迅速打破,到了晚期,农民起义发生,改朝换代。

天津师范大学历史文化学院副教授曹志敏在《试论清代山东运河补给与沿岸灌田对水源的争夺》一文中,分析了清廷是如何解决山东运河因水源缺乏而造成的补给问题。清廷为了漕运畅通,保证运河补给,建立闸坝水柜保障运河补给,以法律保障运河优先用水,严禁沿岸农民引水灌田,更不许开辟需水较多的稻田,严重影响了运河沿岸农业的发展。

华南农业大学教授倪根金、副教授赵艳萍的《民约、神坛与护林——新见焦岭护林碑考述》，华南农业大学讲师陈志国的《社学、耆老与庙祝：明初香山的乡村社会——以弘治南阳庙碑为中心讨论》，中国农业大学、北京师范大学讲师尹北直和陈涛的《从唐代甫里村到清代甪直镇》等对农村社会史的研究多是从具体问题和有代表性的地点入手，研究结论意义深刻。

（四）其他

明清以来的农业农村农民涉及的问题广泛，与会专家的研究领域也颇为广阔。南京农业大学人文社会科学学院教授惠富平、博士研究生房利的《明清时期安徽长江江堤变迁及其生态影响研究》以皖江流域自古以来对安徽乃至全国经济发展的重要作用为切入点，探讨了安徽长江江堤的形成原因和背景，历史时期安徽长江江堤的变迁以及安徽长江江堤变迁对生态的影响。认为江堤工程为人类社会的进步做出了难以估量的贡献，但在修防江堤过程中，由于认识不足、技术不成熟等原因，对自然生态造成了一系列的影响。因此，要考虑江堤的生态影响，尽可能减少其对自然生态的破坏，力求使江堤、河流、圩田成为一道和谐、永恒的自然生态景观。

上海工程技术大学社会科学学院副教授梁志平在《民国江南乡村居民饮用水状况与饮水改良》一文中，分析了民国江南乡村居民饮用水源结构，农业肥料体系与饮用水环境以及民国江南乡村饮水改良活动，得出民国时期乡村居民的最主要饮用水源是河浜，只有极少数水井作为补充，并且这种状况一直到新中国成立后较长一段时间里（1956年）没有太大的变化的结论。

另外，上海理工大学社会科学学院讲师刘振华的《20世纪二三十年代豫西南豪绅政治生态研究》，南京农业大学博士研究生高国金、教授盛邦跃的《晚清地方官绅与蚕桑局的兴衰》，南京农业大学人文社会科学学院博士研究生朱冠楠的《明清时期太湖地区生态养殖系统及其价值研究》也分别从不同领域研究了明清以来的农业农村农民问题。

最后，江西省社会科学院研究员、《农业考古》编辑部主编施由明代表主办单位致闭幕词。他认为，这次研讨会与会者有老一辈的学者，有中年学术名家，还有青年的学者，有的还是在校的硕、博研究生，老中青三代学者都表现出了良好的学术素养，严谨的学术态度，以及对学术问题研究的深度。所以，这次会议是一次成功的学术会议，是一次有学术意义和学术价值的学术研讨会。同时，会议的成功举办离不开各位专家和学者的支持，大家都期待有更多的联合，更多的携手，共同推进中国农业文明史的研究。

施由明
2014年3月13日

目 录

百年中国乡村发展理论论争的历史思考①

王先明②

就历史变革的进程而言,中国乡村的结构性变革始于 20 世纪初年。在百年来的历史发展进程中,乡村社会变迁始终是中国历史变迁的主体内容。在中国的改革开放事业已然取得举世瞩目成就的今天,中国乡村社会发展所遭遇的困境,促使我们从更为久远的历史深度和长远的未来趋向进行思考,从而凝聚为重新起航的社会共识。难以否认的事实是,新的社会不平等尽管已经在社会分层中展现得十分明显,但是由城乡分离所形成的市民与农民的差别,却正在成为更为深痛、也更为强烈的社会问题之一。"中国有百分之八十的人口住在农村,中国稳定不稳定首先要看这百分之八十稳定不稳定。城市搞得再漂亮,没有农村这一稳定的基础是不行的。"③从 2000 年以来,"三农"问题已经成为全社会关注的焦点。

"三农"问题虽是一个现实问题,但从根本上说则是一个历史问题。它有着近代以来自身形成、发展和演变的基本线索,它也曾经是近代历史进程中人们试图努力解决的问题之一。立足于工业化和城市化进程探讨中国乡村社会变迁,曾是 20 世纪 30 年代思想界和学术界极为关注的论题之一;从不同角度探索和寻求解决"三农"问题的答案,也是近现代以来中国历史发展进程的重要内容之一。回观历史,并将当代"三农"问题置于近代历史进程中加以审视,才能够厘清其形成、发展的深层致因和演变趋向,也才可以在动态进程中把握其时代特征。

一

20 世纪以来,在纷繁复杂的乡村社会发展理论论争进程中,形成了两大时期四个阶段的历史演进轨迹。从 1901 年开始,"何以立国?"的问题成为世纪之初社会思潮再次发生异变的征象。这一论题的展开和持续讨论,一直延续到 1949 年新中国的成立。鸦片战争后,在"数千年未有之大变局"的演变态势中,中国传统的"重农

①　本文是国家出版基金项目《走近乡村——20 世纪以来中国乡村发展论争的历史追索》(山西人民出版社 2012 年 7 月版)一书内容的凝练。
②　作者简介:王先明,男,中国社会史学会常务理事,南开大学历史学院教授、博导。
③　邓小平:《我们的宏伟目标和根本政策》,《建设有中国特色的社会主义》,人民出版社 1984 年版,第37—38 页。

抑商"政策终被"重商"政策所替代。"商本"替代"农本"的历史趋势在洋务实践、实业救国及至维新变法的历史节点中被不断反复地强化，几乎成为朝野上下认同的社会思潮。然而，1901年后重农思潮开始复苏，使得"农业立国"和"工商立国"论题再度成为朝野各界争论的一个焦点。在农业立国与工商立国的理论争论中，"农业立国"论一方似乎拥有了更多的社会回应。在这场持续时间较长的思想论争中，以农业问题为中心的乡村发展理论探讨逐步成为一个极其重要的论题，并由此成为整个20世纪中国乡村社会理论问题研究的滥觞。

20世纪初期的"立国之争"并没有得到理论上的充分解答。经过思想交锋的高潮和一度相对的沉寂后，40年代初这一议题纷争再起，构成论争的第二阶段。被认为是"一个陈旧问题的重新提起"的问题显然因应着时代的诉求：一方面中国毕竟是一个农业大国，有着发展农业的传统和优势，农本思想根深蒂固；另一方面农业的中国对抗工业的日本，必然引发多方面的思考和纷争。此外，战争已经使中国东部工业区沦为战区，此时政治经济中心已经转向工业相对落后的大西南和大西北，这一局面显然为"农业立国"论提供了现实依据。这场论争无疑可视为是20世纪初的论争的延续，是学者对战后国家重建路径的又一次反思和选择。

1949年新中国的成立成为划时代的标志。这一历史时期关于乡村社会发展的论争大致以80年代为界分为两个阶段，分别形成特色鲜明的时代诉求。新政权建立伊始，建设新中国的热潮和激情当然地纳入了"革命的前途是社会主义"的既定模式之中。历史的选择和运行有着它既有的逻辑进程。此前关于中国乡村社会研究的理论，被认为属于旧时代的言说，不能不被遗弃，但是关于中国乡村发展的理论思考却从未停止。在50年代初的土地改革后，中国农村迅速转入集体化，对中国农村和农民问题的认识的主线围绕农业集体化展开，并由此上升到意识形态的重大分歧和争论。60年代前期，乡村变迁问题的探讨是围绕着农业现代化的主题展开的，参与讨论者主要以经济界为主；学术讨论气氛浓厚，各种问题可以自由辩论。60年代后期阶级斗争理论占据了社会主导地位，特别是文化大革命的发动，自由学术讨论逐步消退，讨论主题也随之发生了变化。70年代，学术界由于受到文化大革命的冲击，除少数研究围绕着农村人民公社问题、农业学大寨、国营农场等主题展开外，更多的是局限于政治性的宣传和灌输，学术性和思想性均无从谈起（文化大革命结束后，学术界才逐渐地恢复对农村经济和社会发展的理论思考）。

1978年后中国农村开始发生巨大变化——这一变化的时代价值和历史意义，正在随着中国社会的深入发展而逐步彰显。无论是当初关于土地承包、农村雇工等问题的讨论，还是最近几年关于"三农"问题以及土地所有权和土地流转的争论，都浸透着人们对于现实问题的思考和求解之道的探索，成为新时期中国学界和思想界与时俱进的思想成果。

二

伴随五四运动之后激烈的"主义"之争，中国学术思想界接连发生三次大规模的学术思想论战——中国社会性质问题论战、中国社会史论战与中国农村社会性质论战。论战主题经历了从抽象的理论之争到具体的社会科学研究的过程，并最终落实到中国农村社会性质与农村经济研究上。三次论战对于中国乡村社会研究的意义在于，接受马克思主义理论的部分学者开始自觉地运用马克思主义理论分析解释中国的乡村社会问题，虽然他们具有很强的现实指向与理论预设，但是他们提供了一个新的中国乡村社会解释体系，并直接而深刻地影响了中国社会历史进程。

以"社会运动"方式谋求农村社会复兴，是当时很多研究者和治理者共同的认识。复兴农村路径与模式的分歧在于社会各界对于中国乡村社会的认识与乡村社会问题的解读各不一致，从而使他们在选择切入乡村社会建设、改造与改进的路径时，方式各异。但是正如晏阳初所言："有志之士不但认识其重要，且在各处已由理论的探讨，转为实际的进行……其观点与方法容有差异，其在努力以求实现救亡复兴之宏愿，并无不同。"[①]思想交锋的激烈和理论主张的对峙，构成了近代乡村理论论争思潮的波澜起伏，但论辩中呈现的智慧和灼见，却常常在思潮汹涌过后沉积为社会共识，成为时代选择和历史认知的财富。

从 20 世纪前期（1949 年前）乡村发展论争的各种言说来看，无论论者持论所本如何、理据怎样，在几番思想的碰撞中也大都认同中国乡村的特殊性。因此，曾经"西向"选择或简单地回归传统的立场都在论辩中被最终扬弃，形成一个基本的共识，即"我们自然不愿抄袭东西，拾人牙慧；我们也不愿意故步自封，泥于古制"，体现出参证东西、贯通古今、指向未来的眼界。在 40 年代"农业立国"与"工业立国"之争中，虽然在许多具体问题上论辩争执颇为热烈，甚至相持不下，却没有形成规模性的大论战。其实在一定程度是因为双方对"农业工业化"问题达成了一致和共识。农业立国派，或是新农本主义者，在其本质上完全与工业化主张的趋向相一致。

50 年代初对于中国乡村发展的理论认识集中在农业资本主义萌芽、农民运动、土地革命和农民负担等几个主要的问题上。但是，土地改革胜利后中国政府迅速推进农业社会主义改造，希望通过农业合作化，把个体农业经济改造成为社会主义集体经济，在广大农村建立起社会主义制度。这样一个翻天覆地的变化自然引起了政界和学界广泛的关注。学术界在乡村发展道路问题上的建言立说及其影响显然有限，他们的言论更多地侧重于宣传农业合作化的必要性和重要性。而在中共党内却在何时实行农业合作化和如何进行农业合作化的问题上，产生了不同的意见，引发了党内思想层面激烈的争论。尽管有政治变动的复杂反复和历史走向的曲折波动，

---

① 晏阳初:《晏阳初全集》第 1 卷,湖南教育出版社 1989 年版,第 307 页。

思想论争的共识性成果已然顽强地在历史进程中呈现出自己的力量。50年代末到60年代初，农业现代化的发展战略就已聚合为人们的共识。农业现代化必须走技术进步的道路，既反映了国家需要解决农业发展中的现实困难，又需要适应当时世界科学技术发展潮流的要求。农业现代化的发展战略，自然得到了广大知识分子的认同和支持，也引起了学术界广泛的兴趣和关注。学术界的争论更多地集中在四个方面：农业现代化与工业现代化的关系、农业在国民经济中的地位、农业技术改革的中心与重点和农业机械化作用和途径等。

而"三农问题"则成为新时期的社会共识。"农民真苦、农村真穷、农业真危险"，是新时期"三农"问题的一个经典性描述，虽然这并不是一个确切的科学定义。不同思想的论争或不同理论的辩驳，其实所面对的问题却是同一的。当然，一个共识正在或者说已经形成："三农"问题（正确认识农业、农村和农民问题的战略地位）直接关系到中国现代化进程顺利与否。对中国这样一个发展中的大国来说，农业、农村和农民问题尤为重要，是中国现代化建设的根本问题。中国13亿人口，62%以上在农村，占大多数；而国民经济发展的突出矛盾是农民收入增长缓慢，没有农民生活的小康，没有农村的现代化建设，我国的全面建设小康社会和实现现代化的历史使命就无从谈起。

三

百年中国乡村发展的理论论争，在时而激越时而平缓的进程中留下了自己的历史印迹。基于不同社会、政治与学术背景的学者使他们在观察乡村社会以及设计中国社会发展路向的问题上，形成了不同的学术基点与理论认知。但是其目标却是共同的，那就是力图加深对中国乡村社会的认识，并在此基础上实现乡村社会的现代化，实现乡村社会的复兴。正是异见纷呈的理论、趋向不同的见解在相互的思想碰撞中或者凝聚为社会共识，或者累积为理性资源，从而构成我们今天重新审视乡村发展理论走向的思想前提。

历史沉积的思想成果富含着人类走向成功与希望的真知灼见！百年历史进程中的许多论题虽然在物换星移中褪去了时代色彩，但也仍有一些论题的思想魅力至今仍在，甚至在超越时代的局限中拥有了新的涵意。

当将问题呈现的镜头摇向历史时，我们顿然惊叹于"历史惊人地相似"！从20世纪二三十年代的"农业破产""农村衰败""农民贫困"成为举国至重的话题，到新世纪以来被广泛关注的"农民真苦、农村真穷、农业真危险"的当代"三农"话语；从1926年王骏声提出的"新农村建设"问题，到新世纪以来持续推进的"社会主义新农村建设"，尽管不同时代条件下，它所聚焦的时代主题内容会有所不同，但如此一致的话语或命题背后却应该深伏着共趋性或同质性的深层致因。这至少给我们一个基本的提示，即农业、农村与农民问题是百年来中国社会发展或乡村变迁中始终存在的一个重大课题。它是伴随着工业化、城市化与现代化进程而导致的传统城乡一体化发展模式破解后，乡村社会走向边缘化、贫困化、荒漠化和失序化的一个历史过程。"三农"的困境生成于工业化、城市化与现代化进程之中。这是近代以来城乡背离式发展态势下生成的一个"发展问题"。"三农"从来就不是一个孤立存在的问题，如果没有工业化、城市化、现代化进程的发生，"三农"不会凸现为时代性问题。当然，这不意味着传统时代没有社会问题，但是问题的呈现和表达不会如此集中在"三农"方面。一个多世纪以来的历史演进的客观事实的确显示了"三化"（工业化、城市化与现代化）与"三农"问题二者的相关性。问题在于，会是怎样的相关？如何揭示二者互相影响和相互制约的内在关系，并寻求最佳的或最有效的协调方略？

　　传统农业始终是一个低产出的行业，大部分农民的收入不可能迅速提高；得到高收入的人都是进城从事其他行业的人。社会分工、社会分化始终伴随着城乡背离式发展趋向前行，从而整体上的贫富差距在城乡之间成为一种显性社会不平等。人口逐渐从农村迁向城市，城乡之间的收入差别就是这种活动的推动力。但在先进国家这个工业化过程是在 200 多年里完成的。在此过程中总体的经济年增长率也不过 2%~3%。这部分增长不是靠农业，而是靠在城市中发展起来的工业和服务业。农业生产的收入总是低的。为了平衡城乡之间的收入差距，政府都采取对农业补贴的办法，几百年来已经成为传统。反观我国的情况，在新中国成立后 1949—1979 年的三十年工业化的过程中非但没有补贴农民，反而是剥夺农民，再加上对农民的身份歧视，事实上农民成为低人一等的群体，造成严重的城乡二元化结构，城乡收入差别变得极其突出。改革后我国经济增长率达到 10% 左右，这部分增长几乎全都是在城市中发生的，所以农业产出占 GDP 的比重从 33%（1983 年）降低到 2005 年的 12%。在此过程中幸亏有几亿农民进城打工，沾上了工业化的光，否则城乡收入差距还会更大。我国农村金融的衰败，将大量农民储蓄调动到城市里搞非农项目，进一步使得农民收入增长困难。这一人类社会发展的共同规律，说明了总体上收入差距发生的过程是陪伴着工业化过程同时发生的。这也是库兹涅茨研究收入分配的倒 U 形曲线的原因。

　　"三农"问题形成的历史成因和时代特征，如果仅仅局限于现实的考量，或将既无法捕捉到问题的实质，恐也难以探寻到真正的求解之道。事实上，百年来关于中国乡村发展论争的各种主张和方案，以及由此展开的各种区域实验与社会实践，其丰富与多样、繁难与简约，已经有着足够的样本意义和理论认知价值。在百年中国的历史进程中审视"三农"问题的历史演变，或许会有更深刻的思想领悟！历史的选择和运行有着它既有的逻辑进程，因此有关中国乡村道路选择的理论思考和种种分歧，却依然为我们的历史反思和"长时段"观察提供了理性辨析的基础。

明代西南茶叶市场结构探析

陶德臣[①]

　　明代是中国古代茶叶市场发展承上启下的关键时期。按市场空间划分,大体仍可分为东南茶叶市场、北方茶叶市场、西北茶叶市场、西南茶叶市场、海外茶叶市场等层次。明代西南茶叶市场更为广阔,所谓"秦蜀之茶,自碉门、黎、雅抵朵甘(四川甘孜西北部)、乌思藏,五千余里皆用之,其地之人不可一日无此"[②]。上述地名,均为西南茶叶市场上川藏边茶市场的主要地址。这一带生活着以藏族为主的各族人民,他们对茶需求十分热切,这就为官府"榷茶,本资易马以备国用"[③]找到了最佳结合点。明朝统治者认为,茶马互市可以稳定边区,借以巩固统治。"帝(明太祖朱元璋)绸缪边防,用茶易马,固番人心,且以强中国"[④]。他"以西番地广,人犷悍,欲分其势而杀其力,使不为边患,故来者辄授官。又以其地皆食肉,倚中国茶为命,故设茶课司于天全六番,令以市马,而入贡者又优以茶市。诸番恋贡市之利,且欲保世官,不敢为变"[⑤]。与西北茶叶市场类似,西南茶叶以行销番地为中心,但市场结构实际可分为:以内销为中心的民间茶市,以边销为中心的边地茶市,以茶马司为中心的茶马市场,以走私为特征的私茶市场。

一、内销市场

　　明代西南茶叶市场实际上由两部分组成,一是行江南茶法的"官给茶引,付诸产茶郡县。凡商人买茶,具数赴官,纳钱请引,方许出境贸易。每引茶百斤,输钱二百。郡县籍记商人姓名以凭钩稽。茶不及引者谓之畸零,另置由帖付之。量地远近定其程限,由引不许相离;茶无由、引及相离者,听人告捕","商人卖茶毕,就以原给由、引赴所在官司投缴"[⑥]。后又定茶引1道,输钱千,照茶百斤,茶由1道,输钱600,照茶60斤[⑦]。此类内销市场分布于云贵两省,官府征收折色茶课,余茶听商人请引以卖。《明会典》万历六年(1578)载,云南茶征银17两3钱1分4厘,贵州征钞81贯371

---

①　作者简介:陶德臣,男,史学硕士,解放军理工大学人文教研室副教授。
②③　《明太祖实录》卷二五一,洪武三十年三月癸亥。
④⑦　(清)张廷玉:《明史》卷八十《食货志四·茶法》。
⑤　(明)宋濂:《元史》卷三三一《西域三》。
⑥　《明太祖实录》卷九,辛丑二月丙午。

文,据十税一的征税原则,两省市场流通的商品茶价值则分别为155两9钱2分6厘、732贯339文。如果按照该书所示四川共有"折色三十三万六千九百六十三斤,共征银四千七百二两八分"计算,则可知茶课每斤折银0.01395291两,云南商品茶应为11174斤。如按永乐元年(1403)"茶每斤一贯"[①]计算,贵州茶的商品量仅有732斤左右,这与广德州的茶课钞503280贯960文,折合成商品茶4529528.64斤相比,仅为其0.016%,与广西茶课钞1183锭15贯592文(《明史·食货志》载"一锭五千文",一锭即为五贯)折合成商品茶53423.28斤相比,也仅有其1.37%。云南商品茶则分别是广德州、广西商品茶的0.25%和20.92%。由此看来云贵两省茶叶市场不甚发达,可能均以农村零散市场为主。当时"士庶所用,皆普茶"[②],茶在当地销场很好,且输出到西藏地区,得到少数民族欢迎,"普洱茶蒸之成团,西番市之,最能化物,与六安(茶)同"[③]。云南茶自唐宋以来向吐蕃运销之格局得到进一步发展,思茅厅的普洱已经成为当地茶叶最大散集市场,与外界的联系得到加强。由于普洱茶叶中级市场的发展,因而云南思茅厅所产茶与西藏销地市场的渠道得以畅通,内销市场逐转化为边销市场。

川渝地区的内销市场以引岸制度为特征。明代在川渝实行有别于江南地区的榷茶政策,建立起严控茶叶采购、贩茶口岸及运输路线的引岸制度。在引岸制度建立前,碉门、永宁、筠连等地茶商自由贸易,民所收茶,亦依江南茶法,于所在官司给引兴贩。由于私贩通番及逃税非常严重,嘉靖(1522—1566)初户部"请揭榜禁私茶,凡引俱南户部印发,府州县不得擅印"[④],一种更为严密的引法制度逐渐在川渝形成。其特点是依照茶叶品质、制法及传统产销关系确定其不同销售对象和范围,销于黎州、雅州、松潘的为边引,销于川渝内地的为腹引。腹引即为内销茶。

内销茶即腹茶,又称"细茶""芽茶",主产川渝腹地各州县。如川省茶引5万道,"半填芽茶,半填叶茶"[⑤]即是。腹茶市场遍布各地,比较分散,多为自产自销,交易地点主要为农村集散市场。茶商执行收购,或在官府所立茶仓中茶输出。从"洪武(1368—1398)末,置成都、重庆、保宁、播州茶仓四所,令商人纳米中茶"[⑥],"四川之茶,自巴州、通江、南江等处买者,卖于松潘与腹里地方"[⑦]来看,成都、重庆、保宁、播州为腹茶中转集散市场,尤以重庆、成都最重要。正因为腹茶小市场星罗棋布分布于腹地各产区,因而腹引销路不畅。"边茶少而易行,腹茶多而常滞"[⑧],而且"腹

---

①　(明)陈仁锡:《皇明世法录》卷三十三《钞法》。

②　(明)谢肇淛:《滇略》卷三。

③　(明)方以智:《物理小识》卷六《茶》。

④　(清)张廷玉:《明史》卷九十二《兵四·马政》。

⑤⑧　(清)张廷玉:《明史》卷八十《食货志四·茶法》。

⑥　(明)姜宝:《茶法议》。

⑦　吴觉农:《中国地方志茶叶历史资料选辑》,中国农业出版社1990年版,第758页。

里所卖茶,价贱而利轻",边引所卖茶"价贵而利重"[1],两相比较,造成边引与腹引不协调,"今黎、雅、松潘兴贩浮于引目,而腹里引目常积于无用"[2]。原来四川茶引5万道,腹引3.8万道,占总数75%,销茶380万斤,嘉靖三十一年(1552),总引数不变,腹引减为2.6万道,占总数降为52%,销茶260万斤。但边引少腹引多的矛盾仍然没有解决。隆庆三年(1569),茶引总数减为3.8万道,腹引降至0.4万道,占总数的10.53%,销茶40万斤[3]。腹引总数及占茶引份额急剧下降,从一个侧面反映了川渝内地茶叶市场的衰落。

二、边销市场

边销市场指官府茶马市场之外的民间商茶合法市场。边销市场比较复杂,有官府一度允许存在的边境茶的自由贸易、开中商茶及边引销茶等。如洪武五年(1372)"四川茶盐都转运司言:碉门、永宁、筠连诸处所产之茶,名剪刀粗叶,惟西番夷獠用之。自昔商贩未尝出境,既非茶马司巴茶之比。宜别立茶局征其税,易红缨、膻衫、米、布、椒、蜡,可资国用。其居民所收之茶,依江南茶法,于所在官司给引贩卖,公私便之"[4]。显然,洪武五年官府"立茶局征其税"之前,碉门一带的"剪刀粗叶"茶自由流通,深受番民欢迎,销路甚广。正因为市场广阔,洪武五年官府遂立局征税,但仍"依江南茶法,于所在官司给引贩卖",茶商可贩运出境销售。从上述四川茶盐都转运使所奏立局征税的情况看,"剪刀粗叶"茶在四川与"西番"一带的民间茶市场流通量相当惊人。"永宁茶局一,曰界首镇,岁收茶一十八万八千斤。雅州茶局一,曰碉门,岁收茶四十一万一千六百斤。成都茶局三:曰灌州,岁收茶七千四百三十斤;曰安州,岁收茶万三千一百七十斤;曰筠连州,岁收茶二十九万六千二百八十斤"[5],合计征茶课916480斤。如按"既收,则征其什一于官"[6]的十税一计算,民间流通的税后商茶则有8248320斤,这比同年"得茶万九千二百八十斤。令有司贮候西番易马"[7]的巴茶茶课竟多出46.54倍,由此可见"剪刀粗叶"茶的重要性。正因为如此,官府一度"茶株取勘在京,所收之茶,复给官价买之,收贮官库以备易马。由于商旅不行,课额遂亏,多令应役之人陪纳"[8],引起人们恐慌,四川布政司上奏,"请仍令民间采摘,与羌人交易。如此则非唯民得其便,抑且官课不亏"[9],诏从之。后

① (明)姜宝:《茶法议》。
② (明)陈仁锡:《皇明世法录》卷三八三。
③ (清)张廷玉:《明史》卷八十《食货志四·茶法》。
④ 《明实祖实录》卷七十七,洪武五年十二月乙未。
⑤ 《明太祖实录》卷七十七,洪武五年十二月乙未。(明)王圻:《续文献通考》卷二十二《征榷五》所载筠连州岁收茶数为396270,比《明太祖实录》卷七十七该州岁收茶多10万斤。
⑥ (明)王圻:《续文献通考》卷二十二《征榷五》。
⑦ 《明太祖洪武实录》卷七十二,洪武五年二月乙巳。
⑧ 《明太祖实录》卷一八八,洪武二十一年二月庚申。
⑨ 《明太祖洪武实录》卷一八八,洪武二十一年二月壬戌。

来"剪刀粗叶"茶又参与茶马贸易,但效果不佳。正统十三年(1448)陕西洮州茶马司奏:"本司额收四川官茶……是以产茶处所竞以细茶货卖,而以粗茶纳官。价既不论,粗茶复非番人所好,所买不完",户部令四川布政司"严督所属,务征细茶运销"①。成化八年(1472),户部议覆巡按陕西监察御史范瑛奏茶马事云:"粗茶不堪易马,欲行四川并汉中府,今后收课必须细茶,或将粗茶二斤折收一斤,庶得马用。"②粗茶易马问题仍未解决,但这可能已不是官收茶,而是"纳课"所得之茶。

　　而洪武二十一年(1388)正月,岩州立茶仓易番马前,"番民所处老思冈(相当四川康定、泸定一带)之地,土瘠人繁,每贩碉门乌茶等博易羌货,以赡其生"③。乌茶与"剪刀粗叶"茶一样,洪武二十一年前均是自由贸易的对象,洪武二十一年起纳入禁榷范围,取消自由贸易。引岸制度中的边引为边销市场中的主要形式。官府规定的边销市场有黎雅、碉门主要市场和松潘一带的次要市场。四川茶引旧额 5 万道,其中黎雅 1 万道,松潘 0.2 万道,合计边引 1.2 万道,占茶引总数的 24%,其中黎雅占 20%,松潘占 4%,黎雅是松潘的 5 倍,各销茶 100 万斤、20 万斤。嘉靖三十一年(1522),四川茶引总额 5 万道未变,但边引增至 2.4 万道,占茶引总数比重提高到48%,销茶 240 万斤,其中黎雅茶引 2 万道,松潘茶引 0.4 万道,各占总数的 40%、8%,黎雅茶引数是松潘的 5 倍④。至隆庆三年(1569),四川茶引总数降为 3.8 万道,但边引增至 3.4 万道,占茶引总数比重提高 89.47%,销茶 340 万斤,其中黎雅茶引 3 万道,松潘茶引 0.4 万道,各销茶 300 万斤、40 万斤,占茶引总数的 78.95%、10.53%,黎雅茶引数是松潘的 7.5 倍⑤。边引从 1.2 万道增至 3.4 万道,提高了1.83 倍,相应地销茶由 120 万斤增至 340 万斤,净增 220 万斤,其在四川茶引总数的比重由 24% 提高到 89.47%。可见,边茶市场兴旺发达。

　　但边茶市场内部结构也不平衡。松潘边销市场主要销往若尔盖草原、青海等地,虽然茶引数从 0.2 万道翻了一番,达 0.4 万道,但由嘉靖三十一年(1552)以后到隆庆三年(1569)的十余年中,一直未有任何增加,呈现停滞不止的发展趋势。原因主要有二:一是松潘地区"番人贫,而资于茶也不甚急"⑥,市场狭小,销路不畅,茶叶市场难以发展;二是松潘一带"与洮、河近,私茶往往阑出",通番贸易危及马政边防。为此,嘉靖四十三年(1564)御史潘一桂就借此提出:"宜停松潘引目,申严入番之禁。皆报可。"⑦松潘市场沿至清代民国,被称为西路边茶市场。黎雅、碉门边茶市场是边销的主要地区,主要销往朵甘(四川甘孜州西北)、乌思藏。由于"黎雅、乌思

---

① 《明英宗实录》卷一六三,正统十三年二月辛酉。
② 《明宪宗成化实录》卷一〇四,成化八年五月辛亥。
③ (明)王圻:《续文献通考》卷二十二《征榷五》。
④ (明)申时行等:《明会典》卷三十七《凡引由》。
⑤⑦ (清)张廷玉:《明史》卷八十《食货志四·茶法》。
⑥ (明)姜宝:《茶法议》。

藏等处西南夷,其饮食乳酪脂腻物颇富侈,而每尝以茶为命,茶所以贵"①,销路也广。仅从明代川陕茶"自碉门、黎雅抵朵甘、乌思藏,五千余里皆用之"②可知,边销茶主要通过碉门、黎雅一带销往朵甘、乌思藏一带,故茶叶销量极大。茶引数也从1万道提高至3万道,净增2倍,其在四川茶引中的比重由20%提高到78.95%,占边引比重由83.33%增加到88.24%。由此可知黎雅、碉门边茶市场是明代最重要的边销市场。至清代民国时期发展演变为著名的南路边茶市场。

关于边茶市场的茶源、运路及销售情况,明代姜宝《茶法议(蜀茶)》有详细记载。其文云:"四川之茶,自巴州、通江、南江等处买者,卖于松潘及腹里地方。自巫山、建始等处买者,卖于黎鸦(雅)、乌思藏地方。巴州、通江、南江等处茶引,本州县截一角,江油听茶法道委官盘验截一角,松潘截一角,然后发卖。巫山、建始等处茶引,夔州府截一角,嘉定州截一角,雅州截一角。碉门茶马司盘验,泸州盘验,泊盘于河下,听茶法道委员盘验称掣。至黎州截一角,然后发卖,其从来事规然也。"由此可见,边销茶除传统的剪刀粗叶茶外,还有来自川渝内地的巴州、通江、南江、巫山、建始等地茶,它们都有严格的运销、稽查规定。

三、茶马市场

西南地区是明代开展茶马贸易的两大地区之一,川渝所产茶不但用以供应四川地区市马之需,而且大量运往西北各茶马司换取战马。尤其在明初,西南官方茶马市场占有十分重要的地位。当时茶马贸易的路线主要有两条:"一出河州,一出碉门"③。出碉门的茶马,源于朵甘、松潘等地的藏族,即四川甘孜、阿坝地区的藏族居住地。碉门不但是川陕茶叶运输中心,而且距藏族聚居地较近,成为茶马贸易中心。洪武二十二年(1389)六月,岩州卫奏:"每岁长河西(四川康定一带)等处番商以马于雅州茶司易茶,其路由本卫经黎州始达茶马司。茶马司定价每中马一匹给茶一千八百斤,命于碉门茶课司所贮茶运至于此。马至,则验马之高下,以茶给之。"④自此,岩州卫成为西南茶马贸易中心。长河西番商由岩州卫经黎州而达雅州纳马,于岩州卫支取马价茶。

为了顺利开展茶马贸易,明朝在四川、云南临近藏区建立起茶马司等茶马贸易机构。洪武十六年(1383)八月置永宁茶马司(四川叙永),洪武十九年(1386)裁革,置雅州碉门茶马司。洪武二十二年(1389)移雅州茶马司于岩州(四川泸定岚安)易马⑤。

---

① (明)姜宝:《茶法议》。
② (明)归有光:《震川先生集·别集》卷四《马政志》。
③ (清)张廷玉:《明史》卷八十《食货志四·茶法》。
④ 《明太祖实录》卷一九六,洪武二十二年六月丙寅。
⑤ (清)康熙钦定:《古今图书集成》戎政典卷二五二。

　　四川茶马司所用茶为川省所产乌茶、剪刀粗叶茶及部分细茶，尤以乌茶、剪刀粗叶茶为多，而著名的巴茶主要运往陕甘茶马司易茶。"碉门、永宁、筠连诸处所产之茶名剪刀粗叶，惟西番夷獠用之"。官府立局征税，永宁界首镇岁收茶18.8万斤，雅州茶局碉门岁收茶41.16万斤，成都茶局灌州岁收茶0.743万斤，安州岁收茶1.317万斤，筠连州岁收茶29.6280斤①，共计岁收茶916480斤。而乌茶深受番民欢迎，老思冈（四川康定、泸定一带）番民"每贩碉门乌茶等博易羌货，以赡其生"，官府逐"许天全六番招讨司八乡之民，悉免徭役，专蒸乌茶运至岩州置仓收贮，以易番马。比之雅州易马，其利倍之，且于打箭炉原易马处相去甚近，而价增于彼，则番民如蚁慕膻，归市必众，岩州既立仓易马，则番民运茶出境，倍收其税，其余货物至者必多"。细茶、芽茶也是茶马贸易中的主要茶类。天全六番招讨司所辖地区为四川易马的最重要地区，宣德五年（1430）九月，该司奏"旧额岁办乌茶五万斤，二年一次，运赴碉门茶马司易马，今户部再令办芽茶二千二百斤"②，说明芽茶也是易马茶源。叶茶易马的重要地位，可见《明仁宗实录》卷六"洪熙元年春正月"诏令："四川保宁等府所属茶课，其原额官茶，自洪熙元年（1425）以后，皆照洪武年间例办纳，价买民茶，尽行罢免。若官仓见积茶数不堪中换马叶茶，明白具奏，覆验烧毁，免致堆积累民。"这说明官仓中堆积着大量"换马叶茶"。丘浚也说："今世惟闽广间用末茶，而叶茶之用遍于中国。而外夷亦然，也不复知有末茶矣"③，应该说，明初官府掌握的易马茶叶数量可观。如洪武二十二年（1389）"四川天全六番招讨司，进二十二年所收茶课之数乌茶六十六万六千六百九斤，碉门茶课乌茶一百八十四万二千六百五十五斤"④。洪熙元年（1425），成都府茶仓奏称："贮茶二十一万斤，岁久腐烂"，仁宗（1425年在位）以"物久则腐，况茶尤易腐。命悉毁之"⑤。

　　西南茶马市场上的易马茶主要有三大来源：

　　一是茶课本色茶。课额为十取一，是为茶源的主要途径。此点，已作过相关论述。"今日皆无榷法。独于川陕禁法颇严，盖为市马故也。"⑥禁法的主要手段是禁止通番及无引贩茶，官府对茶征课。洪武五年（1372）户部言，四川产茶477处，茶2386943株，"宜依定制，每茶十株，官取其一，征茶二两"，所得茶"令有司收贮，候西番易马"⑦。自此，"巴茶自国初征收，累年与西番易马"⑧，成为茶马贸易中的主要茶源。洪武二十一年（1388），"令差人闸办四川天全六番招讨司茶课，以为定额"⑨。

　　① 《明太祖实录》卷七十七，洪武五年十二月乙未。（明）王圻：《续文献通考》卷二十二《征榷五》所载筠连州岁收茶数为396270斤，比《明太祖实录》卷七十七该州岁收茶多10万斤。

　　② （明）王圻：《续文献通考》卷二十二《征榷五》。又见《明宣宗实录》卷七十，宣德五年九月条。

　　③⑥ （明）丘浚：《大学衍义补》卷二十九《山泽之利（下）》。

　　④ 《明太祖实录》卷二二〇。

　　⑤ 《明仁宗实录》卷九，洪熙元年九月。

　　⑦ 《明太祖实录》卷七十二，洪武五年二月。

　　⑧ 《明太祖实录》卷二五一，洪武三十年三月壬午。

　　⑨ （明）申时行等：《明会典》卷三十七《凡征课》。

四川茶课,初定 100 万斤,后减为 843060 斤。正统九年(1444)减半,景泰二年(1451)停止,成化十九年(1483)奏准每岁运 10 万斤。万历六年(1578)征本色158859 斤、折色 336963 斤①。

二是榷买民间茶。洪武二十一年(1388),四川天全六番招讨司副招讨杨卜藏言"近者茶株取勘在京,所收之茶,复给官价买之,收贮官库以备易马"②即可知。洪熙元年(1425)保宁府"价买民茶,尽行罢免"③,也说明榷买民茶实行了较长时间。

三是官营茶园茶。如洪武五年(1372)起课巴茶时,就对"无户茶园,令人薅种,以十分为率,官取其八"④。但官营茶园不占重要地位,而且由于负担过重,经营者毫无积极性,因而改为民营征课制。《续文献通考》载,"先是巴县官地茶起科一万二千四百余斤,承佃人户艰于办纳,至是乃命如民地茶例",时为宣德十年(1435),保宁府巴县官地茶以民地例起科⑤。

为了贮藏易马茶,官府设置了一系列茶仓。早期茶均贮存于各府州县卫所,这不利于贮存、运输,也不利于茶的集中和保藏。故洪武三十年(1397),太祖命户部"于四川成都、重庆、保宁三府及播州宣慰使司置茶仓四所,贮茶以待客商纳米中茶,及与西番商人易马,各设官掌之"⑥。然后"命四川布政使司移文天全六番招讨司,将岁输茶课,仍输碉门茶课司,余地方就近送新仓收贮,听商人交易及与西番市马"⑦。茶仓之设保证了茶马贸易的顺利开展,但"永乐(1403—1424)后,番马悉由陕西道,川茶多浥烂,令以三分为率,一分收本色,二分折银"⑨。这样,有些茶仓已没有存在价值,故宣德十年(1435)革重庆 4 县茶仓,正统四年(1429)革播州(贵州遵义)宣慰司茶仓。

正是依赖于积贮在茶仓中的茶叶,官府在大西南开展了大规模的茶马贸易。茶叶运输先为官运,后改商运。"邛、雅、荥、天各州县商人领引运茶,皆于炉城(四川康定)设店出售"⑩。川西一带既是商茶主要销场,又是市马主要场所,尤其是打箭炉更是如此。《打箭炉厅志》载,"元明时番人俱于此地互易茶马","厅城乃藏卫番夷购茶总汇之处"⑪。洪武二十一年(1388),礼部主事高惟善谈安边大计时提到,蒸造乌茶运至岩州置仓收贮易马,"比之雅州易马,其利倍之,且于打箭炉原易马处相去甚近"⑫,说明雅州、打箭炉均为明代西南地区重要的茶马市场,西番之民也赖此为

---

① (明)申时行等:《明会典》卷三十七《茶课数》。

② 《明太祖实录》卷一八八,洪武二十一年二月庚申。

③ 《明仁宗实录》卷六,洪熙元年春正月。

④ 《明太祖实录》卷七十二,洪武五年二月。

⑤⑨ (明)王圻:《续文献通考》卷二十二《征榷五》。

⑥ 《明太祖实录》卷二五四,洪武三十年秋七月辛酉。

⑦ (明)徐学聚:《国朝典汇》卷九十五《户部九·茶法》。又见《明太祖实录》卷二五七。

⑩ (清)康熙《打箭炉志略》卷下《土俗·土产》。

⑪ 转引自赵毅:《论明代茶马互市的经营管理》,《重庆师院学报》1992 年第 4 期。

⑫ (清)张廷玉:《明史》卷三三一《西域三》。

业。之前，"每岁长河西（四川康定一带）等处番商以马于雅州茶司易茶，其路由本卫（指岩州卫——引者）经黎州始达茶马司。茶马司定价每中马一匹给茶一千八百斤，命于碉门茶课司支给。不惟番商往复路远，实且给茶太多"。这种交易方式是市马于雅州，支茶于碉门，贸易路线是长河西→岩州卫→黎州→雅州→碉门→返回。这样人为地造成"番商往复路远"，故加以改革。洪武二十二年（1389），"置茶马司于岩州，将碉门茶课司所贮茶运至于此。马至，则验马之高下，以茶给之"，对易马"给茶太多"也进行改革，目的是"量减马价"①。因为洪武十六年（1383）兵部奏定的四川永宁茶马司以茶易马之价，依甘肃河州茶马司之例，为上马每匹给茶40斤，中马30斤，下马20斤②，雅州茶司每中马1匹给茶1800斤简直不可想象，故改为上马1匹给茶120斤，中马70斤，驹马50斤③。嗣后"私茶出境，马之入互市者少"，造成"彼马日贵，中国之茶日贱，而彼玩侮之心渐生矣"，茶马市场受到冲击。洪武三十年（1397），官府严令"都司官军于松潘、碉门、黎、雅、河州、临洮及入西番关口巡禁茶之出境者"④，并派驸马都尉谢达往四川巡视。永乐间（1403—1424），"上怀柔远夷，递增其数（指茶马价——引者），由于市马者多而茶禁少弛"，但官府损失很大，"碉门茶马司用茶八万三千五十斤，止易马七十匹"，马价1186.43斤/匹，且"又多瘦损"，质量甚差，故于永乐七年（1409）"命户部严边关茶禁"⑤。至永乐十三年（1415），仍许四川番人以马易茶，主要原因是"长河西、鱼通、宁远等处军民宣慰司言，西番无他土产，惟以马易茶为业，近年禁约之后，生理甚艰，乞仍开中，庶几民有所养"⑥。显然，这仍是川西茶马市场的恢复。

除了以碉门、黎、雅、岩州、打箭炉一带为中心的川西茶马市场外，明代还在云南开展茶马贸易。洪武十七年（1384），"割云南东川府隶四川布政使司，改乌撒（今属云南）、乌蒙（贵州毕节）、芒部（云南楚雄）为军民府，而定其赋税"，"又定茶、盐、布匹易马之数。凡马一匹，给布三十匹，或茶一百斤，盐如之"⑦。当然，云南茶马市场规模比不上川西茶马市场。

明初朱元璋对茶马市场有一个宏伟计划。他"尝谓户部尚书郁新，用陕西汉中茶三百万斤，可得马三万匹。四川松茂，茶如之"⑧，把西北与西南茶马市场相提并论，但实际上西南茶马市场的重要性不如西北。这是自唐宋以来的基本特点，甚至到清代仍然如此。

①③《明太祖实录》卷一九六，洪武二十二年六月丙寅。
②《明太祖实录》卷一五六，洪武十六年八月壬午。
④《明太祖实录》卷二五〇，洪武三十年二月丁酉。
⑤《明太宗实录》卷六十一，永乐七年正月辛亥。
⑥（明）王圻：《续文献通考》卷二十二《征榷五》。
⑦《明太祖实录》卷二十九，永乐二年三月。
⑧（清）张廷玉：《明史》卷八十《食货志四·茶法》。

四、私茶市场

西南茶叶市场一如西北茶叶市场，茶禁虽严，防范虽繁，但私茶市场却十分兴旺。特别在边境市场，这个问题尤其突出。明初洪武（1368—1398）永乐（1403—1424）朝，走私者将被处以极刑。但洪武末年，私茶之盛对官府茶马市场造成严重冲击，使官府"资易马以备国用"，利用西番"不可一日无此"的生活特点，达到"制夷狄"①的战略目标很大程度上落了空。"朵甘、乌思藏、长河西一带西番自昔以马入中国易茶，所谓懋迁有无者"之局面，由于"私茶出境"之冲击，造成"马之入互市者少"，"彼马日贵，中国之茶日贱"的局面，而且"彼玩侮之心渐生矣"。这令明太祖焦虑不安，严令官军巡禁私茶出境，他对臣下说："朕岂为利哉？制驭夷狄不得不然也。"②他派驸马都尉谢达晓谕蜀王朱椿："尔其谕布政司、都司严为防禁，无致失利。"③但禁茶是禁不住的，因为"陕西四川地方，多有通接生番，经行关隘与偏僻小路"，这就为边境军民走私茶叶创造了得天独厚的条件。"洮州卫所属思曩日等族，既邻四川松潘地方，军民贩茶深入各族易换马牛，以此洮州番夷有茶，节年易马，俱各生拗，不听抚调。"④相对而言，黎雅一带由于茶"价贵而利重"，茶商遂"告讨松潘茶至黎雅卖者，有告不准而私自往彼贩卖者，其原皆由地方职官贪利而不畏法，相与勾引而容纵之，而黎雅守备为尤甚"⑤。"贩者不由天全番故道，私开小路径通嗒葛，而松、茂、黎、雅私商尤多。"⑥茶业改革家杨一清指出："四川沿边一带俱与番境相邻，私茶通行一年不知若千万斤。岂徒为茶马之累？其亏中国之体，纳外夷之侮，莫甚于此！"不仅沿边如此，整个大西南自产区至销场几乎都是巨大的私茶市场。"四川碉门、黎、雅、建昌、松潘、虁州府东乡，保宁府通江、巴县、广元等处恣肆贩卖"，四川不但成为通番贩卖的中心，而且成为私茶的策源地，"各处兴贩之徒突窥知彼处产茶地方广阔，有利无禁，往前收买，通番货卖不止"，"越境贩卖者如此，本地通番卖茶之人不言可知"，所谓茶禁有名无实，"不过虚应故事"⑦而已。番商贡使推波助澜，积极参与茶叶走私，他们采取夹带、私买的手法，把大量茶叶输出境外，引起了官府的严重不安。永乐三年（1405），四川布政司言："诸番以马易茶者，例禁夹带私茶、布帛、青纸等物出关。今番商往往以马易茶及他货易布帛，有司遵禁例，又虑杜绝远人。"明成祖（1402—1424年在位）言："边关立互市，所以资国用来远人也，其听之"⑧，这为番商公开夹带大开方便之门。入贡使利用贡毕回程"许带食茶回还"的合法条件，沿途"货买私茶"。景泰四年（1453），四川番僧进贡回还"货买私茶至万

①③ 《明太祖实录》卷二五一，洪武三十年三月癸亥。
② 《明太祖实录》卷二五〇，洪武三十年二月丁酉。
④⑦ （明）杨一清：《为申明事例禁约越境贩茶通番事》，《关中奏议》卷三。
⑤ （明）姜宝：《茶法议》。
⑥ 《明世宗实录》卷二十四，嘉靖二年三月辛未。
⑧ 《明太宗实录》卷三十三，永乐三年二月。

数千斤及铜铁磁锡等器",自湖广用船载运成都,经陆路至邛县、雅州返回①。正德时(1506—1521),四川天全六番招讨司使高继恩派遣贡使和乌思藏贡使得赐番茶六万斤,回程时又夹带私茶至六倍所赐,而贿带商茶尤多。贡使夹带茶叶屡禁不止。明代徐彦登在《历朝茶马奏议》中说,嘉靖时期(1522—1566)贡使购买私茶问题更加严重,他们妄称礼部准买食茶,以致出境每次数十万斤,各夷每起车辆箱匮,少者数百,多者千余,简直成了浩浩荡荡的运茶车队。

私茶市场的繁荣与官府根本利益相冲突,官府加大了打击力度。洪武三十年(1397)诏:"榜示通接西蕃经行关隘并偏僻处所。著拨官军严谨把守巡视。但有将私茶出境,即拿解赴官治罪。不许受财放过。仍究何处官军地方过者,治以重罪。"永乐六年(1408),又令各关把关头目军士,"务设法巡捕",不许透漏缎疋、布绢、私茶、青纸出境,"若有仍前私贩,拿获到官,将犯人与把关头目,各凌迟处死,家迁化外,货物入官"②。但严刑峻法并未有效遏止私茶泛滥成灾,尤其是成化十八年(1482)私茶罪改为充军后,"分巡官员管事繁,将茶禁视为泛常,不曾用心经理,以致军卫、有司亦各习为玩慢","行人(中央派出巡视茶务的官员)职微无权,人罔知惧,委实虚应故事"③,禁茶有名无实。针对这种情况,杨一清提出了整顿茶业、打击私茶的具体措施。弘治十七年(1504),"令四川抚按官行碉门、黎州、雅州、建昌、松潘、巴县、夔州、保宁等处,各该兵备分巡,申明茶禁。利州卫选委指挥一员,专管巡茶。通江、巴县、广元、东乡等处就委巡捕官管理。各督应捕人等,把隘缉访。军民人等敢有仍前私贩,及该管官司不行用心捕获,一体重治",把整个西南地区均纳入打击范围,整顿取得了一定效果。对于贡使夹带私茶问题,官府也分别于天顺二年(1458)、成化七年(1471)、弘治三年(1490)、弘治十八年(1505)、嘉靖三十一年(1552)发文禁革④。这说明贡使走私屡禁不绝,已经成为茶叶市场上见多不怪的普遍现象,是一种久治不愈的顽症。

---

① (明)王圻:《续文献通考》卷二十二《征榷五》。
②④ (明)申时行等:《明会典》卷三十七《凡禁约》。
③ (明)杨一清:《为申明事例禁约越境贩茶通番事》,《关中奏议》卷三。

明季的农业炼丹术

——以徐光启著述中"粪丹"为中心

杜新豪①

　　帕金斯(Dwight H. Perkins)在其极具影响力的关于明初直至新中国成立后这600年间中国农业研究的著作《中国农业的发展(1368—1968)》中认为:在1957年之前,中国人口的增长和单位面积投入劳力的增加是农业产量得以增长的主要原因,而农业技术在这漫长的时间中却基本没有变化,技术对农业增产的贡献很小。但他意识到在肥料技术领域似乎出现了某种重大的进步,并大加赞赏地认为:"豆饼中潜藏的肥料的发现,确实是技术普遍停滞景象中的一个例外。"②其实帕金斯并不知道,早在明代就有一批学者在从事世界上最早对浓缩肥料——"粪丹"的实验研究工作,其在中国技术史上的地位要远远超过对豆饼中潜藏肥料的发现和使用。但是由于这项技术在推广与应用于农业生产时的失败,而没有进入到经济史家的研究视野中,同时,一项失败的发明也不会引起科技史家的兴趣,所以致使这项技术创新被人们有意或无意地遗忘。本文中,我们从技术社会史的视角对这项"失败"的发明进行审视与研究,厘清它的制造技术与理论依据,分析促使它出现的社会背景,同时对其在农业生产中没有得到应用的原因进行简要分析,以期对以往只关注在现实中成功应用的技术发明的辉煌技术史进行某种程度的祛魅。

一、晚明史料中的"粪丹"及其制造技术

　　《北耕录》是徐光启最早记述"粪丹"制法的文献,此书记录徐氏在天津垦种的心得,又兼及工艺之事,众人皆认为它已佚失。清康熙年间,徐光启后嗣徐春芳发现此书草稿,并将其呈给他的表叔许缵曾,许氏"择行楷数纸涂改无多、易于成诵者"装横成帙,称为《农书草稿》,其实此书便是徐氏的《北耕录》。③ 此书中有八篇记载肥料与施肥方法,在这部分中,便对"粪丹"这种不见于它处所载的事物做了详细的记载与说明。

---

　①　作者简介:杜新豪,男,中国科学院自然科学史所博士生,主要从事农史、环境史研究。
　②　[美]帕金斯著,宋海文等译:《中国农业的发展(1368—1968)》,上海译文出版社1984年版,第90页。
　③　朱维铮、李天纲主编:《徐光启全集》第五册,上海古籍出版社2010年版,第437页。

徐光启记载了先前或同时代其他人王淦烁与吴云将所炼制的粪丹①,并说明了他们所使用的原料及炼制方法,还对其功效及使用方法做了简单的叙述,原文如下:

王淦烁传粪丹:干大粪三斗;麻糁三斗或麻饼,如无,用麻子、黑豆三斗,炒一、煮一、生一;鸽粪三斗,如无,用鸡鹅鸭粪亦可;黑矾六升,槐子二升,砒信五勺,用牛羊之类皆可,鱼亦可。猪脏二副,或一副,挫碎,将退猪水或牲畜血,不拘多寡,和匀一处入坑中,或缸内,泥封口。夏月日晒沤发三七日,余月用顶口火养三七日,晾干打碎为末,随子种同下。一全料可上地一顷,极发苗稼。②

吴云将传粪丹:吴云将传粪丹,于黄山顶上作过。麻饼二百斤,猪脏一两副,信十斤,干大粪一担,或浓粪二石,退猪水一担,大缸埋土中,入前料斟酌下粪,与水令沤之,得所盖定。又用土盖过四十九日,开看上生毛即成矣。挹取黑水用帚洒田中,亩不过半升,不得多用。③

同时,徐光启还记载了他自己所研制的粪丹,详述其具体原料与制作方法:

自拟粪丹:砒一斤,黑料豆三斗。炒一斗,煮一斗,生一斗。

鸟粪、鸡鸭粪、鸟兽肠胃等,或麻糁豆饼等约三五石拌和,置砖池中。晒二十一日,须封密不走气,下要不漏,用缸亦好。若冬春月,用火煨七日,各取出入种中糁上,每一斗可当大粪十石。但着此粪后,就须三日后浇灌,不然恐大热烧坏种也。用人粪牛马粪造之,皆可。造成之粪就可做丹头,后力薄再加药豆末。用硫磺亦似可,须试之。

煮粪宜用数缸置小室中,每室一缸,各做土坯窖,埋缸如釜其上。虚置坑床,床可拆卸。每一缸满,则移床别室。煮第一缸熟后入库,中伏土气用时取之。以上法用两缸亦可,多则愈佳。④

从以上三则史料记载中可以看出,所谓粪丹即是利用植物、动物、矿物和粪便按照某种比例所制成的混合肥料,配置所需要的原料大多是人畜粪便、麻子和黑豆等粮食作物,以及动物尸体、内脏、血水、退毛水等,有时还加以砒霜、硫磺之类的无机物。将这些原料经过密封、加热等处理,用在田地中,肥效胜过普通肥料很多倍。与粪丹相类似的肥料的记载还有耿荫楼在其著作《国脉民天》里记载的"料粪",其制作方式如下:

每配一料,大黑豆一斗,大麻子一斗,炒半熟碾碎,加石砒细末五两,上好人、羊、犬粪一石,鸽粪五升,拌匀。遇和暖时,放瓷缸内封严固,埋地下四十日,取出,喷水令到晒至极熟,加上好土一石拌匀,共成两石两斗五升五两之数,是全一料也。每地一小亩止用五斗,与种子拌匀齐下,耐旱杀虫,其收自倍。如无大麻子,多加黑豆、麻饼或小麻子或棉籽饼俱可,如无鸽粪,鸡鸭粪亦可,其各色糠皮、豆渣俱可入粪,每亩

① 徐光启《北耕录·粪壅规则》篇还记载了另一位农学家王龙阳的粪丹法,只说"每亩用成丹一升",对其原料和制作过程并没有提及。

②③④ 朱维铮、李天纲主编:《徐光启全集》第五册,第454、455、446—447页。

止用五斗，一料可粪田四亩五分。第一年如此，第二年每亩用四斗，第三年止用三斗，以后俱三斗矣。如地厚再减，地薄再加，加减随地厚薄，在人活法为之。如无力之家，难辨前粪，止将上好土团成块，砌成窖，内用柴草将土烧极红，待冷，碾碎与柴草灰拌匀，用水湿遍，放一两日，出过火毒，每烧过土一石，加细粪五斗拌匀。①

耿荫楼与徐光启大约是同时代的人，徐光启的《北耕录》应是徐氏在天津屯垦之时所撰，时间大约在1613—1621年，而耿氏的《国脉民天》写成于1630年，两书时间相差并不是很久，而徐氏的《北耕录》在清康熙年间之前似乎只作为一沓草稿而没有刊印出来，所以二人的新型复合肥料都应是独立研制的，并不存在参考与承袭的问题，这也似乎暗示着，高效复合肥料的研制在当时已是众多农学家所共同关注的重要议题。

二、炼丹术与农学："粪丹"释名、演进过程及技术优势

中国古代哲人十分崇尚"天人合一"的理念，类比方法是古代学者们喜欢利用的一种思维方式，如他们把人体比作小型宇宙，或比作是井然有序的等级社会，把治病用的药材按照封建社会的等级分为君、臣、佐、使。同样，在农学领域，学者们也把土地比喻为个体的人，把种地称作"治地"②，丰饶的土壤便被视作机体健康的人，而贫瘠、生产力低下土地便被视为"生病"，从而需要使用肥料等"药物"来对土地进行治疗。宋代农学家陈旉更明确地提出用粪如用药的"粪药说"，他认为："土壤气脉，其类不一，肥沃硗埆，美恶不同，治之各有宜也……虽土壤异宜，皆可成就。"而治地的关键在于用粪调理，"皆相视其土之性类，以所宜粪而粪之，斯得其理矣。俚谚谓之粪药，以言用粪犹药也"③。用粪肥像中医治病用药材一样，首先要对症下药，对不同类型土地需要用不同的粪肥，"地性有骍刚、坟壤、咸潟之异，故取用者亦有牛、羊、鹿、豕之不同，皆所以助其种之生气，以变易地气，则薄可使厚，过可使和，而稼之所获必倍常"④。其次，需要像对中药药材进行炮制那样来对粪肥进行处理，因为人的粪便在腐熟过程中会产生热量，不但会灼伤农作物，甚至会出现"损人脚手，成疮痍难疗"⑤的严重后果，宋代以后农学家一般都建议施用前在粪屋、土坑或窖中先进行发酵；另外，还需要对粪肥的用量进行把握，不可多用，由于用粪过多而烧死作物或令作物徒茎叶繁茂而不结实的记载在史料中很常见。

炼丹术是由很早的采矿和冶金所脱离出来的一门学科，虽然大多内容在道教内部流传，但是它却对世俗科技产生了重要的影响，同时也对中国古代学者思想产生

---

① 耿荫楼：《国脉民天》，续修四库全书（976）子部·农家类，上海古籍出版社2002年版，第620—621页。

② "治"在古代首先体现在对国家治理上，表示统治或恢复秩序，其后医家便将其用在身体的比喻上，"治地"是农学家的用语，即是对"疾病"、贫瘠、低产土地的治理，使其丰产。

③⑤ （宋）陈旉著，万国鼎校注：《陈旉农书校注》，中国农业出版社1965年版，第33—34、45页。

④ 吴邦庆撰，许道龄校：《畿辅河道水利丛书》，中国农业出版社1964年版，第520页。

很大的影响,促使他们去用炼丹术的思想来探究外界事物,而粪丹的研制正是起源于"粪药说"和中国古代炼丹思想的结合。古代炼丹术有两种含义:一是炼制长生不老或包治百病的丹药,二是在贱金属中加入某些发酵的贵金属"酵母",而使得贱金属变为昂贵的真金白银。传统肥料有体积大而单位面积含有的肥效较少的缺点,这样每块田地就要使用很多的肥料,不但运输传统肥料会损耗农民的很多劳动,而且施肥过程也大大不便,这便促使古代农学家思考是否可以像炼丹术那样,通过特殊的配置过程来研制出极具肥效的"丹粪",仅用一点便能起到很大的作用,于是他们便兢兢业业地投入到炼制高效肥料的实验中。粪丹炼制过程与炼丹术有很多相似之处,如都需使用一定的设备,炼丹术用丹炉、丹鼎,而粪丹炼制需要缸、窖或砖池;都需要对一定物质进行定量、配伍的融合,炼丹术也会用一些具体称重重量的不同物质来配合,如丹砂、雄黄等,而粪丹也是用鸽粪、豆饼、动物尸体之类的按比例配合;都需要对物质进行密封,用火加热等方式来进行催化,如炼丹术中就有"养火七日"、"酢煮"、"曝干七遍"等处理方式,而粪丹炼制中也有"火养三七日"、"晾干"、"火煨七日"等工序,甚至炼制粪丹对火候的要求也如炼制丹药一般,如王淦烁传粪丹里提及的"顶口火",原本就是炼丹术中的词汇。

从农史方面来说,粪丹是在先前肥料制造技术的基础上发展起来的,其制造方法显然受到堆沤肥技术的影响。堆沤肥是一种由诸种物质、堆积腐败而成的肥料,只要是一切可以腐烂发酵以供当作肥料的植物、动物和矿物都可加以利用,二者的不同是堆肥靠诸物堆积发热腐熟,而沤肥则是在淹水条件下由微生物进行嫌气分解而达到腐熟的目的。堆沤肥至迟在南宋就已开始应用于农业。《陈旉农书》记载这种肥料及其所用的物质,称"凡扫除之土,烧燃之灰,簸扬之糠秕,断稿落叶,积而焚之,沃以粪汁,积之既久,不觉其多"[①]。堆沤肥通过对肥料进行腐熟、发酵等处理,极大地提高了肥效。虽然此类造肥技术早已有之,但复杂配方浓缩肥料的炼制却当从袁黄开始,袁黄于万历年间在北直隶宝坻任县令时期,撰写《劝农书》,书中提及熟粪法。据他自称此法也是得自于古书,他建议用火煮粪,这样可使作物耐旱,具体方法是:把各种动物的骨头和粪便同煮,牛粪便加入牛骨煮,马粪加入马骨同煮,人粪便可以加入人的头发代替骨头来煮;第二步是把田内的土壤晒干后,把用鹅肠草、黄蒿、苍耳子草三种植物烧成灰,拌入到土中;然后在土上撒入煮的熟粪水,晒干后用些粪土盖之。在这种田地里中的庄稼很是丰收,能达到"其利百倍"的效果,据说可以达到亩收三十石的高产。[②] 袁黄的熟粪法比堆沤肥制作有两大进步:首先,它引入了几种具体的制作物质,而堆沤肥的配方比较杂乱,任何有肥力的东西都可以利用;其次,袁氏用火来人为地对肥料进行加热,提高了温度,缩短了成肥的时间,使得原本需要三五个月腐熟的肥料可以随时煮随时使用。在明代,还有一种液态浓缩肥

---

① (宋)陈旉著,万国鼎校注:《陈旉农书校注》,第34页。
② (明)袁黄:《了凡杂著》,第591页,北图珍本丛刊第80册。

料,称之为"金汁",制作方法和熟粪法大致相同,"大粪,煮晒,水煮须杂本骨,人则发"①,但这种肥料制作过程比较烦琐,须数年而成。毫无疑问,粪丹就是在堆沤肥、熟粪法与金汁的基础上制成的更高效的肥料,只是粪丹在师承它们的同时又有了些进步,不但有了具体的配比材料,还对各种原料有了严格的定量。

粪丹炼制材料的选取是极具见地的,既有人、畜、禽类的粪肥与动物内脏、尸体的杂肥,又有富含有机质和氮素的黑豆、麻子等饼肥,同时还含有砒信等无机肥料,不但使得混合后养分含量极高,而且还兼有防治害虫的作用。粪丹炼制过程中还通过人工加热来促进粪肥腐熟的速度,不但可以减轻生粪下地对庄稼的危害,还可以促进养分的快速分解以增加肥效。粪丹在炼制的过程中很注意对肥效的保存,提倡用窖或大缸来保留肥气,防治肥效的丢失。在材料配比方面,粪丹也是有讲究的,提倡使用鸽粪或鸟粪,是因为家禽类粪便的肥效远远高于家畜,而且鸽粪还有杀虫的功效。关于粪丹炼制过程中各类材料不同比例的选入与配比,或许是有某种特殊意义的。例如对于《周礼》中建议的"凡粪种骍刚用牛,赤缇用羊,坟壤用麋,渴泽用鹿,咸潟用貆,勃壤用狐,埴垆用豕,强㙑用蕡,轻爂用犬"施肥法,现代人往往摸不着头脑,认为很荒唐,但古人的解释却显示古代农学自身对施肥的看法:古人认为,骍刚者,色赤而行刚也,牛属土,其粪和缓,故用化刚土;赤缇者,色赤而性如缇,谓薄也,羊属金,其粪燥密,故治薄土……犬属火,其性轻佻,故以化黏土。② 氾胜之在《氾胜之书》中施肥的"溲种法"中也接受了此种方法,他建议在种子外面裹上一层根据土壤类型所选用的不同动物的骨头所煮成的汁。同样,炼制粪丹所使用的原料也应该是古人根据自身所掌握的阴阳、五行等宇宙理论来选用的,绝不仅仅是随意的搭配。

三、粪丹出现的社会背景:传统肥料供应危机及其自身缺点

粪丹出现在明代后期是有特殊背景的,它不是由个别农学家心血来潮而研制的新奇玩意,而是由于当时强烈的社会需求所推动的。面对明代后期社会生齿日繁而地不加广的现象,如何从有限的土地上夺取更多的收获就变得成社会各界所面临的重要议题,为了增加粮食产量,农民开始加大对肥料的投入,使得肥料成为一种稀缺的资源,而传统肥料自身的缺点在此时也有了被修正的必要和契机,炼制粪丹正是学者对这些社会问题的一种尝试性应对。

宋代以降,江南地区就走上了一条精耕细作的农业发展道路,其中肥料技术扮演了重要的角色。从南宋《陈旉农书》中就可以看到当时人们对肥料积攒的用心,元代《王祯农书》中记载了苗粪、泥粪、火粪等众多种南方肥料,还提出了"惜粪如惜金"的概念。明清时期的肥料技术在前代的基础上有了更大的突破,甚至有学者认

---

① 朱维铮、李天纲主编:《徐光启全集》第五册,第447页。
② (明)袁黄:《了凡杂著》,第604页,北图珍本丛刊第80册。

为从明代中期到清代中前期江南地区出现了一场"肥料革命"。①

随着江南地区施肥的普遍和肥料技术的进步，施肥次数越来越多，人们不但会在种植作物之前的土地上先施用底肥，当地农民称之为"垫底"，也会在作物生长的过程中施加追肥，土人称之为"接力"，而且追肥有时还不止仅施一遍。同时，明清时期，江南地区桑、棉等获利甚大的商业作物排挤着传统作物水稻的种植空间，纺织业的发达使得桑争稻田、棉争粮田的现象愈演愈烈，在有些地区甚至百分之九十的耕地都被用来种植棉花，而粮食却只能依靠外地输入。② 而据李伯重估计，棉对肥料的需求量并不少于水稻，而桑树对肥料的需求量则是水稻的好几倍。③ 加上明末时候还没有大量的来自东北的大豆和豆饼被运输来以供应江南农业生产，所以江南农人特别是财力不足的"下农"经常陷入肥料缺乏中。多方搜集肥料一直是明末江南农民在日常生活中所重要的活动，明末清初的《沈氏农书》在按照月份所进行的农事中，就充满"罱泥"、"罱田泥"、"窖垃圾"、"窖磨路"、"买粪"、"窖花草"、"买粪谢桑"、"买牛壅磨路平望"、"挑河泥"、"租窖各镇"、"换灰粪"等内容，可见其对肥料搜集的艰辛。④ 即使在这种强度积肥的情况下，肥料的需求依然得不到满足，而导致地力逐渐下降，嘉庆时，松江人钦善的《松问》中记载："八十以上老农之言曰：'往昔肬苗，亩三石粟；近日肬苗，亩三斗谷。泽革内犹是，昔厚今薄，地气使然'"⑤，其实这就是因为肥料施用不足导致的地力下降，也即是清人姜皋所言的"暗荒"。

同时，华北农业生产在明代也有了一定程度的进步。特别是明代中叶以后，随着社会的稳定与人口的增长，经济发展水平逐渐提高，人地矛盾开始凸显，两年三熟制开始在华北逐渐形成。⑥ 两年三熟制比起一年一熟制对土地所造成的压力要大，显然需要补充更多的肥料来恢复地力。当时华北有些地区施肥量也颇大，如"北京城外，每亩用粪一车"、"京东人云，不论大田稻田，每顷用粪七车"、"京东永年等处，大田用杂鸡马等粪，或沤草，每亩二十石"、"山东东昌用杂粪，每亩一大车，约四十石"、"济南每亩用杂粪三小车，约十五六石"、"真定人云：每亩壅二三大车"。⑦ 在华北的某些地区，还形成了超级高超的用肥技术，如徐光启笔下记载的山西，"山西人种植勤用粪，其柴草灰谓之火灰。大粪不可多得，则用麦秸及诸康穗之属，掘一大坑实之，引雨水或河水灌满沤之，令恒湿。至春初翻倒一遍，候发热过，取起壅

---

① 李伯重著，王湘云译：《江南农业的发展：1620—1850》，上海古籍出版社 2007 年版，第 53—57 页。
② 魏丕信著，徐建青译：《18 世纪中国的官僚制度与荒政》，江苏人民出版社 2003 年版，第 147 页。
③ 李伯重：《发展与制约——明清江南生产力研究》，联经出版事业股份有限公司 2002 年版，第 310 页。
④ 张履祥辑补，陈恒力校释，王达参校、增订：《补农书校释（增订本）》，农业出版社 1983 年版，第 11—24 页。
⑤ 贺长龄：《皇朝经世文编（第一函）》卷二十八，光绪己亥年，中西书局校阅石印本。
⑥ 李令福：《明清山东农业地理》，五南图书出版有限公司 2000 年版，第 406—413 页。
⑦ 朱维铮、李天纲主编：《徐光启全集》第五册，第 441—444 页。

田"①。新作物棉花也在明代引入到华北，并得到迅速的扩展，如明末山东，棉花"六府皆有之，东昌尤多，商人贸于四方，其利甚博"②。而河北等地也在明末广泛种植棉花，即使是比较落后的地区，如冀州和滦州，也都在嘉靖和万历年间开始植棉。棉花比起其他旱地作物需要投入更多量的肥料，尤其是在漫长的开花与吐絮时期。华北的棉花施肥技术亦十分先进，多用熟粪壅棉田，这样能使得"势缓而力厚，虽多无害"，而甚至比当时的南方更先进，因为"南土无之（熟粪），大都用水粪、豆饼、草藁、生泥四物"。③作物轮作制度的变化与新经济作物的种植，大大加剧了华北对肥料的需求，由于肥料不足，陈年炕土、多年墙壁甚至熏土肥料等含养分少得可怜的东西都被拿来用做肥料，比如旧墙土中的有效氮素含量仅有 0.1%，可见华北地区对肥料的缺乏程度。

南北方同时对肥料的缺乏是导致以徐光启为代表的学者试图发明高效肥料的原因之一，另一个重要的原因则是传统肥料的缺陷越来越多地凸显出来。传统肥料体积大，肥料所含的肥效不高，导致每亩地需要很多的肥料，运输起来极为麻烦。如"南土壅稻，每亩约用水粪十石"，④按明清一石等于今 120 市斤，那么明清一亩稻地⑤就需要 1200 市斤的水粪，即使按照对明清江南普通农户经营规模最模糊的估计"人耕十亩"的标准来计算，即使每年每块地仅施肥一次，每个劳动力也得把 12000 市斤的肥料运送到田中，这需要极大的劳动消耗。所以历代耕织图里都把淤荫（即施肥）当作农作的重要一环，历代为淤荫图所题的诗词里都感慨运、施肥的劳累，如南宋皇帝为淤荫图题诗曰："敢望稼如云，工夫盖如许"，⑥清代康熙帝也在《御制耕织图》的淤荫图上题曰："从来土沃籍农勤，丰歉皆由用力分。剃草撒灰滋地利，心期千亩稼如云。"⑦由于挑粪、施肥工作的艰辛，所以经常会出现靠近村落的农田使用粪肥多，而有些离居处较远的田地由于人力成本的稀缺而不得不少施肥甚至近于抛荒的现象，即俚语所谓的"近家无瘦田，遥田不富人"。对这种现象，徐光启也有认识，他认为："田附郭多肥饶，以粪多故。村落中居民稠密处亦然"。⑧ 明清两代传统肥料价格的高昂，加之粪肥运输对人力要求过于苛刻，所以导致肥料的危机与地力下降，如《补农书》中云："但近来粪价贵，人工贵，载取费力……"正是造成这些弊端的原因。虽然大豆、麻等榨油后的枯饼是一种重要的肥料，具有单位体积含养分多的特点，包含比其他肥料多得多的对作物生长重要的氮肥，而且可以快速地被施用到土壤中，堪称现代化肥发明前最先进的肥料。豆饼具有替代传统肥料的优势，但

①③④　朱维铮、李天纲主编：《徐光启全集》第五册，第 446、416、414 页。

②　嘉靖《山东通志》卷五，嘉靖十二年，山东省图书馆藏明嘉靖版本。

⑤　明清江南 1 亩约为今 0.92 市亩，李伯重著，王湘云译：《江南农业的发展：1620—1850》，上海古籍出版社 2007 年版，《若干说明》第 2 页。

⑥　王红谊主编：《中国古代耕织图》下册，红旗出版社 2009 年版，第 355 页。

⑦　王红谊主编：《中国古代耕织图》上册，红旗出版社 2009 年版，第 136 页。

⑧　朱维铮、李天纲主编：《徐光启全集》第六册，上海古籍出版社 2010 年版，第 137 页。

其价格不菲，一般有雄厚资本的"上农"才可以用得起，而贫农只能赊欠来使用，或利用其他肥料代替。明代的《便民图纂》中的下壅图上方的竹枝词中就显示了豆饼等的昂贵，诗曰："稻禾全靠粪浇根，豆饼河泥下得匀。要利还须着本做，多收还是本多人。"①而且豆饼可以作为家畜的饲料甚至在荒年可以当作贫人的食物，这样尽管豆饼具有比传统肥料更好的肥效，但是由于经济原因而不能成为传统肥料的代替品，肥料危机和传统肥料的自身缺点，使得学者们思索如何能制取既肥效高且体积小，而且价格也可以接受的高效肥料，粪丹正是在这种背景及社会需求下出现的。

四、探讨与结论

以徐光启为代表的学者们耗费了极大心血来研制粪丹这种新型浓缩肥料，使它具有相当高的肥效。据徐光启称用王龙阳炼制的粪丹来施肥，每亩仅用成丹一升即足够，这可比同时期肥料技术先进的江南地区的水稻施肥每亩用水粪十石的庞大数量少得多。② 但是即使有这样的优点，粪丹似乎并没有被投入到实际使用中，连徐光启自己在稍后撰写的《农政全书》中肥料的部分都仅仅是照搬前人王祯的论述，对于自己研制的粪丹及其对研制浓缩肥料的想法却只字未提，后来的学者甚至农家也没有人记录或提及过粪丹。传统肥料依旧处在供应危机中，小农依然"惜粪如金"，勤勤恳恳地收集着一切可以当作肥料的东西。

阻碍粪丹在实践中发挥作用的原因首先应该是经济问题，制造粪丹需要极多的原料，如猪脏，还需要极高的条件，如"火养三七日""用火煨七日"等，小农没有足够的原料和燃料，这些都难以做到；其次，为了保存肥效，粪窖或大缸是制造粪丹的重要器具之一，但这种设备都是大型的，在当时的条件下，小农由于受经济条件所限，也难以办到；③再次，农民在技术上喜欢因陋就简，而制造粪丹的程序极其烦琐、复杂，从制作到使用需要花费大量的精力与时间，这些原因都使得粪丹与实践所脱节，而仅仅停留在学者层面上。同时，粪丹的失败或许也可以从其技术的本身来寻找原因，粪丹是种浓缩肥料，肥力巨大，徐光启在制造粪丹时建议"着此粪后，就须三日后浇灌，不然恐大热烧坏种也"，④普通百姓更是无法预料使用后是否会不慎烧坏庄稼，而且撒肥过程也有困难，如何把几升肥料均匀地撒在一亩田地中，相信也是粪丹使用中所面临的一个技术难题。

阿拉伯农业史研究专家 Andrew. M Watson 认为古代西亚关于肥料使用的教义都是基于观察和试错法的，即农民通过自身观察的方法，看看哪种东西可以当作肥

---

① 邝璠著，石声汉、康成懿校注：《便民图纂》，中国农业出版社 1982 年版，第 6 页。
②④ 朱维铮、李天纲主编：《徐光启全集》第五册，第 441—444、447 页。
③ 曹隆恭：《肥料史话》修订本，中国农业出版社 1984 年版，第 61 页。

料,哪些不能,在试错法的基础上进行优质肥料的筛选。[1] 而在古代中国,情况却不尽相同,优质肥料的选择有时会与哲学思想甚至整个宇宙联系起来,白馥兰(Francesca Bray)认为:在古代中国,农业也是一门科学,这种科学将宇宙天人感应、哲学知识运用于种植庄稼。所有从事农业的人都要努力地将抽象的宇宙论原理与他们对所处环境和所用技术的细致的经验的理解协调起来,使土地获得丰收。[2] 粪丹正是学者把炼丹术的宇宙论原理、古代农家的"粪药说"、世俗农业中堆沤肥技术按照他们自己想象的比例相结合而发明的一种治疗土地的"丹药",试图来克服传统肥料的局限性,并缓解当时南北方同时存在的肥料短缺问题,但是由于受经济、技术等多方面的影响,粪丹只是停留在学者实验的层面,而没有被融入农业实践当中。

---

[1] 可参见 Andrew M. Watson, Agricultural Innovation in the Early – Islamic World: The Diffusion of Crops and Farming Techniques, 700 – 1100, Cambridge University Press, 2008.

[2] 白馥兰著,曾雄生译:《齐民要术》,《法国汉学》丛书编辑委员会编:《法国汉学》第6辑科技史专号,中华书局 2002 年版,第 146 页。

历史时期鄱阳湖区渔业生产与渔民生活①

吴　赘②

　　渔业是鄱阳湖区传统产业,对区域社会有着重要的意义。笔者曾从宏观上考察了明清至民国时期鄱阳湖渔业及其对地方社会发展的推动作用,就生态经济视野下湖区渔业发展提出了建议,并从"农进渔退"角度考察了明清以来鄱阳湖区经济、生态与社会变迁③。本文拟从微观视角考察历史时期明显的即农进渔退之前鄱阳湖渔业生产和渔民生活,就鄱阳湖禁港与开港盛况、繁荣的鱼苗业和独具特色的鄱阳湖渔俗等方面展开讨论,呈管窥之见。

一、渔业生产盛况:禁港与开港

　　鄱阳湖区禁港与开港始于明代④,是湖区重要的渔业生产活动。禁港与开港一般选择水深、底平、向阳、宁静、避风的港段,利用秋后水退鱼类进入深潭越冬的规律,每年农历九月开始禁港,直到十二月开港时止,历时约3个月左右。省、府或者县统一安排之下确定若干深水港段,予以施禁。在禁港区内,两端设有明显标记,配专人监守,一切船网等渔业工具禁止入港捕鱼,称之为"禁港"。农历十二月中、下旬,省、府(地)或者县召集各地有捕捞习惯的专业渔民,按照规定的时间、港段、船只和网具,进入禁港段集中捕捞,称为"开港"。有道是"农民盼割禾,渔民盼开港",因为开港在冬季,渔获物集中,易于保存,鱼的价格因此也高,渔民有利可图。鄱阳湖有很多禁港,其中最著名的是瑞洪的下泗潭、南昌县楼前附近的老港、新建县昌邑山

　　① 基金项目:国家社科基金、江西省社科规划青年项目:"'农进渔退':明清以来鄱阳湖区经济、生态与社会变迁"(13CZS050、12LS16);江西省博士后科研择优项目:"湖区农耕化与明清以来鄱阳湖区社会变迁"(2013KY55)。
　　② 作者简介:吴赘,男,历史学博士,江西师范大学学报杂志社编辑,研究方向为区域社会经济史、环境史。
　　③ 吴赘:《渔业与鄱阳湖区域社会变迁(1912—1949)》,《江西财经大学学报》2010年第3期;《论民国以来鄱阳湖区的水利纠纷》,《江西社会科学》2011年第9期;《生态经济视野下鄱阳湖渔业经济发展研究》,《企业经济》2011年第3期;《试述渔业资源的争夺与鄱阳湖区域社会变迁:以民国余干瑞洪械斗为中心》,《农业考古》2010年第4期;《资源与经济:民国以来鄱阳湖的渔业发展变迁》,《鄱阳湖学刊》2010年第4期;《"农进渔退":明清以来鄱阳湖区经济、生态与社会变迁的历史内涵》,《江西师范大学学报》(哲社版),2013年第2期;《20世纪下半期鄱阳湖区"农进渔退"产生的根源与积极意义》,《江西师范大学学报》(自科版),2013年第4期;《民国以来鄱阳湖渔业与地方社会》,江西师范大学2009年硕士学位论文;《"农进渔退":明清以来鄱阳湖区经济、生态与社会变迁》,上海师范大学2011年博士学位论文。
　　④ 《上饶市农业志》编纂委员会:《上饶市农业志》,方志出版社2005年版,第431页。

附近的边潭港等。① 传统时期，湖、港和洲，几乎被大宗族或其代表占有，开港时需要办理入港捕捞手续，交纳鱼税，名为"管理费"。管理费一般按渔民开港所获的二八分成，有的还三七开，甚至还有个别的高达四六分成，否则，渔民船只不得入港捕捞。②

下泗潭是鄱阳湖产鱼最多的禁港，历史上最高年产量达 50 万～60 万斤，列江西全省渔港前茅，拥有"金港"之称。它位于鄱阳湖东南、信江流域下游的梅溪傅家塘西头村前的"朝步墈"下。全港水域面积长约 2500 米，宽 200 余米，潭深达 10 米以上，且潭底有无数泉水，虽大旱之年潭内之鱼亦不受影响。该潭在朝步墈坚实的红岩下，背风向阳，冬暖夏凉。东有来自村庄和垦田的活水，南为沃土河床，西为广阔的信江和一望无际的湖滨草洲。特别是春夏之交，信江水涨，江水与鄱阳湖连成一片，大群的鲤、鳜、鳡、鳊等鱼类纷纷深居潭中，"下泗潭"也因此被誉为"最好的鱼库"。③

开港时间一般在农历十二月中、下旬。参加下泗潭开港的约有 1500～2000 只渔船、5000 余渔民，加上商贩和参观者，人数多达万人，人山人海，热闹非凡。参加开港的渔船来自余干、新建、南昌和进贤等县滨湖地区，其中以余干渔民居多，尤其是西岗张家的渔船和渔民最多，每年约占总数的 1/3。开港的渔具主要有稀密高网、嫩网、扯网、巴网、爬风、溜网、罩网、鱼钩、鸬鹚及罾等。这些渔具在开港时，渔船办理进港登记，领证后再有组织地按不同渔具停泊，即所谓"进潭"、"调潭"。高网船一般停在潭外，在开港时才"返潭"进入潭区。钩船也是在港的边沿作业。附近傅家塘、仓前等村的渔民半夜就沿港岸按惯例布好罾网。入夜后指挥船沿港巡逻，严禁打火与响声，绵延数里，两岸鸦雀无声，一片沉寂。渔民事先已将一切渔船、渔具安排妥当，起锚撑篙，做好及时开船、撒网的准备。开港之前，渔民个个饱餐战饭，摩拳擦掌，紧衣束带，屏思静坐，坐等千钧一刻的到来。叭！叭！叭！凌晨指挥船鸣枪三响，千船竞发，万人齐动。西岗稀密两帮高网，百余巨船，有如排山倒海，呼啸而至。一船四人，全力加速，船如奔马，势不可挡，直入深潭，争下第一网，小渔船虽得避其锋芒，但仍奋力拼搏。④ 一时间摇橹声、撒网声、拍打声、欢笑声、赞美声，渔船相互碰撞声和因之引起的吆喝声混合在一起，声传很远，直到下午三四时左右才收工"静港"。这时，渔船纷纷靠港岸停泊，渔民忙着晒网、补网。其中有的高网，在刚开港撒一两次网时，鲜鱼就满载船舱，再捕到的鱼要放入官舱，俗称"下官舱"。渔民们就会喜气洋洋，超前收工靠岸燃鞭炮庆祝丰收。罢港后，岸上的观众，三五成群，寻找渔

---

① 江西省地方志编纂委员会：《江西省农牧渔业志》，黄山书社 1999 年版，第 612 页。
② 张鸿图、黄文政：《下泗潭开港概况》，政协余干县委员会：《余干县文史资料》第 14 辑，1998 年版，第 144—145 页。
③ 张鸿图、黄文政：《下四潭开港概况》，政协余干县委员会：《余干县文史资料》第 14 辑，第 144 页。
④ 余干瑞洪方志编纂委员会：《瑞洪方志》，江西新闻出版社上饶分社 2004 年版，第 143 页。

船上的亲友道贺,渔民们也忙着沽酒,以鱼款待、馈赠亲友。沿岸盖满了临时货篷,供应生活用品和渔业生产的各种用具。大、小食品摊贩,星罗棋布,叫卖声此起彼伏。白天五光十色,晚上灯光辉煌,就像一个日夜不散的大集市。①

新中国成立后,下泗潭和其他渔港统归余干县湖管部门管理。禁港和开港都是在县委、县人民政府的统一领导下,以湖管、水产部门为主,组成"禁港护港管理委员会"和"开港生产指挥部"。禁港护港管理委员会由县人民政府召开的禁港工作会议推选有关人员组成,并由禁港委员会订立《余干县禁港、护港公约》。开港指挥部由县政府和有关部门的负责人组成,下设生产、宣传保卫、总务和收购四组。指挥部设在瑞洪湖管站。指挥部在开港之前就做好了各种开港的准备工作,即将开港日期提前通知各乡村惯常开港的渔民,遵照规定在开港前一天到开港指挥部报到、登记,按捞捕工具所定产量的7%交纳开港管理费。渔船均插上统一制发的小三角红旗,按指挥部指定的地点和先后次序调潭、进潭,不得争先恐后。开港以鸣枪为号,从早晨6点开始,直到下午3点半结束。有人形容当年开港的盛况,真是"千帆竞发如火箭,万网齐撒鱼满舱"②。传统时期,这么多人参与开港,虽然省、县都派来大批军警和汽艇现场巡察,维护治安,但总难避免发生纠纷和宗族性的群众斗殴。为了避免纠纷和斗殴影响开港,新中国成立后,省、地、县领导还不时亲临现场,如20世纪五六十年代省长邵式平、副省长李杰庸和上饶地委书记彭协中、行署专员黄元庆等领导都先后莅临开港现场视察指导。又如:南昌商业部门也会组织渔船和机帆船进行随船收购。③ 同时他们还带来了大批日用品供应给渔民和开港盛况的旁观者,做到了边收、边购、边运、边供应。同时,指挥部还放映电影或请剧团演出,沿港水陆到处灯光,人声鼎沸,煞是壮观。④商业部门有时也会积极参与其中。如:1960年余干商业部门组成了收购调运小组,组织了运输船只,采取定点收购和流动收购相结合,当天捕捞,当天收购,随收随运。

鄱阳湖历来就有分港段定期禁渔的习惯,民国及以前的禁港、开港更多是为了保证春节期间人们有鱼享用,而现代的禁港、开港被赋予了新的更重要的意义,那就是保护渔业资源。人们在长期的生产实践中越来越意识到,渔业资源是有限的。虽然瑞洪地区有着丰富的渔业资源,但是自20世纪50年代开始,下泗潭的鲜鱼产量逐年下降。据余干县下泗潭开港指挥部统计,1954年收购54万斤,1964年收购38万斤,1973年收购36万斤,1980年1月22日收购组收购鲜鱼30万斤。⑤ 这是由于过度圩堤围垦,水面迅速缩小,渔业捕捞场不断减少,渔业开始逐渐衰退。然而渔船

①④ 张鸿图、黄文政:《下泗潭开港概况》,政协余干县委员会:《余干县文史资料》第14辑,第146—149、147—149页。

② 《千帆竞发万网齐撒》,《江西日报》1961年1月31日。

③ 江西省档案局编:《鄱阳湖开发历史进程及生态建设》,中国档案出版社2010年版,第609页。

⑤ 张鸿图、黄文政:《下泗潭开港概况》,政协余干县委员会:《余干县文史资料》第14辑,第144—149页。

却不断增加,外地流入和非渔从渔船只,以致出现渔船密度大,网具多,网眼密,作业时间长,造成渔业资源的再生能力难以承受过度捕捞的压力。根据以上情况,七八十年代,《江西省实施〈中华人民共和国渔业法〉的办法》则进一步明确水产资源保护对象,规定捕捞时个体重量所达标准。在保护措施中,最重要的一点是开港、禁港。禁港期间,严禁一切渔船、渔具和人员以任何形式进入休渔区进行捕捞生产,休渔期结束再开港。开港、禁港的实施,对渔业资源的保护和增殖客观上起到了一定的积极作用。从1980年起开港停止,而禁港仍旧进行,是只禁不开。

二、特色产业:鱼苗业

鱼苗业是鄱阳湖区的特色产业之一,九江、湖口一带是鱼苗的集散地。① 关于鄱阳湖鱼苗的记录最早见于《绍兴府志》引《嘉泰志》(1201—1204)所载的一段文字:"每春初,江州(今九江)有贩鱼苗者,买放鱼池中,辄以万计……其间多鳙、鲢、鲤、鲩、青鱼。"②宋人周密在《癸辛杂训》中的《别集》对鱼苗业有较为详细的记载:"江州等处水滨产鱼苗……皆取之出售,以此为利。贩子辐集,多至建昌(今南城),次至福(州)、建(瓯)、衢(州)、婺(源)";鱼苗"至家,用大布兜与塘水中,以竹挂其四角,布之水面尺余,尽纵鱼苗于布兜中……风波激动则为阵,顺水旋转游戏焉。养一月、半月,不觉渐大而货之"。这种方法至今鄱阳湖地区还在沿用。到了明代,有人描述鄱阳湖鱼苗业的盛况:池塘所蓄养之鱼,其鱼苗大多都出自九江,"南至闽广,北越淮泗,东至于海,无别种也"③。又如描写九江鱼苗业的诗文:"闻君凿池种鱼子,远注浔阳一泓水。春风昨夜化灵苗,中有十万横波尾。"④1876年柯卜斯克在《江西的养鱼法》中记述了鱼苗"在运输中一般是以蛋黄和面粉糊喂鱼"。⑤ 关于亲鱼和鱼苗的饲养,早在明代就有"大则鬻鱼池养之家"⑥的记载。前引中就有关于饲养亲鱼种饲料的记录,"初春之际,以油炒糠饲之"⑦。直到民国时期,虽然各省养鱼业都有发展,但是长江下游鱼苗仍然依赖九江、湖口。浙江菱湖当时是个养鱼中心,每年三四月间平均派出350人到九江、湖口采买鱼苗。⑧另一则民国史料记载:省外来九江贩运鱼苗,以浙江菱湖人最多,年达三四百人,由九江装江轮运上海,再改由民船装运至菱湖,再分售到萧山、嘉兴、绍兴、苏州、昆山等处。⑨ 可见当时来九江采购鱼苗的人多是浙江人,这也反映了九江鱼苗业的发达。长江流域鱼苗产地有宜昌、沙市、嘉鱼、汉口、武穴、安庆、南京和镇江等处,但都不如九江和湖口鱼苗业发达。究

---

① ⑧ 《鄱阳湖研究》编委会:《鄱阳湖研究》,上海科学技术出版社1988年版,第203页。

② 转自魏里珏主编:《江西水产纵览》,中国农业科技出版社1991年版,第54页。

③ 陆深《俨山集》卷二十五;转自《鄱阳湖研究》编委会:《鄱阳湖研究》,第203页。

④ (明)刘嵩:《刘槎翁诗集》卷四《戏为友人千鱼苗》,江西著名藏书家萧氏家刻本,光绪二十五年版。

⑤ ⑦ 转自江西省地方志编纂委员会:《江西省农牧渔业志》,第631页。

⑥ (明)徐光启:《农政全书》卷四十一。

⑨ 刘治乾:《江西年鉴》,江西省图书馆藏,1936年版,第852—853页。

其原因,有如下几点:九江下游,基本因无亲鱼产卵场所,全赖上流之鱼苗顺流而下,故到达时,时间较迟,天气太暖,鱼苗搬运困难易遭死亡,损失重大;鄱阳湖为亲鱼产鱼场所,时间较早,天气温和,鱼苗搬运时,较为便利,损失亦可减少;上游鱼苗鲢、鳙为多,鲩、青(鱼)等较少,下游之鱼苗则相反;本省既有亲鱼产卵之场所,且上流所产之鱼卵随流而下,到达九江时一般都能完全孵化,故产量特别多;汉口等处鱼苗时间也早,但因路途遥远,时间经济,俱不合算。① 鄱阳湖鱼苗具有相当规模,据估计,20世纪 30 年代中期鱼苗年产量高达 23.45 亿尾。② 鱼苗的销路,以江、浙两省为最多。江苏有苏州、常州、无锡、昆山、海门、崇明、通州及启东等处,浙江为菱湖、鄞县、绍兴和金华等地,本省则为吉安、抚州、临川、南丰、上饶和赣县等县,其中以浙江的菱湖、江苏的常州、本省的吉安销量最大。③ 有人描绘了当时鱼苗业的盛况,江边码头装卸鱼苗的船只密密麻麻,首尾相接,真是"鱼苗细似针,牵动万人心"④。因此可以说,鄱阳湖鱼苗业对我国的淡水渔业养殖、特别是长江中下游淡水渔业养殖的发展贡献巨大。

鄱阳湖区渔业事业历史悠久,著名港埠有九江的官簰夹、白水港、回峰矶和城子镇四处。回峰矶的渔户均系湖口渔民,因为该处距湖口县境相近,距离九江县境反而较远。渔户计官簰夹有 32 户,回峰矶 18 户,白水港 16 户,城子镇 1 户,共计 67户。生产最旺时,每日每户可捞鱼苗三篓,计一百八十万尾左右,平时一般大约一篓。倘平均每日每户以七十万计,则每日可得鱼苗四千六百九十万尾,而以渔期五十日计,则每年可得鱼苗 23.45 亿尾,每万尾以五角计,则得十二万元左右。如果饲养得法,鱼苗数量非常巨大。⑤ 虽然当时鄱阳湖区也有渔业养殖,但数量甚少而且分散,较大规模的渔业养殖水面只有芳兰湖。⑥ 鱼苗因此只得运销他处。但运销途中损失甚巨,据浙江菱湖人讲,鱼苗从九江运至菱湖,如果管理得法,最大的成活率也不上 50%,有时甚至只有 10% 而已。⑦ 传统渔业捕捞的网具有弶网、绠网、捞网,捞网由网架、网身和尾箱三部分组成。网身呈袖状,上大下小,长 15 米、口宽 4 米、尾宽 1 米,尾箱大小不一。捞网分为固定和移动两种,鄱阳湖传统时期多使用可移动捞网。为了提高鱼苗捕捞量,技术人员和渔民一起总结鱼苗生产经验,对捞网进行了改进,同时改进了试捞、洗网和舀苗等操作方法。鱼苗起运之前,刚捕捞上来时使用密集的方法,将不耐氧的杂鱼挤死,即"除野"。后来改为过筛的办法,将野鱼筛出还江。盛放鱼苗的容器为木桶或衬有油布袋的竹篓,容积 $1m^3$ 左右,能存放鱼苗 10 万~15 万尾。运输途中以熟蛋黄浆喂养,用换水、淋水或击水等办法增加水中氧气。⑧

---

① ② ③ ⑤ ⑦　都豪耕:《九江湖口等七县渔业调查报告(二)》,《经济旬刊》1937 年第 9 卷第 2 期,第 17—18、19、22、18—19、19 页。

④　魏里珏主编:《江西水产纵览》,第 127 页。

⑥　《鄱阳湖研究》第 210 页记载:较大规模养鱼的只有距离九江市 30 里的芳兰湖,该湖周围约 30 里,1928 年云南人赵锡昌和九江人沈崇善集资筑坝而成,并建有水闸 2 个,分别与鄱阳湖和长江相通。

⑧　魏里珏主编:《江西水产纵览》,第 87 页。

捞取鱼苗是一项要求很高的专业技术,具有垄断性。如同以下引文:

> 其所用之渔具为一种定置网具,原料前数年均用夏布。但因资本较大,近年均改用麻布制成,染以猪血,网形如套裤,口阔约四尺余,长约丈许,网之底部,有一圆形小孔,直径约四五寸,该孔预装另一网箱内,网箱亦用麻布装成,略呈长方形,长约一尺二寸,阔九寸高约七寸,一面有一小孔,即与网底相连接。装于另制之木框内,以承受鱼苗。在采集时间,将网设置系于另置之竹架上,网口向流,鱼苗即鱼贯而入。因鱼苗虽皆顺流而下,然体质过小,抵抗力薄弱,江心流力过大,游泳不能自如,且江心水流毫无阻碍,微细食物自少,鱼苗不易摄食。沿岸则水流迟缓,障碍多,鱼苗得以泰然有摄食之机,故鱼苗仅江边有之。鱼苗既入网,因水流关系,即入网底之网箱中,不能逃逸,只需随时将停滞之物除去,以防网口之闭塞。每于清晨勺取,蓄于另设之大网箱内,俟有主顾,然后移入篓内,取价出售。①

从上引可知,不但捞取鱼苗技术具有垄断性,其捕捞工具同样也是如此,一般是根据鱼苗、水流等特点,来定置设备以捕捞鱼苗。

内地运输鱼苗的困难问题是篓小水少,鱼苗容易死亡,经长途跋涉仅能保留十之一二。因为以人力挑运,每次只能挑运一担,所以运费特别昂贵。九江鱼苗运往省内外各县有一种特别制造的鱼苗船——鱼秧船,"鱼苗出九江,曰'鱼秧'。春间以舟由苏常出长江往贩,谓之'鱼秧船'"②。船运鱼苗,不仅运载量大、成本降低,而且鱼苗的成活率大为提高,极大地促进了鄱阳湖鱼苗业的发展。但是从南浔铁路通车以后,加上内地渔业养殖事业渐趋衰落,这种鱼苗船的使用越来越少。

鱼苗的价格,与时间的早晚、天气的变化和鱼苗的种类都有关系。一般情况下,第一批的鱼苗价格较贵,天气剧变时价格则贱,从鱼苗的种类来看,鱼苗中鲢鳙多的"价则昂,反之则廉",每篓价格从"二十余元至百余元者不等"。每篓鱼苗多至百万尾,少的就三四十万尾。1936年前后自九江运至通州或上海,包括报关费在内,每篓鱼苗的运费28元。鱼苗到上海后再用拖轮转运各地,"需费亦钜",因此从九江运到菱湖,每篓鱼苗费用至少在百元以上。江西省内鱼苗运销一般经由南浔铁路运输,均需按照行李规定缴纳相关费用。③

因为"鱼苗体小,抵抗力弱",无论肩挑篓运,都有特殊的要求。兹引1936年前后鄱阳湖鱼苗运销情形:

---

① ③ 都豪耕:《九江湖口等七县渔业调查报告(二)》,《经济旬刊》1937年第9卷第2期,第18、20页。
② 同治《湖州府志》卷三十三《舆地略·物产下》。

　　江浙两省之鱼苗商,均用大篓装载,由国营招商局承运(三北、太古等公司极少),每担苗二篓,即须有一空篓,装盛江水,每隔二小时换水一次,如此昼夜不息,有经验者,两人可照顾四篓,轮流工作,每日每篓饲以蛋黄两个,蛋黄须煮熟研成粉末,搅拌水中饲之,本省吉安则用特制之民船装运,该船长约四丈余,船底通水,船内装置木架,分十数层,鱼苗即放其内,俟鱼苗装满后,即悬红布旗以船首,以为表识,旗如蜈蚣形,长若丈许,该旗悬挂后,妇女即不得登船,盖习俗也,用担者即由南浔铁路运往至南昌而后担往各地。①

　　从上文可以看出,鱼苗搬运极其烦琐,并且要求很高。鱼苗装运需要特殊的装置,如"船底通水"的船,船内还设置"分十数层"的木架。鱼苗的搬运实属不易,并且有特殊的习俗,如"悬红布旗以船首……该旗悬挂后,妇女即不得登船"。江西省内和运往省外的运输方法也各有不同。

　　至于对鱼苗业的管理和鱼苗税的征收,鄱阳湖鱼苗业获利颇丰,政府设有河泊所征收课税。据史料记载,早在元代德安县就设有鱼苗仓,后来毁于兵燹,遗址尚存。② 明代九江府在德化县"设厂以课之"③,鱼苗厂即鱼苗税专门征收机构。鱼苗厂以西有苗厂巷,亦称鱼苗街。④ 因为鱼苗产量极丰,清同治年间九江设有鱼苗税局,目的为征收税款。后来因为渔户之间经常发生纠纷,鱼苗商有时亦受地痞流氓的索诈,严重影响鱼苗业的发展。民国十六年(1927)鱼苗税局改为九江县鱼苗弹压专员办公处,派专员征收税款的同时管理各个码头,防渔户纠纷和敲诈勒索鱼苗商事情的发生。每年税收2000元左右,弹压专员办公处对鱼苗征收税率有专门的规定:大篓每篓2元,中篓1元,担子0.8元;吉安鱼苗商用船者,每船纳税32元。由于运输时间的长短直接影响到鱼苗的成活率,为避免鱼苗商购入鱼苗后耽搁时间,鱼苗税征收方法就规定:未购鱼苗之前先缴纳税款,"且不论在九江购买之鱼商缴税,即赴九江上游之鱼苗商,仅须途过九江亦须一一照章纳税";弹压专员办公处就设于盛产鱼苗的官簰夹,纳税后开具"鱼苗弹压费收据"。⑤九江县征收的鱼苗税到1936年前后逐渐演变成由渔商包办。⑥

　　日寇入侵鄱阳湖和随后的国内战争,鄱阳湖鱼苗事业严重衰退,到1949年鱼苗产量不足3000万尾,直到新中国成立后才开始恢复。1951年鱼苗产量达到1.27亿尾,1956年达到2.34亿尾。1957年3月开始江西各界对鱼苗事业发展越来越重视,水产和交通部门派出专人,组成鱼苗生产指挥部,银行为之贷款,实现鱼苗税豁

①⑤　都豪耕:《九江湖口等七县渔业调查报告(二)》,《经济旬刊》1937年第9卷第2期,第21、22页。
②　同治《九江府志》卷七《地理志·古迹》。
③　嘉靖《九江府志》卷二《职官志·公署》。
④　嘉靖《九江府志》卷二《方舆志·坊乡》。
⑥　刘治乾:《江西年鉴》,第852—853页。

免,还降低了鱼苗铁路运价。1957 年鱼苗产量 4.85 亿尾,为 1951 年的 3.8 倍,为 1956 年的两倍多。[①]

三、渔俗:渔民生活的再现

鄱阳湖有"河水煮河鱼"之说,也就是煮鱼不用饮用水而是直接使用河水或湖水,所煮之鱼汤鲜肉嫩味美。不管这种煮鱼方法是否源于渔船上缺少饮用水,但它已经演变成了一道名菜,即瑞洪的"河水煮河鱼",它已经成为众多鄱阳湖鱼馆、酒家和饭店的招牌菜。鄱阳湖区素称"鱼米之乡",历史上许多文人墨客对此都留有深刻的印象。但由于渔民终年漂泊水上,风餐露宿,生活极不稳定,比之农民更为辛苦。正如渔谚,"世上三门苦,打鱼、贩鱼、磨豆腐","蓑衣当棉袄,船破无力补,家无隔宿粮"和"世上什么苦? 打鱼磨豆腐。打了几条鱼,还要送湖主"。在特定的环境下,渔民形成了特有的风俗习惯,烟、酒、茶是渔民必不可少的生活用品,尤其是饮酒为渔民的普遍嗜好,并且喜欢喝烈性酒。古诗就有"渔翁劝儿多饮酒,卖鱼沽酒新桥市"的描述。[②] 南宋著名学者戴复古游庐山《白鹤观》诗云:"赊得渔翁酒,闲观适士棋。"关于鄱阳湖渔业与酒相关的诗文不胜枚举,如前引"余干江路永,回首失崭岩。市酒难为醉,嘈鱼乍解馋。"[③]又如唐代韦庄在《建昌渡暝吟》写道:"市散渔翁醉,楼深贾客眠。"再如"短蓑圆笠钓丝轻,结盟鸥鹭从渔隐。酒酣耳热成清歌,吴音越调商声多"[④]。复如"山连彭泽县,水接洞庭湖。客市鱼堪买,人家酒可沽"[⑤]。鄱阳湖区地处亚热带季风区,春天雨水多,渔民认为饮酒能排除身上湿气,有诗云:"三月江南水满湖,鱼吹花浪鸟相呼。船灯照水夜明灭,远树入云山有无。泽国田硗人薙草,酒船风静客捞蒲。柳荫不见垂纶者,却道烟波是畏途。"[⑥]酒后身体发热,冬天饮酒是鄱阳湖渔民生活的一部分。明代著名书法家张瑞图曾为瑞洪人写过楹联,"就船买得鱼偏美,踏雪沽来酒更佳"[⑦],形象地描绘了鄱阳湖渔乡风情。又如蒋士铨的《晚泊黄溪渡守风》:"市小冬归客,湖宽暝聚船。寒鸡茅店雨,晚饭柁楼烟。酒薄难为醉,鱼腥不值钱。何当故乡路,留滞转凄然。"[⑧]

鄱阳湖渔民信仰习俗,比较流行的有晏公信仰、萧公信仰和定江王信仰。[⑨] 鄱阳湖流域还有祭祀祖宗求庇佑,烧香拜神保平安,祭河水,避河佬(水鬼),祭船网,鱼

① 魏里珏主编:《江西水产纵览》,第 86、87 页。
② 江西省地方志编纂委员会:《江西省农牧渔业志》,第 604 页。
③ (清)朱彝尊:《瑞洪》,余干县志编委员会:《余干县志》,新华出版社 1991 年版,第 664 页。
④ (明)唐文凤:《梧冈集》卷二《题秋江捕鱼图》,《四库全书》第 1242 册,上海古籍出版社 1987 年版,第 557 页。
⑤ (明)唐文凤:《梧冈集》卷三《湖口县》,《四库全书》第 1242 册,上海古籍出版社 1987 年版,第 566 页。
⑥⑧ 余干瑞洪方志编纂委员会:《瑞洪方志》,第 504、505 页。
⑦ 章成章:《古茶庵》,政协余干县委员会:《余干县文史资料》第 10 辑,1993 年版,第 59 页。
⑨ 许怀林主编:《江西文化》,安徽教育出版社 2006 年版,第 440—442 页。

满舱,打鱼择吉日,说话求吉利等。鄱阳湖很多渔业民俗中烧香拜神祈福保平安无疑是"重头戏",以西岗为典型。西岗现在还保有完好的"护龙庵"和"万寿宫",它们的兴建与重修都是为了烧香拜神祈福保平安。西岗万寿宫由著名士绅张任庵等倡议兴建于民国十二年(1923),与西山、南昌的万寿宫,鼎立而三。[①] 西岗兴建万寿宫就是为求许逊真君的庇护,有文写道:"我的家乡,世代以捕鱼为业,渔民日日夜夜都在鄱阳湖中漂泊,难免会遇到大风大雨,由于许真君降妖除魔,威力无穷,因此人们为了祈求福主的保佑"。[③]因此西岗每年都会祭祀许逊真君。正如唐力行先生所论:祭祀过程是个十分烦琐的宗教仪式,但其烦琐而又神秘的仪式过程,也是使族人对祖先产生敬畏之情的"收族"的过程,也是族人祈福的过程;[④]宗族群体记忆就在这样年复一年的祭祀中得到维持和加强[⑤]。

渔民开船下湖捕鱼称为"出山","出山"时要放鞭炮,预兆丰收。大规模"出山"时还要"打牙祭",即沽酒买肉聚餐,将插有尾巴的猪头献老菩萨,表示有头有尾。同时渔民要在鱼舱内放鞭炮,俗称"燂舱",预祝鱼儿满舱。每一次"出山"结束时,都要打一次牙祭。每年堑湖一般从农历七月开始。堑湖要先树立两根扎有红布的木桩,曰"红门桩",立红桩时要放鞭炮。树红桩后,其他渔民就不能在此捕鱼。自树红桩起三日内,有人在此捕鱼可加以劝阻,如果接受劝阻就不能留难,因为有人可能在此三日内路过此地捕鱼自食而非卖鱼。三日以后,如果有人还在此捕鱼,可视作蓄意侵犯,允许夺其渔具。

每年农历九月开始禁港、禁湖。禁港、禁湖,要插封标,放鞭炮。有的还请酒,宴请附近的头面人物以得到他们的支持。在"禁港"、"禁湖"时,既禁渔,也禁挖莲、藕、菱、芡实等。开港要放鞭炮,开大港、开大湖还要放铳,有的事先还要请酒。秋冬两季,谁的湖港就归谁捕鱼。春夏水满时,则可随意捕鱼。外县过往渔船,三天内可以捕鱼,此谓"菜鱼",捕少量的鱼自己吃,而不是大量捕鱼去卖。"车干湖"捕鱼法,"车"了水的人在前面捕,没有"车"水的人均可在后面捕鱼,在后面捕鱼的人叫作"打横"。"车"了水的人不能禁止人们"打横",但"打横"的人不能到车水的人前面捕捞。[⑥] 渔民吃鱼不打鳞,意谓打掉的鱼鳞会报信,渔民下次就捕不到鱼。鄱阳湖南区渔民除红马州人外都不吃甲鱼,据说甲鱼是"鼋将军",会打洞穴。如果吃了甲鱼,鱼会从"鼋将军"所打洞穴逃走,渔民再也捕不到鱼。

渔民长年漂泊在鄱阳湖上捕鱼,风里来雨里去,渔业事故经常发生,有道是"走马行船三分险"。因为绝大多数鄱阳湖渔民没有文化,渔民生活中存在诸多禁忌,逐

---

①③ 张振安:《福主与万寿宫》,张鑫昌等:《古柏吟》,未刊稿,2003年版,第116页。

④ 唐力行:《徽商与杭州汪王庙的变迁——兼论国家、民间社团、商人的互动与社会变迁》,唐力行主编:《国家、地方、民众的互动与社会变迁》,商务印书馆2004年版,第44页。

⑤ 唐力行:《"千丁之族,未尝散处":动乱与徽州宗族记忆系统的重建》,《史林》2007年第2期。

⑥ "车干湖"是当地方言,原指用水车抽干湖里面的水,后泛指人工排水。

渐形成了渔家独有的风俗习惯。鄱阳湖渔事禁忌可以分为翻忌、船忌和性别之忌。翻忌,渔业事故中翻船落水的最多,因此鄱阳湖渔民平时生活中特别忌讳"翻"。最典型的是,渔民吃鱼时在上半爿鱼吃完之后绝不会把鱼翻过来再吃,而是将面上的骨头剔掉再吃下半爿,渔民认为翻鱼就意味着翻船。他们亦忌做出与"翻"相关的动作。渔民晒鱼筐、晾鱼篓、揭锅盖和起舱板,都不将它们翻转。翻忌可能是所有渔事禁忌中流传最广的,只是各地表现形式不同而已。鄱阳湖渔民日常生活中也忌说"沉"。因为当地方言中"盛"与"沉"同音,所以渔民"盛饭"要说"添饭"和"加饭",或者干脆说"sheng"饭,有的渔民甚至宁愿说"讨饭""要饭",也不会说"盛饭"。船忌,是指鄱阳湖渔民在渔船上各种行为方面的禁规。渔民不能在船上拍手,因为拍手暗喻着"两手空空",无鱼可捕。渔民饭毕筷子绝对不能搁在碗、盘上,这意味着"搁浅",有些地方渔民饭后还要将筷子轻轻地摔向船板,并让其滑动一下,预示"顺风顺水"。渔民用筷子夹鱼,从不将筷子伸至鱼身下面,因为鄱阳湖有"船底破洞"之说。渔民不得在船上吹口哨、吵架,不许卷起裤脚管,忌在船头(龙头)小便,他们相信以上行为会唤醒鄱阳湖中的河佬,导致翻船落水事故。渔民忌双脚悬于船外,以免"河佬拖脚"。渔民也忌头搁膝盖、手捧双脚姿势,此态像哭,不吉利。①

　　鄱阳湖渔事性别之忌,是指渔船上很多对妇女的禁忌,这在其他水域包括海洋渔业中也广为存在。渔民一般不准妇女下船,据说这会给渔船和渔民带来邪气。渔家妇女不能随意去渔船前半部的作业区,一般情况下只能在渔船后半部生活区洗衣做饭干杂活。妇女不能跨越渔网、船缆,更不能袒胸露背。妇女只能从船艄或船侧的跳板上、下船,而不允许走船头的跳板。渔船上接待客人,女人不能上桌吃饭,只能在船后伺候。这种禁忌也延伸至渔民在岸上的生活,渔民家里请客,女人从不上桌而只是待在厨房。新娘新婚未满月时,不能到别家渔船上串门。渔民开始捕鱼后,妇女不宜大声喧哗,据说这会影响捕捞。又如前引"俟鱼苗装满后,即悬红布旗以船首,以为表识……该旗悬挂后,妇女即不得登船"②。船上渔民性别和数量也有忌讳,绝不允许七男一女,形成"八仙"同船,传说这有被龙王"抢亲"而翻船的风险。日常捕捞作业时,鄱阳湖渔民还有其他许多禁忌。虽然渔事禁忌中不乏迷信,有些禁忌还有宗教的成分,但都反映了渔民对稳定和美好生活的向往。

　　渔俗是民风民俗中独渔业特色的民俗,与渔业生产和渔民生活有着千丝万缕的联系,有些并非鄱阳湖区所独有。比如:渔业生产普遍实行的"船老大制",渔船出航作业风险很大,团结协作显得尤为重要,需要有丰富经验的船老大的统一指挥。船老大就是渔船上的指挥官,保证渔业捕捞的安全。无论是腰大裆深的"包裤",还是下摆特别宽大的"作裙",都体现了渔民服饰实用的一面,因为这样可以避免渔船上绳索的缠绕扯挂。有些渔歌起到相互鼓励和协调的作用,特别是夜晚和风雨中捕捞

---

① 《上饶市农业志》编纂委员会:《上饶市农业志》,第425页。
② 都豪耕:《九江湖口等七县渔业调查报告(二)》,《经济旬刊》1937年第9卷第2期,第21页。

作业时,渔歌的作用尤为重要。渔俗,尤其是鱼谚,不但与渔业生产、渔民生活有着千丝万缕的联系,而且是渔业生产的科学总结和渔民生活经验的概括。有的鱼谚就表明了渔业生产时节,如:清明鱼散子;春鲶夏鲤秋鳜冬鳊;黄豆开花、摸鱼抓虾;三月三,破船莫在江边弯,九月九,破船莫在江边守。① 又如:清明鱼发躁;进九鱼封口,惊蛰鱼开舌;水涨三尺,鱼涨三丈;吃过中秋酒,工具不离手;寒露霜降水推沙,鱼沉深潭客归家。② 有的鱼谚阐明了天气与渔业生产的关系,如:塘里鲤鱼跳,暴雨要下了;立夏北风,十塘九空(就是捕不到鱼)。有的鱼谚歌颂了渔民的聪明与勇敢,如:风浪识舵手,渔民知鱼情;浪大挡不住鱼,雨大拦不住捕鱼郎。还有鱼谚表现了某一哲理,如:鱼怕离水,人怕离群;没有大网捕不到大鱼;一手抓不到两条鱼;泥鳅扯不到黄鳝那么长。③ 总之,以上渔俗再现了鄱阳湖渔民的生活。

综上所述,渔业是鄱阳湖的重要资源和传统产业,对区域社会有着重要的影响,促进了湖区社会的发展。本文从微观视角考察历史时期即明显的农进渔退之前鄱阳湖区渔业生产和渔民生活。从中可以看到:禁港开港与鱼苗业是鄱阳湖区重要的渔业生产活动,场面非常壮观,是鄱阳湖渔业经济发达的缩影;鄱阳湖优越的自然条件成就了其发达的鱼苗业,鄱阳湖鱼苗业对我国淡水渔业的发展发挥过重要作用;独具特色的渔俗是鄱阳湖渔民生活的再现,浓郁"渔业"特征的地方文化渗透到了湖区民众生活之中。抗日战争爆发以后,鄱阳湖渔业出现了严重的衰退,但这与鄱阳湖圩堤围垦、农进渔退几乎没有关系。总体看,传统时期鄱阳湖区生态环境良好,民众不但可以吃上"河水煮河鱼",听见"渔舟唱晚,响穷彭蠡之滨",而且还能欣赏到"渔人湖上阵鱼丽,结队连舟十里围"等渔乡美景。

---

① 《都昌县志》编修委员会:《都昌县志》,新华出版社1993年版,第477页。
② 梅联华:《中国民俗知识·江西民俗》,甘肃人民出版社2008年版,第179页。
③ 许怀林主编:《江西文化》,第444—445页。

社学、耆老与庙祝:明初香山的乡村社会[①]

——以弘治南阳庙碑为中心讨论

陈志国[②]

　　长期以来,明清中国社会被视为士绅化的社会,士绅阶层作为一个特殊的阶层,享有独特的政治、经济和社会特权,一直以来都是学界研究和关注的焦点之一。[③]自20世纪40年代以来,国内外学者开始逐渐关注士绅群体的研究,对士绅的产生、社会地位、作用等问题进行了详细的讨论。[④] 20世纪60年代以后,大部分关于士绅的研究转向地方社会,探讨和关心的问题是地方精英在具体的地方社会的地位和作用,以及地方社会如何被士绅化。这些关于士绅的研究,着重要揭示的是士绅如何把地方社会与国家相连接在一起,以及士绅在国家政权控制中发挥的作用。在这些研究中,我们看到的是一个士大夫群体构成的士绅社会。实际上,明清的乡村社会是一个逐步被教化和被士绅化的历史过程。实际上,由于地区间差异,士绅在乡村社会当中真正发挥作用的时间却是不一样的。就珠江三角洲而言,至少在明代嘉靖"大礼仪"改革之前,在乡村社会当中发挥作用的并不是士绅,16世纪的"大礼仪"改革,催生出来的新社会,开始像是个由士绅主导的社会。这个社会就是我们后来常常说的"传统中国社会"。[⑤]近来,笔者在中山田野调查过程中,发现一通明代弘治三年的南阳庙碑。虽然碑文将近残缺一半,但残留的碑文内容却依稀可见。这通碑文所反映的内容,正是嘉靖之前珠江三角洲乡村社会的秩序。现拟以弘治南阳庙

---

　　①　本文为教育部人文社会科学研究青年基金项目"水陆间的社会变迁:明清香山的盗寇之患与地方秩序"的阶段成果。

　　②　作者简介:陈志国(1980—　　),男,华南农业大学广东农村政策研究中心讲师,博士,主要从事社会经济史、农业史及传统乡村社会等研究。

　　③　目前学术界对于"士绅"没有统一的完全定义,使用的名称也不一,有的也用"绅士""缙绅"或"乡绅",各有各的侧重点。具体可以参阅徐茂明的《明清以来乡绅、绅士与士绅诸概念辨析》(《苏州大学学报》2003年第1期)。

　　④　吴晗、费孝通著:《皇权与绅权》,上海观察社1948年版。Kung – Chuan Hsiao, Rural China Imperial Control in the Nineteenth Century, Seattle: University of Washington press, 1960。Chung – li Chang, The Chinese Gentry: Studies on Their Role in Nineteenth Century Chinese Society, Scattle: University of Washington Press, 1955; Chung – li Chang, The Income of the Chinese Gentry, Scattle: University of Washington Press, 1962; Ping – Ti Ho, The Ladder of Success in Imperial China, Columbia University Press, 1964. 具体相关研究可参阅徐茂明《江南士绅与江南社会》(2001年,苏州大学博士学位论文)。

　　⑤　科大卫:《皇帝和祖宗:华南的国家与宗族》,江苏人民出版社2009年版,第176页。

碑为中心,结合其他相关文献,对明初乡村社会秩序进行分析。

一、弘治南阳庙碑的内容及相关情况

"南阳庙碑"为片岩结构,碑体下部残缺,有若干行字缺失,宽51cm,残高71cm,厚6cm。碑题"南阳庙碑"为篆书横排,碑文竖排。碑中主要讲述了成化弘治年间耆老、庙祝及乡民共同倡建南阳庙的过程。根据碑中依稀可见的文字,现录入碑文内容如下:

南阳庙碑①

古者乡必有庙,庙必有灵,以福于民,而人之所敬畏也。然……本庙后峰秀起,林木森郁,名曰飞鹅。遂于其畔,挺一石笋,高……称以为蜀武侯之现身也。因塑为像,立祠保卫乡村,人安物阜……影响,人奉之,无有或怠,乡之中又有耆老陈平秀□在心善……有敬神为民之心,人皆羡慕。永乐四年丈量,乃请于官,除……塘水方二亩,东地三十四步至陈平秀园基,西一十五步至……郑阿麦田,北六十一步至阮黄弟田,各有四至,后见庙狭……惕然。成化二年秋,会同庙祝吴玄升设法化缘,命匠鸠工……两廊焕然一新。而公又买置钟鼓,聚人神,出辨蚝石前……复植秀茂嘉树,老少乘凉。凿井庙右,应众之汲。立铺庙左……设法筑砌。路有坏烂,计划修为,男妇往来而无病涉。以……雨顺,五谷丰登之报,是皆陈公作为之力也。则神之威灵……永传之而不泯,共享福于无穷。特立碑词以继之。

香山县仁厚乡社学　师　　□

　　　　　　　耆老　陈平秀

　　　　　　　庙祝　吴玄升

　　　　　　　乡人　洪……

　　　　　　　　　　陈……

弘治庚戌岁良月吉日

这通南阳庙碑,发现于中山市火炬开发区西桠小区。西桠,在明代属永乐乡得能都。据嘉靖《香山县志》记载,"永乐乡得能都,故延福里得能字围,在县东十里,图三,六十里内村二十四",其中名为"西丫"就是后来的西桠。② 相传,明代已经有人在此定居,因村处小隐涌上游分叉之西,初称西溪,后改名西丫,因"丫"与"桠"同义,民国期间称今名。③ 虽然在碑文最后提到了立碑人之一为"仁厚乡社学师□",

---

① 由于碑文残缺,碑文中字数多少不清的用"……"表示,明确缺漏具体字数的用"□"表示。
② 嘉靖《香山县志》卷之一《风土志第一》。
③ 《广东省中山市地名志》编撰委员会:《广东省中山市地名志》,广东科技出版社1989年版,第172页。

但并不表明南阳庙就在仁厚乡。明代的仁厚乡属县城范围，而永乐乡得能都则在县城的东北部。碑文中也记载了南阳庙碑的坐落位置："庙后峰秀起，林木森郁，名曰飞鹅。"又据《张家边区志》记载，飞鹅山，距区办事处13公里，东靠马鞍山，濒临珠江口，南与横门相邻，因形似飞鹅起飞的模样而得名。① 因此，根据碑文内容及发现地点判断，南阳庙及庙中的碑刻应该就是明代香山县永乐乡得能都"西丫"村。从碑文记载来看，南阳庙崇祀的神祇是诸葛武侯，而在嘉靖《香山县志》中并没有南阳庙碑的记载。在地方志当中，最早出现南阳庙记载的是乾隆《香山县志》："南阳庙，在城南麻州街西，祀诸葛武侯。"②在田野调查当中，我们也发现在中山市的大多数乡村中现在依然有许多崇祀诸葛武侯的庙宇，这些庙宇大多称为"武侯庙"。

二、明初对乡村社会的管治

元亡之后，明朝建立，明太祖为了加强对广大乡村社会的管治，实施了许多具有开创性的乡村管理制度。这些重要的举措包括建立里甲制度、设立耆老、建立社学等等。这些措施奠定了明王朝对乡村社会统治的重要基础。

首先，在赋役征派上，建立里甲黄册制度。在中国古代，田赋的征收一向是国家财政的最主要的来源，是封建国家政权赖以生存的重要基础。明王朝建立之后，面临在统治者面前的一个核心的任务就是如何高效率地征收田赋和徭役。为此，明王朝建立了"画地为牢"的里甲体制。里甲制度是明朝最重要的基层管理制度之一，也是基层治理的基本单位。③ 关于里甲制的设立，据《明太祖实录》记载："（洪武十四年正月）是月，命天下郡县编赋役黄册。其法以一百一十户为里。一里之中，推丁粮多者十人为之长，余百户为十甲，甲几十人。岁役里长一人，甲首十人，管摄一里之事。城中曰坊，近城曰厢，乡都曰里。几十年一周，先后则各以丁粮多寡为次。每里编为一册，册之首总为一图。其里中鳏寡孤独不任役者，则带管于百一十户之外。而列于图后，名曰畸零。"④可见，明代里甲的建制，即是每里为110户，其中丁粮多者10户轮充"里长"，其余100户均分10甲，每甲10户，称"甲首"或"甲户"。如果村落中有鳏寡孤独不当力役者，则列于110户之外，而列入畸零户。当然，畸零户也可能被列入里甲户，例如孤儿长大成年后，自然也就列入里甲户内了。里甲的主要职责是"催征钱粮，勾摄公事"。所谓"催征钱粮"指的是，每年由一名现年里长率一

---

① 中山市《张家边区志》编写小组：《张家边区志》，花城出版社1994年版，第15页。

② 乾隆《香山县志》卷八《坛庙》。

③ 关于里甲制度的研究，学界有过相当深入的讨论，具体可以参阅江士杰《里甲制度考略》（重庆商务印书馆1944年版）；梁方仲《明代粮长制度》（上海人民出版社1957年版）；韦庆远《明代黄册制度》（中华书局1961年版）；衔微《明代的里甲制度》（《历史教学》1963年第4期）；李晓路《明代里甲制度研究》（《华东师范大学学报》1983年第1期）；唐文基《试论明代里甲制度》（《社会科学战线》1987年第4期）；刘志伟《在国家与社会之间：明清广东里甲赋役制度研究》（中山大学出版社1997年版）等研究。

④ 《明太祖实录》卷一百三十五，洪武十四年正月。

个现年甲,征收本里税粮。不仅催征田赋由里甲承当,明初的杂役也是由里甲金派。所谓"勾摄公事"包括:第一,管理本里人丁事产;第二,清军勾匠,根究逃亡,拘捕罪犯;第三,到各级衙门轮流执役,"承符呼唤";第四,出办"上供物料"。明初"上供物料"的供给,无一定之规。或由官府出钱向商人购买,或由地方提供,所需费用从地方税粮起运那一部分扣除。① 与里甲制度配套推行的还有黄册制度。洪武年间规定,每十年要编制一次黄册,叫作"大造黄册",或简称为"大造"。②

其次,在乡村教化方面,设立里老制度。里老制度是明代地方行政制度的一个组成部分,是明政府为了加强县以下城乡基层社会组织管理所采取的一项措施。③ "耆老",又称"老人"、"乡老"、"里老人"等,是明代里甲体制下教化体系的一个重要的组成部分。在我国古代封建政府对乡村社会的组织管理当中,曾长期推行一种乡老制度,即选择一些在乡村中德高望重的"老人"来管理和处理某些乡村纠纷。明太祖就是一位很重视"老人"在乡村事务中作用的皇帝。据《明太祖世录》记载,洪武二十一年八月,"罢天下府州县耆宿。初,令天下郡县,选民间年高有德者,里置一人,谓之耆宿,俾质正里中是非,岁久更代。至是户部郎中刘九皋言,耆宿颇非其人,因而蠹蚀乡里,民反被其害,遂命罢之"④。可见,洪武二十一年以前就曾设置过一种名为"耆老"的乡职。到了洪武二十七年,里老制度进一步得到完善,"命民间高年老人理其乡之词讼。先是,州郡小民多因小忿,辄兴狱讼,越诉于京,及逮问多不实。于是上严越诉之禁,命有司择民间耆民公正可任事者,俾使听其乡诉讼,若户婚、田宅、斗殴者,则会里胥决之,事涉重者始白于官,且给教民榜使守而行之"⑤。里老的选任是由乡民推举,州县政府来任命的。至于里老所担负的职责,据明太祖颁布的《教民榜文》记载:"今出令诏示天下,民间户婚、田土、斗殴、相争一切小事须要经由本里老人里甲断决,系奸盗诈伪人命重事,方许赴官陈告。是令出后,官吏敢有紊乱者,处以极刑,民人敢有紊乱者,家迁化外。"⑥可见,这些在乡里享有崇高威望的"耆老",在乡村社会的教化中担当着裁决争讼、督课农桑、劝民为善、维持乡里治安等重要职责。

再次,在乡村教育方面,采取了普遍建立社学的措施。社学,为元明清三代在民间设立的用以教化乡民之乡学。社学,始创立于元代,明代建立以后,明太祖大力提倡在乡村建立社学。洪武八年正月,朱元璋谕令中书省:"昔成周之世,家有塾,党有痒,故民无不习于学,是以教化行而风俗美。今京师及县皆有学,而乡社之民未睹教

———————————

① 唐文基:《试论明代里甲制度》,《社会科学战线》1987 年第 4 期。

② 韦庆远:《明代黄册制度》,中华书局 1961 年版,第 22 页。

③ 王兴亚:《明代行政管理制度》,中州古籍出版社 1999 年版,第 305 页。

④ 《明太祖实录》卷一百九十三,洪武二十一年八月。

⑤ 《明太祖实录》卷二百三十二,洪武二十七年四月。

⑥ (明)张卤辑:《皇明制书》卷九《教民榜文》,《续修四库全书》(788)《史部·政书类》,上海古籍出版社 2002 年版。

化,宜令有司更置社学,延师儒以教民间子弟。"①此令一下,各地社学纷纷建立,盛况空前。其后,洪武十六年,"诏民间立社学,有司不得干预,其经断有过之人,不许为师"。正统元年,"令各处提学官及司府州县官严督社学,不许废弛,其有俊秀向学者,许补儒学生员"。成化元年,"令民间子弟愿入社学者,听其贫乏,不愿者勿强"。弘治十七年,"令各府州县建立社学,访保明师,民间幼童年十五以下者送入读书,讲习冠婚丧祭之礼"。② 可见,从洪武八年开始设立社学,到弘治十七年已经明令在各府州县建立社学。有的县建立的社学,多达206所,如福建龙溪县。一般而言,洪武年间各府州县平均为61所。③ 在明代所立的社学当中,大部分都是地方政府所倡导而建立的。据王兰荫的统计,在知县所建的1060所社学当中,纯由知县建立者,约占83%,由于提调学校官之命令监导而建立者,约占16%;在知州所建的69所中,纯由知州建立者,占80%,由于提调学校官之命令监导而建立者,占16%;在知府所建177所中,纯由知府建立者,占96%,由于提调学校官之命令监导而建立者,占2%。④ 社学的入学年龄一般定在15岁以下,入学时不必通过考试,招收名额也无定量,学生的入学费用,完全由个人自筹,政府不予以资助补贴。社学在课程设置上,要"兼读御制大诰及本朝律令","讲习冠婚丧祭之礼",⑤主要侧重于对乡民子弟进行伦理道德的教化。

除了以上所列措施之外,明代对于乡村社会的管治,还有诸如设立乡约,建立保甲体制等等。这些措施由明政府明令下达到各级地方政府贯彻执行,但实际上在各地实行的情况却千姿百态。明初采取的这些乡村管制措施起到了一定的效用,到了明代中叶之后,这些制度越来越流于形式,一些制度逐渐趋于瓦解。

三、碑文中所见明初香山的乡村社会

南阳庙所在的香山县,地处珠江三角洲的中南部,东临伶仃洋,珠江八大出海水道中有磨刀门、横门、洪奇沥等三条流经香山境内出海。在明代中叶以前,香山县仍然是海上的一堆岛屿,正如邑人黄佐所言:"邑本孤屿,土旷民稀。"⑥据嘉靖《香山县志》的记载,从洪武元年到嘉靖二十七年180多年的时间内,香山县境内考取进士的仅6人,考取举人的仅51人。⑦ 可见在香山县境内的广大乡村,具有高级功名身份的人并不多。实际上,从弘治南阳庙碑的记载来看,明初香山的乡村社会并不是一个由士绅占据主导地位的社会。在乡村社会当中,起着重要作用的是"耆老"和"庙

---

① 《明太祖实录》卷九十六,洪武八年正月。
② 《明会典》卷七十八《礼部三十六》,(明)李东阳撰,申时行等重修。
③ 王兰荫:《明代之社学》,《师大月刊》第21期,民国二十四年,第12~13页。
④ 王兰荫:《明代之社学》(续),《师大月刊》第25期,民国二十四年,第63~72页。
⑤ 《明史》卷六九《志第四五·选举一》。
⑥ 嘉靖《香山县志》卷二《名物志第二》。
⑦ 嘉靖《香山县志》卷六《黎献志第六》。

祝"。

    首先，从碑文记载的立碑人来看，在创建南阳庙碑的过程中，起着关键性作用的是"耆老"和"庙祝"。据碑文记载，在永乐二年(1404)时，乡民就"请于官"，进行丈量土田，确定了庙宇的四至范围。到成化二年(1466)秋，耆老陈平秀会同庙祝吴玄昇"设法化缘"，聘请工匠整修庙宇，并购置钟鼓，种植树木，凿井惠民。因此，我们看到的事实是在"耆老"与"庙祝"的共同努力之下，南阳庙才得以创建。"耆老"是明代政府所委任处理各种乡村事务的代言人，而"庙祝"则是庙宇中掌管香火之人，两者都是在地方社会当中享有一定威望的代表。

    其次，从立碑的时间来看，弘治三年，正好是嘉靖年间毁淫祠前不久。所谓的"淫祠"是指被排除在明代法律允许之外民间奉祀的神祇。巫觋奉祀的神祇，大都没有被包括在祀典之内，而祭祀的仪式，亦往往为明清士大夫所不能接受。在嘉靖元年(1522)，广东提学副使魏校下令毁淫祠，兴社学。① 而在香山县，具体负责毁淫祠的是香山县教谕颜阶。据嘉靖《香山县志》记载："颜阶，字德升，漳州龙溪人。正德十六年，以举人来为教谕。庄重淳雅，克端师范。富有学术，训迪惟勤……首建迁学之议，继毁淫祠，以立社学，禁师巫以崇正教。在任七年，擢贵绐印江知县。"②嘉靖二年，"教谕颜阶奉提学副使魏校檄创社学大馆于城中，以总各隅乡都社学子弟"③。至今，在中山市博物馆里珍藏了一件铜豆，器身铸铭文记载："嘉靖二年秋香山教谕颜阶奉提学副魏命造"④。铜豆是用于祭祀先圣孔子的礼器，很可能是当时建立社学时所用的。因此，明代香山县社学的大量建立，应该是在嘉靖颜阶毁淫祠之后。

    再次，从碑文中"仁厚乡社学师□"的记载来看，至少说明在弘治三年时香山县已经有社学的存在。据嘉靖《香山县志》的记载，最早建立的社学为东门社学，为时任知县的朱显所建，其他社学都是嘉靖年间建立的。⑤又据嘉靖《香山县志》记载，朱显，"延平人，成化十四年以举人来为令"，"在任六年，以忧去"。⑥也就是说在成化年间，香山县知县朱显已经开始建立社学。嘉靖之后建立的社学，大部分都是"淫祠寺观"改造而成的。据嘉靖《香山县志》记载："东隅社学，在城达德街，旧五岳庙，嘉靖二年改建，正堂三间，后堂三间，廊四间，门楼三间。莲峰社学，旧太保庙，嘉靖二年改立。在县东二里后亨村巷口，前堂三间，后堂三间，廊二间，门楼三间。"⑦又据成化《广州志》的记载，在香山县仍然有大量的寺庙庵堂，包括无量寺、宝庆寺、元兴寺、西林庵、目连庵、云母庵、东林庵、碧云庵、洪山庵、水月庵、云盖庵、通济庵、云梯

    ①   关于嘉靖初年毁"淫祠"对珠江三角洲的影响，可以参阅科大卫(David Faure)的《明嘉靖初年广东提学魏校毁"淫祠"之前因后果及其对珠江三角洲的影响》(载周天游主编：《地域社会与传统中国》，西北大学出版社1995年版)。

    ②⑥   嘉靖《香山县志》卷之五《官师志第五》。

    ③⑤⑦   嘉靖《香山县志》卷之四《教化志第四》。

    ④   中山市博物馆编：《中山历史文物图集》，1991年，第64页。

庵、独觉庵、康帅堂、种德堂等等。① 这些寺庙庵堂在经过嘉靖年间"毁淫祠"运动之后，基本上都被废弃或者改造。嘉靖年间，曾经对"淫祠寺观改建者"进行过详细的普查，令"乡老丈量界至，画图送官"，"若有名无实，有司查出治罪"。②因此，在嘉靖《香山县志》才会出现"废寺"或"废庵"的记载。③

事实上，明初珠江三角洲的乡村社会，佛、道与巫觋的力量依然相当强大，各种各样非正统的法术和宗教仪式充斥着人们的日常生活。明清时期，当士大夫要利用文字在地方上推行教化的时候，他们采取的一种主要途径就是在地方上推行种种儒家的"礼仪"，并同时打击僧、道、巫觋的法术。④ 嘉靖年间的毁淫祠，大量兴建社学，正是士大夫在地方上推行教化的一种努力。从正德嘉靖年间的毁淫祠来看，在正德、嘉靖年前，大多数乡村庙宇都有可能是"淫祠"。这就说明在嘉靖之前，香山县仍然有大量的"淫祠"存在。弘治三年的南阳庙碑，碑文中虽然落款有"香山县仁厚乡社学师□"，但在内容当中并没有提及。⑤ 因此，很有可能的是在地方社会当中享有一定威望的"耆老"和"庙祝"一类的人物，借助社学的"正统性"来创建庙宇，这其实也是为了避免被列为"淫祠"的嫌疑。

四、余论

以上透过一通明代弘治年间碑刻对明初乡村社会秩序的分析，我们可以进一步得到如下思考：

第一，以往史学界所认同的士绅控制乡村社会的事实并不是绝对的，由于地区之间的差异，士绅开始在乡村社会占据主导地位时间节点也是不一样的。在珠江三角洲，嘉靖年间的毁淫祠是一个关键的时间点，嘉靖之前佛、道与巫觋的力量依然相当强大，"耆老"和"庙祝"在具体的乡村事务中起着主导作用。到了嘉靖之后，士大夫通过毁淫祠运动，在乡村建立社学，利用文字在地方上推行教化，将被排除在明代法律之外的许多寺、庙废除并加以改造，从此之后士大夫开始逐渐在乡村事务当中发挥其主导地位。

第二，以往学界讨论中国历史上的所谓的乡村自治，过于强调乡村"自治"的程度，其实在乡村自治的很多层面仍然存留有国家的影子。即使是在明初士绅没有占据主导地位的情况之下，"耆老"其实也是国家在乡村社会的代言人。"耆老"具有双重身份，一方面是地方利益的代表，另外一方面也是国家委任在乡村事务处理上

---

① 成化《广州志》卷二十五，北京图书馆古籍珍本丛刊038，书目文献出版社。
② 嘉靖《香山县志》卷之四《教化志第四》。
③ 嘉靖《香山县志》卷之八《杂志第八·寺观》。
④ 科大卫、刘志伟：《宗族与地方社会的国家认同——明清华南地区宗族发展的意识形态基础》，《历史研究》2000 年第 3 期。
⑤ 从碑文的内容布排来看，"社学"与"耆老""庙祝"应该是并列的，而"耆老"和"庙祝"后面紧跟的都是具体人名，据此推测"社学"后面应该也是人名"师□"。

的代言人。这种身份使得"耆老"在毁"淫祠"的运动中，一方面不能背离国家的政策，另外又不得不维护地方的利益。因此才有了"耆老"与"庙祝"的合作，打着"社学"的招牌，寻求正统的合法性，来建立南阳庙。这也表明，地方社会在不违背国家政策的前提下，会"自下而上"地改变策略，确保地方社会自身的利益。

附件：南阳庙碑照片

通过《补农书》看明末清初
江南一带的农业施肥法

（韩）崔德卿①

一、序言

肥料的必要性：在农业生产中，施肥是增加土壤肥力和提高产量的重要方法之一。随着人口的增加、土地高度利用，设法增加土壤肥力刻不容缓；此外，由于土地分配不均，常耕田增多，进一步导致了土质恶化，产量降低。因此，农民们不得不利用肥料给土地施肥，以此来提高产量。

明末清初江南一带的施肥情况：施肥决定着农业生产力。从明末的《沈氏农书》中，也可以看出人们对施肥的重视，可以说，在当时，施肥已成为农业中的头等大事。所以，有必要弄清楚当时肥料有哪几种，引领江南地区农业发展的肥料是哪几种，农民如何调配和施用这些肥料从而达到增产的目的。换句话说，就是通过研究肥料和施肥法，进一步了解明末清初江南一代的水田和商品作物的栽培，并把握其中复杂的变化。

二、明末清初肥料种类多样化

踏粪法：据《齐民要术》记载，当时最主要的农家肥是在牲畜棚里踩踏而成的踏粪，它作为播种前施用的底肥，被广泛使用于华北一带。元代著书《王祯农书》(1313)中的《粪壤》篇，就对踏粪法作了记载，并且该法一直沿用至今，可见该法在农村的重要地位一直没有改变。《王祯农书》的《粪壤》篇中记载，除踏粪以外，还有苗粪、草粪、火粪、泥粪等肥料。当然，沿用下来的还有宋代《陈旉农书》中记载的饼肥，以及泥土混合草木烤制而成的火粪和沤制杂肥。这说明，用于旱田农业中的肥料，在水田中也同样适用。

其他主要肥料：

苗粪：苗粪是一种有机质氮肥，制作苗粪以绿豆最佳，其功效可媲美蚕粪和熟粪，被广泛施用于长江和淮北一带。

---

① 作者简介：崔德卿，男，韩国釜山大学教授。

草粪：草粪是由杂草沤制而成的，适合施用于秧田。

火粪：由草木和干土混合燃烧后形成的火粪，则多用于土壤含水量大、地温低的江南一带，在水田中施用火粪，可使土壤变暖，利于作物成长。

泥粪：泥粪是指从河底打捞上来的河泥。在《陈旉农书》中并没有关于河泥的记载，这说明在宋代，江南一带并未广泛使用河泥。但到了14世纪初，根据《王祯农书》中记载，泥粪在当时已被广泛使用。

明中期以后肥料种类多样化：

（1）在《徐光启手记》一书的《广粪壤》篇中，记载了粪肥（14种）、饼肥（17种）、渣肥（2种）、股肥（10种）、泥土肥（8种）、灰肥（2种）、绿肥（10种）、稿秸肥（7种）、无机肥（7种）、杂肥（30种）等107余种粪肥，大部分都属于氮肥。其中，由六畜、鸟、野兽和鱼燃烧而成的灰肥、杂肥中，各种动物羽毛富含大量磷酸，骨灰和无机肥中的石灰、硫磺、黑矾、螺灰、蛤灰、蚝灰等富含大量钾。

宋元时期，所有肥料种类只不过46种，到了明代，肥料种类有了巨大增加，特别是粪肥、饼肥、骨肥、绿肥、稿秸肥、无机肥、杂肥等肥料种类较以前增加了一倍。

据记载，在当时家畜粪便、动物骨灰以及植物种子经油榨后的残渣都可加工成肥料，另外食物制作过程中产生的废物、副产品和腐败的工具等都可以作为肥料使用。这时的肥料就具备了氮、磷、钾三要素。

江南一带的水田，由于长期浸泡在水中，土壤酸性极高。书中记载"若不向田里灌水或撒灰，作物就无法苗壮成长"，即为了中和土壤酸性，必须施加富含磷和钾的底肥。一般来说，旱田里施用灰肥，会造成土壤膨胀，肥效降低，但水田就不会出现这种情况。因此中和肥料在提高水田复种指数和增加产量方面发挥着重要作用。

（2）根据《徐光启注释集》中收录的《粪壅规则》的记载，各地区施用的肥料有所不同。

华北一带一直使用动物粪，无大的改变，山西和山东一带会把花1~3年烧制而成的土炕或土墙捣碎用作肥料。同时，在江南一带的浙江、三吴（吴郡，吴兴郡，会稽郡）和广东地区，按地区特点进一步丰富了粪肥的种类，例如广东、南土一带将大蛤类贝壳高温烧成灰，作为肥料撒在水田里。江西人和浙江中部地区（金衢盆地）会在插秧时将秧苗连同十几根猪毛一同插入田里，或在秧苗根部撒上猪毛烧成的灰。而北京的西山一带，把鸡毛和鹅毛施在稻田里作为肥料。

（3）清代杨屾（1687—1784）在著作《知本提纲》中记载了"酿造粪壤有十"法，也就是10种十分重要的肥料，即人粪、牲畜粪、草粪、火粪、泥粪、骨蛤灰粪、苗粪、渣粪、黑豆粪、皮毛粪。由此可见，明清时期基本上承袭了明末的肥料种类。但值得注意的是，"生熟有三宜之用"的生熟粪概念和首次确立的肥料使用法则。"生粪是指没有腐熟的粪储存起来，只在树木和果木移植时使用。"

经过腐熟的熟粪按时宜、土宜、物宜分为三类。首先，所谓"时宜"是指在适宜的时间施肥。"土宜"是指根据不同气脉下土壤性质不同,土壤肥力相异,施加适宜的肥料。原因在于根据土壤性质,施用适宜的肥料,可以有效改善土质。而"物宜"是指根据物性的不同施肥。

史料中,有"重视事物本性,因物制宜施肥方可增产"的句子,可见清朝初期就已依据天地物确立了肥料"三宜"观,这相比明代是一大进步。不仅如此,当时对以往指定的明代各种肥料作了系统的整理,特别是确立了磷酸和钾肥的重要地位。

(4)烧结:从徐光启著书和《沈氏农书》中可以了解到,明清时期的肥料种类已经大大增多;另外,施肥法经改良后农业产量得到了大幅提升。多种多样的肥料其成分和功效也得以被广泛认知。清朝的胡渭在给《禹贡》一书做注释时,曾引用浙江德清的民歌,歌词大体是"粪可使枝叶茂盛,灰可使根茎健壮,铁可加速枝叶生长,硫磺可健壮根茎,促产增收"。

由此可见,当时农民已经对氮、磷、钾、铁、硫磺这五大元素的功效有着准确的了解。不仅如此,在各地的地方杂志上也可看到类似的语句:"叶子黄,施用粪;叶子若,施用灰;要想果实饱满,肥料里加些骨灰。"

关于粪肥和灰肥的句子也很多,例如"稻田底肥用粪,可防止叶片发黄;用灰,可防止倒秆",还有"灰肥利于生根,骨肥利于长果,粪肥利于生叶;单施粪肥,仅仅利于叶片繁茂生长"。显然,在清代,江南一带的农民不但熟知肥料三大要素,而且对其用途功效不仅了解还能准确地运用。

综上所述,从明朝到清代初期,肥料历史经历了进一步的发展,江南一带水田和商品经济也因此得以进步。

三、江南一带的主要肥料:粪尿、罱泥与饼肥

清朝初期的《知本提纲》中共记载了10种粪肥,其中对人粪和牲畜粪加以强调,特别是对"一等粪"的人粪予以高度评价。但从明末的《沈氏农书》中,就已经能找到不少关于粪尿施肥的例子。

(1)粪尿:粪尿从何时起开始被用于提高地力虽已无从考证,但依据《陈旉农书》《粪田之宜》篇中的记载可知,南宋时期粪尿已被广泛应用,人们修建粪屋和粪池来储存粪尿,并将大粪作为底肥施加到田地里。

据南宋初期的《陈旉农书》(1149)所记载,对于粪的效用性如把它经常放入土壤中治理,这种方法叫作"土地常新状"。他们把粪当作粪药用于恢复地力。这种认识在《王祯农书》《粪壤》篇里面也有介绍,把粪放入原不好的土地里面它会渐渐变好,放在贫瘠的土地里面也会变成肥沃的土地。当代的农民依然把粪当作粪药来认识。

元代的《王祯农书》《粪壤》篇里也有着与《陈旉农书》相同的粪屋,在南方的农家里,田间的入口处放着用石头做成的粪窖,把内部放着腐熟的粪尿施肥在田地里,土地会变得肥沃。当时在北方，还没有与江南一样的"厕间"，在明代的《五杂俎》里可以看到。

清初，在《知本提纲》里有着这样的说法，"随土用粪，如因病下药"，就是说在土地里倒入粪土就像在给病人开处方一样。这种粪尿处方在江南的水田里就直接适用。

用家畜的粪便补充人粪：《沈氏农书》《运田之法》里有着这样的记载，在储藏粪便的"租窖"里如有不足的情况可用猪或者羊的粪便来代替补充。

做租粪窖的理由是：当时粪便的价格相对来说比较贵而且还有搬运的人工费并且不时地有偷盗事件发生。当然也不能单单依赖租粪窖，古话说："光种地不养猪不可能成功"。

实际上一只猪一年可以生产的堆肥是 20 车左右。牛粪的话每亩如果需要 5 牛车的话一只猪就可以生产 4 亩的肥料。按照当时的实际情况，对于一般的小农来讲 2～3 只猪就可以解决问题了（像李伯重所说，耕作 10 亩地的人家用猪粪施肥只要养 27 只猪就可以，但是在现实生活中却很困难）。

所以如果人粪供给不足的话，可以用猪或羊的粪便来补充，所以在农谚里有这样的说法"农家人不养猪就如秀才不看书一样"。

在当时的这种情况下，能最简单弄到肥料的方法就是因为人口增加的人粪。粪尿在江南农业中被积极的使用这也是无可厚非的。特别是人粪的分解属于速效性肥料，比起牛粪的冷性肥料用途不同。

磨路：《补农书》一中有提到一种非常独特的肥料即磨路。此方法是于磨坊里在碾岩中来回旋转之后把土和草还有排除的粪尿一起混合之后施肥到土地里。《沈氏农书》《逐月事宜》里有提及过在平望镇正月与四月即可购买。作为磨坊的集中地平望，因（碾米户）非常之多所以牛粪磨路猪粪也被大量生产。

（2）罱泥：《补农书》中把在河床里面取出的稀泥叫做"罱泥"，用于耕作的泥土叫做"罱田泥"。罱泥是 水道与池塘之间取出的一种肥料，虽在华北不轻易可见，但在江南却是一种固有的肥料。罱泥就是动植物腐蚀沉淀的有机物体，随着雨水的冲刷覆盖在表土上的肥料成分，这样形成的肥料在桑田或稻田里是一种重要的基肥。

翻阅《沈氏农书》《逐月事宜》可知，在当时，除了炎炎夏日，几乎大部分月份都在江河淤泥中取"罱泥"来做基肥。坐着船在江河之中取出罱泥需要 6 个人的相互配合才能完成。这种工作在当时的江南农家是一种不可缺少的农家作业。

在稻田里用罱泥作为基肥，向新土里面供给肥料，也有补充每年被雨水冲刷的效果。

（3）饼肥：在江南地区还有一种备受瞩目的肥料，即饼肥。把豆饼、麻饼或者麻花饼里面的油分榨出后剩下的糟粕，做成块状用于施肥。饼肥的使用始于宋元时期，此种饼肥里含有大量的窒素成分，肥效高、重量轻，在远距离的运送中能节省人力，还有可长时间保管的特点。此外就是用于底肥后拔掉根部时非常简易，稻苗的穗儿苗力不足时,饼肥也可追肥。

特别是比起单独的饼肥类肥料,与灰一起混合使用的话,可迅速分解油分,具有栽培快的特点,在分解初期形成的有机酸和有害物质会较低程度的损害水田。

饼肥的扩散理由:肥料消费扩大的理由中,不但有着肥料效果,在明末清初时期人粪的供给量比南宋时期增加了 3.5 倍,因各种商品作物的发达,供给渐渐枯竭,只有购买外地饼肥类。另外,随着雇佣成本的增加金肥就出现了生机。

清代中期,在太湖东边的水稻与棉作地里,豆饼作为肥料的使用占到肥料总量的 1/4,据说在当地豆饼的生产量相当之大。这样生产出的肥料一方面用在农作物的生产中,一方面用于猪的饲料。

四、《补农书》的施肥法与粪尿

基肥的重要性:依据《沈氏农书》《运田地法》的说法,江南的稻农在"粪多力勤"的两个原则下进行农作。而且在其中特别强调基肥的重要性。

明代袁黄的《劝农书》(1591)中,关于垫底的基肥与接力还有追肥的说法开始登场,垫底即是在土壤下层里施肥,根部收到肥力会生长会更加有动力。接力即是在土壤层上部施肥让根部生长得更加有力,强有力地指出了两者的特性。

还有就是耕种土地能手们把土地翻新时会浇入基肥,播种后基本上不浇入基肥,在前面我们讲到过浇入基肥的目的是为把土壤翻新并非是为了让苗快速地生长。如果想要苗种繁盛,播种后需注入基肥,这就是为了让苗种生长茂盛,但果实却不能繁盛地生长,此时虽然已经开始追肥但是没有特别的成果。在《知本提纲》中也提到了基肥比追肥更为重要,此时的基肥叫作"胎肥"。只有充分的把胎肥施到田地间去才能收到更多的果实。

追肥的出现:首次提到追肥的是《氾胜之书》里的《种麻》篇,播种后把种子的高度设定为一尺左右然后作为蚕矢浇肥。

但到了《齐民要术》的阶段,追肥与葵和韭一样不能仅仅局限在蔬菜类上,在同一阶段《陈旉农书》提到的麦和稻中作为绿肥应该追肥。所以在中耕期间除草季如与杂草一起混合后注入土地中谷物会繁茂地生长,如上所示所以说施肥与除草一并被人们认为是能收获的重要因素。

如在稻苗上追肥太多会导致稻苗吃肥太多而过度生长,落穗开果花粉飞扬,所以此时要特别注意。处暑 8 月 23 日后再拔掉罗穗时,会追肥,但是颜色会变为黄色。加入模拟的颜色不是黄色是绝对不能追肥的。"罗穗的做胎"苗会变成黄色此时需要大量的质素合成蛋白质,叶子会首先分化给罗穗,这时颜色会变为黄色,此时需要注入适量的肥料。

深耕的重要性:深耕时因根部会展开因而能较好吸收氧分,稻苗会迅速地生长且根部也会很稳固,还有就是越深保管阳关的保肥力会越强,根据水的注入量,肥料的损失也会减少，尤其是在旱季，特别是在明清时期的太湖地区。种下的水稻如果根部不能延伸太深，会轻易地折断而导致生产量的下降。贫穷的农家会因为不能正常地注入肥料而导致生产量的降低产生烦恼，而有的农家也会因为过多地注入肥料导致罗穗过快的生长产生烦恼。如果究其原因，结论就是在没有成熟的种子上施肥过多的原因。因此追肥一定要细心观察并按实际情况来确定施肥量。

水田与桑田的粪尿：在粪汁里含有大量的植物营养，铝成分尤为丰富，苗在分叶之前如果注入一些尤为好，能够促进苗种的生长。

灰和人粪尿的关系：太湖流域及南方地区的农民们在马厩里，把堆肥和灰混合以提高速效性，肥料的效果维持长久的同时也会把土地里的泥土变得柔软。依据1965年朱光瑆等研究结果如草木灰与粪尿混合后灰里面的质素铵有保存作用，还能提高肥料的质量及效果，也可提高肥料的肥力。还有就是碳化物质铵会黏着在铵内部，所形成的二酸化炭素会遏制铵的散发。依据沈氏的经验把烧过的草灰与粪尿结合后施肥可以酸化，可以改良水田的土壤及发挥理化性状的作用。但在学术界还依然认为粪和灰如果同时使用会降低肥料的施肥效果。

五、施肥时期与劳动力

按照《杨园先生全集》所述，粪尿施肥的时期都在播种前或者收割后。除了江南水田施底肥的时期，4月中旬、5月、8月中旬、10月上旬都需要施肥。

人粪的购买：在江南人粪尿的购买代表着人粪需要的增加。人们虽然很不在意垃圾或腐蚀物，但这种粪尿在田间里使用会使土地变得非常肥沃。

作为资源价值开始购买人粪是在唐代时期开始的。查阅资料在宋代开始，江南地区已经有称为"倾脚头"的粪便收购者。在明末的大多地区已经开始有人积极地收购家畜粪便及人粪尿。翻阅古书便可感受到肥料在当时农业中的重要性。

雇佣劳动的重要性：在过去，雇佣的劳动力工作量相当于每天插秧一亩或者铲地两亩，耕田或者除草两亩。"假如每天一大早起来开始拔草，每天可以拔3亩，如果慢的话1亩就需要3天。"说明了当时的时间与劳动力的关系。

明末的《补农书》《运田地法》一篇中，特别提到了6月水田的罱泥工作，具体明示了雇佣男女劳动者的态度变化（骄傲与懒散的程度），雇佣劳动力的重要性提到了"如要贫穷就骂6月的长工"的高度。只有把肥料使用和农业劳动力适当地结合，才能左右水田农业的成败。事实上与明中期不同的是明末时期雇佣劳动者的待遇与此前有很大的起伏。

农业经营的变化：富农虽与奴隶制时期一样经营大农场，但现在却陷入了困境。说明在明末时期的大农场经营已经开始分解在水稻作业中，开始施行集中经营的方式，更有利于一年4次的中耕除草。

人口剧增以后户可耕面积只有10亩左右，为了生计，人们把精力放在了小规模生产方式的商品作物上。

六、蚕、菜业的发展与施肥

蚕桑业:据清朝初期《补农书后》所记载,当时发展蚕桑业种植桑树的收益,要比栽培水稻高。水田的收益性较旱田低,再加上水田可耕面积小,黏土环境不适于牛耕作业,清朝初期的时候,一直大量依靠人力,所以水田劳作最为辛苦。但与此相反,种植一亩桑树,就能产出少则 2~3 筐、4~5 筐,多则 10 余筐的桑叶。另外,随着大米价格下降,丝线价格上升,这一筐就相当于一亩水田产生的利润。

蚕桑规模扩大的原因:《补农书后》的《校者按》中提到,江南一带桑树栽培规模扩大的原因是"桑叶产量已大大提高","桑地的收益高于水田"。另外,浙西一带为了大面积栽培桑树,通过往河川附近的水田里填土来造地。造地之后,即使不栽培桑树,也可以通过种豆或种小麦来保证收入。为了进一步扩大桑树种植面积,农民们纷纷开垦一些闲置荒地、河川冲积平原、村庄腹地,甚至自家的房前屋后。

另一方面,桑田管理比水田需要的人力少,只要掌握了要领,就能确保不错的收益。因此,桑田面积较水田大幅增加,致使明末和清初江南一带的农业形成鲜明对比。据明末沈氏所著《沈氏农书》记载,当时的农业经营以水田为主,桑树栽培为辅。而清朝初年张氏在《补农书》中记载,当时农业以桑树栽培为主,水田为辅,恰恰与沈氏记载的相反。这就很好地证明了,明末清朝农业经营的巨大变化。

蔬菜与麻田:据《补农书后》记载,"桐乡东部一带的水田全都种植麻,没有栽桑树的农田里也都种植麻。原因是,麻的生长周期短,不仅收获快,而且不妨碍晚稻和豆的种植。比较种麻和种菜就不难看出,虽然两者所需的时间和劳动力基本相同,但麻的收益却是蔬菜的好几倍"。一亩田产出的蔬菜,可供 10 口之家一整年的消费。在过去,人们还利用晒谷场种植蔬菜和麻。但桐乡一带却有所不同。空旷的土地只有在秋收时使用,其他时间都是闲置的。通过批评对土地不加以合理利用而长时间闲置,可以看出,当时人们对空地表现出相对大的关心。

七、小结

肥料的特点是,多使用当地盛产的农产品为原料,并且磷肥和钾肥的比重大幅增加。罱泥、粪尿和饼肥是最主要的肥料。到了清朝初期,时宜、土宜、物宜的三宜理论初步确立,并能够按植物生理作用施用适宜的氮、磷、钾、铁、硫磺肥,从而为提高产量奠定基础。另外,当时肥料种类的增多和施肥法的发展,促进了水田和桑田的发展以及各种商品作物的栽培,进一步提升了土地生产力。

明清时期珠三角基塘农业发展
及其社会经济文化效应

司徒尚纪①

珠三角主要指明清时期广州府、肇庆府部分地区,基于所辖州县不一,这里所言珠三角,主要包括番禺、南海、顺德、东莞、三水、增城、香山(中山)、新会、花县、新安(宝安)、台山、高明、鹤山、四会、开平、高要、花县等。这些地区具河谷和三角洲冲积平原、山地、低丘、台地等多种地形,水土热光等资源丰富、劳力充裕、城镇发达、交通方便、市场发育,具备发展商品农业的优越自然和人文条件。但只到明清时期,随着资本主义萌芽的生长,国际市场的扩大,珠三角自然优势才转变为以基塘农业为中心的经济优势,由此产生巨大经济、社会和文化效应,彻底改变了珠三角总体面貌,使之成为全国最先进地区之一,奠定了后来进一步发展的坚实基础。

一、围垦扩大奠定基塘农业产生经济基础

明清时期,土地垦辟在珠三角地区迅速扩大,为商品农业发展提供了充足资源。仅广州府耕地面积,从明嘉靖十一年(1532)799.84万亩上升到清嘉庆二十五年(1820)1082.59万亩,增长35%。伴随这一发展过程,珠江三角洲平原发育更为旺盛,面积比原来扩大1倍左右,滨海沙坦成为大规模围垦对象。据统计,有明276年间,珠江三角洲共筑堤181条,总长220400丈②,比宋代多10800丈。到清代三角洲围垦达到历史盛期,筑堤190条,总长232093.2丈③,年平均筑堤866.02丈。这些堤围有效地保证了三角洲的土地开发利用。恰如经济史学家冀朝鼎指出:"如果没有作为农业的完整组成部分的水利系统的发展,农业生产就决然达不到它曾有过的高水平,也就不能出现由具有高度生产性的农业经济所带来的半封建中国的繁荣文化。"③堤围固然是三角洲主要水利事业,而同时勃兴的三角洲各地的陂塘等水利工程更适于各类地区,使珠三角山地、丘陵、台地等也得到有效灌溉,保障了它们的开

---

① 作者简介:司徒尚纪,男,广东阳江人,1943年生,毕业于中山大学经济地理本科,中山大学、北京大学历史地理研究生,获硕士、博士学位。现为中山大学地理科学与规划学院教授、博导。主要研究方向为历史地理、文化地理、区域发展与规划。
② 原佛山地区编:《珠江三角洲农业志》(二),1976年,第33、46—58页。
③ 冀朝鼎:《中国历史上的基本经济区和水利事业的发展》,中国社会科学出版社1981年版,第15页。

发利用。这些水利事业成就和明中叶以来出现的资本主义萌芽,推动了农业商品化生产,主要在经济作物专门性生产和集中分布上反映了珠三角商品农业的特色更鲜明,其中蚕桑、甘蔗、水果、鱼苗、花卉等商品生产已析出专门化农业区,珠江三角洲由此成为我国资本主义萌芽出现最早,并走向世界市场的地区之一。

二、桑基鱼塘农业与效应

珠江三角洲蚕桑业虽然历史悠久,但明以前并不为人重视,知名度不高。明中叶以后广州几乎垄断全国外贸,澳门又作为一个国际贸易港崛起,大量生丝通过澳门进入国际市场,从而大大刺激了珠江三角洲蚕桑业发展。另一方面,在明代围垦低地、防治水患过程中,珠江三角洲人民创造了挖深为塘、覆土为基这种基塘结合的土地利用方式,包括桑基、蔗基和果基鱼塘等作物组合方式。其中桑基鱼塘能把栽桑、养蚕、养鱼三者有机地结合起来,充分利用它们之间的物质和能量循环,构成一个特殊的人工生态系统,在三角洲地理条件下取得最佳的经济效益、生态效益和社会效益。故它一旦形成,不是缓慢而是飞跃地发展起来,很快取得三角洲土地利用主导地位。据原佛山地区编《珠江三角洲农业志》(三)统计,明万历九年(1581)珠江三角洲南海、顺德、番禺、新会、三水、高明、新安(今深圳)、东莞等县课税鱼塘约16万亩,约合基塘面积40万亩。其中南海、顺德各约10万亩,成为最早形成基塘农业地区。但直到明末清初,仍以果基鱼塘为主。《广东新语·鳞语》载珠江三角洲"凡堤基堤岸,多种荔枝、龙眼",桑基鱼塘为次。乾隆二十二年(1757)到鸦片战争前夕,全国独留广州为唯一对外通商口岸,外商大量采购生丝,厚利所在迅速改变土地利用面貌,不但果基鱼塘被桑基鱼塘取代,而且一部分稻田也改作桑基鱼塘。南海九江、顺德龙山和龙江等乡"境内有桑塘无稻田","民改业桑鱼,树艺之夫百不得一",①成为纯粹的桑基鱼塘之乡。鹤山在道光年间发展到人"皆以蚕为业,几乎无地不桑,无人不蚕"②。连珠江三角洲边缘半山区增城县嘉庆年间境内也"多桑多蚕"③。鸦片战争以后,国际市场对生丝需求剧增,太湖流域蚕业因受太平天国起义战火影响而萎缩,使珠江三角洲蚕桑业由此获得大发展机遇,再一次掀起"废稻种桑"高潮,直到清末依然不减。老蚕桑区南海、顺德发展到连学田也改作蚕田。清末南海"境内桑田以江浦、黄鼎、主薄为多,而江浦之官山、简村、金瓯、龙津,黄鼎之罗格、良溪、大岸,主薄之九江、沙头、大同尤为最。十亩桑田,浓荫绿缛,且各处均有桑市。即此数处而论,桑田不下数千顷":"县属养蚕之家,以西樵各乡为最盛,约有万余家,其余所在皆有,实在数目一时未详"。④ 顺德龙山乡"咸丰前尚有禾田,后悉数

---

① 光绪《九江儒林乡志》卷五,《经政略》。
② 道光《鹤山县志》卷二。
③ 嘉庆《增城县志》卷一。
④ 宣统《南海县志》卷四,《舆地·物产》。

变为蚕基鱼塘",全县在清末种桑面积达30万亩以上,而稻田面积不及总耕地面积的1/10。① 新蚕区也方兴未艾,高明县即有不少园苑、田园种桑;高要县沿西江上自班头、禄步,下至羚羊峡多以养蚕为业,清末该县六、七、八、九区也"渐有养蚕者"②;新会东北部下天河一带上下20里至咸丰年间已改挖为桑基鱼塘;番禺南部东滘、韦涌、石壁、沙湾、市桥等处清末桑基面积也扩展到百顷上下;过去未受惠于蚕桑之利的东莞在同治、光绪之交也开始提倡蚕桑,"购桑种于顺德,并请养蚕之善者为师,有是播种渐兴,峡内、石步、周屋、夏丰、仙山诸乡产丝尤伙"③。据有关统计,清末珠江三角洲以桑基鱼塘为主的基塘农业区面积已达100万亩④。到1925年广东蚕桑业全盛时,全省生丝产量占全国的1/3,主要又集中在珠江三角洲。至此形成的珠江三角洲基塘农业区范围,含顺德全境,南海南庄、九江、沙头、西樵、中山小榄、古镇、南头、东凤,新会荷塘、棠下等地,总面积约150万亩,其中基塘而积约100万亩,鱼塘面积约43万亩。基面有一半种蔗,1/3种桑,其余种果、菜、花卉等。珠江三角洲基塘面积不及广东全省面积1/10,却生产全省一半塘鱼,七成蚕丝,一成半糖蔗,成为生产专业化程度最高、经济总量最大、物质文明程度最高的地区。

桑基鱼塘获得如此巨大发展和取得多种效益,光绪《高明县志》对此作了总结,指出"近年业蚕之家,将洼田挖深取泥覆四周为基,中凹下为塘,基六塘四。基种桑,塘养鱼,桑叶饲蚕,蚕矢(屎)饲鱼,两利俱全,十倍禾稼"⑤。我国第一家机器缫丝厂创始人南海陈启沅在《蚕桑谱·总论》中还扩大了蚕桑业的文化内涵,更进一步指出:"且蚕桑之物,略无弃材。蚕食剩余之桑可以养鱼;蚕之屎可以作粪土,固可以培桑并可以培木、蔬菜、杂粮,无不适用;更可以作风药;已结之茧,退去蚕壳,化成无足之虫曰蚕梦,若不留种,煨而食之,味香而美,可作上等之菜,偶有变坏之虫亦可饲鱼养畜,更有劣等者曰僵蚕,可作祛风药;即缫丝之水均可作粪土以耕织。"这样一个物质和能量良性循环方式,为桑基鱼塘注入无限生命力。其次,基高塘低,围基设窦闸控制围内水量蓄泄,既不怕涝也不受旱,雨水多流进塘,干旱从塘汲水,桑基也不受旱。广东虽多暴雨,但塘基上常年生长作物,也可以防止水土流失;另塘基上还可以间种花生、黄豆花卉等作物,有的还在基上搭起瓜棚,保持水面清凉,即使盛夏季节水温也不高,适宜鱼类生长;还有基塘使用有机肥,即使现代也少施化肥和农药,利于保护环境,维持生态平衡。最后,基塘终年可以生产,时间安排合理,农活有轻有重,老弱妇孺都有合适的事干,故劳动力资源得到充分利用:没有一寸荒废土地,没有一段闲置季节,以有限土地,养活更多人口,"家有十亩之地,以桑以蚕,亦可充八

① 原佛山地区编:《珠江三角洲农业志》(四),《珠江三角洲蚕桑业发展史》,1976年。
② 宣统《高要县志》卷十一。
③ 民国《东莞县志》卷十三。
④ 原佛山地区编:《珠江三角洲农业志》(三),1976年,第48页。
⑤ 光绪《高明县志》卷二,《地理·物产》。

口之食矣"①。这样,蚕基鱼塘这种资源利用组合既有丰厚经济收入,维持良好生态平衡,也保持社会相对稳定,是一种世界罕有的土地利用方式,乃珠江三角洲人民对人类文明的一项重大贡献。

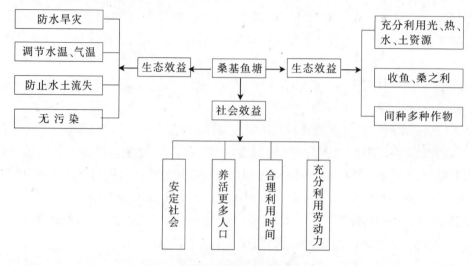

桑基鱼塘土地利用模式

有赖于桑基鱼塘,珠三角自明中叶以来,即为蜚声全国的富庶之区。张琳一首顺德《龙江竹枝词》勾画了蚕乡一派繁忙劳动情景和丰收的喜悦。其词曰:"剥茧茅寮傍水边,柔桑墙外绿含烟。鱼蚕毕竟收成好,十亩基塘胜种田。"

近年桑基鱼塘这种土地利用方式得到国内外有关专家高度评价,在广东向西江、粤北、高雷和东江下游地区推广,在国外目前至少有20多个国家和地区建立了基塘系统供试验或改造低洼地。可以相信,基塘农业将继续走出国门,为全人类服务。

三、蔗基农业兴盛

广东甘蔗进入大规模商品生产始于明中叶。因嘉靖《广东通志初稿》指出广东蔗糖已为"天下所资",即获得全国意义。而其产地又以珠江三角洲为集中。屈大均《广东新语·草语》说:"糖之利甚溥,粤人开糖坊者多以致富。盖番禺、东莞、增城糖居十之四,阳春糖居十之六,而蔗田与禾田等矣。"珠江三角洲许多地区甘蔗"连岗接阜,一望丛若芦苇然"。东莞篁村、河田一带"白紫二蔗动以千顷计"②。这主要指分布在台地、山坡和河流阶地上的甘蔗。在平原低地则有小面积分布,如东莞石龙清初有"千顷潮蔗"③。史称粤中"每冬初,遍诸村岗垄,皆闻戛糖之声"④,小糖寮星罗棋布,显示珠江三角洲及其附近地区糖蔗业一派兴旺。但甘蔗是一种嗜肥作物,

---

① 屈大均:《广东新语》卷二十四《虫语》。
② 雍正《东莞县志》卷二。
③④ 屈大均:《广东新语》卷二十四《地语》。

旱瘠高岗、台地、坡地不及冲积土更利于其生长,故蔗基鱼塘在珠江三角洲虽也获得一定发展,但效益终不及桑基鱼塘,后被后者取代。另外,其品种为我国原产竹蔗,含糖率低,加工技术落后,也限制了它在珠江三角洲的发展。

虽然如此,基于轮种需要,特别与珠三角水稻田轮种,珠三角仍是甘蔗主产区,明清时广东出口蔗糖部分产于珠三角,基塘又占相当比例。

四、果基鱼塘异军兴起

岭南自昔就有"食香衣果"之誉,但只到明中叶以后,主要在珠江三角洲发展为专业性生产,形成全国意义的综合性水果基地,以荔枝、龙眼、香蕉、柑、橘、菠萝为主。顺德、南海、番禺、增城、东莞、从化等地为水果集中产区。其分布格局,大抵珠江三角洲西南部的南海、番禺、顺德以龙眼、荔枝为主,珠江三角洲东北部,含番禺一部分、增城和东莞交界低山、台地、平原以荔枝为主;珠江三角洲西北部的高要、四会、三水则以柑橘为主;《广东新语·地语》描述顺德陈村一带"周围四十余里……居人多以种龙眼为业,弥望无际,约有数十万株。荔枝、柑、橘诸果,居其三四,比屋皆焙取荔枝、龙眼为货,以致末富"。在顺德锦鲤海设龙眼市场,开展专业性水果交易。而"自南海之平浪、三山而东一带,多龙眼树;又东为番禺之李村、大石一带,多荔枝树。龙眼叶绿,荔枝叶黑,蔽亏百里,无一杂树参其中。地土所宜,争以为业,称曰龙荔之民"。在广州附近"凡矶围堤岸,皆种荔枝、龙眼,或有弃稻田以种者"。在珠江三角洲东北增城,"每当荔枝熟时,舟自扶胥历东、西二洲至于沙贝(今新塘),一路龙丸凤卵,若丘阜堆积",成为珠江三角洲荔枝集中产区,也有荔枝市之设;距离沙贝不远的东莞石龙"其地千树荔,千亩潮蔗、橘、柚、蕉、柑如之";番禺鹿步都(今黄埔)"自小火坑村至罗岗三四十里,多以花果为业……每田一亩,种柑、橘四、五十株……熟时黄实离离,远近映照,如在洞庭包山之间矣。自黄利至朱村一带,则多梅与香蕉、梨、栗、橄榄之属,连岗接阜,弥望不穷"。珠江三角洲西北诸县则以柑、橘生产为主,其中"产四会者光滑,名鱼冻柑,小民供亿亦苦","香橼,一曰枸橼,山高要极林乡为上"。屈大均《广东新语》所记珠江三角洲水果生产,不但产量大,商品程度高,以致雍正皇帝都朱批"广东本处之人,唯知贪财重利,将地土多种龙眼、甘蔗、烟叶、青靛之属,以致民富而米少"[①],且不乏良种,明正德年间珠江三角洲的甜橙还辗转传到欧美,现今美国加州花旗蜜橘就是由广东间接引种培养起来的。

清中叶以后,珠江三角洲及邻近地区水果业分布发生较大改变。木本水果由平原向丘陵、岗地转移,出现较大规模的种植园式经营,如增城即有启芳园。顺德、南海果基渐被桑基取代,水里生产在这里失去历史地位。新会柑、橘种植业也在这时崛起,一些名产驰名全省,如"广南橙子出新会者佳,顶有纹如圆圈,土人以此辨真

---

① 道光《南海县志》卷一。

伪"①,"广东新会橙为岭南佳品,皮薄紧,味甜如蜜,走数千里不变形。食橙而不及此,实不知橙味"②。至新会柑橘"种植者千万株成围",数量多,产量大,"每岁大贾收其皮售于他省"③,形成异军突起、后来居上之势。

明末原产巴西的菠萝传入岭南,首先在东莞、南海、番禺等地栽培,到清中叶在珠江三角洲获得长足发展。范瑞昂《粤中见闻》说"粤中凡村落路旁,多种山菠萝",此粤中首指广州附近地区。清末新会已有菠萝罐头制造业,"蜜渍之,盛以铁罐装之,行于远处"④。增城启芳园所种菠萝不可胜数,高要禄步一地每年菠萝产值达数万元。菠萝开始跻进与荔枝、柑橘、香蕉齐名的岭南四大名果之列。不过,清中叶以后,由于农业多种经营发展,珠江三角洲土地利用被分割,没有像清初那样大面积经济作物集中种植区,而以品种多样、布局分散为地域特色。

五、基塘农业的文化效应

在基塘农业的支持下,明清时期珠三角经济繁荣,社会安定,成为全国一个富庶之区。不仅如此,珠三角文化事业也蒸蒸蔚起,占有岭南文化中心地位。

珠三角居民绝大部分为历史上经南雄珠玑巷南迁中原北方移民后裔,被称为"广府人",是岭南最大一个社会族群。他们聚族而居,辟草莱,开阡陌,将水网沼泽开发为鱼米之乡。故宗族势力十分强大,三角洲经济发达,有财力支持子女读书,于是兴教办学成为一种社会风气,有力地促进了人才成长和整个社会文化水平的提高。

由于广东开发历史大体上是自北向南、自西向东推进的。直到唐代,广东经济重心和人口重心主要在粤北,所以人才分布也没有脱离这个格局。例如从汉到唐广东察举和科举人物共72人,粤北为29人,占40%,粤中为26人,占36%,其余地区很个别,甚至空白,说明粤北是广东文化重心。宋代,广东经济和人口逐渐南移,珠三角地位开始上升。例如宋代993个各类科举人才中,粤北占21%,粤中占34%,西江地区占16%,粤东占13%,其他地区占16%,人才区域差异有所缩小。明代、广东经济重心完全移到珠三角,文化随而南移。据粗略统计,珠三角所在粤中地区,明代各类人才占全省49%⑤,许多封建人物应运而生。据道光《广东通志·选举表》载,其中南海有进士148人,举人563人;顺德有进士99人,举人257人;番禺有进士86人,举人405人。三县进士举人总数分别占全省38%和19%,成为著名南番顺人才之乡。

清代继承明代人才格局,珠三角所在粤中地区,仍占广东各类科举人才的47%。

---

① 原佛山地区编:《珠江三角洲农业志》(六),1976年,第67页。
②③ 道光《新会县志》卷二。
④ 光绪《新会乡土志》。
⑤ 以上统计数字,参见司徒尚纪《广东文化地理》,广东人民出版社2001年版,第397页。

当然,粤东潮汕、兴梅也相继崛起为人才之乡,形成广东三大人才中心并峙格局,但珠三角无疑是其中翘楚。人才要靠学校培养。道光初年,广东省府州县学及书院、社学、义学等950间,其中南海、番禺、顺德多达251间,占全省26%[①],是广东最大人才基地。人才必然掀起学风,而学风盛衰又体现在地方文献撰写及作者地籍分布上。据统计,秦汉以来有关广东地方志共615部,记述广东文献作者941人;其中有关粤中地方志163部,占全省26.5%;广东文献作者粤中为670人,占71%[②]。显见,作为粤中地区核心,珠三角无疑是广东人才、学校、文献最大渊薮。

因为有三角洲经济发展和繁荣,才带动当地文化同步发展和兴盛,而这又离不开宗族财力支持。许多宗族都有奖励童生乃至进士制度,如佛山金鱼堂陈氏规定:"院试卷金三两,乡试卷金六两,会试公车费十二两;谒祖花红金,游泮者二十两,拔贡二十四两,举人四十两,进士六十两;馆选鼎甲,临时酌加。俱另备烧猪馔盒,花红鼓吹。"[③]这些奖励制度,对族中子弟读书上进,无疑起了刺激作用。而这些奖励制度财源多半是族田、学田,或其他公私积累、馈赠等,珠三角发达的商品经济支持,尤其是基塘农业巨大经济效益功不可没。更重要的还在于,在珠三角发达商品经济基础上形成岭南文化的重商性、多元性、包容性、创新性、冒险性、务实性、娱乐性等文化特质和风格,对明清,特别是近代广东成为新思想策源地,引导近代中国历史发展潮流起了巨大推动作用。这都直接或间接与作为商品生产的基塘农业密切相关。从这个意义说来,基塘农业不仅是农业土地利用问题,而同是一种革命性力量。

六、小结

珠三角基塘农业是一种特殊土地利用方式,其奠基于宋代珠三角围垦,形成、兴盛于明清,在珠三角发达商品经济基础上和外贸刺激下发展起来。按其作物组合不同,主要有桑基、蔗基、果基鱼塘三种土地利用方式,都产生巨大的经济效益、社会效应和文化效应,尤以桑基鱼塘为著。它们对珠三角和整个广东发展和进步做出过巨大贡献,并产生深远历史影响,至今仍未泯灭。总结珠三角基塘农业宝贵经验,继承和发扬这笔优秀农业文化遗产,不但有重要农业科学价值,而且它所蕴含丰富的自然、生态、科技、社会、历史、人类等科学文化内涵,对解决时下农业、农村、农民所谓"三农"问题,特别是建设生态文明社会,都有重要参考意义,应予深入发掘、研究和开发利用。

---

①② 司徒尚纪:《广东文化地理》,广东人民出版社2001年版,第399、401页。
③ 光绪《金鱼堂陈氏族谱》卷十(下),《杂录·族规》。

明清时期安徽长江江堤变迁及其生态影响研究

房　利　惠富平①

安徽长江是指长江干流流经安徽的河道,全长 416 公里,流域面积 6.6 万平方公里,主要经过安庆、铜陵、芜湖、马鞍山等城市,属于长江中下游平原,是安徽省重要工农业生产基地。安徽长江左岸上始鄂皖交界处宿松县,下至和县驻马河口出境;右岸上自赣皖交界处的牛矶,下自皖苏交界处的和尚港进入江苏境内。历史时期,随着人们在沿江地带的围圩筑堤,安徽沿江地带开始形成一线江堤。近年来,长江堤防史研究引起了不少学者关注,但大部分着重研究的是长江中游的堤防。而关于安徽长江堤防史的研究却相对薄弱,尤其是关于历史时期安徽长江江堤变迁方面的探讨不够具体和深入②。本文以相关方志资料为基础,重点探讨明清时期安徽长江江堤变迁及其生态关系,以期为当今长江堤防建设和水利兴修提供历史借鉴。

一、安徽长江江堤形成的背景与地位

1. 安徽长江江堤形成的背景

安徽长江流域境内湖泊水资源丰富,主要有巢湖水系、皖河、华阳河、白荡湖、菜籽湖、青弋江以及水阳江等。众多的湖泊资源对于沿江两岸的圩田发展十分有利,所以,安徽沿江圩田出现于三国时期,兴于宋,而盛于明清时期。史书上记载安徽沿江上千亩圩田很普遍,如沿江南岸当涂的大公圩、宣城的金宝圩以及芜湖的万春圩等。安徽长江北岸的无为州“至明嘉靖七年,无为县的圩口已有 118 个,其中万亩以上大圩 7个”③。明清时期安徽长江流域的农业生产在安徽省有着重要的地位。

安徽长江流域属亚热带湿润季风气候,其特征为四季分明、气候温和、雨量适中、夏雨集中、梅雨显著,是典型的季风气候。该区处于北亚热带,是省内外水热带

①　作者简介:房利,男,南京农业大学人文社会科学学院博士研究生,安徽铜陵学院思政部讲师,主要从事农业史、水利史和生态环境史研究。惠富平,男,南京农业大学人文社会科学学院教授、博导,主要从事农业史、生态环境史研究。
②　安徽高校省级人文社会科学研究项目(sk2013b533)。涉及安徽长江江堤的文章主要有:徐建平《民国时期鄂皖赣三省沿江边界调整与江堤维护》(《史林》2009 年第 4 期);汪志国《近代安徽水利事业述论》(《安徽史学》2010 年第 4 期);孙语圣《民国时期安徽水利建设》(《民国档案》2002 年第 4 期);赵崔莉《清朝无为江堤屡次内迁与长江流域人地关系考察》(《古今农业》2004 年第 4 期);杭宏秋《简论安徽沿江圩埠的历史演变》(《中国农史》1988 年第 4 期)等。
③　李卫华主编:《无为大堤志》,九州出版社 2005 年版,第 45 页。

最优越的区域。此区降水发生明显的季节变化,春季降水明显增加,占年降水量的30%左右,夏季最为集中,降水丰沛,占年降水量60%左右。年降水量均在1000毫米左右。进入夏季,由于冷暖气流交锋,导致沿江地区出现大范围的连阴雨天气,降水时间较长,雨量较多,且常有大雨到暴雨。每当春夏之际,随着梅雨季节到来,安徽沿江地区易遭大面积的洪涝灾害。这对于圩田众多的沿江流域农业发展十分不利,于是沿江两岸出现了广袤绵延圩堤和江堤。

2. 安徽长江江堤的重要地位

安徽沿江地区是农业开发较早的区域之一,特别是在明清时期,随着人口的增加,人们争相在沿江湖滩垦殖田地,沿江两岸的洲滩地带也相继开垦,形成了众多的圩口。汛期时,江水、湖水、河水同时溢涨,水量集中,支流无法排解江水。濒临长江的圩田往往有江水内灌的危险,沿江两岸江坝的修筑尤为重要。长江北岸的无为州和安庆府宿松县,由于地势低下,每当夏秋梅雨来临之际,江潮泛溢时,群圩岌岌可危,而江堤的牢固与否关系着圩田安危。安徽长江北岸段,因沿江多为地势低洼的平原,河网密布,土质疏松,圩田纵横,所以堤防相对多山地、丘陵的对岸来说更为重要。这一段堤防建设主要集中在宿松、望江、怀宁一带以及无为、和县一带。这段江堤主要有同马大堤、广济圩大堤、枞阳江堤、无为大堤等。安徽长江南岸由于石矶较多,处于丘陵地带,江堤相对北岸来说较为稳定。此段江堤主要有铜陵江堤、贵池江堤、芜当大堤等。安徽沿江两岸干堤长764公里,与之成圈堤长230公里,总保护面积800万亩。其中无为、同马、枞阳、芜当、广济、马鞍山等六个大型圈堤保护耕地面积692.9万亩,也守护着安庆、芜湖、马鞍山等重要城市的安全,具有举足轻重的地位。[①]

表1 安徽长江主要江堤统计

堤名	堤长公里	耕地亩数	受益县(市)名	起止地点
同马	175.0	141.5	宿松、望江、怀宁、太湖及4个农场	段窑—官坝头
广济	40.8	45.0	怀宁、桐城、枞阳和安庆市	墩头坡—莲花湖
枞阳	84.2	53.0	枞阳、无为及1个农场	幕旗山—梳妆台
无为	124.5	427.3	和县、含山、肥东、肥西、巢县、庐江、舒城、无为和合肥市	果合星—黄山寺
芜当	87.0	26.1	芜湖、当涂和芜湖市	青弋江口—姑溪
马鞍山	11.3		马鞍山市	河口
合计	522.8	692.9	注:同马大堤耕地不含鄂省两县139万亩	人头矶—洋河咀

资料来源:杭宏秋:《简论安徽沿江圩垾的历史演变》,《中国农史》1988年第4期。

---

① 杭宏秋:《简论安徽沿江圩垾的历史演变》,《中国农史》1988年第4期。

二、明清时期安徽长江江堤的形成与变迁

1.安徽长江江堤的形成与变迁

横贯宿松、望江、怀宁的同马大堤是同仁堤和马华堤的合称,是在晚清时期逐步建成的。宿松、望江、怀宁境内的华阳河、皖河水系的大量湖泊,原是长江古道。清咸丰年间因江流淤塞严重,江道南移。该段江段变迁较大,坍江之灾较严重。志载宿松县"清开国之初江水安澜,邑境居民防旱多而防潦少,道光后江潮迭溢,于是外而沿江数百里之长堤先后修筑"[①]。从这可以知道宿松道光时才沿江筑堤。同仁堤"上自梅邑之董家口起,下至本邑归林庄大田尾止,计长一千九百余丈"[②]。该堤编列和、亲、康、乐、安、平六字号,黄梅、宿松、德化业民各按田亩分段岁修保固。丁家口堤上接同仁堤,下接初公堤。在铜仁堤与初公堤之间隔有宿松熟地数百亩,名曰丁家口。后来修建丁家口堤,该堤长330余丈,这样,同仁堤与初公堤就相连起来,保证了堤防的顺畅性。初公堤西起秀沟口,东至老坝丁家口,长达5700余丈,其中宿松管堤280丈5尺。[③] 马华堤,民国三年开始建造,民国五年告竣。该堤"上接泾江长堤自马家港起下至望江县华阳镇港岸止。计长70余里"[④]。同仁堤"与初公、御江、泾江、马华各段堤工,均有密切关系,唇齿相依"[⑤],"其堤防存废,关系至巨"[⑥]。同马大堤系由零星圩堤连接延伸而成。后来历经同治八、九年和光绪二十七年大水,原有堤坝崩坍严重,才着手联并同仁堤、丁家口堤、初公堤、泾江长堤和马华堤,形成同马大堤雏形。1963年正式称该段江堤为同马大堤。大堤上接湖北黄广大堤下至怀宁官坝头共长175公里。民国时期,由于水灾,同马江堤崩塌严重,进行了多次修防和退建。1928年,江水汹涌,同仁堤和字号崩溃。1929年三省共同会修堵口,筑堤长300丈。1931年,安徽省暴发洪水灾害,此次灾害程度较大,全省江堤崩坍严重。1932年,全省进行了大规模的堵口复堤工程。1935年,又大水,同仁堤、马华堤决口,又对其进行了退建。

广济圩大堤在清代历经怀宁县知县沙琛、直隶总督曾国藩和安徽巡抚英翰修筑完成的。清嘉庆八年(1803)调任怀宁知县沙琛见安庆城东长江与内湖相连,每值汛期,江水四处泛滥,民宅、田园连年遭淹,苦不堪言。当年便启动了兴修江堤的浩大工程。历时三年,在自任家店至新河口长约50华里的长江北岸筑起了安庆有史以来第一条长江防洪堤,并分别在堤的东、北、西段兴建了永丰、御源、永定三座通江涵闸,既可排出内涝,又可引江水灌溉。堤建成后,圩内万亩良田受益,曾"二十年无潦

---

①②④　民国《宿松县志》卷二十《水利志》,江苏古籍出版社1998年版,第408、408、409页。

③　徐建平:《民国时期鄂皖赣三省沿江边界调整与江堤维护》,《史林》2009年第4期。

⑤　齐群:《安徽十八年度之水利建设》,《安徽建设》1931年第2期。

⑥　盛德纯:《本省水利事业概述》,《建设汇报》1947年创刊号。

事"，将该堤取名"广泰圩"，寓广享平安之意。同治九年（1870），安徽巡抚英翰奏请朝廷拨款增筑广泰圩梅林隔段十二华里新堤，使广泰圩向北延伸至花山飞鹅头，并在大池沟、窑沟、鸭儿沟、新河口、梅林墩建五座通江涵闸，同时将广泰圩更名广济圩，"取其所济者广也"之意。至此，前后近七十年，经过几代人的努力，作为安庆市区历史上最浩大也最重要的防洪工程，广济圩终于全部建成。

枞阳江堤由枞阳县的永登圩、永赖圩、永丰圩、永久圩及普济圩农场和无为县梳妆台至洪土庙堤段组成。鸦片战争以前，枞阳县沿江上自永镇坝，下自陈家洲，以圩为体，形成堤防。① 1845 年，桐城县令史丙荣筑成江家圩下叶家拐至老洲头江堤，后又将其延伸至灰河口。道光二十六年（1846），将此段江堤命名为"丰乐堤"。②

无为大堤位于长江下游大通至西梁山河段的左岸，为巢湖流域的防洪屏障。堤线上起无为县的牛埠镇，下迄和县的黄山寺，总长 124.614 公里，跨无为、和县两县。明初无为大兴水利，"江滨浮涨，日就垦辟，遂于沿江二百余里筑长堤，以捍御江潮"③，明代文献记载最早的无为江坝为走马滩坝，它距城五十里"明正统间州守王仕锡劝民筑，堤三百丈，行者便之"④。明正德年间（1506—1521），在无为州江岸的上段建成筑胥家坝，"原隶内地，后经冲坍，距北岸已隔夹江数道，今从古家碾南望江面二十余里，有旧坝遗址"⑥。明嘉靖年间（1552—1566），无为州知州郑惇典于鳝鱼口屯台筑长堤十数里，称为郑公坝。明万历九年（1581），在栅港镇修筑神塘堤。此堤"距城东二十里，明万历九年掌州事查志文申府牒，州同知祝教令、巡检王崇义董役建筑，即滩为圩，以防水患，长一千八百五十八丈，高二丈，阔二丈二尺"，堤内为神塘圩"开垦播种，悉成膏腴"⑦。在栅港口的长江下游一带筑成临江坝、余家坝和长坝，此三坝是以宋代靠岸成陆的三垄洲、复凝洲、金带洲为外滩地筑堤圈圩而形成的江坝。明万历十六年，夏雨江涨，水势汹涌，州守陈应龙因郑坝将坍而修建的第一道退建堤，称为一坝。明万历四十一年时，无为大水，一坝将坍，知州孙慈起夫兴筑二坝，此坝"自青山圩至韩官圩计五千七百余丈，今坍入江"。四十五年，二坝又将要崩坍，知州陈鸣熙筑三坝，三坝"自青岗寺至和尚圩计五千二百余丈"⑧。到明代中后期，在长江左岸今无为大堤的岸段上，圈筑的江坝大致有四大段。第一段为新安桥江坝，属丘陵地段，位于当时古南乡练塘圩的东南端，堤身上建有新安大石斗门。此段江坝的主要地段是能够保留在今无为大堤堤线上的明代古江堤。第二段是以胥家坝、鳝鱼口坝为主的一段江坝，位于古南乡和古襄安乡的江边。其堤线大致自青岗寺沿当时已萎缩的胡家沟古河道左侧在今青山圩以东横穿今铜陵县的章家洲，在今章家洲中的朱家墩村、胥坝镇至今无为县高沟乡的刘公庙一线。第三段是由神塘

①　汪志国：《近代安徽水利事业述论》，《安徽史学》2010 年第 4 期。

②　安徽省地方志编纂委员会：《安徽省志》卷二十二《水利志》，方志出版社 1997 年版，第 155 页。

③　嘉庆《无为州志》卷二十六《艺文志》，江苏古籍出版社 1998 年版，第 320 页。

④⑤⑥⑦　嘉庆《无为州志》卷六《水利志》，江苏古籍出版社 1998 年版，第 82、78、81、78 页。

堤、临江坝、余家坝、长坝等圩坝构成的堤段。第四段为和州南部的频江堤坝。该段江坝上承裕溪河左岸圩堤,下接西梁山一带岗地。明代,在今无为大堤所在的长江岸段上,缘江即滩为圩的地段仍是局部的。当时无为的南部和东部还有大面积的低洼薮泽地没有筑圩垦殖。无为江堤尚处在它的形成过程的早期阶段。①

到了清代,随着巢湖流域沿江滩地的圈圩垦殖的基本完成,无为州境内形成了抗御江洪的一线江堤。由于水灾发生的率次增加,无为江堤在清代不断崩坍和退建,变迁频繁。在经过乾隆三十年的"鼎修全堤"后,基本奠定了无为大堤的雏形。其堤线大致分为五大段:第一段为新安桥江坝。该段堤线地处丘陵岗地,自明代以来没有大的变化,岸线相对稳定。第二段为青山圩江堤。堤线自土桥镇经千棵柳达饼子铺,再沿胡家沟古河道至青岗寺。第三段是饼子铺至刘公庙江坝,堤长近28公里。第四段江坝自青龙庵至神塘河口(此时古濡须水的通江河口栅港口已崩坍,该通江河口已改称神塘河口),长约25公里。该段江坝尾端的明代江堤—神塘堤早已崩坍,期间已经过多次退建。其他所有地段大约筑于明末清初这一时期。成堤较晚。第五段江坝自神塘河口至雍家镇(今裕溪河北岸属于和县的雍家镇及南岸属于无为县的雍南,明清时习惯统称作雍家镇)交和州界,长约50公里。民国时期,虽然民生凋敝,但由于无为江堤特殊的地形和重要地位,历来为政府和人民所重视,江堤的修防和退建堤工程较多(见表2)。

安徽长江南岸由于石矶较多,处于丘陵地带,江堤相对北岸来说较为稳定。此段江堤主要有铜陵江堤、贵池江堤和芜当大堤等。如铜陵知县在万历年间开始筑长堤以御江潮,48圩享其利。堤起于丁家洲老坝,迄于仁丰下圩,长达80余里。这些江堤主要由一些沿江圩堤构筑而成,它们对于保护当地百姓生命财产安全起到重要保障作用。

表2 明至民国时期无为州所筑主要修筑堤坝一览表

堤坝名	建筑年代	位置	长度	工程负责人	备注
胥家坝	正德中	今铜陵县章家洲			
郑公坝	嘉靖四十一年	鳍鱼口屯台	10余里	知州郑惇典	
一坝	万历十六年	鳍鱼口	5270丈	知州陈应龙	
二坝	万历四十一年	青山圩至韩官圩	5700丈	知州孙慈	
三坝	万历四十五年	青岗寺至和尚圩	5200丈	知州陈鸣熙	
四坝	顺治九年	鲍家桥至周思沟	4000丈	知州佟国桢	

① 李卫华主编:《无为大堤志》,九州出版社2005年版,第47—49页。

续表

堤坝名	建筑年代	位置	长度	工程负责人	备注
颜公坝	康熙八年	李家祠至王家渡	880 丈	知州颜尧揆	习惯仍称四坝
五坝	康熙二十九年	鲍家桥至李家祠		知州张国桢	与颜公坝相接，又名张公坝
六坝	康熙四十四年	徐家龙潭至周思沟	7 里	知州孙成已	又名孙公坝
李公堤	康熙五十五年	古家碾至蔡家龙潭	2600 丈	知州李廷焕	为月堤
韩公堤	康熙六十年	鲍家桥至文思庵	1200 丈	知州韩继先	为月堤
常公堤	乾隆七年	古家碾至鲍家桥鳍鱼口至上季家圩	1206 丈	知州常廷壁	
陈公堤	乾隆十九年	上接六坝下至何家坳	2073 丈	知州陈文言	
永成月堤	乾隆三十年	荻港圩至永成圩			随"鼎修全堤"加筑
中段月堤	乾隆三十六年	古家碾至蔡家龙潭	2665 丈	知州张侨	
七坝八坝九坝	乾隆五十三年	沈家塘至方家桥月河南岸月河北岸	741 丈	巡抚书麟巡抚书麟巡抚书麟	属于月河工程属于月河工程属于月河工程
张谢圩月堤	乾隆五十八年	张谢圩至永成圩	206 丈	巡抚朱珪	属于引河工程
黄丝滩嘉泰圩退建第一坝	民国十二年	五显殿			已崩溃
黄丝滩嘉泰圩退建第二坝	民国十五年	五显殿			已崩溃
黄丝滩嘉泰圩退建第一坝	民国十九年	五显殿			未建成，次年崩溃
黄丝滩退建第四坝	民国二十一年	五显殿至下坝	3000 米		已崩溃
黄丝滩三坝堵口堤	民国二十一年				已崩溃
散泮圩堤	民国二十一年	新板桥至兴隆庵			已废弃

续表

堤坝名	建筑年代	位置	长度	工程负责人	备注
戴家龙塘退建堤神	民国二十一年	未建成,次年崩溃	3000 米		已崩溃
戴家龙塘退建堤神	民国二十一年				已崩溃
散泮圩堤	民国二十一年	新板桥至兴隆庵			已废弃
戴家龙塘退建堤	民国二十一年				仍在
神塘河横堤	民国二十一年	神塘河口	200 米		仍在
黄丝滩险工内护堤	民国二十二年	五显殿至下坝			已崩溃
烟墩龙塘堤	民国二十二年	烟墩	180 米		仍在
青山圩堵口堤	民国二十五年		200 米		
安定街后兜堤	民国二十五年	灯笼地至李家花园	3600 米		残留堤段为金安定街外滩圩堤
黄丝滩退建堤	民国二十五年		2778 米		
黄丝滩惠生堤	民国三十二年	三支笔至新埂头	7250 米		仍在
青山圩胡家沟退建堤	民国三十五年	将军庙至九房村	2010 米		仍在
黄丝滩建军堤	民国三十五年	红杨树至乌鸦地	3360 米		仍在
裕溪外八圩退建堤	民国三十五年	裕溪河口	950 米		仍在

资料来源:笔者根据嘉庆《无为州志》卷五《水利志·捍卫》和李卫华主编《无为大堤志》(九州出版社 2005 年版,第 92—93 页)编制。

2. 安徽长江江堤变迁的原因

整个安徽沿江江堤的筑防和变迁是与其自然和社会因素交织在一起的,这些因素的存在,导致安徽沿江江堤的现状。

(1)围圩垦殖与保护圩田的需要

明清时期安徽沿江江堤是伴随围圩圈堤一步步形成和发展的。安徽沿江流域的田地围垦历史悠久,"大致滥觞于三国之际,迅速发展于两宋,全盛于明清"①。安徽长江地带特殊的地理环境,使沿江地带圩田处在洪水淹没危险中,沿江人民不得不加高坚固圩堤以抵挡江水。如无为"号称泽国,大江环绕之而设堤为防。春夏江潮澎湃,捍障尤力,州民粒食特此为多"②。明清时期,由于政府鼓励兹生人丁,导致人口急剧增长,人多地少矛盾日益突出,这也促使人们争相在沿江湖滩垦殖田地,出现了"与水争地"的浪潮。明代安徽沿江圩田数量多、范围广,在沿江边缘形成了大量的圩口。永乐三年,"修无为周兴乡……缘江圩岸"。明末清初,无为县境内较高的沿江滩地大多已被围垦,"州之四境,圩居强半"③。清代,人地矛盾更为突出,围垦高峰出现。安徽沿江圩口数量明显增多。如无为州,自明嘉靖七年至清乾隆八年中,尽管不断联圩并圩,但圩口数量仍从118个增加到435个。清代中叶,无为沿江宽达20公里左右的河漫滩已基本得到围垦④。明代,无为江坝都是由零星的、分散的圩岸组成的,互不连贯。到了清代,随着巢湖流域沿江滩地的圈圩垦殖的基本完成,人们在与江水不断斗争的过程中,开始圈堤并圩,把这些滨江圩岸连接一起,成了沿江长堤。同样,明清时期安庆府、池州府、太平府等地的沿江圩口得到大力开发,特别是在清代,皖南的圩田开发力度加大。梁诸英认为清代皖南圩田的扩展主要有三种形式,即湖泊沼滩或浅水面的围垦、江河州滩的围垦和对原有田地加筑圩堤以防水患而形成的新圩而且在圩田治理方面联圩并圩现象普遍⑤。因此,自清代起,安庆、池州等沿江地带开始逐步形成连贯的一线江堤。

(2)江堤修防与治理的需要

由于洪灾次数增多以及江水对江堤的不断冲刷,这些都加剧了安徽沿江江堤的崩坍。江堤崩坍,导致圩田可危,为保护圩田,必须修筑堤防。由于当时技术的局限性,江堤修防与治理主要依靠退建堤建设。这在安徽无为江堤的治理上表现较明显。

无为最早的堤防江坝胥家坝于明正德年间修筑而成,明嘉靖四十一年,无为州知州郑惇典于鳛鱼口屯台筑长堤十数里,称为郑公坝。明万历十六年,夏雨江涨,水势汹涌,州守陈应龙因郑坝将坍而修建的第一道退建堤,称为一坝。明万历四十一年时,无为大水,一坝将坍,知州孙慈起夫兴筑二坝。四十五年,二坝又将要崩坍,知

① 庄华峰:《安徽古代沿江圩田开发及其对生态环境的影响》,《安徽大学学报》(哲学社会科学版),2004年第2期。
② 乾隆《无为州志·凡例》,合肥古旧书店1960年版。
③ 康熙《无为州志》卷四《圩堰》,1763年刻本。
④ 李卫华主编:《无为大堤志》,九州出版社2005年版,第46—47页。
⑤ 梁诸英、衣保中:《清代皖南平原圩田发展考略》,《农业考古》2008年第1期。

州陈鸣熙筑三坝。清顺治九年,三坝势危,知州佟国祯起和州粮夫退建江坝,名四坝。康熙八年,由于江溜逼冲,四坝将决,州守颜绕橙自李家祠至王家渡越筑颜公坝。康熙二十九年,因颜公坝势又危险,知州张国祯续建颜公坝,此堤为五坝。康熙四十四年,州守孙成已筑六坝。清中叶以后,由于无为长江"北岸日崩,南岸日长,濡之陆沉者几四、五十里,筑坝御潮,一而二,而三,而四,汹涌冲突,仍移入内地"①。因此,自乾隆以后的一百多年中,培修工程主要是江堤退建。自明以降,无为江堤屡筑、屡溃、屡迁,出现江逼堤退的无奈局面。整个明清时期,安徽无为州退建江堤工程较多,在无为江坝的堤线上,载入府志、州志的江坝培筑堤段总计89条,有堤线长度记载的堤段有68条,总长184.94公里。在史载的89条江坝中,有78条江坝为退建堤,其中有堤长记载的64条退建堤总长174,16公里,占总筑堤长度的94%。

同马江堤也是在不断崩坍重新退建而联结起来。如宿松县的御湖堤原系康公堤旧址,"上接同仁堤下抵九江驿里堤,与江湖各堤依为唇齿","自同治八九两年大水,康堤坍没无存,邑令陈倡捐多金将康堤退建后里许,防御湖水"。② 宿松八里江至段窑一线江岸,自清光绪年间以来,崩塌4.5公里,江堤先后退建六处,近百年来累计崩塌面积为67平方公里,有300处集镇和村庄退建③。

三、安徽长江江堤变迁对生态的影响

江堤的修防和变迁,对于沿江农业的发展和人们的生命财产具有重要保障作用,但正如恩格斯所言:"我们不要过分陶醉于我们对自然界的胜利,对于每一次这样的胜利,自然界都报复了我们。"④大自然系统原是一个开放完整的生态系统,人类活动必然对其产生一定的影响。对长江的生态也不可避免地带来一定冲击,本文主要探讨其负面影响。

（1）生物多样性的影响

生物多样性是指一定时间和空间内所有生物物种及其变异的生态系统。生物物种的减少主要是由于人类活动造成的。历史时期,安徽长江江堤的修防和变迁对于安徽长江及其沿岸的生物也产生很大影响。江堤的修防对于沿江周围的陆生植物产生破坏作用,江堤的变迁,会使河滨植被、河流植物面积减少。新建的江堤,必然牺牲原有河滨的植被为代价,使沿江的一些远古的防浪林和芦苇被破坏。虽然新建江堤也栽种防浪植被,但新生植被容易毁坏,不易存活。典型的植被就是柳树和芦苇。因为它们"日久根深盘结,即可以固塘基,而枝叶畅发又可以资民用"⑤。自

---

① 嘉庆《无为州志》卷六《水利志·捍卫》,江苏古籍出版社1998年版,第82页。
② 民国《宿松县志》卷二十《水利志》,江苏古籍出版社1998年版,第410页。
③ 安徽省宿松县地方志编纂委员会:《宿松县志》卷七《水利》,江西人民出版社1990年4月版。
④ 马克思、恩格斯:《马克思恩格斯全集》第20卷,人民出版社1971年版。
⑤ 赵宏恩:《清石塘外增筑土塘疏略》,民国《太仓州志》卷五《水利上》。

古以来人类就很重视在滨江地植柳来防护江堤,南宋诗人杨万里曾用"万雉长城倩谁守,两堤杨柳当防夫"①的诗句来赞美长江两岸的护堤林。明清时期,安徽长江沿堤江岸种植柳树亦早有之。无为江堤的青山圩江坝的首端有被称作千棵柳的村落,其名称就是源于其堤栽有大面积柳树的缘故。康熙年间,在修筑无为颜公坝时"二月起工,四月竣事,种柳四千余株"②,"临湖之埂尤须劝栽庐苇茭草,以御风浪③,清乾隆《望江县志》载古雷池江堤曾在"栽柳万株",清乾隆《太湖县志》记载乾隆十九年,太湖县植柳万株名为"万柳堤"。宿松的杨柳州"杨堤委曲,苇茭丛生"④。这些都说明安徽长江沿岸栽柳防浪已成风,柳树、芦苇等植被良好。但由于江堤的不断崩坍而退建,原有的植被系统被破坏。由于江堤崩坍和退建,清无为江堤千棵柳的村落已不复存在。民国《宿松县志》载"今芦异昔芦矣,他若林木化为童山稠烟,为墟里",清代宿松县内的茅湖"旧多芦苇与江逼近,今东南於涨成洲",⑤芦苇地不复存在,变成田地。

江堤的修防,对水文环境的破坏以及河道系统的扰乱,使水生生物数量减少。特别是鱼类生物。江堤的变迁,对江中的鱼类生物影响很大,江堤的存在,阻隔了鱼类洄游返道,改变了鱼类栖息的环境,这些都不利于鱼类生长。历史时期,由于江堤的不断崩坍和修筑,对于安徽长江水域环境影响很大,鱼类生存受到了前所未有的打击。我们从明清时期安徽长江流域设立的渔政和河泊所的设置及其存废可以看出鱼类数量的减少。河泊所是一种设在沿海水域或内陆湖水域专管征收渔业课税的机构。安徽长江流域早在元代时,就已设河泊所。如:"安庆等处河泊所"以及"池州等处河泊所"。⑥安徽长江地区大量设置河泊所主要是在明代。太平地区明初共设7个,主要分布在沿江的当涂、繁昌和芜湖县一带,池州地区也设有7个,集中在贵池县、东流县和铜陵县。明初安庆地区湖泊众多,水系发达,鱼产资源丰富,因此,其河泊所设置数量多且密度大。据统计共有19个,主要分布于望江、宿松、怀宁、桐城四县。⑦明初,安徽长江地区河泊所的设置,说明当地渔业发达,对于政府的财政收入来说很重要。但到明后期,由于水系环境破坏以及河道淤塞严重,渔业开始减少,许多地方的河泊所被逼裁革。在明代,安庆府之河泊所裁革极为严重,自嘉靖末起经隆庆至万历裁革尤剧,到万历后期已一所无存。顾祖禹在《读史方舆纪要》记载,"《县志》石牌市,在县西一百里,上达潜太宿望四县,有上下二集。明初尝置河泊所于此,凡五,今皆废";又如民国《宿松县志》载:"明初置龙湖、大湖、夸池、张富池四河泊所,嘉靖间废。"明清时期,鱼类数量减少,主要在于河湖水系生态

① 杨万里《圩丁词十解》。

② 康熙《无为州志》卷四《闸坝》,1763年刻本。

③ 光绪续修《庐州府志》卷十三《水利志》,江苏古籍出版社1998年版,第199页。

④⑤ 民国《宿松县志》卷二《地理志》,江苏古籍出版社1998年版,第66、63页。

⑥ 《元史》卷八十九《食货志·百官五》。

⑦ 尹玲玲:《明清时期安庆地区的渔业经济》,《安徽史学》2001年第4期。

破坏、淤塞加剧。如在宿松县,渔利本是其东南两乡出产之大宗,但到清道光时"连年江水涨溢、沙土冲刷,各湖池河港俱被湮塞,藏鱼之区于是渐少"。而且许多湖泊变为草场或芦洲,"量水纳课之鱼池为新涨淤生之洲土"①。另外,据尹玲玲《明清时期太平及池州地区的渔业》(《安徽史学》2004 年第 3 期)记载,路西湖、万春湖水体与草场草地之间变迁互换关系明显,有相当的湖面变为草场,原来从事渔业的渔户在水体萎缩后开始兼业或已转业。明代张煌言的《枞阳谣》"八尺风帆百丈牵,枞阳湖里去如烟……灯火湖光儿女笑,鱼秧种得不须田"的美景已很少看到了。②

(2)沙洲增多,河湖淤积严重,江面变窄

随着人口增加,人类开始在沿江洼地和山区荒地垦殖,从而导致水土流失,特别是长江中上游地区。比较明显的是清代实施"湖广填四川""江西填湖广"的人口迁移运动。它使长江周围的山地得到充分开发,如对秦巴山区、荆襄山地以及皖南山区的垦殖。这些开垦必然导致山区水土流失,从而使长江流水含沙量急速增加,正是导致江中产生沙洲的根本原因。如皖南山区"自皖民开种苞芦以来,沙土倾泻溪涧,填塞河流,绝水利之源,为害甚大"③。但江堤的修筑,也阻断了天然河道,导致河道的流态发生变化,改变了河流泥沙运动规律,泥沙流速降低,河流挟沙能力消弱,沙土易淤成洲。明清时,由于安徽长江流域山林的垦殖和江堤不断的退建,加剧了水土流失,安徽长江江面沙洲的明显增多。如无为州"自前明时江中涨发新洲,横亘江心"④"及神宗时,江中渐起沙渚,阻遏江流"⑤。到了清代,无为江面沙洲增多,且成联并之势。康熙十二年时志载,无为境内有沙洲 15 个,到乾隆四十九年,无为志载,沙洲有 37 个。从江州规模看,江州联合生长的趋势也更加明显,如康熙时无为江州多是独立生长,其中联合生长的不过是白沙洲和桥林洲、版子洲和白马洲;而到乾隆时,不仅有两个洲联合生长,还有一些是 4 个洲和 6 个洲的情况。今铜陵县张家洲就是张家、抚宁、紫沙、神登等洲联并而成;当涂县江心洲清代初有鲫鱼、老军、南生、张家等洲。道光年间,这些沙洲联并成今江心洲的雏形。这说明近一百年来,安徽长江的江面上泥沙淤积十分严重。水土流失也导致湖泊水系淤塞严重。清代时宿松县的夸池河"河故道合龙湖诸水南出鲫鱼嘴,今河道淤塞水涨始于江通"⑥。古代的丹阳湖和万春湖部分也已淤塞成草场。沙洲的增多,不但使江面变窄,使之分叉和弯曲,而且改变了江水主水流流向和主泓道位置,从而对左右两岸侵

---

① 民国《宿松县志》卷十八《实业志·渔业》,江苏古籍出版社 1998 年版,第 391 页。

② 张煌言:《枞阳谣》,见尹玲玲《明清时期长江中下游地区的鱼苗生产与贩运》,《史学月刊》2002 年第 10 期。

③ 道光《徽州府志》卷四《营建志·水利》,江苏古籍出版社 1998 年版,第 300 页。

④ 范从彻:《议裹开河筑坝折》,见嘉庆《无为州志》卷五《水利志·开浚》,江苏古籍出版社 1998 年版,第 72 页。

⑤ 张侨:《江坝章程序》,见清嘉庆《无为州志》卷二十六《艺文志·序》,江苏古籍出版社 1998 年版,第 319 页。

⑥ 民国《宿松县志》卷二《地理志·山川》,南京:江苏古籍出版社 1998 年版,第 62 页。

蚀与淤积作用的演替,江堤崩坍的危险性增强。由于沙洲增多以及开发,安徽长江整个江面变窄。清代属池州府铜陵县的鹊江,在宋代时"两岸皆沙洲,广二百余里"①,但到清末时已是"今日洲渚变迁,非复《禹贡》之旧,而由池州至芜湖,江面皆阔三十里"②。

(3)洪水灾害加剧,水灾率次增多

随着人口增加,沿江围湖造田面积不断扩大以及沿江丘陵山地大规模地开发,导致长江河道淤塞、水位抬高以及江沙淤积速度加快。人类在不断围垦沿江滩地时,实际上也就不断地侵夺可蓄水的沼泽地、湖泊甚至河道,从而大大削弱了整个系统的蓄水量和排泄能力,从而导致水灾率次地增多,且日趋严重。据史书记载,在宋元时期的408年中,无为地方水灾只有11年次。明代(1368—1644)的276年中,无为州有16年发生大水,平均17.3年一次。清代(1644—1911),水灾年份明显比以前增多。在267年中巢湖流域或无为州共发生水灾56年次。其中,康熙在位的61年,无为大水年有10年次,乾隆在位60年,无为州就有16年发生水灾,平均3.7年发生一次。③ 这些水灾频繁爆发不可避免地导致江堤溃决危险性增加。据宿松县志记载,清代(1644—1911)的268年中发生洪水灾害39次,平均7年一次;民国的38年中洪水灾害8次,平均5年一次。其中1848年、1849年连年大水,1868年、1869年、1870年三年大水,沿江均受洪水灾害。1849年洪水,安徽沿江"大雨五旬余",同仁堤淹没。怀宁、望江等17个州县大水,没田庐人蓄。④ 洪灾的发生迫使地方政府加筑堤坝,进一步抬高河床和水位,洪水到来时,江堤更易崩坍,形成恶性循环。

四、结语

不可否认江堤工程作为人类改造自然、利用自然的重要手段,为人类社会的进步做出了难以估量的贡献。但是,人类在修防江堤过程中,由于认识不足、技术不成熟等原因,对自然生态造成了一系列的影响。堤防的修筑进一步导致河床盛水期的水位抬升,也极大地增加了堤防决口及洪灾发生的频率,同时,堤防的修筑对长江干流的水生物、水质、水流和沿江植被都产生不利影响,这种生态影响又反作用于人类,从而出现一种恶性循环。现今,在面对洪水灾害时,我们一方面要保护沿江的森林植被生态,减少水土流失,加大对河道的疏浚,另一方面我们要给洪泛区地带增加蓄洪区,扩大相应河段行洪能力。另外,我们在加固堤防的同时,也要考虑其生态影响,尽可能减少其对自然生态的破坏,力求使江堤、河流、圩田成为一道和谐、永恒的自然生态景观。

① 脱脱:《宋史·河渠志》,1346年刻本。
② (清)魏源:《释道南条九江》,见《魏源集》,中华书局1979年版。
③ 李卫华主编:《无为大堤志》,九州出版社2005年版,第322—325页。
④ 安庆市水电局编:《同马大堤志稿》,安徽省水利志编辑室,2001年版,第20页。

论明清乡绅的特点——以江西为例①

施由明②

明清时期，江西是一个读书风气浓厚的区域，所谓弦诵之声，虽穷乡僻壤也常闻见。读书风气的浓厚与科举兴盛相连。从宋代始，江西就是中国的科举名区，直至清代不变。读书风气的浓厚与科举的兴盛，其必然结果就是产生许多有科举功名和学衔的乡绅，同时也产生许多有文化学养和品行优良但无功名的文化人（本文称之为"广义上的乡绅"）。这些乡绅的特点是热衷于地方教化和协助地方政权治理地方社会。

一、有科举功名与无科举功名

明清时期对基层社会起重要作用的有：有科举功名或学衔的乡绅，以及无科举功名但有文化学养且在特定区域内有地域名望的广义的乡绅。这两种乡绅所占比例和在县域社会中的作用各如何？我们只有通过以一些县为个案进行分析。

我们以赣中的泰和县为个案来统计分析。之所以选取泰和县，这是因为此县乃是一个自宋代以来，在宋元明清时代科举非常兴盛的县域，不仅产生了大量的科举仕宦，而且产生了较多著名的文人士大夫，明代泰和著名文人尹直在弘治十年编撰的《泰和县志》序中自豪地说："吾泰和素称文献巨邦"。明代文人孟伯元在万历年间所修《泰和县志》序中则说："泰和者天下之望县也，邦称都会，代产名人。"在这样一个文风兴盛、出仕者众的县域，产生许多有功名或学衔和无功名的广义乡绅也就是肯定的事了。从清道光六年纂修的《泰和县志》的有关记载来看县域内乡绅的构成：

① 本文为作者国家社科基金"明清乡绅与县域社会治理——以江西为例"（08BZS014）阶段性成果。
② 作者简介：施由明，男，江西社会科学院《农业考古》编辑部主编、研究员，主要从事中国农业史、江西地方史、中国茶文化研究。

姓　名	年　代	身　份	事　迹	史料出处
郭瓒	成化间		捐田租修复（怀仁渡）大船。捐资打造（冠朝渡）渡船又捐田以备修船之费	卷二《舆地志·津梁》
周学圣	乾隆十六年	例贡生	捐资重修望仙桥	卷二《舆地志·津梁》
陈庆洙陈善权等	乾隆十六年	乡耆	捐资重修望仙桥	卷二《舆地志·津梁》
杨孟常	永乐十五年		捐资与僧永忠募众架石创建迎恩桥	卷二《舆地志·津梁》
王民望欧阳广睿僧霁霄	景泰间		捐资、募众重建武溪桥	卷二《舆地志·津梁》
欧阳时熙欧阳时颚僧法辉	弘治间		捐资、募众重建武溪桥	卷二《舆地志·津梁》
胡颚	正德间		重修枫树桥	卷二《舆地志·津梁》
郭一先	弘治初		重清塘桥	卷二《舆地志·津梁》
康仲矩康季望	明洪武二十六年		重修绅溪石桥	卷二《舆地志·津梁》
萧本康萧本丰	天顺二年		修建葛陂桥，横阔九尺、长一丈	卷二《舆地志·津梁》
郭奇耀	明	义官	捐资买石瓦砌行者便之	卷二《舆地志·津梁》
张临清	明成化		架石重修永嘉桥	卷二《舆地志·津梁》
康道王宣鑑僧茂彰	弘治三年		修建水坑桥	卷二《舆地志·津梁》
严音隆	明		建严公桥	卷二《舆地志·津梁》
严节妇	明		建清节桥	卷二《舆地志·津梁》
萧承恩	明		倡建同人桥	卷二《舆地志·津梁》

续表

姓　名	年　代	身　份	事　迹	史料出处
欧阳大忠	明		建大通桥	卷二《舆地志·津梁》
胡修分	明		建蛟腾桥	卷二《舆地志·津梁》
李曾氏	明		建飞锡桥	卷二《舆地志·津梁》
萧经世	明		建芦洲桥	卷二《舆地志·津梁》
曾孔孺	明		建龙溪桥	卷二《舆地志·津梁》
萧师仁	明		建相芩桥	卷二《舆地志·津梁》
张宗弼	明		建义桥	卷二《舆地志·津梁》
谢天卫	明		回龙桥	卷二《舆地志·津梁》
萧慕尧 萧慕武	明		建会桥	卷二《舆地志·津梁》
张名扬	雍正七年		捐建槎溪桥	卷二《舆地志·津梁》
蒋士柱	清		捐修上蒋桥	卷二《舆地志·津梁》
蒋立纪	清		捐修新冈桥	卷二《舆地志·津梁》
蒋时挺	清		捐修聚龙桥	卷二《舆地志·津梁》
郭元鸿	万历二十八年		捐金市田募工疏道	卷二《舆地志·陂塘》
孙发秀	道光三年	监生	捐资重建戟门	卷五《学校·学制》
罗佩 罗美睿	乾隆三十四年		捐修道义之门两庑	卷五《学校·学制》
康珠	乾隆三十五年	监生赠 登仕郎	捐银壹仟两修理学宫泮池	卷五《学校·学制》
李凤仪	清		捐修大成坊	卷五《学校·学制》
罗廷桂	清		捐银叁佰两修复露台	卷五《学校·学制》
萧彦魁	嘉庆二年	增生	继修櫺星门	卷五《学校·学制》
萧治其	乾隆三十八年	孝子	捐建櫺星门	卷五《学校·学制》
萧日寅	嘉庆二十年	贡生	葺修忠义祠	卷五《学校·学制》

续表

姓　名	年　代	身　份	事　迹	史料出处
孙发秀	乾隆四十六年	监生	捐资重祀通邑历朝旌表节妇	卷五《学校·学制》
严正 刘适 杨嘉严	康熙五十五年	贡生 贡生 生员	倡捐重修圣庙	卷五《学校·学制》
梁标 刘士述	雍正十一年	生员	倡修圣庙	卷五《学校·学制》
袁祖仲 王元坤 梁标	乾隆八年	贡生 贡生 生员	重建戟门两庑及外槛翼门屏墙等	卷五《学校·学制》

　　从上表可知,在明清时期的泰和县域内,存在大量无科举功名或学衔但可能在小区域内有一定名望的乡绅,他们积极自发地从事公益事业如建桥、修桥、捐修学校等,但也存在一定数量有功名如贡生、增生、监生、生员等的下层乡绅,他们或主动从事公益事业,或积极配合县官的倡导从事县域内建设,即在县域内有科举功名和无科举功名的乡绅对县域社会建设共同起了重要作用。在清道光六年纂修的《泰和县志》卷十一《食货志·公产》及卷二十六《人物·敦行》记载捐献田租给学校、书院,捐谷、捐钱或捐谷建社仓、义仓及救灾等的公益行为中,同样是大量为无科举功名文化人,同时有相当一部分为有贡生、增生、监生、生员等有科举功名的下层乡绅,他们共同建设了县域社会和维护了县域社会稳定。

　　再次,以赣北的奉新县为例。之所以选取奉新县为个案,因为这是一个建县时间长、文化底蕴深厚的县,在赣北有代表性。同治十年刊本的《奉新县志》卷首《旧序·永乐奉新县志序》是这样记载的:"奉新古海昏之地,而晋更曰新吴焉。在西山之西,越岭之东,山川秀丽,风俗淳美,便工商之业,通物产之利,庠校之士勤经业而登科第者簪缨辉联,故为豫章望县也。"《旧序·嘉靖奉新县志序》载:"奉新古名邑也,在汉为海昏之地,及典午平吴迁孙氏其上,更曰新吴;石晋天福二年,徐知诰代吴称唐,恶新吴之名,若相并峙,始改曰奉新,亦后世去忌喜谶之意,山川之秀丽,风俗之淳朴,人物之俊良,户口之蕃衍,财赋之充实,与夫儒林梵宇之森立,仙源圣迹之灵异,南昌之属邑有八,而奉新不多让焉。"①

　　在这样一个县产生许多有科举功名和学衔的乡绅是肯定的,同样,在这样一个有文化底蕴的县域,产生许多有无科举功名的乡绅也是肯定的。从同治十年的《奉

---

① 《中国方志丛书〈华中地方〉》第七八五号,台湾成文出版有限公司1989年版,第153页。

新县志》的记载可知,那些有科举功名或学衔的乡绅特别热衷于教育事业,学校与书院的建设和维持经费主要来源于这些拥有低层科举功名或学衔的乡绅如贡生、监生、生员等捐献的田租或现金,如同治十年刊本《奉新县志》卷二《学校·学宫》的记载:

雍正十二年邑生员陈坦捐墁大成殿,置香案,增修明伦堂,又于殿左改建魁楼,殿左故有文昌阁。

雍正五年邑吏员彭仕捐拓儒学头门,建三楹,葺崇圣祠,立下马牌於櫺星门外,疏泮池淤塞,又重修青云楼,伐石庀材,高固峙立,屹然巨观。

明嘉靖九年遵制建启圣祠于文庙之西南,十一年邑生员蔡熖捐资增创启圣祠及神厨牲房具。

乾隆十年邑举人蔡尚才偕弟贡生鸿才于明伦堂东合资捐创崇圣殿后为尊经阁……嘉庆十八年尚才侄孙廪贡蔡象颐重修。

再看同治十年刊本《奉新县志》卷二《学校·书院》对书院田租的记载,对书院捐助田租的乡绅很多,且看乡绅们对冯川书院的捐助:

乾隆六年邑绅乐助至十二年复置冯川书院田租一百四十三石七斗,乐助姓名:

罗兴锦(监生)、张庭阑(乡耆)、俱助银三十两;罗克晨、罗克纬、罗盛旭、刘侃、以上俱监生,彭仕(吏员),俱助银二十两;徐应廷、蔡鸿才、以上贡生,蔡济才(生员),罗克政、罗夏集、罗集、罗虞集、以上俱监生,严克相(介宾)、王奕传(乡耆)、胡仲藩支、俱助银十两;徐应延(贡生)、曾逢(监生)、俱助银八两;蔡用(贡生),助银八两;甘禾(主事)、彭涵(府同知)、赵开元(知府)、蔡尚才(举人)、陈坦(贡生)、罗克聪(生员)、罗洪谟、刘秉楷、蔡秉宝、以上俱监生,宋七智(乡饮),俱助银五两。

从上述可知,捐献书院田租者大都为县域社会的低层乡绅,有监生、贡生、生员,乡饮酒礼中的介宾、乡耆、低层官员(如府同知乃至吏员),也有少数稍高层一些的乡绅如举人、知府。这些人都列入了“邑绅”即乡绅的范围。即在明清时人的概念中这些人就是乡绅。然而,正如前所说,在县域社会的基层还有许多有一定名望、在特定地域有影响力的广义的乡绅,实际上,在明清时人的概念中也确实把这些人看作为“邑绅”,同上书接着上一段记载:

乾隆四十三年邑绅又添置冯川书院田租一百八十八石五斗,乐助姓名:

胡昆,助银五十两;张懋诚,助银四十两;徐日是,助银二十四两;邓氏祠、熊才、甘遐龄,俱助银二十两;俞元达、廖廉,俱助银十五两;邹玉藻、邹玉泰、熊家光、熊东海、余有仁、喻元漳、喻林璋、徐日晨、徐日昶、熊汝诚、邹岐昌、甘学诏、严遇洪、彭作梅、陈宏轩、廖绳庵支、廖桀、王熏、徐氏祠、廖学梁,俱助银十两;金光斗、邹文略、邹华、刘学煜、甘定廷、陈达可、阴五绚,俱助银八两;汪清、邹锦、涂锡盛、熊镇定,俱助银六两;熊三坦、洪达、汪瀚、汪公祥、胡拔元、涂锡禧、蔡溉、蔡奏功、蔡奏功、蔡建章、蔡承基、蔡以文、严廷咏、严亮、廖淡庵支、陈凤游、邓从、严秉衡、严毓德、严秩、严调燮、熊荣恩、陈凤国、王克治、严钦、廖世俊,俱助银五两,归德乡,助银五十八两。

上述这些人物都没有科举功名和学衔,但都列入了"邑绅"的行列。

从泰和、奉新的个案分析可知,明清时期江西县域社会中的乡绅既包括有科举功名或学衔的乡绅,也存在许多只是在特定地域内有名望或影响力的广义的乡绅。那些没有科举功名但有文化学养的文人们,他们也会努力建立在地域社会中的威信,成为特定地域中有威信的人,即成为广义的乡绅。如道光二十九年《(万载)张氏族谱》卷一《赞》中所说:"人未得奋迹科名,畎亩终老,亦必树重望于里巷,使乡曲亲朋津津称颂弗衰者,究与列庠序而垂显名有同归焉……吾姻台家启公,其聪明颖悟,超越群伦,童年鼓箧家塾,师称之、友畏之,诵读诗书,功倍同堂,服习一过,初无遗忘,惜未卒业儒林,其居井里也,解纷排难、劝争息讼,比邻姻戚深嘉赖之,兼能旁通枝艺卜筮,驰声其与寂寂无闻者,盖不侔矣。(徐光基书赠)"①

二、热衷地方教化与协助地方政权治理地方社会

明清时期江西乡绅的一大特点是热衷于地方教化与协助地方政权治理地方社会。

教化即教育感化。中国古代有才识的统治者往往都非常重视"教化"这一统治手段,让老百姓懂礼义、知廉耻、循儒家道德规范,以达到风俗正统、社会和谐有序。中国的文人也往往非常主张对百姓进行儒家伦理道德规范的教化,以促进社会的进步,所以《礼记·经解》中说:"故礼之教化也微,其止邪也于未形。"西汉著名的思想家和文学家董仲舒则认为教化是阻止洪水的堤防:"夫万民之从利也,如水之走下,不以教化堤防之,不能止也。是故教化立而奸邪皆止者,其堤防完也;教化废而奸邪并出,刑罚不能胜者,其堤防坏也。古之王者明于此,是故南面而治天下,莫不以教化为大务,立太学以教于国,设庠序以化于邑,渐民以仁,摩民以谊,节民以礼,故其刑罚甚轻而禁不犯者,教化行而习俗美也。"②

① (清)张家启等纂修《张氏族谱》,清道光二十九年留侯堂木活字本,江西省图书馆藏,存二册。
② (汉)班固《前汉书》卷五十六《董仲列传》,文渊阁四库全书本。

明清时代的统治者继承了汉代以来儒学文人的治国理念,非常重视教化,尤其是明前期和清中前期的皇帝,都深知让百姓懂得与遵循儒家伦理道德规范对于社会稳定和谐是多么重要。

明前期朝廷行教化的手段有兴学、在基层设置惩恶劝善机制,即木铎老人、里老人、旌善亭、申明亭、乡饮酒礼的设置。①

明前期由于朝廷的集权强势,全国各地对朝廷政令的执行是比较有力的,以对基层的教化为例,全国各地方都较好地执行了朝廷的要求,不仅府州县学的儒学教育很快得到恢复和建设,还普及了社学教育,恢复了乡饮酒礼,创设了基层教化的申明亭、旌善亭、里老人制度,还创设了融洽基层人际关系和协和人神的里社、乡厉祭祀制度。就江西的状况而言,关于明前期基层教化虽已没有很详细的记载,只有一些零碎的记载,但从现存不多的资料可以推断,当时江西的地方官员比较努力地执行了朝廷的要求,江西的乡绅努力地配合了地方官员对基层教化系统的建设。

1. 兴学

明初朝廷对地方官员的要求首先是兴学,尽管明太祖朱元璋非正规科班出身,但他深知学校教育的重要,所以,天下刚定,他就要求地方官员们恢复府州县级儒学教育。从现存明代的一些地方志来看,江西各府县的儒学在明初就很快恢复了,有的是在旧址上重建,有的是在新址上新建,有的是利用原有的设施。以南昌府、九江府、南康府、临江府、吉安府、赣州府为例:

名　称	创始时间	明代恢复学校	资料来源
南昌府儒学	晋太康豫章太守胡渊始建	洪武三年	万历《南昌府志》卷十《学校》
南昌县儒学	宋嘉定四年	洪武五年	同上
新建县儒学	宋淳熙二年	洪武五年	同上
进贤县儒学	南宋熙宁初年	洪武初年	同上
奉新县儒学	宋咸平间	洪武初年	同上
靖安县儒学	宋绍兴年间	洪武戊申(初年)	同上
武宁县儒学	宋绍兴年间	洪武初年	同上
宁州长儒学	宋元祐八年	洪武庚戌(三年)	同上

---

① 关于明代的教化,已有许多研究成果,如:秦海滢《论明代乡村教化的发展历程》,载《北方论丛》2004年第2期;许燕婵《试论明代教化》,载《广州广播电视大学学报》2004年第3期;文伟《明初里老人在基层社会中的职责》,载《哈尔滨学院学报》2007年第10期;刘亚中、李康月《"乡饮酒礼"在明清的变化》,载《孔子研究》2009年第5期;张佳《彰善瘅恶　树之风声——明代前期基层教化系统中的申明亭和旌善亭》,载《中华文史论丛》2010年第4期等。

续表

名　称	创始时间	明代恢复学校	资料来源
南康府儒学	宋绍兴年间	洪武二年	正德《南康府志》卷之四《学校》
星子县儒学	宋绍兴间	洪武四年	同上
都昌县儒学	唐咸通间	洪武间	同上
建昌县儒学	宋崇宁间	洪武五年	同上
安义县儒学		正德十二年奉命分县时鼎新	同上
九江府儒学	宋开禧间	洪武元年	嘉靖《九江府志》卷之十《学校》
德化县儒学	宋庆历间	洪武初年	同上
德安县儒学	宋治平间	洪武七年	同上
瑞昌县儒学	宋庆历间	洪武四年	同上
湖口县儒学	宋	洪武初	同上
彭泽县儒学	宋庆历间	洪武初	同上
清江府儒学	宋淳化三年	洪武初	隆庆《临江府志》卷四《学校》
清江县儒学	宋初	洪武四年	同上
新淦县儒学	唐贞观十四年肇建	洪武二年	同上
新喻县儒学	唐大历八年	洪武初	同上
峡江县儒学	明嘉靖五年建县时置		同上
建昌府儒学	宋庆历中创	洪武初	正德《建昌府志》卷七《学校》
南城县儒学	宋绍兴间	洪武甲寅（七年）	同上
南丰县儒学	宋庆历间	洪武甲寅（七年）	同上
新城县儒学	宋绍兴八年析县时置	洪武元年	同上
广昌县儒学	宋绍兴八年析县时置	洪武元年	同上
袁州府儒学	唐天宝五年	洪武六年	正德《袁州府志》卷四《学校》
宜春县儒学	宋淳熙间	洪武七年	同上
分宜县儒学	宋初	洪武丙午	同上

续表

名　称	创始时间	明代恢复学校	资料来源
萍乡县儒学	唐武德间	洪武初	同上
万载县儒学	宋庆历间	洪武甲辰	同上
吉安府儒学	宋庆历四年	洪武初	万历《吉安府志》卷十五《学校志》
泰和县儒学	宋咸平间	洪武初	同上
吉水县儒学	宋天圣四年	洪武初	同上
永丰县儒学	宋绍兴间	洪武初	同上
安福县儒学	宋元丰四年	洪武元年	同上
龙泉县儒学	宋绍兴间	洪武初	同上
万安县儒学	宋庆元五年	洪武三年	同上
永新县儒学	宋庆历初	宣德二年	同上
赣州府儒学	宋庆历中创建	洪武甲辰	嘉靖《赣州府志》卷六《学校》
赣县儒学	宋皇祐初	洪武初	同上
信丰县儒学	宋景德中	洪武初	同上
兴国县儒学	宋治平中	洪武初	同上
会昌县儒学		洪武戊申(元年)	同上
安远县儒学	宋庆历甲申	洪武丙辰(九年)	同上
宁都州学	宋崇宁中	洪武丙寅(十九年)	同上
瑞金县学	宋崇宁中	洪武初	同上
龙南县学		洪武庚戌(三年)	同上
石城县学	后唐长兴辛卯	洪武丙辰(九年)	同上

　　上表表明,明代初年,江西的府州县级官员有力地执行了朝廷的兴学要求,基本上在洪武初年就恢复了府州县的儒学教育,进入了儒学人才培养的良性循环。隆庆《瑞昌县志》卷之五《学校志》说:"学校所以明人伦、育俊彦,崇宫墙,隆祀典,阐明圣道,报功德于无穷也。我明最吏治者,率以兴学校为首务。"即是说,明前期的吏治严明,首先是学校教育起了重要作用。

府州县的学校儒学教育是展开基层教化的主体教育,然而,在府州县还有书院、社学,作为辅助教育,如上述万历《吉安府志》卷十五《学校志》所说:"今诸州县皆有学,社学所以翼之也,书院又所以翼之也。"洪武八年,明太祖朱元璋下诏要天下府州县建立社学,嘉靖《东乡县志·公署第十五》①是这样记载的:"洪武八年圣旨谕恁台省大官人用心提调,教各州县在城并乡村但有三五十家便请个秀才开学教军民之家子弟入学读书,不妨他本业,务要成效。洪武二十一年教民榜内一条:元朝天下乡村人家子弟读书者多,洪武初年命各处乡村建立社学教诲子弟,使为善良。"

洪武八年明太祖朱元璋下诏之后,江西的府州县官员肯定尽力地去执行了朝廷的要求,而且强力地去推行了朝廷的要求,上述嘉靖《东乡县志·公署第十五》接着上面的记述说:"其不才有司、里甲人等倚此作弊、将有丁子弟本有暇读书者受钱卖放,无丁子弟却逼令入学以致民人受害,所以革去社学。今后民间子弟许令有德之余不拘所在,亦不拘子弟名数,每年十月初开学至腊月终罢。如丁多有暇之家常教者听其自便,有司官吏、里甲人等敢有干预搅扰者治以重罪。天顺间专设宪臣一员提调学校,亦兼领社学。"从这段记述可知,社学在推行过程中产生了一些弊端,后来不得不强求推行,让民间有德之人去从事这方面的工作,但到天顺年间朝廷又重视府州县的社学建设,设置了官员去负责这方面的工作。《南康府新建社学记》记载:"(社学)景泰中渐弛,天顺六年乃复其制,又敕天下郡邑每乡每里建社学,选择儒硕以教民间子弟,其盛典也……皇上犹惓惓特立社学以为大学之张本,使天下之人自童稚之时无不受学以养其心,既成童,拔其秀而实者育之大学以造就之。"②

明代社学在乡村的兴衰变化详细历程,已无较详细的记载,但从现存的明代地方志可知,社学作为县域内一项基本设施或者说基本建设或者说是基础教育,一直到明代中后期仍然坚持着,但主要是在县城内,县城外的乡村里社已没有多少社学的记载,以江西的一些府州县为例:

> 隆庆《瑞昌县志》卷之二《建置志》:"(社学)在县东二百步五间,嘉靖癸亥知县骆秉韶旧址鼎建。"

> 嘉靖《东乡县志·公署第十五》:"社学一所,在长林市。"

> 隆庆《建昌府志》卷七《学校》:"建昌府……社学十四。"南丰县、新城县、广昌县,社学各六,按礼乐身射御书数六字命名。

> 嘉请《赣州府志》卷六《学校》:赣县社学二、信丰社学一、兴国社学二(正德年间建)、安远社学五(正德年间建)、宁都社学二(嘉靖年间建),石城,社学原有,今为邮亭。会昌、瑞金、龙南,无记载。

> 正德《袁州府志》卷之四《公署》:宜春县社学,一在府治东,一在萍实门外,

---

① 天一阁藏明代方志选刊,上海古籍书店 1963 年影印。
② 正德《南康府志》卷之十《艺文》,天一阁藏明代方志选刊,上海古籍书店 1963 年影印。

一在府治南，一在袁山门外，一在府城东二十里下浦；分宜县社学，一在邑东门起运仓，一在邑治西，正德七年萧时实立。萍乡县社学，在邑治申明亭后。

隆庆《临江府志》卷之四《建置》：新喻县社学二。

万历《南昌府志》卷十《学校》："南昌县社学九所。新建县社学五所（在县城内外）书院十四所、义塾一所。丰城县社学二，书院十一，义塾一。进贤县，社学一，书院二。奉新县，社学，旧在学门左，正德间在学宫后，嘉请复创于崇玄观内今废，书院四。靖安县社学四所，书院一。宁州，社学在州治西二十步嘉靖十二年知州蒋芒立。"

从上述记载可知，社学作为基层社会的基础教育及作为县儒学辅助教育机构，直到明代中后期仍然在坚持办，但早已不是明初朱元璋所要求的三五十家便办一所，而是作为县城内的一项必要的建设在坚持着。

2. 申明亭和旌善亭建设

从现存不多的记载可知，在明太祖朱元璋要求基层社会建立申明亭和旌善亭之后，江西各府州县很快按要求在县城和乡村进行了设置，在乡间建设了大量的申明亭和旌善亭。

万历《新修南昌府志》卷之四《城池》记载南昌府各县的情况：

南昌县：嘉靖六年知县陈世甫因火灾复创门堂幕厅六，房、库、狱、谯楼、戒石亭、申明亭俱如式……申明亭八十座俱废、旌善亭八十座俱废。

新建县：县丞厅左右为旌善、申明亭，前为屏。申明亭五十六座俱废，旌善亭五十六座俱废。

丰城县：县丞厅前典史厅西主簿门外列旌善申明二亭……旧申明、旌善亭共八十九所。

进贤县：申明亭四十所今废，旌善亭四十所今废。

奉新县：万历七年……今知县沈天启增修为迟骊馆，堂曰"景陈"，外修旌善、申明亭……旧申明亭四十所今废，旌善亭四十所今废。

靖安县……嘉靖三十九年主簿黄应征重修（县署），焕然一新，知县赵公辅扁后堂曰"慎思"，有记；中为门堂六房，谯楼、戒石亭、库狱俱如式，知县丞簿、典史官厅附于后堂之北，吏舍在公堂右，仪门左为土地祠，外为屏，前左为旌善、申明亭，旧申明亭十九所今废，旌善亭十九所。

宁州，旧申明亭六十一座，旌善亭六十一座。

这些记载说明，明初南昌府乡村建设了大量的申明亭和旌善亭，但明代中后期只在县城还保留了申明、旌善二亭。嘉靖《宁州志》卷之七《职役》的记载：

申明亭,六十所,俱洪武四年县丞谢宗文奉颁降成式,督民创立以乡耆掌之所以劝善惩恶而厚风俗也。凡民有过,恶者录之于亭使知有所治而不敢为恶,其制厅屋一间,中虚四柱,门屋一间俱南向,环以周垣,旧址在州治西二十步,久废,弘治十七年知州叶天爵重建,于谯楼之南偏右东向,余五十九所,散布各乡,亦俱久废,姑存其址,不没其名类,皆纪千后云。

隆庆《建昌府志》卷六《公署》引旧志(可能是明前期所修志书)记载建昌府明前期申明亭和旌善亭的建设情况:

建昌府治在城东南隅旧南城县治南,唐升建武军……申明亭在郡治门外之东,旌善亭在郡治门外之西。

南城县治在郡治西……申明亭在县治门外之东,乡都建七十八所;旌善亭在县治门外之西,乡都建七十八所。

南丰县……申明亭在治门外之东,乡都建五十八所。

新城县……申明亭在门外之东,乡都建五十四所;旌善亭,在县治门之外之西,乡都建五十四所。

广昌县……申明亭,在县治前,乡都建二十四所;旌善亭,在县治前乡都建二十四所。

这些记载表明,小小的建昌府四县在明前期设置了为数不少的申明亭和旌善亭。但到隆庆年间也只有在县城还保留着。

万历《吉安府志》卷十四《建置志》记载赣中的吉安:

府署……弘治癸亥张淳重修,有尹直记其制……旌善亭、阴阳学在大门东,医学、申明亭在大门西。

庐陵县,正德庚午庐陵县治圮,知县王守仁葺而新之……九月拓大门之外为东西垣而屏其南,遂希戒石亭,亭申明、旌善。十月乙酉工毕,志戒石之阴告来者。先是各乡皆列申明亭、旌善亭共九十八所。洪武十六年奉朝廷颁降成式,令知县督民建立,凡民之善者则识之旌善亭,有过恶者录之申明亭,使民知所劝耻;其制则二亭并列而旌善亭居东,基址高申明二尺,今各县都废,不复载其处。

这则记载表明,吉安的情况和前述南昌、建昌的情况大体相似,即明前期在乡村里社建设了大量的申明亭和旌善亭,但到明代中后期乡村的申明亭可能大多已不存在了,但县城仍然还保持着,作为县城一项必要的建设维护着。现存明代其他一些江西方志的记载也说明了这一点，如瑞昌县、永丰县、东乡县、临江府、南康府、赣州府、南康县志等。但在明代中期也还可能少数乡村仍有申明亭或旌善亭。据万历《吉安府志》卷十七《贤侯传》记载："王守仁，余姚人，正德中由龙场驿丞迁庐陵令，下车访乡耆老、坐申明亭，令讼者至，出温言和劝之，多罢去，不听者始于县片言折之，不加刑罚，令自悔过，顷之，入觐为文，谕父老子弟民，诵之多感化，录其稿以传，旋拨主事去。"王阳明刚到庐陵县时，仍然在乡间申明亭断讼，说明明代中期赣中乡间仍然还存在申明亭或旌善亭建筑，只是可能由于里老人已不坐亭，亭也就早已不用了。

从申明、旌善二亭在明代前期的建设数量来看，明前期江西的基层官员努力地开展了朝廷对基层百姓的教化要求。至于具体的开展情况已找不到相关的记述，但可以肯定的是，在这个过程中，江西的乡绅们给予了积极的配合，有这么多的申明、旌善亭，就肯定有这么多的里老人，这些里老在基层有一定的名望和影响力，大多都是基层的乡绅。没有这些基层乡绅的配合，这些申明亭、旌善亭的断讼与劝善工作也就无法开展。

3. 里老人制

里老人制和申明亭、旌善亭制是连在一起的，里老人是要坐在申明亭里断讼或利用旌善亭劝善的，嘉靖《东乡县志·户口第十》记载说："（教民榜意）老人须本里众推平日公直人所敬服者，民间户婚田土斗殴相争、一切小事不许辄便告官，务要经由理断，昼则会问，晚则放回，不许置立牢狱，里甲老人不但与民果决是非，务要劝民为善，令民见丁着业，有出入互相周知，有孝子顺孙义夫节妇及有一善可称者，里老人等达之有司，使之转闻于朝，民间些小词讼，本人自能含忍不愿告诉，不许里甲老人闻风寻趁，勾引生事。"

从明前期江西有关州县设置的申明亭、旌善亭数量可知，明前期江西各州县设置了为数不少的里老，在天一阁存明代江西方志中，有确切里老人数记载的，只有嘉靖《永丰县志》，其卷三《建置》中的记载是："县固居山谷中，建置犹若也，分里六十有七，附县曰隅，在野曰乡，管摄有里长（在隅五人，在乡六十人凡七人），其分里民事，坐亭有老人（每里一人，凡六十七人），管理粮税有粮长（分为永平、周安、新成凡三区，每区正副各一人或三人无定额）。"永丰县是个山区小县，但城乡共设置了67个里老人，可以说是切实执行了朝廷对基层教化的要求。

到明代中期的嘉靖年间，里老制已不是明初的里老，已完全变味了，嘉靖三年饶文壁等在修《东乡县志》时是这样记载的："窃观今各处老人非素武断乡曲即素出入衙门者，盖其源由官府待以奴隶，故稍知自保者耻为此也。耻且畏者既远，则奸宄无赖者至矣。夫以待之之薄，故民之不良者至，不良者则官府待之愈薄，如果而望老人之得人可乎？盖亦反其矣！"即是说，到明代中期的嘉靖年间，里老人不过是成了官府的奴隶而已，不再是乡间断讼与劝善之人，而是些无德之人在乡间为非作歹了，明太祖朱元璋完全想不到他所设计的里老制会变成与其本意相反的制度。

4. 乡饮酒礼

乡饮酒礼是明前期朝廷非常重视的一项基层教化活动,这项活动在江西的执行情况如何,在府县中没有记载,估计如兴学、申明亭和旌善亭及里老制一样,得到了强力的推行。可以作为依据的只有明代文人叶盛在《水东日记》卷二一谈到明初江西余干县每逢正月望、十月朔乡饮之日"每都以大户率士民於申明亭上读律戒谕,饮酒致礼"①。这反映了明前期余干县的情况,至于江西其他府州县是否这样做了,有待发掘史料。另据嘉靖《南康府志》卷四《礼制》记载儒学内的乡饮酒礼:"乡饮酒礼,每年正月望、十月朔举行如制:知县为主(缺则佐贰署印者为之),佐为僎(旧礼以致仕官为之)、教谕为司正(缺训导为之)、宾介以下礼请致仕乡宦耆老齿德服众者为之。先期,主诣宾门,戒宾至期行礼明伦堂读法,乐宾皆如令典。"②这说明乡饮酒礼到明中期仍在举行。

5. 祭祀

明代江西的庶民宗族从南宋以来走到了很成熟的状态,已有很完备的体制,如有祠堂、有族长、有宗族的活动等。祭祀祖先已成为宗族的一项定期活动。

嘉靖《南康县志》卷之一《风俗》记载:"岁时所尚:正月元旦,族长率族人择方与时之吉日出行,插烛焚香合拜神祇,谒先祖,既而卑幼尊长退而往亲邻相贺,则长幼宴饮曰年酒;上元前数日各家及城市悬灯为乐,灯或剪纸及竹丝为之,元夕尤盛,是日同里巷之人祀土神为社……清明日祭先于祠,复以醴馔拜于墓,标以纸钱曰醮墓……中元以楮为衣冠,拜献于先祖,焚之仍合族祭于祠,亦有用浮屠氏为追荐者。冬至祭先于祠,醮墓如清明。"由此可知,对祖先的祭祀主要是清明、中元(农历七月十五)、冬至。

万历《吉安府志》卷十一《风土志》记载:"故家世胄,族必有谱,家有祠,岁时祭祀必以礼。"

宗族祭祀祖先、尊祖敬宗,这是基层国民践行儒家的伦理道德观念,但这是基层国民自发的行为,还不属于朝廷的教化要求。

明初朝廷所要求的是府州县必须建立祭祀城隍、社稷、邑厉、风雨山川雷神等及在儒学内设立名宦、乡贤祠等,这是政府主导下的祭祀教化。从天一阁等存明代江西方志可知,明代前期江西的府州县都建立了很完备的祭祀设施。如正德《袁州府志》卷之五《坛壝》记载:

> 本府社稷坛,洪武初立,每岁春秋仲月上戊日本府官率僚属致祭。风云雷

---

① (明)叶盛:《水东日记》卷二一,中华书局1980年版,第209页。转见张佳《彰善瘅恶 树之风声——明代前期基层教化系统中的申明亭和旌善亭》,《中华文史论丛》2010年第4期。

② 天一阁藏《明代方志选刊》,上海古籍书店1963年影印,第845—846页。

雨山川坛,洪武初颁式建立,合为一坛,岁用春秋二仲月上丁日后致祭,弘治间朱华复民侵地重修,制度如式。郡厉坛,北门外二里,洪武初立,制度如式,岁以三月清明、七月望日、十月朔日致祭。宜春县社稷风、云雷雨山川厉坛、五谷坛,计一百三十六所,在各里,俱洪武初立,其制度则周缭以垣,中立土坛;乡厉坛,一百三十六所,制度与五谷坛同。分宜县社稷坛,邑治西,两宋邑令,程式迈立,洪武七年知县戴备讷重立;风云雷雨山川坛,东门外;邑厉坛,北门外;五谷坛,三十五所,在各乡都;乡厉坛,三十五所,在各乡都。萍乡县社稷坛,邑治西;风云雷雨山川坛,邑治南;邑厉坛,邑治北;五谷坛,一百二十七所在各里;乡厉坛,一百二十七所,在各里,俱洪武初知县李顺英立。万载县社稷坛,邑西二里;风云雷雨山川坛,邑治南一里月台山;邑厉坛,邑治北一里杨桐冈;五谷坛,二十四所,在各里;乡厉坛,二十四所在各里。

此外,在明前期各县城还建设了城隍庙、儒学内有名宦祠和乡贤祠等。

再看嘉靖《东乡县志·祀典第十六》的记载:

风云雷雨山川坛,在广信门外,宋元惟京郡有之,洪武元年诏郡县皆得祀,八年始定春秋二仲共坛合祭之礼,坛制东西二丈五尺,南北称之,坛高三尺四出,陛各三级,坛下前计九丈五尺,东西南北各五丈,缭以周垣四门红油,由南门入神牌二,一曰风云雷雨之神,二曰东乡县境内山川之神,祭之日奉迁城隍神合祭,风云雷雨居中,山川左,城隍右,卓案用高,祭毕藏主。祭器……

城隍庙,在城内县治东北,洪武元年封监察司民,城隍显佑伯。三年钦奉圣旨止祢某县城隍之神,每月朔望知县率僚属行香祭邑厉,前三日主祭官斋沐更衣备香烛酒果诣城隍庙发告文。

邑厉坛,在进贤门外东北隅,国朝定制坛高一尺五寸,东西二丈,南北称之,坛前有亭立,颁降祭厉碑文,缭以周垣,外设一门南面,春以清明,秋以七月十五,冬以十月初一日祭,祭日设城隍牌位于坛上,设无祀鬼神坛于左右牌,题曰本县境内外内无祀鬼神(郡志分注云邑厉乡厉其制并同)。祭物……

乡厉坛,府志载临川地方原有六百所,今不详其地,窃观东乡各坛未能如式,岂以草创未遑而俟於知敬鬼神、出鬼没乎!

之所以要祭祀,正德《南康府志》卷之七《坛壝祠庙附》说:“幽明感通人鬼之道一也,故郡邑之设坛庙,春祈秋报。”隆庆《临江府志》卷之八《秩祀》开篇说:“祀先圣以教民也,祀神祇以庇民也。敬礼尊经而后圣人之道明,圣人之道明而后贤才出、国家理、百姓宁。孔子曰且豆之事吾尝闻之矣,言为国莫先礼也。”万历《吉安府志》卷十六《祠祀志》:“国之大事在祀与戎,楚俗尚巫鬼,非不重祀,顾祀者淫祠耳! 是故社稷有祀、厉有祀,风云雷雨山川之神有祀,忠烈士以死勤事者祀,有功德于民者祀,崇正黜邪,民志乃定,作祠祀志。"嘉靖《南康县志》卷四《礼制》在记述了庆贺礼、朝勤礼、开读礼、祀先圣礼、祀启圣公礼、祀社稷礼、祀阳明王公礼、祀韩公都宪礼民、祀名宦乡贤礼、祀厉坛礼、祭旗纛礼、乡饮礼、乡射礼、救获礼、新官上任礼、鞭春礼、行香礼、祀里社礼、祀乡厉礼之后说:"诸祀典仪式具见《仪注》,惟里社乡厉久废,故备录焉文,于是而益知国家之所以联属其民者,有道路也,是故合众致祭,所以教民敬也。会饮读誓所以教民和也。充之而讲信修睦,可以类举,今其制荡然无余,稍有里社不过为醮饮浮靡之习而厉祭则莫之见矣。君子欲明礼教以善其里人亦何以处之,愚(此志编者)谓非保伍无以聚涣,非乡约无以正俗,此阳明先生所以行之于昔,谨录其说于后盖有深长思乎!"在记述了冠礼、婚礼、丧礼、祭礼之后说:"昔记者述夫子之言曰:'礼之教化也,微其止邪于未形,使人日徙善远罪而不自知。'又曰:'制度在礼,文为在礼,行之其在人乎? 是故夫礼发于朝廷,严于觐贺,协于神人,序于饮射,始于冠,本于婚,重于丧祭而行之皆由于性情,故曰忠信礼之本也,义理礼之文也,本立而后可以考其文,不然实德既微,文具徒饰非失之烦则失之简矣。'"

行祭祀等是为了教民懂礼、知礼,聚民读誓读法是为了营造和睦、使民遵礼遵法。

从上述可知,明前期江西各府州县切实地执行了朝廷的基层教化设想,从恢复地方学校到建社学,从建申明亭、旌善亭到里老人制的设立,从乡饮酒礼到基层政府主导下的各种祭祀,基层官员按明太祖朱元璋的要求,努力地开展了各种教化。在基层官员开展基层教化的过程中,毫无疑问,地方乡绅给予了积极配合,否则,整个基层教化系统的工作都难于开展。

关于明前期江西的基层乡绅是如何配合地方政府开展各种教化活动,如兴学校、建社学、建申明亭、旌善亭、当里老人,应乡饮酒礼和开展祭祀等,已很难找到这方面的直接资料。在现在的地方制中,记载较多一点的是地方乡绅积极配合地方政府兴学,开展学校教化,或捐资,或捐田,或亲自担当组织工程建设。

明代中后期江西乡绅热衷用乡约教化乡民与建设乡村社会。[①]

清代朝廷对基层的教化与治理政策是大力推行乡约加保甲的办法来治理与控制乡村社会。清代江西乡绅们积极配合地方政府的教化与基层社会建设,这就是切实努力地推行了教化与乡约,设立族正制。[②]

从雍乾直到道光年间,江西地方官员们都在下功夫推行族正制,然而,并非全省所有的地方都持续不断地推行了族正制,所以,从凌燽、陈宏谋到道光年间的江西官

---

① 可参见常建华《明代宗族研究》,上海人民出版社 2005 年版,第 201—202 页。黄志繁《乡约与保甲:以明代赣南为中心的分析》,《中国社会经济史研究》2002 年第 2 期。

② 可参见常建华《乡约·保甲·族正与清代乡村治理——以凌燽〈西江视臬纪事〉为中心》,《华中师范大学学报》2006 年第 1 期。

员们，都总在下文强调：对于江西这样一个民间多聚族而居的省份，选立族正是非常重要。因为族必有祠，祠必有公费，本来主要是用于族中祭祖、修祠、恤孤寡贫困等项之用，有尊祖敬宗之美意，但公费却常常被族人用于诉讼，这就助长了争讼之风。雍乾年间的凌燽曾谈到江西的这种情况："一切盘费食用，皆取给于公祠，狡黠之徒籍以为利，甚至凭空唆讼，托称打点名色，咨为诓骗，以饱私囊，刁讼之风所由不息也。"①而道光年间这种情况依然如故，佚名编道光三四五年的《西江政要》中一篇这样的公文：《详议选立族正，给予委牌，族中大小事治以家法，祠内公项止许祭祀修祠之用，如有盈余，将族中鳏寡孤独残废穷苦之人量为周恤，不准将祠内公项取作讼费章程》，文中谈到：

因习染渐漓，每有族中讼事，均取给于公费，出告者恃有公费可以挥霍，妄兴雀蹋之争，扛帮者恃有公费可以侵渔，故作拖延之计，甚至有恃众械斗以欺弱，或因公项侵用过多不能消，所告之案属结属翻，不顺完结，以致狱讼日多，不特被告之人受其拖累失业废时，即本人族中亦致身受刑责，公费荡然而后已。

对这种社会问题，地方官员们认为还是只有雍乾以来的族正制才能起控制作用，只有族正（也称祠正）②才能约束与化导族人，然而，族正制在各地时兴时废，上文就说到：族正本可在耕桑作息之间"责成诲化，其法甚美，迨今（道光三年九月）日久废弛"，所以从雍乾到道光年间，江西地方官总是在要求各地设立族正制，上文中就要求："自当仿照遗法，饬令各州县查明境内各祠数目，令各族绅耆人等公同呈报，不论辈分之尊，房分之长，总以平日为人正直端方才优法厚，素为通族敬服之人，由州县查验核实，立为族正，给予委牌。"

在朝廷和江西地方官员们强力推行乡约、保甲和族正制的过程中，江西的乡绅给予了积极地配合和参与，主要表现在两个方面：

一是积极设立族正制。

许多宗族都按朝廷和地方官的要求设置了族正，族正与族长等宗族内乡绅处理宗族事务、约束与化导族人。这是清代江西乡绅对地方政权的支持。

以万载县辛氏宗族为例，前面已述，这是清代江西的一个大宗族，这个宗族的乡绅们曾在康熙四十五年和乾隆三十八年两次恳请县衙立石碑，禁止乡民在其位于县衙后面的宗族祖坟附近挖土、取土，在辛氏宗族十修族谱抄录老谱中的《龙山祖茔奉官历禁侵犯案略》中写道："乾隆三十八年合族公禀族长职监辛金寿、族正生员金紫、房长贡生汝岐等七人，绅士举人廷芝等九人，抱告受华、禁首长冬等六人。"而在康熙四十五年时尚无族正这一设置："（康熙四十五年）四月十二日，合族公呈贡生辛金衍、监生受圻等六人，生员映岳等六十八人，房长联泰等八人，禁首联添等七人为盱

---

① 中国社会科学院历史研究所清史研究室编《清史资料》第三辑，中华书局 1982 年版。
② 陈宏谋在《寄杨朴园景素书》一文中称"族正"为"祠正"，所以在江西族正也称祠正。

恩勒石严禁,以安官舍,以固祖茔。"①

从上述可知,乾隆年间的辛氏宗族内主要人物有族长、族正、房长、绅士、抱告、禁首等,宗族已很组织化。

宜春易氏是宜春大族,据佚名修纂《(宜春赤溪塘)易氏宗谱》记载:"宜邑之有易氏,自汉征南将洸,自武帝命洸领兵宜春,卒遂焉葬,子孙因之。"②自汉代传衍到清代,易氏早已宜春大族,形成一些分支。其中民国《(宜春霖田)易氏宗谱》卷一《原序》中写道:"岁在癸卯,易公阑谷延余主席致礼……阑谷公时为族正,欲以谱系之修承先绪裕后昆而一纾其仁人孝子之心也。"③

由上述《易氏宗谱》可知,在道光年间江西的乡绅们仍在积极按地方官员的要求在行族正制,并且族正作为族中重要人物对族中事务有一定的权力,化导族人。

万载安仁坊《李大祠神主册》(同治十年以后陇西堂木活字本)④载,万载安仁坊李氏在同治年仍设有族正,其《通饬文式》中有:"李祠族长、族正同示为严饬祀事。窃惟家庙首重祀典,行礼须尚恪诚,子孙之精神萃而祖考之精神亦萃。"

二是积极主动将康熙帝的《上谕十六条》、雍正帝的《圣谕广训》的核心思想具体化为家训、族规等的具体条规,以约束、化导、塑造族人。

江西宗族修谱始于北宋欧阳修,兴于南宋,到清代已是族必有祠,祠必有谱。乾隆二十九年江西巡抚辅德曾"毁祠追谱"⑤,反映了清代江西宗族建祠、修谱之盛。族谱中的族规、家训、家规等的核心思想和具体要求正是以康熙《上谕十六条》、雍正《圣谕广训》的思想具体化。且以一些宗族的家规、家训、族规为例:

赣中的袁氏是赣中一带的大族。⑥ 其族源自于唐前期官吉州刺史的袁郐为官留居,到清代时已在江西形成了众多分支。其中丰城县袁氏是丰城一大族。咸丰十年修纂的《(丰城)袁氏重修宗谱》载有"家训八条":父子之训、兄弟之训、夫妇之训、朋友之训、妯娌之训、安分之训、务本之训、勤俭之训。这八条家训不仅仅将"敦孝悌""务本业"具体化,还涵盖了"上谕十六条"的其他一些内容,如"安分之训"除讲到士农工商要各勤乃事之外,还要"和邻睦族,国税早输,无得喜争好讼";"务本之训"除讲到要耕读传家之外,可以为工为商,"但不得赌博、戏耍败其家业,亦不得为辱身贱行之事,如但优、隶卒之类"⑦。

---

① 《万载辛氏族谱》总卷《龙山案略》,1995 年岁次乙亥十修,江西省图书馆藏。
② (清)佚名修纂:《(宜春赤溪塘)易氏宗谱》卷一《原序》,清光元年重桂堂木活字本,江西省图书馆藏。
③ 易子龙修,萧玉堂、易国祚纂:《(宜春霖田)易氏宗谱》卷一《原序·道光乙巳年仲秋柳成杰撰》,民国九年亲睦堂木活字本,江西省图书馆藏。
④ 江西省图书馆藏,存一册。
⑤ 参见钟起煌主编,梁洪生、李平亮著:《江西通史(前清卷)》,江西人民出版社 2007 年版,第 230—236页。
⑥ 参见施由明《论河洛移民与赣中著姓望族的历史形成——以赣中袁氏为例》,载第七届河洛文化国际学术研讨会论文集《河洛文化与姓氏文化》,河南人民出版社 2008 年版,第 636 页。
⑦ (清)袁孔绿等纂修:《(丰城)袁氏重修宗谱》,咸丰十年木活字本,江西省图书馆藏,存一册。

宜春赤溪塘易氏是宜春易氏大族的一支，《（宜春赤溪）易氏宗谱》卷一载《家规》共 15 条：孝父母、友兄弟、敬长上、睦乡党、训子弟、重农桑、尚节俭、急赋税、息争讼、崇学校、严赌博、重婚姻、禁溺女、禁悍妇、报生子。基本上是将《上谕十六条》的内容具体化，每一条都有详细的讲解和规定，以急赋税、息争讼、严赌博为例：

> 急赋税：三征定制自古皆然，正供钱粮宜及时输纳，轮值差徭竭力克当，凡我族人互相劝勉，弗生甘惯逋而受追呼，每图小利而除愿包揽，卖田即除粮，毋肯留，索诈买田即收赋，毋减少致衅，自今日用从俭，交际适宜，省一分费，完一分粮，在我既免追呼之扰，於族亦无连累之伤，如或拖欠日甚，束手无策，代承硗荒田

> 息争讼：人必有切肤之患，非可以理遣情恕，于是呼鸣官求理，此讼之所由来也。今之人每多健讼，逞一时之小忿，辄构於公廷，不惟废时失业，亦且荡产抛家……愿吾族人凡遇口角细故，须平心息气，勿轻争讼，即由田产未明，经族处断，不得擅行控告，以伤大各之气。

> 严赌博：游惰之民不务生业，往往呼朋引类、斗牌掷骰，小则家倾，大则破产，以致窘迫无倚，放僻邪侈，无所不为；夫膏粱子弟以蹋蹭为嬉戏，固属可耻，今则博戏驰逐，大大皆然，甚至小小孩童亦有肆行无忌，跌钱赌博；自后族中如有此辈，该值年禁首详查确实，锁赴祠堂究处，倘恃顽不服，送官枷责重究，凡族中子姓各宜自善可也。①

乡绅们将《上谕十六条》的要求化作了宗族成员们更为具体的行动准则，表现出清代江西的乡绅们的道德自觉、儒学修养的自觉，和对朝廷与地方官的积极响应和配合。

三、与其他区域乡绅特点的比较

中国的乡绅，无论有功名还是无功名，大都是中国的儒家文化熏陶和培养出来的，他们有着一些共同的特点和特性，如他们在基层社会践行与倡行儒家文化，他们热衷于地方公益事业，他们兴办乡村教育与掌控基层教育话语权，他们是基层社会秩序的维护者，是府州县级官员完成基层政务的依赖者等等。但由于中国地域广大，各地域的社会与文化环境的一些差异，形成了地域间人的特性的差异，包括地域间乡绅特性的差异。同时，由于时代背景的不同，这种差异呈现出特定时段的特点。

江西这一地域，是中国的内陆区，民风和地域文化品格都相对较稳定，耕读传家是自唐后期至清后期江西人的品格特点，自宋代至清代，江西一直是中国的科举盛

---

① （清）佚名修纂：《（宜春赤溪塘）易氏宗谱》卷一《家规》，清光绪元年重桂堂木活字本，江西省图书馆藏，存一册。

区,读书科举的风气浓厚,产生了大量有功名和无功名的乡绅。明清时代江西地域的乡绅的特点是较稳定的,如上所述,其最大特点是热衷于教化和协助地方政权治理基层社会,这也是中国古代乡绅的一般特点,并没有异于中国其他地域的突出不同。

相比较而言,江南的乡绅在明代后期呈现出了热衷政治运动的特点,以"东林清议"为代表,他们裁量人物、訾议国政、争国本、反矿税使、反宦官当权等,表现出令人尊敬的高尚人格。明末江南的复社运动的乡绅们,继承了东林士人的品格,积极参加了当时的社会政治运动,如崇祯元年驱逐阉党顾秉谦,以清议、党议相标榜等。[①]这些都是其他地域乡绅所未见的特点。

湖南在曾国藩创办湘军之前,乡绅的特性也如江西一样,具有中国乡绅的一般特点,以有科举功名的乡绅为主,热衷地方教育与教化,热衷地方公益事业等。但在曾国藩创办湘军并镇压太平天国起义之后,大批军功绅士荣归故里,形成了以军功绅士为主的地域特点,如长沙县从顺治到同治时期,功名绅士872人,而主要集中在咸丰、同治时期的军功绅士就有1323人。[②]其结果是领导乡村社会的传统乡绅群体社会影响力被弱化,一些军功乡绅甚至强横一方,成为地方恶霸,或挥金如土,形成诸多社会问题。[③]这是湖南近代乡绅的突出特点。

其他地域的乡绅若没有形成特定地域与特定时段的特点,那肯定如江西的乡绅一样,保持着中国传统乡绅的一般特点。以明代广东的乡绅为例,当时广东社会充斥着各种各样非正统的法术和宗教仪式,广东的乡绅们以儒家正统自居,投身地方教化,通过修撰乡约、乡礼、族谱、家训、志书和创办书院等一系列活动,打击地方佛、道、巫觋,努力去建立一个合乎国家正统的地方秩序。[④]近代东北的乡绅仍然在热衷地方教育、地方公益与救济和福利、地方治安等。[⑤]

中国传统乡绅的特性对维持中国传统封建社会的稳定起了重要作用。

① 参见王善飞:《明代江南乡绅与政治运动》,《辽宁师范大学学报》2000年第6期。
② 转见许顺富:《论近代湖南的军功绅士——以长沙、湘乡士为例》,《云梦学刊》2004年第6期。
③ 许顺富:《论近代湖南绅士的群体结构及社会影响》,《湖南大学学报》2004年第2期。
④ 参见邓智华:《明代广东士绅的地方教化运动》,《青海社会科学》2007年第1期。
⑤ 王广义:《乡绅与近代东北乡村社会控制——以东北地区旧志为研究视角》,《中国方志》2008年第1期。

论明清时期的基层乡绅与农村社会秩序

——以江西为中心的历史考察

施由明①

乡绅是中国社会中介于官民之间的一个特殊群体,这个群体在中国古代社会(特别是明清时期的中国社会)起了特别而重要的作用。对于这一群体在学术研究上的重视,始于20世纪40年代日本学者如本村正一、根岸佶、佐野学、松本善海等人为解读中国社会而研究乡绅的组成、特性、社会功能等,中国学者费孝通、吴晗、潘光旦等为研究绅权与皇权及绅士的流动等,及50年代以美籍华人张仲礼、瞿同祖、费正清为代表的欧美学者等以乡绅(欧美学者习惯于称之为"精英")为视角来解读中国社会,产生了一批高水平的理论著作,如日本学者本村正一的论文《关于清代社会绅士的存在》、佐野学的专著《清朝社会史》、松本善海的论文《旧中国社会特质的反省》和《旧中国国家特质论的反省》及其专著《中国法制史研究·刑法》等,欧美学者如张仲礼的专著《中国绅士——关于其在19世纪中国社会中作用的研究》及《中国绅士的收入》、萧公权的专著《中国乡村:19世纪帝国的控制》、瞿同祖的专著《清代地方政府》、费正清的专著《美国与中国》等,中国学者潘光旦与费孝通的论文《科举与社会流动》、吴晗与费孝通所著《皇权与绅权》等。80年代之后,越来越多的中国学者研究中国古代的士绅、乡绅、绅士,发表了许多论文和出版了一些专著,并产生了一批名家和名作,如伍丹戈及其论文《明代绅衿地主的形成》,王先明对近代绅士的系列研究论文如《中国近代绅士述论》《近代中国绅士的阶层分化》《中国近代绅士阶层的社会流动》等,贺跃夫及其专著《晚清士绅与近代社会的变迁——兼与日本士族比较》及马敏《官商之间——社会剧变中的近代绅商》等。②

许多的论文和著作对于中国古代与近代的乡绅的形成、组成、特性及其与中国社会的政治、经济、文化等的关系,都作了深入的研究。本文根据清代的地方志、明清江西文人文集及清代的江西族谱中的记载,以江西为区域,对于基层乡绅对社会秩序的作用作一探讨。

---

① 作者简介:施由明,男,江西省社会科学院研究员,《农业考古》编辑部主编。

② 关于乡绅、士绅、绅士的研究成果可参见巴根《明清绅士研究综述》,载《清史研究》1993年第1期;徐茂明《明清以来乡绅、绅士与士绅诸概念辨析》,载《苏州大学学报》2003年第1期;衷海燕《士绅、乡绅与地方精英》,载《华南农业大学学报》2005年第2期。

基层乡绅,指的是拥有低层功名如贡生、监生等,未出仕并长期生活在乡村社会中的那部分人,基层乡绅以这部分人为主体,少数没有科举功名但有文化学养并在乡村社会中有威望者也属于广义的基层乡绅。中国农村社会之所以能长期稳定地传续下去,与大量的基层乡绅在农村社会中的作用是分不开的,表现在下列几个方面。

一、基层乡绅是基层公益事业的主体

基层公益事业即乡村社会中的修桥、修路、设渡、赈灾、恤贫、施棺、建育婴堂、建仓储谷、建义学、建私塾等,这些公益事业似乎并不关乎社会的大动乱,即这些公益事业不做,也并不会引起社会大的动乱,也就是说,这些公益事业对于政府而言似乎是无关紧要的。实际上,也确如此,这些基层社会的公益事业并不与社会稳定或社会动乱直接相关,然而,这些公益事业却关系到乡村社会和谐稳定地发展,因为在中国古代,乡村社会的发展,靠的是聚居地的居民的自我建设,县级政府不会把财力投入到基层社会建设中,政府只是引导与鼓励乃至嘉奖乡民进行自我建设,因而,乡民的自我建设就对乡村社会的稳定传续与不断发展、完善起着重要作用。

在乡村社会的各项公益事业的开展中,乡绅是公益事业的主体,基层乡绅拥有最低层的科举功名,如监生、贡生、庠生等,他们都是基层社会中的文化人,他们曾为科举功名,努力地系统学习过、被传授过儒家文化。儒家文化使得这些基层乡绅比普通乡村中人更富有社会责任感和建设社会的使命感,所以基层的乡绅成为基层乡村社会公益事业的主体。以清代的赣北的南康府为例:

> 宋端键,星子例贡生,道光二十六年岁旱出谷二百余石赈济族里。
>
> 余定茂,星子人,太学生,道光己酉出谷赈饥;邑多因贫溺女者,偕同志兴育婴会,捐田二十五亩六分为之倡,自是附近溺女之风渐息。
>
> 张晋元,郡庠生,值岁歉,日巡族里,见有断炊辄济之,捐赀生息助族中读书应试,资斧路险难,行必加意修补,并且建路亭以憩行人。
>
> 邹廷燮,星子人居近蓼花池,道光年间池口沙水壅塞淹没民田,燮倡捐谷千余石,开挖新口,并蓄蔓京柳堑以抵风沙;连年蛟水为患,施粥赈饥全活甚多;其次子庠生春和捐赀收蝗子以除遗孽。五子增生乐禹捐田三十亩助蓼池修费,可谓能继父志云。
>
> 陈大猷,星子人,太学生,村有鸡公堰,灌荫田二百余亩,遇旱放水多致争讼,猷设为义水,小旱则雇工放水由上而下,大旱雇工车水亦由上而下,灌堰均平,至今堰无争讼。置社学一所,附近村童皆受学焉。
>
> 傅源植,字君佐,都昌人,以子延选赠登仕郎,律身勤俭,而地方亭路、津梁或议修建,经其次助者多。

胡昆，字诚斋，都昌例贡生，幼失怙恃，随兄文恭为贾，恭敬不渝，后家颇裕，岁歉能推其所余济亲族之贫乏。

詹铭，星子议叙贡生，施棺葬浮尸，倡捐育婴会钱一百余千，度仙下岸麻石桥、杨村青石桥、五福港石桥、流渐桥俱经修补，不惜重赏，峰水口路最险，倡捐二百金平之。

潘益龄，号滁吾，星子贡生，有才识，慷慨好义，乡里寒峻多赖□衿恤，里中尝立育婴会、惜字塔均不惜重资以成善举，善德桥、滩头桥皆一人鼎建，过嘉鱼县见江中石矶为害，捐金立石柱于上，以示行者，为阖邑节孝……

龙雷，建昌庠生，事亲以孝，闻性尤好施，村当往来孔道，雷于夏月备茶粥于道旁、庙中以济行人，尝置二斛，值岁饥称贷者踵至，雷出以巨斛，纳以小者，平生好善多类此，子孙入郡邑庠者多人。

李文崇，建昌监生，课子孙能师重道，值岁饥出谷六百石周济邻里。①

在以上的这些实例中，乡绅们都拥有低层功名，或贡生，或庠生，或太学生，或增生，或以子获赠登士郎者，都属于基层乡绅之例，他们在面对旱灾、岁歉与岁饥时捐谷赈济，对乡村社会具有稳定作用是毫无疑问的；面对溺女之风，乡村社会的乡绅们捐田、捐钱兴婴育会，对抑制溺女之风多少起了一定作用；面对贫困去世者，积极施棺；面对贫困学子，捐资助其应试；面对交通所需之桥梁，勇于担当鼎建；面对水利之争，勇于解决纷争。基层乡绅们的这些作为，毫无疑问对稳定基层社会秩序、对基层社会稳定传续与社会缓步发展肯定有着积极作用。

二、基层乡绅化解基层矛盾

基层乡绅是基层社会的文化人，他们往往以个人的善举、义举或个人优良的品行和优秀人格得到基层社会好评而在基层社会中有威望，所以他们往往成为基层社会矛盾的仲裁人和化解者，乡民们也乐意通过这种有威望的基层乡绅来调解矛盾和纠纷，在府县志及族谱中有许多这样的记载：

同治十年《饶州府志》卷二十三《人物·义举》载：

杨振先，字德贞，乐平人，(明朝)生员，敦尚风节……丁亥岁饥，倡捐数百金以活宗族邻里，有争竞者必为排解，令其和睦而已。② (2477)

鲍光壁，字粲廷，清代浮梁人，捐纳布政司理问，所居近河捐田亩创置义渡

① 同治十二年刊本《南康府志》卷十八《人物》，台湾成文出版有限公司1970年版《中国方志丛书·华中地方·第九八号》，第428—456页。

② 同治十年《饶州府志》卷二十三《人物·义举》，台湾成文出版有限公司1970年版《中国方志丛书·华中地方·第二五五号》，第2477页。

为久远计,平治东乡道路径直百余里,合邑修葺东山、绍文两书院壁皆肩任其事,前后所捐之费约近二千金有零;平生刚正不阿,乡间争讼赖壁一言以息,晚年得子,以为行善之报云。(2491)①

同治《九江府志》卷三十九《善士》记载清代一些人物②:

高世俊,字又干,号谦堂,援例授州司马,性孝友,幼失怙恃,事祖母奉养诚敬,祖母年九十四,俊温清不怠,兄嫂早亡,俊惧没大宗之产,俾承祧有基,爱弟如玉,同友恭,七十载生子八,教以义方俱胶庠,乾隆丙午,邻邑大饥,俊赈粥周济。农人某佃俊田,屡佃未输,俊给食并与牛种,使薪如故。亲友凡有忿争,俊赔赏劝释,力解其纷,俊管理春衣书院,隆师敬士,雅重斯文三十余年,弗解邑中大务,每推俊首,俊不辞劳瘁,不避群嚣,克底于成,历任邑令敬信之。(577)

但顺臣,幼精文艺,淹贯今古,时与兄已析爨,凡父母所欲不待之兄而无不备至,兄丧,嫂寡,顺臣力辅终节,抚侄成立,里党纷争,每捐金解释,邻里德之。(592)

易凤彩,字来瑞,乡饮僎宾,凤翔兄也。好施予,邻里待举火者百数,遇桥梁圮者倡修之性悉倡修之。性爽直,乡邻纷难,辄以一言而服,邑令郝公高其行,赐有三代遗直额。(589)

丁步阑,号春圃,监生,性孝友,七世同居,合爨百余口,无诟谇声,宅边两河夹道,行者病涉。道光十年,建桥七座,名曰七星,复出金置田地二十五亩为未雨绸缪,计乡邻有雀角争,力为排解,讼端尽息,岁壬辰大寝,发粟数百石以赈。邑令王书"风希指囷"四字相赠,越己亥又饥,解囊亦不下千金,邑令黄雉以"惠孚闾里",享年八十余。(590)

但赞祚,字元甫,解忿息争,邑令马荣以乡耆冠戴,奖弭盗有功。(592)

冯干城,文学号石巍石性,孝友,事亲养志,曲得欢心,昆季间怡怡笃爱,凤负干才,凡义举无不踊跃,如宗祠、祖墓、家塾有颓败者,多赖捐赏修理,为人严正公平,族邻有争端力为排解,家仅小康而独好施予,遇岁歉,略有盈余即酌量账赦,人皆德之。其后嗣瓜绵椒衍,世袭书香,采芹攀桂,后先接踵,犹方兴而艾云。(593)

郭业翰,字凤池,别字西园,优庠生,正直端方,遇事排难,通族畏服而讼自无,家故贫,子义急公,岁饥必劝本家殷实者量力给谷,已董其事,按户给口粮者

① 同治十年《饶州府志》卷二十三《人物·义举》,台湾成文出版有限公司年1970版《中国方志丛书·华中地方·第二五五号》,第2491页。

② 同治《九江府志》卷三十九《善士》,台湾成文出版有限公司1970年版《中国方志丛书·华中地方·第二六七号》,第页577—595页。

数十日,族赖心安,子开瑞增生、嘉瑞副贡。(595)

余宝书,字登甲,号玉堂,职授州同,为人排难解纷有侠气,好瘗胔骨,赈贫乏,修利桥路,历任县令闻其名而嘉许焉。(595)

上述这些人物,都是拥有低层功名或学衔或基层荣誉的乡绅,如庠生、监生、职受州同、职受州司马等,或没有科举功名与学衔,但拥有乡耆、孝友、乡饮僎宾等基层荣誉等,他们都热心于地方公益事业如赈饥、创义渡、修路、修桥、助学等,树立了在地方的威信。同时,他们还热心于维持基层社会的和谐,对于族人间的纠纷或乡村邻里矛盾,都很热心排解,甚至"赔赀劝释""捐金解释",这些基层社会的乡绅们对于乡村社会的建设和和谐社会的维护,就是维护了基层社会的和谐秩序,乡间的许多小矛盾化解在基层乡绅的调解之中,对于乡村社会的稳定发展无疑有着重要作用。

三、基层乡绅践行、传承儒家文化与塑造基层国民性

明清时期,基层社会的稳定与和谐传续,与基层乡绅在乡村社会践行、传承儒家文化有着重要关系。

基层乡绅的功名和学衔除了捐纳外,主要来自于通过学习儒家文化取得,即基层乡绅是儒家文化熏陶和教育出来的,而儒家文化教育出来的文人往往比常人更富有社会责任感和建设国家与社会的使命感,基层乡绅们在基层践行儒家文化,如上述所说乡绅们热心社会公益事业和积极化解基层矛盾,这是在践行儒家的孝悌仁义思想和治国平天下的价值追求的具体表现。

除了自身践行儒家文化之外,乡绅们还积极传承儒家文化,其方式有:

一是通过自身践行儒家的孝悌仁义和等儒家思想作典范,对家族子弟潜移默化而传承儒家文化,以及通过自身的言传身教来传承儒家文化。以做公益事业为例,几代人前后相继从事于公益事业,这便是一代代人在传承儒家思想文化,如下例事例:

熊桓,宜黄庠生,乡宾汝淮子,早擅文艺,事父母曲尽孝养,性乐施予;子楚先,能承父志,康熙乙未岁饥,散粟邻里千二百石,郡守任给匾旌之。(1120)

熊贤辉,宜黄人,邑优生,康熙庚子乙未,出粟二千余石,减半价以济邻里,又施粥半月,贫民藉更。长子而逵,邑庠生,捐银二千余两建惠远石桥,三子宏建三济桥,独任一墩费五百金,其他义举捐数十金不胜数。(1122)

黄湘字运昌,监生,金溪人,家殷富,好为义举,独力建造上杨菜港石桥,计十五孔,其子义谨遵父遗命三年告成,费银三千两,郡人修文昌桥,府学考署先

后捐银千五百两。①（1129）

　　谢子宽，龙泉人，弟子窿、子宜，宣德九年旱，各出谷五百石贷贫民，输逋赋。正统元、四年行劝恤之典，子宽、子窿各纳谷二千石，均旌义民。景泰二年，宽子汝泉、汝先，窿子汝均、汝贤，子宜子汝函、汝卓、汝霖、汝谟相率捐千金修吉安学，又捐银一千五百两重建大成殿及两庑；三年复举劝助故事，汝泉、汝卓、汝涵、汝谟各捐谷二千石，赐冠带、督学，李龄为之记。②

　　在上述事例中，这些乡绅或大族都是两代人或几代人前后相继地从事公益事业，这一代代人在前后相继地传承着儒家文化。

　　二是通过延师教子或兴私塾等教育方式而传授儒家文化。中唐以后的科举引领了中国文人的价值追求，文人们以科举出仕和金榜题名为理想追求，所以文人们无论自己是否科举出仕，都会致力于培养子弟学习儒家文化，因为科举（特别是明清时期的科举）是以儒家文化为核心，文人们必然要学习好儒家的经典著作如四书五经等，所以通过一代代人学习儒家文化而一代代传承儒家文化。在明清文人笔记和府县志和清代族谱的记载中有大量这样的事例：

　　光绪二十三年刊印的《清江杨氏族谱》中的《质庵先生传》③记载了这样一位低层乡绅在基层社会的生活：

　　　　质庵先生，余从堂兄也，讳兆基，字玉书，生而颖异，髫年承太父命，习举子业，日与余家三伯父纶溪及雪轩、晴轩、月堂、日轩、漪园诸兄弟往来论文不辍；弱冠后补弟子员，益复沉酣经籍，励志功名，冀扶摇直上，远绍前人光，而且赋性耿直，从不枉己徇人，宗族乡党间偶遇不平事，往往义形于色，卓然有古侠士风。质庵才学兼优，仅以一青衿终老哉！及棘闱屡试，壮志弗伸，遂超然于得丧穷通外，深自敛以持己，宽以待人，从前少年侠气，不数年间学问日进，涵养益纯，而人遂咸仰谦光焉。犹忆质庵家居授徒族中子姓，沐其教者不下数十余人，而循循善诱，鞭朴不施，约束自严；子姓视之亦无异慈父母迄，今成名者众，大半出其门下，此成就后学，遗泽孔长也。厥后余开讲飞鳣书院而雪轩大兄延师课诸孙于家塾，质庵往来其间，每乐与论文道古津津弗倦，一切市井外事绝不与闻；辛丑岁余，赴部铨选而质庵亦以癸卯年十月谢世，享年七十有一；己酉春余告病归里而质庵子学富来请余言，以示后，爰约综其大概如此。乾隆己酉岁孟秋月吉

---

　　① 光绪元年刊本《抚州府志》卷六十六《人物·善士一》，台湾成文出版有限公司法版《中国方志丛书·华中地方·第二五三号》，第1120—1129页。
　　② 光绪《抚州府志》卷六十六《善士》，台湾成文出版有限公司1975年版，《中国方志丛书·华中地方·第二五一号》，第1120—1130页。
　　③ 江西省图书馆藏。

旦愚弟殿梓顿首拜撰。

此杨质庵先生堪称低层乡绅践行与传承儒家文化的典范。

同治《九江府志》卷三十九《善士》载清代德化县："曹贯之，附贡，号以斋，为人谦厚，能识大体，建家塾延师课读，以明伦为要，捐基创宗祠置产以供祀典大小祭赏经纪有方，又创本乡宾兴试馆，欣然倡之。他若建书院、修文庙，一切公务皆赖赞成。道光乙已郡守刘赠乐成善举额。"①如曹贯之这种基层乡绅也是中国基层乡绅的典型代表，特别重视培养子弟学习与科举入仕，特别热衷助学兴文教。

三是将儒家思想化作宗族的家训、家规或族规。

明清时代的家训、家规或族规对族人的行为规则、处世原则、价值追求等的规定有着许多共同的特点，特别是清代的族规、家规或家训都主要依据《上谕十六条》或《圣谕广训》所制定，内容大多相类似：

一要守法，主要体现在下列三个方面：

首先要完国课，光绪三十二年《(宜春)古氏族谱》中的家规："我族子孙，凡于朝廷正供，每届征科，先期急公奉课，勿至吏扰追乎"，"此吾家规训首之以完国课终之，以息争讼，愿我族人拳膺弗失，共勉为纯良之民，而相安于保合大各之世矣"。在《家训》中又规定："吾族管有钱粮者当早完国课，不可拖欠，谚云：若要安，先予官，斯外无追乎之扰，内无挂欠之忧，即啜粥饮水亦悠然自得矣！倘有意抗违，以致胥役剥啄，叩门多方需索，无名之费或反浮于应纳之数；试思供胥役之侵渔，曷若输朝廷之正供；为抗粮之顽户，曷若为守法之良民；愿吾子侄交相劝勉。"在清代的族规、家训中大都有此相类似的规定，但此宜春古氏家规、家训中对完国课的重要性的阐述当是较有深度的。

其次是不赌博，清代的族规、家训中，对赌博之害也往往都会说明，并严禁赌博。《(宜春)古氏族谱·家训》②中说："严赌博。丧身辱先之事非一其要，莫甚于赌博，游惰之民不务生业，往往呼朋引类，斗牌掷骰，小则倾囊，继则穿穴逾墙，渐沦盗贼，或借开场撮头，以补输钱，卜画卜夜，无外无内，遂尔贻羞中诟，是奸盗诈伪未有不赴祠内兜处，违者送官枷责。"

再次是息争讼。江西是一个自宋代以来讼风就很盛的区域，直至清后期仍然如此，所以在一些宗族的族规中往往就会有不争讼的要求。《(宜春)古氏族谱·家训》中规定："息争讼。争讼者因不平而起也，今人往往逞一时之小忿，操戈于大廷，不惟废时失业，亦且荡产破家，此大易有终离之戒。对人以无讼为贵也。愿吾族凡遇口角细故，或田互混等类，须平心息气，投族房长理论，听其秉公处断，无伤宗族之雅，勿兴争讼，得饶且饶，若非深冤极仇，切勿哓哓公廷，戒之。"

---

① 《中国方志丛书·华中地方·第二六七号》，台湾成文出版有限公司1975年版，第592页。
② 光绪三十二年刊本，江西省图书馆藏，存七册。

二要孝悌。

明清时期的族谱中族规、家训、祠规等，往往摆在首要位置的是"孝悌"，这是儒家理论中是最重要的一条。在族规、家训中往往会将这一条作出具体的行为要求。《(宜春)古氏族谱·家训》:"正伦纪。百行孝弟为先，鞠育之恩与天罔极，徐行后长弟道宜然，况爱亲敬长原于天性，犯上作乱岂是故家尔辈各宜协力自尽。至于族属尊卑原有定分，齿序难容，潜越毋论，五服之内即服尽情疏，名分犹存，交接之际须循理度，勿因小忿辄加凌犯，勿倚财力辄生亵慢，违者家法扑责，齐民穷究必严，读书明理者加等。"

孝悌不仅表现在孝顺父母、尊敬长辈、兄弟姐妹友爱，还表现在尊祖敬宗，报本慎始。在族谱中往往对"祭礼"都有详细的规定，在族规中往往会规定"春秋祭祀合宜举行"，并会规定祭田的收入是用祭祀之费。

孝悌是中国国民性中最基本、最显著和最重要的一点，在明清时代，宗族的塑造有着重要作用。

三要和。

"和"是儒家理论中重要的内容，所谓"和为贵"，早已成为中国国民的重要处世待人原则，在宗族的族规中，往往将"和"具体化为"睦乡党"。《(宜春)古氏族谱·家训》:"睦乡党。古者五族为党，五列为邻，睦姻任恤之教由来尚实矣。顾乡党生齿日繁，比闾相接，睚眦小失，狎昵微嫌，一或不诚，凌竞以起，自必构成大怨，故乡党之中，必贵于和睦，古云:'非宅是卜，惟邻是卜，缓急可恃者，莫如乡邻，务使一乡之中，父老子弟联为一体，安乐忧患，视同一家，农商相资，工贾相让，则里仁为美，比户可封，讼息人安，愿吾族凛遵勿失。'"

四要勤职业。

勤奋是中华民族的美德，这种国民性的形成有着诸多的因素作用，如农业社会环境，如儒家思想理论的影响等。族规、家训对这一国民性的塑造也起着一定的作用。在族规和家训中都会要求族人勤职业，《(宜春)古氏族谱·家训》:"勤职业。士农工商虽各别，皆有本职。勤则业修，懒则无成。古诗云:少年经岁月不解，早谋身晚岁无成;就低头避故人盖，言蹉跎岁月不勤;生业以致贫穷无藉也。传曰:民生在勤，勤则不匮。惟士而勤则博学多闻，义理充足，学不匮也。为农而勤，则禾黍丰熟，仓箱满余家不匮也，居官勤。"

五要节俭。

节俭是中华民族的美德，是中华民族的一种素质。这种素质的形成有儒家思想的教育，有农业社会的环境要求等。明清时期的族规、家训中往往都会有"节财用"这一规定，教育与要求族中子弟要节约，《(宜春)古氏族谱·家训》:"节财用。人生不可一日而无用，即不可一日而无财之流，不节则用之无度而财立尽矣。今之人承其祖宗遗业，不知物力艰难任意奢侈夸耀，里党曾不转盼，遗产立尽，于是寡廉鲜耻，无所不至,弱者饿殍沟壑,强者作匿犯科不俭之害至于此,《易》曰:'不节若则嗟嗟',盖言始不节俭,必至嗟悔也。愿吾宁族勿以固了陋贻讥,勿以骄盈取咎,衣服不可过华,饮食不可无节,冠婚丧祭各安本分,房屋器宜归于省约慎之。"

节约成了中华民族的优良品德,与族中乡绅在基层对族人从小到大不间断的教育有着很大关系,通过潜移默化化作了中国国民的基本素质。

六要敦妇道与重婚姻。

明清时代的族规或家训都会要求妇人要守道,所谓妇道,包括"明四德三从,故纺绩井臼,事姑哺儿妇人常道"。对于"悍妒妇女咆哮翁姑,不顺夫男,离间骨肉,厚颜长舌,放泼,尤赖纵肆无忌,以致出乖露丑,深可痛恨,轻者家法昭然,重者七尺其在夫男不阻者坐罪"[①]。对于婚姻主要讲求门当户对。

无论基层乡绅们是通过言传身教还是延师教子、培养子弟科举入仕,抑或通过族规、家规、家训等教育子弟或族人,都是在塑造基层国民性,这种国民性的特点是:重视和谐处世,恪守仁义孝悌,以科举入仕、光宗耀祖为价值追求。

从上述可知,明清时期基层乡绅在乡村社会从事公益事业、化解基层矛盾与践行、传承儒家文化并塑造基层国民性,对明清时期农村社会秩序的和谐稳定起了重要作用,对农村社会的稳定传续有着独特而重要的作用。基层乡绅的存在是中国社会结构的独特特点。

---

① (清)古诚意修,古学杰纂:《(宜春)古氏族谱》中的《家规》,光绪三十二年刊本,江西省图书馆藏,存七册。

略论明清时期农村经济的特点

黄爱华①

一、从耕地面积、粮食总产量、劳动生产率等指标看明清两个时期农业经济发展特点

在中国几千年以农业为主的封建社会中,耕地面积是体现经济实力的重要指标之一。清代相对明代农业经济发展主要表现在总耕地面积的扩大、粮食总产量的提高以及经济作物种植面积扩大和商品化程度提高。在经济作物种植面积扩大和商品化程度提高方面,清代农业的进步反映在以下几个方面:一是人口的增长为农业的发展提供了足够的劳动力;二是通过积极兴修农田水利工程以促进先进农业技术的推广,单户生产逐步形成集约化生产;三是经济作物种植的扩大及其商品化倾向,商品率的提高;四是劳动生产率的提高,促进了粮食总产量的提高。

(一)明朝粮食产量及人口和耕地数量情况

明朝农业发展总体上看是趋势向好,经过元末战乱时期大批田园荒芜。为发展生产,明政府一方面鼓励广大农民开荒耕种,另一方面积极推行屯田政策恢复农业生产。1368年明太祖朱元璋下令,农民开荒所得耕地,归农民自己所有,同时还免除徭役三年,如果原业主返乡,当地官员会在附近荒田内如数拨给原业主土地耕种。屯田政策主要分军屯和民屯两种形式。军屯则是让卫所士兵在非战争时期屯耕自给,军屯的耕牛、种子、农具由政府供给。据史料记载,明洪武年间全国军屯田约有六七十万顷,其中大部分是通过垦荒得来的。民屯具体措施是把地少人多地区的农民迁往地多人少的地区垦荒,凡响应官府政策的移民,官府发给耕牛、种子,并给予免征三年租税,其后亩纳税一斗的政策。

明王朝建立初期,朝廷还颁行了一系列劝奖垦荒的政令,并大规模地开展军屯、民屯和农田水利建设,力图使因遭受长期战乱打击变得凋残不堪的社会经济尽快得到恢复。这些劝农政策收到了显著效果,"中原草莽,人民稀少"的局面迅速得以改观。洪武以后,各种形式的垦荒活动仍不断进行,耕地面积续有增加。据历朝实录记载,洪武二十四年(1391),全国田地共三百八十七万四千七百四十六顷,宣德八年(1433)为四百二十七万八千九百三十四顷,弘治十六年(1503)为八百三十万七千

---

① 作者简介:黄爱华,女,江西省社会科学院《农业考古》编辑部编务,研究方向为农业文明史。

四百八十九顷,到万历三十年(1602)增至一千一百六十一万八千九百四十八顷。与耕地增加的趋势相对应,明代人口也增长很快,尽管这种增长趋势由于人口登记中的错漏在官方册籍中未能体现出来。据现代学者估测,到万历后期,明代人口总数很可能已达到一亿五千万以上。在明代,人们还更加深刻地体会到水利与农业生产的关系,上自朝廷下至民间都为发展水利事业作出积极努力,特别是各地方政府和民间自行兴修的水利工程与日俱增,其数目超过了此前所有的朝代。由于铁的冶炼技术有所提高,明代农具的质量得到改良,在较高的人地比例的压力下,人们更加追求集约经营,不断探索提高粮食单位面积产量的技术和方法。到明代中后期,番薯、玉米等高产作物传入我国,农民的生存能力得到增强。

明朝的农业发展在粮食总产量上高于宋元时期,这为明朝中叶开始的人口稳步增长提供了坚实的基础。明末时耕地面积达到七百八十多万顷,此一水平即使是到了后来的康乾盛世都没有被打破。在世界上,明朝是16世纪、17世纪时期手工业、经济最发达的国家之一。

(二)清朝粮食产量及人口和耕地数量情况

清朝耕地数量与人口情况见表1①

表1　清朝耕地与人口数据

序号	年份	人口（百万）	人口（百万）	耕地（万顷）	人均耕地（亩）
1	1651	42.53	42.53	268.06	6.30
2	1661	76.55	76.55	485.22	6.34
3	1685	81.37	81.37	560.19	6.88
4	1706	81.65	81.65	551.95	6.76
5	1722	103.05	103.05	784.37	7.61
6	1734	109.42	109.42	820.35	7.50
7	1753	183.68	183.68	677.58	3.69
8	1784	286.33	286.33	700.94	2.45
9	1812	333.70	333.70	727.08	2.18
10	1822	372.46	372.46	696.92	1.87
11	1851	434.39	434.39	697.00	1.60
12	1887	426.45	426.45	852.37	2.00
13	1900	443.00	443.00	847.78	1.91
14	1910	419.64	419.64	1455.24	3.47

---

① 1900年人口用的是姜涛《中国近代人口史》数据,1910年人口用的是国民政府内政部《内政年鉴》中1912年数据,因为宣统年间进行的人口统计殊不可信,相信两年间人口变化不会太大。其余人口数据均引自王育民《中国人口史》,其中雍正及以前的人口官方记载只有"丁"数,王育民将其乘以4得出人口数。但是官方统计数据和比较公认的还是乾隆初中国人口始突破1亿。人均耕地系由总耕地面积除以总人口得出。

由表1分析得出结论，从农业发展上看，不论是耕地面积、粮食产量，还是当时的人口数量，清朝都远远超过了以往的历史时期。据统计，康熙二十四年，全国共有耕地6亿亩，到嘉庆初年，全国耕地约为10.5亿亩，全国粮食产量则迅速增至2040亿斤。当时随英国马戛尔尼使团来中国的巴罗估计，中国的粮食收获率高于英国，麦子的收获率为15:1，而当时的欧洲，粮食收获率居首位的英国也仅仅为10:1。截至18世纪前期，清朝的全国人口、耕地、农业和手工业生产都有显著增加。资本主义萌芽也有所增长，超过了明代社会经济的发展水平．

经过长达半个世纪之久的明末清初的战争，社会经济遭到严重破坏。到清王朝立国的时候，已是人口锐减，土地荒芜，一片凄凉景象。清王朝面临的最大问题，就是恢复国民经济，安定民生。清王朝也和前代一样，采取垦荒、屯田、兴修水利等政策，恢复农业生产。从劳动力和耕地面积看，大约在康熙末期才恢复到明万历时水平，历时了70年，比明代的恢复期长一倍。对于清代农业经济的发展，我们以乾、嘉、道的生产状况代表清代高峰，与明盛世即嘉靖、万历时相比，分别比较农产品总产量、单位面积产量、劳动生产率等指标。

1.农产品总产量

农产品总产量代表封建国家的经济实力的重要指标，农业生产的进步促进了人口的稳步增长。清代人口，据文献记载见表2。

表2　清代人口

年份	人丁数	年份	人口数
顺治八年 1651	10633326	乾隆三十六年(1771)	214600356
顺治十八年 1661	19137625	乾隆四十六年(1781)	279816070
康熙十年 1671	19407587	乾隆五十六年(1791)	304354110
康熙二十年 1681	17235368	嘉庆六年(1801)	297501548
康熙六十年 1721	24918359	嘉庆十六年(1811)	358610039
雍正九年 1731	25441456	道光元年(1821)	355540258
雍正十二年 1734	26417932	道光十一年(1831)	395821092
乾隆六年 1741	143411559	道光二十一年(1841)	413457311
乾隆二十六年 1761	198214555	咸丰元年(1851)	432164047

资料来源：孙毓棠、张寄谦：《清代的垦田与丁口的记录》，《清史论丛》1979年第1辑。

据算明嘉靖、万历时人口为1.2亿。由明盛世到清中期，人口由1.2亿增长到4亿，约增加了2.3倍，粮食产量也应随之增加2.3倍。如果仍按平均每人占用原粮580斤计，即由696亿斤增为2320亿斤，这是个很大的提高。该增长，如果仅从耕地面积的扩大而得来，则对农业生产力来说，只是量的累积，不是本质的提高。国外学者估计清代耕地面积总量有 12 亿或 13 亿亩,就比明盛世的 7.84 亿亩增加 50% 左右。由此可以看出,清代粮食的新增产量中,约有 20% 以上是因为耕地面积扩大的原因,有近 80% 是由于平均亩产量和劳动生产率提高等其他原因而形成。这就同明代的情况不同,我们曾估计明代增产的粮食中有 80% 是由于耕地面积的扩大而来。事实上,清代垦辟田土的面积远大于明代,但因粮食增产量更大,这一因素所占的比重反而降低了。

　　2. 平均亩产量及劳动生产率

　　单位亩产量是反映土地利用的效率,是反映农业生产力水平的另一重要指标,这方面也无统计数据可言,就以江南水田的一些亩产量事例列为表 3。

表 3　清代江南水田产量举例

时间	地区	每亩产量(石)	资料来源
清初	苏松	单季稻:谷 1 + ~3 -	顾炎武:《苏松二府田赋之重》
顺治	嘉兴	极丰:米 3 春花常年:米及春花 3	张履祥:《补农书》
康熙	苏州	双季稻:谷 6.6 单季稻:谷 3 ~4	《李煦奏折》
康熙	上海	米 1.5 ~2	叶梦珠:《阅世编》
康熙	南方	上田:4 + 下田:2.8 +	王夫之:《噩梦》,大约指谷
雍正	苏湖	稻麦折米 3	刘斌:《量行沟洫之利》《皇朝经世文编》卷三八
乾隆	南昌	上田:4 中田:3 + 下田:2	陆耀:《切问斋文钞》卷十五辑陈道文
嘉庆	苏州	上岁:米 3 麦 1.2 中岁:米 2 麦 0.7	包世臣:《齐民要术》卷二
道光	巢县	谷 1 + ~2 +	道光《巢县志》
道光	嘉兴	米 2.5 ~5	道光《嘉兴县志》卷十一
道光	苏州	上田:米 3 春麦 1.5	道光《蚕桑合编序》

　　李隆生曾对晚明农业总产值做过一个估计:每亩田 1.2 石的米。南方亩产量高得多,北方亩产量低,这个平均亩产量的估计明显是偏低的。余也非的估计是明代北方地区平均亩产 1.302 市石,南方地区平均亩产 2.604 市石。郭松义估计明后期全国南北水旱粮食平均亩产 256 市斤,按照一石白米为 94.4 公斤计算,则平均亩产在 1.3 石左右。但至于耕地面积,明初洪武时期的耕地面积约为 8 亿 5000 万亩,明代 16 世纪晚期到 17 世纪初期的耕地面积应该在 11 亿亩左右。按此估算,洪武时期的农业总产量是 10 亿 2000 万石左右,而晚明时期全国农业的总产量至少是 13

亿 2000 万石左右①。从上表对比清朝江南高产区的记载,大体看来清代是比明代有所提高的。从表中还可看出,从清初到嘉庆、道光朝,亩产量似也有提高,像嘉兴、苏州都较明显。

我国封建王朝的粮食亩产量和劳动生产率的起点是比较高的。学术界上已经取得共识:从战国时期到明清两朝,我国的粮食亩产是呈逐步上升的趋势,从战国秦汉到唐宋时期,劳动生产率也基本是呈上升趋势,这一时期粮食亩产的增长和劳动生产率的提高大体上可以说是同步。劳动生产率即平均每个劳动力的产量或产值,是生产力发展的最重要指标。据陈振汉同志的研究,在江南,一个壮劳动力的常年劳动生产率为米 20 石,在北方,约只有江南一半。到清中期,我们有理由相信,农民的劳动生产率比明后期下降了。按人口平均耕地量,明后期是 6 石亩,清中期为 2 石亩,下降60%。在江南,明代一般是一夫耕 10~20 亩;清代,"工本大者不能过二十亩,为上户;能十二三亩者为中户;但能四五亩者为下户",当时下户当占多数。一夫经营的面积减少,劳动生产率就可能下降。由此可见,清朝的劳动生产率较明朝有所下降,当然各地自然生产条件及经济发展不平衡难以一概而论,不排除在个别新兴农业区的劳动生产率可能有所上升的现象。

二、从农业生产方式看两个时期的变化和进步

中国历史上冶铁技术经过三次大的变革,第一次是战国秦汉时期可锻铸铁和铸铁渗碳钢的发明及其导致铸铁农具的普遍使用,第二次是唐宋时期在灌钢技术推广基础上熟铁钢刃农具的广泛使用,第三次是明清时期生铁淋口技术的应用。唐宋时期是传统农具发展的巅峰,水田和旱地耕作农具均已系列化。明清时期农具基本上没有大的革新及创造有些大型高效农具反而罕见了,甚至有些地方从牛耕退回人耕。

(一)明初农业虽得到恢复和发展,但农业生产工具并没有多少创新和改进

1. 耕作工具

明朝农具的革新最典型的是一种名为"代耕"的新式农具。代耕器亦称为"木牛",由两个人字形支架和安有十字木橛的辘轳组成。耕地时田地两头距离二丈,相向安设,辘轳中缠有六丈长的绳索,绳两端固定在两边的辘轳上,中间安有一个小铁环,小铁环上挂有耕犁的曳钩,运作时以人力搬动辘轳上的木橛,使之转动,耕犁就往复移动耕田。每套代耕器,共用三人,两面辘轳各用一人,扶犁一人。转动辘轳的人,一人转动时,对方一人休息,如此往复搬动,据说可以"一手而有两牛之力"。代耕器利用机械原理,省力而效率高。目前还不能证明,这种新式农具推广使用的程度,但这种机械性农具的出现,对提高当时劳动生产率还是有促进作用。

---

① 李根蟠:《论明清时期农业经济的发展与制约——与战国秦汉和唐宋时期的比较》,《河北学刊》2003年第2期。

2. 农业肥料

农业肥料用途在明朝得到逐渐扩展,农田施肥技术也有提高,对不同土壤,施用不同性质的肥料。像"榨油枯饼"这样的高效肥料,数量多达七种。棉籽饼、芝麻饼等仅仅用来肥田。在酸性土壤施用磷肥,用骨灰蘸稻秧,用石灰淹秧根。农肥改良了土壤,进而增加了亩产。有的地方甚至应用砒霜毒剂拌种,防止病虫害。

3. 种植方法

以棉花种植为例,发明了"张五典"种棉法,这是总结民间植棉经验得出的新法。从棉花的制种、栽种气温、土壤选择、根株行距、田间管理、定苗锄耘、打叶掐尖等生产技术都有科学的规定。

4. 灌溉技术

明朝人对古有的戽车、筒车等提水工具进行了改良,还有人将西方水利著作《泰西水法》中的水利科学技术引入到当时的农业灌溉领域。明朝著名的科学家及政治家徐光启针对北方农业种植干旱少水的特点,改进了一种仿制的"龙尾车"来取水,利用活塞汲水的机械原理制成了压水工具,距水源数十里的稻田、菜地、棉田都可以进行灌溉,较旧式水车效率得到提升。

5. 经营方式

明朝中期,农业发达地区逐渐摆脱单一农业生产的经营方式,利用农产品商品化和商品市场的扩大等条件,进行多种经营,这种经营方式促进了当时农业生产水平。有一个典型的事例:当时吴人谭晓、谭照两兄弟,低价买入当地被人遗弃洼芜的湖田,利用当地廉价的劳动力,进行土地改造。洼地挖成鱼池来养鱼,稍高的田地则围堰造田种粮食。鱼池上做鸡舍、猪舍,粪便掉落池中可用来喂鱼。田堰上种植桃、梅等果树,边角隙地可以利用起来种蔬菜、菱茨,大大提高了土地利用率。一年下来,鱼、鸡猪、水果、蔬菜等农副产品收入,甚至要高过农田收入的三倍。这是一种立体的生态农业生产方式,既提高了粮食生产水平,又获得副业生产的高收益。一些土地所有者,开始从农业生产的自给自足进而发展到整体的农业多种经营,生产的目的在于销售,与商品市场比较紧密联系在一起。

由于受到条件限制,明朝农业基本上还是自然农业模式,还是小农经济占据主要地位,哪怕是有了商品经济的萌芽,但数量与质量比例都极其微弱。可喜的是,毕竟明朝农业在前朝的基础上有了恢复和发展,这是我们不能不承认的。

(二)清朝的农业生产及进步

1. 农业生产方式

明代出现了《农政全书》这样集大成的农业生产巨著,清代没有出版能够与之媲美的大型综合性农书,大型综合性农书仅有一部《授时通考》,是乾隆二年(1737)由皇帝弘历召集一班文人编纂的,全书规模比《农政全书》稍小。当时涌现出许多地方性农书,各种专业农书有一百多部,在康熙、雍正两朝最为繁盛。这些地方性农书,在一定程度上也反映了当时精耕细作的技术在全国范围内的推广与普及。清代农业生产力的提高,归结为三种因素:①农艺学的进步;②集约化生产及水力灌溉工程的利用;③种植结构逐步优化,高产作物高粱、玉米、番薯得到推广,其中又以集约化耕作为最重要。

2.清代农艺学进步表现在如下几个方面

深耕:此在北方旱田最为重要。前代犁地,大都以 3 寸左右为常。清人云:"犁之深浅有法","特用深犁者,地力不齐也"。《知本提纲》总结西北地区经验,"有用一犁一牛者,有用一犁二牛者,有三牛四牛者";"有浅耕数寸者,有深耕尺余者,有深至二尺者";又"前用双犁小牛,后即加一牛独犁以重之",用套耕法实行深耕。

选种:农家经常选育新种。以稻而论,清代品种显著增多,不下数百种。有御稻、香粳、银条等类别,取其品质好,而更多的是百日勾、六十日、八月白等名目,取其早熟,这对于实行复种、提高产量至为重要。

复种:明清时期多熟种植又有较大的发展。在江南,稻麦复种制进一步普及,南方的双稻和北方二三熟制也获得相当程度的推广。在北方,明代大约复种之地很少,罕见记载。清代,乾隆以后,山东、河北、陕西的关中地区,已比较普遍地实行三年四颗或二年三熟。苏北、皖北亦行二年三熟,即每年种一季秋粮,隔年种一季越冬作物,隔年冬休。越冬作物多种小麦、大麦,夏收后种豆类、玉米、晚谷等,冬闲地来春种高粱、玉米或春谷等。此外,包世臣在《齐民四术》中记有豆、粟、芋、薯轮种,以及谷地轮种,蔬菜、桑田种豆等方法。由此可见清代轮作品种可能比过去增多。

3.集约生产及水利工程

清代农产量的增长主要是由于集约耕作而来,"集约"是指农业上在同一面积投入较多的生产资料和劳动进行精耕细作,用提高单位面积产量的方法来增加产品总量的经营方式。但单位面积产量并不能与投入的劳动力按同比例增长。清代学者也是农学家包世臣说:"凡治田无论水旱,加粪一遍,则溢谷二斗;加做一工,亦溢谷二斗。"水田一亩需八九个工,加一个工只增产三十分之一而已。在复种的场合,情况也是这样。如加种一季春花,增产的粮食不过相当于秋粮 20%,顶多 30%;种双季稻,只比单季稻增产20% ~35%。若精耕细作引起雇工,增加成本更大。因此,集约化耕作,尽管亩产量增加,按每个劳动力计算,劳动生产率仍将下降。从前述统计看,全国耕地面积按人口平均,明后期为 6.5 亩,清初期为 6.0 亩,中期为 2.5 亩。就是说从明至清,每亩的劳动力增加 1.6 倍。由于人口组成有变化实际不会增加那么多,但总在一倍以上。清中期人口成倍增长,突破四亿,增加的劳动力大都是在农村,其他出路有限,集约化耕作有了可能,也成为必要。在一家一户的生产组织下,集约耕作只能在小面积土地上进行。反映在清代农业理论中,强烈批评广种薄收。清初,张履祥的《补办农书》中即有"多种不如少种好"的说法。乾隆时尹会一说,南方亩产以石计,北方以斗计,非尽"南沃而北瘠也",南方"一夫所会,不过十亩……

十亩,力聚而工专,故所获甚厚",北方"农民书图广种……意以多种则多收,不知地多则粪土不能厚奎,而地力行矣;工作不能遍及,而人事疏矣"。又"小户自耕己地,种少而常食丰收。佃户受地承种,种多而收成较薄"。清康熙时治河名臣靳辅指出,苏松嘉湖地区丰产主要靠精耕细作,土地条件反成次要的了。包世臣说,苏州农民"精于农事",因能多收,西北农民"广种薄收。广种则粪力不给,薄利则无以偿本"。明清意义最为深远的是某些地区出现了综合利用大田与水体的堤塘方式,从某种意义上可以称之为最早生态农业的发端。

集约化耕作本来是农业生产的一个进步。但是,在农业生产技术和工具没有重大改进、一切依靠手工劳动的条件下,集约化耕作只能是使用更多的劳动力,而每个劳动力都要吃饭的,到一定程度就会得不偿失。我国新中国成立后50年代人口增长率达2%,农产品增长率约为4%,当时仍是传统农业,粮食产量比新中国成立前最高年产量增加33%。所以,在清前中期,靠投入更多劳动力来增加农作物生产,仍绰有余地①。不过,也不能说乾、嘉朝的人口增长对中国农业生产没有不良影响。人口增长促使耕作集约化,在这一方面提高了土地利用效率,增加了粮食产量;一方面又降低了农业劳动生产率,增大了生产成本。

4. 种植结构的优化

自秦汉以来,我国广大农区生产结构以种植业为主,种植业中又以粮食为主。我国主要粮食作物原为粟黍,战国秦汉时期大豆和冬麦地位有所上升,至唐宋时期稻麦取代粟黍成为主要粮食,成为我国历史上农业结构影响最深远的一次变革。明清时期稻麦作为主要粮食作物的地位进一步巩固,又引进和推广了玉米、番薯、马铃薯等高产作物,有利于在贫瘠区和高寒地区拓展耕地。新作物的引进对我国农业生产有重要关系。除早熟稻外,高粱的引进大约在宋元之际,最初是从中亚传入四川,明代已有推广,到清代遍植于北方,逐渐代替粟。高粱亩产量高于粟,并耐寒、抗涝,杆可供燃料,而粟的品种,唐以后日益退化,故这一代替有利于充裕民食,对东北垦区的开发尤为重要。据民国初统计,高粱播种面积有1.39亿亩,已略超过粟(1.38亿亩),占总播种面积(13.6亿亩)的10.2%,清代情况,可能相差不太多。

玉米和番薯对于解决清代民食问题颇为重要,但其作用亦不能估计过高。据民国初统计玉米播种面积0.97亿亩,番薯播种面积0.25亿亩,共占总播种面积(13.6亿亩)的7.6%。这统计并不太可靠,但清中期一定远小于此数。因为玉米和番薯是在近代才较大发展的。到20世纪20年代,包括传统的芋,还只占粮食总产量的9%,30年代占10.4%。然而,作物多样化总是清代粮食增加的一个重要因素,也反映了农业生产力的发展。

从纺织品来看,明清时期蚕桑生产主要在江南、珠江三角洲等自然条件有利的

---

① 于秋华:《明清时期人口快速增长对经济发展的影响》,《财经问题研究》2008年第12期。

地区;棉花则取代丝麻的传统地位,扩展到整个长江流域和黄河流域,成为衣着原料生产结构的一大变革。

三、制度变革对明清农村经济发展的促进及制约

明清农村经济相较唐宋时封建经济继续发展,其原因有:①国家统一,社会安定;②农艺的发展引入高产农作物新品种;③人民的辛勤劳动。最主要原因应归结于改革赋税制度,调整生产关系。

明朝的制度改革:最有影响是明朝中晚期张居正于 1581 年推行的一条鞭法,其主要内容是:把田赋、徭役、杂税合三为一征收,化繁为简;把过去按丁、户征收的役银分摊在田亩上;一概征银,无论田赋或力役一律折算为银两缴纳,差役由政府雇人承当。通过一条鞭法的改革,减轻了农民的负担,有利于产品的商品化,缓解了阶级矛盾,增加了国家的财政,延续了明朝几十年的封建统治。

清朝的制度改革主要有 1669 年康熙推行的“更名田”,1712 年实行的“固定丁税”以及 1723 年雍正推行“摊丁入亩”,这些改革措施,都在一定程度上促进封建农业经济的发展,缓解了阶级及民族矛盾,减轻了对农民的人身控制,具有一定的积极作用。

但是,由于封建王朝宪法秩序及统治体制未能顺应经济的发展,存在严重滞后现象。它大大地延缓经济发生质变的速度,且因为中国经济迟迟不能发生经济及社会结构的根本改变的原因不能仅仅在经济领域寻找,更应该在政治结构和社会结构中寻找。明清时代,在因人口增长所引起的经济结构发生变化的局势下,社会未能提供制度创新,或者说,在制度变化所依存的政治与经济力量的相互作用中,经济力量无法触动强大的政治力量。一种有利于扩大选择面和追求多样化机会的社会环境和法律制度,是技术创新、制度创新以及经济发展的前提条件。而明清时代的政体,正是尼科尔森所说的“最大化控制和寻租活动的政体”,严重阻碍甚或窒息了制度创新与经济进步①。

四、小结

明清的农业经济发展是我国继唐宋农业文明以来的第二个高峰,从经济规模、劳动生产率、农艺进步等指标考量,清朝较明朝均有一定的发展和进步,但终归只是在数量上的增长,未发生质的飞跃。中国的资本主义萌芽在明清都稀疏出现,可由于日益腐朽的封建统治严重阻碍和窒息了制度创新及经济的进步,中国错过了经济崛起的机会,千年的封建王朝最终在与新兴的欧洲资本主义的国家较量中落败,东方古老的农业文明终落败于西方工业文明。

---

① 高寿仙:《制度创新与明清以来的农村经济发展》,《读书》1996 年第 5 期。

明清江西"好讼"之风的成因及影响

胡长春①

自宋代开始,随着商品经济的繁荣和市民阶层的崛起,江西地区民间各种诉讼现象大为增加,始被史家冠以"好讼"之名。明清时期,江西的"好讼"之风不但未见消弭,而且有愈演愈烈之势,甚至于还随着人口的迁徙流动而波及邻近各省。于是,名人辈出、人文炽盛的古代江西,却又以浓烈的讼风而闻名于世,这种现象之所以出现,自然不乏其原委。笔者拟根据手头掌握的部分史料,在学者们已有研究的基础上,对明清时期江西"好讼"之风的成因及影响试作分析。不妥之处,敬祈方家学者校正。

一、明清江西的"好讼"之风

在明清时期,江西省所辖的十三府,多数有"好讼"或"健讼"之谓。明章潢《图书编》详载江西的地理形势及政务烦简,如南昌府"人皆劳悍相半,事烦讼多",饶州府(治鄱阳)"多讼尚狡",九江府"淳奸相半,讼多粮少",抚州府"讼烦事冗",临江府(治樟树)"多讼烦剧",吉安府"政事旁午,古称难治",瑞州府(治高安)"奸顽啸聚,讼多烦",赣州府"地险山多,盗贼出没,时有瘴疠,民讼烦甚",南安府(治大余)"人杂居,时有瘴疠,民野好讼,粮少难征"等等,仅有广信府(治上饶)、南康府(治星子)、建昌府(治南城)、袁州府(治宜春)等府,被称为民风淳朴、政务清简之地。至于江西所辖各县,凡是水陆要冲之地,则多被称为"讼多""事繁";偏僻之地,则又有"僻刁""盗盛"等评论②。在是书的作者看来,江西大部分地区都属于诉讼繁多的难治之区。

清雍正时所编《江西通志》,对当时江西的民情风俗也多有记载。据书中所载,南昌府,"人稠而劳,淳悍相半,事烦讼多,为十三郡之最"。吉安府,"土瘠民稠,所资身多业邻郡,其俗尚气,君子重名,小人务讼,兼之军民杂袭,豪猾森腾,吏治鲜效。庐陵(今吉安)、泰和最称难理,永宁(原宁冈,今废)、龙泉(今遂川)稍稍易与云"。瑞州府(治高安),"珥笔之民,新昌(今宜丰)颇多,积年之害,高安为最"。饶州府(治鄱阳),"饶郡夙称淳朴,近年刁风颇炽,讼斗繁兴"。九江府,"背倚匡庐,控扼江

---

① 作者简介:胡长春,江西省社会科学院图书馆馆长,研究员。
② (明)章潢:《图书编》卷三十九,文渊阁四库全书本。

108

湖为重镇,民瘠贫多讼"。南安府(治大余),"民贫多讼","信巫鬼,好嚣争"①。由于此书中的记载多杂引前代方志图籍而来,前后不一、自相矛盾之处甚多,如果忽略这些史料中的过誉之辞,则明清时期江西大部地区民好争斗、讼风盛行的状况,是显而易见的。而且,此书中的记载与章潢《图书编》所论,大体上是一致的,二者足以相互印证。

江西民俗之"好讼",由来已久。不仅史家连篇累牍,似乎言之凿凿,各级官吏更是有着这样一种先入之见,甚至于民间谚语也有"筠袁赣吉,脑后插笔"之说,意思是把毛笔插在脑后,随时准备打官司之用。早在元至正二十一年(1361),朱元璋向陈友谅发起进攻,相继攻取了江西、湖北部分地区,次年,又收编了龙兴路(今南昌)。当时,他曾对属下说:"得南昌,是去陈氏之一臂,其地襟江带湖,控荆引越,乃楚之重镇,为吴西南藩屏。人复好讼难制,且山寨来降日多,非骨肉老成,莫能治之。"②不久,便命令他的侄儿朱文正守南昌。显然,江西人之"好讼",名声着实不小,连平民出身的起义军首领的朱元璋也是心知肚明的。

明朝立国以后,朱元璋有鉴于江浙等地民好诉讼,不遵法度,多次派人贴出告民榜谕,要求这里的民众息争止讼、应役输粮:"为吾民者,当知其分。田赋、力役,出以供上者,乃其分也。能安其分,则保父母妻子,家昌身裕,斯为忠孝仁义之民,刑罚何由而及哉。近来两浙、江西之民,多好争讼,不遵法度,有田而不输租,有丁而不应役,累其身以及有司,其愚亦甚矣。曷不观中原之民,奉法守分,不妄兴词讼,不代人陈诉,唯知应役输租,无负官府。是以上下相安,风俗淳美,共享太平之福。以此较彼,善恶昭然。今特谕尔等,宜速改过从善,为吾良民。苟或不悛,不但国法不容,天道亦不容矣。"③在发布告民榜谕的同时,对热衷参与讼事的"刁民"进行严厉打击,江西郭和卿误告案就是一例。在处理了郭案之后,明太祖还专门对江西之民风进行谴责:"天下十三布政司良民极广,其刁顽者虽有,惟江西有等顽民,奸顽到至极之处,变作痴愚。"④

明洪武、永乐年间,由于受到朝廷高压政策的严厉打击,江西地区讼风一度消弭。至明中叶,随着商品经济的复苏和发展,江西地区"好讼"之风又起,并呈愈演愈烈之势。成化四年(1468),巡按江西御史赵敔,在一则奏疏中提到了江西讼风已开始向官场渗透:"切见江西小民,俗尚健讼。有司官吏,稍不顺其情者,动辄捏词告害。其风宪官之忠厚正大者,必先察其贤否。若果贪酷,然后就逮黜;若廉勤,则极力扶持之。其用意深刻者反是,惟欲张威扬誉,不复顾事体、惜人材。不问贤否是

---

① 雍正《江西通志》卷二十六,文渊阁四库全书本。
② (清)汪森:《粤西文载》卷十六,文渊阁四库全书本。
③ 《明太祖实录》卷一百五十,洪武十五年十一月,(台北)中央研究院历史语言研究所校印本。
④ 《大诰三编·代人告状第三十一》,续修四库全书本。

非,一概逮系,刑逼招承。甚至刁民自知所告不实,潜行远避,致将被害人久禁不治。"①他建议御史在处理民告官之类的"越诉"案件时,要明辨是非,爱惜人才,其建议很快得到了朝廷的批准,并通行各省遵行。

成化十八年(1482)二月,镇守江西内臣在奏疏中极力指责江西的"健讼"之风:"江西地方,虽曰文献之邦,然民俗刁顽,素称健讼。有等刁泼之徒,不务生理,专以捏词告人,图利肥己。有因争斗小忿,就将远年病死人命,捏作打死;有被强盗窃去家财,就告平昔有仇之人强劫;有因争竞一事理,作不干己数事,牵告百十余人。所司审出虚诈,不予准理,私忿不遂,辄便赴京,捏词奏告。及行提问,百无一实。中间又有一等豪恶之徒,因事打死人命,或占人田土、奸人妻女、抢人家财、骗人财物。被人告,自知罪恶深重,不肯出官对理……妄捏谋逆重情,赴京申诉,声动朝廷,烦渎圣听。"②弘治初年的大学士丘浚亦言:"臣按近制,有诬告人十人以上者,发口外为民。盖欲以止嚣讼之风也。然此法行而天下之顽民皆知所儆,独江右之民略不以为患,乃有如布(按:指宋曾布)所言者。盖其地狭民贫,游食四方,乃其素业。乞下法官集议,别为法以处之。今日健讼之风,江右为甚,此风不息,良善不安,异日将有意外之变。"③

在整个江西范围内,"好讼"之风又以吉安为最盛。成化四年(1468)七月,新任吉安知府许聪疏言:"吉安地方虽广而耕作之田甚少,生齿虽繁而财谷之利未殷,文人贤士固多而强宗豪右亦不少。或相互争斗,或彼此侵渔,嚣讼大兴,刁风益肆。近则报词状于司府,日有八九百;远则致勘合于省台,发有三四千。往往连逮人众,少不下数十,多或至百千。其间负固不服者,经年行提不出;恃顽变诈者,累发问理不结。"④其时,江西各级官吏也都对吉安的"讼风"给予关注。如成化十五年(1479)三月,巡视江西南京刑部右侍郎金绅上疏,直言"吉安地广讼繁",明廷乃命黄韶为江西按察司金事,"专分巡吉安府地方"⑤。二十三年(1487)七月,吉安知府张锐上疏:"江西多大家,往往招纳四方流移之人,结党为非。如吉安一府,健讼尤甚,囚犯监禁,常累至千人。缘官少不能决断,多致瘐死。今宜增设推官一员,专理词讼,不得以他事差遣。"⑥于是,朝廷便增设吉安府推官一员,专理刑狱。

从明代史籍有关地方官吏"息讼"的记载中,可以窥见江西各地"讼风"之大略。就吉安府而言,宣德五年(1430)任吉安知府的陈本深,见"吉安多豪强,好评讼",便通过杀伐立威,使"民耻争讼"⑦。程宗,天顺五年(1461)知吉安府,"才敏而不务苟

---

① 《皇明条法事类纂》卷二十九,中国珍稀法律典籍集成本,科学出版社1994年版。

② 《皇明条法事类纂》卷五十。

③ (清)丘浚:《大学衍义补》卷一百五,文渊阁四库全书本。

④ 《明宪宗实录》卷五十六,成化四年七月,(台北)中央研究院历史语言研究所校印本。

⑤ 《明宪宗实录》卷一百八十八,成化十五年三月辛巳。

⑥ 《明宪宗实录》卷二百八十八,成化二十三年七月壬戌。

⑦ (清)鄂尔泰、张廷玉:《明史》卷一百六十一《陈本深传》,中华书局1974年版。

察,胥吏舞文者厘革殆尽。尝语健讼者曰:'汝能枉其是非以欺我邪? 汝将害人适自害耳!'郡中化之,讼自息"①。明初任泰和知州的顾光远,上任之初,前任州守"以民好讼告于侯,侯怃然曰:'民有冤抑,守弗为之理,民将安诉?'顷之,讼者雨集。侯乃自为书榜,联纸长数丈,诲谕谆切,民争来观,观已去,不讼者十二。侯又俾凡讼者居谯门上思三日,然后得诉,思不三日去,不讼者过半矣。乃择吏纯谨者一人,置簿受词讼,而钩稽其始末,民诚负冤也,辄为疏理,非诚负冤,愿悔自止者,听不问。未两月,民不复讼,吏亦畏侯精敏,无敢舞文以病民"②。弘治间任万安知县的黄宏,见当地"民好讼,讼辄祷于神,宏毁其祠。曰:'令在何祷也!'讼者至,辄片言折之。"③永新县令乌某也是如此,"永新之民素健讼,先生训以仁义,则皆化服"④。

抚州、临江、瑞州三府,也有不少地方官"息讼"的记载,表明三地"好讼"之风也颇为盛行。如临川县主簿韩民瞻,因"临川在大江以西,其民好讼,民瞻扶植善良,锄治强梗,罔不化服",后由于"怨家罔生事端,诉诸宪府,宪府悉辨其诬。然犹左迁为邳州税课局大使"⑤。临江知府周源,深知"临江民好讼,株连蔓引,动千百人,比扬尤号难治。公听决如流,同狱无滞囚"⑥。清江县令郭惟贤,"万历进士,授清江令。邑邮多逋额,唯贤酌定驿规,申缓夏秋税期,民得苏息。俗好讼,严令禁止"⑦。临海人张志淑,嘉靖甲午(1534)解元,授"瑞州推官,摘发悉当,合境称神。狡险健讼者,皆相戒无犯"⑧。以上诸人,皆以"息讼"而闻名,大多被史籍中列为循吏或名宦。此外,明代赣州的讼风亦颇盛。明人曾经感叹:赣州"世道日漓,刁民伪为冤状以陷人者,在在有焉;贫弱有冤无处诉告者,亦无地无焉;受人财为人捏造冤苦词,情若邓思贤者,亦有之焉"⑨。这与赣州一地自宋至明长期讼风盛行的情况是一致的。

二、"好讼"之风的形成原因

1. 继承了宋元时期好讼之遗风

隋唐以前,江西地区由于经济落后,民风淳朴,"其君子善居室,小人勤耕稼","俗少争讼,而尚歌舞"。⑩ 江西讼风之兴起,肇自宋代。黄庭坚《江西道院赋》称:"江西之俗,士大夫多秀而文,其细民险而健,以终讼为能。由是玉石俱焚,名曰珥笔之民,虽有辩者不能解免也。惟筠为州,独不嚣于讼,故筠州大守号为江西道院,然

---

① 雍正《江西通志》卷六十一。
② (明)梁潜:《泊庵集》卷十一《前泰和州知州顾光远墓志铭》,文渊阁四库全书本。
③ 雍正《江西通志》卷五十八。
④ (明)郑真:《荥阳外史集》卷二十七《送乌先生归四明序》,文渊阁四库全书本。
⑤ (明)郑真:《荥阳外史集》卷二十四《送邳州税课局大使韩民瞻序》。
⑥ (明)吴俨:《吴文肃摘稿》卷四《明故广西左参政致仕周公合葬墓志铭》,文渊阁四库全书本。
⑦ 雍正《江西通志》卷六十一。
⑧ 雍正《江西通志》卷六十。
⑨ (宋)桂万荣撰、(明)吴讷删补:《棠阴比事》"虔效思贤"条,文渊阁四库全书本。
⑩ 雍正《江西通志》卷二十六,文渊阁四库全书本。

与南康、庐陵、宜春并蒙恶声。"①文中直言除筠州（治今高安）外，江西大部地区都以终讼为能事，珥笔之民颇多。沈括在《梦溪笔谈》中，也有江西人好讼之记载："世传江西人好讼，有一书名《邓思贤》，皆讼牒法也。其始则教以侮文，侮文不可得，则欺诬以取之。欺诬不可得，则求其罪劫之。盖思贤人名也，人传其术，遂以名书。村校中往往以授生徒。"可知，宋代江西不仅讼风炽盛，而且还形成了诉讼之学。入元以后，江西诉讼之习依旧。史载："赣所属二州八县，其民好斗而健讼，往往贫者杀子女以诬巨室，富者养穷人为亲属，杀以害仇家。相习成风，为害滋甚。"②据文中所言，元代赣州之二州八县之民，无论贫富，为了打赢官司，无所不用其极，甚至视人命如草芥，简直到了骇人听闻的地步。虽然其中所指是赣州的情况，但推而广之，整个江西全省想必也好不到哪里去。宋元时期江西地区所普遍存在的"好讼"之风，对后世江西的民情风俗的形成，必然会产生一定的影响。

2. 尚气好争的性格使然

俗话说得好："一方水土养一方人。"江西除北部较为平坦外，东西南部三面环山，赣江流贯全省，水网密布，物产丰饶，自古有鱼米之乡之誉。所谓："地方千里，水路四通。风土爽垲，山川特秀。奇异珍货，此焉自出。"③然而，复杂的地势必然导致交通不便，加上相对封闭的地理环境，自然形成江西人有别于邻近省份的性格特征。其主要表现，一是民风淳朴、勤劳节俭；二是有争强好胜的一面。永嘉南渡之后，中原世家大族大批迁入江西，促进了江西文化的繁荣。至宋明两代，江西文风鼎盛，硕儒名宦众多，尤其是江西士人多尚气节、畏清议，于是便产生了宋代的文天祥、明代的黄子澄等忠义之士，这也是江西被称为"文章节义之邦"的由来。当然，这仅仅是就文人士大夫而言的。

至于普通的百姓，则似又另当别论。大体上来说，江西民众性格上尚气好争的成分更多些。早在宋代，曾巩曾经说过，南昌人"勤生而啬施，薄义而喜争"。丁之翰《南昌图经》亦言："尚气太过，小忿辄至斗讼。"明邓元锡称：吉安"为忠义文献之邦，冠冕江右焉。君子尚名，小人尚气，颇多讼，称难治"。明大学士郑晓说得更明白，抚州"人悍，多山寇"，袁州"逋民客户，喜狱好争"，"大抵江西之民，质俭勤苦，时有忧思，至争曲直、持官府，即费财不吝"。④也就是说，强悍而急躁，喜争强好胜，可以看作是江西人的通病，这与江西"好讼"之风的形成与延续不无关联。正如《宋史·地理志》所言：江南东西路"其俗性悍而急，丧葬或不中礼，尤好争讼，其气尚使之然也"⑤。

3. 与明清封建制度密切相关

自古以来，听讼谳狱都是历代统治者治理国家的一种手段，明清知府、知州、知

---

① （宋）黄庭坚：《山谷集》卷一，文渊阁四库全书本。
② （元）王祎：《王文忠集》卷二十二《元中宪大夫金庸田司事致仕王公行状》，文渊阁四库全书本。
③④ 雍正《江西通志》卷二十六，文渊阁四库全书本。
⑤ （元）脱脱等：《宋史》卷八十八《志第四十一·地理四》，中华书局1977年版。

县都有断狱听讼之责,府中还设推官专理刑名。丘浚言:"刑狱之原,皆起于争讼。民生有欲,不能无争,争则必有讼。苟非听讼者中而听不偏,正而断合理,则以是为非,以曲作直者有矣,民心是以不平。初则相争,次则相斗,终则至于相杀,而祸乱之作由此始也。是以为治者,必择牧民之官、典狱之吏,非独以清刑狱之具,亦所以遏争斗之源而防祸乱之生也。"①就江西而言,由于吉安、南昌等地多世家大族,土地兼并日益严重;赣南、赣西等地山区土客杂居,械斗不断,社会矛盾尖锐。而且,当地的世家大族多与各级官吏有千丝万缕的联系,往往利用职权干预司法。因此,地方守令在处理刑狱时,要做到不偏不倚、断案如神,达到消除社会矛盾的目的,无疑是困难的。另一方面,某些地方官吏出于自身谋利的目的,非但不以息讼为务,而且还鼓励民间诉讼。元末苏天爵指出:"江西民固好讼,亦由官吏倡之,因逗挠为利","兴狱告讦,岂民之本心哉"?② 时去明代不远,想必明代官吏借听讼而谋利者,也不乏其人。这一切,都可能导致江西民间诉讼现象的增加,甚至于形成"好讼"之风。

4. 商品经济发展的产物

从诸多史籍记载中可知,明人往往认为人的自然属性是民间诉讼现象产生的原因。如明代江西泰和王直言:"夫生民有欲,有欲则不能无争,争则狱讼兴焉。"③其实,虽然人的自然属性如人的欲望、性格、行事方式等是诉讼产生的一个原因,但商品经济的发展也是重要原因。首先,随着商品经济的发展,市民阶层的人数扩大,必然导致诉讼增加。明清时期,随着江西手工业和商业的发展,市镇建设有了较大进步,南昌、赣州、吉安、九江等城镇自不必言,还出现了景德镇、樟树、吴城、河口四大名镇。南昌是省会,自明代起,因"地狭民稠,多食于四方,所居成市"④,城市人口大为增加。景德镇在明万历时,"镇上佣工","每日不下数万";清后期,景德镇前后街市达13里,人口达24万人。⑤

其次,商业的繁荣,也导致民间诉讼现象的剧增。河口镇是纸茶等货物的集散地,明末即"商贸骈集","比屋皆客"。清代以后,更是"江浙闽粤,商贩丛集",从事贸易的有山陕商、徽商、福建商、浙江商、抚州商、旌德商、南昌商、建昌商八大商帮。吴城镇也是如此,明代中晚期即"舳舻十里,烟火万家",清乾隆至咸丰百余年间,进出江西的大批商货都在吴城转输,经济功能超过了省会南昌。随着商业贸易的发展,为了处理交易过程中的矛盾纠纷、保障交易的正常进行,大量商业诉讼活动随之而起。

---

① (清)丘浚:《大学衍义补》卷一百六。
② (元)苏天爵:《滋溪文稿》卷二十三《故嘉议大夫江西湖东道肃政廉访使董某行状》,文渊阁四库全书本。
③ (明)王直:《抑庵文集后集》卷十六《赠陈太守序》,文渊阁四库全书本。
④⑤ 参见施由明:《明清江西社会经济》,江西人民出版社2005年7月版,第133页。

三、江西"好讼"之风的影响

1. 对朝廷在江西的治理产生不利影响

宋代以来江西存在的告讦之习、尚讼之风，在整个明清时期，不仅影响到朝野上下对江西政务和民情风俗的判断，而且使得各级官吏到江西任职之前，即带上了"好讼""难治"等先入之见。明初以后，明政府对江西的治理更是与"好讼"之判断密切相关。如元末陈友谅曾对南昌、瑞州、袁州三府加赋三倍，明初朱元璋并未蠲免三府的浮粮，而是沿袭了"伪汉陈友谅加浮征额"，整个明代三百余年相袭未改。朱元璋出台此一政策，主要原因是三府被陈友谅统治最久，但恐怕也与三府讼风盛行，并未给他留下好印象不无关联。

江西各级官吏对地方的治理，也往往基于此一判断。浙江鄞县人陈本深，宣德五年（1430）出任吉安知府。在上任之前，江西泰和王直，曾作《赠陈太守序》，以两位前任知府的爱民事迹相勉。他一到任，便大张杀伐之威。其时，"吉安多豪强，好讦讼，巨猾彭搏等十九人横闾里。本深遣人与相结为具，召与饮，伏壮士后堂，拉杀之，皆曳其尸以出，一府大惊……有所讼，呼至榻前，析曲直遣之，亦不受状。有抑而不伸者，虽三尺童子，皆得白。久之，民耻争讼"①。本来，乱世用重典，也在情理之中，但如此草菅人命，以达息讼的目的，恐非所宜。成化四年（1468）任吉安知府的许聪，就没有这么幸运了。史载："吉安府知府许聪将之任，以吉安多豪宗豪右，词讼繁兴，亦请赐敕，俾得权宜处置，从之。"②他到任后，以为皇帝敕书在手，便可无所顾忌，任内对百姓施以严刑峻法，终因得罪当地在朝中的势力和宦官而被杀。

2. 对正常的商业活动有阻碍作用

虽然正常的商业诉讼活动无可厚非，但若是形成"好讼""健讼"之风，则在很大程度上会阻碍经济社会发展。由于明清时期朝野普遍认为江西人"好讼"，使得江西商人外出经商，往往也因此而不获信任，甚至于使自己的商业利益受损。史载：天顺二年（1458）九月，刑部所上题本说，该衙门几乎每天都要收到各地商人赴京投诉的案子，其中最多的是江西商人在湖广一带有关债务的纠纷。成化十年（1474）八月，刑部题本又说，"江西人民"携带火药、布匹等物，至四川交易铜铁，屡起词讼，请命江西有司严给文引、西南各省严加盘查。万历时王士性任云南腾冲兵备道，屡屡受理江西特别是江西抚州商人的案子，但其中多有欺诈。一怒之下，王士性表示，凡江西抚州人的案子，概不受理③。可见，即使是在正常的商业活动中，部分江西商人也背上了"好讼"、奸诈等的恶名，因此而遭受非难、蒙受损失者不在少数。

---

① （清）鄂尔泰、张廷玉：《明史》卷一百六十一《陈本深传》，中华书局 1974 年版。
② （明）顾炎武：《日知录》卷十三，《日知录集释》本，上海古籍出版社 1985 年版。
③ 参见方志远、谢宏维：《江西通史·明代卷》，江西人民出版社 2008 年 11 月版，第 484 页。

3.随移民和商业活动传播至周边省份

明代江西地区由于人口众多、耕地稀少,加上政府的赋役十分繁重,于是出现了多次向外省的移民潮,移民的目的地主要是地广人稀的湖广和云南、四川等地。史籍中将移民分为四类:"其人户避徭役者曰'逃户',年饥或避兵他徙者曰'流民',有故而出侨居于外者曰'附籍',朝廷所移民曰'移徙'。"①(《明史》食货志一)政府组织所移之民以吉安等地为多,而外出经商滞留不归者以抚州人为主。于是,江西的"讼风",又随着江西人口流动和商业活动向外省传播,成为人们高度关注的一个社会问题。如宣德十年(1435)五月,河南南阳县知县李桓疏称:该县有江西流民,"多越讼告讦"。正统十四年(1449)十月,河南布政使年富上疏,说江西在河南的"逃户","诱人刁泼",请示朝廷批准,将在河南的江西人尽皆驱逐出境。成化时,刑部题本再一次指责江西等处流民"进入湖广等处禁山寄籍并捏词"②。这些,都是江西讼风向外传播的有力佐证。

---

① (清)鄂尔泰、张廷玉:《明史》卷七十七《食货一》。
② 参见方志远、谢宏维:《江西通史·明代卷》,江西人民出版社 2008 年 11 月版,第 484 页。

南瓜在东三省的引种和推广[①]

李昕升　　王思明[②]

　　南瓜是葫芦科南瓜属一年生蔓生性草本植物,因产地不同,叫法各异,南瓜无疑是该栽培作物最广泛的叫法。南瓜是中国重要的蔬菜作物,是我国菜粮兼用的传统植物,栽培历史悠久。由于对气候、土壤等条件的适应性较强、生长强健、栽培容易等,南瓜在我国的栽培面积很广,全国各地多有种植,单产很高、产量颇丰。南瓜除了作为夏秋季节的重要瓜菜,还可用作饲料和杂粮,在中医的应用价值也很高。

　　中国作为当今世界最大的南瓜种植国和消费国,南瓜史的研究几乎空白,仅有寥寥几篇文章。《南瓜产地小考》一文认为南瓜的产地和起源是多源性的,我国南瓜既有本国所产,也有印度、美洲品种引入,该文是南瓜起源中国说的论证;《南瓜发展传播史初探》,文中详细阐述了南瓜的定义、南瓜的起源和印第安人对它的栽培、南瓜传入欧洲以及南瓜传入中国,是国内第一篇系统研究南瓜史的文章。[③] 对于南瓜在中国的引进和推广的研究更是一片空白。本文从历史地理学角度,以清代方志、笔记为基础,着重研究南瓜在东三省的引种和推广过程及动因分析,并对南瓜在东三省推广的成效作出分析。

　　南瓜是人类最早栽培的古老作物之一,美洲是南瓜最早的起源中心,通过考古发掘,南瓜属的几种作物原始起源地或者初生起源中心均是美洲。哥伦布1492年发现新大陆之后揭起了欧洲向美洲殖民、探险、宗教传播的高潮,南瓜作为当时主要的美洲作物之一开始走向欧洲,进而辗转传入我国。李时珍《本草纲目》记载:"南瓜种出南番,转入闽、浙,今燕京诸处亦有之矣。"[④]可见南瓜应该与大部分美洲作物(番薯、花生等)一样,经由东南海路最初到达沿海的福建、浙江等省份,然后一路北上,在万历初年就已经"燕京诸处亦有之矣"。冯梦龙在福建寿宁担任知县时就了解

　　① ［基金项目］国家社科基金"域外蔬菜作物的引进及本土化研究"(12BZS095);江苏省高校哲学社会科学基地重大招投标项目"江苏农业文化遗产保护与共同体构建"(2012JDXM015);江苏高校哲学社会科学研究重点项目"江苏农业文化遗产保护与经济社会发展关系研究"(2011ZDIXM013)。

　　② 作者简介:李昕升,男,南京农业大学中华农业文明研究院博士研究生,研究方向为农业史。王思明,男,南京农业大学人文学院院长、中华农业文明研究院院长、教授、博士生导师,研究方向为农业史。

　　③ 赵传集:《南瓜产地小考》,《农业考古》1987年第2期;张箭:《南瓜发展传播史初探》,《烟台大学学报(哲学社会科学版)》2010年第1期。

　　④ (明)李时珍:《本草纲目》,辽海出版社2001年版,第1029页。

到南瓜之普遍:"瓜有丝瓜、黄瓜,唯南瓜最多,一名金瓜,亦名胡瓜,有赤黄两色。"①田艺蘅的《留青日札》也能反映明中期浙江的情况:"今有五色红瓜,尚名曰番瓜,但可烹食,非西瓜种也。"②笔者查阅闽浙方志发现南瓜的确传入较早,在明代嘉靖《福宁州志》中已有"金瓜"记载③,金瓜为南瓜别称;以及嘉靖浙江《临山卫志》亦有南瓜记载。综合以上资料可知南瓜在16世纪上半叶就已传入闽浙,进而一路北上,但直到康熙年间才引种到东三省。

一、南瓜在东三省的引种

全世界的南瓜属植物,栽培南瓜及其野生近缘种共27个,栽培种有5个,即南瓜(Cucurbita moschata,Duch.,中国南瓜)、笋瓜(Cucurbita maxima Duch ex Lam.,印度南瓜)、西葫芦(Cucurbita pepo L.,美洲南瓜)、墨西哥南瓜(Cucurbita mixta.)和黑籽南瓜(Cucurbita fieifolia.)。引入到我国的主要是前三个,栽培面积依次减少,本文讨论的南瓜也就是中国南瓜(C. moschata Duch.),因为古籍中的南瓜基本上多指中国南瓜,而且根据我们日常的生活、饮食习惯所指的南瓜也均为中国南瓜。笋瓜和西葫芦在方志中也并不以南瓜命名,以东三省的方志为例,笋瓜被称为玉瓜,西葫芦被称为搅瓜居多④,均各有记载不与南瓜混淆。

南瓜别称较多,据笔者不完全统计,大概有80余种不同称谓,在东北地区就有17种称谓。⑤ 古代栽培的南瓜确实有多种多样的品种,果实的形状或长圆,或扁圆,或如葫芦状,果面一般都有棱,果皮的色泽或绿,或墨绿,或红黄,"或扁圆或长圆色有黄绿红黑之别"⑥,古人不能识别只当是不同的瓜类,因此南瓜名称颇多。如民国《辑安县志》:"倭瓜,种传自倭,一名东瓜,皮老生自然白粉,又名白瓜,有解鸦片毒力;南瓜,形如甜瓜而扁,熟时皮红肉黄,皮极坚硬,可作小瓢;番瓜,俗呼方瓜,音之讹耳,种有迟早实有大小,色有青黄赤白,棱则或有或无,皮则或光或癞,形则有扁有圆,有下圆上锐长头大腹,诸状亦有如枕者茎叶似南瓜,早者七月已熟,晚者九月

---

① (明)冯梦龙:《寿宁待志》卷上《物产》。
② (明)田艺蘅:《留青日札》卷三十三《瓜宜七夕》。
③ (明)嘉靖十七年(1538)《福宁州志》卷三《土产》:"瓜,其种有冬瓜黄瓜甜瓜金瓜丝瓜。"(清)乾隆二十七年(1762)《福宁府志》卷十二《物产》:"金瓜,味甘老则色红形种不一",确定此处金瓜为南瓜无疑。
④ 西葫芦别称以搅瓜方志记载最多,其次才为西葫芦,另有其他称呼见于个别方志。搅瓜(民国六年《巴彦县志》),角瓜(民国八年《望奎县志》),黑瓜(民国二十四年《临江县志》),搅丝瓜(民国二十年《东丰县志》),绞瓜(民国十七年《桓仁县志》)。
⑤ 番瓜、窝瓜(民国二十年《讷河县志》),白瓜、方瓜(民国二十年《辑安县志》),倭窝(民国三十一年《延寿县志》),倭瓜(民国十年《依兰县志》),家窝瓜(民国九年《绥化县志》),东瓜(民国十六年《镇东县志》),房瓜(民国二十四年《临江县志》),北瓜(宣统三年《长白徽存录》),柿子瓜(民国十九年《抚松县志》),高丽瓜(民国十六年《辽阳县志》),桃瓜(民国十六年《通化县志》),桃南瓜(民国六年《潘阳县志》),矮瓜(民国二十六年《海城县志》),懒倭瓜、勤倭瓜(民国十八年《开原县志》)。
⑥ 民国十八年(1929)《开原县志》卷十《物产》。

熟。"①同在一县,南瓜就记载了五种名称,同物异名现象可见一斑。但纵观东三省方志,以倭瓜名称出现次数最多,其次才是南瓜,北方诸省尤其东三省距离日本较近,误以为"种传自倭",以讹传讹,称呼其为倭瓜;而南方诸省距离东南亚更近,所以"出自南番"的说法更加普遍,故其名为南瓜。笔者老家在黑龙江汤原县,当地居民皆呼"南瓜"为"倭瓜",事实上,在东三省的今天也以倭瓜的称呼更加普遍。

方志中东三省引种南瓜最早的记录。辽宁关于南瓜最早的记载是康熙十六年(1677)《铁岭县志》:"以瓜计者曰,黄瓜、冬瓜、西瓜、南瓜、倭瓜、甜瓜、香瓜、稍瓜、醋筩、圆黄瓜"②。黑龙江在嘉庆十五年(1810)成书的流人笔记中已有记载"流人辟圃种菜,所产惟芹、芥、菘、韭、菠菜、生菜、芫荽、茄、萝卜、葡、王瓜、倭瓜、葱、蒜、秦椒"③。吉林在晚清始有记载,光绪十一年(1885)《奉化县志》:"倭瓜,种出东洋"④。方志记载的最早时间应该是符合实际引种情况的,笔者查阅清代东北文人编撰的一些方志笔记,如《柳边纪略》《龙沙纪略》等,少有南瓜记载,可作为官方方志记载的栽培南瓜的最早时间在合理范围内的佐证。

因为方志记载时间均晚于实际发生时间,所以黑龙江、吉林、辽宁三省栽培南瓜时间分别不会晚于 1810 年、1885 年和 1677 年。虽然三省南瓜最早栽培的时间相差至少有 75 年,但是不能推断辽宁、黑龙江、吉林的南瓜引种是逐次传播的过程,这是因为移民的空间跨越性。辽宁与黑龙江并不接壤,但黑龙江却早于吉林,显然是因为流人在嘉庆时期就直接跨越两省直达卜魁(今齐齐哈尔),但由于当时黑龙江并未放垦,所以南瓜直到民国时期才得到推广。而且,同一作物可能经过不同的人在不同的时间多次引种到同一地区,加上移民活动复杂性,所以黑龙江可能在嘉庆以后又多次引种南瓜。

南瓜在东三省的推广,大体可以分为两个时期:第一个时期是从康熙到光绪,是辽宁持续栽培和黑龙江局部引种南瓜的时期;第二个时期是光绪以后,辽宁南瓜栽培得到大范围推广,吉林、黑龙江也引种南瓜后进一步推广形成南瓜栽培区域的时期。

---

① 民国二十年(1931)《辑安县志》卷四《物产》。
② 康熙十六年(1677)《铁岭县志》卷上《物产》。
③ (清)西清:《黑龙江外记》卷八。
④ 光绪十一年(1885)《奉化县志》卷十一《志物产》。

表1　不同时期东三省方志记载南瓜的次数

省份	顺治、康熙、雍正（1644—1735）	乾隆、嘉庆（1736—1820）	道光、咸丰、同治（1821—1875）	光绪、宣统（1876—1911）	民国（1912—1949）
辽宁	6	5	2	27	35
吉林				8	27
黑龙江		1	1		22
总计	6	6	3	35	84

注:本资料除个别资料引自有关文献外,均出自各省各地县(或相当于)县志,同一地区不同定时期修纂的方志,凡有南瓜记载的分别统计在内。各省通志、府志、乡土志等,凡与县志重复者不采用。

　　清初在辽宁最初的6次关于南瓜的记载都发生在康熙一朝,分别为康熙十六年(1677)《铁岭县志》、康熙二十一年(1682)《盖平县志》、康熙二十一年(1682)《锦县志》、康熙二十一年(1682)《宁远州志》、康熙二十一年(1682)《广宁县志》和康熙二十三年(1684)《盛京通志》。在康熙初期辽宁省北部(辽河平原中段)率先引种,然后是辽西走廊一带和辽东半岛西部的环辽东湾沿岸,当然因为方志记载时间差仅为5年也可能是上述地区同时引种。而且这个时期方志记载仅为名称的记载,并没有性状、栽培、加工利用等描写也说明南瓜在辽宁尚处在引种初期。

　　再看乾嘉时期的5次记载,有3次是乾隆元年(1736)、乾隆十二年(1747)、乾隆四十三年(1778)《盛京通志》,以及嘉庆十一年(1806)《今古地理述·盛京》,地方记载只有在乾隆三十八年(1773)《塔子沟纪略》中提及了南瓜的名称,三个时期《盛京通志》均有:"南瓜,种出南番"的记载,只能说明当时在辽宁南瓜得到持续种植,不能明确具体栽培方位;以及在辽西的低山丘陵区插花式的种植,但规模不大,深度不够。咸丰年间仅有2次,咸丰二年(1852)《盛京通志》和咸丰七年(1858)《开原县志》,辽宁北部仍然有南瓜种植。

　　在吉林,成书于康熙元年(1662)的《绝域纪略》,同时期的《域外集》《宁古塔山水记》,成书于康熙六十年(1721)《宁古塔纪略》①,成书于康熙四十六年(1707)的《柳边纪略》,成书于道光七年(1827)的《吉林外记》,部分有"瓜"但均无南瓜记载,与光绪朝之前吉林的方志无南瓜记载的情况相符。《龙沙纪略》并无南瓜记载,说明黑龙江齐齐哈尔在康熙一朝还无南瓜栽培,在嘉庆十五年(1810)始有南瓜记载。成书于道光十一年(1831)前后的《卜魁纪略》记载了当时齐齐哈尔已有南瓜栽培:"王

_____

　　① 本书虽成书于康熙六十年(1721),但作者吴桭臣1664年出生于宁古塔戍所,康熙二十年(1681)得以赎归,桭臣随父入关,因此本书是记载作者年轻时(康熙初期)在宁古塔见闻的地方志。

瓜、西瓜、甜瓜、倭瓜之属，皆可种植。老羌瓜近日始有，西壶卢亦可食。"①

　　根据表1可发现随着时间的推移南瓜栽培的范围反而萎缩。另外，山海关将辽宁和河北划分开来，如果南瓜是逐步推进式的传播，至少靠近山海关的河北北部南瓜应该普遍得到引种和推广，但事实上，与辽宁接壤的永平府（下辖一州六县）以及临近的遵化直隶州（下辖三县）栽培南瓜的最早记载大多晚于辽宁最早的记录，也就是晚于康熙十六年（1677）《铁岭县志》。抚宁县②、玉田县③、丰润县④、迁安县⑤、临榆县⑥等均是如此，而且铁岭也并不临近山海关，那么南瓜在东三省的引种和推广就是与移民有关，而清代的移民政策正是起了关键性的作用。

　　顺治六年（1649）至康熙六年（1667）间，清政府屡次颁布招民开垦的各种法令，尤其以"顺治十年定例，辽东招民开垦"⑦意义最大，使得盛京地区移民数量和土地开垦数量在康熙初年达到高峰，即使在康熙六年"罢招民授官之例"⑧后依然如此。到康熙二十年（1683）前，辽东地区新增28724丁，143620口，新增地312859亩。⑨由于无地少地的原因，作为主要移民源的直隶、山东等省移民在乾隆五年（1740）封禁政策实行以前使辽宁获得了极大的开发，但因康熙十九年（1680）设柳条边划定旗界、民界，所以在晚清东北放垦之前开发也只局限在辽宁进行。乾隆五年严令流民返回原籍"情愿入籍者入籍，不愿入籍者限十年之内返回原籍"⑩，乾隆封禁政策持续六十年，虽然期间仍有移民涌入，但减慢了对东三省的开发速度。嘉道时期辽宁人口也相对饱和，于是清政府在柳条边以北地区进行了有组织的移民活动，采取"移民实边"的招垦政策，尤其是咸丰以后从限制东北移民到积极鼓励东北移民的进入，先是开放了鸭绿江流域的盛京围场，然后是吉林官荒的开放，最后黑龙江也解除了封禁，在光宣年间东北移民达到了高峰，即使到了民国时期仍未停止。具体情况可见表2。

---

①　（清）索绰络·英和：《卜魁纪略》。

②　康熙二十一年（1682）《抚宁县志》卷十一《土产》。

③　康熙二十年（1681）《玉田县志》卷三《物产》。

④　康熙三十一年（1692）《丰润县志》卷二《物产》。

⑤　康熙十八年（1679）《迁安县志·物产》。

⑥　光绪四年（1878）《临榆县志》卷八《物产》。

⑦　乾隆元年（1736）《盛京通志》卷二十三《户口志》。

⑧　《清圣祖实录》卷二三，康熙六年七月丁未。

⑨　衣兴国、刁书仁：《近三百年东北土地开发史》，吉林文史出版社1994年版，第9页。

⑩　《清高宗实录》卷一二七，乾隆五年九月丁酉。

表2　清代以来移民迁入东北人数统计

年份	奉天	吉林	黑龙江	总计
1771（乾隆三十六年）	750 896	44 656	35 284	830 836
1780（乾隆四十五年）	781 093	114 429	80 000	975 522
1907（光绪三十三年）	8728 744	3827 862	1273 391	13 870 979
1910（宣统二年）	10 696 004	4781 766	1147 538	16 925 522
1926（民国十五年）	——	——	——	1 044 000
1928（民国十七年）	——	——	——	942 000

资料来源:吴希庸:《近代东北移民史略》,《东北集刊》1941 年第 2 期;王成敬:《东北移民问题》,《东方杂志》1947 年第 43 卷第 14 期。

移民的确给东三省带去很多中原普遍种植的瓜菜,改变了东三省历来瓜果蔬菜比较单一的局面。尤其是在辽宁,气候、水土等条件与关内无异甚至有过之,因此也能够最先与中原地区在蔬菜栽培种类上趋同。清政府亦为了满足王公大臣的需要,在辽宁边置菜园、果园等,招募移民垦殖。如盛京内务府所属园圃,康熙年间有 131 处,嘉庆年间增至 241 处。[①] 分布于盛京、铁岭、广宁、辽阳、海城、义州等七州县,每园占地 70 至 210 亩不等[②],官租征收各类瓜菜,变相促进了南瓜在辽宁的种植。方志记载南瓜最早的沈阳、铁岭、广宁,正好与盛京内务府所属园圃相重合。可见南瓜在辽宁最早种植的区域应该受到清政府食用蔬菜原因影响。至于为什么要把皇家菜园选择在辽宁,显然是因为距离北京相去不远,加之清初辽宁荒地较多等因素。

南瓜,应该就是移民直接引种到东三省,移民"有携瓜菜子去者,种亦间生"[③],张缙彦流放到宁古塔[④]后,"近日迁人,比屋而居,黍稷菽麦以及瓜疏、蔬菜,皆以中土之法治之,其获且倍"[⑤]。宁古塔"瓜往时绝少,今李召林学种,各色俱有,然价甚贵"[⑥],"余地种瓜菜,家家如此,因无买处,必须自种"[⑦]。

清代初中期的移民政策的不断变化,使得南瓜的种植时兴时废、时断时续,不能形成稳定的南瓜栽培区域,而且一直无法向北纵深推进,局限在辽河流域的河谷地带、东北腹地的松嫩平原南部,吉林没有栽培南瓜的记载,黑龙江也局限在齐齐哈尔

---

① 《嘉庆朝大清会典》卷七五、七六。
② 衣保中:《中国东北农业史》,吉林文史出版社 1993 年版,第 271 页。
③ （清）周工亮:《赖古堂集》卷十。
④ 将军驻地。旧城位于今黑龙江东南部海林市,康熙五年(1666)迁建新城于今黑龙江东南部宁安市。
⑤ （清）张缙彦:《域外集》全一卷《宁古物产论》。
⑥ （清）杨宾:《柳边纪略》卷三。
⑦ （清）吴桭臣:《宁古塔纪略》。

一隅。

二、南瓜在东三省的大范围推广

咸丰以后,移民政策不断放宽、移民区域不断扩大,终于在光绪、宣统年间,辽宁首先迎来南瓜种植的高峰,吉林也实现了零的突破,到了民国时期东三省的南瓜种植遍地开花,吉林南瓜栽培范围迅速扩大,黑龙江也从以前将军驻地(齐齐哈尔)的零星种植扩大到了全省范围。此时方志记载不单记载了南瓜名称、名称、由来,许多府县还记载了南瓜的性状、不同品种、栽培技术、加工利用等。

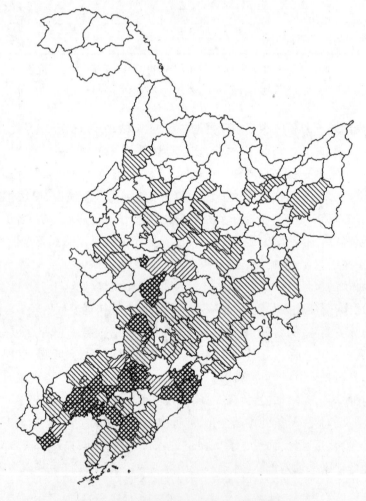

图1　光宣、民国年间南瓜在东三省记载分布

注:东北西南方向阴影为光宣年间记载南瓜府县,西北东南方向阴影为民国记载府县,双重阴影地区在光宣、民国年间均有栽培。

根据光宣年间,辽宁方志记载南瓜的情况发现南瓜种植地区均是沿主要交通干线。在东清铁路没有修建之前,东北的交通就是靠驿路和内河航运,而且地位同等重要。清代在东北一直实行驿站制度,驿路是东北移民的主要通道,如绥中、宁远州、锦县、义州、广宁县、镇安县、黑山县均处在辽西走廊的驿路上。当时驿路上的主要交通工具是大车,但夏秋季节泥沼难行,反而利于河运,辽河航运重要性便非常突出了。盘山县、辽中县、广宁县、海城县、抚顺县、兴京厅、承德县①等皆位于辽河流域,尤其是铁岭县,是辽河最重要的内河航运集散处。光绪三年(1877)辽宁就有记载:"倭瓜,近郭人家多喜种之,秋后堆积如山呼之为倭瓜山"②,"倭瓜,种出东洋,今为常蔬,种者甚多"③。可见南瓜栽培之普遍、产量之高。而吉林光宣年间的南瓜记载相对集中在西部松花江流域、松辽平原腹地(伯都纳、农安县、奉化县),长白山南麓的浑河流域(通化县)亦有发生,正如"北瓜,一名倭瓜,蔓生,形类哈密,种自倭国来,故名,长白此瓜最多"④。黑龙江全省范围刚刚解除封禁,记载尚无。

民国时期,南瓜在辽宁的栽培更加普遍,共有不同州县 31 处之多,以辽河流域为界,集中在辽宁西部、北部的辽河平原广大范围,密集分布在辽西走廊(绥中县、锦西县、锦县、黑山县等)与辽河流域(辽阳县、海城县、辽中县、奉天府等)这样的交通发达地区,而在辽河西南范围,则是集中在南部辽东半岛两岸(盖平县、安东县、庄河县等),辽宁东部低山丘陵则分布不多,只有兴京县、岫岩县、桓仁县。此时南瓜在辽宁可谓非常之普遍,"形类颇多,农家几以之为常菜"⑤,"本境农圃皆有之……为本境普通食品"⑥。此时对南瓜的性状、栽培技术描写更加全面,民国六年(1917)《铁岭县志》载:"番瓜,种有迟早,实有大小,色有青黄赤白,棱或有或无,皮则或光或癞,形则有扁有圆,有下圆上锐长头大腹,诸状亦有,如枕者茎叶似南瓜,早者七月已熟晚者九十月熟。"⑦民国三十年(1941)《黑山县志》的南瓜记载还结合了近代生物学知识,"南瓜,有卷须,引蔓甚繁,一蔓延长数丈,节节有跟,近地即入土,茎中空,叶为心脏形,五裂甚浅,夏日开黄花,单性雌雄同株,实扁圆或长,有纵沟数条,煮熟可食,子亦为食品"⑧。

吉林的南瓜生产区域与辽宁在西北部连成一片不同,而是形成四片相对集中的小的区域。由西北向东南地势逐次增高,由平原向丘陵直抵长白山麓。第一区域是吉林西北部的西流松花江(即松花江吉林省段)下游与嫩江下游,包括这两大河流的交汇处,主要有镇东县、大赉县、扶余县。第二区域是辽河下游吉林段与松花江中游支流伊通河流域,中间有松辽分水岭相隔,有农安县、长春县、怀德县、双山县、梨树

①　与直隶承德县同名。康熙四年(1665)于奉天府下设承德县,宣统三年(1911)废承德县名,并入奉天府。

②　光绪三年(1877)《陪京杂述》卷一《庶物》。

③　宣统元年(1909)《海城县志》全一卷《物产》。

④　宣统二年(1910)《长白徵存录》卷五《物产》。

⑤　民国二十七年(1938)《西丰县志》卷二十三《物产》。

⑥　民国十六年(1927)《辽阳县志》卷二十八《物产》。

⑦　民国六年(1917)《铁岭县志》卷三《物产志》。

⑧　民国三十年(1941)《黑山县志》卷九《物产》。

县,区域分布较广。第三区域为松花江上游支流柳河、辉发河流域,南瓜栽培非常集中,聚集了东丰县、辉南县、海龙县、桦甸县、盘石县。第四区域就是长白山北麓、松花江上游支流流域,包括了临江县、通化县、辑安县、抚松县。整体来说,吉林西南地势较低,南瓜栽培区域均处在西南范围内,吉林西北唯有安图县、额穆县,因为是吉林至宁古塔、敦化、珲春古道上的重要驿站的原因。南瓜已经成为吉林重要的蔬菜,"南瓜,土名倭瓜,有甜面两种,为普通食品,境内多种之"①,"窝瓜,俗呼房瓜,开黄花,形圆又呼柿子瓜,亦有长圆形者,味甘美,本县种着极多"②。

黑龙江南瓜种植区域在民国时期相对集中在松嫩平原中部、东流松花江中游支流流域,如林甸县、安达县、呼兰府、呼兰县、巴彦县、双城县、望奎县等,唯有汤原县、宝清县、宁安县相对孤立,不与其他府县连成一片。南瓜已是拜泉县"农家冬日之常食也"③,汤原县"南瓜,种出南番,又倭瓜其种出东洋,今皆为土宜矣"④。方志记载了南瓜的不同品种,民国九年(1920)《绥化县志》载:"南瓜又名家窝瓜,亦蔓生,植物花色红黄,喇叭形,结瓜圆大,皮被绿色花纹,秋季成熟可作蔬。蕃瓜乃南瓜之别种,瓜皮亦有种种色泽,软皮硬皮之区,亦作蔬。"⑤

上述方志记载南瓜别名颇多,民国十九年(1930)《朝阳县志》的记载说明为南瓜的不同品种,但无本质区别,"农家亦未常强为区别也",均为南瓜无疑,"南瓜,本作番瓜,结实形横圆竖扁而色黄者为南瓜,形似葫芦而色黑绿者为番瓜,其实一圃之中种形互出,农家亦未常强为区别也,今土人概称之为倭瓜,其一种色红者亦成为南瓜,止采以供玩不可食,南人谓之北瓜"⑥。《朝阳县志》记载的北瓜"止采以供玩不可食",是南瓜的特殊品种,今天我们称之为看瓜或红南瓜,学名 cucurbitapepoL. var. kintoga makino.,一般只作为药用、观赏用。

南瓜这种新作物的推广速度如此之快除了本身具有栽培价值之外,移民在南瓜的引种推广中的作用十分明显。乾隆六年(1741),盛京地区仅有人口 35.96 万人,乾隆四十六年(1781)增加到 79.2 万人,翻了一番。嘉庆二十五年(1820),再翻一番,达到 175.72 万人。道光二十年(1840)又增至 221.3 万人,从道光三十年(1850)至宣统二年(1910),辽宁人口从 257.1 万人增长为 1101.9 万人。⑦ 如此大型的移民活动,原因有政府的优惠移民政策、艰难的生存环境迫使大批农民离开华北另谋生路、东北地区相对优越的生活条件等,而清政府、民国地方政府长期以来推行的鼓励政策是形成移民高峰的主要推动力,"封禁"则会延缓东三省的开发,间接影响到

① 民国二十三年(1934)《梨树县志》第六编,卷一《物产》。
② 民国二十四年(1935)《临江县志》卷三《物产》。
③ 民国八年(1919)《拜泉县志》卷一《物产》。
④ 民国十年(1921)《汤原县志略》全一卷《舆地志·物产》。
⑤ 民国九年(1920)《绥化县志》卷八《实业志》。
⑥ 民国十九年(1930)《朝阳县志》卷二十七《物产》。
⑦ 许道夫:《中国近代农业生产及贸易统计资料》,上海人民出版社 1988 年版,第4页。

南瓜的推广。

三、南瓜在东三省推广的成效

南瓜传入东三省的历史,反映出了清代一直到民国时期"闯关东"带来的大开发,这是以华北各省,尤以山东、河北、河南为甚,多省参与的东北大开发,如此大规模的移民、大规模的开发对于东三省来说还是第一次,南瓜推广的成效亦是十分深远的。

南瓜在东三省乃至整个中国最重要的价值就是救荒作用,作为菜粮兼用类的作物,南瓜发挥了巨大的食用价值。南瓜自16世纪上半叶传入中国后,进而一路北上,在1565年就传入了河北固安县①,虽然河北与东三省地理上相距不远,但同其他美洲作物(玉米、番薯)一样,一直未能引种到东三省。直到康熙十六年辽宁始见南瓜记载,南瓜在"物产"一类中为栽培作物无疑,而且应该是来自华北的移民引种到东三省,进而在东三省获得大范围栽培。南瓜这种美洲作物传入中国时间不长,在中国最北的省份获得了如此迅速的发展,不但比很多中国本土蔬菜推广更加普遍,而且也领先于其他美洲蔬菜作物,显示了强大的生命力,其原因主要有二:第一,人口激增,人地矛盾突出,食物供给紧张,而南瓜"田家一饱之需,孰过于此"②;并且南瓜易于保存"经霜收置暖处,可留至春"③。第二,南瓜栽培技术简单,古代其他瓜类栽培技术可套用;对自然环境要求不高,"宜园圃宜篱边屋角宜肥泽地"④,易于种植。

民国十九年(1930)《辽中县志》载:"倭瓜,有长圆形不一,民间切片晒干谓之倭瓜干"⑤,晒干的主要作用就是储备粮食,"土人家家旋割作长条,晒干用以御冬"⑥。而且南瓜可贮存时间长,可储存用于冬日食用,"立夏下种,白露后花落实成宜熟食,农家冬日之常食也"⑦,"藏之可为御冬旨蓄"⑧。南瓜被称为饭瓜,就是因为其可以充饥,清末救荒农书《救荒简易书》亦称:"南瓜俗人呼为倭瓜,老而切煮食之,甚能代饭充饱。"⑨而且南瓜"味甘,小儿最喜食之"⑩,作为食物符合人们口感。表3是民国六年(1917)《奉天通志》记载的瓜类的种植面积和产量,南瓜栽培面积虽远不及黄瓜,但远超菜瓜、冬瓜,而且南瓜单产很高,亩产408斤,远超其他瓜类。

---

① 嘉靖四十四年(1565)《固安县志·土产》:"瓜类,有黄瓜、西瓜、冬瓜、甜瓜、丝瓜、菜瓜、亦有南瓜。"
② (清)高士奇:《北墅抱瓮录》全一卷。
③ (明)李时珍:《本草纲目》,辽海出版社2001年版,第1029页。
④ (清)何刚德:《抚郡农产考略》草类三《南瓜》。
⑤ 民国十九年(1930)《辽中县志》五编《物产志》。
⑥ 民国八年(1919)《望奎县志》卷四《物产志》。
⑦ 民国八年(1919)《拜泉县志》卷一《物产》。
⑧ 民国十六年(1927)《辉南县志》卷一《农产》。
⑨ (清)郭云陞:《救荒简易书》卷一《救荒月令》。
⑩ 民国二十五年(1936)《安达县志·物产》。

表3　民国六年(1917)奉天瓜类蔬菜种植面积与产量

种类	亩数	收获(斤)	种类	亩数	收获(斤)
黄瓜	81 103	7 939 651	菜瓜	910	263 385
南瓜	3 942	1 609 433	冬瓜	859	196 345

资料来源:民国二十三年(1934)《奉天通志》卷一百一十三《农业》。

南瓜的利用方式在东三省也逐渐多元化。食用方式"可作蔬,又可伴米作粥,花可佐酱,茎去皮寸断,炒食颇嫩脆适口"①,"味甜性寒可作羹茹"②。利用方式民国二十年(1931)《辑安县志》、民国六年(1917)《铁岭县志》、民国十六年(1927)《安东县志》都记载南瓜"有解鸦片毒力";南瓜皮亦有用处,"黄皮极坚硬可作小瓢"③。

南瓜子,又称白瓜子,是较为普遍的"瓜子"食品之一。东三省方志屡有记载。民国十八年(1929)《开原县志》载:(南瓜)"种子可炒食曰白瓜子"④,民国十八年(1929)《珠河县志》载:"其子可炒食"⑤,民国三十年(1941)《黑山县志》载:"子亦为食品"⑥;尤其是民国二十年(1931)《桦甸县志》的记载"其子甚繁,可炒食,田家多种之,隙地距县山远之田冀获瓜子种者甚多,每岁产量约在二三万之觔之谱"⑦,这条记载不单能说明南瓜在吉林种者甚多,而且说明南瓜子亦作为重要的农副产品,产量很高。同为美洲作物的向日葵在我国大范围栽培利用应该是20世纪之后的事情了,东三省关于向日葵的大范围种植记载是民国十九年(1930)《呼兰县志》:"葵花,子可食,有论亩种之者"⑧,20世纪之前在全国各地应该只是零星种植⑨。而炒南瓜子作一种干果零食佳品,应该在葵花子之前便比较流行了。另外,根据表3数据,1917年奉天的南瓜种植面积仅次于黄瓜,其他子可食用的瓜类或种植面积小于南瓜(如冬瓜),或未曾见于《奉天通志》记载(如丝瓜)。而黄瓜子、丝瓜子一向作为药材,不曾作为零食大量食用;食用性西瓜子只有打瓜才可,但打瓜在东三省的记载凤毛麟角。综上所述,再结合《桦甸县志》的记载,南瓜子在民国时期就已作为东三省重要农副产品出口了。

乾隆二十九年(1764)乾隆抽调盛京地区的三千多名锡伯族官兵、眷属移驻新疆伊犁地区以加强该地防务。艺人管兴才的《西迁之歌》就记载了此次事件:"生活必

---

① 民国二十一年(1932)《桦甸县志》卷六《物产》。
② 民国十七年(1928)《岫岩县志》卷一《物产》。
③ 民国十六年(1927)《安东县志》卷二《物产》。
④ 民国十八年(1929)《开原县志》卷十《物产》。
⑤ 民国十八年(1929)《珠河县志》卷十二《物产志》。
⑥ 民国三十年(1941)《黑山县志》卷九《物产》。
⑦ 民国二十年(1931)《桦甸县志》卷六《物产》。
⑧ 民国十九年(1930)《呼兰县志》卷六《物产志》。
⑨ 叶静渊:《"葵"辨——兼及向日葵引种栽培史略》,《中国农史》1999年第2期。

须的用品全带上,要为日后的生计着想;带上故乡的南瓜种子吧,让它扎根在西疆的土地上……"①这首叙事民歌不仅能够反映乾隆中期辽宁南瓜已经成为常食蔬菜,而且也能说明南瓜极有可能被进一步传播到新疆。如是,东三省又成为南瓜的次级传播中心。

---

① 锡伯族简史编写组:《锡伯族简史》,民族出版社 1986 年版,第 110 页。

农业文化遗产视角下的
传统动物养殖生态模式研究[①]

——以明清时期太湖地区为例

朱冠楠　李　群[②]

太湖地区是我国工业、农业和社会经济最发达的地区，早在明清时期，太湖地区就已经出现了动物养殖生态模式的雏形，主要包括猪、羊、鱼的养殖生态模式。这种既体现食物链原理，又能有效利用废弃物使能量循环结构是良性生态循环的典型。明清时期在太湖地区盛行了数百年，为本区的农业发展和经济繁荣做出了巨大贡献。20世纪80年代，人们开始对太湖地区的生态农业以及农业的生态模式展开学术研究。比较有代表性的是：李伯重的《十六、十七世纪江南的生态农业》（上、下），提出了生态农业最早出现在明代中期常熟的大经营中，明清之际时在嘉湖一带已相当普遍，并为小经营所采纳，并认为生态农业是江南农业的一种新经营方式。游修龄的《稻田养鱼——传统农业可持续发展的典型之一》，研究了稻田养鱼的起源、演变及其在历史上的应用，并分析了其对农业可持续发展的意义。中国农业科学院、南京农业大学中国农业遗产研究室太湖地区农业史研究课题组编著的《太湖地区农业史稿》一书全面总结了太湖地区农业在各个历史时期的发展情况，并指出了明清时期太湖地区已出现生态农业的雏形。

近年来，尤其是21世纪以来，随着规模化、产业化的现代动物养殖模式的普及，传统动物养殖生态模式在太湖地区迅速消退，其学术研究也急剧减少，且主要集中于对某一具体养殖方式的发展历史和模式研究，如稻田养鱼；抑或是从整体上研究整个太湖地区农业生产的生态性。专门研究明清太湖地区动物养殖模式尚不多见。

2002年，联合国粮农组织（FAO）、全球环境基金会（GEF）等国际机构共同发起、设立了"全球重要农业文化遗产"项目（又名世界农业文化遗产），为世界传统农

①　基金项目：江苏省2013年度普通高校研究生科研创新计划项目"江苏传统畜禽品种资源调查与研究"（项目编号：CXZZ13＿0281）。

②　作者简介：朱冠楠，女，讲师，南京农业大学人文社会科学学院科学技术史博士，主要研究方向为农业科技史。李群，男，南京农业大学人文社会科学学院教授，主要研究方向为农业科技史、畜牧兽医史。

业模式的发展与保护提供了新思路,得到了许多国家和地区的积极响应。① 现在国内外都对农业文化遗产的保护越来越重视。目前,包括我国浙江青田鱼稻共生系统在内的全球 5 个项目已成功申报为世界农业文化遗产②。然而,对于我国传统动物养殖生态模式的优秀典范,至今尚未有世界农业文化遗产视角下的研究成果。本文拟对明清太湖地区动物养殖生态模式的主要表现进行说明,并分析太湖地区动物养殖生态模式的农业文化遗产价值,最后对如何将其作为农业文化遗产进行传承与发展提出思考和建议。

一、太湖地区传统动物养殖生态模式的主要表现

明清太湖地区的动物养殖包括猪、羊、马、牛、驴、骡等家畜,鸡、鸭、鹅等家禽,还有鱼类、蚕等。这一时期的土地兼并及经济上饲养不合算等原因导致明清时期太湖地区的耕牛、马、驴、骡等食草性家畜的饲养一直衰落且未再振兴。虽然养禽也有较大发展,但从动物养殖生态性上来看,最能体现这一时期动物养殖生态模式的就是猪、羊、鱼的养殖,即以农副产品养猪、桑叶喂羊,以猪粪肥田、羊粪壅桑;按比例对家鱼进行混养以及稻田养鱼。据明末清初太湖地区的两部地方性农书《沈氏农书》和张履祥《补农书》的记载也反映如此,如《沈氏农书》中称这一时期对家畜饲养,最重视的是猪和湖羊。张履祥在《补农书》中提出湖州对不同鱼种按比例进行混养非常成功;稻田养鱼不须资本,就可得鱼肉和肥料,值得推广。

1. 猪、羊的养殖

唐代以后,太湖地区由过去的"地广人稀"变成为"人稠地狭"的地区,可开发的土地越来越少,只能靠提高单位面积产量来解决粮食问题。但是,"地久耕则耗",因此,太湖地区把增施肥料提高到农业生产的一个突出的地位。到明清时期,太湖地区对养猪养羊以积肥则更加重视。《沈氏农书》中对如何养猪羊以积肥有比较详细的记载:"种田地,肥壅最为要紧""计羊一岁所食,取足于羊毛、小羊,而所费不过垫草,宴然多得肥壅。养猪,旧规亏折猪本,若兼养母猪,即以所赚者抵之,原自无亏。今羊专吃枯叶、枯草,猪专吃糟麦,则烧酒又获赢息。有盈无亏,白落肥壅,又省载取人工,何不为也!"③认为饲养猪羊积肥只会盈利不会亏本,还能白得肥料,而且又省了运肥的人工费用,这么合算的事情,为什么不干呢!"羊壅宜于地,猪壅宜于

① 闵庆文:《全球重要农业文化遗产———一种新的世界遗产类型》,《资源科学》2006 年第 4 期。

Jeffrey B. Yemeni agriculture:Historical overview,policy lessons and prospects. *Research in Middle East Economics*,2003(5):257 – 288.

Karoline D,Katrina R,Brigitte S. Agricultural as an upholder of cultural heritage conceptualizations and value judgments:A Norwegian perspective in international context. *Journal of Rural Studies*,2006,22:67—81.

② 孙业红、闵庆文、成升魁:《"稻鱼共生系统"全球重要农业文化遗产价值研究》,《中国生态农业学报》2008 年第 4 期:991 – 994。

③ (明)沈氏著,张履祥校:《沈氏农书》,中华书局 1956 年版。

田。"①书中还根据肥料的性能施用于不同的田地进行了说明。在施肥效果上,提出了"壅须间杂而下"②,即不同类型的肥料,必须混合或交替使用才能达到较好的效果。

宣统《吴长元三县志》(即吴县、长洲、元和)载:"吴乡田家多豢豕,家置栏圈中,未尝牧放,乐岁尤多,捣米有枇糠以为食,岁时烹用供祭祀、宾客,其脂肪最丰厚,可入药,粪又肥田,颈上有刚鬃作板刷之用。"③反映了明清时期农家养猪非常普遍,对猪的综合利用已达到相当高的水平。养猪不仅用作肉食和肥田,还可将人不能食用的农副产品及废弃物,如糠、麸、各种秸秆、剩饭剩菜等作为猪的日常饲料,其脂肪用来入药,猪鬃制作成板刷。正如当地养猪农谚所称"养猪两头利,吃肉又肥田""饲料四季有,只有勤动手""猪身全是宝,一样扔不了"④。

明清时期太湖地区饲养的羊,大多是湖羊,都是舍饲的,饲料除青草外,主要是养蚕多余的桑叶。桑叶中蛋白质含量高、还富含维生素等,是营养价值很高的饲料,用桑叶喂羊,不仅能使湖羊在缺草季节仍可膘肥体壮,还能使其品种质量得以改良。"羊一头可肥田三亩,故有田可耕者,无不畜羊,其数量以田亩之多寡而定。"⑤1只湖羊1年吃草和桑叶约1400斤,其所提供的除肉和皮毛外,还能得羊粪27担,作为桑田的肥料。⑥故当地有农谚称"养了三年羊,多了三月粮"⑦。

太湖地区这种以农副产品养猪、桑叶喂羊,以猪粪肥田、羊粪壅桑的农业结构,是良性生态循环的典型。当时的人们已将养殖业和种植业进行了有机的结合,使得养殖猪、羊既不与种植业争耕地,又可利用种植业中人不能够利用的农副产品及废弃物作为其养殖饲料来源;同时,猪、羊的饲养又可以为种植业提供较好的有机肥料。在当时一家一户单位为主的小农业阶段,并且人多地少、资源匮乏的社会经济条件下,是一种非常合理的农业资源循环利用方式。

2. 鱼的养殖

我国的人工养鱼始期虽然较早,但规模不大,宋元以前仍以捕捞天然鳞介为主,但时至明清期间,人工养殖在全区特别是在太湖的低洼湖区水乡,逐渐发展了起来,有的甚至"利在畜鱼",把养鱼作为主要生产事业了。⑧明清时期太湖地区人工养鱼比以往任何历史时期都发展迅速且非常普遍,达到了一个前所未有的规模,真正是"嘉杭之间……家有塘以养鱼"⑨。同时,养鱼业作为农业生态良性循环的组成部

①② (明)沈氏著,张履祥校:《沈氏农书》,中华书局1956年版。
③ 中国农业遗产研究室太湖地区农业史研究课题组:《太湖地区农业史稿》,农业出版社1990年版。
④ 徐旺生:《中国养猪史》,中国农业出版社,2003年版。
⑤ 赵文彪:《崇德德清兽疫防疫之经过及畜产调查》,载浙江省建设厅编《浙江省建设月刊》第8卷第9期,畜牧兽医专号,民国二十四年三月,第34册,第625—633页。
⑥⑧ 中国农业遗产研究室太湖地区农业史研究课题组:《太湖地区农业史稿》,农业出版社1990年版。
⑦ 《浙江农谚选注·畜牧(三)》,《浙江农业科学》1964年第3期。
⑨ 乾隆《安吉州志》卷八《物产》。

分,也成了太湖地区农业的一大特色。

明清时期太湖地区的渔民饲养青、草、鲢、鳙四大家鱼甚多,并很讲究饲养方法,实行按比例混合放养,充分利用水域。如嘉庆《宝前两溪志略》载:"池鱼中,青鱼饲之以螺蚬,草鱼饲之以草,鲢独受肥兼饲之以粪。盖一池中,畜青、草七分,鲢二分,鳊、鲤一分。"[1] 历史上的家鱼混养,由于各地环境、习惯等的不同,其方式和比例也不尽一致。但在如何合理地利用上、中、下层水域和饵料等重要问题上,实是太湖地区先民所特别重视的。以草、鲢等为主的"家鱼",在合理比例下混养,确有很多优点:首先,从摄取食料和对水质关系来说,青食螺蚬、鲤食底栖生物、草鱼食草、鲢食浮游植物及鳙食浮游动物为主,各取所需,互不侵害。尤其是草鱼食量大、粪便多,容易肥水,能促进浮游生物的繁殖;但这也易使水体浑浊,又不宜于喜清水的草鱼生长,而有了食浮游生物的鲢、鳙存在,就可解决水体浑浊问题,从而创造一个良好的水体生态。其次,从活动空间来说,鲢、鳙主要在上层,草、鲂主要在中下层,鲤、青则主要在水底,各得其所,互不干扰。再次,从经济效益来说,混养可以充分、合理利用饲料资源和其他环境条件,提高产量,降低成本,增加收益。[2] 这些体现着良好生态性和合理性的饲养经验非常宝贵,对今天的养鱼业仍有一定的现实意义。

太湖地区养鱼除了可以获得鱼类食品,增加经济收益外,同时也是为了获得肥料以促进农业和蚕业的发展。《补农书》中说:"尝于其乡(指湖州)见一叟戒诸孙曰,猪买饼以喂,必须资本;鱼取草于河,不须资本,然鱼、肉价常等,肥壅上地亦等,奈何畜鱼不利乎?"[3]可见,获取肥料是当时养鱼的重要目的之一,而蚕粪又是鱼类的好饵料,这样,又形成了一个以养鱼为中心的生产锁键,即形成了一个鱼粪肥桑、以桑养蚕、蚕粪喂鱼的物质循环系统。

稻田养鱼是太湖地区先民利用水面养鱼的一项重大创新技术,即在水稻田中开挖鱼沟、鱼溜,进行鱼类养殖的一种稻鱼兼作生产方式。太湖地区早在明代就有稻田养鱼的记载[4],后《湖州府志》、乾隆年间府志、《嘉兴县志》《震泽县志》等都有关于稻田养鱼的记载。与单一的水稻种植或鱼类养殖相比,稻田养鱼属于一种复合的生态系统。在这个生态系统中,水稻通过光合作用制造有机物质;田鱼捕食稻田里的杂草以及害虫和浮游生物,其排泄物又可直接作为水稻的有机肥料;田鱼觅食时,搅动田水和泥土,使水中的含氧量增加,为水稻根系生长提供充足氧气,促进水稻生长,并能够加速有机物质的分解。稻鱼共生系统通过"鱼吃昆虫和杂草—鱼粪肥田"的方式,使系统自身维持正常的循环,保证了农田的生态平衡。2005 年,联合国粮农组织在世界范围内评选出了 5 个古老的农业系统,有着 700 多年历史的浙江青田

---

① 嘉庆《宝前两溪志略》。

②④ 中国农业遗产研究室太湖地区农业史研究课题组:《太湖地区农业史稿》,中国农业出版社 1990 年版。

③ 陈恒力校释,王达参校、增订:《补农书校释》,中国农业出版社 1983 年版。

稻鱼共生系统被列入首批世界农业遗产保护项目，成为中国乃至亚洲唯一的入选项目。

二、太湖地区传统动物养殖生态模式的农业文化遗产价值

根据联合国粮农组织（FAO）的解释，世界农业文化遗产是指农村与其所处环境长期协同进化和动态适应下所形成的独特的土地利用系统和农业景观，这种系统与景观具有丰富的生物多样性，可以满足当地社会经济与文化发展的需要，有利于促进区域可持续发展。[①] 农业文化遗产的价值可从几方面评判：生物多样性和文化多样性；与自然、社会环境的协同和适应性；对区域可持续发展的促进作用。[②] 作为一种优秀而独特的动物养殖模式和农业生态系统，太湖地区传统动物养殖生态模式的农业文化遗产价值十分突出。

1. 丰富的生物多样性和文化多样性

明清时期太湖地区的动物养殖包括猪、羊、马、牛、驴、骡等家畜，鸡、鸭、鹅等家禽，以青、草、鲢、鳙为代表的四大家鱼为主的鱼类，还有蚕，动物数达几十种之多，其生物多样性极为典型。以上各种动物与稻田、桑地、土壤、水塘、浮游生物等构建成了内在联系非常密切的生物链，形成了相互作用的、复杂多样的复合生态系统。太湖地区这种主要以粮、桑、猪、羊、鱼有机结合的生态农业的雏形体现了丰富的生物多样性，并且极具地方特色。

太湖地区动物养殖传统衍生、传承和发展了丰富多彩的饮食文化和民俗文化。人们通过各种加工技术把不同食用性动物制作成丰富多彩的食品，如"无锡酱排骨"和"扬州狮子头"就是以明清时期培育的地方良种太湖猪为原料制成的江苏经典名菜，无锡酱排骨的糯、扬州狮子头的嫩，这些口感都得益于太湖猪细嫩肥美的肉质。再如"由于太湖地区稻田养鱼已成为当地农民日常生产、生活习惯的一部分，农民对之有着较强的认同，许多乡村习俗与村落传统的形成与发展都深深地打上了稻田养鱼的烙印。直到现在，在浙江青田龙现村，女儿出嫁时，仍然有用田鱼（鱼种）做嫁妆的习俗。[③]"

2. 人与自然、社会环境的协同发展和良好适应性

明清时期太湖地区的动物养殖模式是太湖人民经过长期的生产实践探索出来的生态养殖模式。它因地制宜，扬长避短，是对当地自然环境长期适应、协同发展的产物，在很大程度上反映了当时、当地特殊的自然条件和社会环境，体现了人与自

---

① 闵庆文：《全球重要农业文化遗产——一种新的世界遗产类型》，《资源科学》2006 年第 4 期。

② Jeffrey B. Yemeni agriculture: Historical overview, policy lessons and prospects. *Research in Middle East Economics*, 2003(5): 257 – 288.

③ 朱洪启：《地方性知识的变迁与保护——以浙江青田龙现村传统稻田养鱼体系的保护为例》，《广西民族大学学报》2007 年第 4 期。

然、社会环境的协同发展和良好适应性。众所周知,2000多年前司马迁在《史记·货殖列传》中提出"饭稻羹鱼",是对吴地饮食文化的高度概括,而"稻田养鱼"可以说是太湖人民根据明清时期太湖地区的自然条件和社会环境对"饭稻羹鱼"所做的应变和创新。

明清太湖地区是我国人口最密集的地区,曾经是宋代著名的产粮区,而到了明清时期,随着人多地少的矛盾日益加剧,这里却是一片缺粮的惊呼声了。① 因此,为了提高单位面积产量,这一时期特别讲究和重视施肥,施肥基本上是对农业生态系统中的"废物"的利用,"以农副产品养猪、桑叶喂羊,以猪粪肥田、羊粪壅桑";利用当地雨量充沛、河网密布得天独厚的自然条件,将栽桑、养蚕、养鱼有机结合,形成桑、蚕、鱼、泥互相依存、互相促进的良性循环的生产体系和生态环境,既避免洼地水涝之患,又可坐收"十倍禾稼"经济效益,就像民谣说的"蚕壮鱼肥桑茂盛,塘肥桑旺茧结实"。以上这些无一不体现当时人与自然、社会环境的良好适应性。

太湖地区人民经过长期摸索实践得出的动物生态养殖经验是传统动物养殖技术中最有生命力的类型,它既适应太湖地区的自然、地理条件和社会环境,又可充分利用各种生物资源、增产增收,得到了大规模发展。它最大限度地协调人与自然、环境之间的关系,构建了人与自然、社会环境协同发展的良好范式。

3.蕴含中国传统农业哲学思想和朴素的生态文明意识,促进区域可持续发展

太湖地区传统动物养殖生态模式不仅具有较高的社会、经济价值和很强的历史延续性,还有着深刻的哲学内涵,它源于中国古代"天人合一"的哲学思想,并深深扎根于"天、地、人宇宙系统论"(简称"三才论")的中国传统农学之中。在"三才论"思想观念和思维方式的指导下,太湖地区人们在农业生产中从天、地、人三个方面来协调生物有机体和外界环境条件的关系,使其和谐统一,获得农业的高产和丰收。太湖地区传统动物养殖生态模式因地制宜、扬长避短,充分利用动植物的废弃物作为有机肥料形成物质能量多级循环,真正做到了低消耗、少污染、无破坏、无浪费,充分体现了人类尊重自然、利用自然朴素的生态文明意识。

太湖地区传统动物养殖生态模式因内部物质、能量的循环利用而减少对自然资源的耗损,故在其大规模发展的数百年间,太湖地区的土地资源、水资源和光热资源等自然资源总量能基本保持在一定水平而得到永续利用,实现了地力常新;水土保持良好,较好地保持了生态平衡,自然生态结构稳定,运转良好。与此同时,由于动物养殖与种植业的合理配合,生物与环境的良性循环,保护了本区的绿地与湿地,减轻了自然灾害的不良影响,保持了良好的生态环境。资源的永续利用和优良的生态环境充分说明了传统动物养殖生态模式对太湖地区可持续发展的促进作用。自明清太湖地区开始注意和重视对生物资源与自然环境进行高效循环利用以来,就一直

---

① 中国农业遗产研究室太湖地区农业史研究课题组:《太湖地区农业史稿》,农业出版社1990年版。

保持强劲的发展势头,本区经济发达、社会稳定,农业发展领先周边及其他同类地区,成为全国最富庶的"鱼米之乡"。

太湖地区传统动物养殖生态模式体现的是当地人民长期的生产、生活与大自然所达成的一种和谐与平衡。它对于保存传统地方畜禽品种的生物多样性、维持可恢复生态系统和传承高价值传统知识和文化活动具有重要作用。从上文分析其农业文化遗产价值的三个方面来看,太湖地区传统动物养殖生态模式也准确的符合了全球重要农业文化遗产(GIAHS)强调的人与自然、环境共荣共存、可持续发展的精神。

三、传承与发展

目前,世界各国对农业文化遗产的保护越来越重视。在大量农业物种减少和濒危、传统农业技术知识丧失严重以及农业生态环境日益退化的今天,如何传承和发展本国的农业文化遗产已成为每个国家面临的紧要问题。

对照现代化农业,使我们想起恩格斯的话:"在这个时代中,任何进步的同时也是相对的退步。"西方现代化农业的发展不过百余年的时间,却已经出现一系列难以克服的致命伤,如环境污染、水土流失、生态破坏、动植物品种单一化和种质资源流失等等。增施化肥和农药不仅污染土壤环境和作物,最后富集到人体内,影响人们的健康。基因工程把外源基因引入玉米、大豆、棉花、水稻等作物体内,使其具有抗病虫害和杂草的能力,似乎一劳永逸地解决了农药污染问题,但是无法预见它们在长期大规模推广以后,将会产生哪些负面作用? DDT残留的危害是普遍使用数十年后才发现,停止生产和使用几十年后的今天,问题依然存在。绵延几千年的传统农业为什么没有这类问题?[1]在农业科学技术飞速发展并不断采用新技术对动物进行养殖的今天,如何挖掘和发挥我国传统动物养殖中可持续发展的潜力,将其作为农业文化遗产进行传承和发展,是一个值得我们深思的问题和研究任务。

笔者认为,不能因为当前规模化、产业化的现代动物养殖模式越来越多,效率越来越高,就认为传统动物养殖方式是过时和落伍的。在世界农业走过了刀耕火种、传统农业、工业化农业,目前正在走后工业化时代的现代生态农业道路之上,我们发现,尽管传统农业与现代生态农业的规模、效率、外部的科技条件、社会经济条件等都有了很大变化,但两者之间仍有很多共同之处。[2] 现代生态农业是建立在人与自然和谐共存基础上对工业化农业的否定,利用生物多样性建立的生态系统被日益重视,通过增加内部循环减少对化肥和农药的依赖,减少对资源的压力和对环境的损害,保障食品安全和维护生态环境效益成为重要目标。[3]这些都与传统农业天人合一思想、复杂多样的生态系统结构,内部稳定的循环机制理念不谋而合。我们也不

---

① 游修龄:《稻田养鱼——传统农业可持续发展的典型之一》,《农业考古》2006年第4期。

②③ 骆世明等:《农业生态学》,中国农业出版社2001年版。

可以依"葫芦画瓢"，需要重新审视传统农业的效果稳定性和适应性。例如，过去以家庭为单位的自给农生产方式系统产出水平和生产效率都放在次要地位，与当前商品生产对效率和规模的要求不同。[①] 我们只有做到既看到传统农业的局限性，又看到传统农业中值得保护和借鉴的地方，才能将我们历史悠久的农业文化遗产进行传承和发展。

太湖地区传统动物养殖生态模式作为我国传统动物养殖生态模式的优秀典范，它的关键机理就是通过建立生态循环结构来达到人与自然、环境共荣共存、可持续发展。在我们积极向现代生态农业升级换代的今天，发掘和借鉴传统动物养殖生态模式的精华，把人类的农业生产活动与自然、社会环境融为一体，注重对农业废弃物综合利用，少施农药化肥，通过物质能量的多级循环利用达到节约资源与减少污染的目的，促进现代生态农业系统向良性循环方向发展，从而更好地对我国博大精深的农业文化遗产进行传承与发展。

---

① 骆世明：《传统农业精华与现代生态农业》，《中国生态农业学报》2008 年第 4 期。

中国传统菊谱中的"洋菊"探析

何小兰　魏露苓①

　　菊谱是具有中国特色的传统菊花专书。在中国所有诸如兰谱、牡丹谱、梅谱、月季谱、凤仙谱等花卉专书中,菊谱的数量是第一位的。菊谱中,记录了中国历代各色菊花品种和栽培技术,值得深入研究。关于菊谱的研究,前人已经做了大量工作。其一,艺菊专著的文献整理。如,张芳、王思明主编的《中国农业古籍目录》收录菊谱达47种。华南农业大学1964年编印《华南农业大学图书馆馆藏中国古园艺书目》共收菊谱38部。其二,从园艺学角度来研究中国传统菊谱。如,舒迎澜先生著的《菊花的传统栽培技术》,对宋、明、清三代的菊花栽培技术及其演进作了细致的描述和分析,认为菊花的栽培与中国传统的小农经济这一大背景不可分离②。其三,专门研究中国古代菊花品种及其演进。如,王子凡《中国古代菊花谱录的园艺学研究》③、雒新艳《大菊品种资源遗传多样性研究》④、舒迎澜《栽培菊花的类群和品种演变》⑤。其四,在研究菊文化中,也有大量成果。如,毛静《中国传统菊花文化研究》⑥、张荣东《中国古代菊花文化研究》⑦等。笔者发现,在一小部分菊谱中,还记载了"洋菊"或"洋种"。现有的研究成果对此虽然略有提及,但尚未有人对这类来自域外的菊花或菊科植物进行系统研究。本研究即在前人成果的基础上,对中国传统菊谱中的洋种进行专门的探讨,进而剖析邹一桂"冒以洋名,实出中国"之说产生的原因。

一、含有"洋菊"的菊谱述略

1. 最早记录外来品种的菊谱——宋代范成大《菊谱》

最早介绍外来品种的菊谱,是宋代范成大的《菊谱》。谱中有一个品种叫"新罗":"新罗,一名玉梅,一名倭菊,或云出海外国中,开以九月末。千叶纯白,长短相

① 作者简介:何小兰,女,华南农业大学教师。魏露苓,女,华南农业大学教授。
② 舒迎澜:《菊花的传统栽培技术》,《中国农史》1995年第1期,第103—111页。
③ 王子凡:《中国古代菊花谱录的园艺学研究》,北京林业大学博士学位论文,2010年。
④ 雒新艳:《大菊品种资源遗传多样性研究》,南京师范大学博士学位论文,2008年。
⑤ 舒迎澜:《栽培菊花的类群和品种演变》,《古今农业》1993年第3期,第54—61页。
⑥ 毛静:《中国传统菊花文化研究》,华中农业大学硕士学位论文,2006年。
⑦ 张荣东:《中国古代菊花文化研究》,南京师范大学中国古代文学博士学位论文,2008年。

次,而花叶尖薄,鲜明莹彻,若琼瑶然。花始开时,中有青黄细叶如花蕊之状,盛开之后,细叶舒展,乃始见其蕊焉。枝正紫色,叶青,支股而小……此花之蕊分五出……此菊一枝,多开一花,虽有旁枝,亦少双头并开者,正符独立之意,故详记焉。"①从书中所记的形态看来,这种菊花比较接近野生状态。就该品种的名称而言,它叫"新罗",这是在唐宋时期存在于朝鲜半岛的国家的名称。它还有一个名称叫"倭菊",顾名思义,像是和日本有关的品种。中日之间的交往,在很多情况下是走陆路经过朝鲜半岛的。有研究发现,菊花在奈良时代至平安时代初期从中国传入日本。中国传统是将黄视为菊之正色。但是,日本更喜欢白色菊花。② 中国人喜欢菊花整体看上去丰满,花瓣多姿多彩,而日本人喜欢直瓣的、像光芒四射的太阳的菊花花型。中国喜欢独立的大朵,而日本喜欢众多的小朵。由于审美观的差异,日本人拿到中国菊花之后,自己重新培养和选择,育出了他们所喜欢的品种——白色的、花型更接近野生菊花的品种。

2. 洋种出现在清代菊谱中

明清两代是中国传统菊谱大量出现的时期。在现存的几十部菊谱中,未见明代成书的菊谱中提及洋种。和洋种有关的菊谱皆成书于清代,按时间顺序排列如下:

陆廷灿《艺菊志》(康熙朝,1662—1732)

邹一桂《洋菊谱》(乾隆朝,1736—1796)

吴升《九华新谱》(嘉庆朝,1796—1821)

徐兆熊《东篱中正》(1818)

程岱葊《西吴菊略》(1843)

题竹西菊隐翁《问秋馆菊录》(1888)

这些古代留传下来的菊花专著中,有的记录了外来菊花品种。其中,邹一桂《洋菊谱》是专门记录"洋种"的,也是中国传统菊谱中唯一专门记录洋种的菊谱。邹一桂(1686—1772)是中国清代画家。字原褒,号小山,又号让乡,晚号二知老人,江苏无锡人。雍正五年(1727)中进士,改庶吉士,授编修。十年,授云南道监察御史。乾隆七年,转礼科给事中③。十三年提督贵州学政。乾隆三年(1738)留任,七年后差满回京。邹一桂任职历经雍正乾隆两朝,曾担任过礼科给事中、太常寺少卿、礼部侍郎、内阁学士等诸多位职。死后,他被追加礼部尚书衔。

邹氏家族是一个具有艺术家学渊源的家族。邹一桂的父亲名叫邹熙森,工书画,家藏诸多罕见名画。自幼的艺术熏陶使得邹一桂酷爱作画。邹一桂的妻子恽兰溪是清朝著名画家恽寿平的女儿。在清代的花鸟画中,恽寿平的花鸟画风格明丽,品类丰富,得以自成一个画派,并被认为是花鸟画的正宗。作为恽寿平女婿的邹一

① (宋)范成大:《菊谱》,《香艳丛书》第十六集卷四,第568—569页。
② 张佳梅:《试析菊花与日本文化的关系》,《科技信息》2007年第15期,第145页。
③ 《清史稿》第35册,卷三〇五,《列传》九十二,《邹一桂传》,中华书局1997年版,第10520—10521页。

桂也极善花卉,并最终以此名世。他的作品多为写生,他所画的花卉"分枝布叶,条畅自如,设色明净,清古冶艳"①。

邹一桂流传于世的作品有《春华秋实图》《芙蓉图》《蔷薇朱藤图》《红桃白梨图》《秋出萧寺图》《花卉册》等等,最著名的莫过于《小山画谱》了。该谱分为两卷,专门论述花卉画法,在书画史上具有重要地位。乾隆二十一年(1756),邹一桂承诏画内廷洋菊三十六种,并蒙乾隆赐题。于是"恭记花之名品形状,撰为兹谱,以志殊荣"②。但由于当时《小山画谱》已经刊成,只好将《洋菊谱》附于书末。《洋菊谱》篇幅短小,看似不太容易以单行本传世。附于著名的《小山画谱》之末,减少了失传的风险。

《洋菊谱·序》载曰:"洋菊出乾隆年间……丙子闰九月奉旨召入内殿,各为之图,定以佳名而御题其上,装成巨册,入秘苑珠林。"③其实,不仅邹一桂奉乾隆谕旨入内廷画菊,钱维城以及洋画家郎世宁等人也曾奉旨为洋菊作过画。而且,乾隆自己还亲自为四十四种洋菊④各做御制诗一首。可惜,相关作品早已佚失。所幸,李秉德和于敏中合作的《御制题洋菊四十四种》在近年海外文物回流中,被发现并回归中国。

另,有的菊谱中提到的"洋菊"或"洋种"并非外来菊花品种,而是来自域外的菊科花卉植物,在本文中一同加以分析。

二、菊谱中的域外菊科植物分析

在部分菊谱中,提到一些属于菊科但不是通常的观赏菊花的花卉植物,其中有的是来自海外的物种。如,陆廷灿《艺菊志·草堂增目》中提到:"洋菊:自海外来,近年始有,本高六七尺,花大如碗,菊中之翘楚也。"⑤显然,《艺菊志》中的这种"洋菊",不是通常栽培的观赏植物菊花(Flos Chrysanthemi),而是原产于美洲的向日葵(Helianthus annus),也是菊科植物。作者之所以将它归为"菊",是看到了它的头状花序和菊花一样。这样的划分有其科学性。

在《艺菊志·陶圃补遗》中有这样的记载:"东洋夏菊:有黄、白、紫数种,五月开花,来自海外,性喜烈日,与中土种异。"⑥文中没有提到其传入的时间,说明至少在该书写成的时间——康熙年间,这种洋菊已经为爱花者所熟悉。"东洋夏菊"开花时间在五月,而不是秋季,与通常所言的菊花对开花的短日照要求不符合,不是通常所

---

①② 邹一桂:《小山画谱》,王其和点校、纂注,山东画报出版社2009年版,第173—175、3页。

③ (清)邹一桂:《洋菊谱·序》,《昭代丛书》(道光版)丁集,卷四十八,上海古籍出版社1990年影印版,第423页。

④ 邹一桂所画的洋菊只有36种。题御制诗有44种洋菊,可能是因为在邹一桂作画之后,内廷洋菊又有新品引入。

⑤⑥ (清)陆廷灿:《艺菊志·草堂增目》,康熙五十七年嘉定陆氏刻本。

言菊花。在《问秋馆菊录》最末,也记有"洋菊",对其性状介绍得更为具体:"洋菊:叶对生,甚长,干有高于簪者,分红、黄、白三种,惟红者最艳,虽鹤顶不能拟。旋谢旋开,历时甚久。根如土芋,以刀切为块,覆土即生。其臭味与洋绣球等殊,不可近。初时,妇女犹喜戴之,近则仍重末丽珠兰,即爨婢亦顾而唾之矣。"①普通菊花长不出这样的块根,其繁殖方法是在花谢之后,留下根部生出的"脚芽",来年春天扦插培育新株。而这种红、黄、白三种的"洋菊"是"根如土芋,以刀切为块,覆土即生"。显然这是利用其块根来繁殖,于发芽前将贮藏块根进行分割,埋入土中即可。这不是平常的菊花的种法,而是大丽菊(Dahlia pinnata Cav.)的种法。

嘉庆年间吴昇所著的《九华新谱》也录有该种"洋菊",而且栽培技术又有提高:"红芍药,亦名秋牡丹,其实即五九菊也。此种岁凡两开,善种者,当初夏发蕊时,即摘去培以肥土。秋深,花朵可大如碗,娇艳与芍药同,而耐久过之。按郝经有牡丹菊赋,疑此种。《群芳谱》载黄白色五九菊,独阙红色,何耶?"②这无疑就是大丽菊。大丽菊原产墨西哥,株高一至二米。具块根。叶对生。春夏间陆续开花,越夏后再度开花,霜降时凋谢。大丽菊属菊科,长着菊科植物的头状花序。颜色丰富而又艳丽。舌状花红、黄、白三色居多,另有橘黄和紫色。明朝成书的《群芳谱》中已经提到过它。而明朝是美洲大陆植物大量传入的时期。大丽菊也成了该时段入华的"新客人"之一。大丽菊另有一名叫"天竺牡丹",在广东一带至今仍被称为"芍药"。以上菊谱中所言的"洋菊"的株高、叶形、颜色、块根、开花时间等,都符合大丽菊的特点。

三、菊谱中的外来菊花品种分析

早在康熙时期,菊谱中有关"洋菊"的记述便开始出现,但不论是提到的种类还是数量均不多。到乾隆时期,出现在菊谱中的洋菊的种类及数量开始增多,并出现了专门记载洋菊花品的《洋菊谱》。据笔者翻阅清代菊谱所见,除了邹一桂的《洋菊谱》外,比较重视洋菊的便数清代作家许兆熊的《东篱中正》以及程岱葊的《西吴菊略》。

1. 《西吴菊略·花品》(1843)中的外来品种

程岱葊,浙江湖州人,于道光年间著《西吴菊略》。他生平嗜菊,也喜欢写一些他关于其动植物的专书。由于作者发现"菊花品目,今古不同,随地随时命名不一。况昔时土种居多,今则洋种较盛。且每有变换,旧形不能泥定旧号"③,于是,写该书的"菊品"时,仅录有花名,未具体说明其形态。本书作者共记录了 36 种土菊和 48 种洋菊。列表如下:

---

①　(清)竹西菊隐翁:《问秋馆菊录》,光绪十四年刻本。

②　(清)吴昇:《九华新谱》,据浙江旧书馆藏旧抄本翻抄,华南农业大学农史室藏。

③　(清)程岱葊:《西吴菊略·花品》,廛隐庐刊抄本,据山东大学图书馆藏道光刊本抄录。

表1 《西吴菊略》所载土种与洋种菊花

色系	土种(36 品)	洋种(48 品)
黄部	16 品： 御袍黄、金宾相、黄鹤翎、金重兰、苏金重、蜜莲、蜜荷花、蜜塔、金洁冠、黄芙蓉(即二乔)、太真黄、野鸡幢、金甲、金松球、邓州黄、杨妃裙	12 品： 金佛座、黄环、黄松针、黄湖莲、黄莲、黄雀、黄苔、鬐黄、高丽金、一品黄、火放金莲、蜜捻丝
白部	8 品： 太史白、银松球、粉西施、玉甲、银绞丝、水晶球、粉孩儿、银蜂房	11 品： 碧云莲、青湖莲、玉雀羽、玉环、飞鹤、银傅胪、水晶莲、玉龙球、三番白、粉雀、银雀
红部	4 品：状元红、鹤顶红、红鹤翎、刺洋红	7 品： 朱砂莲、二色莲、洋红、火龙珠、火针、金背红、火龙须
紫部	8 品：五福紫、淮南紫、紫桂桃、紫霞杯、青莲球、纱罩灯、娇三变、蜂赶蝶	12 品： 紫莲、紫针、紫凤毛、朝天紫、紫桂藏、紫松针、紫飞、紫捻丝、万花魁、洋车轮、醉春容、桃莲
间色部		6 品： 银红松针、杨妃雀、金红雀、米针、金龙须、沉香葵

该书依据颜色为菊花分类,把菊花分成"黄部"、"白部"、"红部"、"紫部"和"间色部"。"黄部"中,土种16 个,洋种12 个。中国传统观念,把黄颜色看作"正色",就将菊花称作"黄花"。早期培养选择时,留黄色,弃杂色,导致黄色品种多于其他颜色的品种。在"黄部"中,土种多于洋种很正常。"白部"、"紫部"、"红部"中,洋种比土种分别多三四个。白色和紫色菊,自唐代开始出现并增多。而大红色菊花,至今仍属比较少见的品种。"间色部"中没有一个土种,全为洋种。这符合了中国人讲求"正色"的传统。早期培养菊花的人,不会重视颜色过杂的菊花,因而不保留杂色的变异。外国人则不受此观念限制,在培养中选择美丽的保留下来。

就花型而言,土种菊花的品种名称中含"莲"、"芙蓉"、"荷花"、"球"等字眼的较多。带"莲"、"芙蓉"、"荷花"的属于平瓣类、荷花型,带"球"字的为叠球型,这两种花型显得丰润、饱满,符合中国传统审美观,比较早出现在中国的栽培菊花中,在中国品种中最为多见。洋种中的"黄松针"、"紫松针"、"银红松针"为管瓣、松针型。"火针"、"米针"、"紫针"为管瓣、针管型。"火龙须"、"金龙须"为管瓣、丝发型。"蜜捻丝"、"紫捻丝"为扭旋管瓣、钩环型。"火龙珠"为钩珠管瓣、贯珠型。这些都是比较"瘦"的花型,瓣型也比较奇特。"金背红"花瓣的背面呈金色,正面大红色,是菊花中比较少见的颜色。"洋车轮"为直伸平瓣的单瓣型。"洋种"菊花中有更多的在花型或颜色上与中国传统品种差别比较大。有别于常见的花型，就有新鲜感，所以才有人注意和欣赏它们。

《西吴菊略》记载洋种颇多，可惜该书只录花名，并未详细描述。清代"竹西菊隐翁"所著的、成书于1888年的《问秋馆菊录·中品》中记有"黄松针"："黄松针：叶深绿，花或大或小。小者不露心。大虽露心，瓣有长至二寸者，此种。由天长得来，非吾郡所产。"① 《问秋馆菊录》成书晚于《西吴菊略》，其中记载的"黄松针"不是书作者本地所产，算是外来种。至于来自国内还是国外，书作者没有细究。

2.《东篱中正·评洋种》（1818）中的外来品种

《东篱中正》的作者许兆熊，字凫舟，江苏吴县人，以事菊为乐，其友人徐份在《东篱中正》序言中说他对菊花的喜爱已达到"殚心养殖如护婴儿"的地步。后获菊千本，从中选取奇品，撰成此谱。

在《东篱中正》中，许兆熊专门写了"评洋种"，自成一节。该节对13种洋菊进行了较为细致的描写。由于洋种能给人新鲜感，引入后便得到追捧，世人"皆称鲜好，以敌春兰"②。为求佳品，作者"十余年来，曾经手植者不下三四百种。披沙拣金，得一十三种，俱品兼优者"③，由此可见，此时的洋菊远不止13种。关于书中所记的13种洋菊，列表如下：

表2　《东篱中正》中的13种洋菊

菊名	原名	色系	性 状 描 述
霓裳	阆苑琼楼	不详	花大，色艳，干极细，临风摇曳，兼婀娜多姿
绛雪	广寒雪素	白菊	花白，微有红晕。名不称实，因其名素雪，也改名绛雪，然亦仅言其色耳
紫爪	金爪红莲	紫菊	色紫，瓣如爪，不知何云金与红也。今直名之曰紫爪，或仿佛菊花娘子搔背痒时也
紫云	佛见笑	紫菊	花大而色深紫，过客独多称赏
墨超	墨池香霭	紫菊	紫花中之深黑色者，类古之顺圣紫。层层超瓣，极可观，与嘉兴嘉定之墨牡丹一品朱衣色态相类。然终不如此花入掖庭法相也，故只留此一种
雪超	潘家白超	白菊	瓣莹白如雪，洋种中白花无有出其右者
大金	莲座堆金花		与金拍相似，因呼大金拍，今直名大金云

①　（清）竹西菊隐翁：《问秋馆菊录》，光绪十四年刻本。

②③　（清）许兆熊：《东篱中正·评洋种》，光绪七年甘泉刘德邻重刻本。

续表

菊名	原名	色系	性状描述
蜜白	杏花	白菊	一色白蜜，色瓣超整而厚，干极细，妙品也
蜜黄	蜜牡丹	白菊	佳种也，因蜜白而改名蜜黄
玉龙子	玉夔龙		被以嘉名，不足为阿瞒弄物。松蜂清转，助我作鹈鸪舞耳
金楼	黄金楼		湘东列屋有作半面妆人也
秋牡丹	彩凤云球		花与秋牡丹极相似，故即以秋牡丹目之
荔丹	珊瑚宝塔		干强花俗，本不足取，因菊中红色者绝少，故存之

这13种"洋菊"当中，有白色4种，紫色3种，颜色未被提及的6种。未提到颜色的6个品种，可基本判定，有黄色2种，红、白、杂色各1种，只有一种无法推断其颜色。在这些洋种里面，中国菊花的"正色"黄色成了少数派，白色占多数。这样的比例，符合日本人培养菊花的喜好。

就花型而言，由于花名和形态描写的文学色彩太浓，无法就此判断其中多数品种的形态，只有个别品种尚可判断其花型。如，"墨超"的形态为"层层超瓣，极可观，与嘉兴嘉定之墨牡丹一品朱衣色态相类"，"雪超"的花型应该与它类似，只是颜色为白色。另一个可以判断花型的为"紫爪"。该品种"色紫，瓣如爪……今直名之曰紫爪，或仿佛菊花娘子搔背痒时也"①。它的瓣型应该是"龙爪管瓣"，相对"平瓣"和"匙瓣"来说，算作比较少见的瓣型，至今也比较少见。而"墨超"和"雪超"更像中国传统的花型。此外，"墨超"的颜色值得注意：它是深紫色，也就是通常被称为"墨菊"的颜色。花的颜色过深，就容易过多吸收阳光而被晒死。这就是自然界中没有黑色花的原因。深色的"墨菊"属于罕见品种。

四、《洋菊谱》（1756）所列品种及其"土"与"洋"之辨析

1.《洋菊谱》所列外来品种

古人的艺菊专著在介绍所记品种的形态时，描写往往过于模糊，以致各个品种特色不明显，加之"菊花品目，今古不同，随地随时命名不一"②，"然古今语异，南北品殊，按图索骥不能尽得"③，同名异种、同种异名更增加了确定品种的难度。相比而言，《洋菊谱》的形态描写清晰得多。《洋菊谱》篇幅十分简短，序言之后，就开门见山介绍36种洋菊。语言质朴、简练，对花色及形状的描写颇为清晰、到位。

① （清）许兆熊：《东篱中正·评洋种》，光绪七年甘泉刘德邻重刻本。
② （清）程岱葊：《西吴菊略》，麈隐庐刊抄本，据山东大学图书馆藏道光刊本抄录。
③ （清）许兆熊：《东篱中正·序》，光绪七年甘泉刘德邻重刻本。

表3　《洋菊谱》之洋菊品种表

品种名	色系	形态描述	旧　名	重复出现
银佛座	间色菊	白花,黄心,半筒,瓣末俱超,宛如佛座,叶大尖长,与金佛座皆为上品		计楠《菊说》中:"雪佛座"
金佛座	黄菊	鹅黄色,绿心,筒二分,尖瓣上超,花极玲珑,叶尖而密,围大		计楠《菊说》,程岱葊《西吴菊略》
宫花锦	黄菊	金黄色,外深内淡,半筒,瓣末上超,花圆满微心,不甚显大,径三寸	含烟铺锦	
锦贝红	间色菊	朱红色,反瓣黄色,开足多反抱,红黄相间,形如球瓣,短交叉叠乱,花不大,梗叶尖细	金背红	
雪罗襦	白色菊	白花,淡黄,心筒二分,阔瓣,平直圆整,反瓣有红丝,叶圆而小	青山挂雪	
珊瑚枝	间色菊	大红带紫色,黄心,四面有须,筒不见,瓣尖阔,叶带紫色		爱新觉罗·弘晈《菊谱》
紫霞绡	间色菊	粉紫色,甚娇,花大如盘,檀心凸起,筒长五分,瓣尖阔形扁,叶尖小	国色天香	
七宝盘	白菊	牙色,长筒末舒,瓣二分如耳挖,黄心,花扁如盘,叶少锯,花径三寸		爱新觉罗·弘晈《菊谱》
桂丛紫	紫色菊	紫色,长筒,末略舒,瓣大,心径半寸,金黄,五出,筒叶嫩绿,花大而扁,瓣稀少	紫桂莲	
千金笑	间色菊	银红色,瓣阔环抱,玲珑心间,五出,筒微黄,不多露,叶尖长而窄狭		
蜜荷花	黄菊	淡黄色,心小,二分筒,瓣寸许,阔二分,皆超起,叶尖长,少锯		程岱葊《西吴菊略》
紫丝莲	紫色菊	深紫色,花大如盘,黄心如棋子,二分筒,瓣末俱超起,形扁,径三寸,梗粗,叶长廀如鸡脚		
檀心晕	红色菊	血牙色,近心牙黄,长筒,瓣末如匙,圆三寸,梗细叶圆		

续表

品种名	色系	形态描述	旧名	重复出现
雪莲台	间色菊	白花带碧色,瓣末超起,如莲心黄而小,半筒,叶肥嫩,梗细		
雨鹃红	间色菊	朱墨色,心圆小而黄,长筒,末如匙,花大如轮,叶尖长,带赤色,梗粗		
绒锦心	间色菊	淡紫色,心大径寸,金黄色,五出,筒瓣,长筒如线,不出匙,参差疏落类桂丛,紫花,扁如盘,叶廋	紫龙须	
佛手黄	黄菊	嫩黄色,心五出,筒深黄散乱,瓣阔弯环,叶肥泽,梗细		爱新觉罗·弘皎《菊谱》
涌金轮	黄菊	嫩黄色,大如盘,檀心凸起,深黄,瓣长二寸,筒末出匙,超上围六寸,肥叶圆劲	金黄针	
粉翎儿	粉色菊	粉色,长瓣,大径三寸,心青黄色,瓣有出心上者,托瓣微红,叶长廋如蒿		
锦标红	红色菊	朱色,微筒长瓣,开足下披,心一簇金黄,叶肥	满心大红	
月华秋	粉红菊	粉红色,心中青外黄,筒二寸,白瓣,里白外红而尖锐,如月华五彩,梗细		
红玉环	间色菊	白花微红,不见筒,瓣长阔弯环,相纽如连环,圆球径三寸	玉连环	
昭容紫	紫色菊	深紫色,筒瓣到头如匙,心黄而小,形扁		
银丝针	白菊	白花,青黄心,极小,瓣如针,花圆叶细,梗弱,旧名银针,又名银丝莲花,形之特异也	银针、银丝莲花	叶天培《菊谱》内为"银针"
秋月白	白菊	白花,阔瓣,筒二分,形圆,叶团而短	鹅毛飞	
海红莲	粉红菊	粉红,大心黄色,瓣半筒,末超起如莲台,叶肥,梗粗,花扁,径三寸		爱新觉罗·弘皎《菊谱》
万点红	粉红菊	淡粉色,长筒,末作小匙,匙内深红,瓣疏而参错,尖尖,梗细	落红万点	

续表

品种名	色系	形态描述	旧名	重复出现
青心玉	白菊	白花而圆,微筒,青黄心,瓣阔,托瓣微红,梗细,叶团小	青心压玉	爱新觉罗·弘皎《菊谱》
锦麟祥	红菊	金红,半筒,瓣狭而长弯绕,花圆,径二寸,叶如蒿	橘皮红	
金赤帶	红菊	大红,心五出,筒带黄色,瓣阔而尖,花扁,径三寸,叶少锯,梗直		
鹭鸶管	粉红菊	粉红,阔瓣,大心,淡黄白色,五出,筒如白羽,花扁,径三寸,叶尖长,梗细		爱新觉罗·弘皎《菊谱》
朝阳素	紫色菊	淡紫色,半筒,粉心,五出,心上有瓣,花大而扁,径三寸,叶尖长		爱新觉罗·弘皎《菊谱》
金缕衣	黄菊	嫩黄,长筒,瓣末出匙,檀心圆小,青茎,大径四寸,叶尖多锯齿	黄鹤楼	吴昇《九华新谱》
紫金鱼	红菊	玫瑰色,长筒,末作匙,心带黄色,花扁,径三寸,叶肥而长,梗细		
坠红丝	间色菊	银红色,着心处白色,长筒,瓣出半寸,青心如棋子,花大四寸余	老君眉	
金凤羽	黄菊	黄色,瓣阔,半筒,叶小,花开最早。又白者,名银凤羽		爱新觉罗·弘皎《菊谱》

　　就颜色而言,这36个"洋菊"品种中,"间色"最多,有10个;黄色名列第二,有7个;白、红、粉色各5;紫色4个。"间色"和大红色的菊花,在中国传统品种当中不多见,而在《洋菊谱》中明显占较大比例。在中国算作"正色"的黄色品种在数量占第二位。白、粉、紫色品种所占比例符合中国明清时期菊谱中的正常比例。就花的大小肥瘦而言,36个"洋菊"品种中,花型比较丰满的有9个,丰满程度属中等的有7个,明显瘦小的有2个,其余18个品种无法看出其大小。这样,保守估计,传统丰满花型的也能占到三分之一。就瓣型而言,最原始的平瓣型只有3个,半筒的"匙瓣"和全筒的"管瓣"各有14个,记录不清晰的有5个。其中形态非常奇特的品种有:"珊瑚枝,大红带紫色,四面有须";"锦绒心,筒瓣,长筒如线";"银丝针,瓣如针,形之奇特也"。① 从中可以看出,这些被称为"洋菊"的菊花,同时兼顾了传统的以丰满为美

_____

① (清)邹一桂《洋菊谱》,《昭代丛书》(道光版)丁集,卷四十八,上海古籍出版社1990年影印版,第423—426页。

和有别于传统的以奇为美、以稀为贵。"正色"和奇特颜色并重。从各颜色、花型、瓣型所占的比例来看,这些被称作"洋菊"的品种,确实有别于中国传统的菊花品种。

另值得注意的是,《洋菊谱》所记的 36 个品种当中,有 8 个品种也出现在爱新觉罗·弘晈(1713—1764)所著的(秋明主人)《菊谱》中。弘晈是清康熙帝之孙,在皇族内部的争斗中失宠,无心问政,便到南方购得大量名种菊花,试种于北方,获得成功并著《菊谱》。他的《菊谱》共记 100 种菊花,其中包括与《洋菊谱》重复的那 8 个品种。弘晈《菊谱》写成的时间基本与《洋菊谱》一致。可以断定,《洋菊谱》这 8 个与弘晈《菊谱》重复的品种是新近从南方购得并在北方引种成功的名品,是可以入皇帝和皇族之眼的好品种。

2.《洋菊谱》所载洋菊的"土"与"洋"之辨析

邹一桂奉旨为内廷洋菊作画,但他却在《洋菊谱》的序言中说到:"或曰蒿本,人力所接,冒以洋名,实出中国。余既绘图,赋以长篇,乃为兹谱,以备考焉。"[①]他对所画洋菊的"洋"身份产生了怀疑,断定它们是冒牌货。其实,"或曰蒿本,人力所接"并不可以用来作判断土洋品种的依据。嫁接是繁殖菊花的方式之一。越是稀有品种,越生出脚芽较少,园丁只好将同为菊科植物的艾蒿作砧木,将比较稀有的品种作接穗,通过嫁接方式得到比较多稀有品种的菊花。只是这样接出的名贵菊花,只能观看,无法获得脚芽供来年栽种。

将表 1、表 2 与表 3 对比,可以发现以下两点:

第一,《洋菊谱》中有洋种。《洋菊谱》中提到的"金佛座"和"锦贝红"(别名金背红)、"紫桂莲"(桂丛紫)在《西吴菊略》中也被列为洋种。《西吴菊略》中被列为洋种的"银红松针"有可能就是《洋菊谱》中所录的"银丝针"。明朝后期至清朝,外来作物引进增加,洋种菊花随之进入,在情理之中。如果说《洋菊谱》写成时,这些洋菊还算宫廷中的珍品的话,比《洋菊谱》略晚一点的时候,洋菊便进入寻常百姓家,"洋种近时,人都以子种,变幻百出,咸以甜俗字面目之,潦倒园官,应供俗客。买菜求益,市瓜取大,就其名称,不足直渊明篮异门生一笑也"[②]。

第二,《洋菊谱》中有土种。《洋菊谱》中的"蜜荷花",在《西吴菊略》中被列为土种。《洋菊谱》中的"珊瑚枝"、"七宝盘"、"佛手黄"、"海红莲"、"青心玉"、"鹭鸶管"、"朝阳素"、"金凤羽"全都出现在爱新觉罗·弘晈的《菊谱》中。如前所述,该菊谱中的菊花,是书作者当时新从南方引种到北京的优良品种。其中有无洋种掺杂在内,尚待考证。《洋菊谱》中的"金缕衣"有可能是中国传统品种,"金缕衣,嫩黄,长

① (清)邹一桂,《洋菊谱·序》,《昭代丛书》(道光版)丁集,卷四十八,上海古籍出版社 1990 年影印版,第 423 页。

② (清)许兆熊:《东篱中正·评洋种》,光绪七年甘泉刘德邻重刻本。

筒,瓣末出匙,檀心圆小,青茎,大径四寸,叶尖多锯齿,旧名黄鹤楼"①。嘉庆年间的《九华新谱》也记有"金缕衣":"金缕衣,俗名黄鹤翎,又名金毛狮子,叶微团而纹白,歧处亚浅,茎青紫半不甚高花淡黄如松花色,长瓣有箭,甚细而疏,开足则瓣末如小匙,四面支撑如蜩毛栗殻,然径三寸余,迟久则瓣落。"②这里提到,"金缕衣"俗名"黄鹤翎",而"黄鹤翎"在《西吴菊略》中被归在土种的"黄色部"16品菊花之中,而没有被列为洋种。光绪年间的《鞠志》也有关于金缕衣的记载:"金缕衣,一名金丝蒲团,枝干高,叶极细致。初放微红,开足后千丝下垂匀称。"③该书并未注明其是土种还是洋种,而是将它和众多土种菊一并录入书中。《洋菊谱》中的金缕衣有可能属于"冒以洋名,实出中国"的品种。

所以,可以断定,邹一桂《洋菊谱》所载的36种"洋菊"并非全为洋菊,而是既有洋菊,也有土种菊。其中一部分乃是当时培育出或从外地引种到京城的新品种,被当作洋菊。那么,《洋菊谱》序言中"冒以洋名,实出中国"之说,只是部分正确。

五、洋菊、《洋菊谱》及其相关现象的原因分析

为什么在乾隆年间出现了中国菊谱中唯一专记"洋种"的《洋菊谱》? 为什么名为《洋菊谱》,实际又土洋混杂? 为什么菊谱中的品种又被说成"实出中国"? 这一切,既有历史原因,也有中国人的心理原因。

1. 难以禁绝的对外贸易

中国历来不曾排斥域外动植物传入。小麦、大麦的最初原产地并非华夏。张骞通西域后,西亚作物更是源源不断地传入中原。传入的重要方式就是跟随贸易商旅而来。汉唐、宋元都是对外贸易很发达的时期。虽然明朝曾经有过严格海禁,但是,走私无法禁断。明朝中期后终于开海禁。此期,正是哥伦布发现新大陆之后从墨西哥到菲律宾再到中国的"帆船贸易"大兴的时期。许多新大陆物种,如玉米、花生、烟草、马铃薯、红薯等在这一时期开始传入中国。前面所提到的菊科植物向日葵、大丽菊也是原产南美洲的,它们出现在清朝写成的菊谱中,也被看作"洋菊"。

从清王朝建立到鸦片战争前,清朝对外关系主要由两部分组成:一是传统朝贡体制下中国与各藩属国、朝贡国之间的宗属关系;一是在广东贸易制度下中国与外国在长期贸易活动中形成的商务上的关系。④ 随着资本主义商品经济的发展,在政治上的外交往来之外,各国的经济贸易交流开始变得日益频繁,清朝也毫不例外,尤其是海路贸易日渐活跃。有清一朝,由于种种原因,禁海令、迁海令频出,通商口岸

① (清)邹一桂《洋菊谱》,《昭代丛书》(道光版)丁集,卷四十八,上海古籍出版社1990年影印版,第425页。

② (清)吴昇:《九华新谱》,据浙江旧书馆藏旧抄本翻抄,华南农业大学农史室藏。

③ (清)何鼎:《鞠志》,1957年10月据南京图书馆藏本抄录。

④ 李红莹:《鸦片战争之前清朝外交浅析》,《长春理工大学学报》2012年第2期,第86—87页。

时开时关。但是，怎样也不可能将"洋货"拒国门之外。鸦片战争之后，五口开放，更为"洋种"植物进入大开方便之门。清朝的五部涉及洋菊的菊谱，就有两部写成于开放五口之后。

2. 崇洋媚外之风俗

近代以来，"崇洋"现象比较普遍。许多人认为，中国人过去是抱住"天朝上国"思想不放的。"崇洋"是鸦片战争之后，中国败给了列强才出现的心理。但是，据郭立珍在其《"崇洋"现象出现时间考略》一文所言，早在明末清初，就有西洋钟等少量洋货输入中国。面对这些奇珍异品，"崇洋"思想便已经开始萌芽。雍正、乾隆年间，西洋钟、玻璃制品、毛呢、羽纱等洋货在皇家和上层很受欢迎。乾隆皇帝对洋货非常钟爱，曾下令买办洋钟表、西洋金珠、奇异陈设或新式器物，皆不可惜费，使得洋货在此时不仅在帝王生活中频繁出现，甚至在其他社会上层人士生活中也陆续出现。到了清代中期，随着进口洋货种类和数量的日益增多，"崇洋"思想逐步形成。①

即使在闭关锁国最严重的嘉庆朝，洋纱、洋表也被看作是时髦的东西。道光年间，在江南一带，"洋气"已经成为褒义词。鸦片战争前夕，闭关锁国也没有挡住诸如呢子、钟表、香水、洋纱、洋布的进口。这些都是奢侈品，消费者非贵即富。这对大众的"崇洋"消费起着示范作用。

乾隆是个酷爱洋货的皇帝，洋菊便是其喜爱的众多洋货中的一种。在中国古代，皇帝的喜爱很容易成为宫中所有人的喜爱。在这种"崇洋"的背景下，"洋菊"入华、入宫，《洋菊谱》出现，就是顺理成章的事了。

3. 心理层面之自大与贬他

虽然"崇洋媚外"现象在清初便已经出现，但这只是萌芽。相比国人内心深处天朝上国的优越感而言，实在难以相提并论。面对外来事物和文化，是否每个人都能理性处之？答案是否定的。以近代改革为例，从自大的天朝上国思想，到洋务运动"中学为体，西学为用"，再到孙中山建立中华民国，可以很明显地看出：国人对外来文化是有抵触心理的。更有甚者，由于自大心理作祟，许多中国人难以接受外来文化中有比自己的传统文化优秀之处的事实，在面对外来文化的精华时，还要用"老子化胡说""西学中源说"来安慰自己。

在奉旨画"洋菊"又作《洋菊谱》时，面对谱中所列36种洋菊，邹一桂并未细分，而是笼统地说"或曰蒿本，人力所接，冒以洋名，实出中国"②，把《洋菊谱》中真正的洋菊也说成了中国品种。这种心态，和用"老子化胡说""西学中源说"来进行自我安慰如出一辙。

---

① 郭立珍《"崇洋"现象出现时间考略》，《兰台世界》2009 年第 10 期，第 55—56 页。

② （清）邹一桂：《洋菊谱·序》，《昭代丛书》（道光版）丁集，卷四十八，上海古籍出版社 1990 年影印版，第 423 页。

晚清以来河套地区的农田水利活动

宿小妹①

我国长城以北黄河沿岸地区的河套,历来河流纵横,水利资源丰富。长期重点开发利用的河流为黄河、大黑河、无定河、罕台川、壕庆河、呼斯太河、什拉乌素河等。虽然河套地区的水利活动早在两千年前就已经开始,但由于政治和社会的种种原因,在历代封建社会,兴水利时少,罹水害时多。在多事之秋的民国时期,这一代的水利也是兴废无常。直到1949年以后,该地区的人民在党和国家的支持及地方政府的关怀下,用科技手段进行了大规模的卓有成效的兴修和治理,才使当地出现了一个水利建设的新局面。

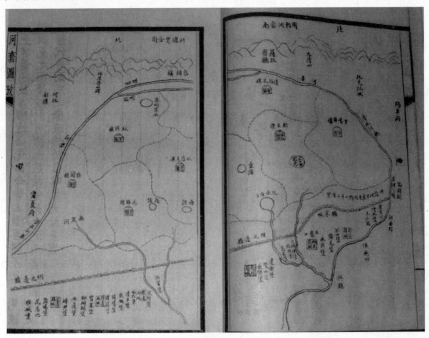

《河套图考》

---

① 作者简介:宿小妹,女,中国农业博物馆藏品部副研究员。

（一）

西汉武帝时,国家正式在河套地区举行屯垦,开办农田水利,发展农业生产。其时,"朔方、西河、河西、酒泉皆引河及川谷水以溉田"①。大范围、大规模的成功的兴修水利活动,给河套地方带来较佳的农业经济效益,即"因渠以溉,水舂河漕,用功省少,而军粮饶足"②。东汉后期至北魏初期,这一带的屯务和水利废止,成为游牧区。

道武帝拓跋珪曾下令在五原一带垦种引溉,其范围包括河套北部、东部的杭锦、达拉特、准格尔、伊金霍洛等旗。当时五原的三万户屯民利用灌溉等手段,使农田得到理想的收获,每年产粮"百万多斛"③。北魏孝文帝又进一步扩大了兴办水利的规模,他于太和十二年(488),"诏六镇(自西而东为沃野、怀朔、武川、抚冥、柔玄、怀荒六镇,在今内蒙古河套地区以东,阴山山脉以南地区)、云中、河西及关内六郡,各修水田,通渠灌溉"④。其中,河套平原的灌区扩展到榆林、神木地方。

唐朝武德、贞观年间,统治者极力在靠近都城的畿辅之地河套,开发水利,振兴农业,较早引河灌溉是振武军镇,即今内蒙古托克托县一带。据有关文献讲,唐初这里是沟洫密布,水田无垠。其时在胜州(榆林)地方,也举办了一些中等的水利工程,用以浇禾。玄宗开元、天宝年间,安北都护府的丰州、胜州地方,即今达拉特、托克托、东胜、伊金霍洛、准格尔、神木、榆林一带,普遍通渠连灌农田。虽然受"安史之乱"的影响,河套水利出现短期的荒废,但肃宗至德以后至宪宗元和年间(757—820),又出现了一个灌溉稼禾的中兴时期:地方官府在这里组织修浚旧渠、开凿新渠同时并举。史称:关内道的"丰州屯田,娄师德、唐休景、李景略、卢坦最有名。咸应、永清、陵阳三渠溉田数百顷至四千八百顷之多,岁收谷四十余万斛,边防永赖,士马饱腾,自来经营塞北,未能与之京(竟)也"⑤,水利屯田收到了明显的效果。

我们知道,农田水利不是孤立地存在和发展的,它要受到诸种因素的制约和影响,尤其是与国家的治、乱紧密相连。唐武宗(841—845)以后,朝政严重腐败,藩镇割据、四分五裂,农民起义烽火连天,水政不举。河套地区的灌渠逐渐淤埋,河务渠务逐渐衰落,随之荒废了。

五代时期,北方政权更迭,战乱不止,河套地方的农田水利没有机会得到恢复。北宋建立后,并没有完全取得对河套地区的统治。达、托、东、清、准被辽邦占据;伊、榆、横、靖、定被西夏占据着。这两个少数民族(党项族和契丹族)建立的政权,因生活习惯问题,粗晓灌溉,水利讲求程度不高。北宋控制着的神、府一带又处于三个敌

---

① (汉)司马迁:《史记》卷二十九《河渠书》。

② (汉)司马迁:《史记》卷三十《平准书》

③ (宋)司马光:《资治通鉴》卷一〇八,晋太元二十年条。

④ (北齐)魏收《魏书》,卷七,高祖纪。

⑤ (清)陈履中:《河套志》,屯田。

对政权的疆土交界处,常有军事冲突,硝烟时起,大的水利工程仍不能举行。南宋时期,女真人建立的金政权占据了偏、托、清;西夏占据了达、准、伊、榆、横、定、靖等各地。虽然此时西夏较重视水利问题,但其浇灌活动主要在今宁夏,河套的其他地带之农田水利仍然处于兴废无常状态。元朝,这里成了蒙古贵族的游牧地,不搞禾种。

其后,曾在明初,政府于河套实行军屯和民屯,屯耕者在此植禾灌田。另外,一些盐商遵照明代朝廷的"开中法",向九边宁夏、延绥(榆林)等处的军仓转输粮食,为了就近得到粮食,他们还自筹资金、自募农人屯耕于固原、延绥(榆林)、宁夏等各地。这些富商大贾,"自出财力,自招游民,自垦边地,自艺菽粟,自筑墩台,自立保聚"①,从而形成一些新的村落。这些屯村的垦殖者曾自发地在农田及其周围开凿沟渠,引黄河、无定河水浇禾,兴筑了不少的小型水利工程。这一时期,没有出现由官方举办的大型水利活动,而民间人力分散,财力不足,灌溉规模有限。

明世宗嘉靖以后,河套地区完全成了蒙古人的放牧地,农田水利又被废止。这种状况一直持续到清朝初期。虽然康熙帝奖励农耕、重视水利,可是把河套地区划归蒙古牧地,不准汉人进入;尽管在客观上保护了牧场、植被,但也影响和妨碍了河套地方的水利开发。

(二)

随后大量开发河套地区的水资源、兴筑大型的农田水利工程之活动是从晚清道光以后开始的。晚清河套地区的农田水利建设,不仅仅是对汉、唐水利事业的复兴,而且还创造出一种近代化的经营形式,对当时及后世的农业经济产生了积极的影响和作用。

由于客观形势的变化和发展,道光帝不得不改动清初康熙帝的禁令,允许汉人进入河套垦种,为全面兴办河套水利开了绿灯。

道光五年(1825),山、陕商人甄玉、魏羊首先在"刚目河西边黄河湾子上另开一新引水口和一段输水渠道,下接用一段刚目河。新开渠长不过50里,口宽不过一丈,名叫缠金渠。这条渠道就是后来永济渠的前身。可以说缠金渠是清末河套平原上开挖最早的一条干渠,缠金渠的开挖,无疑是为河套水利开发举行了一次奠基礼"②。起初是由甄玉的永盛兴和魏羊的锦永和两个商号集资开凿,继之,他们又于道光后期至咸丰中期,先后动员聚源长、崇发公、景太德、祥太裕等48家商号共同投资、联合经营缠金渠。到同治初年又有祥太魁、和协成等商号加入,使这个联营集团中的成员(商号)增加到了58家。随着联营人数和资本的逐渐增多,缠金渠在不断地延伸和扩展,渠路由起初的50里加长到了160里,尾水送入五加河。全渠每年浇

---

① (明)霍韬:《哈密疏》,见陈子龙等《明经世文编》卷一八六。
② 参阅陈耳东:《河套灌区水利简史》,水利电力出版社,1988年版第97—98页。

灌杭锦旗、达拉特旗地 30 多万亩①，产粮多达几十万石。这是在整个河套灌区的水利活动中一条工程最大、效果最佳的灌渠，为这一带的水资源开发和利用，开了个好头，起到了榜样作用。

民间商人自动起来，大量地联合集资，进行大规模的水利建设，是河套地区水利史上的一种创举，是极具合理性的一种新生事物，它为中国的水利事业踏出了一条新路子。当时管中各家商号分别向蒙古领主租来土地进行垦种，每个分号分别租田几百亩至几千亩不等。各家商号对灌区的投资多少是以各自的田亩额数为计算标准的，实际上是以田亩为股份而参加缠金渠之经营，无股份公司之名，而有股份公司之实。缠金渠上的管中各家商人皆分别出资雇用农民进行排灌等项生产活动。实际上，缠金渠的经营形式乃是一种变相的有待完善的雇佣劳动制的农业股份公司。此乃是在近代西方文化输入中国的影响下，于我国西北地区产生的农业资本主义之雏形。

由于缠金渠股东们的带头，同治以后在河套地区，逐渐兴起一个商办水利的热潮。同治六年至十三年（1867—1874），山西交城商人、万德源号老板张振达先后联合郭大义、万泰公、史老虎、王同春等商人，于五原县西土城子共同投资开挖短辫子渠，引黄河水溉田。随后又有陈四、贺瑞雄、李达元、刘保小子、郑映斗等众商人入股集资 30 多万两白银，将原渠扩展、延长，并于其两侧开支渠 27 道，灌溉乌拉特、五原县田 15 万亩②。和缠金渠一样，也是经营租地，雇工劳动，以各自使用的土地数额计算股份，进行管理。

继短辫子渠（后改名为通济渠）之后，各路商人又在这一带分别先后开挖了长胜渠（长济渠）、塔布渠、义和渠、丰济渠、刚济渠、沙河渠，加上缠金渠（后改名为永济渠）和通济渠，号称河套"八大灌溉干渠"。其中，塔布渠是由商人范三喜、夏明堂集成五大股，于光绪初年开挖，渠长 97 里，常年灌溉五源县和乌拉特旗农地 10 万多亩。长济渠，咸丰七年（1857）由商人侯双珠、郑和等人合力所开，渠长 130 里，与塔布渠相连，浇灌乌拉特旗地和五源县农田 3 万多亩。整个河套地区，利用"八大干渠"和府谷、榆林、托克托等各处小渠灌溉农田约达百万亩③，突破以前历代的灌溉面积。事实证明，晚清该地区的商办水利是成功的。

众多商人在河套地方租入土地，雇工凿渠经营水利工程，为地方民间创兴公益，做出了历史性的功绩。他们将从流通过程中获得的利润投入农业生产领域，将商业资本转变为农业资本、生产资本，实为进步之举。并且，通过创办水利，他们本身也由传统的封建商逐步转化为近代中国农业资本家的先驱。

在晚清商办水利的过程中，也有一些蒙古人参加，他们或集资与商人联营，或受

---

① 参阅姚汉源：《中国水利史纲要》，水利电力出版社 1987 年版，第 516 页。
② 参阅陈耳东：《河套灌区水利简史》，水利电力出版社 1988 年版，第 98—113 页。
③ 郑肇经：《中国水利史》，商务印书馆 1993 年 7 月版，第 279 页。

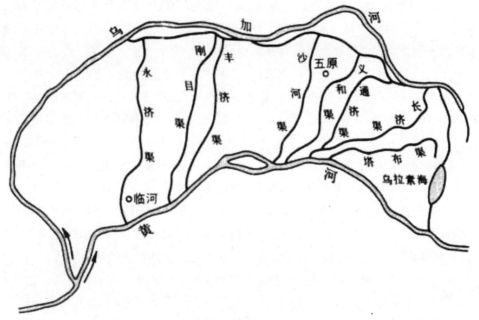

河套八大干渠分布图

雇于渠商,进行工程劳动。当时的渠商组建有专门的渠务机构,主持人为经理,负责组织各股东议事、决策,并负责任命渠工头(开渠之业务督导者)率渠工劳动。渠成后,除了浇灌各股东自己的土地之外,还为周边的一般农户浇禾,以亩计收费,立有账号,按成本、利润估算,收取水费。在联营者中,各股东或各商号的田是租来的,每年定额交租。而各家浇田,一般是按各自的田亩平均使用渠水的,即按田亩多少计时浇灌,此乃是新型企业与传统的渠水管理形式的结合。

上述灌渠皆为无坝引水,有的是引河口的"倒漾水",即回流所在;有的引"套水",即弯曲段河水;"易于引入"①。各渠多受黄河、五加河等的宣泄畅通与否的影响,河水涨时,可多引水,灌溉也多;河水低落时,则渠水不足,引溉也少。黄河涨水有季节性,从清明到立冬,先后涨发六个时期,几个涨水期共计一百多天。其中,清明前后涨发之水多含碱,不宜多灌,冬水夹冰,引溉不太理想,只有立夏前后涨发之热水、夏至至立秋涨发之伏水、立秋至霜降涨发之秋水灌田较好。② 但实际上,由于土地多,渠水有限,每到涨水期,人们便抢时间引溉,无暇顾及技术性用水。

庚子赔款后,河套地区的灌溉状况发生了较大的变化,由盛转衰。光绪二十八年(1902),清政府按照山西巡抚岑春煊的提议,决定将河套各灌区收归国有,实行官屯。③ 兵部左侍郎贻谷被朝廷任命为垦务大臣,全权主持河套的放垦和灌溉事务。

---

① 参阅姚汉源:《中国水利史纲要》,水利电力出版社1987年版,第517页。
② 参考水利水电研究院:《中国水利史稿》(下册),水利电力出版社1989年1月版,第347页。
③ 第一历史档案馆:《光绪谕折汇存》,光绪二十七年九月,"朱批岑春煊奏议开垦蒙地折"。

他派西盟总办姚仁山先后动员王同春、杨义和等地商,将所有私营土地及灌渠尽数献给国家,只给地商少得可怜的赏银,贻谷用了7万多两赏银,从各商号变相掠夺"渠道四十余处"①,推行起全面的官办水利。

在河套,贻谷主张扩大渠灌面积,建立水利网络:"塞者通之,浅者深之,短者长之,干者支之,循河之故道,以畅来源,顺水之下游,以为泄处……"②,要求朝廷下拨经费。朝廷批准了贻谷的请求,令将伊克昭盟各旗的押荒银和达拉特旗的渠租银存留于原地,用于工程开销。光绪三十二至三十四年(1906—1908),贻谷以河渠工程名义开销库银33万两,加上以前的支出,共花销56万多两库平银。这些经费银没有用到实处,大多被贻谷等官僚中饱私囊,河渠渐次淤塞,灌区日益缩小。光绪三十四年(1908),山西归化城副都统文哲珲参奏贻谷舞弊,朝廷马上把贻谷、姚仁山等"革职查办"。并派出信勤继任垦务大臣兼绥远城将军,此人乃昏庸之辈,无所作为,致渠道淤堵日益严重,水政更加废弛,宣告了河套地方官办水利的彻底失败。

按说,由国家管理河套水利,便于通盘筹划,统一安排和调配渠灌活动,可以消除黄河左右岸各商号(包括联合商号)分裂割据,纷争渠地、渠水的局面,可惜那时因吏治腐败之故,未能真正发挥官办之优势。朝廷对这一带的垦务、渠务的监督查察不够,对贪污浪费和危害渠务的行为没有预防和及时阻止,更没有完善的制度保障渠务的正常进行。从事工作也差,所用之人皆无水利知识,糊涂应付。同时,水政战略有错误,贻谷、姚仁山没有处理好民族关系,使得"败坏边局,欺蒙巧取,蒙民怨恨"③。并且,贻谷、姚仁山与水利专家王同春关系不和,影响了王的才能发挥。上述种种,皆是导致官办渠务失败的重要原因。

加之,清政府经办河套水利的动机不良,于渠务危害极大。各种史料表明,清廷在河套推行水政的目的,主要是为了获取利润,解决财政困难,并没有把为地方民众举办公益事业作为经营灌渠的原则。因此,首先用掠夺的手段夺收商民灌渠,即用一小部分赏银诱逼大量固定资产到手。随之用库银修渠小试失败后,便接着于宣统三年(1911)将河渠工程的修浚负担推给了百姓④,让百姓出资出力,而由国家获取利润。这种倒行逆施之举,既加重了官民矛盾,妨碍了人们对水利建设的积极性,又使统治者本身失去了执行农业经济发展不可缺少的统领性的公共职能;不但不能督导人民兴农,反而成了百姓开发水资源发展农业生产的阻力。

(三)

到了民国,中央政府按照总统袁世凯之意,再搞绥远屯垦和水利建设,成立绥远

---

① 第一历史档案馆:《军机处奏折录付》,民族类88号,《贻谷亲供》二。
② 第一历史档案馆:《钦差垦务大臣》全宗,第153卷。
③ 参阅陈耳东:《河套灌区水利简史》,水利电力出版社1988年版,第101页。
④ 档案:甘云鹏《调查归绥垦务报告书》。

垦务总局,整顿渠务。当时的放垦土地达到了300万亩,但水利设施跟不上要求,严重地牵制了粮食生产的发展。为了加强绥远政区的水利建设,民国十七年(1928),于绥远垦务总局内增设了渠利科,继之又在五原县设立了包西各渠水利局,专门负责管理渠务。

北洋军阀政府完全继承了晚清的河渠经管办法,只顾榨取,不愿投资,倒行逆施。使得渠道淤浅,无人挑浚,官办水利很快出现了危机。于是垦务局又决定将灌渠改为民间挖修,以转嫁负担。从民国二年(1913)开始,先后招商民承包灌渠。先让商人王景承包义和渠和沙河渠;继之由张林泉、王在林等五家商人集股承包丰济渠;地商郭子常承包通济渠;官僚于自信承包长济渠和塔布渠。另外,由地商杨茂林承包了永济渠,包期限三年,每年向国家的绥远垦务局交纳1.3万两包租银,剩余收益归杨家。民国九年(1920),担任绥远都统的北洋直系军阀蔡成勋部的旅长杨以来看到承包河渠有利可图,"便乘机假借商人名义,组织灌田公社,强行统包八渠,但灌田公社的负责人不懂水利,光知征收水租,不投资修渠……'贪利忘公,渠道废坏无遗'……例如永济渠在灌田公社包租五年后,下游被淹成水湖;而且依仗权势拒不(向垦务局)交纳租金,地方受害过巨,遂请地方政府救济。义和、沙河、通济、塔布等等渠均一一淤塞,灌溉面积锐减"①。

并且,灌田公社还让军方在长济渠灌区连续三年种鸦片,用渠水育毒,玷污水政。军方如此控制垦务、渠务,造成极坏影响。② 民国十二年(1923),直系军阀蔡、杨调驻江西后,河套水利仍然没有摆脱受军方控制的局面,新任绥远都统虽然将"八大干渠"收回来,决定重新安排,但为了照顾蔡、杨的情面,就地划分势力范围,除了由王同春等人的汇源公司承包沙河、永济、义和、刚目、丰济各灌渠外,又允许以原灌田公社原班人马为主的所谓兴农社承包了塔布、通济、长济三条干渠,形成了两大官商集团分割灌渠权益的状态。

以上局面维持时间较短,民国十三年(1924),冯玉祥的部队来到绥远,马上控制了当地形势,撤换了绥远都统,掌管了河套垦务和渠务。撤销了从前的西盟水利总局,建立包西水利总局③,委任第八混成旅旅长石友三为该局总办,聘任王同春为绥西水利总工程师。将官商承包之灌渠全部收回,再次实行官办水利。可是由于政府不投资水利,河渠日渐淤塞,水利建设停滞不前。

由于军界、政界连续干预,八大干渠之经营屡屡失败。其主要原因是:政权更迭,地方受扰;军阀混战,民不聊生。经营灌渠的官商只顾及时获利,竭泽而渔,没有长远打算,随时准备抽走资金,转移实力。所以,一般不会较多地投资水利工程,只是临时混事,致使水利灌溉日益荒废。因为这些官商都与政界、军界有着较多的联

① 参阅陈耳东:《河套灌区水利简史》,水利电力出版社1988年版,第105—107页。
② 见孙翊刚、李渭清编:《中国财政史参考资料》,中国广播电视大学出版社1984年11月版,第552页。
③ 顾颉刚:《王同春开发河套记》,《史地周刊》1934年12月第15期。

系，他们往往是随着某一个政治派别的势力而起而落，并随其而留而去，故他们不能安心经营，没有稳定性的措施，没有主人翁的建设态度。

相反，这个时期受军、政影响较小的地带，在河渠灌溉方面还是取得了一些成绩。如在八大干渠的西面，民国十一年(1922)民间集资开挖了一条长达143里黄土拉亥渠，常年灌溉达拉特旗农田25万亩。① 民国十六年(1927)，由地商杨茂林兄弟集资开凿杨家河渠，渠口与乌拉河口毗连，西北流入五加河，渠长200里，当时可浇禾近20万亩②。另外，德和泉、海盛魁、兴盛成等商号和王同春、范三喜等商人集资开挖了三大股渠、新皂火渠、西大渠等灌渠，还修浚旧渠，创立新的吸水法，调整坡度，新挖渠口，校正输水、退水路线，成效较为显著。这些地商受官办水利的影响少，他们在军界、政界没有根基，只能立足于民间，较少转移阵地的打算，所以能够在动乱政局之下相对地继续发挥水利建设的积极作用。

国民政府开始的十年间(1928—1938)，河套地区一直为军阀阎锡山的统治范围。河套水利成了绥远省建设厅管辖的一项重要内容。首先由厅长冯曦等人负责整顿渠务，将当地所有渠道划归"地方人民合组水利公社"，听其自行经理。对所有灌渠施行官督民修、政府贷款扶助之法，鼓励民间私开灌渠。③ 这种体制在当时具有一定的适应性，大的灌渠都得到普遍性的整修，特别是永济、通济、丰济各大渠在山西银行的贷款补助下进行了彻底挑浚，这比晚清政府单纯的行政命令显然要好些。阎锡山主张各行各业投资水利，将社会诸方面的闲散资金集中于当地水资源开发活动的倡言也是可以肯定的，他的号召曾产生了积极的作用：使私开灌渠逐渐增多，新增灌田面积十几万亩，出现了一个"水利中兴"之新局面。④

蒋、阎、冯战争后，阎锡山委任王靖国、傅作义负责河套垦务。绥远省政府主席傅作义强调垦务以水利为先，并调用了一些留美留法的水利科技人员，推广和应用水文技术与测量、设计等近代化技术，设立水利试验场，进行水利工程的示范性工作。同时，还鼓励当地发明创造，提倡和推行典型经验。在此形势下，河套地区"创建了草闸工程，用以挡水和调水。先在永济河和杨家河上试建，后来逐渐在全河套灌区推广。草闸是就地取材和施工简易的临时水工建筑形式。在没有钢筋水泥的条件下，草木之力发挥了大作用，为改进河套灌区水利设施暂时找到了合适的技术方法"⑤。这是河套水利发展史上正式运用近代科学技术的开始，具有划时代的意义，此乃是对晚清王同春等专家以土法测量、土法施工方式的突破。

那时，河套地区之所以会出现一个"水利中兴"的新局面，其主要原因是：阎锡山

①　参阅王喆：《后套渠道开浚沿革》，《禹贡》半月刊，1937年7月第7卷，第8—9期，第123—151页。
②　参见《创修杨家河渠纪事始末》，见(民国)王文墀修《临河县志》卷中《纪略》，台北成文出版社1974年版。
③　参阅陈泽荣：《我国最近之灌溉事业》，《水利》1936年第1卷4期。
④　参考李仪祉：《西北水利问题》，内部文献，第190页。
⑤　陈耳东：《河套灌区水利简史》，水利电力出版社1988年版，第109页。

的部队开进河套,扫除杂牌军,清剿土匪,使当地形势长期相对稳定,为水利建设提供了一个良好的客观条件。同时,绥远省建设厅长冯曦等人主持改革水政,整顿机构,统一事权,消除从前"一国三公,事权不一"之弊端,改进了管理方式,促进了水利发展。但不幸的是,阎锡山在灌区种鸦片,用水田育毒,使其水利事业在很大程度上失去了光彩。

在这时期的河渠灌溉活动中,也存在着一些战略和管理上的问题:虽然水田面积不小,但缺乏防汛设备。当局只是集中人力、财力修挖渠口,疏括渠身,并贷款给水利公社大开新渠,可是所兴堤坝工程极少,使灌区的水利建设失去平衡,引水量在逐渐加大,而渠槽退水路线不畅。结果,洪涝灾害频频发生,农田和居民房舍不断遭淹。严酷的现实提醒人们:搞水利建设要统筹全局,防止片面。

抗日战争时期,由于侵华日军的践踏和当地军民的火攻、水攻活动,使河套地区的水利建设遭受到了很大程度的破坏。战后,绥远省政府极力整顿水政,着手恢复渠灌工程。1943年7月,当局将绥西水利局改组为绥西行政督察专员公署水利管理处,下设黄济等三个水管局,对五源、晏江等县管局进行督导。在一些具有大干渠的地方,还设立县水利科,取消原来的办事处。"基层水利机构在数量上也有一些变化:各局共下设事务所2个,乌加河水利社3个,乌梁素海堤公会1个,支渠委员会24个,共有水利职工122人,渠巡549人,勤杂人员21名,民选经理及委员164人。"①这样,全面改革了水政机构,下放实权,加强了对工程实地的业务管理。

颁布和推行水利法规。自从1942年7月国民政府颁布了《水利法》和《水利法施行细则》两个重要文件后,河套的水利活动有了经制。以这两个纲领性文件为依据,绥远省政府又进一步订立了地方性的法规:《绥西水利局三十一年度各渠民户以粮助工奖励暂行办法》《绥远省水利事业工、料管理暂行办法》等。这些洗涤剂法规对河渠治理具有很强的适应性,当地人民在抗战期间和以后的渠务活动中,遵循以上水利章程,开发了有理、有利、有节的施工建设。②

(四)

中华人民共和国成立以后,党中央和国务院着手恢复和建设农业经济,明确提出了"水利是农业的命脉"之口号,将水利工作置于"农业八字宪法"之首位,充分表现了党和国家对农田水利的深刻认识和高度重视。

自20世纪50年代起,全国各地开展了持久不断的兴修水利的热潮,特别是在河套地区,广大人民在党和政府的领导下,筑堤堰、开沟洫,大搞水利建设。首先修复和扩建旧灌渠、整修旧工程。在整个绥远省内修复草闸73座、草土坝300多个。随之以多种手段进行了多种类型的多方面的水利工程建设,具有系统性、完整性和

---

① 陈耳东:《河套灌区水利简史》,水利电力出版社1988年版,第141页。
② 参阅王荣科:《绥远后套调查》,《行政院水利委员会月刊》1945年2卷1期。

综合性。从 1949 年到 1985 年,达拉特旗人民建成塘坝 108 座,中小型水库 4 座,灌排涵闸 35 座,机电井 7305 眼,总装机容量 2.8 万千瓦;机电提灌站 39 处,装机容量为 1239.7 千瓦;建成 3 个防洪圈和 1 条防洪线,全旗防洪工程的排水面积达 9 万亩,引水扬水工程的有效灌溉面积达 65 万亩。① 从 1950 到 1979 年,榆林县人民连续建成 60 余座小型水库;兴开榆东渠、三岔湾渠、定三渠、红海渠、西沙渠等骨干输水工程;建成抽水站 300 多处;配套机井 1000 多眼;增加水浇地 32 万多亩。② 杭锦旗、横山、府谷、靖边等县的水利建设都分别取得了很大成绩,不仅是灌溉面积在成倍增长,而且各县旗皆采取了新的兴筑措施和建设方式,将河套的水利事业推向一个较高的发展阶段。

显然,新中国的河套农田水利建设活动与新中国成立前相比,发生了质的变化。一反以前单一的渠灌形式,代之以多元化多类型的新格局、新形势,从治水防汛、灌溉、水土保持等各个方面进行综合治理。从前堤坝建得少,拦洪能力差;退水设施简单,疏导条件不足;只顾排灌,忽视治水,常有漂淹之患。新中国成立后,当地政府和人民针对水患问题,实行了引溉与治水一起抓的办法,大搞坝地工程。在达拉特旗搞了孔兑防洪工程、河道险工裁弯工程等。在准格尔、伊金霍洛、横山、清水河等处,开挖退水壕沟,使防洪排涝与引灌田禾配套进行。从水利战略上讲,逐渐走向完善。并且,在工程上使用了汽车、推土机等现代化工具,实行了钢筋混凝土等先进的施工手段,使用了炸药、雷管、铅丝等新器材及无线电台等先进设备,以全新的姿态和阵容去工作。

就灌溉方面讲,也改变了新中国成立前很单调的开渠引水之状态,除了渠道灌溉之外,还搞了渡槽输水、井灌、喷灌、电力提水溉田以及用池塘水库蓄水工程浇禾等形式。工程规模大,机械化程度高。如:1956 年榆林县人民在红石峡渠上创设铁桶渡槽,气势宏伟,第二年又加高普渡桥,建成长 30 米、跨度 3.8 米的两孔桥涵式渡槽。后于 1963 年春,于桥北再建跨度 4 米的四孔涵洞渡槽,继之又将渡槽加宽 0.8 米、加高 0.5 米。动搬土石 3200 多立方米,灌溉农田 4000 多亩。③ 在提水灌溉方面,伊、达、清、东、横等各地都江堰市搞得不错。其中达拉特旗的贾家河头扬水站是值得特别一提的。该站为一级电力扬水站,位于德胜太乡乔来圪旦村的黄河畔。1970 年,德胜营子等三个大队集资筹建,由旗水利工作队设计,安装 16 英寸混流泵 5 台,3 英寸离心泵 4 台,第二年竣工。出水池最高水位 1002.9 米,最低水位 1002.1 米,扬程 5.9 米高,当年有乔来圪旦等村的 1.3 农田受益。④ 两年后陆续有东坝、庆义厚、西社等 15 座二级扬水站建成,灌溉面积进一步扩大。并且在国家的资助下,当地于 1973 年将提水形式由岸上固定式改建为浮船移动式,安装 16 英寸混流泵和 20

①④ 练志英主编:《达拉特旗水利水保志》,内蒙古人民出版社 1989 年版,第 5、91 页。

②③ 赵江主编:《榆林县水利志》,1988 年榆林报社印刷厂印行,内部资料,第 52—53、56 页。

英寸轴流泵 3 台,总装机容量 430 千瓦。1975 年国家投资 5 万元,建钢质泵船 2 只代替木船,避免了在移动中振动、倾斜等弊病。在钢泵船上装泵机容量 440 千瓦,每秒出水 2.2 立方米。常年灌溉面积保持在 2 万亩左右,最高年份可浇灌贺家圪旦、德胜太、乌兰淖、王爱召、新城之农田 3.5 万亩。[①] 以上这些新水利设施都是新中国成立前所没有的,此类具有现代科学水平的灌溉工程,从质量、性能和功效方面皆超过了以前传统的简朴工程,发挥了重要的经济作用,为国家为人民增产成千上万吨的粮食和水产品。

河套地区在新中国成立后还创造了不少水利枢纽工程,在设计、施工和运用诸方面都发挥了突出的高超的全局性作用。1958 年榆林县人民按照行署水电局的设计,在榆溪河米家园则段筑坝引水,兴建榆高枢纽工程,5 年后竣工。于榆高渠首筑起了浆砌石重力坝,长 70 米,顶宽 1.3 米,坝高 3.5 米。坝左建有 2 米宽的冲水闸 1 个,配平面钢闸版。又设两个 2 米宽的进水闸,同冲水闸连接,旁边进水,与轴坝成 40°角,配平木板闸版。冲水闸,用十吨双挺臂启闭机开关;进水闸,用五吨丝杠启闭机启封。“过坝洪峰流量,300 年一遇 0.244 万秒立方米。渠首引水段,砌石暗渠,长 329 米,隧洞长 430 米。渠道跨 6 条河,过 51 座沙丘、填 42 条沟、穿 99 道山梁,沿程兴建……倒虹 7 座、涵洞 33 座、退水 4 座、双曲拱渡槽 1 座,移动土石方 141 万立方米,国家投资 527 万元。”[②]这个雄伟的枢纽工程,既可引水溉田,又可防洪排涝,具有相当大的控制水流之能力,在 16 公里长的渠道上,起到了调节性的关键作用。如此多功能的自成体系的配套性工程,既经济实惠,又科学简便,适应性强。同样,在达拉特旗新民堡灌区,也于 1980 年建成了融溢流堰、泄洪口、分洪口、输水渠、分水建筑物与防洪设施于一体的枢纽工程。先是在哈什拉川河槽筑拦流引洪坝,再筑顺水坝及丁坝 3 道,于输水渠上挖退水壕,然后建进水闸节水闸各 1 座、桥梁 4 座,正常引水流量每秒达 80 立方米,有效灌溉面积 8.4 万亩。[③]具有泄洪防汛、引洪灌溉的双重作用。诸如此类的用现代科技方式设计和兴筑的水利枢纽工程是新中国成立后河套政府和人民的创举,是当地实行的一种空前的控水措施,如此措施,将这里的农田水利建设推向了一个新的发展阶段。

当代河套另一个水利活动特点就是防汛抗旱与水土保持一起抓,进行全面性的综合治理,更为有利地改造山河,优化环境,增产增收。当地政府针对长期以来水土流失的危害问题,根据中央政府的指示,明确地提出:治沙、治滩、治坡,减少河流的泥沙输出量,保护水土资源。这是一种非常适应形势、切中要害的水利战略方针。伊、东、横、清、神等各县旗政府依照上级的政策精神,督导民间在一些特定的规划区,植树、种草,挖鱼鳞坑、蓄水池。禁止乱砍滥伐,保护植被。同时,修梯田、培地

---

① ③ 练志英主编:《达拉特旗水利水保志》,内蒙古人民出版社 1989 年版,第 91、50 页。

② 赵江主编:《榆林县水利志》,1988 年榆林报社印刷厂印行,内部资料,第 57 页。

埂、截水沟、挑水壕,建小型水库,筑堤淤田、固沙土,进行全面系统的治理。一般主要是以流域为综合治理的场所或范畴。本地区各旗县皆分别程度不同地取得了水土保持工作的成效,在无定河、黄甫川流域搞得尤为突出:1983—1992年,无定河流域的水保治理面积达到13671.4平方公里,建成水平梯田167万亩,坝地35.81万亩,水地104.7万亩①。其中榆林地区水保治理面积12763.7平方公里,修成梯田158万亩,坝地32万亩,引洪漫地8.2万亩,治成水地101万亩,造林1220万亩,种草394万亩。② 该流域的靖边县,在综合治理过程中,取得了一些成功的经验:主要是以小流域(属于无定河水系)为单元,因害设防,以生物手段和工程手段相结合,拦泥蓄水,大搞库坝群,淤地减沙,大面积种草,稳固泥沙。同时,发展小水电,即利用坝库退水落差,修建小型水电站。并且,利用库区、池塘,搞水产养殖,多种经营。特别是在党的十一届三中全会以后,靖边、神木、达拉特等地,实行了以户承包经营的制度,谁治理、谁管理、谁受益,长期不变,允许继承,收效甚为显著。既改善了综合治理局面,又提高了农户承包者的经济收入。

简单地讲,水土保持工作的宗旨是通过控制水土流失,改造穷山恶水,为提高农业产值而创造优良条件。在榆林、横山、神木、府谷等地方,由于大量的综合治理,将坡梁地修成梯田,增加了耕地的保水、保土、保肥能力,大大地促进了农作物的生长。同时发展林草面积、兴筑淤坝,减少了河流输沙量和地面的侵蚀程度。从总体上改善了自然环境,优化了生态条件,开辟了劳动致富的新领域。

(五)

在河套地区的水利建设活动中,党和政府采取了亲自抓、放手搞,充分依靠人民群众的力量,最大限度地给予扶持和帮助的政策,这是非常正确的和必要的。在各旗县兴办的所有大中型水利、水电工程中,主要经费出自国库,如榆林南郊抽水站国家投资211万元;榆高渠工程国家投资527万元;达拉特新民堡灌区国家投资331万元……民间自筹少部分资金补给。③有许多的工程是国家出钱,群众出力,也有的是国家直接经营,为百姓为人民改良土地。如此以国家重大财力发展水利,为民造福是以前历代社会所没有的事,表明了新中国政权的人民性,至此才真正有了大规模兴建水利工程的可能性。

同时各旗县利用人民公社的"一大二公"性,搞水利工程的"大兵团"作战,甚至搞几个县的大联合劳动,也是具有很大适应性的。尽管在人民公社时期,搞了其他方面的一般性的平调,于一定程度上伤害了人们的生产积极性,但是搞大水利工程方面的联合行动则是必要的,也是成功的。如达拉特的八大孔兑建设和榆林的西沙

---

① 1994年陕西省水利厅水保局统计数字。

②③ 参阅赵江主编:《榆林县水利志》,1988年榆林报社印刷厂印行,内部资料,第57页;练志英主编:《达拉特旗水利水保志》,内蒙古人民出版社1989年版,第73页。

渠工程等很多水利活动都证明了这一点。计划经济时代,大水利工程最需要这种大范围的人力、财力方面的集中优势之条件。

党和国家政府设立完整系统的领导、管理机构:中央有水利部,涉及河套水利的各省有水利厅、水土保持厅,各行署、县设立水利局和水土保持局,有力地督导和组织广大人民进行水利建设。各水利部门都有专门的水利科技队伍,帮助和指导各处测量、设计、施工,配合得当。群众办水利,需要解决的最大困难问题就是经费和科技人才的缺乏,国家能出面组织和主持承担这两个领域的工作则是非常正确的壮举。新中国成立后的四十多年中,该地区各旗县的大中型水建工程的技术力量都是由国家培养和提供的,并且还统一组织供应了一些技术性指标较强的器材、物料,诸如水泥、钢材、炸药、雷管、导火线、化肥、电线、水泵、电机、输水管、树苗、草籽等,督导较强,管理较有力。

总之,新中国成立后,从中央到地方都在认真抓河套地区的水建工作,思想明确,决心大,投入的力量大,所产生的效益当然也相对大。

但是,在几十年来的水建活动中,也逐渐发现了一些有待解决的问题和可记取的教训。首先:在1958年前后由于受"大跃进"的政治影响,河套的水利建设出现了冒进,于榆林、神木、府谷、清水河各地搞了一些不切实际、好大喜功、未得实效的工程,如神木县的阎家堡电灌站和榆林红峡输水工程,投资大,耗能多,旋建即毁,有劳民伤财之嫌。[①]"文革"期间,又"想大的,干大的",先后在河曲等地建引黄大坝、悬沟大坝,完全失败;榆林的姬家坡电灌站,也是在"左"的思潮的干扰下赶速度,不顾质量,结果因效益差而滞用。[②]皆是因革命热情与科学态度没有结合所致。

第二,只重视工程上马、交工,而不重视工程的维持、发展和运转效果。一些县旗的农业领导干部和水建主持负责人喜欢上项目、摆成果,而忽视工程结束后的合理使用、维修、巩固等方面的科学管理,从而出现了一些中看不中用的工程,即造成工程使用寿命短、效益差之后果。

第三,未能系统、完整地运用科技手段进行水利建设活动,存在着片面性和脱节性。在神、榆、靖、准、达地方,有些工程设计图纸较为科学,但施工不合理;有时虽然施工程序、技术达标,但选用材料不过关;有时工程兴筑没有问题,而是设计水平、设计指标低,诸如此类缘由造成工程的失败和半失败。也有的时候是工程建筑好,但适用性不强、效益低,问题出在宏观控制不力,对形势估计不足,或是勘探有误差。说明在科学的系统性和科技程序的连接上还有待提高。

第四,管理不够。在无定河的治理中,出现耗资过大,技术力量分散、工程不定式(屡变屡改),拖延过长的现象,也有挪用大量水利资金,严重影响工程者。原因是管理不科学不认真不严格。

①　杨和春主编:《神木县志》,经济日报出版社1990年版,第147页。
②　赵江主编:《榆林县水利志》,1988年榆林报社印刷厂印行,内部资料,第73页。

第五,缺乏统筹安排,没有总体合理的布局。"过去在治理上没有统一规……致使(神木等县)治理措施单一。除重点流域外,其余都没有过按流域、山系统一规划、布置,这架山上种草,那条沟里打坝,使工程、草林发挥不了群体作用,开不成防护总体,很难起到拦泥、蓄水作用,管理(起来)也极不方便。"①

不过,就整体上讲,河套的水利事业是很有发展前途的。今后应不断总结经验,纠正错误和缺点,以便更好地推进水利建设工作。

首先要慎重、认真地对待客观问题,尤其是地质、地理气候、经济条件问题,多做可行性研究,做好可行性方案,去掉浮夸,注重实效。

同时要加强管理,严堵漏洞,清除积弊。特别是要加强对科技工作的领导,加强不同环节和不同岗位的联系,促进水利工作的整体发展。

不断地探索、研究新问题,总结新经验;引进先进设备和技术,增大设计指标,提高使用器材的强度、适度和综合效应。

把各个阶段的重点工作、中心任务连接起来,发挥多方位、多部门、多因素的积极作用和持久性影响,避免常搞孤立性的中心工作而形成一阵风,失去连续性。

要继续推广河套地区特别是榆林、府谷、神木、达拉特的小流域治理的先进经验,进一步完善责任制,充分调动广大人民群众的劳动积极性。

---

① 杨和春主编:《神木县志》,经济日报出版社1990年版,第145页。

试论清代山东运河补给与
沿岸灌田对水源的争夺

曹志敏[①]

元、明、清三代定都北京,为保证首都粮食、物资的供应,贯通南北的大运河成为帝国经济生命线。元代开挖从济宁到安山的济州河,沟通泗水和济水,后又开挖会通河,从安山经聊城至临清入卫运河,这样,大运河的山东段形成。至明清时期,政府再对各河段加以调整疏浚,使运道更为完善。山东济宁一带由于地势高亢,加上受气候条件的影响,降雨量的年际、年内分布极不均匀,水旱灾害频繁发生,致使运河水源补给困难重重。为了保证运河补给水源,明清两代采取各种人工措施,如引汶会泗、引泉济运,南北分水,设置水柜和斗门调蓄水量等,试图将运河沿岸的河流、湖泊、山泉等水源尽最大可能纳入运河体系,处处引水济运,造成水系混乱,洪涝灾害严重。同时,为了保障运河用水,限制沿岸农民引水灌溉农田,严重影响了当地农业生产的发展。本文对此一问题进行了初步探讨。

一、建立闸坝水柜保障运河补给

山东运河起于元代。至元年间在汶水罡城附近筑罡城坝以遏制汶水下流,在汶河右岸建黑风口斗门,引汶水入府河济运。明代宋礼采用汶上老人白英的建议,在汶河罡城坝以下,建立戴村坝,横遏汶水南流汇入会通河,至水脊南旺分水,将四分水使之南流徐州,补给运河,六分水使之北流到达临清,补给运河。南旺为山东运河地势最高之地,自南旺向北到临清 300 里,地势下降 90 尺;自南旺向南至镇口(今徐州北)390 里,地势下降 116 尺,由于地势高低不平,运河上建立一系列水闸控制水量,调节运河之水的丰枯。当然,随着运道、河流的不断变迁,闸坝也不断增添或废弃。

关于山东运河的补给水源,按照陆耀《山东运河备览》所载,有汶水、泗水、沂水、洸水、济水五河,而事实上运河主要依赖汶水、泗水补给,因为沂水在沂州境内入江南运河,入山东运河水量甚为微弱;洸水是汶水支流,自罡城坝修筑后就无法入运,济水以流经定陶、东阿至利津入海为主,补给运河的水量也有限。而济宁、兖州、沂

---

① 作者简介:曹志敏,女,天津师范大学历史文化学院讲师,研究方向为清代水利社会史及思想文化史。

州、泰安等 17 州县可以用来补给运河的泉源，明代潘季驯《河防一览》记载约有 250 泉，至乾隆年间《山东运河备览》记载，则有 478 泉之多，①可见清代对于泉水济运的管理，更为细密严厉。朝廷对泉源管理非常重视，明、清两代每泉都设有泉官、泉夫，对泉水进行严格管理，不许民间偷截泉水进行灌溉。为了保障运河蓄水，明清两代还建立堰、闸、坝、水柜和水壑等水上建筑物，可以壅水、引水、蓄水与泄水，形成比较完整的水利工程体系。

其中最为重要的蓄水设施，即是水柜的建立。所谓水柜，正如《清史稿·河渠志》所说："山东蓄水济运，有南旺、马踏、蜀山、安山、马场、昭阳、独山、微山、郁山等湖，水涨则引河水入湖，涸则引湖水入漕，随时收蓄，供应运河，古人名曰'水柜'。"②清代的水柜相当于现代的水库，主要是利用天然湖泊进行蓄水。事实上，以当时的技术条件，同一水柜很难做到蓄泄兼得，因为"夫可柜者，湖高于河，不可柜者，河高于湖"③。作为水柜的泉湖，只有在水位高于运河的情况下才能用于蓄水。当时用于宣泄过多洪水的应是斗门。

清代用于调蓄山东运河水量的主要湖泊，济宁以北有安山、南旺、马踏、蜀山、马场等五湖，至清代，安山湖由于水源缺乏，湖底淤高，经过人为农田垦殖，渐成平陆。雍正年间，有人倡议恢复安山湖水柜，但终因水无来源，天旱时湖水先已枯竭，涓滴不能济运而作罢。至乾隆年间，济宁以北补给运河的只有马踏湖。而济宁以南有南阳、独山、昭阳、微山四湖，因尾闾受黄河河床淤高的影响，宣泄不畅，加上来水不断增加，湖底也不断抬高，遂使湖区向四周扩展，淹没了大片良田，变陆为湖。

二、以法律保障运河优先用水

山东运河补水困难，因此朝廷之意，就是最大限度利用河、泉之水，但是由于种种原因，泉水枯竭减少亦在所难免，因此地方官不敢轻易上报新泉，免得因疏浚不利招致处分。对此嘉庆帝批评说："山东运河，全赖泉源接济，汶、泗之间，出泉处所本多。闻地方官因恐报出新泉，越时衰涸，致干吏议，往往隐匿不肯造册送验。莫若量为变通，如该州县境内，报出泉源，不认真疏瀹，任听淤塞，自应加以惩处。若实系源流涸竭，该管上司查验明确，准予宽免处分。庶地方官无所畏忌，探有新泉，即行呈报，可广收挹注之益。"④由此可见，清代对于补给运河的泉水管理，是相当严格的。为鼓励地方官查验呈报新泉，嘉庆帝决定对于泉水枯竭问题，应分别情况加以处理。事实上，明、清两代几乎把鲁中山地西侧的泉源，全都纳入了运河体系，但山东运河苦于水源缺乏的问题，始终没有根本解决。为了保障运河补给优先用水，清代颁布

---

① （清）陆耀：《山东运河备览》卷首《泉河总图》，《故宫珍本丛刊》第 234 册，海南出版社 2001 年版。
② （清）赵尔巽等撰：《清史稿·河渠二》，《运河》，中华书局 1998 年版。
③ （明）万恭：《治水筌蹄》卷下，水利电力出版社 1985 年版，第 145 页。
④ 《清仁宗实录》卷三百三十九，嘉庆二十三年二月，中华书局 1985 年版。

了一系列法令法规。

为了保障水柜蓄水济运,清廷进行专门立法,严禁民人盗决水柜及临运大堤。如嘉庆年间曾对此进行详细规定:"故决盗决山东南旺湖,沛县昭阳湖、蜀山湖、安山积水湖,扬州高宝湖,淮安高家堰、柳浦湾及徐邳上下滨河一带各堤岸,并河南、山东临河大堤,及盗决格月等堤。如但经故盗决,尚未过水者,首犯先于工次枷号一月,发边远充军。其已经过水,尚未浸损漂没他人田庐财物者,首犯枷号两月,发极边烟瘴充军。既经过水,又复浸损漂没他人田庐财物者,首犯枷号三月,实发云贵两广极边烟瘴充军。因而杀伤人者,照故杀伤问拟,从犯均先于工次枷号一月,各减首犯罪一等。其阻绝山东泰山等处泉源,有干漕河禁例,军民俱发近边充军。闸官人等,用草卷阁闸板,盗泄水利,串同取财,犯该徒罪以上,亦发近边充军。"①山东运河沿岸居民盗决水柜,多非奸民故意破坏,而是需要引水灌溉,但在皇帝看来则是破坏运河,有干漕运国计,因此对故决、盗决南旺、昭阳、蜀山、安山积水等湖,并阻绝山东泰安等处泉源,有干漕河禁例者,不论军民,一概发配烟瘴之地充军。

此外,清廷明确规定,山东、河南、直隶等地水源,要优先保障运河用水,不得随意灌溉农田。顺治十七年(1660)春夏之交,由于卫水微弱,运河浅涩,于是河臣修筑堤堰,阻塞漳河分溉民田之水,以使漳河入卫济运。康熙五年(1666),粮艘北行处处阻浅,原因在于近年以来山东安山湖、马踏湖周边靠近湖泉的土地,多被土豪兼并,他们或阻碍水渠,而不使湖泉进入运河,或盗决河岸,使湖泉只能灌田而不能济漕,以致水柜水量日益减少,泉源日益阻塞。因此漕运总督林起龙上疏,请求朝廷敕令河道总督亲自勘察,"诸湖曾否收水,水柜果否成田,柜闸有无堵塞,子堤曾否修筑,斗门是否填闭,堤岸有无废缺,诸泉果否开浚,务期浚泉清湖、深通河道"②。在济运与灌田用水每每发生冲突的情况下,康熙三十年(1691)规定,在雨水充足的情况下,每年三月初至五月末堵塞涵洞,使河泉入卫济漕,但仍留余水灌田;若是亢旱之年,则三日放水济运,一日塞口灌田。雍正二年(1724)对此禁令重新加以申饬,以保障运河用水。

乾隆二年(1737)五月,山东降雨稀少,致使运河水浅,粮船不能衔尾而进,而临清以北更多阻滞。事实上,临清以北全赖卫水汇合汶水济运,而卫水发源于河南卫辉府,至临清长达五百余里,居民往往私自泄水灌溉,因此每年五月初一,将所有渠口尽行堵闭,使卫水全归运河补给。但是乾隆帝担心日久法令废弛,致使卫水来源减少,因此谕令直隶、河南督抚:"(卫水)小民不无偷放,遂致运河水势,长落不时,重运艰于北上。目前正当紧要之时,所当稽查严禁者,著直隶河南督抚速行办理,务

---

① (光绪朝)《钦定大清会典事例》卷八百五十四《刑部·工律河防》,《续修四库全书》本,上海古籍出版社1995年版。

② 《清圣祖实录》卷十八,康熙五年春正月,中华书局1985年版。

使卫水不致旁洩,粮运遄行无阻。"①

山东省大小各河的干流支流附近,村市毗连,人民稠密,朝廷谕令地方官,劝谕居民在河上搭盖木桥,以便行走,不许村民在河中填垫路埂,不许私种芦苇、捕鱼种藕等等,以免壅塞水道。乾隆二十三年(1758),朝廷下令,每年汛期过后,逐一进行查勘,"如有浅阻梗塞之处,即督率民夫挑浚深通,年终出结存案。如失时不治者,将该管官照紧要堤桥不行豫修例,罚俸一年,兼辖官罚俸六月"②。由此可见,朝廷为了漕运大计,对山东大小河流管制极为严格,任何有碍河流通畅的都坚决制止,甚至不许农民在附近种植芦苇、种藕捕鱼。

三、民田灌溉与泉河济运对水源的争夺

水柜的设置,是为了收蓄河湖之水以备运河补给。当然,在水源充足的情况下,农民引水灌田也无可厚非。但是滨水之民往往贪利占田,将水柜尽变为民田。"以致潦则水无所归,泛滥为灾;旱则水无所积,运河龟坼,大为公私之害。"③不仅山东微山诸湖如此,淮北的射阳湖,江南的开家湖,皆为运河水柜,但周围农民围湖垦田,而地方官尽行纳税升科。事实上,这只是事情的一方面而已,清代治河的主要目的,是为了通运保漕,在大雨连绵的汛期,为了保障运堤不致溃决,河臣往往不顾周围农田庐舍的淹浸,大开减水闸泄洪;而在干旱少雨时,不顾农田需水的事实,往往闭闸不许农民灌田,造成民田灌溉与运河补给对水源的争夺。

在传统社会,农业是立国之本,而引水灌溉则是农业生产的命脉。历代皇帝都自称爱民重农,但在运河畅通与漕运大计面前,都变得苍白无力。山东运河沿岸本来湖泉众多,开沟洫引水灌溉应为理所当然之事。如滕县在元朝时,河湖之水可资灌溉,"有稻堰,称饶给。明朝十八泉则一切规以济漕,行水者奉法为厉,即田夫牵牛饮其流亦从而夺其牛矣"④。明代为了济运,百姓饮牛尚且不能,引水灌溉更为厉禁。至清代,即使雄才大略的英明之主康熙帝,也严禁沿河居民开垦稻田。康熙六十年(1721)夏四月,康熙帝谕令九卿:"山东运河,全赖众泉灌注微山诸湖,以济漕运。今山东多开稻田,截湖水上流之泉,以资灌溉,上流既截,湖中自然水浅、安能济运……地方官未知水之源流,一任民间截水灌田,以为爱恤百姓,不知漕运实因此而误也。若不许民间偷截泉水,则湖水易足,湖水既足,自能济运矣。"⑤由此可见,为了运河补给,山东运河沿岸的农民多开稻田,引泉水灌溉也成为不识时务之举,而地方官对截水灌田的农民不加阻止,即是不知漕运大局的昏聩渎职之举。康熙帝这一

---

① ② 《钦定大清会典事例》卷九百十九,《工部·河工禁令二》。

③ (清)郑元庆:《民田侵占水柜议》,贺长龄、魏源:《皇朝经世文编》卷一百四,《魏源全集》第18册,岳麓书社2004年版,第581页。

④ (清)王政:《道光滕县志》(清刊本)卷三《山川》,《中国地方志集成》本,凤凰出版社2006年版。

⑤ 《圣祖实录》卷二百九十二,康熙六十年夏四月。

最高指示,多年来被地方官无条件地执行着。

乾隆六十年(1795),某济宁道曾向山东巡抚李树德建议,认为彭口一带有昭阳湖、微山湖与西湖,喷沙积淤在三洞桥内,屡次开挖屡次阻塞,造成粮艘航行困难,因此建议挑挖新河以避喷沙,疏通运道。因此李树德上疏请求开挖彭口新河。而乾隆帝敏锐地意识到问题症结所在:"山东运河,全赖湖、泉济运。今多开稻田,截上流以资灌溉,湖水自然无所蓄潴,安能济运?往年东民欲开新河,朕恐下流泛滥,禁而弗许。今又请开新河,此地一面为微山湖,一面为峄县诸山,更从何处开凿耶?"①在乾隆帝看来,泉水减少,运河淤浅,根本原因在于百姓多开稻田,截留水源进行灌溉,所谓开挑彭口新河,根本无处开挑。因此谕令河督张鹏翮到山东,申饬地方官吏相度泉源,蓄积湖水,以使漕运无误。

嘉庆十四年(1809),嘉庆帝恭阅《圣祖仁皇帝实录》,对康熙帝申饬山东官吏允许民间滥开稻田、影响漕运的这一做法,仍然大加赞赏,认为康熙帝"圣虑周详,熟筹利济至意",此时微山湖附近亦被民人开垦,不仅侵占湖地,势必截留上流泉水,影响运河补给。因此谕令山东巡抚吉纶会同东河总督陈凤翔,"派明干大员前往履勘,如所垦之地已经成熟者,姑听耕种外,其余未垦及已垦复荒地亩,出示严禁,毋许再行私垦。庶濒湖一带,泉流灌注,毫无阻滞,湖水愈蓄愈深,于运道方有裨益。倘此次示禁之后,仍有不遵,查明严行究办,以利漕运"②。

山东运河水源的另一问题,就是分布不均。运河自南旺以至台庄,有泗水、沂水以及彭口大泛口河,又有马场湖、独山湖、南阳湖、昭阳湖、微山湖之水,以及藤县、峄县、邹县、鱼台的泉水都可以济运;而自南旺以至临清,可以济运之水却少之又少,安山湖可以蓄水,但多被农民围湖造田,因此南运之水每每有余,而北运之水往往不足。对此间的利害,张伯行曾说:"且南旺以南鱼、沛之间,因泗水全注于南,一派汪洋,甚至济宁以南,尽被淹没。而南旺以北,东昌一带,仍苦水小,每有胶舟之患。"③也就是说,南旺以南因为运河补给水源过多,往往造成济宁一带的水灾,而以北则苦于运河无水。其中微山湖即因蓄水过多,造成周边地区的水患。

漕运属于天庾正供,是动关国计的大事,清廷对于误漕的官员处分极重。微山湖位于山东、江苏之间,是极为重要的济运水柜,湖口设有志桩。按照向来定制收水一丈二尺,足够漕船重运需水之用。河臣为了济运,往往在水柜中蓄水超过志桩规定,造成微山湖湖面迅速扩大,大片农田被淹浸,水患不断发生。康熙年间,微山湖面积只有周围百余里,而至乾隆年间已经扩大到280余里。至嘉庆二十一年(1816),由于湖底淤垫增高,河督吴璥、李亨特奏请修改定制,收水一丈三尺以外。

①　(清)赵尔巽等撰:《清史稿·河渠二》,《运河》,中华书局1998年版。

②　《仁宗实录》卷二百二十,嘉庆十四年十一月。

③　(清)张伯行:《运河源尾》,贺长龄、魏源辑:《皇朝经世文编》卷一百五,《魏源全集》第18册,第590页。

但迦河厅收水即以一丈四尺为主，以后总是有多无少，名义上说留有余以备不足，实际上则是只顾运道而不顾民生，甚至微山湖湖水贮蓄至一丈七八尺，使数州县农田没入水底。

对于微山湖蓄水过多、只顾济运不顾农田淹没的情况，嘉道时期的河督黎世序进行了尖锐的批评，他说："迦河厅但求蓄水之多，而不顾地方被淹之苦，即如蔺家山坝，原议俟湖水消至一丈六尺以内，再行堵闭。而迦河厅于湖水尚存一丈六尺以外之时，即移会铜沛厅急堵蔺坝，其有意多留湖水，实有案可凭。"①嘉道年间经世派思想家魏源，也对此进行尖锐批评，他说："山东微山诸湖为济运水柜，例蓄水丈有一尺，后加至丈有四尺，河员唯恐误运，复例外蓄至丈有六七尺，于是环湖诸州县尽为泽国。而遇旱需水之年，则又尽括七十二泉源，涓滴不容灌溉。是以山东之水，惟许害民，不许利民，旱则益旱，涝则益涝，人事实然，天则何咎？"②

道光十八年（1838），运河浅阻，朝廷采用河督栗毓美之言，暂闭临清闸，在闸外添筑九座草坝，节节收水储蓄，在韩庄闸上朱姬庄以南修筑一座拦河大坝，使上游各泉及运河南注之水，一并拦入微山湖，同时制定《收潴济运章程》。十九年，栗毓美以戴村坝卑矮，致使汶水大多旁泄，照旧制修筑增高。此时卫河浅涩难以济运，山东巡抚经额布请求变更三日济运、一日灌田之例，因此朝廷下诏，将百门泉、小丹河各官渠官闸一律畅开，使河泉之水全部用于济运，而暂时堵闭民渠民闸，不许民间灌田，如有卖水阻运、盗挖水源的，即行严惩。第二年山东运河依然浅涸少水，河督文冲上奏说："卫河需水之际，正民田待溉之时，民以食为天，断不能视田禾之枯槁，置之不问。嗣后如雨泽愆期，卫河微弱，船行稍迟，毋庸变通旧章。倘天时亢旱，粮船阻滞日久，是漕运尤重于民田，应暂闭民渠民闸，以利漕运。"③朝廷接受了这一建议。也就是说，在雨水微少，但是没有影响运河通行的情形下，河督与朝廷还是深知"民以食为天"，不需要变更三天济运、一天灌田的旧例，如果天气亢旱，虽然农田急需灌溉，但漕运当然重于民田，则关闭民渠民闸，以优先补给运河。

对于运河补给与农田灌溉的矛盾，光绪年间两江总督沈葆桢反对恢复河运，对于那种维持运河通畅可以兼收保卫民田水利的说法，进行了淋漓尽致地揭露："且民田之与运道，尤势不两立者也。兼旬不雨，民欲启涵洞以灌溉，官则必闭涵洞以养船，于是而挖堤之案起。至于河流断绝，且必夺他处泉源，引之入河，以解燃眉之急，而民田自有之水利，且输之于河，农事益不可问矣。运河势将漫溢，官不得不开减水坝以保堤，妇孺横卧坝头，哀呼求缓，官不得已，于深夜开之，而堤下民田，立成巨

---

① （清）黎世序：《论微湖蓄水过多书》，贺长龄、魏源辑：《皇朝经世文编》卷一百四，《魏源全集》第18册，第582页。

② （清）魏源：《筹漕篇下》，《古微堂外集》卷七，《魏源全集》第12册，第385页。

③ 《清宣宗实录》卷三百三十五，道光二十年六月，中华书局1985年版。

浸矣。"①

　　总之，保持运河畅通，以使东南财赋源源不断流入京师北京，以供养朝廷、官僚以及庞大的军队，是压倒一切的国家大计。保障山东运河拥有充足的水源，是维系运河畅通的重要条件，因此在运河补给与沿岸农田灌溉发生冲突的情况下，朝廷的首要着眼之处，当然是运河补给水源，而沿岸农业灌溉、地方偏灾，则是可以忽略的局部小利。所有这些严重影响了山东运河沿岸的农田灌溉和沟洫水利的发展。

---

　　①　（清）沈葆桢：《议覆河运万难修复疏》，盛康辑：《皇朝经世文续编》卷四十八《户政二十·漕运中》，沈云龙主编《近代中国史料丛刊》，（台北）文海出版社有限公司 1967 年版。

清朝庄田再认识

李三谋　冯如昌[1]

（一）

表面上看,清代初期的皇庄、官庄与明朝的皇庄、官庄是一样的,同为当权的统治集团所占有,但实质上还是有区别的。尤其是二者产生的途径、方式不同:明朝初年因战乱造成的许多荒闲土地与先后的各种"籍没"官田共同构成了明初最基本的庄田,它是禄田制度(起初用土地收入代替俸禄)得以实行的基础,含有调整经济和财政之微意,只是后来因政纪松弛——对皇亲国戚扩展庄田缺乏节制而导致失控。而清朝的庄田,主要是统治者通过极端野蛮的手段对内地的膏腴之田进行掠夺而建立的[2],显现出新政权的残暴性和与民争利的贪婪行径。清军入关后,满洲贵族为了获得土地而大规模地实施了强行圈占,到康熙初年时,由圈占而形成的皇庄、王庄、八旗官兵庄田达到一千六百多万亩(其中有些是迫民投充的)[3],地方各省的驻防庄田六百多万亩[4],并且呈现渐增之势,充分反映了清廷对八旗贵族和将领强取民间田产行为的放纵。显而易见,明清两代设立庄田的背景和途径是有差异的。

首先,由内务府负责管理的清朝皇庄,完全是靠皇帝至高无上的权利、地位之威势而取得的君主私有财产,供各宫室享用;而其他王侯贵胄庄田,则是由以皇帝为代表的整个统治集团的强势包括武力而占有的。"早在入关以前,清朝皇帝和八旗贵族官员就已经依据各自的权势、军功分别占有了数量不等的土地和人丁。这些土地除满族劳动人民垦辟的部分外,基本上都是通过历次对明王朝的战争攻伐得来的。在土地上从事种地、牧马的壮丁(奴仆、农奴),也都是被压迫的满族奴仆和被掳掠来的汉、蒙、朝鲜族的劳动人民。顺治元年入关以后,皇室和八旗贵族官员的庄园土地和壮丁则主要来自圈地和'投充'。"[5]所谓"圈地",盛行于清朝初期,就是经过皇帝

---

①　作者简介:李三谋,男,中国农业博物馆研究员。冯如昌,男,中国农业博物馆副研究员。

②　李洵:《明清史》,人民出版社1956年版,第187页。

③　(清)康熙《大清会典》卷二十一,户部5,田土2。

④　(清)王芝藻:《政典会编》卷二。

⑤　郭松义主编:《清代全史》第3卷,辽宁人民出版社1991年7月版,第294页。

的许可,由军人和官府出面进行的占夺民间田产之行为。他们把事先看中的较好的民间田舍擅自予以圈定,随之以武力驱赶原住户、原田主离开圈占区,而后将其夺来的膏腴良田分配给皇室、贵族和其他旗人。圈地的持续时间很长,从顺治初年(1644)开始到康熙二十四年(1685)才基本结束,影响非常恶劣。在此前后40多年间,强占了顺天、保定、河间、永平、遵化、易州、天津、宣化民田以及关外辽阳、铁岭、开原、盖平等处田、地、荡、畦达数千万亩,其中,直隶省(今河北省)圈占区的3600多万亩土地内,有70%被旗人占夺。所言"投充",乃是与圈地行为同时进行的霸占民间土地之举。满族统治者通过各种手段,威逼或利诱民间劳动者脱离原有户籍,投入八旗门中,充当皇庄和八旗贵族庄田的壮丁(劳动力),称为投充人。他们还往往迫使一些民户带着自己的田产——几百亩或几千亩以至上万亩土地,投入旗籍,充当庄民,被称作带地投充人,其地位略高于无地的投充者,许多人都当了八旗贵族庄田的"庄头"。那时的投充举动也主要出现在上述京畿地区及直隶省附近地方,其中投入皇庄的带地投充人,被另行划出,进行分类编制,特殊管理。大部分人被编入庄园序列,分为粮庄、银庄等;也有的未立庄,被编为蜜户、苇户等。

　　清朝庄田,就数量上讲,在开始时较少,后来到嘉庆十七年(1812)时,达到八千三百多万亩,是当时全国土地七亿八千八百万亩的百分之十一,仅皇庄一项(包括菜园、果园、瓜园)就占地130多万亩,比明朝庄田少不了多少。就其庄田的内部组织结构及其经济性质方面来说,与明代庄田相比,二者也是互有异同。

　　我们知道,在八旗庄田内部,级别最高、占地数量最大的就是内务府庄田,也称之为皇庄,它为朝廷各宫所有,是皇帝的私产。主要分布在京畿附近及山海关内外(奉天一带)。关外(盛京)庄田72所,分为四个等级,一等庄35所,二等庄10所,三等庄8所,四等庄34所。山海关附近庄田211所,一等庄66所,二等庄4所,三等庄20所,四等庄121所。喜峰口、古北口外庄田138所,皆为一等庄。归化城庄田13所。京畿庄田322所,坐落在顺天、永平、保定、河间、天津、正定、宣化各府。其中一等庄57所,二等庄16所,三等庄38所,四等庄211所,半分庄71所。每庄土地初为780亩,后至康熙二十四年(1685)以后设立之庄田,每所为1800亩,半分庄为900亩。各类皇庄土地面积颇大,共有132.72万亩①。每庄设一庄头领掌庄务,即负责招佃、征租、派役、上贡、查报收成等各项事宜。在此皇庄中,分大粮庄(纳粮庄)、纳银庄、豆秸庄、半分庄、瓜果菜园庄等各类,皆是专门供应皇室货币和粮菜食用的。这些庄田上的庄头,既是皇室委派的庄田经营管理者,又是进行封建地租剥削的二地主,他们就像中国古代和欧洲封建社会(整个中世纪)利用国有之土地——庄田以外的官田进行封建剥削的地主一样,依靠皇庄上的佃户(庄丁)所提供的剩余劳动来为自己积累财富。他们向内务府交的庄地钱粮,就像是地主收租后纳税一样,获多

---

① (清)昭梿:《啸亭杂录》卷八,内务府定制。

缴少。自康熙以后,在每所大粮庄 1800 亩的土地上,每年定额向内务府纳粮 100石,每亩平均为 5 升 5 合多(如山海关内、古北口、喜峰口外的粮庄);山海关外之纳粮庄,一所(每庄)纳粮 120 石,每亩平均为 6 升 6 合。就全部皇庄来讲,在 132 万多亩的土地上,共纳 9.5 万多石粮①,每亩皇庄土地平均纳粮 7 升。康熙五十一年(1712)规定对带头投充(带地入庄)的庄头在纳粮方面稍给优待,允许带地投入皇庄的庄头每名比领中入官地的庄头少纳 6 石粮。以上这些所纳之粮,实质上就是从地租收入中支付的赋税,与民田赋税相差不远(民田赋一般是每亩几合到一斗)。此时的官赋与庄租已经明确地成了两种经济成分了,庄头的剥削收入就是庄租与官赋的差额,即如史书所说:"庄头取租,多索而少交"②。此等庄头在山海关外的皇庄上,每亩收租粮 2 斗③,只上缴内务府 6~7 升,仅为实际庄租收入的三分之一。在关内和畿辅的皇庄上收租也很高,据清廷档案《内务府来文》所记,直隶保安州(今河北省境内)内的大粮庄(纳粮庄),每亩收租粮 6 斗至 7.2 斗,其中上缴内务府者仅为实际庄租收入的十分之一。④ 保定府等地的皇庄庄头向佃户收租,每亩 2 斗以上,且庄头们还不断增加地租,并常常把庄佃们赶出庄地,使其失去耕业。此种现象在乾隆时期尤为严,故到嘉庆五年(1800)时,清中央户部为了缓和主佃矛盾,奏请旨令禁止"旗人及内府庄头","增租夺佃"⑤。

　　此皇庄虽然是继续了明代皇庄的经济形式,但其内部结构和管理手段颇有差异。明初的皇庄与清代相比,规模稍小,种类不多(没有纳银庄、豆秸庄、瓜果菜园庄等),庄主与庄佃之间是一种简单的对应关系,基本没有出现中间剥削阶级,征收的数量基本上就是缴纳的数量,朝廷对庄田管理人员约束较严,管庄者一般未能私自留用庄租,也未敢擅自增租。特别是明朝成化六年(1470)至嘉靖二年(1523)的皇庄(此后就被取消了),出现了实质性变化:庄租很低,每亩定例征银 2 至 3 分⑥,与田税相当,属于皇室享用国家税源,即向庄农取租相当于征赋,脱离了原来的租佃范畴,皇庄的危害性逐渐消失。就总体而言,其制度相对宽松,管理较为简单,皇室与庄田上的农户基本未形成明显的利害冲突。这一点,清廷非但没有继承,反而朝着与民争利的方向走去——皇庄数目和面积随着时间的推移在逐渐增大。如在过去皇庄规模的基础上,康熙九年(1670),朝廷采用调拨官地的形式,于京城南苑增设皇庄 4 所;二十六年至三十年,先后在奉天增立皇庄 84 所;三十四年(1695)于归化城(今内蒙古呼和浩特)新建粮庄 13 所;四十五年(1706)吉林县北的打牲乌拉再开辟

---

①　(清)昭梿:《啸亭杂录》卷八,内务府定制。
②　(清)孙嘉淦:《八旗公产疏》,见(清)贺长龄、魏源:《皇朝经世文编》第 35 卷。
③　参见杨学琛:《清代的王公庄园》,《社会科学辑刊》1980 年第 2 期。
④　人民大学清史研究所:《康雍乾时期城乡人民反抗斗争资料》上册,中华书局 1979 年 8 月版,第 200页。
⑤　(清)刘锦藻:《清朝续文献通考》卷五。
⑥　李三谋:《明清财经史新探》,山西经济出版社 1990 年 5 月版,第 23、28 页。

粮庄 5 所;五十七年,在驻马口外弥陀山再建粮庄 15 所①。

而且,相比之下,清代皇帝及其内务府对皇庄管理人员的约束不严,各类庄头时常作恶多端,为害百姓,其名声远远坏于明朝皇庄的管理。户部、刑部等中央政府和地方官府,只有义务保护皇庄地亩与人丁,而没有权利进行监督和掌控。故史书记到:对于庄头们的肆虐行为,"在司畏威而不敢问,大吏徇隐而不能纠"②。人称皇庄乃是凌驾于政府之上的特殊王国。

(二)

通过前面分析可知:在清朝皇庄上,皇帝或内务府是进行封建地租剥削的大地主,庄头就是其二地主。也就是说,在纳粮皇庄上的生产形式是属于租佃制性质的,未超出传统的封建庄园经济剥削的范畴。从前人们认为,清代皇庄上的土地经济形式是以农奴制为主导地位的,这种观点不断受到质疑。近些年来有些专家学者通过对各种史料的探索和研究,得出的结论是:在皇庄的纳银庄上,其生产是租佃形式,耕种者是自由应招的佃户,没有人身的依附关系,所有纳银庄上,没有任由内务府分拨庄丁之例。③ 其后我们又通过对清朝《内务府来文》、《内务府呈稿》、《庄头处呈稿》等档案资料和《八旗通志》等相关历史文献资料的探究,发现除了纳银庄之外,在关内和畿辅的大部分纳粮庄上,也基本上存在着租佃关系,一般看不到农奴制现象,与关外情形明显不同。在这些纳粮庄上,同样是由庄头招佃(有的是圈地前的原佃户),百姓(民户)自由承租。故内务府文件讲:"查庄头等官圈地亩,系属官产,非旗人取租地亩可比,自种或招种取租当差之处,俱应听庄头自行经理。"④这就等于是庄头承包了一所皇庄,再出租给民户耕种,秋后收租粮,将其中一部分照例按定额缴给内务府。如据文献记载:内务府正白旗大粮庄庄头胡应成在乾隆五十三年(1788)承领的直隶乐亭县艾家庄一处皇庄,由圈地时的旧佃户耕种,后来又从中撤佃夺耕,留一部分佃户继续耕种,庄头自身耕种数十亩。⑤乾隆时直隶永清县大粮庄庄头胡索柱承领定兴县姚村一处纳粮庄田,先招附近村民耕种即主要同留村居民佃种,后因佃户长期欠租,而取回——土地自耕。即此庄也是由庄头自己直接招民佃种(未以朝廷名义逼民就耕),百姓自愿应招来务农⑥,不是由政府硬性分拨而来,没有人身依附关系。可见,清兵入关后,并没有把满族落后的农奴性质的生产制度移植到内地,并没有改变汉族本来的租佃形式。马克思主义认为,生产基础决定生产制度,由于前朝内地华北地方长期施行封建租佃制,如此农业生产习惯和生产内容

①　转见郭松义主编:《清代全史》第 3 卷,辽宁人民出版社 1991 年 7 月版,第 296—297 页。

②　《清圣祖实录》卷一〇三,康熙二十一年七月己酉。

③　参见刘守诒:《清代前期内务府纳银庄的几个问题》,刊于《清史研究集》第 2 辑,四川人民出版社 1982 年版。

④⑤⑥　人民大学清史研究所:《康雍乾时期城乡人民反抗斗争资料》上册,中华书局 1979 年 8 月版,第 181、185、193 页。

也就理所当然地决定了清代内地皇庄的生产关系。当时清廷只是在关外、口外少数地区实行过奴役性农业生产，农奴中大部分是满族旗人，汉人极少，皆称之为"壮丁"或"亲丁"，入旗籍。而在内地皇庄上的耕种者称之为"佃户"或"佃民"。这里的"壮丁"、"亲丁"是奴仆；"佃户"、"佃民"则属于自由民，二者是有严格区分的。如《内务府奏档》中记到，乾隆四十四年（1779）户部衙门向弘历皇帝奏称：

"臣等查乾隆九年六月内，经臣衙门具奏，口内庄头人口生齿日繁，亲丁、壮丁已至三万余名，是以庄头等除当官差养赡亲丁以外，至各名下壮丁日渐滋繁，不惟不能养赡众丁，而庄头一人，实不能约束多人，往往致起争端者不可枚举。就请除庄头等子弟，以及缘罪发遣壮丁等，毋庸置疑，其余鳏寡孤独、老幼废疾者，仍令庄头等养留，不准为民外，其余情愿为民之壮丁等，令该庄头据实呈报，该司呈明，臣等移咨户部转交州县，载入民籍，听其各谋生计。"①可见，"民"或"佃户"为普通的民户（入民籍），归地方州县管；而"壮丁"没有独立的户口，为旗籍农奴，属内务府辖领，不归地方衙门管。一般地说，在内地皇庄上，极少见有这种"壮丁"，佃耕者皆是百姓，是自由人，文献中称之为民。如在嘉兴县的姚村皇庄土地上，"向俱租于留村居民田兴承种"；同样，保安州的内务府大粮庄上，"地佃民人白生奇、王正业、郭民等"；滦州的大粮庄田，"佃民霸占……民人王玉庆等，既种地亩，即应交租……"②这样的例子很多，在档案《内务府来文》、《内务府奏稿》等书中不下上百处。

相反，在关外及绥远城等地的皇庄上的生产形式则不是纯粹的租佃制，其中还包含有农奴性质的成分，存在人身依附关系。庄田上的佃耕者没有权利或没有自由选择庄头，也没有权利选择所佃种的土地，一任内务府分拨。每庄原定壮丁（耕种者）10人（后有增加），政府给牛耕种（仅限三、四等庄）。对此，《清朝文献通考·田赋考》等书皆有详述。派入庄地的壮丁，不像民田上的佃户那样，若受不了地主的对待可以随意退佃，而他们却没有脱离庄地的自由，甚至在逃跑后还要被抓捕回来，给予惩治。③ 壮丁与庄头的关系，不是像民田上那样按主佃双方的意志缔结的契约关系，而是听凭庄头安排或摆布。壮丁甚至不能自主婚姻，要由官府出钱买来民女给予婚配，丧偶者也要由官府主持另行择配。壮丁世代为之，不得脱离农奴地位。无疑，这是一种在关外满族社会性质的基础上，与落后的农业生产力相对应的经济制度。

不过，由于受社会变迁的影响，受中原生产习俗和生产关系的影响，使这种庄田上的生产形式仅仅保持着半农奴制的生产性质：不像完全的农奴制那样允许将其壮丁与土地一起转典转卖，而是严行禁止出卖壮丁，即人身依附关系较弱——没有完

---

① ② 人民大学清史研究所：《康雍乾时期城乡人民反抗斗争资料》上册，中华书局1979年8月版，第210、181、193、200页。

③ 盛京总管内务府藏：《黑图档》，康熙五年九月文书，转见中国社会科学院历史所清史室编：《清史资料》第5辑，中华书局1984年4月版，第17页。

全依附于土地①,各庄之间,可以适当调配壮丁,不是将壮丁绝对钉在一块土地上。②并且,庄头也没有权利绝对地任意私自役使壮丁,以至内府也不直接役使壮丁,壮丁具有某种程度的一定成分的佃户属性。

在纳银庄上,承领皇庄地土的庄头,每年每亩地要定额向内务府交纳一钱一分一厘白银。至于庄头是自种还是出租庄田,内务府一概不问,只管收取额银,属于一种承包制。不过,一般是"自行情愿租给佃户……"③内务府规定对投地纳银(自己带地——献地投入皇庄,并被任命为庄头)的庄头征银稍宽,每亩令交三分银,草一束,共计五分,表示对投充者的优待。而投充的纳银庄庄头向佃户征收租银时其数额却很高,有每亩征至二三钱至四五钱银者。清代史料记载:"讯杨文业供……小的家自祖父以来租种刘宗奇家……地一顷二十亩,每年交租银二十五两,已有一百余年了……小的家种地在先,他家投充在后……"④说明此处的耕地完全是按此地变为皇庄之前的私租标准征收的,每亩地租高达二钱多银。纳银庄上的庄头就像在纳粮庄上一样,还常常私自加租,剥削庄丁。这与纳粮庄为同一经济模式,它们皆是具有两个田主的特殊租佃制:表面上田主是皇室,实际上,在皇室之外,还有一个二地主,即庄头。

上述纳粮庄、纳银庄等诸类皇庄,皆不属于清朝国家或政府所有,它与中央户部(国家财政部)无关。史称:宫室庄田"或在奉天,或在畿辅,领之内务府会计司,……不属户部"⑤,故而又称之为内务府庄田,乃为皇室友的私产。换言之,皇庄或内务府庄田,是一种不同于明代皇庄的一田二主制意义上的经济实体。

(三)

至于王公贵族官僚的庄田,其来源主要有清初皇帝赐拨地(包括圈地、封地、赐嫁地等等)、投充地、兼并和侵占的官民田地等,一般是按爵位和官职给田,另外也赐拨一些家丁田,按其人丁多寡分放。顺治二年(1645),"定给诸王贝勒贝子等大庄每所地四百二十亩至七百二十亩不等;半庄每所地二百四十亩至三百六十亩不等;园每所地六十亩至一百二十亩不等……五年定亲王给园十所,郡王给园七所,每所一百八十亩……六年定拨给官员园地:公侯伯各三顷;精奇尼哈悉各二顷四十亩;都统尚书一顷二十亩;七年定给公主园地各三百六十亩,郡主一百八十亩;又拨给亲王园地八所;郡王园地五所;贝勒园地四所"⑥。总的赏赐,共拨给宗室和勋戚庄田133.38多万亩⑦。其中,正蓝旗下最多,有53.13多万亩。另外,官员兵丁庄田

---

① ② 盛京总管内务府藏:《黑图档》,康熙五年九月文书,转见中国社会科学院历史所清史室编:《清史资料》第5辑,中华书局1984年4月版,第71、17页。

③ 第一历史档案馆藏:内府《庄头处呈稿》,嘉庆13号。

④ 第一历史档案馆藏:内府《庄头处呈稿》,嘉庆4号,嘉庆三年十一月初五日。

⑤⑥ (清)嵇璜、刘墉等:《清朝文献通考》卷五,田制。

⑦ 请参阅(清)王庆云:《石渠余纪》卷四,纪圈地,北京古籍出版社1985年2月版,第195页。

1407.2 多万亩①，受赐者为大学士、部院尚书侍郎、都御史、内务府总管、御前侍卫、各旗都统等文武官员和八旗兵丁。这些庄田分布在直隶、内蒙、山东、山西和辽东一带。如畿辅的宛平、良乡、永清、东安、武清、香河、昌平、定兴、安州、高阳、易州、河间、通州、玉田、南皮、新安、满城、天津、文安等地及山东德州、辽宁辽阳、开原、锦州、宁远、广宁、海城、铁岭、盖平、山海关等各处②。后来，于地方各省又皆换拨给官兵驻防庄田（取消原地庄田），与原占面积大体相同。同时，在王以下的各封爵、官职之府内的管庄者、仆役、家丁都是可以受拨土地的，按口计丁，每名拨给地 36 亩。③

以上这些王公贵族官僚的庄田与明初洪武时的职田（或称禄田）不同：即不是以田土代替俸薪，乃是俸禄以外的赏赐（除官兵庄田外）。并且，这些庄田上的庄主也不同于明代洪熙（1425）以后拥有特权的官庄地主——不纳国税，受封食税，享有从前食邑制意义上的某种领主待遇；④而是像民间地主一样，依制缴赋。同时，他们的庄田收入，不是像成化以后的官庄地租那样，具有国税性质，而是皇帝将庄田以私产的形式拨赐给他们，扶植他们建立起封建地主庄园经济。就像那时的民田地主一样，他们自己征租，自定租额，每年定例向政府交纳田税⑤，庄田是名义上的官田，实际上的私田。当然，也有部分庄地是作为优免田赏赐给王公贵族的，即免赋。⑥ 此为个别现象，不能反映清代王公贵族官僚庄田的经济性质或庄田的实质性问题。

我们知道，在明代，朝廷对于官庄田地是有放有收，实行阶段性处置的。先是在洪武末年收回职田，颁禄发粮；后来在正德、嘉靖、隆庆、万历各朝都分别先后制定过世次递减法（每过一代人，就减少一定数量的庄田面积），逐步收回土地（不尽数收回），收时有赐，赐时有收。相比之下，清朝则没有限田规定，有赐无收，如同私产。对于这些特殊的私有庄田，清朝中央政府基本没有采取随时掌控和阶段性处置的措施，庄田产权有长久的稳定性，对王公贵族官僚的经济利益之保护也可谓是一贯性。当然，有些王公贵族庄田也同皇庄一样，呈现不断扩张之趋势。如顺治年间，皇太极的第五子承泽郡王硕塞，所领庄田按定制仅有几万亩，继之被晋封为亲王，所得封地依照定制应在 10 万亩左右。后来到了清朝末年，他的后代庄亲王府的庄田包括马场地已经增加为 55 万亩，相当于起初的 5 倍多⑦，增长幅度是较大的，不过此类现象不太普遍。清代的王公贵族及其政府要员，除了接受皇帝赏赐土地之外，有时也以较强的经济优势在持续购买土地，或者是凭借权势对民间田产进行巧取豪夺者。在他们的庄园里，也有部分田产是汉民被迫投献而来的。

① 请参阅（清）王庆云：《石渠余纪》卷四，纪圈地，北京古籍出版社 1985 年 2 月版，第 195 页。
② （清）吴振棫：《养吉斋余录》卷一。
③ （清）嵇璜、刘墉等：《清朝文献通考》卷五，田制。
④ 参阅李三谋：《明初庄田经济的性质》，《晋阳学刊》1988 年第 4 期。
⑤ （清）乾隆《大清会典》卷七十八，盛京户部。
⑥ 参见杨学琛：《清代的王公庄园》，《社会科学辑刊》1980 年第 2 期。
⑦ 第一历史档案馆藏：《宗人府堂稿》，庄王府长史桂斌：《为呈复事》。

　　清朝王庄、官庄土地的赏赐，大都是由皇帝一次性赐拨（不包括个人自行添置的土地），没有明朝那样的奏讨之例，其制度比较简洁。明朝政府对于官庄田地是有放有收，实行阶段性处置，虽然其制度较为理想，但在实施程序上出了问题，执行得不好，往往导致因人赐田，几乎没有什么严格的禁律，秩序为乱。① 而清朝是因爵因职赐田，除了按爵位、官职一次性拨放庄田外，对于各官家、爵邸，若人丁有增时可以酌拨丁田，乃为较小程度的小范围的调整或变动。大体而言，清代的庄田赏赐虽然简单粗略，但秩序井然，其手段还是相对比较严谨的。至于后来有些清朝王公贵族庄田的扩张，则是赏赐制度以外的问题，即属于另一个方面的吏治整饬问题。

　　综合王公贵族官僚庄田的总体租佃现象看，收租数额，由少到多，呈上升之势：在征粮的官庄上，每亩庄地要求佃户交正租1.66斗②。其后田租不断增加，常常超过规定的正租数目很多。除了正租，田主还往往要求佃户交纳附租，即贡物。有时仅贡物（附租）每亩就折合粮食1.7斗，增加之数竟然超过了正租原额③，耕者苦不堪言。增租行为相当普遍，常常呈现出不可遏止之势。在征银的官庄上，更是无限制地加租，起初一般是白银3分以上2钱以下④。后来随着时间的推移，每亩租银逐渐超过原额数倍，如到乾隆末年时，有不少庄主于每亩庄地上私自增加租银到6钱或8钱，为原额的3~10倍⑤。与前面所述皇庄相比，官庄上的封建地租剥削程度更严重、更残酷，主佃矛盾非常尖锐。这一点也是与明代庄田有着明显区别的，明朝统治者在成化以后的庄田制度方面，可以说是疏于赏赐，严于征榷，将庄租征收数额限定在一个较小的范畴之内⑥，使主佃冲突减弱；而清朝统治者则是相反，严于赏赐，疏于征榷，常常纵容庄家贪婪的征租行为，使剥削者与被剥削者之间的阶级斗争日趋激烈。前者于缓和社会矛盾，稳定社会秩序方面较为积极；后者则在掌握土地主权、保证政府税收方面较有成效。

　　与贵族官僚庄田不同，官兵庄田则没有随时增补之例，庄丁增加或减少皆与庄田无关系。史书述称：清初，"分拨各旗官兵（庄田），都十四万九百余顷……凡拨地以现在为程，嗣虽丁增不加，丁减不退"⑦。申明此旗兵庄田是一次赐拨，有赐无收，并以土地偿付代支俸饷。八旗官兵在各省的驻防庄田：立庄"于所驻地，给田人各三亩。其券挈赴者，前在京所得圈地撤还。旗员分畀园地，多则二百四十亩，少则六十亩，各省不尽相同。惟浙江驻防无田，仍支俸饷"⑧。在一定意义上讲，此种八旗京营庄田和各省驻防庄田，与明朝初期的禄田制度相似，以庄地代支俸饷（除了浙江驻防官兵）。但细看又有所不同：明初的禄田纯粹是官员俸薪（工资）的抵偿或替换，

①　李三谋：《明代庄田的经济性质及其租额问题》，《中国农史》1989年第4期。
②③　参见杨学琛：《清代的王公庄园》，《社会科学辑刊》1980年第2期。
④　（清）福隆安等：《八旗通志》卷六十五《田土志4》。
⑤　参见（清）福隆安等：《八旗通志》卷六十五《田土志4》。
⑥　李三谋：《明初庄田的经济性质》，《晋阳学刊》1988年第4期。
⑦⑧　（清）赵尔巽等：《清史稿》第一二〇卷，食货一。

食租的公职人员不纳税。而清朝的八旗官兵则是在享受田租收入的同时,又要向国家交纳如民田地主一样的赋税。

这是国家的财政活动——俸薪政策与旗民私人地主经济的有机结合:一方面,国家仍收庄田税①,没有减少财政收入,即未割去财源(未因官兵占有庄田而失去政府的土地税收),从而又解决了俸饷开支问题;另一方面,又可让官兵征取私租,纳赋后赡养家口。这双方有利的实质就是国家帮助旗兵建立了封建剥削的地主经济。

总体而论,不管是明代的皇庄、官庄还是清朝的皇庄、官庄,大体上都含有一定成分的与民争财争利之嫌。但就比较言,明代和清朝的庄田制度,各具特点,各有利弊。首先,清代各类庄田的组织活动和其经济性质从始到终都比较雷同一致,一般地讲,大都是封建租佃形式的,管理也较为简单,没有明朝庄田情况复杂,管理困难;庄田数量也没有明朝那样有大幅度的升降变化——有权有势者不断奏讨,朝廷又一次次地予以清理和回收。特别是在王公贵族庄田与百官庄田方面,尽管存在扩张现象,但是没有明代那么严重。这一方面是由于清朝的土地赏赐制度严格,没有失控;另外也因为满洲八旗贵族及其官兵出身于东北以游牧为主的经济环境里,对耕地(田产)的追求兴趣没有明代汉族贵族官僚那么大之故(其中管庄者的贪婪作另外研究)。同时,清朝之庄田都是承担着赋税义务的,反映了朝廷及中央户部——国家财政机关对财源控制得较为严格紧密,基本没有出现官庄、旗兵驻防田庄与国家财政之间的冲突,没有因此而造成统治阶级内部的裂痕(像明朝那样),只是很少或基本没有考虑到各类田庄的享有者包括庄头与庄田劳动者(耕作者之间)的利害冲突(尤其是管庄者多收而少缴,增加劳动者的经济负担以及庄田管理者伤害百姓的肆虐行为),很少顾及这方面的社会矛盾,如此,也是一件甚为遗憾的事情。

---

① (清)乾隆《大清会典》卷十,户部。

试论晚清农业的改良与农学的传播

李毅钊 曲 霞 左晓丽①

晚清的农业改良是鸦片战争以来重农思潮的反映。中外通商以来,中国传统农业思想受到极大冲击,农业发展受到严峻挑战,于是晚清围绕农业改革实施了一系列的措施。本文拟就晚清创设的新机构,对农业发展的促进作用展开讨论,在此基础上,探讨新式农学的产生和传播。

一、改良农业

晚清的农业改良首先要归功于设立于直省的商务局,振兴农桑是各省商务局的首要责任。关于农桑的重要性,正如包世臣所说,"治平之枢在郡县,而郡县之治首农桑"②。虽然传统社会始终以农业为本,但是世纪之交,情况则迥异于前,"是时士大夫虽仍甚重农,但已与此前不同。前之言农,守中国旧法,今之言农,则兼采西法"③。朝野一致的共识,意味着不能循着旧的轨迹来发展农业,必须采用新的方法以促进农业的现代化,该项职责被归于各省所设之商务局。事实上,在商务局设立之前,部分省份已经有了主管农桑事务的机构,他们大都为藩司所设。此外,另有部分省份由各督抚另设农务局、蚕桑局负责农桑各项。但是,与农务、蚕桑等局不同,农工商务局更侧重于以新技术、新方法的推进,来实现农业的改良。

光绪二十三年十二月初八日,清廷准徐树铭所奏,饬各省举行蚕政,正式将举办蚕桑作为一项政令向下推进。在此之前,浙江、湖北、直隶等省均已办有成效。直隶蚕桑局设于光绪十八年,由时任总督王文韶派藩臬两司筹办,从开办迄今,"前后发出桑二千二百四十一万五千株,成活八九成六七成不等"④。湖广总督张之洞对于兴办蚕桑极为重视,光绪十六年饬司员筹款在省城抚署东乘骑庙街开办蚕桑局,详定章程二十六条,"先派员赴浙江采购桑株,分发给各属栽植,复招募苏浙工匠,制备应用器具,来鄂教授本学徒剪接桑枝、饲蚕摘茧缫丝诸法,士民如法领植,不许取民

---

① 作者简介:李毅钊,男,华南农业大学人文与法学学院硕士研究生。曲霞,女,华南农业大学公共管理学院讲师,中山大学历史学院博士研究生。左晓丽,女,硕士,华南农业大学信息学院讲师。

② (清)包世臣:《齐民四术》卷一,中华书局 2001 年版,第 2 页。

③ 赵丰田:《晚清五十年经济思想史》,《民国丛书》第一编 36,上海书店 1989 年版。

④ 《直隶总督奏举办蚕桑情形折》,《农学报》,光绪三十三年十二月下。

一钱，舆情均甚乐从"。经过努力，湖北蚕桑颇具成效，自蚕桑局开办以来，"已发各桑苗一千数百万株，成活分数有十之六七者，十之八九者，亦有全数成活者"①。光绪二十四年，张之洞奏调总办商务局、江苏候补道程雨亭观察来鄂，以"观察籍隶浙江，熟悉蚕桑事宜"，特委令兼办蚕桑总局。商务局接办后，扩充规模，"新募工匠学徒，仿制洋烛等物，以备农桑蚕织之不足"②。广东"责令多种茶桑，稍获微利"。后经学务处调查的结果，"蚕业以南海、顺德两县为最"，又因"蚕桑一项尤为中国商业大宗"，由商局派委人员前往南、顺所属各丝厂考察情形，以资研究。③

安徽皖南各州县为兴蚕桑之利，饬将桑园改归商务局办理，"大令特自浙江雇募蚕妇数名，前来籍资提倡兼议将售出新丝，以补官款之不足"④。在商务局承办桑园后，佳绩频频。首先是芜湖洋关意大利人甘斯廉对商务局筹办之蚕业赞不绝口，其谓"中国之蚕远胜英法美诸国，果能于宜蚕之地大为讲求，则欧美诸洲万不能逮，由是观之中国蚕桑之利，实为五大洲冠，芜湖商局试办未久，已有成效可观而为西人所嘉许，诚能推广办理，其利巨可限量"；其次，因芜湖商务局讲求蚕桑之法得宜，西人都加以称赞，故各省大吏将芜湖商务局视为学习的榜样，通饬各府州县仿照芜湖商局成法进行推广，"就所属相度土宜，购地种桑建屋养蚕，延名师传其而以小民承其教"；第三，对周边地区蚕业的发展起了带动作用。芜湖商务局刘大令筹备蚕桑局桑株育蚕数棵小试，"其端素著成效"，因将"鲜茧焙干，甚为佳美"，由关道发给护照，交江孚船运至上海各县属试练，并预备兴办蚕务学堂以开风气。⑤ 江西农工商务局成立之前，江西藩司即在省垣设有蚕桑局，定有劝办蚕桑章程，并延聘蚕师教授蚕桑之学。迨农工商务总局成立后，省垣蚕桑总局因"开办有年，未著成效"，由赣南道江观察改为武备学堂，其原有织机缫丝染彩养蚕种桑各器具及桑树桑园各产，均改由农工商务局经理。⑥

实际上，在商务局之前，大部分省份均设有蚕桑局，并已著成效，如湖北、浙江、江西等省自蚕桑局开办以来，成绩斐然。商务局设立后，出于统合商政的需要，大多数省份蚕桑局或并或撤，而蚕桑一事统归于商务局。值得注意的是，蚕桑局初设时，被归于藩司职权范围内，但随着其被裁并的命运，此项事务亦从藩司属内剥离出来。然而，与安徽、江西等省将蚕桑事宜改商务局经理不同，江苏巡抚以"苏城荒地甚多，拟种桑秧而兴农利"，而另设农务局专门负责蚕桑一事，并委专人司其事。⑦

---

① 《湖北通志》，第54卷，经政志十二，新政二，实业。

② 《鄂省官场纪事》，《申报》1898年11月30日。

③ 《光绪二十五年十二月初十日京报全录》，《申报》1900年1月25日；《委查蚕业》，《华字日报》1904年3月14日。

④ 《鸠水芳漪》，《申报》1900年4月14日。

⑤ 《论安徽芜湖育蚕事宜》《蚕事告成》，《中外日报》1900年5月12日、1900年6月13日。

⑥ 《洪都客述》，《申报》1903年9月13日。

⑦ 《农务设局》，《新闻报》1904年1月8日。

这也从另一个侧面反映出,江苏作为通商巨埠,租界林立,华洋交涉,商务局单单处理各种商务已是应接不暇,农桑之事实难兼顾,故商务局之外,另设各局分别承担相应的职责。而各省商务局因地制宜,职能分别轻重缓急,亦各有侧重。

"欲兴实业,首重农功,而讲求农政又必自垦荒入手"①,故垦荒、种植等兴利之事亦振兴农业之一途。江西农工商务总局札饬各属广栽柳以兴山林之利,并于省城附近地方设法试种。② 南昌县奉农工商务总局宪札:"举办开垦靖安县洪屏山官荒田亩事宜",拟定章程十三条,"妥慎周详可嘉之至"。其办法主要参照《广西招商垦荒章程》,注重招商报垦,即"清查荒地,报明勘丈,各商民凭照请领即为己业,子孙世守"。③ 为了推广农林之利,江西农工商矿局于光绪二十九年,在省城设立农事试验场,将试验之新理法均载于该场农事报告书,札发各属仿办。后又于该场附设农事研究总会,并由会员分别创设支会,以期于"生利致富之道不无裨益"④。鉴于清末商会的广泛设立,农事研究总会亦于光绪三十四年正式定名为"农务总会"。公订开办简章,公举特用道傅春官为总理,举人龙锺浔为协理,开办及常年经费仍由农工商矿局之农事试验场拨给,并咨农工商部立案,由部颁给关防。⑤ 江西农工商务局对于农业的发展极具模范性,四川农政总局来函称:"贵省经营缔造风气早开,农利既已大兴,教育胥徵普及"。因此,恳请江西农工商务局"能将局内章程、学堂规则、试验场分区布种各法绘具图式,邮寄至川省,以资取法"⑥。由于江西的地理位置,"赣水中流,四山环列,形势气候皆类湖南而饶沃过之",故江西农工商务局视发展农务为第一要义。正如前文所述,江西农工商局不仅制定了完备的机构、拟定了详细的章程,在用人方面,亦是小心咨求,耐心造访。用人的宗旨,"劝农务宜选正绅农务民事也,绅与民近,乃能通情达意,各府县乡均须选举得人,而尤赖省绅声望才猷足以联络鼓舞,使官绅上下一气"。在人事安排上,"所虑官场或不能尽达民情,而益以绅也",农工商务局以新授甘肃庆阳府华绅为会办,延请前吏部主事陈三立为农工商矿局总办,另设农务公所于宝昌局,为通省绅民会商农务之地。⑦ 开启了官督绅劝士倡农学的新模式。

1903年,商部成立,继而推动了各省农业的振兴。商部晓谕各省:"振兴农务之法不外清地亩、辨土宜,以及兴水利、广畜牧、设立农务学堂与试验场",饬各将军督

---

① 《江西农工商矿局招商报垦示》,《江西农报》,光绪三十三年十月上。
② 《荫等甘棠》《署江西新建乡孟子乡明府请兴蚕桑树艺及垦荒情形禀稿》,《申报》1902年12月18日、1903年1月6日。
③ 《南昌垦务》,《申报》1902年11月25日。
④ 《江西农工商矿局照会试验场长龙绅锺浔创办农报农会奉部覆准予立案文》,《江西农报》,光绪三十三年十一月上。
⑤ 《农工商矿局总局照会农务总会协理龙绅锺浔农会业奉部覆准予立案文》,《江西农报》,光绪三十三年十一月下。
⑥ 《四川农政总局移取本省农工商矿局办理试验场实业学堂章程文》,《江西农报》第2期。
⑦ 《赣兴实业》,《申报》1903年12月24日。

抚通饬各属，将地亩册土性表详细编造报部，官荒切实厘剔清楚，责成州县切实稽查，"毋为民害，是为至要"①。因而责令各省督抚各就地方情形详筹办理。广东当时的前后两任巡抚谭钟麟、德寿均是颇为重视农业的大吏，因此，在清廷上述振兴农业的上谕发布不久，就在广东饬农工商局遵照执行。首先将荒地坐落土名，绘图贴说呈阅，札饬地方官勘明"如无干碍，即加以试办以讲求灌溉之方、栽种之实；果能丰收使荒地变为膏腴，则明效立见，信从必众"。另一方面，招回南洋流寓商人设立公司，广兴树艺，"为务本兴利要图"，并详拟章程禀候开办即可。② 在具体执行垦荒政策中，农工商务局则认真督办，以免发生纷扰。新宁县将该县《绅民报承民官荒种植章程》报呈至农工商务总局，经商局转详省中大吏后，回复新宁县官绅谓："所拟各章程经逐核条明签注，均属妥协无弊，该署令务须实事求是，毋徒博为民兴利虚名，率准报承，将来界址不清，互相争夺，狱讼繁滋，民间必受无穷之害。"③由于开垦荒地关涉利益之争，故在实际中，纷扰不断，不独广东唯此，其他省份亦有类似情况发生。浙江绍兴沿江沥滩开垦后，乡民争相占夺，因此，由巡抚翁筱山谕令农工商务局议定新章，"不但已熟沙田概须升科，未熟者亦分别招农承领，以清界限而免纷争"④。另有浙江温州之"民田鱼鳞册因氄残缺，一经因事涉讼，往往头绪茫然"。经通商总局奉抚宪批据，饬"各属民教置买田产，必须绘图详注弓丈，以免日后侵占"，并规定各民，"于正契写明外，按照田产式样绘图粘附，注明亩分四至丈尺，如不遵式不准过户"。在商局的主持裁决下，"从此民间各分畛域，不致有侵占越之虞"⑤。沿江沿海一带率先做出各种举措以改良农业，在此种风气的影响下，内地省份亦厉兵秣马，各自筹划。

山东农工商务局奉旨札饬各州县劝种树株，以广利源。成效显著之临淄县禀称："已遵谕栽种树秧，资成城乡各首事广为种植，为民兴利，已在城濠左右栽活柳树二千余株、黄山一带栽活松树五百余株。"因此，受到当地人的称赞："若各州县均能仿此办理，十数年后材木不可胜用矣。谁谓地利之兴不由人力乎？"⑥为了更好地调动商民的积极性，山东农工商局饬立农会，延聘日本机师谷井恭吉为教员，以南关星宿庙为农会公所。农会会员分赴城乡及南山各村庄劝民种树，每庄公举董事管理各庄事务，定章"人民盗树一株，罚种两株赔补"，各庄商董均称妥洽，已纷纷举董入会。⑦ 同样设立农会的还有湖南，湘省农工商务局先设有农务试验场，之后又创立

---

① 《上谕恭录》，《大公报》1903 年 11 月 21 日。

② 《粤抚重农》《粤兴农学》，《申报》1899 年 6 月 19 日、1902 年 6 月 16 日。

③ 《毋务虚名》，《华字日报》1902 年 7 月 28 日。

④ 《鹅池墨浪》，《申报》1903 年 7 月 3 日。

⑤ 《东瀛寒浪》，《申报》1904 年 10 月 29 日。

⑥ 《劝谕种树》，《大公报》1904 年 5 月 24 日。

⑦ 《设立农会》，《湖南官报》第 588 号，光绪三十年正月二十五日。

农会,"公举会董并附设贷耕局,先后开办,并兼采乡团自治之法,详定农会章程"①。商务局支持农业发展的方式除了劝导主持外,还有一种方式即是在经费上,或直接拨给或由商局倡导集资。山西创设垦务公司,正是商务局提供了经费。巡抚岑春煊拟"先由商务局存款下拨给官款六万两,其余由当地绅商自行筹集银六万两,共凑银十二万两,计成本官商各半,先行试办"②。而广东则是由商务局号召商民,集资创办公司。广东"雷州府属内某荒地,曾由邑绅杨廷桂等承报开垦,限于经费难筹,无人承办"。因而商务局总办左小竹拟创办东兴农牧公司,招商开垦,"仿照有限公司办法,拟集二万五千股,每股二十元,不收洋股"③。

概括而言,晚清因应时势变迁,采用新方法、新技术改良传统农业,可谓使农业在数千年以来的历史上发生了质的变化。而使农业发生质变的载体是各省所设之商务局,如前述江西、广东、浙江及山东、山西等省。但是,由于晚清局所泛滥,承担发展农业的机构并非仅为商务局,各省亦设有农务、垦务等局。湖南时任巡抚俞廉三重视农业,饬筹款开办农务局,并开设行栈,以"讲求种植、开濬利源"④。1903 年,直隶总督袁世凯因兵燹过后,民生困敝,特在保定创立农务局。并于城西设农事试验场,饬道员黄璟、李兆兰同洋教习一起,"考察东西新法,购办农器,并就试验场附设农务学堂"。此外,省城"西郊有桑秧二百万株,小站营田有稻田四百数十顷,亦并归农务局经理"⑤。

不管商务局抑或农务局,对农业的改良,包含的内容多,涉及的范围广,除了垦荒、种植、育桑养蚕外,还有对茶叶、棉花等农作物的推陈出新。同其他新政措施相比,清末的农业改良由于政府的倡导,各级官员的重视,加上民间社会的共同努力,取得了显著的效果,"各州县农桑、树艺一律兴办,似于民生不无小补"⑥。清末,在这些局所的努力下,创建了一系列农政机构、创办了农学体系,这些举措都有利于传统农业向近代化的过渡。

二、传播农学

随着农业的改良,近式的农学亦相继推广。湖广总督张之洞深知农政为中国之要政,早在1897 年,便在鄂省开设学堂,"招集农家子弟入塾肆业,课以农务诸书,并延洋教习传授种植之法"⑦。此后,农业学堂、农事试验场、农会、农报的创办推动了

---

① 《农务日兴》,《北洋官报》第 442 册,光绪三十年九月十一日。

② 《光绪二十八年十一月二十八日京报全录》,《申报》1903 年 1 月 13 日。

③ 《各省商务》,《东方杂志》1905 年第 2 卷第 7 期。

④ 《拟设农务局禀批》,《中外日报》1899 年 1 月 27 日。

⑤ 《直隶总督北洋大臣袁慰庭宫保奏明次第筹办农工诸政情形折》,《申报》1903 年 12 月 24 日。

⑥ 《东抚周奏筹办农桑工艺各项实业兼筹商务基础折》,《北洋官报》第 430 册,光绪三十年八月二十八日。

⑦ 《购求农政》,《华字日报》1897 年 1 月 3 日。

农业的传播。

农学兴盛的原因，一是归于商部意识到"欲修农政，必先兴农学"，而"农学之进步，以学堂为权舆"，①从而倡设农务学堂，推广农事教育以开启民智，商部直接创办的农业学堂就有8所；二是由于各级官员认识到"商务初基以提倡土货为要，而商之本在工，工之本在农，非先振兴农务，则始基不立，工商亦无以为资"。农学推广甚为详备者当属山东省。山东省城设立农桑总会，雇聘日本农学士"考验各省农法"，并于东西关外设置农事试验场，"以便种植样本，逐渐扩充"；泰安、兖州、沂州、曹州、济宁各府州均设农桑分会，"随时查验地质土宜，其余各县亦均酌立分会，凡属可兴之利宜植之物均令试种考验"；于兖州府设立农业学堂、于青州府设立蚕桑学堂，雇聘杭州蚕业优等学生充当教习，"俟头班学生卒业即可分遣各属"，该两学堂附近地方土人，"已渐知师法改其耕织旧习，将来风气大开，各州县农桑树艺一律兴办，似于民生不无小补"②。江西省也以兴农学为要，农工商矿局绅董黄棣齐太史设立三余学堂，教授农学，以"使农家子弟按时肄业"③。北京由商部奏请，特设农桑商局，所有各省农桑事宜及各处垦务，统归该局管理，并设立农桑学堂，"俟学生毕业再行考试，派充该局稽查各差"④。商部对农业农学的管理，实行由部统筹，派员分省稽查。由此可见，从商部到商务局对于振兴农业，传播农学均十分重视。

农工商部时期，农业继续受到关注和重视。1907年10月，农工商部奏称："农会之设实为整理农业枢纽。要义有三，开通智识、改良种植、联合社会。入手之初倍宜审慎，必民不惊而吏不扰，乃可相与有成。至各省风尚不同，应由各该地方官邀集士民公同拟定便宜办事规则报部查覆。"⑤此奏折反映了农工商部要求各省设立农会，"凡一切蚕桑、纺织、森林、畜牧、水产、渔业各项事宜，农会均酌量地方情形，次第兴办"⑥。于是，各省商务局首先是设立农会以发展农桑各来。直隶农工商局"奉饬劝办农会，连日与司、道、府、县及地方绅士悉心商议，意见相同"，使该省农会得以设立。⑦ 山东某学员拟在曹州府城外设立农桑分会以及农桑学堂，"以开风气，而厚民生"，已得到农工商局"批准立案"。⑧ 河南农工商务局批准了留洋学生苏攀设立农会的请求，并由官加以协助，饬"照部章于省城筹设农务总会"，并就"现设之农林

①　李文治编：《中国近代农业史资料》第一辑，三联书店1957年版，第715页；商务印书馆编译所编：《大清光绪新法令》第16册，商务印书馆1909年版，第43页。

②　《东抚周奏筹办农桑工艺各项实业兼筹商务基础折》，《北洋官报》第430册，光绪三十年八月二十八日。

③　《蜀乘蒐遗》，《申报》1904年1月15日；《商务兴学》，《申报》1904年3月31日；《兴利先声》，《四川官报》第21册，光绪三十年八月中旬。

④　《拟设北京农桑学堂》，《申报》1906年4月30日。

⑤　刘锦藻：《清朝续文献通考》卷三七九，实业考二，农业。

⑥　朱英：《晚清经济政策与改革措施》，华中师范大学出版社1996年版，第29页。

⑦　苏州市档案馆编：《苏州商会档案》，第73卷，第23页。

⑧　《奉批立案》，《大公报》1907年5月26日。

会,由地方官归并设立,分别举派总协理,就境内土宜物产切实调查研究,改良办法俟有成效,再行咨部请给关防"①。广东农工商局协助顺德商会筹设农会,"拟仿商会办法,编辑白话,逐处讲说,并能开渠引水灌田千顷",虽有"官吏提倡之力,亦由该商等留心要务,深知本富之所在",同时"咨行地方官饬属妥为保护",而农会应"另集阖属绅者,公举总理,以专责成"。②山东农工商务局则批准设立农务分会,"在试验场内附设农务分会,公举绅商为总理,拟订办事规则十二条",开办宗旨"以联合社会、开通智识、改良种植三端为目的"。③总之,这一时期,农务总、分会纷纷设立。据农工商部统计,至1910年,"报部农务总、分各会,直省以次第举办总计,总会奏准设立者十五处,分会一百三十六处"④。其中大部分得益于农工商局的敦促。

除了劝办农会之外,农工商局对农业发展采取的新举措还包括设立农业试验场、振兴畜牧、种植、渔业等项。浙江商务局自王省三接办后,"凡关于农工商矿诸务,无不悉心研究,以期日新月异",并拟先从农业入手,将"本城西大街巡警局后面空地三十余亩,筹集官款,兴办农业试验场一所"⑤。四川设立农业学堂和农业试验场,"因规模未备,派人来东调取农工商务局章程,籍资仿办"⑥。甘肃自设立农工商矿局以来,次第筹办垦荒、种植、桑蚕等事,并且成效显著,"前次呈验丝勔一律匀净,尤徵明效",而各属所禀报"林业新种,成活者多至八九万株或万余株,少亦千数百株不等,农场所种则有比国之萝卜、葡萄,西属之甘蔗、桑秧,秦中之橡树、莲藕,皆本省所未见",该省宁夏、固原等处,"亦皆仿设试验场,推广植业,以厚利源,因地之宜不拘一类"。⑦广东省改设农工商局后,在部院的倡导下,积极劝办农业。农工商局以"粤省山多田少,树木成林",特委派人员前往北江一带会县确查,"该处山场若干、坐落系何地、所产树木大小种类若干、何木可用,一一取样缴验",以及"有无商人采办,水陆运道远近难易"等情。除了广东一带,又派员前往琼南各属查明,"如有商人纠集资本,欲开崖州及陵水县两属森林,以收天然之利"⑧是否可行。

此外,"垦荒攸关大庾正供,尤为实业中第一要政",加上农工商部通行推广,饬令"各厅州县详查所管地方官荒、民荒,并气候土宜,绘图造册悉数报部"。鉴于此,很多省份均积极筹办垦荒一事。甘肃农工商矿局另行设立清赋劝垦总局,由农工商局派委员司担任会办,专事此责。规定"凡各属清查地赋、垦荒、升科等事,业经本局

①《汴省筹设农务总会》,《北洋官报》第1593册,光绪三十三年十一月二十九日。

②《督宪杨准农工商部咨据顺德商务分会总理翟钊等禀请筹办农会一事应毋庸议札饬布政司会商妥办文》,《北洋官报》第1705册,光绪三十四年四月初一日。

③《批准设立农务分会》,《北洋官报》第1650册,光绪三十四年二月初六日。

④刘锦藻:《清朝续文献通考》卷三七八,第11247页。

⑤《筹办农业试验场》,《北洋官报》第1626册,光绪三十四年正月十二日。

⑥《来东调查》,《大公报》1907年3月20日。

⑦《甘督升奏设立农工商矿局举办实业情形折》,《北洋官报》第1638册,光绪三十四年正月二十四日。

⑧《派员确查江北森林》《经营琼州森林》,《申报》1907年1月29日。

者移入清赋劝垦局筹办"①。黑龙江则奏准,变通沿边荒务,设法推广。浙江农工商矿局奉部谕饬"讲求农政,开垦荒土",并以"清查荒产为理财第一主义",故饬各属清查荒产,并对荒地的开垦做了详细的规定。将官荒、民荒"按照亩分绘图造册,由县中送到局,然后辨其土之性质,一律开垦",其中凡"官荒之地为官产,由本局雇农帮种,其民产亦由本局处置酌量年限,给以租金,限满不愿自种者,则应偿开垦之费,有力开垦者,着即日自行报垦,如有任令荒废抗不遵垦者,由局饬县传案惩罚"②。可见,各省农工商局在农政方面对垦荒的重视,均积极经营,并有所建树。

垦荒之外,对农业的重视还体现在设立各种农林公司。在农工商部的劝谕下,各省广设农林垦牧等公司。如广东某商张卓光创设一同益垦牧公司,"垦地种植桑树一万七千五百株、种植桐油树七万七千七百株、茶油树一千一百株",而禀请农工商局给予立案。③ 其他如安徽奏设安阜农务公司,四川奏明开办乐山、汶川、邛州等处林垦公司,广西则奏明设立桂林、平乐、梧州、柳州等各垦牧公司共25处,新疆亦奏设水利公司等等。其实除了官办的公司外,江苏、江西等省还有绅办之垦牧公司。④ 山东省亦劝谕绅商开设农林实业公司。如山东海丰县杨令辰选提储的款,劝谕绅商"纠集股金试办一农工实业公司,命名'训惠公厂',以振兴工艺农业",并酌拟试办章程禀明农工商务局核示。⑤ 这些新举措,均推动了农业的发展和农学的推广。

总之,在晚清这一特殊的历史时期内,中央和地方的农业产业结构、农业行政组织均发生了一系列的变化,这些变化为建立近代农业体制奠定了基础,有利于农业改良中各项政策的实施。另一方面,正是晚清的农业改良运动拉开了中国农业走向近代化的序幕。在改良中兴起了新式农学,加速了近代科技对乡土社会的浸润、蔓延,增加了乡土中国的现代性,促进了社会的发展。

---

① 《署臬司总办农工商矿总局兰州道彭咨督垦总局接办垦务各案》,《甘肃官报》,光绪三十四年九月第二期。

② 《农工商局清查荒产》,《北洋官报》1663册,光绪三十四年二月十九日。

③ 《垦牧公司之成立》,《陕西官报》第3册,光绪三十四年五月下旬。

④ 《农林工艺情形原奏》,《甘肃官报》,宣统二年冬月第一期。

⑤ 《禀请试办实业公司》,《北洋官报》第1593册,光绪三十三年十一月二十九日。

移民与清代秦巴山区的社会文化模式及转型[①]

孟文科[②]

所谓"化外之区",按鲁西奇的见解,指的是在中华帝国的疆域内,一直存在着并未真正纳入王朝控制体系或官府控制相对薄弱的区域。这些区域多处于中华帝国政治经济乃至文化体系的空隙处,是帝国政治经济体系的"隙地"。这些边缘区域虽处于王朝统治的整体版图之内,但却并未真正纳入王朝统治体系之中,故仍得称为"化外"。[③] 其实"化外"这个词经常被中原王朝用之于周边地区的少数民族,对周边民族人民动辄斥之为"不尊教化",官员们也常蔑称少数民族地区为"化外之区"。在中华帝国形成的过程,我们也可笼统的视为是"化外"之区不断向"化内"之区转化的过程。实际上,直至清代,"化外"之区并不仅限于边疆民族地区,与"化内"的中原核心区近在咫尺的秦巴山区,仍被官员们视为"化外"之区。

一、"化外之区"的社会文化模式

清代中期汉人移民涌入秦巴山区开垦之初,其生计模式就表现出多样化的特点。农业种植体现出明显的"游垦"特点,狩猎采集与山货开发也在移民生计中占据重要地位。从人类学视角观察,既有较为原始的寻食社会、刀耕火种型社会的特点。[④] 实际上,由于环境的影响与生计方式的特殊性,秦巴山区与山外"熟土"社会还存在着明显的社会形态与文化上的差异。在地方官眼里,除了历史上开发较早的汉江等河谷平原的少数地区在地方官眼里风气尚属"醇厚"外,秦巴山区俨然"化外"之地,实属于"内地的边缘"。[⑤]

由于环境与生计方式的特点,造成山内居民成分复杂、流动多变,即地方官经常说的"五方杂处""或聚或散"。在官府眼里,秦巴山内久久未能形成一种典型的、理想的农耕社会模式。即地方官眼里的"好稼穑、有古风、崇诗书"的社会。"郁郁苍

① 基金项目:2011 年陕西省高等继续教育教学改革研究重点项目(项目编号:11J24);2011 年陕西省教育厅科研项目(项目编号:11JK0353)。本题目借用鲁西奇的书评论文题目《化外之区如何步入王朝体系:以木材流动为例——读〈木材之流动:清代清水江下游地区的市场、权力与社会〉》(《中国图书评论》2007 年第 7 期),特此感谢。
② 作者简介:孟文科,男,历史学硕士,西安工业大学思政部讲师,主要研究方向为西北地区农业史。
③⑤ 鲁西奇:《内地的边缘:传统中国内部的"化外之区"》,《学术月刊》2010 年第 5 期。
④ 孟文科:《清代秦巴山区汉人移民的生计模式及其转型》,《农业考古》2013 年第 1 期。

苍,蒙密幽邃,足以藏垢纳污,伏莽之奸依为巢窟,追捕费手,故老林在内地竟似边荒也";"五方杂处","或聚或散,或徙或居,若鸟兽之无羁缚者"。①

首先,国家政治控制相对较弱。保甲奉为虚文,编籍无从着手,赋税无所出处。"保甲本弥盗良法,而山内州县则只可行之于城市,不能行于村落。棚民本无定居,今年在此,明年在彼,甚至一岁之中,迁徙数处。即其已造房屋者,亦零星散处,非有望衡瞻宇、比邻而居也。甲长、保正相距恒数里、数十里,讵能朝夕稽查?而造门牌、取户结,敛钱作费,徒滋胥吏之鱼肉。"②

如略阳"高山深林为政令所难及";孝义厅"虽告诫频烦,章程屡立,而保约奉为虚文,山愚目不识丁,既难户晓竭克周知,唯有严行保甲,查对门派,各发循环印薄,按月交换,仍令各纸木厢厂将工匠等照式填注,随时抽查,庶游民无所容留,奸匪藉以敛迹"。③ 一些官员明显流露出了对秦巴山区地方治安难以控制的忧虑。如李星沅《栈道纪行》(二十首之三):生计甘硗薄,流民渐开荒,划疆分陇蜀,种类杂氐羌,豹虎声虽静,催苻盗易藏,拊循咨要术,山北是边墙。④ 严如煜《黑河吟》也谓之:"地有犬牙错,盗难越境钧,往者伏榛莽,数载劳爬搜,吟呻病为患。"⑤

此外,山内赋税征收也是与垦殖程度严重脱节。山民"转移无定,来去不常,故地日辟而不能升科,民日增而不能编籍"⑥。孝义厅"四面皆山,疆域广阔而地险土瘠,大小分三十六保,一保或仅数十户,粮数升……户不逾万,钱粮不足三百金田亩"⑦。镇坪县"顺治康熙时……为户役全书所不载之地也。乾隆中,江南湖广人来此渐事开垦,来者日众……仍不知赋役之谓何"。嘉庆中设置县丞后,征收地丁各项、畜税银等才"共银二十两六分六厘"⑧。

第二,人口复杂,治安败坏。山内移民五方杂处,良莠错居,迁徙无常,易成为盗寇之渊薮。乾隆四十六年(1781)毕沅奏称:兴安州及所属六县,"从前俱系荒山僻壤,土著无多。自乾隆三十七八年以后,因川楚间有歉收处所,穷民就食前来,旋即栖谷依岩,开垦度日。而河南、江西、安徽等处贫民,亦多携带家室,来此认地开荒,络绎不绝,是以近年户口骤增至数十余万,五方杂处,良莠错居……兼有外来无业匪徒,因地方僻远,易于匿迹潜踪,出没无定"⑨。

由于人口复杂,保甲不行,官威难申,治安自然败坏,在地方官眼里素称难治。凤县"新民甚多,土著稀少,多系川湖无业游民佃地开垦,杂聚五方,素称难治,奸盗

——————————

①⑨ (清)严如煜:《三省山内边防备览》卷十四《艺文下》,道光二年刻本。

② (清)严如煜:《三省山内边防备览》卷十一《策略》,道光二年刻本。

③ (清)卢坤:《秦疆治略》(孝义厅),道光年间刊印本。

④⑤ 道光《留坝厅志》,《中国方志丛书·华北地方·第 271 号》,台湾成文出版有限公司 1969 年版,第406 页。

⑥ 民国《续修陕西省通志稿》,卷六十四《名宦》,中国国家图书馆数字资源。

⑦ 光绪《孝义厅志》卷二《田赋志》,《中国方志丛书·华北地方·第 251 号》,台湾成文出版有限公司1969 年版。

⑧ 袁家声修、刘式金:《镇坪县乡土志》第五《赋税志》,民国十二年修,抄本。

淫邪,机械变诈,无一不有……计酗酒打架赌博窃盗者无处无之";孝义厅"民皆穴居从处,户口零星,不成村落,兼有柴厢纸厂杂聚庸流……(山民)目不睹典型故谋杀故杀慜不畏死也"。①

第三,宗法关系涣散,风俗浇漓。"无族姓之联缀,无礼教之防维,呼盟招类,动称盟兄,姻娅之外,别无乾亲,往来住宿,内外无分。"②乾隆《洵阳县志·风俗》则称:"乡属鲜百家之聚,亦少集族而居者。敬宗收族古法既亡,亲未尽已为途人,祖免以外无论已!"③光绪《定远厅志·风俗》亦称当地以前"惟老山内流民、土著杂居,不知礼法,任意胡行。妇人寡居,生有子女,不能守节者,招夫上门,名曰招夫养子。甚至夫在贫难,又招后夫,名曰招夫养夫,生子均分,毫不为耻"。汉中府一带的秦巴山区"山内之民五方杂处,联属非必族姓,礼教少所见闻,呼朋引类动称拜兄,姻娅之外别有乾亲,往来住宿内外无分,故奸拐之事常见也"④。平利"山陬愚民,多有耳不闻礼义,目不识之……人心以渐而肆,风俗以久而偷徙……惟有广开渠道使旱涝无虑,训□频加,使咸知礼仪,庶几人免号腹,风气日淳"⑤。

第四,文风不振,科甲不兴。凤县"至于文风浅陋,应试者无多,由于教育不先,是以士子无上进之志,宜严保甲,正风俗,崇学校,育人才,庶乎蒸蒸日上矣";略阳"高山深林为政令所难及,居民最顽悍狡黠……东北栈壩黑河多川湖客民,五方杂处,刁诈异常……至于文风,在汉南最为陋劣,由于闾里绝少读书明理之人,故礼义不兴,士习不振"。孝义厅(今柞水)"幽谷穷澹之民,耳不闻教化,故招夫养夫恬不为非也;不有以震动之廉耻之志,不与不有以防维之忌惮之心不作。设立义学,延请名师,资以膏火,加以奖励,庶民皆知义,渐可洗心革面矣"⑥。

而汉江谷地膏腴之区,则完全又是另外一个世界,如城固:"适中膏腴之地,有堰八处,灌田八万余亩……西南二郎壩,有堰十一道,灌田四万余亩,此地山明水秀、民多聪颖,士敦礼义,恪守诗书,以故科第接踵,甲于汉郡。"⑦这种评价并非卢坤的偏见,实际上本地修的志书对本境的评价亦是如此,如嘉庆时安康县志评价其南境砖坪地方"川楚流户,比屋杂处,奸诈日滋,其俗贪利轻生,好勇斗狠"⑧。

与被地方官视为"化外之地"的秦巴山区相比,仅一山之隔的关中地区,官方对此地的风土人情则是赞誉有加。如《秦疆治略》里的评价:

咸宁县"民守法令、甘辛苦、安俭素……士知学问罕事商贾,衣冠文物,俨有古

---

① (清)卢坤:《秦疆治略》(孝义厅),道光年间刊印本。

② (清)严如煜:《三省山内边防备览》卷十一《策略》,道光二年刻本。

③ 乾隆《洵阳县志》卷十一《风俗》,《中国地方志集成·陕西府县志辑55》,凤凰出版社2007年版。

④ 光绪《定远厅志》,《中国方志丛书·华北地方·第271号》,台湾成文出版有限公司1969年版,第259、267页。

⑤ (清)卢坤:《秦疆治略》(平利),道光年间刊印本。

⑥ (清)卢坤:《秦疆治略》(凤县、略阳、孝义厅),道光年间刊印本。

⑦ (清)卢坤:《秦疆治略》(城固),道光年间刊印本。

⑧ 嘉庆《安康县志》卷十《建置考》。

风"；临潼"土厚水深，性刚尚气，好稼穑、务本业……绅士醇谨、文风朴茂"；富平"本沣镐北地，有先王遗风，动业节义，接踵前修，敦厚力本……人勤稼穑，野无惰农……士皆崇尚文学，多通经续学之士，其读书不成者或去而学幕或改业为吏治，皆能糊口自立，亦无游民"。长安县"人多淳朴，士尚气节，市交不欺，衣履布、素屋宇，质陋器位瓦瓷，冠婚丧祭悉遵会典……北郊……民尚勤俭，鲜争讼……西乡……土田沃饶民重稼穑，士习诗书，有沣镐之遗风焉"。盩厔（周至）"山外地……民多土著，风俗淳朴，力本务农，士尚气节，刚直不屈，尚有古风"，蓝田"士风朴茂，虽甚贫穷，皆负薪好学……百姓亦知崇尚孝弟，力田外，以完公输赋为急"。①

在地方官眼里，这种差别甚至在一县之中的不同地区、特别是山内与山外的区别都是明显的。长安县"人多淳朴，士尚气节……惟子午峪、石龟峪道通兴汉，商贾络绎，市多榷沽，最易藏奸，山内川楚客民开垦山地，良莠不一，宜严行保甲，时常抽查，始奸民无所容留，则人安生业，行旅无虑矣"。南郑县汉江以南称为南坝，多系四川湖广江西等处外来客民佃地开荒，而北坝人民聚族而居，民俗素称敦朴，南坝"五方杂处民气最为嚣陵，一应命盗奸拐赌博案情出自南坝者十有八九"。安康县"此地山内情形与山外不同，近郊地方与远乡迥异"，其西乡山不甚高，土沃水美宜稻谷麦黍，因而"风气淳厚"；而北乡皆崇山峻岭，土地瘠薄，因而"风俗亦甚浇薄，鲜知礼让，斗狠轻生，繁兴讼狱"。②

可见，由于生计模式的特点，山民到处流徙，无固定居住，很多地方也无法形成固定村落、集镇。事实上造成秦巴山内地区有土无民，"好稼穑、有古风、崇诗书"的理想农耕社会并未随着山内的开发而同步形成。由于山民流徙，来去无常，五方杂处，导致社会关系涣散，无法形成传统宗法关系与儒家礼治社会。在官方里，这并不是"理想"的农耕社会，有待教化使其纳入正统的王朝文化体系。

二、秦巴山区社会文化模式的转型

那么，作为"化外之区"的秦巴山区汉人移民社会又是怎样向王朝体系转化的呢，或者说转化成地方官所称道的"民重稼穑，士习诗书，有沣镐之遗风"式的社会呢？考察秦巴山区汉人移民社会的转型，我们注意到定居农耕的生计方式、收宗敬族的宗法意识与崇尚儒学的价值追求，都使秦巴山区汉人移民社会逐渐地向山外"化内"地区的社会文化模式趋同演化。实际上，这也是迁入秦巴山区的汉人移民将自身的原有文化模式在迁入地的复制。

定居农耕不仅可以为农民带来较为稳定的生活来源，也是社会稳定的基础，朝廷维持统治的根基。定居农耕是封建国家编户齐民的基础，只有控制足够的"编户"，朝廷才能征发到稳定的人力与物力。因而，使农民定居务农、安土重迁，精耕细

---

① （清）卢坤：《秦疆治略》（咸宁、临潼、富平、长安、盩厔、蓝田），道光年间刊印本。
② （清）卢坤：《秦疆治略》（长安、南郑、安康），道光年间刊印本。

作是最符合朝廷统治的。而且,古代一些提倡重农者还认为,"务本"不仅可以使民由怠惰变勤劳,还可使民风淳朴寡能、安土重迁,稳定社会秩序。《商君书·农战》指出:"归心于农,则民朴而可正也。"《吕氏春秋·上农》也讲到:"民农非徒为地利也,贵其志也。民农则朴,朴则易用,易用则边境安,主位尊。民农则重,重则少私义,少私义则公法立,力专一。民农则其产复,其产复则重徙,重徙则死其处而无二虑。"① 可见,定居务农才是是官员眼里的"理想"农耕社会,谓之"好稼穑""有古风"。

具有定居农耕传统的汉人移民,只要在秦巴山区找到了膏腴之地,往往就会结束四处流徙的生活,转入定居农耕。实际上这也是汉人移民将传统的生计方式移植到了新居地。从一些汉人移民家族的创业史来看,我们也能大概了解移民们是怎么定居下来并付籍生根的。如迁居巴山地区的湖南零陵龚氏"自康熙三十六年,命次子龚铠一人往川,踩踏四地,始居营山文家沟"。然后又招来兄弟四人,"于是到莲花沟辟田开土,耕种一季,铠祖遂上县投报粮费银四两"。② 可见,由于迁来较早,能够随意地辟田开土。耕种之后,觉得田土尚好,于是上县投报粮费,完成了新开垦土地的确认手续,从而定居下来。再如紫阳杨氏,清初由川入陕,也是几经流徙,最后选择了土厚水深的蒿坪河定居。"初居邑(紫阳县)之黄瓜溪,继居邑之蚂蝗坡,再居邑之蒿坪河""蒿坪河土厚水深,卜年卜世,置田园,垦堂构,缔造经营,家业隆起"。③

秦巴山区定居点的形成我们可以从地方志所记载的村落增加可以看出来。以南郑县为例,道光初年,南郑县"在汉江以北者称为北壩,人民土著居多,自汉江以南,亦系平原,称为南壩,多系四川湖广江西等处外来客民佃地开荒"。北坝人民聚族而居,民俗素称敦朴,士习亦为醇厚,历代名人多系北壩所出。南坝"各省客民流寓期间,五方杂处民气最为嚣陵,一应命盗奸拐赌博案情出自南坝者十有八九"④。可见,南郑县北壩为"老民"聚族居住之区。南壩则为"新民"开拓之区。那么这些各省客民最后是否在南壩定居下来? 又是怎样定居下来的呢? 我们或许可以通过对百余年间南壩村落数量的变化及土地利用、水利灌溉的情况来管窥一二。

乾隆《南郑县志》卷之三《建置·乡村》记载其南乡有 39 村⑤,而百余年后的民国《续修南郑县志》记载其南壩村落共 98 村⑥,可见从乾隆末年至民国初年的百余年间,南郑村落由乾隆时期的 39 村,增加为 98 村。从名称来看,保留下来的旧村落仅有 10 个。当然,还有 9 个村落名称被沿用为壩名。尽管一些村落消亡了或被改

---

① 侯旭东:《渔采狩猎与秦汉北方民众生计——兼论以农立国传统的形成与农民的普遍化》,《历史研究》2010 年第 5 期。

②③ 陈良学:《湖广移民与陕南开发》,三秦出版社 1998 年版,第 142、148 页。

④ (清)卢坤:《秦疆治略》(南郑),道光年间刊印本。

⑤ 乾隆《南郑县志》卷之三《建置·乡村》,《中国地方志集成·陕西府县志辑》51,凤凰出版社 2007 年版。

⑥ 民国《续修南郑县志》卷一《幅员·村壩》,《中国方志丛书·华北地方·第 257 号》,台湾成文出版有限公司 1969 年版。

名，但从村落绝对数量增长来看，应当是大量移民最终定居、繁衍的结果。

这98个村庄隶属于21个壩区，一个壩区管辖数个村庄，如水南村中壩，在县南五里，"隶油房街、海会寺、店子街、边家山、李家营、卢家沟、黄草坪七村，堰田膏腴"①。"壩"最初显然是一个水利使用辖区，但因为其在乡村的重要性，逐渐成为村落之上的一级管辖机构，因而载入了地方志。这也凸显了水利灌溉在定居点形成过程中的重要作用。地方志记载，南郑其南境地势稍高，引水较难，因而一直以旱作农业为主。清代末年南乡廉、冷二河流域民众，采用"依势节次筑堰"的方法，改旱地为可灌溉耕地，"凡山麓高下平地无不遍成稻田"。② 可见，正是汉人移民修筑水利、开山种稻，才得以在南郑南壩地区定居下来。

这种情况在秦巴山区比较普遍。如略阳"原无水利，现有水田者，近因川楚人民徙居，来此开垦，引山沟水以资灌溉，每处或数十亩、十数亩不等"③，紫阳"境内四面皆山，依山之麓除沟窄水陡者，余悉开成稻田，引水灌溉，旱潦皆收"④。随着秦巴山地汉人移民的涌入，从莽莽林海开辟而来的旱地，相当部分被改为水田，而且水利设施从传统的成熟开发地带如汉江谷地，逐渐向低山丘陵一带蔓延，昔日虎狼之区逐渐开辟为人类定居区。秦巴山内开发最早、自然条件较好的汉江谷地，率先成为地方官眼里的"理想"农耕社会。"南郑、城固、洋县、西乡、褒城、沔县周围七八百里，一望平芜，地美民殷，风物绝似江南"；汉阴厅"地势平坦，中有月河一道，利资灌溉，春时水田漠漠，风景绝似湖乡"。⑤"林开则地广，地广则人繁，往时郭外即山，地不逾百里者，今则幅员千里；往时户口仅数千者，今则烟火万家。"⑥

走向定居的农耕生活是秦巴山区汉人移民社会转型的最明显标志。随着定居农耕的不断扩展，秦巴山区汉人移民最初的五方杂处、流徙不定、或聚或散的状况逐渐改观，定居下来的汉人移民在新的家园附籍生根、勤于稼穑，官方提倡的理想农耕社会在秦巴山区逐渐生长并居于主流。

定居农耕为汉人移民在当地成家立业、繁衍人丁提供了最基础的条件。汉人移民经过最初的筚路蓝缕，拓荒垦殖，在秦巴山区站稳脚跟后，自然就将已有的传统伦理价值观移植到了新的家园。我们从一些移民家族的成长中看到，在经过一、二代的创立家业后，一般是传至三、四代时，家业兴旺，人丁繁衍。一些移民后代就将汉人农耕社会中固有的伦理与价值观重新建立，从而在新的家园复制了汉人的传统文

---

① 民国《续修南郑县志》卷一《幅员·村壩》，《中国方志丛书·华北地方·第257号》，台湾成文出版有限公司1969年版。

② 民国《续修南郑县志》卷二《水利》，《中国方志丛书·华北地方·第257号》，台湾成文出版有限公司1969年版。

③ （清）严如煜：《汉南续修府志》卷二十《水利》，清嘉庆十九年刻本。

④ （清）卢坤：《秦疆治略》（紫阳），道光年间刊印本。

⑤ （清）严如煜：《三省山内风土杂识》，陕西通志馆印，关中丛书本，1935。

⑥ （清）严如煜：《三省山内边防备览》卷十四《艺文下》，道光二年刻本。

化模式。这也是秦巴山区汉人移民社会的显著变化。陈良学在《湖广移民与陕南开发》一书中对汉人移民家族的成长提供了许多实例,我们从中可以看出这些移民后代是如何复制自身已有的文化模式的。

如安康沈坝镇张泗营村石氏墓葬碑文则记载了长沙石氏先人是怎样将已有的农耕行事方式与伦理价值移植并传承的。"高祖自乾隆四年由湖南长沙府善化县迁陕,卜居安邑沈桑铺银杏河,历传至乾隆五十八奶奶十二月三十日亥时,始生伯父……既立,以常法课农桑,极勤俭内外。衣服饮食,俱崇朴素;惟事亲延师不吝,数年家裕……好善乐施,赈荒救济,咸丰年间,饥民安靖,贫富一体,称善举焉。"①

紫阳杨氏清初由川入陕,"初居邑(紫阳县)之黄瓜溪,继居邑之蚂蝗坡,再居邑之蒿坪河""蒿坪河土厚水深,卜年卜世,置田园,垦堂构,缔造经营,家业隆起"。杨氏以务农起家,从第三代祖先迁陕后,至第五、六世,已是"人兴财发,极盛一时"。杨氏宗族建有祠堂公所,还留有祠产公业,除当地的柴枛、庄园、田地及森林山地之外,还有瓦房铺面三院,其"祠堂公所祭产尝款不为不厚"②。

自湖北蒲圻迁往陕南洵阳的徐氏第三代人徐盛泰,其家业兴旺后,"邻里及佃户数十家,无敢以博奕废事者;至其修谱、立祠堂、储义田、施义地等事,罔非务本利物之图也"。③迁自湖北大冶的陈氏,定居陕鄂边地后,很快成为家道殷实的名门望族,农耕兴家之后,十分重视教育。"至于建家塾、延师训子侄,费不惜繁……先生好善乐施,从古所重,急公从义,举世交推……陕省温道台赠以匾额曰'好义知方'。"④

可见,随着移民先祖在秦巴山区附籍生根,家业兴旺,其原有的伦理价值与行为方式也会得以重新确立。这些移民家族提倡的重本务农、诗书礼仪、敦睦亲友、教化乡民、乐善好施等世人称道、也为官方提倡的价值伦理逐渐在移民社会中占据了主流位置。可见,定居农耕及其以之为基础的移民宗族的成长逐渐改变着移民社会"无族姓之联缀,无礼教之防维"的混乱局面,使得秦巴山区汉人移民社会与山外在文化上逐渐趋于同一,封建王朝提倡的价值伦理逐步确立。

作为引领社会风气之标志者,莫过于文教了。如果对秦巴山区移民涌入后百余年间的文化教育作一考察,无疑会加深我们对秦巴山区汉人移民社会文化模式转型的认识。

如前所述,秦巴山区移民涌入之初,文风不振,科甲不兴。特别是一些新开发的地区,地方志记载几乎都提到"椎鲁无文"。如(民国)《佛平县志》记载,道光年间"时设厅未久,山民皆椎鲁"。⑤ 然而随着定居农耕的不断扩展,经过数代人的努力后,一些移民不但定居下来,繁衍了家族,而且还培育出了功名士子,成为典型的"耕读传家"样本。

---

① ② ③ ④ 　陈良学:《湖广移民与陕南开发》,三秦出版社 1998 年版,第 129 页。

⑤ 　民国《佛平县志》,《中国方志丛书·华北地方·第 269 号》,台湾成文出版有限公司 1969 年版,第 48页。

如湖南沅陵何氏几经迁徙之后，最后定居陕南立业，并获得功名。"乾皇年间，自楚至秦，迁驻佛坪东石门之地，至嘉庆，又移本邑（西乡）上川狮子坪，小地名锅厂立业。想祖父生儿父兄弟六人，父派行三，功未成就。至道光十九年，蒙仰亲族绅耆，举锡八品修职郎之荣，喜庆门楣。"①前述之湖北大冶的陈氏，农耕兴家之后，富而后教。"至于建家塾、延师训子侄，费不惜繁。今长侄明远、冢嗣显、仲子诚，均游伴水；其叔季曰炳、曰灿……济济乎头角峥嵘，皆有造之选。"②

而长沙善化吴氏迁居汉阴，并在汉阴凤凰山麓开山造田，定居农耕并取得功名，至吴氏迁陕第三代裔孙、位至候铨知县的吴敦品在其家谱《先德录》中为其迁陕始祖吴质美撰文作传。"若汉阴以南水利，实多我公绍之，夫吴氏乐利百年哉。"③吴氏第三代裔孙吴敦品依靠科举，成为候铨知县。标志着吴氏迁陕到第三代子孙，终于完成了从定居农耕到科举功名的孕育过程。官府眼里的"民重稼穑，士习诗书"的理想农耕社会在秦巴山区逐渐生长着。

地方志也有类似记载，民国《城固乡土志》记载：康氏"康熙末其裔由甘肃张掖县移家境内，传至近代累世科第，仕宦不绝，其余如高氏则聚族于高家村，至道光以来科第仕宦四世称极盛焉"④。

从乾隆年间到清末百余年间陕南州县获得的进士数量分布来看，我们更能从宏观上把握秦巴山区文教的振兴及其背后社会风气的变化。据续修陕西省通志稿卷四十《选举表一》分析，整个乾隆朝、嘉庆朝直至道光十三年，陕南州县所获进士（不包括武进士）共28人，分布州县绝大部分在集中在开发较早的地区，尤以汉中府的城固（11人）、南郑（4人）、西乡（2人）、洋县（2人）等县份及商州（4人）最为集中，新开发的县份尚无人登第。直至道光六年，始有汉阴、平利、宁羌、砖坪、山阳等后开发县份的士子荣登进士。⑤科甲士子的地域分布也显示出了秦巴山区新开发地区的社会文化转型。

我们从平利县自乾隆初至光绪年间一百四十余年来的变化，或可窥见这种趋势。"黄公修志于乾隆初，时邑民仅四百余户，分居于深林密箐之间……民之附郭而居者落落如晨星，土地不辟，田野不治，其人率安于荒陋，椎鲁而无文。故士之登贤书者，乾隆中惟杜公一人，其捷南宫登朊士者概乎未有闻。国家休养生息百数十年，邑之户口增至五十倍，四境之内记名犬吠相闻，故道光之季，科甲林立，富而后教，固其宜也。"⑥

道光初年卢坤在《秦疆治略》里对平利风土人情的评价尚且是："平利县山陬愚

① ② ③　陈良学：《湖广移民与陕南开发》，三秦出版社 1998 年版，第 141、175、118 页。

④　民国《城固乡土志》，《中国方志丛书·华北地方·第 264 号》，台湾成文出版有限公司 1969 年版，第 35—36 页。

⑤　民国《续修陕西省通志稿》卷四十《选举表一》，中国国家图书馆数字资源。

⑥　光绪《续修平利县志》，《李联芳序》，《中国方志丛书·华北地方·第 275 号》，台湾成文出版有限公司 1970 年版。

民,多有耳不闻礼义,目不识之……人心以渐而肆,风俗以久而偷徙……惟有广开渠道使旱涝无虑,训□频加,使咸知礼仪,庶几人免柷腹,风气日淳。"①至光绪二十一年修志时,对平利的评价则是:"邑土瘠民贫,俭朴而知礼义,犹有古风。自黄公宽修志时登科者尚无人,然隐而必发,今且科甲林立矣。"②"富而后教","人免柷腹,风气日淳"。平利一百余年里的变化,或可看作是秦巴山区向"理想"农耕社会靠拢的一个缩影。

三、结语

经过百余年移民们的披荆斩棘,至清代末期,秦巴山区不但改变了"翳蔽天日、虎啸猿吟"的洪荒状态,其社会文化模式也从最初的混乱状态逐步走上了朝廷提倡的主流模式。这其中,我们不但要看到朝廷"努力"的作用,更要看到汉人移民自身在新的生存环境里是如何生成、建构出一种为王朝所认可的社会—文化模式。鲁西奇在探讨传统中国内部的"化外之区"时呼吁将更多的注意力集中在这些"空隙"(内地的边缘)是如何"被填充的"(即王朝国家是如何进入此类地区的),这些空隙及居于其间的人群是如何组织自己的社会、并将自己融入帝国体系之中去的(即他们是如何参与到国家建构过程之中的)。③ 而通过对清代秦巴山区汉人移民社会文化模式的转型考察,我们看到,移民们在进入"化外"之区后,经过一番披荆斩棘,筚路蓝缕,最后仍普遍的选择了自身熟悉的生计方式与文化价值。可以说,汉人移民们通过选择定居农耕的生计方式,以家族为组织,通过传统伦理价值的建构,重新复制了山外"化内之区"的社会文化模式,也可以说是自动地践行了朝廷所提倡的规范体系。

---

① (清)卢坤:《秦疆治略》(平利),道光年间刊印本。

② 光绪《续修平利县志》,《土产第九》,《中国方志丛书·华北地方·第 275 号》,台湾成文出版有限公司1970 年版。

③ 鲁西奇:《内地的边缘:传统中国内部的"化外之区"》,《学术月刊》2010 年第 5 期。

论明代赣地乡土戏曲的滥觞

王亚菲[1]

一、南宋咸淳年间永嘉戏曲(南戏)传入赣地

南戏于南宋咸淳年间(1265—1274)传入江西,据刘埙《词人吴用章传》载:"吴用章,名康,南丰人,生宋绍兴间。敏博逸群……当是时,去南渡未远,汴都正音教坊遗曲犹流播江南……用章殁,词盛行与上时,不惟伶工歌妓以为首倡,士大夫风流文雅者酒酣兴发辄歌之……至咸淳,永嘉戏曲出,泼少年化之,而后,淫哇盛,正音歇。然州里遗老犹歌用章词不置也。"[2]

这是永嘉戏曲于南宋咸淳年间传入江西南丰县的确切记载。经当地"泼少年化之",致使这种"淫哇"之曲日益兴盛,并逐渐在南丰扎下根来。同时,在出土文物中也得到证明:1965 年在景德镇浮梁县的查曾九墓中出土了南宋淳祐十二年(1252)的瓷俑 37 个,大部分为供奉俑,其中有 6 个是带有表情动作形态的戏俑,有一女戏俑,头戴三花冠,右手捂嘴,作暗笑状,和后世戏曲人物打扮几乎没有什么区别。1975 年,又有在波阳县磨刀石公社殷家大队洪迈的孙子洪子成夫妇合葬墓中出土了南宋景定五年(1264)的 21 个瓷质戏俑,生旦净丑等行当较为分明,姿态各异,表情丰富,服装、头饰及靴帽也有向戏曲复杂化发展的趋向,其中,有装扮盔帽幞巾,身穿紧身袖袍,带短须髯口,浓眉竖眼的武将形象;有装扮螺帽弓肩,鼻梁中隐约画有一小白色方块,作调笑状的丑角形象;更为奇特者,是一女戏俑,围裙,外帔,长袖,很有质感的一块长巾将整个头部盖住,右手扶住飘在胸前的长巾,仅见发髻与额头突兀的形状,这大概是剧中特定人物的打扮。据明人祝允明云:"南戏出于宣和之后,南渡之际,谓之温州杂剧。南戏始于宋光宗朝……或云宣和间已滥觞,其盛行则自南渡。"葬于波阳县磨刀石之墓主洪子成出生于南宋淳熙十三年(1186),从墓葬之瓷质戏俑看,墓主生前酷爱戏曲。而宋代的波阳、浮梁及景德镇均属饶州府,在绍兴年间属江南东路管辖,与浙江关系甚为密切,由此可知源自浙江的永嘉戏曲在南渡之际盛行了一段时间后,不久便由浙江进入江西,咸淳年间又发展到了赣中腹地

---

① 作者简介:王亚菲,女,江西省社会科学院《农业考古》编辑部编辑、研究员。
② (元)刘埙:《水云村稿》,《四库全书》。

的南丰县。

二、融入多种文化形式形成赣地乡土戏曲的地域特色

南戏的传入,由于同当地民间歌舞的融合,受到广大人民群众的喜欢。经济的繁荣昌盛,为戏曲的发展创造了有利条件。明朝最高统治者对此也极为重视,"洪武初年,亲王之国必以词曲千七百本赐之",明初北杂剧在江西仍然具有很大影响。分封在南昌的宁王朱权为江西明初戏曲的繁盛做出了重要的贡献。朱权,明太祖第十七子,少负气好奇,自称"大明奇士"朱彝尊《列朝诗集》评其云:"江右俗故质朴,俭于文藻,士人不乐声誉,王弘奖风流,增益标胜博学好古,诸书无不窥,旁通释老尤深于史。凡群书有秘本,莫不刊于国中。"由于王室间的倾轧,王权被剥夺,便寄情于戏曲其所作北曲杂剧,计有《冲漠子独步大罗天》《卓文君私奔相如》《淮南王白日飞升》《齐桓公九合诸侯》等12种。其中《豫章三害》是根据南昌的民间传说编写的。其所著《太和正音谱》,则是一部对元杂剧带总结性的理论著作。由于朱权潜心戏曲,宁王府建立戏班,上演自著北曲多种,促使王府教坊的产生,随之王府戏班演剧活动也达鼎盛。明代宣德年间朱祐槟被封为益王,其封地在江西建昌府南城县,这个王府对杂剧演出的提倡较之宁王府更盛:"益藩建旴时,郊外自东而南,皆属教坊,飞阁临江,绮疏鳞次,管弦丝竹之声,昼夜不绝,秦淮箫鼓殆不如也……教坊赌唱新词,争翻艳曲,其一时之豪盛如此。"

1.赣地乡土戏曲声腔——弋阳腔形成

明初,南戏在江浙及江西等地发生了一次重大变化,在江西产生了弋阳腔。弋阳县地处广信府,与鄱阳县毗邻,这一带是通往浙、皖、闽的要冲。弋阳早在南宋即是重要的军事重地,由于南宋临安与西南诸省的商业往来和艺术交流,为南戏进入江西的赣东北及赣中地区创造了条件。从历代戏班艺人都奉"杭州西门外铁板桥头二十四位老郎先师"为他们的祖师爷,可以看出承继关系。另外,在弋阳临县贵溪的仙崖悬棺中,曾出土春秋战国时期用于弹奏的木制十三弦琴和敲击演奏的木扁鼓,这是当时越人喜爱的民族传统乐器,尤其是"木扁鼓",对后世偏爱、崇尚击鼓产生很大影响。清康熙《贵溪县志》"迎神"诗载:"月有光兮风有翔,坎坎击鼓辰之良"。这种世代相沿的习俗,对于弋阳腔的诞生确有内在的联系。

弋阳历来为善歌之乡。明万历年间刊刻的《精刻汇编新声雅杂乐府大明天下春》卷七,收有《弋阳童声歌》14首,这是弋阳的"土产"。所谓童歌,其实是少年男女咏唱的情歌与山歌。其中一首云:"时人作事巧非常,歌儿改调弋阳腔。唱来唱去十分好,唱得昏迷姐爱郎。好难当,怎能忘,勾引风情挂肚肠。"这是地道的以弋阳地方音乐咏唱的民歌,它明确道出弋阳人把本地俗曲的歌词巧妙地改调弋阳腔来演唱,并广为流传。

2.佛道两教的影响促使大量乡土戏曲剧目的产生

明代开国之初,江西崇奉道教仍然很盛。朱元璋封龙虎山的张天师为全国道教

总管。南昌的朱权和张天师关系甚密，他听取了龙虎山第43代天师张宁初的建议，在南昌市郊新建县境的西山建造一座道宫，奏请赐额"南极长生宫"。他写有《瑶天笙鹤》、《白日飞升》等完全道化的杂剧，再其《太和正音谱》"杂剧十二科"中"神仙道化"又被列为诸科之首，可见道教对戏曲的影响之大。佛教亦然，江西对禅宗六祖大师的惠能禅作了重大发展，形成了洪州宗。其赣北庐山的西林寺、东林寺，永修云居山的真如禅寺等，都是天下佛教圣地。而佛禅的唱赞和天师道的经腔，对弋阳腔的形成有很大影响。

南戏《目连戏文》流入江西之后，受到赣东北一带市民及农村广大群众的喜爱和欢迎，同时，也引起佛道两教的关注，并积极组织搬演。由道教一派所搬演的称为"道士目连班"。他们所用的唱腔，便是正已天师道的经腔。目连救母故事出自佛经，原由和尚宣讲，今为火居道士来演唱，因道士们在戏中扮作和尚，身披袈裟，故又称作"和尚道"。始于赣东北贵溪县道士班的吉水黄桥"道士目连戏"，在许多重要情节和演出排场上，隐佛扬道，全剧中大量出现道教仙界的神祇，演出时处处渲染道教排场与气氛，有时则从中摘出若干场次，用作道场法事的演出节目，这种道教徒演唱的《目连戏文》，即被人们称作"道士腔"。贵溪县北乡唱的《目连戏文》，长期被群众称作"看大戏，作道士"。

而属于佛教一派的戏班，则由本乡宗族首领主持，以大姓村坊为单位，全班人员由演员18人，乐手4人组成。演出时临时集中，演完后便解散务农。演出人员按房族摊派，一房一人，其角色行当都有一定之规，代代相袭，父亲演小丑，其儿孙后代则都演小丑。父亲演老生，其儿孙都演老生。仅贵溪一县，就有金沙乡山背村李家、山背村傅家、志光乡石鼓渡刘家、鸿塘乡高石上杨家等目连戏班。每十年演出一次。演出前必先集中，延师教戏，训练一年后赴各同宗同姓村庄演出一年。这种单传的习俗有的延续到1949年初，已传50多代。这类属于佛教一派临时性的目连戏班，直到近代，江西弋阳县南乡、万年县富林和鄱阳县金祝夏家等还存在以家族演出活动的形式。弋阳腔就是在这种客观环境和佛道两教的搬演过程中逐渐形成的。

从弋阳县北乡和景德镇磻溪保留的剧目来看，原来只有四本，第一本名为《梁武帝》，后三本则演目连救母的故事。大约元代以后，由于受到北曲杂剧的影响，在目连故事以外，又增加了岳飞故事两本和西游记故事一本，这就是弋阳腔形成之初所盛演的"七本目连戏"。弋阳县目连班在长期的演出中，由于受了我国通俗文学的影响，其剧目发展选择了另一条道路，在编演结构方面深受《目连戏文》影响。在剧目方面，形成以连台本戏为其基本剧目的特点。当时，弋阳腔上演的连台本戏中，包括《目连传》在内，计有《三国传》《封神传》《征东传》。

北宋距今将近千年。由于历史原因，当年的剧本早已失传。但是，在20世纪80年代，在河南黄河北岸的南乐县，发现一种长期在乡村流传，并以当地戏曲剧种"太平调"演出的《目连救母》，似较古老。此本现只留有3场戏：《五鬼拿刘氏》《捉拿刘长基(刘氏弟)》《目连僧救母》。因为长期保留于民间,虽经乡村艺人予以发展创造,但演出内容仍保留有目连地狱救母的主要故事情节,表演也体现出原始风格。

南戏发源于浙江温州,是我国南方最古老的剧种,南宋中叶以后,则传到浙江临安和江苏苏州一带,在江浙两地颇为盛行。各地每年七月十五的"鬼节",均要举办"盂兰盆会"追悼亡灵,目连戏演出自然很盛,绍兴地区演出历史最为悠久,在明代成化年间就有,据说也是从河南传入的。绍剧的《救母记》与温州南戏相汇合,经过一番改造创新形成南戏的《目连救母》。南宋光宗朝的南戏《赵贞女》《王魁》等剧演出中有"雷殛蔡伯喈"、"活捉王魁"等情节都反映出目连戏宣扬因果报应的主旨,可以作为旁证。

南戏《目连》形成后,很快从浙江传到江西东北部,地处江西东部的南丰州,其地靠近赣东北广信府,也一度盛行"永嘉南戏"。与此同时,在饶州府鄱阳、浮梁等地,也有南宋景定、咸淳(1260—1274)时的墓葬戏俑出土为证,江西很早就是南戏的流行地区。20世纪80年代有学者在旧属广信府贵溪县进行田野调查,据当地艺人回忆说:早先有一种目连戏演一个和尚到傅员外家要一个萝卜吃,员外说,萝卜有泥,要和尚洗了再吃,和尚到塘边洗萝卜,不慎落水而亡;后来员外妻刘氏产一子即取名萝卜(罗卜)。按此说便是浙江绍剧《救母记》"投生"之情节。过去贵溪目连班有此演出,也可以视为目连戏由浙江传入赣地的例证之一。

南戏目连传入江西后,经过一段时间流传,逐渐融合江西的风土人情、乡语、民歌小调、道士腔等,从元代末年开始,在江西形成了多种目连本。这些年,经过多方努力发掘,现在江西已经找到五种目连戏的抄本,即江西南戏目连、弋阳腔目连、青阳腔目连、东河戏目连、贵溪目连。南戏目连以浙江南戏《目连》为基础,增加了新的内容并重新编排而成,所唱声腔是早期的弋阳腔。分四本演出,第一本《梁武帝》,其他三本演目连救母故事,戏可连演七天,统称"七本目连"。可以看出江西南戏目连是为适应中元节盂兰盆会的需要而产生的。

(1)南戏目连本

该本写傅氏三代人的遭遇,以因果报应为主旨。全剧四本共138出,其中第一本着重写崇佛的梁武帝。后三本是以傅罗卜和刘青提为主角,这是真正意义上的目连救母,情节有傅相乐善好施,被引上天庭,其妻刘氏开荤,烧僧房,不再行善,上天惩罚刘氏,将其抓下地狱。傅罗卜为救母,受尽磨难,下地狱救母出苦海。目连戏的演出要结合各地不同的祭祀风气进行,如赣东北浮梁、婺源等地的演出,即反映了当地演出目连戏的习俗。以往广大的佃农和瓷窑工人长年累月辛勤劳作,生活处于贫困状态,他们寄希望于神灵,盼望神灵的恩赐。还有在外经商的瓷业商人,他们在外冒风险行舟于江河湖海之中,数十年回归,其家人为保佑他们平安祈祷神灵;阳基风水,丧葬习俗等等。凡此属于祈祷冥福之事,均需作各种道场、法事仪式,也就必然要演目连大戏以消灾纳福。

（2）弋阳腔目连戏

弋阳腔目连戏明初形成于赣东北广信府弋阳县。最早流行于赣东北、南昌、高安、临川和吉安等地。清末以后，赣东北饶州府鄱阳县仍盛演此剧。

弋阳腔目连共有七本，与江西南戏四本目连戏路基本相同。弋阳腔本的戏剧情节更为细致。例如，对于刘氏违约开荤的情节，描述得一波三折十分生动。傅罗卜的形象描写与南戏出入不大，是一位至孝至善的化身。弋阳腔目连通过更加细致的情节描写，使人物形象更为生动，更具感染力。傅罗卜在观音菩萨的安排下终于得知家中的情况，他非常吃惊。剧中描写他"急忙口衔生铁，身背马鞍，三步一拜回归为母亲求忏悔"，罗卜回家后竭力劝母行善，重整三官堂，尊佛颂经，赈济孤贫。

弋阳腔目连戏于开台前也有许多仪式，如"城隍收煞"、"五鬼闹判"、"韦驮"等开台戏，剧中有许多神灵出现。在赣东北地区民间演出目连戏，也称之为"打目连"，天长日久已成为人们生活中的不可缺少的民俗祭祀活动。当地的民众求菩萨、驱瘟疫、酬神还愿、修庙宇、菩萨上金、宗族修谱皆要演戏。特别是还愿大戏，多在每年十月演出，由庙主或地方绅士主持演戏七天七夜。白天演"花戏"（饶河弹腔戏），晚上演弋阳腔目连戏，并配合道士"打醮"，通宵达旦，场面壮观。

（3）九江青阳腔目连

产生于安徽池州府的青阳县。这种声腔是江西弋阳腔传至皖南后，受当地其他艺术影响而产生的。明朝万历年间青阳腔从安徽折返并传至赣北九江地区，在当地盛行很长时间。过去九江一带盛行"万人缘大戏"，最早出现在中元节盂兰盆会，后来，逐渐成为各地乡村的平安大戏。所演剧目即青阳腔《目连传》《三国传》等连台大戏，共演七天七夜。白天演《三国传》、夜晚演《目连传》，名曰"日红夜黑"，因为每一种均为七本，又称"双七册"。赣北地区湖口、都昌等县将目连戏演出称为"地规戏"。所谓地规戏，就是指地方上按规定每隔三、五、十年，或二十年必演一届目连，否则，乡村有邪气、瘟疫、不太平，被认为是因逾期未演目连戏的缘故。

目连戏中的"起猖神"被认为具有驱鬼压邪的功能，历来备受重视。九江目连对"起猖神"仪式尤为重视。特别是在起猖神的仪式前增加了"打闹台"和"请菩萨看戏"的程式。即在"猖棚"搭好后再搭一处"高神台"，以供菩萨看戏。演出前，村民一支乐队随轿往庙内请各尊菩萨上轿，抬往神台看戏，散戏后抬菩萨回庙，每日均需如此。

（4）东河目连戏

该目连戏流行于江西赣南和吉安地区，在赣南由当地的东河戏班演出。当年，每到秋收之后，赣州府各地盛演大戏，一般为连演七天的连台本大戏。兴国是赣州府属县。每当道教净明派教祖许真君飞升，需要演戏十天，从八月初一至十二日演出七本《目连》。20世纪50年代，在与兴国毗连的赣县发现了东河戏《目连》抄本共有144出，因以东河高腔演唱，故称东河目连本。

　　该本在内容上特别突出宣扬道教的神仙信仰,全剧以两本戏的篇幅重点写道教的最高尊神——玉清元始天尊、玄天上帝等神灵。许多场次为了显示道教神威,将故事情节改变。例如,元始天尊保佑傅相得生贵子的情节与其他目连戏出入很大。又如傅罗卜的出世都与元始天尊有关。东河目连戏的后五本与弋阳腔目连本的情节大同小异,剧中多加了一些道教人物和神灵去表现。例如,傅家斋僧尼,就增加一位道教的道姑,诸如此类的增减较多。

　　东河目连戏最初流行于赣东北贵溪一带,后经赣中吉安地区而传入赣南。贵溪县龙虎山是天师道的祖地,具有正一派道教的深远影响,所以,才可能出现以宣扬道教的目连戏,这种目连戏在贵溪称为"新本",新本是不演有关"梁武帝"情节的戏,而老本保留了弋阳腔目连的第一本《梁武帝》。在吉安地区由道士们演出的剧本称为"法事戏"。

　　(5)贵溪目连戏

　　据说明朝永乐间(1403—1424)由贵溪遣至江西玉山县的移民,还带去一个目连班。清朝以后,贵溪长塘吴家和金沙山背李家一带还盛行目连戏,演出本有二三种,戏路子也不同。20世纪80年代在贵溪发现民国时抄本,这是当地业余目连班为本族祈求太平、保人丁兴旺、繁衍男丁而专门设立的,也有的人将此种戏称为"求子目连"。这种"求子目连"多选在每年的春节期间演出。贵溪求子目连戏,多是由业余目连班演出。每届演出,从各族房推选出十八人组成一个戏班,号称"十八子弟",届时,各族房均争着派本房族人参加,以求吉利。在前一年定下演出人员,便开始业余排练,次年正月演出。贵溪目连本的演出时间没有硬性规定,多则演五六天,少则一天一夜演完。由于宗族演出是为了求生贵子的目的,剧本进行了压缩改编,唱词简单通俗。结束时全部登台亮相,这也是贵溪目连的特色。

三、傩事活动催生各地的傩戏、傩舞剧

　　傩舞,又称鬼戏,是汉族最古老的一种祭神跳鬼、驱瘟避疫、表示欢庆的娱神舞蹈,明代,这种带有浓厚宗教意识的艺术形式在民间广为流传。她的产生可追溯到汉唐,例如:《傩公傩婆》即是唐代民间傩的主要节目。唐代李淖的《秦中岁时记》载:"岁除日进傩,皆作鬼神状。内二老儿,其名皆作傩公傩婆。"

　　"傩戏"在我国分布很广,各地称谓不一,有的叫傩堂戏、傩愿戏,有的叫端公戏、师公戏、庆坛戏、师道戏等。与仪式融为一体的傩戏,宗教祭祀色彩浓厚,多以祝祷与说唱、仪式性舞蹈结合在一起,直接为仪式服务。傩戏的表演要求非常严格,演出前要举行复杂的法事。首先,要精心布置傩堂神案,由傩师身着法装祭拜"师坛图"(历代傩祖师神位图),祈求历代祖师保佑演出获得成功。演出结束,傩师要在"傩师图"前举行谢师仪式。法事施行的全过程充满了森严、肃穆的气氛。傩师施行法事完毕,演员便佩戴面具上场表演戏剧。

　　傩戏在民间有"阴戏"、"阳戏"之说。"阴戏"演给鬼神看,目的为娱神;"阳戏"演给凡人看,是为娱人。为了酬谢讨好神灵,仿效宫廷宴乐歌舞礼神,是傩戏表演的重要手法。傩戏琳琅满目,种类繁多,各有特点。以服务对象和演出场所划分,分为民间傩、宫廷傩、军傩和寺院傩四种。傩戏表演均有本可依。剧本有的取材于神话传说,有的取材于历史故事,有的取材于现实生活,内容多与宗教鬼神有关,亦有演出世情剧目,比如《孟姜女》《沉香救母》《董永卖身》等。

　　舞台美术则重视装饰性和写意性,有浓郁的节日气氛。由于傩戏积淀了从上古到近代各个历史时期的多元的宗教文化和民间艺术,特别是戏曲文化,从而在剧目、声腔、表演等方面有一套独特艺术风格。和很多地方戏曲的幼年期一样,傩戏即无职业班社,也无专业艺人,全凭口传心授,或父子相传,或宗族师承,故而很少受外来艺术的影响,至今仍保持着宋杂剧和古南戏的古朴风貌。江西傩戏大体分为以下几种形式。

1.自成一格的广昌孟戏

　　这种受古傩影响的"孟戏",在明代即已产生。江西广昌县与傩乡南丰县毗邻,在当地有一种专门演孟姜女故事的宗族戏班(所演的戏曲简称"孟戏")。宗族戏班演出前需举行祭祀仪式,并演跳傩的节目《开山》。在演"孟戏"时,戏台前悬挂着角色的面具。其来历曾流传着一个传奇的故事。传说在广昌县甘竹舍上村有一位姓曾名紫华的人,曾紫华在一次兵乱中,身背双目失明的母亲逃往深山避难,途中遇贼寇追赶,曾紫华大声呼救,只见天空突然降下三员神将,三员大将杀退贼寇后,旋即无有踪影。此时,只听得远处的山谷传来隐约的锣鼓声,母子二人循声而去,竟然发现山岩后面存放着两只大箱子,打开一看,箱内放着二十四只木雕的面具,还有一些纸张,原来这就是"孟戏"的戏本。曾母手抚面具,不觉眼前一亮,失明的双眼顿时重见光明。二十四只面具中,有三只即是刚才从天而降三位神将的面具,待翻阅剧本的时候,才知救命的神将即是剧中的角色,他们是秦朝的三员大将——蒙恬、王翦、白起。后人称他们为"三元将军"。曾紫华得此戏本和面具,便组织族人将其搬上舞台演出,以酬神祈福。此后每年正月,在曾姓酬神祭祖的庆典中,均要演《孟姜女送寒衣》。这就是广昌"孟戏"的来源。

　　孟姜女的故事属于家喻户晓的民间传说。广昌孟戏唱腔具有较强的文学性,唱词感人,充满着凄美的悲剧色彩。例如《滴血寻夫》,旦唱[懒画眉]词:"夫郎惨死,夫郎惨死,妻怎活? 哭倒呀长城百里多,城下骨骸横交错,那副呀是我的范郎哥。(道白后接唱)天地神主,威灵昭著,许氏孟姜,祷告祈求,保我灵验,滴血寻夫,是我亲夫血入体,不是亲夫四散流。"感人的唱腔,配合演员逼真的表演,足以使观者唏嘘不已。

　　广昌孟戏也属于傩戏的范畴,因此在演出前后需要举行祭祀仪式。每年正月元宵节前三天,择吉日"起戏",(开始演出),起戏上午要抬菩萨游村,名为"出帅",全族男女均应参加。先请出三元将军(蒙恬、王翦、白起)的面具,请出戏神的偶像,分别放在两人抬的交椅上。众人有的扛着"回避"、"肃静"匾牌,有的扛着各色旗帜,有的鸣爆、巡游各处。各户家均在门前摆设供桌,鸣放爆竹,跪揖,恭迎菩萨到来。"出帅"后,在戏台正对面,为三元将军和戏神唱祝词安座,宰猪设祭。戏台两边的柱子上各挂一块肉、一条鱼以避邪。晚上演出前先要插路烛,从河边木桥的"王墩"上,一直插到祠堂屋檐下。之后的程序是"请神",由宗族首领捧神本念唱,敬请全国各山大刹诸神和孟戏前辈已故艺人来看戏。请神时全村人都要拜揖。与此同时将孟戏的全部面具摆挂在神案前。其中,"三元将军"和"雷公雷母"的面具须给演员戴上演戏。曾姓村第一夜演出前还需要作"打钱"仪式,保佑合坊大吉昌。第二夜演出前先跳《开山》,再演孟戏第二本。在整个演出结束后,还有"辞神"的仪式,辞神时,也要插路烛,顺序与开演前正好相反,是从祠堂里向外插,一直插到木桥的"王墩"上。广昌孟戏的"请神"与"辞神"仪式的形成,正是受到南丰县甘坊傩影响的结果。

2. 赣东北的"舞鬼戏"

赣东北的婺源县(今属江西上饶市)旧属安徽徽州府,1949 年划归江西。当地俗称跳傩为"舞鬼"或"鬼舞"。婺源与徽属的祁门县毗邻,北宋时即受祁门县跳傩的影响,婺源长径村、庆源村也出现跳傩。据传明代嘉靖年间,在外地做官的程文著从陕西带回"跳傩"也对庆源村傩事活动产生影响。婺源傩的驱鬼仪式定为每年的12 月 20 日晚,驱疫活动的类型属于早期宫廷傩的一种。保留的傩舞节目很多:有《傩公傩婆》《魁星点斗》《判官醉酒》《和合舞》与南丰县的傩舞基本相同,此外还有相类似的傩舞如:《开天辟地》《太阳射日》《追王》《孟姜女送寒衣》《太白金星下凡》等。

婺源的傩舞剧的特色主要体现在《舞花》这个节目,这是舞鬼中的一出压轴戏。剧情展现了秦始皇驾崩后,李斯等设计陷害秦始皇长子扶苏,以及扶苏被药酒毒死的过程。这个历史故事发生在陕西省,因此,演出受到宫廷傩的影响是不可避免的。因为受宫廷傩的影响,这出戏在人物造型上,采用了由宫廷傩演化出的六诸侯代表十二兽,是十二兽的化身。《舞花》全场戏,均需戴上傩面具进行演出,在艺术形式上是保留宫廷傩的艺术特征较多的傩舞剧。

婺源县"舞鬼"的傩班中,有许多艺人会演目连戏,傩事活动也采取白天跳傩,晚上演目连戏。这种演出一般是在宗祠的戏台上。因为受目连戏渗透,其"舞鬼"的节目中,吸收了高腔戏的唱本,例如《姜女送衣》,加上了弦乐伴奏,开口启唱,这就不同于以往的傩舞剧,只做,不唱。所以,婺源的傩舞剧在演出实践中,又有一定的发展。

3. 独具风格的"开口傩""闭口傩"

万载县的傩戏,即"开口傩",与明代《说唱词话》中的《花关索》大体相同,只是篇幅很短。由当地的傩班演出,现在保留的傩戏剧目。赣西的"开口傩"、"闭口傩"

也是属于傩舞、傩戏与傩事活动融合在一起的傩戏演出形式。与上述修水等县不同的是,傩戏的演出均要戴上傩面具。赣西边陲的万载和萍乡,均为客家人的主要居住地。宋元时期归袁州府管。这一带分为"开口傩""闭口傩"两种跳傩形式。所谓"开口傩"就是能唱的傩戏,后者就是"傩舞",这是江西傩戏的另一种形式。据传赣西傩在唐代就已出现。

仅有《花关索与鲍三娘》,共有四出戏,唱词属于词话体,这出傩戏是和傩舞融合在一起演出,共八场。如第一场《跳开山》,分日神和月神两角色。第二场《跳走令》。第三场《关王下书》关王与关靖对刀,雷公送文书奏关公(这一场只有对白)。第四场《关索出兵》(只有两段唱词)。第五场《花鲍对阵》,花关索与鲍三娘对阵相爱(全部唱)。第六场《团将》,除花、鲍二人外,扬帅、关公、二大排、二小排、小鬼、判官等(这一场是气氛热烈的群舞场面)。第七场《小鬼戏判》(对白、嬉戏均有),第八场《土地》(以唱念为主,其中,几小锣者为答腔、伴唱者)。八场演出中,以第三场《关王下书》中的"比刀"节奏性最强,具有浓烈的民间武术的色彩。第五场《花鲍对阵》为重点场次,两个角色同唱一首曲调,每句唱词同为七字句,每两句一间歇,间歇中以锣鼓伴奏。

从这出傩戏的表现形式来看,它既有情节,又有傩舞,有唱腔,有场次,具备完整的戏剧艺术特征,是一出可以单独演出的傩戏。并且全场演出需要戴上面具。这些特征,与修水等县的跳傩、与戏曲同演的傩戏,在形式与风格上均有诸多的不同,也显示出万载傩戏独特的艺术风采。

4. 傩事活动与地方戏曲合演

这种傩戏演出的艺术特征,一般是与傩歌、傩舞及行傩的仪式融合在一起演出。先行傩,后演戏。戏剧内容是直接从当地流行的戏曲中选演剧目,或者演其中的戏曲片段,形成具有一定情节的戏剧。这种傩戏演出一般不戴面具。演出的傩班称作"案堂班",清代各大姓宗族竞立神会,雕彩傩像,兴修傩庙,酬神还愿的演出都需要案堂班的演出。在古宁州(今修水县),这种演出很普遍。《义宁州志》就已注明"乡里演戏迎送,谓之行傩"。民国初年,义宁州全县尚有"案堂班"48个。当时班主和艺人都是傩神的崇拜者,因此,有"无案不开傩"之说。演傩戏和行傩的仪式紧密相连,此种演出遍及义宁州各地。这种"案堂班"演出,随着时代的变迁,演出的剧种也在变化。所唱傩歌,与当地的民歌、道士腔交融,又受江西弋阳腔的影响,变成一种"傩歌高腔"。清代以后,随着弋阳腔的逐渐衰弱,傩戏就转唱以皮黄腔为主的宁河戏。所演的剧目,也都选择江西弋阳腔的剧目。例如:《封神传》《真君传》等。在演出形式上仍保留请送傩神、唱傩歌的例规:开演前由傩主请神,领众人唱傩歌。这种傩戏的演出,实质是一种娱人乐神的活动。

江西靖安县、奉新县(在修水县东)的"掸傩"活动中,所演的傩戏也属于这种形式。新春"掸傩",这个"掸"字,有"以掸除疫疠之鬼"之意。每年春节期间,掸傩班以傩神菩萨大小为序,抬举着游走,各户人家接傩,掸傩班表演傩舞后,夜间在户家或祠堂内演出当地的戏曲。演出有较为严格的程序:开始是先请傩神出"将军殿"。仪式十分隆重,钲鼓齐鸣。傩头手执板,抱着唐太子走前;次为轿子抬着将军,唐明皇画像挂在轿门旁。轿后是人背着二将军、三将军、面山将军的面具;长将军在后。另外,乐队、演员跟随一面带有黑色飘带的红色三角旗在后面压队。每到一处则众人焚香迎接。傩队进入户家,将五位将军供奉厅堂,由傩头先念一段开场白,接着,在锣鼓声中表演傩舞。跳傩的傩神有土地、和合二神、小娘子、灶神等。表演傩舞边唱边舞,唱词是七字句的固定格式。傩舞结束,唱一首保吉庆的"十保曲"。晚间一般是请傩班演戏。演完戏,最后结束所有程序时,仍需在行傩一次方能结束。在清代时,靖安所演戏曲,一般是当时流行的"湖调"剧目,在节日期间,这种傩班就请湖调艺人来参加傩班的演戏。

以上靖安、修水的傩戏演出情况,是一种从宫廷傩队发展而来,并且经过长期的与民间傩队以及地方戏曲相融合的过程,所形成的特有的傩戏形式。当然,这种来自地方戏曲的节目,还缺少鲜明的傩戏特点,一旦离开傩事活动,即不属于傩戏的范畴。从本质上说,此种傩戏的存在,促使宫廷傩在向民间傩的转化中增加了演戏的成分,亦使傩事活动增加了娱人的成分。

5. 自成体系的"傩舞剧"

赣东地区的抚州,为江西跳傩活动最发达的地区之一。唐宋时期抚州的古傩,头戴樟木、杨木面具,手持道具或法器,以钲鼓为打击乐,配以单人、双人的舞蹈,逐疫、驱邪、娱神。随时代的变迁,社会风俗的兴盛,逢年过节,喜庆事宜,跳傩随人们的需求突破原有的礼制,逐渐向世俗化的方向发展。经过广大傩艺人的努力,在原有傩舞的基础上,又不断吸收、创造、编演了许多新节目,有些节目已具备了戏剧的雏形,我们称其为"傩舞剧"。

傩舞剧的特点:有一定的故事情节,每个角色皆戴木雕面具,表演时身着戏曲服装,在人物造型、表演亮相、武打场面等方面皆与戏曲相近似。不同之处主要是因为佩戴面具,影响唱和念的发挥,所以,除了在户家和祠堂开口祝词以外,一般是不开口的,这与宋代的哑杂剧很相似。"傩舞剧"表现剧情比较简单,属于戏剧的雏形,似戏,又不全像。正如南丰县石邮村傩神庙前石刻楹联:"近戏乎,非真戏也;国傩矣,乃大傩焉"。抚州地区傩舞剧的特点,也是"近戏乎,非真戏也"。

"傩舞剧"虽然情节较简单,但是,剧情所表现的人物均需要出场,例如,《召将》中有八个角色:张天师、哪吒、马、赵、温、关(公)四大元帅、周仓、白猿精,每个角色在一定的情节中都出场表现一番。又如,剧中角色的表演过程有些戏中表现得十分详细。试举一例《打罗汉》(亦名《大头和尚装香》)。表演大肚罗汉装香事宜的过程很细致。只见台上装扮大肚罗汉的艺人头戴面具,挺肚翘臀,造型风趣。然后,迈着蹒跚的步履,形象而逼真地表演一件件装香的准备事宜。清扫殿堂、装香、添油、洗手、洗脸;然后,打鼓、撞钟;做完后,大肚罗汉作一套打拳的身段动作;接着,因为打拳动作太猛,罗汉不慎摔了一跤,忙抚臀做痛苦状。小和尚看见,忙赶来将其扶起,送大肚罗汉下场。然后小和尚复又上台,继续清扫,完毕后,愉快地翻筋斗、叠罗汉、耍杂技、作武术动作。这出戏的表演运用了一系列虚拟动作,形象地表现了剧中角色的个性特点,既有夸张表演,又有变形表演,使剧情饶有风趣,既热闹又吸引人,是至今保留的一出深受人们喜爱的"傩舞剧"。

《封神记》《三国传》等傩舞剧,在表演上却是另外一番情形。这些戏,均是传统的戏曲保留节目,傩戏艺人完全可以借鉴原有的舞台艺术形象进行演出,但是由于面具的限制,剧中人物出场,为显示其人物身份及其表演意图,采取充分运用道具的方法进行。手持道具表演,既表现了剧中人物,又是傩戏独特的风格。其中借鉴和学习了"傀儡戏"中的一些表现手法。

这些傩舞剧由于情节较简单,动作性强,表演时间又比较短少,深受人们喜爱,因此,至今仍保留了许多的小折子戏。这些小折子分开可以单独演出,合起来,又是一出故事情节较为完整的傩舞剧。例如:抚州傩班吸收了戏曲《封神传》中的《杨任》《杨戬》《捉张奎》《土行孙》《邓玉婵出征》等小折子戏。这些戏可以单独演出,又可以将其串起来,成为一出完整的以"姜子牙破渑池"为故事内容的傩舞剧。这些傩舞剧与戏曲比较而言,虽然在唱腔方面略逊一筹,但是,在身段表演方面,与戏曲相比较毫不逊色。例如《张飞闯辕门》中,诸葛亮初登将台点将时,五虎将之一的赵云作了一套漂亮的"起霸"动作,与戏曲中的"起霸"程式完全相同。

傩舞剧戏剧情节丰富,对古傩原有节目形成一定的影响,促使原有的节目弃旧纳新。比如,《傩公傩婆》节目,在原有表演的基础上,增加了富有生活情趣的细节表演,使之更加风趣,引人发笑。戏中表现一对老年夫妇晚年得子,对崽崽疼爱有加,傩婆教傩公纺纱织布,并要傩公带崽,傩公并不情愿,乘傩婆打盹的当儿,逗崽玩,因此将傩婆吵醒,又不让傩婆喂奶,傩婆生气,扯住傩公的耳朵,令其扛凳下跪,傩公无奈只好认错,一对老夫妻总算言归于好。

傩舞剧演出场地比较灵活,祠堂里有戏台就在戏台上演,也可以在户家的庭院中演。演出服装除了头上扎红布巾外,逐渐向戏剧的服装靠拢。音乐不仅有打击乐队伴奏,还有丝竹乐器、吹管乐器。傩舞剧所使用的面具,大多数选择富有人物个性的面具,如三只眼的杨戬,眼内生两手的杨任,大头的和尚;动物精灵的面具,如猴子、猪、牛、鲤鱼、蛇等。如果面具无法体现个性特色,则以各种道具作替代物表现,如八仙各自的法器、哪吒的乾坤圈等,表演无须自报家门,一看便知。傩舞剧从傩舞发展而来,吸收戏曲与傀儡戏的艺术形式特点,融合跳傩艺术独特的风格,形成具有各种戏剧因素的傩舞剧。但是,傩舞剧始终保持了跳傩艺术的特色。

四、吸收北曲杂剧等丰富营养使戏曲艺术得到发展

明初北曲杂剧在江西的盛行,给赣地乡土戏曲之一的弋阳腔提供了丰富的艺术

营养。弋阳腔剧目,大部分是艺人或民间剧作家写出来的本子,多为无名氏作品。从思想内容到艺术形式,经过了长期的舞台实践才渐趋完美。这就使它有别于海盐腔和昆山腔的高深雅致,而充分显示出弋阳腔走的是民间发展的道路。

明代以来,江西的茶叶、造纸业和陶瓷业迅速发展,在徽商崛起之前,江西的江右商人是南方最先驰名于全国的大商帮。在明清时,由江右商帮所建的江西会馆遍及长江流域及各大都市。这些会馆既是江右商人集聚之地,又为弋阳腔的传播演出提供了场所。而民间的弋阳腔戏班,依托商业繁荣的城镇而发展,同时,又循着江右商人的商路向四处流布。此外,明初统治者"扯江西,填湖广"的移民措施,也给弋阳腔的流播提供了有利的条件。明徐渭《南词叙录》云:"今唱家称弋阳腔,则出于江西,两京、湖南、闽、广用之。"由此可知弋阳腔盛行范围之广,影响之大。弋阳腔起到了戏曲和音乐的播种机作用。弋阳腔在江西的演出有三大活动中心,即上饶、南昌、吉安。从三个基地辐射,渗透江西全境。古代江西的迎神赛会,以及建醮还愿的祭祀活动规模相当大,"万人缘"的大醮,演出场面十分壮观,弋阳腔戏班在其中充当主角的作用,可谓"梨园纷集,演戏月余"。在这种大规模的祭神活动中,少不了弋阳腔演出的连台本戏。

弋阳腔的舞台表演艺术以擅演目连戏与历史戏著称,演出中表现了一种质朴粗犷的生活气息,着重于扑跌翻打的武技表演,并与大锣大鼓所造成的强烈气氛相结合,具有融说唱、舞蹈、武术、杂技于一炉的目连戏的表演形式。弋阳腔被誉为"中国戏曲的活化石",其表演体系大致有几个方面。一是炽热火爆的武术杂技和武打场面。比如赣东北一带演出目连戏时,两树之间悬挂丈余宽布,艺人在上面连翻筋斗,谓之"打布"。弋阳腔来自民间,凡是人民群众喜闻乐见的民间艺术与民间武术、杂技等都拿来作为丰富和发展表演的养料。为此弋阳腔子弟"剽轻精悍",长于"相扑跌打",代代相传,最终成为弋阳腔表演艺术中一个不可缺少的重要组成部分。这种炽热火爆的表演风格正是人民群众喜闻乐见的表演形式。弋阳腔在其诞生之时,便在乡村草台演出,成千上万的农民观众身处旷野,面对简陋的露天草台,需要的是一种金鼓喧闹的音乐,高亢激越的放歌和夸张雄放的姿态,而弋阳腔恰恰迎合了这种需要。弋阳腔在长期的草台艺术实践中,与那炽热火爆的武打表演融为一体,形成了一种独特的粗犷、遒劲、豪放、夸张的表演风格。二是随意灵活的民歌入腔和民间舞蹈。弋阳腔保留了南戏的"不叶宫调,亦罕节奏"的民间特点,并在此基础上广泛自由的创新,因而大大发扬了南曲"随心令"的特色。弋阳腔的编者有目的的选用人民群众所熟悉的当地民歌入腔,使剧作通俗化,贴近现实生活,贴近群众,演出深受广大观众喜欢,观众在演出时常常跟着哼曲子,观众的情感与剧情的发展产生了共鸣。三是角色行当的全面发展和严密分工。明代时,弋阳腔的角色行当体制分为"九行",即"三生、三旦、三花"。弋阳腔的九行体制自成系统。四是独具一格的滚调形式和改调歌之。经过长期的艺术实践,弋阳腔艺人创造了"滚调"这样一种新的表现形式,对传奇戏曲的曲牌音乐加以发展并有突破。周贻白在《中国戏剧史讲座》的"明传奇与弋阳腔"一节中说:"一经扮演登场,词即通俗易懂,声调又接近语言,对一般观众而言,其普及程度实非调高和寡的昆山腔一类雅音所能抗衡。"

　　总之,明代赣地众多的乡土戏曲的形成和发展对清代戏曲的繁荣起到了奠基的作用,直接催生了清代戏曲的昌盛的局面。

晚清地方官绅与蚕桑局的兴衰①

高国金　　盛邦跃②

中国传统劝课蚕桑在近代社会的土壤中滋生了蚕桑局。晚清各类局务机构自同治时期开始逐渐增多,同治初期大量兴起于太平天国与捻军战争破坏的江苏地区,至光绪初期开始在全国范围内扩散,光绪二十三年受蚕政影响,上谕各省成立蚕桑局,此时蚕桑局的发展达到了顶峰。蚕桑局整个发展过程都伴随着官员的倡率与士绅的参与,以及清末绅商崛起与机构变迁,传统官员劝课蚕桑的在近代群体与机构转型中逐渐转型,这也是近代社会背景下的必然趋势。文章借助晚清蚕桑局劝课参与群体的结构分层与职责分工为视角,运用群体职能与群体演变的研究方法,分别介绍蚕桑局倡率兴起与机构运行中劝课官员的作用;运行机制中士绅的中枢作用;近代绅商对蚕桑局经营职能的承载。

一、官员倡率

晚清蚕桑局的兴起与发展离不开官员的推动,各地蚕桑局皆由地方官员倡率设立,并且在蚕桑局务中发挥着举足轻重的作用。陆献道光二十二年丹徒县城东创办课桑局,二十四年又与文柱于镇江城南鹤林寺设蚕桑局,其余集中在太平天国战争后社会修复,主要分布于江苏长江南北两岸的江宁、清江浦、扬州、金坛、太仓、上海、南汇等地。蚕桑局不断扩散到全国的脉络与黄鸿山研究晚清江浙慈善机构的发展,例如洗心局、迁善局等,在时间和地点上有些许吻合。③ 太平天国运动后社会修复任务繁重,刺激了各类地方机构的兴起与发展,使江苏地区成为包括蚕桑局在内,各类局务机构的理念源头。蚕桑局在江浙地区扩散首先是得到曾国藩的支持,比如江宁、镇江、扬州、清江浦等地。"批据禀已悉,课桑养蚕实为培养民气善举,该司既筹议举行,仰即饬令,印委各员妥议章程,次第办理,仍随时与镇江、江宁互相谘商,期

---

① 基金项目:江苏省 2013 年度普通高校研究生科研创新计划项目(省立省助)"晚清蚕桑局及近代转型研究"(CXZZ13—0280)。

② 作者简介:高国金:男,南京农业大学人文学院科技史博士,主要从事晚清农业史与社会史、蚕桑技术史研究。盛邦跃:男,南京农业大学人文学院教授,博士生导师,研究方向为农业科技史、农业思想史。

③ 黄鸿山:《中国近代慈善事业研究——以晚清江南为中心》,天津古籍出版社 2011 年 7 月版,第 116 页。

彼此皆有利益也,檄。"①蚕桑局扩散到全国的理念主要是由游历或为官在江浙地区经历的官员作为传播者,其两位关键人物:沈秉成于镇江、上海设立蚕桑局;涂宗瀛于江宁、广西、河南设立蚕桑局等,他们都有过江苏地区为官的经历,比如光绪六年为了应对"晋豫奇荒"而设立于开封的河南蚕桑总局,就是典型融入了涂宗瀛同治四年江宁府设桑棉局的理念。

官员籍贯与蚕桑局的创设有必然联系。晚清江浙官员数量庞大,杭嘉湖蚕桑闻名天下,甚至太湖地区蚕桑技术也领先全国,这使得江浙官员更容易得到蚕桑知识和蚕桑风俗文化的熏陶,由此官员重视蚕桑发展,并设立蚕桑局有天然的优势。比如"太仓遭兵燹后由归安吴承潞知州创捐设蚕桑局"②,吴承潞浙江归安县人,同治四年乙丑科进士。③沈秉成浙江归安县人,咸丰六年丙辰科。④瑞州府江毓昌于郡城设立总局,而江毓昌也籍隶江南。⑤江苏海虞翁曾桂守衡州曾创设蚕桑官局,后又于江西设局"光绪丙申循衡州旧法,受命大府筹款,于省垣东北隅购置隙地,建立蚕桑官局"⑥。光绪元年江苏吴江任兰生于寿州设局试办蚕桑。同时江浙官员也是晚清撰写蚕桑农书的主体,而未设立蚕桑局的零散劝课的官员很多也来源于江浙。

官员创设蚕桑局是儒家思想熏陶下传统官员个人价值的实现。通过晚清科举、荫补、捐官、幕僚或者战功等方式入仕的传统官僚,以儒家济世救民的精神支撑。孟子曰"五亩之宅树墙下以桑,匹妇蚕之老者可以衣帛矣",此言为晚清劝课官员的座右铭,各地官员劝课皆以其为出发点。"教一人而渐及一乡焉,教一乡而渐及一邑焉,浸远浸久,襄变而渐焉。"⑦更加切实地体现了守土之士造福一方的普世价值观,衬托出封建士人沉重的社会良知。晚清劝课蚕桑的名宦如陈文恭、宋如林、周凯、左宗棠、陈宏谋等,在其治地以劝课农桑成效卓著而备受推崇,被称为近世发展蚕桑造福地方的楷模。这也通过功绩卓著与声望远播,在官员群体网络内部互相影响。官员们认为成立蚕桑局劝课蚕桑可以富民强国、教化乡民、改善民风,也是其对小民社会理想与形态维持的初衷。晚清官员群体中经世致用风气浓厚,比如左宗棠于福建、陕甘、新疆等地成立蚕桑局,多部大量经世文编的刊刻,成立蚕桑局的官员普遍重视农桑,"今日救时之要,非富未由致强,非讲求农工商务末由致富,如西洋虽以商立国,然农以栽种,工以组织,商贾方有来源"⑧。甲午战争后清政府更加注重实业,各地推行很多实业与富民的举措,比如蚕桑局作为实业的一种被载入地方志,光绪

① 方潴颐:《淮南课桑备要》,同治十一年钞本,南图藏(宫太保候中堂鉴核批示祗遵奉)。

② 宣统《太仓州镇洋县志》,《太仓州志》卷三《风土》二十二,江苏古籍出版社1991年6月版,第35页。

③④ 多洛肯:《清代浙江进士群体研究》,中国社会科学出版社2010年6月版,第252、251页。

⑤ 江毓昌:《蚕桑说》,瑞州府刻本,第2页。

⑥ 《蚕桑辑要·广蚕桑说》合一册,光绪丙申仲春,江西书局开雕,序,第3页。

⑦ 《中国农业史资料》第259册,方大湜《桑蚕提要》,光绪壬午夏月都门重刊,《桑蚕局记》,第11页。

⑧ 魏纶先:《蚕桑织务纪要》,光绪辛巳(七年),河南蚕桑织务局编刊,《附蚕桑辑要略编》一卷,(清)豫山编,光绪六年,南图藏(李少荃爵相答魏温云书)。

二十九年高邮知州洪槃设东西课桑局编入在《三续高邮州志·营业状况》。[1]

蚕桑局日常运营中官员的职责。除倡率设立、理念传播、农书撰写外,官员在蚕桑局日常运营中也起到了重要的作用。晚清成立蚕桑局的官员有很多都有着蚕桑技术能力,在技术传播过程中总结了一些新的方法来解决技术困境,同时也对技术进行了本土修正,这对蚕桑技术异地实践以及农学理论的发展都有重要作用。比如河南蚕桑总局官员魏纶先总结了购桑、运桑、栽桑、灌溉、嫁接、收叶等很多杭嘉湖蚕桑技术异地实践的新理论新办法。此外官员还承担蚕桑局选址、捐廉筹款、雇觅工匠、告示的撰写发布、奏疏檄文、委员采办桑秧工具等事宜。委员购桑是蚕桑局最基本的事务,各地蚕桑局几乎都在杭嘉湖地区购买桑秧,委派人员中多由下层官员亲自采买。官员是蚕桑局蚕桑技术传播的统领者,支撑着整个局务的运转,指导各种事宜的办理。蚕桑局并没有固定的官员职位,多由其他官员兼任,这也是晚清很多新兴局务机构的特点。官员是蚕桑局兴衰发展的关键,官员迁任后蚕桑局不久便废弃,光绪二十有一年直隶总督李鸿章提到“或政事纷繁不遑兼顾,或视为不急,未肯深求,间有究心树艺,一经迁任,柔桑萌蘗多被践踏斧戕”[2]。光绪十六年马丕瑶巡抚广西,令所属州县创兴蚕业,购运桑秧蚕种,颁布民间,知县张明府师厚谕委绅士设局,会马公调任,官局遂罢。

二、士绅构成与中枢作用

晚清蚕桑局士绅群体构成。士绅属于传统思维影响下维护统治者利益的群体,蚕桑局史料总结士绅主要有以下几类构成:在籍官员、贡生、监生、城绅、乡绅、绅耆、富农等。其中在籍官员有技术知识和声望,例如丹徒课桑局陆献。蚕桑局日常事务是由士绅组成的绅董负责,对其来源有严格要求“须城厢附近者,以便常川到局经理,有大事商议”[3];“宜由地方公举公正殷实,明白耐劳绅士,并且尽心竭力,皆明大义,为桑梓求永远利益的士绅”[4]。瑞州为地方性州府,但也要求在城乡结合带的士绅负责事务。而省级蚕桑局远离乡村,就需要更多层次士绅共同参与、互相协作。如河南蚕桑局“于省城对堵庙袁公祠内设局,一面邀集在城绅士,并各社绅耆,谕饬分社劝办,实心经理”[5]。而祥符县监生万联道自有肥地百亩,情愿划出一百五十亩,请领四万株;生员陈邱园邀同戚友,凑款购地九十余亩,请领三万株。可见不仅包括了城绅、乡绅、绅耆,还有监生等阶层的参与。由于区域与时间的差异,各地蚕桑局士绅参与构成不尽相同,一些州县蚕桑局参与士绅构成较为单一。士绅称呼上

① 《三续高邮州志》卷一《营业状况》一百六,江苏古籍出版社1991年6月版,第303页。

② 《蚕桑萃编》,浙江书局刊刻,光绪二十六年第1页。

③④ 江毓昌:《蚕桑说》,瑞州府刻本,章程,第3页。

⑤ 魏纶先:《蚕桑织务纪要》,光绪辛巳(七年),河南蚕桑织务局编刊,《附蚕桑辑要略编》一卷,(清)豫山编,光绪六年,南图藏(代理祥符县饶拜飗开局禀,第36页)。

也不尽相同,湖北分守安襄郧荆兵备道方大湜提及总首士与各地方散首士称呼①;江毓昌瑞州设立蚕桑局中都晶长负责承领桑秧②。不管名称与地区差异,晚清蚕桑局作为劝课机构,有着深深地士绅群体烙印,这也是晚清劝课所独有的特点。

士绅蚕桑局的中枢作用。首先,士绅具有组织执行作用,是沟通官员与小民的桥梁,在承领与分发桑秧中扮演着重要角色。各地成立蚕桑局栽桑是首务,只有桑树可摘叶后养蚕缫丝等后续工作才能开展。天台设劝桑局使台民领秧分种的同时,还分送于乡之绅士家,使为之倡。其次,除官员捐款外,士绅也是蚕桑局所需资金重要的来源。地方士绅大多掌握土地、财富,晚清随着绅权扩张,更多倚重士绅们兴办地方事宜。早在道光二十二年丹徒蚕桑局规四条便有钱款"由绅士分单,各向亲友写捐,无论多少若干,均由局中给与收票,俟三年成熟,按每年一分起息,统共加三连本归清"③;此外河南蚕桑局章程十条中说道"由地方官捐廉为倡,或旧有闲款可筹,或会同公正绅士,酌量劝捐"④;尹绍烈清河蚕桑局规条同样也倡导士绅捐款;沈秉成镇江蚕桑局提到了绅富"集资"。最后,绅董管理日常运转,董司局务。比如丹徒县劝课蚕桑局"公请董事管理出入账目,照料一切"⑤;太仓蚕务局由士绅王世熙主持局务。各地蚕桑局由局绅管理出入账目、照料局中桑秧数株、开具领种人始名与住址,编写愿领花名清册等日常工作。瑞州蚕桑局董事有事务时"六人皆到,平时分为两班,每年一班,轮流经管,若将来事务过忙,随时酌添,总期无冗人"⑥,而光绪六年方大湜襄阳置局"局员浙江宋学庄,董绅徐廷楠、徐家成、杨开炳、黄中行"⑦,可见蚕桑局绅董基本维持四至六人管理日常运转。

士绅与蚕桑局章程制定。晚清劝课蚕桑局区别与以往传统劝课农桑的标志就是蚕桑局章程,这也是判定蚕桑局出现的重要依据。晚清林林总总的局务机构大都有自己的规章。而蚕桑局规章源于士绅与官员妥议。章程与规条是蚕桑局事务规范的标杆,其形成和发展有自己的脉络。目前与地方志中仅见于同治十二年南汇知县罗嘉杰设立种桑局附章程四条。⑧ 其余章程都依附于劝课用的蚕桑农书,比如最早的陆献蚕桑规条首先被文柱所引用。《山左蚕桑考》与《光绪高唐州志》中《山左蚕桑考》"节录"⑨并无课桑规章内容,但可以肯定陆献撰写的丹徒蚕桑局章程刊刻于南图藏版光绪二十四年《蚕桑合编》,这部分内容包括"丹徒蚕桑局规四条"与"蚕桑局事宜十二条",与序言中文柱所说辑录陆献"上年丹徒在籍知县陆献刊行"⑩相

①⑦ 《中国农业史资料》第259册,方大湜:《桑蚕提要》,光绪壬午夏月都门重刊,《桑蚕局记》,第3、11页。

②⑥ 江毓昌:《蚕桑说》,瑞州府刻本,《章程》,第4、3页。

③⑤ 何石安:《蚕桑合编一卷附图说》一卷,道光二十四年,内附丹徒蚕桑局规章程,南图藏《局规》,第1页。

④ 《蚕桑辑要合编·不分卷》,二册附补遗,光绪六年(1880),河南蚕桑局编刊,南图藏《章程》。

⑧ 《南汇县志》卷三《建置志》九,江苏古籍出版社1991年6月版,第607页。

⑨ 光绪《高唐州志》卷三《物产一附录二十九》,江苏古籍出版社1991年6月版,第337页。

⑩ 何石安:《蚕桑合编一卷附图说》一卷,道光二十四年,内附丹徒蚕桑局规章程,南图藏,序第1页。

印证。得以证明近代以来江苏地区兴起的蚕桑局规条首创于陆献，此后尹绍烈清江浦、江毓昌瑞州等地皆引用陆献章程为模板，晚清河南蚕桑局章程最为完整与充实。章程并不仅见于蚕桑局，未成立蚕桑局的地方劝课蚕桑也出现了各类章程，比如"公议禁窃桑章程"与"公议劝种桑章程"①、道光"建平绅耆公拟蚕桑规条"②、光绪二十一年曹偁《蚕桑速效编》中"劝谕种桑章程"等。诸多规章的出现说明其维护了地方劝课蚕桑秩序，是劝桑制度规章的保障。章程中还蕴含各类丰富的信息，包括劝课群体结构、技术传播、社会面貌等。可见章程与蚕书序言、告示文书、地方志构成了研究晚清蚕桑局的重要史料。章程内容与形式直到民国时期依然延续着晚清时候的特点，一些章程基本上没有本质上的变化，只是机构和人员有了不同的称谓。

三、绅商的崛起

清末，随着市场经济与海外贸易的发展，蚕桑局劝课蚕桑不再适应市场要求，清末逐渐没落，被取代、裁汰、荒废是一种常态。蚕桑局逐渐嬗变与裂变成多个分散功能机构。例如"南皮尚书暨浏阳中丞，鉴于大利可兴，遂有蚕桑局之设，第官局提倡，不免多费，受奉大府命，将蚕桑局归并农务局，机织归并工艺局，以节经费"③。光绪二十三年藩司翁曾桂于省城设蚕桑局，二十九年改隶农工商矿总局。饶州府吴守祖椿兴办蚕桑局，光绪三十三年张守捐办农林劝业场，以道署旧基为栽种试验地。湖北所设蚕桑局因为皆用旧法，张制军将局裁撤，并归农务学堂。光绪三十四年彭山县又开蚕桑传习所一班，宣统元年，省设劝业道，各县设劝业分所，蚕桑局即并入。光绪二十九年南阳县知事潘守廉成立蚕桑局于东关释站路旁。光绪三十一年，方城奉文设立蚕桑局。光绪三十四年，南阳宛绅杨君翰亭、张君忠将原官绅蚕桑局改为阜豫蚕桑有限公司，联合同乡经官呈请商部注册。④ 多种迹象表明蚕桑局机构功能嬗变与分化成教育、试验、官府等。

光绪末期与宣统时期，绅商参与创办了大量的蚕桑公社和蚕桑公司，尽管实业之初官员一直是倡设公司与公社的主力，但随着时间推移，1906 年后地方士绅自办蚕桑公社与公司明显增多，并且这些地方士绅在劝课地方的同时具备了很强的商业经营色彩，不仅仅是以传统士绅身份出现，兼具了商人的特点，崛起的绅商也部分地承载了蚕桑局蚕桑生产经营的职能。马敏称绅商"狭隘地讲，就是'职商'，即上文所说的有职衔和功名的商人；广义地讲，无非是由官僚、士绅、商人相互趋近、结合而形成的一个独特社会群体或阶层"⑤。甲午战争后各地注重实业发展，尤其新政兴

---

① 吴烜：《蚕桑捷效书》，江阴宝文堂，光绪二十二年丙申孟春 1896 年，南图藏章程。
② 邹祖堂：《蚕桑事宜》，道光丙午，板存安省城内马王庙，栅口左集文唐刻字店，第 2 页。
③ 《农学报》，农学会，第八本，七十六七月上，富华纺织绸缎所招股并章程启。
④ 梁振中：《清朝南阳的蚕丝业》，《中国蚕业》2004 年 5 月 25 卷 2 期，第 75 页。
⑤ 马敏：《"绅商"词义及其内涵的几点讨论》，《历史研究》2001 年第 2 期，第 127 页。

起后，士绅与商人合流迹象明显，绅商群体开始在蚕桑实业领域登上历史舞台，涉足于近代企业与地方实业。绅商群体改变了以往传统商人经营丝绸商铺与收买丝茧的形象，开始从蚕丝生产源头进行组织生产，倡导与成立了蚕桑公社、蚕桑公司等近代企业。传统官员与士绅造福乡民的劝课蚕桑，开始转变为绅商主办的公社与公司，具备了近代企业经营的特点，绅商的参与是传统官员劝课蚕桑理念与模式历史性的转折。蚕桑公司方面有安徽巡抚请奏于安庆"议创日新蚕桑公司，约同有志员绅，筹集股份，增购附近田地，广植桑株，逐渐建造屋庐，力兴桑事，每岁采购湖州桑秧，兼为乡民代办"①。此外还有"邵伯颖茂才现纠集同志，集款六千金于杭州立种桑公司，请新昌石君麟总其事"②；宣统元年铁岭县农会总理音德恒额联合同志，招集股本，创设蚕桑公司；张謇"约同人请于厅同知，谕劝兴办，民无应者。于是议仿西法，集资办公司"③。蚕桑公司为了实业救国而发展起来的，其在集资、股本等形式上基本具备了近代公司的雏形。蚕桑公社包括：上海农学会会员朱君阆榳等在如皋结农桑公社；湖南"长沙北门外马厂，上年新立蚕桑公社，由绅商集股而成"④；"四川蚕桑公社社长合州举人张森楷等呈移举人等于光绪二十六年，议以民款试办四川蚕桑公社"⑤；巴县地区由一二有志之士，又复远游日本，近历嘉湖，勤求蚕术，学成返里，各欲出其所得以期倍获，或独立经营，或集资兴办，一县之内，蚕社林立。蚕桑公社的兴办也采用集资、股本、独立经营等形式。总体看来，绅商群体在蚕桑公司与蚕桑公社领域的人员主要由地方士绅、商人、农学会员、地方志士等混合杂糅的群体组成，反映出晚清蚕桑局的经营生产功能被公司与公社取代，逐渐剥离了官办色彩。多种迹象表明蚕桑局功能嬗变与分化成教育、试验、官府等。

蚕桑局兴衰变革与晚清官督商办等实业内容的发展规律是相吻合的，近代转型中的很多实业经历了官办，其后发展遇到了瓶颈而逐渐废弃，转为商办，这种形式在工业等领域体现尤为明显。蚕桑局根本出发点来源于传统官员的劝课农桑，具有中国传统士人济世救民的特点，这种特点与近代局务机构的形式相融合，进而产生了蚕桑局的机构形式。蚕桑局兼具了官与民的双重色彩。日益融入世界市场与中国近代经济日益发展之际，官民合办形式的蚕桑局经营形式已经不再适应发展，蚕桑局的经营在光绪末期遇到了各种困难。甲午战争之后，借着实业救国的浪潮，蚕桑局的传统混合功能被演化与分割成多个部分：经营上逐渐被绅商成立的蚕桑公司与蚕桑公社取代；官方机构上逐渐转化为农工商部下设机构农务局等负责；蚕桑教育上自杭州蚕学馆后、蚕桑学堂逐渐兴起，很多地方还建成了蚕桑试验场，开展了近代

① 《农学报》，农学会第六本，四十九十月上，安徽巡抚奏报种植情形摺。
② 《农学报》，农学会第八本，八十三九月中，集款植桑。
③ 《农学报》，农学会第六本，光绪二十三年六月下，张謇论海通蚕桑书。
④ 《农学报》，农学会第八本，七十七七月中，湘中蚕政。
⑤ 《农学报》，农学会第十三本，百七十正月中，试办四川蚕桑公社推广集股通启。

实验科学研究。所以说蚕桑局也是晚清近代化变革的一个缩影。

结语

晚清蚕桑局是传统劝课与近代社会相结合的机构形态,晚清劝课参与群体较以前其群体结构已经发生变迁,导致蚕桑局具备了近代机构转型普遍的半官半民属性。蚕桑局机构出现,是群体结构变迁与近代社会转型的必然结果。笔者再将蚕桑局分为三类,即:完全官府参与的机构,此类多属于洋务派进行的发展地方蚕桑业,进行劝课;官民合办的劝课机构较为多见,官倡绅办形式为主,二者通力合作,造福乡民;纯粹绅办的多属于地方士绅单独发展蚕桑业,进行鼓励地方民众领种致富,地方民间组织性质更强,此类较为少见。从群体衍变视角来分析晚清蚕桑局功能的逐渐嬗变与裂变,探究其机构、经营、教育等职能的分化,即走向诸如劝业道、农务局等机构之路;蚕桑学堂、试验场等教育之路;蚕桑公司、蚕桑公社等商业经营之路,这充分体现了晚清蚕桑局的近代化变革的历程,也是群体职能与群体衍变作为视角来研究蚕桑局变迁的重要手段,更能清晰的透析出群体职能和群体衍变与蚕桑局的嬗变、裂变之间的必然联系。由此得出结论,蚕桑局是晚清劝课参与群体的结构变化应时而生的。随着蚕桑局不能适应近代转型的经济与社会要求,在政府机构变迁、绅商群体崛起、工匠来源转变之后,蚕桑局就开始嬗变与裂变,蚕桑局职能也被分化。所以说晚清局务机构的兴衰是社会群体变迁、近代社会经济转型等多种因素综合作用的结果。

清代粤港澳茶叶出口贸易对
欧洲茶业形成和发展的影响

刘馨秋　王思明①

茶,世界三种无醇饮料之一,由荷兰人于1610年从澳门首次运至欧洲。中国茶叶进入欧洲的最初一段时间,并没有被欧洲社会所认知,甚至其已经在市场上出售,也仍然是一种鲜为人知的商品。直到17世纪中叶以后,随着荷兰人转运至欧洲的茶叶逐渐增加,欧洲社会才渐渐熟知这种来自东方的神奇饮料。18世纪,以英国东印度公司为主的众多欧洲东印度公司与广州建立起直接的茶叶贸易联系之后,华茶大量涌入欧洲市场。茶叶贸易不仅增加了欧洲的财政收入,同时也带动了航海业、蔗糖业等相关产业的进步。更为重要的是,与粤港澳地区之间繁荣的茶叶贸易直接促进欧洲茶产业的发展,并为独具特色的欧洲茶文化的形成奠定了基础。

一、茶叶种植与加工业

以英国为例,东印度公司与粤港澳地区茶叶贸易的繁荣发展,直接刺激了英国茶树的试植。从19世纪30年代起,英国从中国引种茶籽茶苗,开始在其印度殖民地大规模发展茶业。此时正值鸦片战争前夕,是中英茶叶贸易最为繁荣的时期。此后的百余年间,英属印度的茶树种植业飞速发展,到19世纪后半叶逐渐赶超中国,成为世界主要茶叶种植、生产和出口的地区。

英属印度很早就从中国进口茶叶,而且在其国内也发现有野生茶树,但其茶树种植业的发展却一直处于初始阶段。直到18世纪90年代初,东印度公司与广州的茶叶贸易发展日益繁盛,才因此开始考虑从中国引种茶籽、茶树,在印度殖民地进行试种,以脱离广州十三行的掌控。1834年,英国东印度公司对中国的贸易垄断权被取消,其与广州的茶叶贸易随之中断。为了继续获得茶叶贸易带来的巨额利润,东印度公司将其商业矛头转向印度殖民地,开始了属于英国的茶树种植业。此后的几年中,陆续有样茶在伦敦市场上销售并引起轰动,这大大刺激了英印政府对发展茶树种植业的热情,阿萨姆公司应运而生。

为了提高茶叶品质,英国东印度公司于1848年派遣"茶叶经济间谍"罗伯特·

---

① 作者简介:刘馨秋,女,南京农业大学人文学院讲师,主要从事农业史研究。王思明,男,南京农业大学人文学院院长、教授、博导,主要从事农业史研究。

福琼进入中国内地①,要求他"从中国盛产茶叶的地区挑选出最好的茶树和茶树种子,并负责运送到加尔各答,再从加尔各答运到喜马拉雅山的詹姆森处"。除此之外,"还必须尽一切努力招聘一些有经验的茶叶加工者",以发展英属印度茶叶种植业的发展②。东印度公司"盗取"茶树种植和制茶技术的策划非常成功,仅 1850—1851 年间,罗伯特·福琼就向加尔各答运去了 20 余万株茶苗和大量茶籽,并培育成 1.2 万株新茶树。罗伯特·福琼在茶叶和茶苗运输方面的创新,以及他所挑选的中国茶工,大大促进了英属印度植茶业的发展。虽然这种高度模仿曾造成印度茶叶"出产无多,且货色不佳,所值亦为有限"的后果,导致经营者"亏本甚巨",③但英属印度的茶树种植业最终找到了适合自己的方向和模式,走上快速发展的轨道。至 1858 年,英印植茶公司已有 30 多家,茶园面积和茶叶产量均稳步扩大和增长。从 70 年代开始,茶叶加工逐渐向机械化过渡,英印茶叶的产量和出口量大幅提升,从而进一步推动了茶园面积的扩大。

中国对英国的茶叶贸易直接引发英属印度茶树种植业的发展和繁荣,同时也在无形之中为自己塑造了一个强有力的竞争对手。从 1866 年至 1903 年,在英国消费的茶叶中,印度茶所占比例从 4% 上升到 59%,这无疑对中国茶叶出口贸易造成了严重冲击。④除此之外,中国茶叶贸易面临的更为严峻的挑战,是欧洲及其殖民地机械制茶工艺的发展。

18 世纪后期的英国工业革命和法国资产阶级革命,将欧洲带入了现代文明。工业革命彻底改变了欧洲的生产方式,现代机器大生产取代传统手工业生产,大规模工厂化生产取代个体工厂生产。这场生产与科技的革命在创造巨大生产力的同时,也把整个世界纳入资本主义的商品经济体系。以工业革命为背景,欧洲茶叶加工业从一开始就建立在科学技术的基础之上,不仅使其自身得到高速发展,而且对世界茶叶机械加工业也产生了深远影响,引发了茶产业的技术革命。1872 年,杰克逊发明揉茶机;1877 年,沙弥尔·戴维德逊发明了第一台以热气焙炒茶叶的西洛钩式焙炒机,取代了传统的炭炉焙炒;1887 年,杰克逊改进压卷机,使其更为快速;而西洛钩式焙炒机也改进成上下通气式。至 19 世纪末,揉茶、切茶、焙茶、筛茶、装茶等环节均已实现机械化。⑤

在自身茶产业愈发衰落和茶叶加工日益机械化的双重冲击下,19 世纪末期,中国茶叶加工业也开始尝试机械化。比如 1893 年的温州焙茶公司,1897 年的福建焙茶公司,1898 年的两湖茶叶公司,1906 年的华商砖茶厂兴商公司,1909 年的振利茶砖总公司、两湖振兴茶务公司,都是用机器制作茶叶的茶厂。⑥ 然而,即便在 19 世纪

---

　　①③⑤　陶德臣:《英属印度茶业经济的崛起及其影响》,《安徽史学》2007 年第 3 期,第 5—12 页。

　　②④　何京:《中国茶叶被窃秘史》,《茶叶通讯》2005 年第 32 期,第 47—48 页。

　　⑥　姚贤镐:《中国近代对外贸易史资料》第二册,第 1580—1581 页。转引自《英属印度茶业经济的崛起及其影响》,《安徽史学》2007 年第 3 期,第 5—12 页。

末至 20 世纪初,清朝政府和茶商已经意识到中国茶业面临的问题,越来越多的茶厂采用机械制茶,但中国近代工业仍然以官办、官督商办以及官商合办为主,不具备近代化企业的性质。与其他产茶国家的机械化程度相比,中国的机器茶厂数量少、规模小、设备旧,分散的工厂力量无法形成近代工业体系,最终还是逃脱不了被取代的结局。

二、瓷器制造业

"水为茶之母,器为茶之父",茶具是茶产业与茶文化的重要组成部分,其中,瓷器更是"贮存和品啜茶叶的最佳容器"。① 正因为茶叶与瓷器的密切关系,在欧洲与粤港澳茶叶贸易繁荣发展的同时,瓷器的价值也被重新定位。可以说,茶叶贸易不仅引发瓷器贸易,而且更是欧洲瓷器制造业产生和发展的原动力。

如果说茶叶改变了欧洲人的日常生活习惯,那么瓷器则在一定程度上丰富了欧洲人的审美。新航路开辟之后,对中西贸易发展做出重要贡献的葡萄牙人,首先将瓷器从中国运至欧洲。② "海上马车夫"荷兰人紧随其后,将瓷器贸易逐步扩大。1610 年,荷兰人首次将茶叶从澳门传入欧洲的同时,瓷器也随之进入欧洲市场。例如,1610 年,荷兰商船 Roode Leeuw met Pijlen 号从广州购回约 9227 件瓷器;1612 年,Gelder land 号运回荷兰的瓷器多达 38641 件;至 1614 年,荷兰东印度公司购得的瓷器数量已经上升到 69057 件;迨至 1637 年,该数量竟高达 259380 件。③ 进入欧洲的瓷器数量逐年增多,它和茶叶一起,被列入每个贸易季度的投资计划之中。

与此同时,17 世纪的英国也出现中国瓷器收藏热,王公贵族搜集各式各样的中国瓷器,以显示主人的高贵和品位。伊丽莎白一世将其所藏的一个白瓷碟和一个青瓷杯视为无上珍宝④,查理五世和菲利普二世都是中国瓷器的收藏爱好者或收藏家,其中菲利普一人就拥有 3000 多件中国瓷器⑤。中国瓷器以坚硬的质地,高雅的品位,以及良好的保温效果获得西方人的青睐。

随着欧洲和英国饮茶习俗的形成和发展,同时也为了配合茶叶的特性,茶具贸易特别是瓷器贸易,也随着"茶叶世纪"不断增长的茶叶贸易得到发展。据记载,18 世纪初,年均约有 200 万件瓷器从中国进入欧洲;在 18 世纪后期,进口到欧洲的中国瓷器平均每年超过 500 万件。⑥ 对比茶叶贸易,仅就英国东印度公司来说,18 世

① 朱大可:《茶、瓷、丝三位一体——华夏帝国的器物贸易》,《普洱》2008 年第 5 期,第 68—71 页。

② [美]约尔格:《瓷器与荷兰的对华贸易(A. Joug: Procela in ang the Dutch China Trade)》,纽约 1983 年,第 83 页。转引自张世均:《中国瓷器在拉美殖民地时期的传播》,《中华文化论坛》1997 年第 1 期,第 85—88 页。

③ 万钧:《东印度公司与明清瓷器外销》,《故宫博物院院刊》2009 年第 4 期,第 113—162 页。

④ 姜智芹:《英国历史"中国风"》,《中外文化交流》2002 年第 4 期,第 38—41 页。

⑤ 赵欣:《十八世纪英国汉学研究》,浙江大学博士学位论文,2008 年,第 57 页。

⑥ 艾瑞斯·麦克法兰、艾瑞·麦克法兰,杨书玲、沈桂凤译:《绿色黄金》,家庭传媒城邦分公司,2005 年版,第 141—142 页。

纪最初的 30 年,该公司从广州购买茶叶量年均约 8670 担;此后的 20 年升至 12454 担;从 50 年代后直至其终止对华瓷器贸易的 1792 年间,年均达 74638 担。由此可见,茶叶贸易对瓷器贸易的促进作用是相当明显的。

与此同时,中西方瓷器贸易的发展直接促进了欧洲瓷器制造业的兴起。在此之前,欧洲瓷器烧造的发展进行得相当缓慢,高温烧成的真正瓷器始终未能成功。直到 17 世纪 70 年代后期,荷兰的陶工才仿制出保温茶壶。① 随着茶叶与瓷器贸易的繁荣发展,17 世纪末至 18 世纪初,德国的一些化学家在对中国瓷的研究中发现,可以用长石粉取代玻璃粉作熔剂,最终成功烧制出与中国瓷相仿的硬质瓷。在经历一段时间的研究和探索之后,欧洲的瓷器制造工艺终于发展到较高水平。同时,法国、德国、意大利、西班牙等国家的瓷器厂先后建成,为欧洲瓷器工业的继续发展奠定基础。18 世纪中期以后,欧洲各国均掌握了中国瓷器的仿制方法,不仅能够烧制出中国的青花瓷、彩瓷、德化瓷,而且还发明了带有欧洲风格的瓷器,这也为中国瓷器的滞销埋下伏笔。

英国的陶瓷制造业虽然起步较欧洲稍晚,但由于"英国陶瓷之父"乔治亚·威基伍德在瓷器制造方法及使用原料上的创新和改进,以及将艺术与工业相结合的经营理念之下,英国瓷器制造业取得了巨大成功。在 18 世纪的进程中,机械化制作的标准化大众产品越来越多地进入市场。② 到 18 世纪末,英国的陶瓷业制造中心——斯托克所生产的陶瓷制品,已经足够销售到英国各地和欧洲国家。③ 英国不仅有乔治亚·威基伍德发明的奶白瓷,小乔治亚·威基伍德发明的骨瓷,还有大乔治亚·斯普特发明的转移贴花装饰技术等高超的制瓷工艺。此后,以威基伍德、斯波德、伍斯特、明顿和德比命名的陶器、瓷器和骨瓷茶具渐渐占据英国及欧洲市场④。

欧洲本土生产的瓷器不仅适销对路、供货快捷,且价格也较中国瓷器低廉,面对这种竞争优势,中国瓷器在欧洲市场渐无生存空间。鉴于此,英国东印度公司董事部于 1792 年起,终止对中国的瓷器进口。由此可见,至 18 世纪末,欧洲和英国的陶瓷制造业已经发展完备,足以满足其自身的市场需求,而中国瓷器出口贸易则先茶叶贸易一步,逐渐走向衰落。

三、饮茶习俗

(一)茶叶初传欧洲

在葡萄牙人于十五六世纪开辟新航路之后,东西方文化交流日益频繁,这无疑

---

① ④ 　[美]Jane Pettigrew 著,朱湘辉译:《茶鉴赏手册》(The Tea Companion),上海科学技术出版社 2005 年版,第 48、49 页。

② 　[英]彼得·伯克(Peter Burke)著,杨豫等译:《欧洲近代早期的大众文化》(Popular Culture in Early Modern Europe),上海人民出版社 2005 年版,第 301 页。

③ 　刘章才:《十八世纪中英茶叶贸易及其对英国社会的影响》,首都师范大学博士学位论文,2008 年,第 95 页。

为中国茶叶向西方传播创造了有利条件。威尼斯作家 Giambatlista Rarnusio 所著的《中国茶》和《航海与旅行记》二书①，是最早记述茶叶的欧洲文献。《航海与旅行记》第二卷序文中关于茶叶的记载为，"大秦国有一种植物，或仅就其叶片供饮，人人称之曰中国茶，视为珍贵食品，此茶生长于中国四川嘉州府，其鲜叶或干叶，用水煎沸，空腹饮服，煎汁一二杯，可以去身热、头痛、胃痛、腰痛或关节痛，唯此种汤汁愈热愈佳。并谓此外尚有种种疾病，以茶治疗亦能有效。如饮食过度，胃中感受不快，饮此汁少许，不久即可消化"。虽然内容中提及的"叶片供饮""用水煎沸"等方法与茶叶的"饮用"看似相关，但主要还是为了介绍茶叶的药用价值。到明清时期，中国国内的饮茶文化已经相当成熟，但在荷兰人于17世纪将茶从澳门运至欧洲之初，茶叶却仍然从"药用"阶段开始被欧洲人所接受。据记载，英国第一个有记录的评论说，茶叶是"经过所有医师认可的饮料"。

随着饮茶在荷兰的普及和盛行，到17世纪末，很多上层阶级在自己的寓所建造茶室，妇女们还成立了饮茶俱乐部，饮茶显然已经成为荷兰民众的时尚。阿姆斯特丹甚至上演喜剧《茶迷贵妇人》，以讽刺妇女们沉迷饮茶而忽视了作家庭主妇的职责。当然，这也在一定程度上反映了荷兰，以至整个欧洲的饮茶之风。②

（二）以荷兰为代表的欧式饮茶

随着茶叶不断输入欧洲，荷兰人在经营茶叶贸易的同时，也在吸收中国的饮茶文化，并在其基础上结合本土特点，确立了欧式饮茶的基本程序。刘章才在其博士学位论文《十八世纪中英茶叶贸易及其对英国社会的影响》中概括了17世纪末至18世纪初，荷兰人确立的欧式饮茶基本礼仪，"品茶时间多半在下午两点至三点左右；女主人致辞之后以谦恭的态度招呼客人；茶室中四季皆准备暖脚炉以供客人使用；女主人准备若干种茶叶供客人选择，并负责备茶；客人大多会依从女主人的推荐；煮塞夫盖（阿亚美科的球根草）的小型茶具放在一旁，当客人有需要时再把它加入茶中，成为塞夫盖茶；茶中多半会加入昂贵的砂糖，但是不加奶精；品茶时把茶杯放在茶碟上；品饮时要发出声音，并给予赞美；在茶桌上所谈论的话题仅限于茶与即席供应的糕点；每人可以续上十至二十杯茶"。

上述荷兰人的品茶礼仪已经与中国传统饮茶习俗大为不同，虽然同样具备专供饮茶的茶室，但时间的规定则显示欧式"下午茶"的风格已经初步形成。另外，向茶中加入砂糖的饮茶方法，也脱离中式习俗，尽显欧式风格。茶与糖的结合，在一定程度上是自发产生的，因为在当时的历史条件下，糖与茶叶一样，也是代表身份和地位的昂贵奢侈品。而且，正如德国作家贡特尔·希施费尔德所说，"饮食文化对经济与社会转变的反应是迟钝的"，糖不仅代表声望，也是流行于欧洲的时尚调料，所以即

---

① ［美］威廉·乌克斯著，中国茶叶研究社译：《茶叶全书》（上册），中国茶叶研究社1949年版，第14页。
② 孙云、张稚秀：《茶之西行》，《茶叶科学技术》2004年第4期，第39—40页。

使中式饮茶无需加糖,但"如果事关口味,人们往往是多么顽固"①。另从精神层面来说,荷兰的饮茶方式更偏重于社交活动,而非中国式的精神修行。不论东西方的饮茶习俗存在多少异同,欧洲饮茶习俗都是中国茶叶出口贸易与欧洲文化相结合的产物,这使茶叶在欧洲风尚中逐渐占据显著地位。

(三)饮茶习俗在英国的发展

荷兰人在 17 世纪上半叶将茶叶运至英国,但是在英国与广州的茶叶贸易联系建立之前,并没有销售茶叶的特定场所,茶叶仍然只是作为新兴商品出现在咖啡馆里。为扩大宣传,伦敦的咖啡馆甚至刊出销售茶叶的广告,"这种被所有医生都称赞的卓越的中国饮料,被中国人称为 Teha,在其他国家被称为 Tay 或 Tee,在伦敦皇家交易所之旁的沙特尼斯·汉德咖啡屋有售"②,以此扩大民众对茶叶的了解并刺激销售。不仅如此,卖茶的商家对茶叶的饮用方法仍然缺乏了解,所以伦敦商人汤玛士·卡拉威竟以卖啤酒的方式在自己的咖啡馆中卖茶:将茶叶冲泡之后存放在小桶内,如有客人需要,再倒出来加热。③ 从上述销售方式可以看出,民间虽然把茶叶当作奢侈品以昂贵的价格出售,但对其饮用方法却毫无讲究,甚至还不够了解。不过,茶叶在英国这种不被了解的沉寂状态,很快便被嫁入英国的葡萄牙公主打破。

1660 年,流亡荷兰的查理在斯图亚特王朝复辟之后回到英国,成为查理二世。1662 年,查理二世与葡萄牙国王约翰四世的女儿凯瑟琳公主联姻。人称"饮茶皇后"的凯瑟琳公主不仅喜欢饮茶,甚至还懂得"在小巧的杯中啜茶"。④在她嫁到英国时所带的嫁妆中,就包括 221 磅中国红茶和精美的中国茶具。成为王后的凯瑟琳公主经常在王宫中招待贵族们饮茶,于是贵族阶层争相效仿,饮茶很快成为英国宫廷的一种礼仪,茶叶也成了豪门贵族社交活动中风行的饮料。但当时茶叶价格非常昂贵,每磅约 16~60 先令⑤,所以茶只能局限在上流社会,作为富人的饮料。

凯瑟琳公主个人对于饮茶的偏爱,引起了英国社会对茶叶的热情关注,这无疑对茶叶在英国的推广起到推波助澜的作用。这一点,通过 1664 年和 1666 年,东印度公司两次购买茶叶献给英皇查理二世的事实中,可以得到充分证明。虽然公司董事部两次献给英皇的茶叶总量仅有 24 磅 14 盎司,但这一举动却是英国东印度公司正式开始茶叶贸易的标志。

17 世纪后期,英国东印度公司和中国还未建立起直接的茶叶贸易关系,但此时英国皇室的饮茶习俗却已呈现出"中国式"。据记载,英皇玛丽二世以及安妮女王也

---

① 〔德〕贡特尔·希施费尔德(Gunther Hirschfelder)著,吴裕康译:《欧洲饮食文化史——从石器时代至今的营养史》(Europäische Esskultur),广西师范大学出版社 2006 年版,第 120—121 页。

② 杨静萍:《17—18 世纪中国茶在英国》,浙江师范大学硕士学位论文,2006 年,第 8 页。

③④ 刘章才:《十八世纪中英茶叶贸易及其对英国社会的影响》,首都师范大学博士学位率文,2008 年,第 45、47 页。

⑤ 〔美〕Jane Pettigrew 著,朱湘辉译:《茶鉴赏手册》(The Tea Companion),上海科学技术出版社 2005 年版,第 16 页。

都热衷推广饮茶文化,经常在宫廷内举办茶会,并以屏风、中国茶具等带有中国情调的器具渲染氛围。茶叶仍然属于昂贵的奢侈品,饮茶也自然成为一种身份的象征和炫富的方式。据记载,当时英国名媛淑女们腰间都藏有一把镶金嵌玉的精致小钥匙,用来开启为保存茶叶而特制的茶叶箱,而且泡茶也是由女主人亲自主持,以防佣人会偷盗茶叶,足见当时茶叶在英国的珍贵程度。

到17世纪末,关于茶叶的种类和冲泡方法,英国人已经有了一定认识。例如,塔特在《茶诗》中详细介绍了松萝茶、珠茶和武夷茶的特性,并且谈到了前两种绿茶可以不加或加少量糖,而武夷茶则必须加入较多的糖以更好的调和茶汁的颜色与味道。另外,在17世纪葡萄牙独霸巴西蔗糖生产的时期,英国的砂糖还需仰赖进口,其昂贵程度可想而知。所以,向昂贵的茶叶中加入昂贵的糖,可以说是皇家奢华气度的一种表现。

随着东印度公司与广州的茶叶贸易大规模展开,英国国内茶叶价格稳步下降,例如,1728年红茶的价格在每磅20~30先令,到1792年只需2先令就能买到1磅品质良好的武夷茶了。[①] 茶叶价格的大幅下降,再加上英国市民阶层巨大的购买力,以及对高雅时尚的接受能力,到18世纪末期,茶叶在英国社会"几乎普及到一般民众","甚至于成为农业工人的经常性饮品"。[②] 与此同时,茶叶在英国的饮用方法,也经过了本土化的磨合过程,形成独具特色的英国茶文化。当然,戴维斯在考察报告中所描述的,"清水上面浮有几片最廉价的茶叶,再加上一点点红糖",这虽然是属于"穷人"的饮茶方式,但也从侧面反映了英国人饮茶习惯加入调味品的特点。

英国人的饮茶方式虽然受到荷兰和葡萄牙的影响,但在吸收欧洲饮茶礼仪的同时,也进行了一定程度的改造和创新,其中意义最重大的改变,是在茶汤中加入大量的糖和牛奶。在荷兰人创制的欧式饮茶礼仪中,只在茶汤中加中少量红糖以去除苦涩味,而英式饮茶礼仪则加入大量的糖。虽然当时荷兰莱登大学的科尼利斯·邦提柯耶博士认为,在茶汤中加入糖的做法"是一种不可思议的荒唐",但基于英国充足的糖料来源,喝茶加糖仍然顺理成章地成为英式饮茶习俗中最具特色的形式。除了与糖结盟之外,红茶的兼容性还不止于此,它还能够与牛奶完美结合,成为香气浓郁、滋味醇厚的奶茶。由于牛奶是英国人的传统饮食,所以英国人很自然的首创了在饮茶时添加牛奶的方法,这种方式使英式饮茶文化极具浓郁的英伦本土特色,同时也在18世纪逐渐普遍并细化起来。

(四)法兰西式下午茶

法国,一块三面临海的六边形国土,处于欧洲大陆的最西端,是进出欧洲腹地的门户。法兰西科学院人文及政治学院院士玛丽亚娜·巴斯蒂说,"16世纪末到19

---

① 刘章才:《茶在英国的普及时间辨析》,《安徽农业科学》2007年第35卷第19期,第153页。

② 刘章才:《十八世纪中英茶叶贸易及其对英国社会的影响》,首都师范大学博士学位论文,2008年,第58、60页。

世纪初,法国是欧洲人口最多,经济和军事力量都很强大的国家";"18 世纪的法国是欧洲大陆最强大的国家"。① 然而,在这个对欧洲极具影响力的国家的饮料文化中,茶叶最终还是被安置在配角的位置上,即使中国茶叶曾一度风靡欧洲,并成功融入英国文化之中。

　　法国所获得的茶叶,同样是由荷兰人转运的。海牙国家档案馆的助理管理员科朗布朗代认为,"近 1667 年的时候,茶已经被大规模地进口了"②。也就是说,17 世纪下半叶,法国人对茶叶已经不再陌生,只是因为价格昂贵,所以并不被多数人所接受。到 18 世纪,茶叶伴随着欧洲兴起的"中国风",进一步在法国社会扩散。然而,茶叶终于还是因为高昂的价格等原因,在与咖啡的较量中败北,只能在贵族阶层中小范围流传,发展成为一种"小众文化"。在这个诞生了众多思想家、艺术家的国度,茶叶虽然在最初的时间里曾引发了法国人的浓厚兴趣,但终究未能取代咖啡的位置。饮茶只在上流社会盛行,"并未真正被列入日常饮品"③,也未能像"咖啡文化"一样被赋予人文思想,上升到精神领域。这或许与茶叶过于昂贵的价格有关。据 1694 年巴黎的一位药剂师所说,"中国茶 1 磅 70 法郎","对中、上层阶级的人大概也是一个相当大的负担"。④ 虽然茶叶未能成为法国的国民性饮料,然而即使是上流社会的小范围习俗,法兰西式下午茶也注定会褪掉英式的贵族奢华,融入更多超脱的精神和思想。

　　总结欧洲国家在茶树种植与加工业、茶具制造业以及饮茶习俗等茶产业方面的形成和发展,均是在以英国东印度公司为主的众多欧洲东印度公司以广州为中心的粤港澳地区建立起直接的茶叶贸易关系,华茶大量涌入欧洲市场之后,才逐渐产生并发展起来的。对于欧洲新兴的茶产业,粤港澳地区的茶叶出口贸易无疑起到至为重要的促进和推动作用。

　　① 中央电视台:《大国崛起·法国》,中国民主法制出版社 2006 年版,第 24、39 页。
　　② [法]亨利·柯蒂埃著,唐玉清译:《18 世纪法国视野里的中国》(Henri Cordier: La Chine en France au XVIII siècle),上海书店出版社 2006 年版,第 19—20 页。
　　③ [美]Jane Pettigrew 著,朱湘辉译:《茶鉴赏手册》(The Tea Companion),上海科学技术出版社 2005 年版,第 14 页。
　　④ [日]角山荣著,玉美、云翔译:《茶入欧洲之经纬》,《农业考古》1992 年第 4 期,第 257—262 页。

明清以来农业农村农民的研究综述

李昕升　　王思明①

　　明清以来中国从一个纯粹的农业社会逐渐向转型为一个新兴的工业社会,政治、经济、文化、社会的这种结构性变迁必然对农业、农村、农民产生深刻的影响。对明清以来农业、农村、农民的研究可以充分把握在这一历史变迁中的规律,不仅有助于总结历史的经验教训,也有助于解决当今我国的"三农问题"。

　　农业、农村、农民可以说是三位一体,对其一的研究必然会涉及另外其二,所以本文虽然将明清以来农业和农村、农民的研究综述划分成两大部分,只是说对其中某一有所侧重,并不是孤立的研究农业、农村或者农民,农民问题无疑是"三农问题"的核心,一切都应该围绕农民问题展开。另外,本综述并不讨论现代的"三农"问题,也就是说,所谓"明清以来"的时间下限是 1949 年。在本文之前已有较多的研究综述②,本文在视角、结构上有所不同,并补充了学术界最新的研究成果。

一、对明清以来农村、农民的研究

　　国外学者的研究尤其引人注目。戴维·福乐从 1870—1937 年中国农村经济的发展变化出发,以广东、江苏两个地区的农村经济商品化过程为实例,探索这一时期国际贸易的增长同农业商品化的关系,以及对中国农村经济、特别是农民的生计的影响,认为对外贸易在中国农村经济的繁荣和发展中起了积极作用,这种积极作用一直持续到 20 世纪 30 年代世界经济大萧条对中国农村经济产生冲击为止;不是租佃关系决定了农民的生活水平,而是商业化条件和能生产的条件;中国农民所特有

---

① 作者简介:李昕升,男,南京农业大学中华农业文明研究院博士研究生,研究方向为农业史。王思明,男,南京农业大学人文学院院长、中华农业文明研究院院长、教授、博士生导师,研究方向为农业史。

② 徐勇、徐增阳:《中国农村和农民问题研究的百年回顾》,《华中师范大学学报》1999 年第 6 期;王思明:《20 世纪农史研究的回顾与展望》,《中国农业历史学会第九次学术研讨会论文集》,2002 年;王先明:《中国近代乡村史研究及展望》,《近代史研究》2002 年第 2 期;李金铮、邹晓昇:《二十年来中国近代乡村经济史的新探索》,《历史研究》2003 年第 4 期;李善峰:《20 世纪中国村落研究综述》,《华东师范大学学报(哲学社会科学版)》2005 年第 2 期;黄志繁:《20 世纪华南农村社会史研究述评》,《中国农史》2005 年第 1 期;王先明、杨东:《新世纪以来中国近代乡村史研究的回顾与反思》,《史学月刊》2010 年第 7 期;任放:《近三十年中国近代史研究视角的转换——以乡村史研究为中心》,《史学月刊》2011 年第 4 期;罗衍军:《30 年来中国近代乡村经济史研究述评》,《苏州大学学报(哲学社会科学版)》2013 年第 1 期等。

的小规模经营对近代农业技术的引进是无益的。① 杜赞奇对1900—1942年的华北乡村作了详细的个案研究,从"大众文化"的角度,提出了"权力的文化网络"等新概念,且详细论证了国家权力是如何通过种种渠道(诸如商业团体、经纪人、庙会组织、宗教、神话及象征性资源等)来深入社会底层的。② 黄宗智以"变迁"为主线,揭示华北农村社会分化的特征,其以自然村为重点,研讨村庄与国家的关系,独创新的研究方法,在书中首次提出用"内卷化(过密化)"概念刻画中国小农农业的经济逻辑,在学术界引起多方争论③。黄认为人口压力常常使河北、山东西北平原小农的边际报酬,降到雇佣工资和家庭生计需要之下。④ 黄在另一书中提出"没有发展的增长"这一概念,认为长江三角洲的小农经济属于过密型增长,即农业总产出有所增长,但其代价是劳动力边际报酬的持续递减和农民劳均收入的停滞甚至下降。⑤ 马若孟研究了中国近代农村经济——是如何组织起来、怎样行使职能以及怎样随着时间而改变,开创了近代中国农村区域研究和综合研究的模式。⑥ 内山雅生以"农村共同体"为主轴对农村社会的变动进行了考察,探讨了以"共同体"为中心的社会变迁过程,把中国革命和"共同体"联系起来加以解释,是作者的一大创新。⑦

　　对明清以来农村土地制度、土地关系研究是比较老的课题了。傅衣凌⑧、李文治⑨都是把土地制度作为封建生产关系的基础,结合剥削方式、阶级关系等方面加以论述。杨国桢的利用散布各地的民间契约文书对明清土地关系作了总体的和分区的深入研究。⑩ 章有义则利用徽州明清时代地区置产簿、分家书、地租簿等私家

---

　　① [英]戴维·福乐:《旧中国农村经济:1870—1937年江苏、广东的贸易增长和农民生活》,牛津大学出版社1989年版。

　　② [美]杜赞奇著,王福明译:《文化、权力与国家:1900—1942年的华北农村》,江苏人民出版社1994年版。

　　③ 罗仑:《关于清代以来冀—鲁西北地区的农村经济演变型式问题——与〈华北的小农经济与社会变迁〉一书的作者黄宗智教授[美国]商榷》,《中国经济史研究》1988年第2期;赵冈:《评黄宗智过密型增长的理论》,《中国经济史研究》1995年第2期;王建革:《近代华北的农业生态与社会变迁——兼论黄宗智"过密化"理论的不成立》,《中国农史》1999年第1期;行龙:《近代华北农村人口消长及其流动——兼论黄宗智"没有发展的增长"说》,《历史研究》2000年第4期;冯小红:《中国小农经济的评判尺度——评黄宗智的"过密化"理论》,《中国农史》2004年第2期;陈勇勤:《中国小农经济"过密化"假设存在的问题》,《南京社会科学》2006年第7期等。

　　④ [美]黄宗智:《华北的小农经济与社会变迁》,中华书局1986年版。

　　⑤ [美]黄宗智:《长江三角洲小农家庭与乡村发展》,中华书局1992年版。

　　⑥ [美]马若孟著,史建云译:《中国农民经济:河北和山东的农民发展,1890—1949》,江苏人民出版社1999年版。

　　⑦ [日]内山雅生著,李恩民、邢丽荃译:《二十世纪华北农村社会经济研究》,中国社会科学出版社2001年版。

　　⑧ 傅衣凌:《明清封建土地所有制论纲》,上海人民出版社1992年版。

　　⑨ 李文治:《明清时代封建土地关系的松解》,中国社会科学出版社1993年版;《清代租佃制研究》,辽宁人民出版社1986年版。

　　⑩ 杨国桢:《明清土地契约文书研究》,人民出版社1988年版。

账册,对当时的土地关系和租佃关系作若干典型的个案解剖,丰富了人们对封建土地制度总体的认识。① 金德群阐述了从北洋政府统治时期到台湾光复前后农村土地关系的变迁。② 夏明方将近代中国的土地占有状况的变动与自然灾害相联系,阐明与灾荒时期的土地集中化趋势同时并存的是土地占有的分散化趋势。③

区域农村经济史研究成果层出不穷。叶显恩认为佃仆交纳的土特产和佃仆在商品运输上提供的劳役,是徽州商业资本形成中的一个重要来源;佃仆制在明清时期是盛行在徽州地区的租佃制,佃仆承担种种劳役和实物地租;带有奴隶制残余的徽州地主势力的强大、商业资本的发达、宗法势力的顽固等因素是佃仆制在徽州残存的原因。④ 洪焕椿撰写了一部地区性的断代专题经济史料类编,全面而又系统地反映了明清时期苏州农村的经济面貌。⑤ 从翰香考察了乡村的社会结构、市镇、农业和手工业,以及田赋和徭役的演变和发展,在理论上形成了一种研究有中国特色的半封建半殖民地农村经济的模式。⑥ 曹幸穗认为苏南农家并没有脱离传统的自给经济的模式,这正是近代世界资本主义经济入侵而畸形发展起来的商品经济下的小农经济的基本特征。⑦ 吴量恺⑧和万振凡、吴小卫⑨着重研究了明清以来长江中游的农村经济。苑书义等指出农业中资本主义因素在原有萌芽的基础上得以积累和发展,这主要表现在商业性农业得到较大发展,雇佣劳动的规模扩大,经营方式上雇工经营的比重不断增大,但是由于半殖民地社会环境的制约,这种发展又呈现出病态和畸形,从雇佣劳动及其相关经营方式上看,都没有能形成全新的、典型的资本主义模式;在雇工经营的同时,土地所有者依然出租大部分土地。⑩ 张建民围绕明清时期长江中游的社会经济发展变化这一主题,主要探讨湖广、苏皖、江汉、湘鄂、湘赣等几个重要农业区的人口变动、农田水利建设、山区及平原湖区资源开发、经济增长与环境演变、社会变迁与社会控制等主要方面。⑪ 唐致卿将山东农民问题放在全国的历史大背景下,以自然生态、社会生态为基础,通过对农村生产力、土地关系、雇佣关系、乡村政权等方面的系统分析,探究土地关系的地位与作用,其演变过程与特点,以及农业经营形态与非农业经营形态的互动关系。⑫ 洪璞以地理环境为出发点,选取太湖南岸跨越了两省三府的九个县作为研究重点,考察自明代以来这一区

① 章有义:《明清徽州土地关系研究》,中国社会科学出版社 1986 年版。
② 金德群:《民国时期农村土地问题》,红旗出版社 1994 年版。
③ 夏明方:《民国时期自然灾害与乡村社会》,中华书局 2000 年版。
④ 叶显恩:《明清徽州农村社会与佃仆制》,安徽人民出版社 1983 年版。
⑤ 洪焕椿:《明清苏州农村经济资料》,江苏古籍出版社 1988 年版。
⑥ 从翰香等:《近代冀鲁豫乡村》,中国社会科学出版社 1995 年版。
⑦ 曹幸穗:《旧中国苏南农家经济研究》,中央编译出版社 1996 年版。
⑧ 吴量恺:《清代湖北农业经济研究》,华中理工大学出版社 1995 年版。
⑨ 万振凡、吴小卫:《近代江西农村经济研究》,江西高校出版社 1998 年版。
⑩ 苑书义等:《艰难的转轨历程——近代华北经济与社会发展研究》,人民出版社 1997 年版。
⑪ 张建民:《明清长江中游农村社会经济研究》,商务印书馆 2010 年版。
⑫ 唐致卿:《近代山东农村社会经济研究》,人民出版社 2004 年版。

域在经济与社会方面的变迁。① 李铁强以田赋问题为中心,进一步考察了民国时期乡村治理状况;以湖北省作为个案,通过"宏大叙事"式理论架构与微观研究的有机结合,使民国时期乡村社会变迁的连续整体的进程得到较为清晰的呈现。② 张丽在对无锡农户家庭经济进行考察分析的基础上,探讨了中国近现代农村经济发展问题,与以往用"衰退""发展""停滞"或"内卷"来定性中国近代农村经济的各种研究相比,更多是从结构变化、要素重新配置、旧平衡的打破和新平衡的缺失上来考察这一时期的中国农村经济。③

　　农村借贷问题逐渐引起重视,事实证明其对农村经济的运行不可或缺。李金铮认为高利贷对农民的生活、生产有破坏的一面,但在现代正规金融制度尚未建立健全以前,也有其应有的作用;④李金铮另一著作对民国时期华东地区的农村借贷问题进行研究,内容包括乡村借贷总体状况、农民的负债之源、传统借贷方式、传统的金融机构等,总结出借贷关系在农村经济活动中的作用、特点与地位。⑤ 高石钢论述了民国时期中国农村高利贷资本的主要运行方式及其特征、对农村经济的影响等。⑥ 徐畅就华中地区来看,认为高利贷在农民的生产生活中占有重要的地位,正是高利贷的金融调剂作用,农民也才得以安身立命,在新式金融尚不完备的情况下,传统高利贷与新式金融对调剂农村金融、稳定社会治安、保障农副业生产的作用是互补的。⑦ 付红以南京国民政府对现代农村金融制度的设计为出发点,运用有关制度失衡、制度变迁等方面的经济学理论,围绕着中国农民银行系统与合作金融系统的形成过程,分析探讨了民国时期现代农村金融制度的变迁问题。⑧

　　近年来兴起用历史人类学的研究方法来研究近代农村。张佩国以独创的历史人类学方法,从乡村社会因有的乡土概念,如村界、村籍、家产、家业、家计、田面、田底、宗祧继承、族产等层面展开论述,全面地再现了中国近代江南乡村地权演变的历史过程。⑨ 张思同样用历史人类学考察揭示了农民的日常的细小行为乃扎根于一片深厚的文化土壤之上,平凡而普通的农耕习惯背后隐藏着乡村社会基本性格;以华北为例,华北的旱作农业特别是耕种作业需要并行使用复数的役畜和多人的共同协作,因此近代华北的农家不得不与他人相互结合起来,以解决农繁期畜力和劳动

---

① 洪璞:《明代以来太湖南岸乡村的经济与社会变迁:以吴江县为中心》,中华书局2005年版。

② 李铁强:《土地、国家与农民:基于湖北田赋问题的实证研究(1912—1949)》,人民出版社2009年版。

③ 张丽:《非平衡化与不平衡:从无锡近代农村发展看中国近代农村经济的转型(1840—1949)》,中华书局2010年版。

④ 李金铮:《借贷关系与乡村变动:民国时期华北乡村借贷之研究》,河北大学出版社2000年版。

⑤ 李金铮:《民国乡村借贷关系研究》,人民出版社,2003年版。

⑥ 高石钢:《民国时期(20—30年代)中国农村高利贷与农村经济危机研究》,宁夏人民出版社2003年版。

⑦ 徐畅:《20世纪二三十年代华中地区农村金融研究》,齐鲁书社2005年版。

⑧ 付红:《民国时期现代农村金融制度变迁研究:以南京国民政府时期为中心》,中国物资出版社2009年版。

⑨ 张佩国:《近代江南乡村地权的历史人类学研究》,上海人民出版社2002年版。

力不足的问题。①

此外，建设社会主义市场经济体系的现实需要促使人们注意对农村商品经济和传统市场的历史考察，郑昌淦对明清农村商品经济的考察即其中的代表作。② 盛邦跃通过对卜凯调查及其成果的深入研究，展现中国近代农村经济发展的概况，揭示其本质特征和客观规律。③

农村问题也是社会史的研究重点。杨懋春阐述了民国初年东北全境的开放，东北土地的高度集中与经营地主、富农的发展，民国时期移民潮的兴起，军阀政府的农业政策与落后的农业经营方式等内容。④ 傅建成通过对既有代表性、又有典型性的华北农村婚姻制度，家庭结构、功能，物质生活和文化模式等多方面的综合分析，从更深层次上揭示了近代以来特别是 20 世纪上半叶旧中国社会变迁和生产力相对凝固、停滞的重要原因。⑤ 段本洛、单强认为残酷的封建剥削同沉重的人口压力交织在一起，迫使农民扩大经济作物种植和从事家庭手工业生产，而家庭手工业的生产大多投入市场转化为小商品生产，于是普遍存在着自给性农业和商品性家庭手工业的结合，扩大了小农经济容纳商品生产的条件，所以小农经济结构有着对商品经济发展的适应性。⑥ 乔志强、行龙通过近代华北农村社会同其他地区的横向比较，揭示出中国近代化的四种不同类型层次，即沿海型、中部型、内地型和边缘型，华北近代农村社会变迁属于内地型的社会近代化。通过华北农村社会变迁的纵向比较，归纳出近代华北农村社会变迁的被动性、迟滞性、不平衡性、复合性"四大特征"。⑦ 李学昌得出的结论是农村依托中心城市，通过长期的互动与适应，由被动进而主动地融入城市现代化发展，并最终实现由城乡二元结构向城乡一体化的转变。⑧ 郑起东的观点让人耳目一新，认为近代国家权力对农村的整合只是加强了绅权而削弱了官权；华北三省的赋税制度已从形式到内容完成了从封建到资本主义的转化；近代华北农村的贫困，不是由于所谓"剪刀差"造成，而是有其更深刻的政治和经济原因；近代华北农业有所发展，农民生活水平有所提高。⑨ 张学强考察了莒南县土地改革前农村土地占有和使用关系，梳理了 1941—1946 年莒南减租减息运动的过程、1946 年莒南和平土改的过程、土改复查运动等内容。⑩ 王守恩认为传统时代的民间信仰是

① 张思：《近代华北村落共同体的变迁：农耕结合习惯的历史人类学考察》，商务印书馆 2005 年版。
② 郑昌淦：《明清农村商品经济》，中国人民大学出版社 1989 年版。
③ 盛邦跃：《卜凯视野中的中国近代农业》，社会科学文献出版社 2008 年版。
④ 杨懋春：《近代中国农村社会之演变》，（台湾）巨流图书公司 1984 年版。
⑤ 傅建成：《社会的缩影：民国时期华北农村家庭研究》，西北大学出版社 1994 年版。
⑥ 段本洛、单强：《近代江南农村》，江苏人民出版社 1994 年版。
⑦ 乔志强、行龙：《近代华北农村社会变迁》，人民出版社 1998 年版。
⑧ 李学昌：《20 世纪南汇农村社会变迁》，华东师范大学出版社 2001 年版。
⑨ 郑起东：《转型期的华北农村社会》，上海书店出版社 2004 年版。
⑩ 张学强：《乡村变迁与农民记忆：山东老区莒南县土地改革研究（1941—1951）》，社会科学文献出版社 2006 年版。

民众生活经验的反映及其适应环境谋求生存与发展的手段；除在少数场合具有负面影响之外，它对社会的生态稳定、结构巩固、功能发挥及生活正常运行起了正面作用。[①] 汪志国的以1840年至1949年安徽自然灾害与乡村社会作为研究对象，探讨自然灾害及其打击下的农业经济、农村社会危机与冲突、农民的生存环境与生活状况，以及官府与民间的灾荒应对机制与救荒措施。[②] 朱考金根据江苏乡村建设的特点，概括为四种不同的建设模式：民众教育模式、职业教育模式、教会建设模式、县政改革模式；产生了重要影响，发展了农村经济，增加了农民收入；增强了农民的合作意识，推动了乡村民主建设；提高了农民教育水平；改变了农民生活方式。[③] 董建波、李学昌从农村文化演进的若干剖面着手，在农民的观念世界、信仰世界和社会人格等专题上具体而微观地展开，展示了20世纪江浙沪农村以"人"为核心的文化演进的内涵、特征、基本脉络。[④] 万振凡等收集了中国近现代史方向集中于苏区革命与农村社会变迁研究方面的成果，主要内容包括苏区革命前农村社会的嬗变、苏区革命与乡村社会变迁、后苏区时代农村社会变动、新中国成立以后农村社会的演变研究。[⑤]

李文治、魏金玉、经君健对明清"雇工人"做了迄今为止最系统深入的研究。[⑥] 尚海涛对民国时期华北地区的农业雇佣习惯规范进行的全景式研究，确证了现今乡村地区通行的雇佣习惯规范是源自于民国时期农业雇佣习惯规范的判断。[⑦]

朱玉湘认为富农是剥削者兼独立劳动者，他们既是农村劳动者又是农业资产阶级，富农在农村经济中不占重要地位，在各地发展不平衡；资本有机构成低，是简单的大畜力和农具相结合的农业经济；一般具有很重的封建和半封建剥削；经营地主是由封建地主经济向资本主义农业经济过渡的一种经济形式。[⑧] 侯建新认为冀中乃至华北从整体上讲还是在发展，并非完全停滞，尤其是随着国内外市场的开拓，农民经济结构有所调整，农户相当一部分产值已在耕地外实现；不同于颇为流行的"过密化"经济说，得出了一些发人深省的见解——"个体农民生产消费说"，也就是个体农民的生产和消费水平，是观察和判定中国农村发展与不发展的基本层面。[⑨]

农民离村问题是研究农民问题的又一重点。温锐指出"落后跟进型"是三边地

① 王守恩：《诸神与众生：清代、民国山西太谷的民间信仰与乡村社会》，中国社会科学出版社2009年版。

② 汪志国：《近代安徽：自然灾害重压下的乡村》，安徽人民出版社2009年版。

③ 朱考金：《民国时期江苏乡村建设运动研究》，中国三峡出版社2009年版。

④ 董建波、李学昌：《20世纪江浙沪农村社会变迁中的文化演进》，华东师范大学出版社2010年版。

⑤ 万振凡等：《苏区革命与农村社会变迁》，中国社会科学出版社2010年版。

⑥ 李文治、魏金玉、经君健：《明清时代的农业资本主义萌芽问题》，中国社会科学出版社1983年版。

⑦ 尚海涛：《民国时期华北地区农业雇佣习惯规范研究》，中国政法大学出版社2012年版。

⑧ 朱玉湘：《中国近代农民问题与农村社会》，山东大学出版社1997年版。

⑨ 侯建新：《农民、市场与社会变迁：冀中11村透视并与英国乡村比较》，社会科学文献出版社2002年版。

区今后社会经济发展的最佳选择模式,模式的内涵主要包括:离土又离乡,走劳动力
输出与"打工经济"之路,挣脱土地、走出山乡已成为三边农民发家致富和促进农村
经济转型的一条可行途径等。[1] 王印焕认为在一个国家由农业向工业的转型过程
中,农民的离村不但是必然的,而且是必需的,但原因多半是由于农村秩序的混乱与
生活的艰难;进而指出了农民离村问题的解决途径,如剩余劳动力的合理安置,城乡
差异的逐步缩小,文化素质的逐步提高,人口数量的严格控制等。[2] 马平安[3]和姜
晔[4]研究了近代人口迁移"三大流向"中的主流——"闯关东"的移民,如何使我国东
北地区迅速发展成为一个移民社会。

二、对明清以来农业的研究

区域农业史的研究。徐松荣叙述近代农业经济发展的同时,对山西古代农业的
发展作了简述,介绍了其发展的脉络;又详叙了近代山西农业资源的分布和发展变
化的情况;最后阐述了山西近代农业经济的发展及半殖民地、半封建经济的基本特
征。[5] 衣保中认为辛亥革命后,私人非身份性地主经济成为东北农村经济的主体;
应该以生产目的和性质来判断近代农垦公司的性质;认为水田开发是东北土地开发
的深化和发展;还就东北农业布局的变迁、经济作物的分布、柞蚕业的发展、农业改
进等问题作了开拓性研究。[6] 华立认为清代新疆的农业开发也曾经历艰难曲折,尤
其是同治年间的大动乱严重破坏了乾隆以来的建设成果,但也从另一方面证实了社
会安定对开发是何等重要。[7] 金颖通过日本根据自身需求而调控水田农业发展的
规模与速度,用法西斯强制手段畸形"发展"水田农业历程的系统实证研究,理智而
深入地揭露日本侵华的险恶目的、手段及日本标榜的"开发东北",对朝鲜移民"施
惠"的本质。[8] 殷晓兰[9]、周应堂[10]、曾芸[11]分别以江苏苏南、苏中、贵州屯堡地区的农
业、农村、农民历史为研究对象,系统地研究 20 世纪苏南、苏中地区农业、农村、农民
的历史发展进程,研究其发展变迁规律。于春英、衣保中分清末时期、民国时期和伪
满时期三大部分对东北近代农业体系展开全方位的立体研究和系统的综合考察。[12]

---

① 温锐:《劳动力的流动与农村社会经济变迁——20 世纪赣闽粤三边地区实证研究》,中国社会科学出版社 2001 年版。
② 王印焕:《1911—1937 年冀鲁豫农民离村问题研究》,中国社会出版社 2004 年版。
③ 马平安:《近代东北移民研究》,齐鲁书社 2009 年版。
④ 姜晔:《近代东北移民与农业研究》,辽宁教育出版社 2011 年版。
⑤ 徐松荣:《近代山西农业经济》,中国农业出版社 1990 年版。
⑥ 衣保中:《东北农业近代化研究》,吉林文史出版社 1990 年版。
⑦ 华立:《清代新疆农业开发史》,黑龙江教育出版社 1995 年版。
⑧ 金颖:《近代东北地区水田农业发展史研究》,中国社会科学出版社 2007 年版。
⑨ 殷晓兰:《二十世纪苏南农业与农村变迁研究》,中国三峡出版社 2008 年版。
⑩ 周应堂:《20 世纪苏中农业与农村变迁研究》,江苏人民出版社 2008 年版。
⑪ 曾芸:《二十世纪贵州屯堡农业与农村变迁研究》,中国三峡出版社 2009 年版。
⑫ 于春英、衣保中:《近代东北农业历史的变迁:1860—1945 年》,吉林大学出版社 2009 年版。

梁诸英介绍了明清时期皖南沿江平原农业发展概况,分析了明清时期皖南沿江平原圩田水利发展、粮食生产发展、经济作物的种植及副业的发展情况,并评估了明清时期皖南沿江平原农业生产发展水平。①

从历史农业地理的角度研究,从郭声波开始,近年来历史农业地理专著颇多。郭声波指出"湖广填四川"前后实际上发生过两次,一次在元末明初,一次在明末清初,正是移民创造了近代四川的农业地理景观,"康雍复垦"只用60多年就完成了唐代用一二百年才完成的垦殖过程,"乾嘉续垦"则达到宋代水平,"近代拓垦"更远超宋代,达到耕地150万今顷的历史最高水平,农业区大范围向西扩展,由于闭塞的自然环境等原因,四川经济的起伏节奏常常晚于全国。② 耿占军在深入探讨清代陕西的农地垦殖、作物分布、农田水利、农业自然灾害、商业性农业以及农业开发对生态环境的影响等各专题以后,总结了清代陕西农业发展过程中的经验与教训。③ 王社教对苏皖浙赣地区明代农业生产的自然条件、土地垦殖特征、人口与劳动力资源的变迁、水利建设的发展与存在问题等进行了详细的考察论证;揭示了明代经济形势变迁下的诸多农业结构变化情况,其中,政府的职能似乎没有得到充分的发挥。④ 李令福首次把盐碱地改良,农作物总产、亩产、结构与流通,种植制度演变等要素引入历史农业地理研究,认为全省综合起来每市亩耕地年产粗细粮在140斤上下;传统粮食作物的种植地位也不断调整变化,明中期以后,小麦、高粱、大豆的播种比率逐渐扩大,而粟黍极的地位却越来越不重要。⑤ 王双怀指出由于副业经营的发展,明代华南农产品的商品化趋势越来越明显,在一定程度上促进了明代华南地区商品经济的发展,而商品经济的发展又对当地传统农业产生了一定的冲击;明代华南的土地开发在促进农业发展的同时,也产生了明显的负面效应,过度的垦殖使当地的生态环境受到了较为严重的破坏,从而加剧了自然灾害破坏的程度,削弱了抵御自然灾害的能力,极大地影响了农业的稳定发展。⑥ 此外还有龚胜生⑦、马雪芹⑧、陈国生⑨、周宏伟⑩。其中韩茂莉的专著堪称是历史农业地理的创新和集大成之作,系统展示了中国历史农业地理的全景,研究农业生产地域分异及其规律。⑪

美洲作物,尤其美洲粮食作物甘薯、玉米、马铃薯,经济作物中的烟草、花生、辣

① 梁诸英:《明清时期皖南沿江平原农业生产发展研究》,九州出版社2011年版。
② 郭声波:《四川历史农业地理》,四川人民出版社1993年版。
③ 耿占军:《清代陕西农业地理研究》,西北大学出版社1997年版。
④ 王社教:《苏皖浙赣地区明代农业地理研究》,陕西师范大学出版社1999年版。
⑤ 王社教:《苏皖浙赣地区明代农业地理研究》,陕西师范大学出版社1999年版。
⑥ 王双怀:《明代华南农业地理研究》,中华书局2002年版。
⑦ 龚胜生:《清代两湖农业地理》,华中师范大学出版社1996年版。
⑧ 马雪芹:《明清河南农业地理》,(台湾)洪叶文化1997年版。
⑨ 陈国生:《明代云贵川农业地理》,西南师范大学出版社1997年版。
⑩ 周宏伟:《清代两广农业地理》,湖南教育出版社1998年版。
⑪ 韩茂莉:《中国历史农业地理》,北京大学出版社2012年版。

椒,是学术界研究明清以来农业关注的重点①。王宝卿主要从美洲作物传入推广引起的种植结构变迁,并由此对经济社会产生的巨大影响入手,把新作物引种推广作为明清时期生产力要素来深入研究。② 王思明探讨了多种美洲作物传入中国的时间、路径和方式,美洲作物引种和推广的过程及其对经济和社会发展的影响。③ 还有宋军令④、郑南⑤更多的探讨美洲作物对农业生产、社会经济、饮食生活、人口增长、生态环境等产生的重大影响。

从环境史的角度阐述农业开发的影响。谢丽讨论了清代塔里木盆地南缘绿洲农业开发与生态环境演变、民国时期塔里木盆地南缘的农业开发活动、绿洲植被消费与植物生态系统的退化等内容。⑥ 吴建新着重从"明清广东农业的发展及其对环境改造""农业发展过程中的生态环境变迁""自然与人的互动:应对生态环境变迁的社会行为"等方面进行论述,探讨明清广东农业史与环境史二者的互动关系。⑦ 吴建新的另一专著着重说明民国时期农业改良的过程,兼论生态环境的治理过程;农业改良和环境治理措施不仅是技术的变迁过程,同时也是制度和文化的变迁过程。⑧

农业科技的改进事业在农业发展中扮演十分重要的角色。郭文韬、曹隆恭⑨和白鹤文、杜富全、闵宗殿⑩分别讲述了西方近代农业科技传入我国和传统农业向现代农业转变的历史。王红谊、章楷、王思明涉及了近代农业改进的各个方面。⑪ 王思明以生态经济观对中美农业历史发展的评价,分析了不同历史时期两国农业的发展水平,技术变化对环境造成的影响及中美两国在生态农业方面的实践,提出了诱致性技术发明和制度创新理论为依据,探讨中国未来农业的发展战略。⑫ 李群系统考察中国近代畜牧业生产的发展及其变化,深入探讨了近代中国畜产品对外贸易的发展和畜牧科技的发展情况,从中寻找出中国近代畜牧业发展的阶段性和基本特征,全面分析了影响中国近代畜牧业发展的诸多因素,是中国首次比较系统和深入开展中国近代畜牧科技与畜牧经济发展的研究专著。⑬ 沈志忠从多个角度探讨影

① 曹玲:《明清美洲粮食作物传入中国研究综述》,《古今农业》2004年第2期。
② 王宝卿:《明清以来山东种植结构变迁及其影响研究——以美洲作物引种推广为中心(1368—1949)》,中国农业出版社2007年版。
③ 王思明:《美洲作物在中国的传播及其影响》,中国农业科技出版社2010年版。
④ 宋军令:《明清时期美洲农作物在中国的传种及其影响研究》,河南大学博士学位论文,2007年。
⑤ 郑南:《美洲原产作物的传入及其对中国社会影响问题的研究》,浙江大学博士学位论文,2010年。
⑥ 谢丽:《清代至民国时期农业开发对塔里木盆地南缘生态环境的影响》,上海人民出版社2008年版。
⑦ 吴建新:《明清广东的农业与环境:以珠江三角洲为中心》,广东人民出版社2012年版。
⑧ 吴建新:《民国广东的农业与环境》,中国农业出版社2011年版。
⑨ 郭文韬、曹隆恭:《中国近代农业科技史》,中国农业科技出版社1989年版。
⑩ 白鹤文、杜富全、闵宗殿:《中国近代农业科技史稿》,中国农业科技出版社1996年版。
⑪ 王红谊、章楷、王思明:《中国近代农业改进史略》,中国农业科技出版社2001年版。
⑫ 王思明:《中美农业发展比较研究》,中国农业科技出版社1999年版。
⑬ 李群:《中国近代畜牧业发展研究》,中国农业科技出版社2004年版。

响中国农业科技发展的因素,对中美近代农业科技交流与合作的发展脉络及其与社会的互动关系进行研究,通过近代中美农业科技交流与合作,促进了近代农业生产与技术变迁。[1]

彭雨新把清代的土地开垦划分为三个大的阶段,从而将土地开垦与财政、经济、人口、社会诸问题有机地结合起来。[2] 在新时期的农史研究中,亩产量和劳动生产率也受到重视,尤以对清代亩产的研究为盛,赵冈等从县一级资料入手,进行了相关研究。[3] 与农业密切相关的农田水利史也取得许多成果,如彭雨新、张建民对明清长江流域各地方的水土资源开发、水利建设、水利管理经验进行了论述。[4] 张芳分华北、长江中下游、南方山区、边疆地区四个地区,专题研究、论述了明清时期各地区农田水利发展的原因、过程、特点及对农业生产的影响,剖析科学技术成就,总结治水兴利和防灾减灾的历史规律和经验。[5]

曹辛穗等全面反映了民国时期农业经济思想与乡建运动、农村金融与农村合作运动、农业科研、农业教育和农业推广、农业生产等内容。[6] 丁长青、慈鸿飞认为中国近代农业就其基本形态来说是分散的个体经济,但是也有极其微弱的现代化倾向,农业结构的演变,农村商品经济与农村市场的发展就是其中的一些表现。[7] 郑林构建了一种农业技术创新三元结构分析模式,分析中国近代农业发展与中国近代社会政治经济文化变迁之间的关系,中国近代农业技术创新的制约因素,以及成功实现农业技术创新的有效体制选择。[8]

---

① 沈志忠:《近代中美农业科技交流与合作研究》,中国三峡出版社 2008 年版。
② 彭雨新:《清代土地开垦史》,中国农业出版社 1991 年版。
③ 赵冈:《清代粮食亩产量研究》,中国农业出版社 1995 年版。
④ 彭雨新、张建民:《明清长江流域农田水利研究》,武汉大学出版社 1993 年版。
⑤ 张芳:《明清农田水利研究》,中国农业科技出版社 1998 年版。
⑥ 曹辛穗等:《民国时期的农业》,《江苏文史资料》编辑部 1993 年版。
⑦ 丁长青、慈鸿飞:《中国农业现代化之路:近代中国农业结构、商品经济与农村市场》,商务印书馆 2000 年版。
⑧ 郑林:《现代化与农业创新路径的选择:中国近代农业技术创新三元结构分析》,北京师范大学出版社 2010 年版。

民国时期乡村新学教育的变革与调适①

——以晋省为中心的历史考察

杜　慧②

清末以来,在以现代化为面向的制度变迁进程中,新学体制变革引动了乡村社会的结构性变动。然而,新式教育取向与乡村社会需求疏离甚远,由此造成乡村教育发展的衰败之势。20世纪二三十年代,伴随着乡村社会危机的加深,乡村教育也一时聚为焦点,并相当程度上引动了各地兴办乡村小学普及乡村教育的热潮。以往学界的相关研究对民国晋省乡村教育改革之积极方面着墨颇多③,但实际上,乡村教育亦存在着诸多问题,乡村教育改革所产生的效果也并不尽如人意。考察民国晋省乡村教育在其发展过程中所面临的种种问题及其所做的各种变革与调适,探析其趋于衰败的深层致因,揭示乡村教育取向与乡村社会结构变动之间的内在关联,无疑是十分重要的课题。

一

中国自古以农立国,社会组织亦以乡村为本位。近代西学狂飙突进,各种外来的思想文化犹如破闸之江水涌入中国并逐步向广大农村社会蔓延。由西方移植而来的新式学校教育体制从城市深入到乡村社会,并逐步取代乡村原有的以儒家经典及封建伦理为主要内容的传统旧式私塾教育。

具有现代意义的新学教育体制早在鸦片战争以后的洋务时期就已逐步形成。甲午战争以后,清政府意识到"育才为当今急务",于是要求"各直省添设学堂,实力

---

①　本文为教育部人文重点研究基地重大项目"20世纪前期中国乡村社会变迁研究"(项目号2009JJD840009)之阶段性研究成果。

②　作者简介:杜慧,女,南开大学历史学院博士生。

③　牛文琴:《乡村新学教育的兴起与发展——以清末民初的山西乡村社会为范围》,《晋阳学刊》2004年第1期,主要论述了清末民初山西乡村新学教育的兴起与发展,从地域社会方面对新学教育发展的有利条件和制约因素做了较为简单的分析。学界相关研究还有:任念文《民国初期山西"村政"改革与山西乡村教育关系考》,《晋阳学刊》2006年第1期;刘正伟《近代山西村政建设和义务教育的崛起》,《教育理论与实践》2003年第3期;景占魁《论阎锡山的教育思想》,《晋阳学刊》1993年第2期;谢爱国《阎锡山教育思想特点探略》,《文教资料》2008年第1期;苏炜《谈阎锡山的教育思想及其实践》,《山西广播电视大学学报》2000年第1期;王凯《阎锡山与民国初期山西教育发展》,《山西煤炭管理干部学院学报》2008年第2期;申国昌《阎锡山兴办山西教育的性质》,《山西大同大学学报(社会科学版)》2010年第4期;常钊《20世纪二三十年代山西乡村教育的发展研究》,福建师范大学2005年硕士学位论文,等等。

举办"①,全国出现了改制书院和创办新式学堂的高潮。1898 年,清政府谕令:"学校
等级,自应以省会之大书院为高等学,郡城之书院为中等学,州县之书院为小学。"②
1901 年清政府下诏改革新政,进行教育革新。1905 年废除科举制,建立新的学校体
制,标志着新学教育制度在中国最终确立。但整个乡村教育呈现出新旧杂糅的特
点,"广大农村地区新学教育严重滞后,旧式私塾仍有顽强的生命力"③。

南京临时政府成立后,即力图刷新教育体制,在全国范围内实行一系列教育改
革,"改革封建教育制度,小学废止读经,废除对孔子的跪拜礼;禁用前清学部所颁行
的各种教科书,禁止讲授《大清会典》《大清例律》《皇朝掌故》《国朝事实》等科目。
同时以西方近代教育制度为范本,确立民国的教育制度"④。然"中国农村社会的种
种条件,因组织基础历史遗传的特异,自然不能与世界其他国家完全一律,所以也自
然不能拿彼社会之一切,来完全裁植于此社会"⑤。在乡村文化教育方面,尤其
如此。

清末直至阎锡山主晋之前,晋省乡村教育衰败的景况并没有因新式学校教育的
兴办而有所改观。"山西 1000 多万居民中 99%以上是文盲。"⑥如同美国的唐纳
德·G.秀林在《阎锡山研究——一个美国人笔下的阎锡山》中所述:"民国三年
(1914)秋季,山西高等小学共计 170 所,入学的学生据说只有 8500 名。我们从公立
学校招收了相当数量的学生进入山西太谷奥柏林中学。不论从哪一个方面来说,他
们都是不合格的。至于以下的初等小学,据说,招收男子的 1464 所,有学生 135000
名;女子 216 所,有学生 3240 名。我们发现情况更糟,在许多情况下,初等小学唯一
'现代'的东西是门前悬挂的招牌,而在学校里,一位没有科学知识的旧时代教书匠
用非科学的旧式方式教读古书。至于其他的学校,由在其附近高等小学受教育不多
的男孩们试图充当乡村教师的角色,引起学生家长的厌恶,他们在寻求恢复旧方
式"⑦。可见,徒有虚名的晋省乡村教育"实际就如同它那洋式校门一般,只是使'老
学究'穿了一身西服,图其点缀点缀外表而已!"⑧"乡村教育格局,总的来说,是新
的未立,旧的未死。换言之:新旧并存,矛盾兼与,刚毁刚成、方生方死。"⑨现代化的
新学教育制度在晋省广大乡村推展立足障碍重重,步履维艰。

---

① 朱寿朋:《光绪朝东华录》,中华书局 1958 年版,总第 3910 页。

② 吴亿:《山西小学教育实况》,《西北论衡》1937 年第 3 期,第 22 页。

③ 王先明:《近代新学教育与城乡分离的加剧——20 世纪前期教育现代化进程中的乡村问题》,《中国近代社会文化史续论》,南开大学出版社 2010 年版,第 479 页。

④⑨ 朱英:《辛亥革命与近代中国社会变迁》,华中师范大学出版社 2011 年版,第 66、55 页。

⑤ 刘伯英:《对于山西省政十年建设计划——拟制农村教育专案之蒭尧》,《新农村》1933 年第 5 期,第 8 页。

⑥ 任月忠:《山西义务教育之路》,山西教育出版社 2010 年版,第 11 页。

⑦ [美]唐纳德·G.秀林:《阎锡山研究——一个美国人笔下的阎锡山》,黑龙江教育出版社 1990 年版,第 60 页。

⑧ 英武:《现在山西的乡村小学教育》,《新农村》第 18 期,1934 年 11 月 15 日,第 3 页。

　　近代新学教育,呈现在乡民面前的是亘古未见、耳目一新的局面。然就晋省而言,直至民国初年仍有为数不少乡村,或依然实行着以儒家经典及封建伦理为主要教学内容,以私塾和书院为主要教育场所的旧学教育体系;或换汤不换药,名为新学,实仍旧制。作为现代化亦即城市化、工业化历史进程伴生物的近代新学教育,与整个乡村社会生活需求颇多疏离,呈现为漂浮无根状况,乡村民众对新学教育的认同依然停留在旧学体制时代。

　　1898 年,清政府谕令全国遵照统一的乡村学校等级制度对原有的书院、私塾进行改制。而山西小学教育的改设则相对滞后,乃至 1902 年,"山西的州县市镇,存在着若干的书院,大小村庄中存在着若干的私塾,就这两种旧有的组织,将书院改办高等小学堂,选私塾改办初等小学堂"①。当时许多州县市镇及村庄都纷纷遵令改办,但也有不少村庄,仍然拖延改办或阳奉阴违,保持私塾教育。直至民国初年,改办小学的政令始终未能在晋省乡村完全通行实施,"各州县尤其是山区州县还办有各种形式的私塾"②。如崞县在 1917 年"仍有私塾存在,继续攻读'子曰''诗云'的四书五经"③。另据教育部颁布的 1915 年度关于山西小学教育的统计,以及与 1933 年度之统计作比较,亦可证明这一点。民国建立前后,"山西全省村庄不下二万余个(附属村庄亦计在内),不论大小,每村必设一个或二个旧式私塾。据 1915 年度教育统计,山西学校数目是 11148 个,平均每二村一个小学,与 1933 年度山西小学校数目 23145 个,一村平均有一个,比较可知当时尚有若干个私塾未能完全遵令改办……山西尚有若干私塾,未能完全取缔,改办正式小学"④。尤其是在较为封闭保守的乡村,旧式私塾教育仍具有顽强的生命力和广泛而深厚的社会基础。

　　此外,民初晋省乡村小学教师中,"童生秀才占其大半,教的功课,仍旧离不开三字经百家姓"⑤,虽然"改建和新建的中小学堂,改革了传统的教学方式和教学内容,把近代新的教学方法和内容付诸实践,但仍有相当多的学堂,特别是乡村初等学堂,变革较小,换汤不换药,旧的教育气氛很浓,甚至毫无改观。即使在一些改革比较显著的学堂,旧经学和旧礼教的传授也还占有相当比例……究其原因,一方面是清政府的要求,另一方面也有旧习惯势力影响,如宁乡(今中阳)书院改为高等小学堂后,课程内容也做了调整,却不被一般群众接受,求学者仅十几人,毕业时只剩 6 人。为此,一些学堂为迎合旧习惯势力,又在学科中加入了'四书'、'五经'内容"⑥。

　　清末民初,晋省乡村社会结构尤其是权力结构本质上没有发生根本变动,地方绅士的权威并没有完全动摇,乡村学校教育管理机制亦多沿袭清末传统机制,学校教育主要由乡村学董及其总领下的劝学所负责管理。"在前清初设小学时代,每村

---

①③④ 吴亿:《山西小学教育实况》,《西北论衡》1937 年第 3 期,第 22、22、22—23 页。

②⑥ 山西省史志研究院编:《山西通志·教育志》,中华书局 1999 年版,第 79、3 页。

⑤ 吴永詹:《乡村教育之改见》,《村治月刊》1929 年第 9 期,第 2 页。

公举学董一二人,管理学校一切事务。民国以来,相沿未改"①,虽在 1912 年,省教育部规定小学校内要有学务委员会之设,但因"尔时晋省自治机关,尚未完备,鲜有议及此者,至五年二月,部颁学务委员会规程,始通令各县筹设,虽经成立,然多附设于劝学所,徒拥虚名而已"②。如此,乡村学校教育的管理权集中于学董手中,后来甚至直接裁撤劝学所,乡村学校教育完全由学董一手操办。以学董为代表的乡绅通过操办乡村教育来构建其在乡村的文化权威,进而操控整个乡村政权,成为"实际上操纵乡政、鱼肉乡民最直接的爪牙"③,乡村教育因腐旧士绅的把持而难以完成制度性蜕变。

更为重要的是,新学教育的制度化建构及其内容,与乡村社会结构及其生活需求基本脱节,因此难以获得乡村社会的认同和接纳。晋省乡村小学校所用的教科书,"完全由上海一隅少数书坊所编"④,难以切合乡村社会实际。如"山西农产大宗为谷荍麦豆黍,而常识课本中,多讲稻蔗等农作物;普通山西农户家畜,多为鸡狗猫猪,而常识课本中多讲鱼虾蟹等物。深山之中,多产煤铁,而对于采冶术不讲,童山之上宜造林,而对于造林之技漠视。地势高亢,十年九旱,而对于防旱之法不讲,土地硗薄,产量不大,而对于生产之术不学……以如此与实际生产事业分手,不切事实需要之教材来教学生"⑤,只能使乡村受教育的儿童记些无关紧要的符号科学,而不能学得实际之生产知识与技能。所以一般乡民只想让其子弟读些方言杂字,能记日用账簿即可。"各县各村之中,仍有设立私塾者,仍有教方言杂字者,仍有因官厅强迫入学而不心悦诚服送子弟入学者,此均为教育不切实际社会需要以致之。"⑥结果,市乡之间映入眼帘之失学儿童不胜可数,问及原因,则曰:"吾家贫不能读也;或曰:吾少失怙,不能读也;或曰:父母以谋生为急,与其学书不成,毋宁习一技片长,犹得稍助家计也。"⑦面对如此窘况,乡人不禁感慨道:"旧教育无论如何缺憾不足,究为其社会自然演来者;没用处,亦多少有点用;即不然,亦绝无扞格刺谬之苦剧,为庸俗之所便安。唯此外来之教育,复以官力督行之,乃真无一点是处,害煞了人!"⑧

"教育部所规定的小学教育制度,不能调适于现代的农村,倒不如在他们自己社会组织中演化出来的私塾的能合于农民的需要……现代的教育制度自然会发生格格不入的情形。"⑨自新学教育体制初立直至 1916 年,在长达十五年的时光中,新式学校教育始终未能在晋省乡村落地生根,旧式私塾教育仍然占据相当优势,整个乡

---

① ② 黄述连:《考察山西义务教育报告——民国十七年十二月》,《山西省政府公报》1929 年第 4 期,第 66 页。

③ 英武:《现在山西的乡村小学教育》,《新农村》第 18 期,1934 年 11 月 15 日,第 3 页。

④⑤⑥ 刘伯英:《对于山西省政十年建设计划——拟制农村教育专案之蒭荛》,《新农村》1933 年第 5 期,第 13—14 页。

⑦ 庄俞:《小学教育现状论》,《教育杂志》第 5 卷第 3 期,1912 年,第 33—34 页。

⑧ 马儒行:《述吾乡之小学教育及民众教育——山西五台县永兴村二十余年来之新教育》,《村治》第 2 卷第 2 期,1932 年,第 5 页。

⑨ 费孝通:《江村通讯》,《费孝通文集》第 1 卷,群言出版社 1999 年版,第 379 页。

村教育呈现出变革迟滞、新旧杂糅、前景未朗的情势。因此,1917年主政晋省的阎锡山遂着力于乡村新学教育的改革调整,希图有所振兴。

二

"山西义务教育,为全国先进,夙有模范之称。"[①]"将欲用之,必先教之养之"[②],阎锡山认为"用民"首先要提高人民的智识,"国家的盛衰,社会的好坏,全看人民程度的高低,要想人民程度高,必先有良好的小学教育"[③]。显然,改变清末以来晋省乡村新学教育发展迟滞的境况当为时务急需。晋省当局主要围绕如下三方面对乡村新学教育进行改革调整:

1. 乡村教育管理机制的建构

民初晋省乡村建置主要从清末沿袭而来,全省各县建置不一。为改变乡绅学董对乡村教育把持不前的故状,晋省当局从规范乡村建置着手,自上而下地构建了一套包括省、县、区、村各级行政组织在内的教育管理体制,试图通过各级行政机构的配合与督促来推动乡村教育的发展。

1917年,晋省成立省教育厅,总管全省教育,下设省视学,负有劝导监察之责;并将全省划分为六学区,各学区内又按自治区域划分出若干县学区,"每学区设学务委员会,或学务委员一人,协同劝学所担任调查本学区学龄儿童,及失学儿童人数,并督促其入学"[④]。各县设县知事,"负全县一切行政执行责任,而教育亦为其行政之一,1918年义务教育规程颁布后,县知事对于全县义务教育责任尤重,县知事成绩之良否,一以义务教育之成绩而定,各县知事以考成所关,无不勉力从事。"[⑤]县知事下设县视学,负责监察学务,如查有某处办理学务不合章程,便呈请县知事惩处其区长暨街村长或撤换其教员。此外,教育厅于1918年通令全省各县复设劝学所,负责综核各区教育,并一改从前学董控制劝学所之旧制,规定由县视学兼任劝学所所长,后又将劝学所改为教育局。

各村则在1918年实行村制后,由村长取代从前的学董,全权负责筹款设学劝导就学,并由闾长协助之。如此一来,"旧有学董制,渐归消灭;然究以此制沿用有年,信仰特深,村长事务繁杂,未能兼顾,现在仍有设学董县份,其权限只限于管理学校;至筹款设学劝导就学等事,则仍属之村长"[⑥]。

此外,晋省当局还率先实行模范示教与联合校长的教育辅导制度。1918年,"于省垣设立模范示教所,招收合格学生,以三个月为毕业之期,陆续毕业者达一千数百人,均分派各县服务。结果因模范示教修业期限过短,指导未能适当,行之数

①④⑤⑥　黄述连:《考察山西义务教育报告——民国十七年十二月》,《山西省政府公报》1929年第4期,第65、70、65、66页。

②　太原绥靖公署主任办公处:《阎伯川先生言论辑要》(一),1937年,第62页。

③　黄述连:《最近考察山西义务教育年鉴》,《义务教育特刊汇编》,第75页。

年,成绩颇乏,多数均改任小学教员,自设联合校长后,其资学优良者,复改任联合校长,而模范示教,遂成一过去之事实矣"①。1926 年,开始实行联合校长制,即"联合若干村之初级小学,任用一校长,主要职责,在于指导各校教员,增进其管教知识,此项校长,必须以师范毕业生充之,任免之权,归于县知事,并由教育厅制定联合校长服务规程,通令施行"。联合校长制施行后不久,因"联合村庄太多,致有指导不周之虞",故又在各校设主任教员辅助其指导,"即凡初小校有教员二人以上而其主任教员为师范毕业生,即以兼任附近小校指导之责"②。

晋省教育行政管理机制的建构,使义务教育的普及得以以村为单位展开,但始终没能根本改变乡绅掌权的乡村社会权力结构,也就无法破除乡绅对学校教育的把持。"山西乡村义务小学,无专任校长,但聘教员一人或二人,其校务之管理,则属于村长或学董,近来虽有联合校长之设立,然亦仅负对于所属各校教员为教授管理训练上实地之指导之责而已。"③"各村虽有学董,各区也间有区教育委员之设,但也是有名无实,毫不能作推进农村教育之动力。"④省、县上级教育行政组织在乡村教育的管理上亦形同虚设,省教育厅"对关系十分重要之农村教育,反不甚注意"⑤。而县教育局则"仅以一局长及二三督学之少数人员"⑥来督促一县之教育行政,且"乡间的教育局长,良莠不齐,有的是师范毕业者,有的是中学毕业的,有[的是]前清的文生;有土豪劣绅目不识丁之流,居然也当局长。对于教育事业,毫不顾虑,局里所设的几个督学,仅为考查学校成绩而设,不能实现真正辅导的精神,关于所辖的各校,每年查看一次或两次,也不过走马观花,应酬差事而已,这样一年一年的过去,乡村教育自然不会发展"⑦。

村以上的各级教育管理机构对乡村教育的监管不力,使得乡村教育管理实权沦入村长或学董手中,而担任村长、学董的人或本身就是乡绅,抑或因与当地乡绅有某种利益瓜葛而不得不受制于乡绅集团的操控。在 1917 年晋省公布的《县属村制通行简章》中,对村长及村副的参选者分别做了财产及学识方面的资格限制,规定"村长及村长副分别须有不动产 1000 元和 500 元以上,并且还须具有一定的文化"⑧。也就是说能够当选村长及村副的只能是那些家道殷实且有学养的人,这就为在资产与功名方面占据优势的乡绅执掌乡村政权提供了诸多便利。由于"村长学董等豪绅在当地很有钱又加官府的势力,因而直接或间接地控制乡村教育,他们表面上是维护学校的,主张倡办学校以便同官厅结识。但是学校若有与他们不利时,便会在暗

①②③ 黄述连:《考察山西义务教育报告——民国十七年十二月》,《山西省政府公报》1929 年第 4 期,第 67、70、71 页。

④⑤⑥ 刘伯英:《对于山西省政十年建设计划——拟制农村教育专案之蒭尧》,《新农村》1933 年第 5 期,第 19、20、19 页。

⑦ 吴永詹:《乡村教育之改见》,《村治月刊》1929 年第 9 期,第 2 页。

⑧ 茹春浦:《山西村治之实地调查》,《山西村政旬刊·考镜》第三卷,转引自刘正伟:《近代山西村政建设和义务教育的崛起》,《教育理论与实践》2003 年第 3 期。

中使学校关门"①。尤其是在科举制废除以后，士绅群体中约有五分之一的人，亦即近 30 万人通过各种途径，受到程度不等的近代教育②。受过近代教育的开明绅士大多迁出村庄，继续留任乡村的士绅则大多不学无术，难有作为。于是"村长敷衍，学董麻胡，村人无权责难，先生成为雇工。学生本强迫而来，愚智不齐，一律看待……先生只管按课本讲授，亦无暇详细指导，麻胡过去，算是完事"，遂使学生"心力皆疲，聪愚同坏，而全体受病矣"③。

2. 乡村新旧教育的普改

为加快新学教育的普及与旧私塾教育的改禁，晋省当局一方面严禁乡村私塾教育，改建新式学校并强迫学龄儿童入学；另一方面则发动多方力量劝导家长送子女入学，并设法鼓励小学生坚持上学。

"民国七年，山西省当局一再申令不准小学学生诵读四书五经，如有私读情事，决从重科罚处分。"④但在许多乡村小学之外仍有改良私塾，且私塾之塾师比小学教员更受信赖，"一般未受教育之人民，而以塾师为标准智虑短浅者，亦宁以子弟入私塾"⑤。私塾的大量存在直接影响到了义务教育的普及，于是在 1921 年，山西教育司发布《严禁私塾以促进义务教育案》，规定"除由教育司长通行各县广设师范传习所，按察情形酌定学期，专为塾师教以简单科学及教育各学以广师资外，所有私塾一律严禁，以促进义务教育"⑥。

为使更多的学龄儿童入学接受新学教育，晋省当局于 1917 和 1918 年先后出台《改进全省义务教育程序》和《山西施行义务教育规程》，规定"儿童六周到十周岁为学龄期，学龄期内所有儿童均应受国民教育之教育，否则强迫入学"⑦，并令省教育厅督促各县、区、乡、镇调查和统计学龄儿童及失学儿童的失学原因、人数，同时采取相应的挽救措施："因就学不便失学者，由县知事督饬村长副，增设学校，村庄小者，各设冬春学校，或简单学校。数村相距不远者，亦可联合设立；因贫失学者，分三等办法：稍贫者农暇入学，较贫者县款补助课本，极贫者免其入学，并于户口册内登记之，其无故不入学者，处其家长一元至五元之罚金。"⑧

为扫除乡村重男轻女等各种旧习对新学教育的障碍，"民国十年，省当局倡整理

---

① 吴可：《中国乡村小学教育的危机》，《新农村》1935 年第 29 期，第 13 页。

② 贺跃夫：《晚清士绅与近代社会变迁：兼与日本氏族比较》，广东人民出版社 1994 年版，第 92 页；章开沅等主编：《中国近代史上的官绅商学》，湖北人民出版社 2000 年版，第 662 页。

③ 马儒行：《述吾乡之小学教育及民众教育——山西五台县永兴村二十余年来之新教育》，《村治》第 2 卷第 2 期，民国二十一年，第 3 页。

④ 吴亿：《山西小学教育实况》，《西北论衡》1937 年第 3 期，第 23 页。

⑤⑥ 教育司刊行：《山西教育会议报告书》1912 年 10 月，第 17 页。

⑦ 《教育公报》1919 年 1 月，转引自刘正伟：《近代山西村政建设和义务教育的崛起》，《教育理论与实践》2003 年第 3 期。

⑧ 黄述连：《考察山西义务教育报告——民国十七年十二月》，《山西省政府公报》1929 年第 4 期，第 70 页。

村范,藉中小学学生及教师,对于人民及各种保守习性(使子弟失学,亦为保守习性),作广大宣传,劝其改悔,并印发人民须知,使村民周知。嗣后,更一再申令各县政府及小学督学,迅速强迫各村设立女子小学,严查学龄儿童失学情事。于是是年山西各大小村庄,皆设有男女小学两处或男女合校一处,不论贫富人家,畏惧科罚重金,亦不敢不送子女入学。间有失学者,更利用天真的小学生去劝导家长,去强迫学童,报告督学。此外,更令各村庄,设置奖学物品,每月榜示一次,奖励不缺课的学生及成绩优良者,一般小学生,为得奖品,也不愿多缺课"①。

鉴于新学教育体制下完全引自于西方国家的假期制度无法满足乡村实际需要,如效仿西方之礼拜星期的规定就因不切实际而被乡民认为是浪费时间耽误儿童学习,"殊不知我们是农业社会,习惯上作事都是随随便便,无拘无束,自有其礼节风俗,绝不能强之以天主上帝耶稣基督七日造人同铸一型之礼拜星期也。于是既不能用,又不能去,故兹星期,虽日休息,其实令小孩闷闷难受以旷时耳"②。为顾全学童于农忙时帮助耕作及不妨碍学业起见,晋省当局对假期做了适当的调整,规定乡村小学"不放暑假,改放麦假秋假,其时期各按地方情形,斟酌定之,即一县之中,亦须审查各村情形,分别办理,惟总计全年假期,至多不得逾八十日"③。

经上述普改调适之后,仅从数量上观之,晋省义务教育的普及可谓盛极一时,不仅学校数目增加了,而且学生数目也显然增加。尤其是在1918年至1922年时,晋省在义务教育普及方面蒸蒸日上,曾一度享誉全国。到1923年,全省共有"国民学校一万九千七百余所,学生七十二万九千八百人,学龄儿童已入学者占百分之七十五,较六年前加十倍"④。从全国各省的排名来看,晋省"1922年度的小学学生数目,竟占第一位,1922年度和1929年度的学校数目,竟占第二位。如此量的发达,足可见其伟大之处"⑤,但仔细考量,晋省乡村教育之实际情况并不是如此乐观。

首先,许多旧习观念犹存,乡村新学教育仍面临诸多障碍。由于重男轻女观念的羁绊,女童失学问题始终尚未得到有效解决,晋省1928年就学儿童统计中,女童数仅占就学儿童总数的百分之一十五;⑥1935年,晋省"失学儿童约占学龄儿童百分之四十二,其中失学女童,大约就占百分之三十"⑦。女童失学问题的解决,实在不是徒然增设学校所能济事的。尽管当局也曾动员各方力量进行劝导甚至采取强

① ⑤ 吴亿:《山西小学教育实况》,《西北论衡》1937年第3期,第23页。

② 马儒行:《述吾乡之小学教育及民众教育——山西五台县永兴村二十余年来之新教育》,《村治》第2卷第2期,1932年,第2页。

③ 黄述连:《考察山西义务教育报告——民国十七年十二月》,《山西省政府公报》1929年第4期,第71页。

④ 《北京电:阎锡山报告山西教育状况到府院》,《申报》第192册,1923年6月6日,上海书店1983年影印版,第113页。

⑥ 参见黄述连:《考察山西义务教育报告——民国十七年十二月》,《山西省政府公报》1929年第4期,第71页。

⑦ 曙明:《关于山西义务教育实施的一点意见》,《山西建设》1935年第7期,第3页。

迫入学的措施,但在根深蒂固的重男轻女观念面前都无济于事。在风气闭塞的偏远乡村,"丝毫不知注意女子的教育,即在风气较开通,交通较便利的村庄,也不能把男女小孩一律看待"①。而那些被强迫入学的女童,也只是暂时待在学校而已,上级监管稍有松懈,便又会重归旧状。

重男轻女等传统观念在广大乡村已年深日久,"在大的都市中因受了新文化的熏染,似乎减去了些。但在乡村中既未受新文化的洗礼,而社会距离又非常大。传统观念是筑了很坚固的壁垒,不易攻破。由于乡村的科学不发达,因此乡村较城市趋重迷信"②。民国时期,晋省乡村学校多设在庙宇,如在宋震寰的《山西乡村教育概况之调查》中所调查的六十个乡村小学中,就有三十七所小学是设在旧庙宇中。而乡村人民最信仰的是神,每年的春祈、秋报、各种菩萨的诞辰以及久雨不晴、久晴不雨,都要集会敬神,他们以为神可以赐给很多幸福。因此,把他们用来祈求幸福的庙宇改成学校,在乡民看来是不吉利的,以至于在乡间经常会听到这样的谣传:"今年这样久不下雨,是讲新学的人把菩萨得罪了。"③又因"新教育产生的年代不久,兼之起初办新教育仅在大都市。扭转过乡村来,不过十余年的事。因此乡村人民对于新教育的观念不明了,还没受到新教育的陶冶,所以他们的思想,总是落后的"④。

其次,民国时期,晋省小学教育之所以受到外间人士的频频称赞,其最大根据不外是官方小学教育统计。诚然如果根据官方教育统计之数量,裁判山西小学教育的好坏,那山西的小学教育,在全国可以说是比较数一数二的;殊不知官方统计数据,是根据各村庄呈报所得,内里虚情假报所在多多,与实际情形有相当出入。⑤尤其是在1925年以后,晋省因战祸频仍颇受影响,对于内政,则全然无暇顾及,"强迫儿童施受小学教育,已成为有名无实的事了,一般小学督学,皆模糊从事,各校负责人员,更虚情假报"⑥。故至1928年底,"就学儿童,仅达百分之七十强。然十七年以后,因天灾人祸之种种摧残,农村社会完全破产,而入学儿童,只有减少而不能增加"⑦,"各村庄大多都将女校合并男校,名为男女合校,实则女生概不到校。在督学要来或已来的时候,就通知男女学生上学,以便在督学面子上敷衍过去,督学虽明知其假,也不追问"⑧。而当时晋省官方关于小学教育的各项统计全然出自这些"虚情假报",其可信度可想而知。

---

① 曙明:《关于山西义务教育实施的一点意见》,《山西建设》1935年第7期,第3页。
②③④ 吴可:《中国乡村小学教育的危机》,《新农村》1935年第29期,第10、11—12、10页。
⑤ 对于民国晋省官方教育统计数据之不实及其教育衰败之事实时文多有论及,如吴亿《山西小学教育实况》(《西北论衡》1937年第3期);曙明《关于山西义务教育实施的一点意见》(《山西建设》1935年第7期);刘伯英《对于山西省政十年建设计划——拟制农村教育专案之蒭荛》(《新农村》1933年第5期);《最近山西全省教育统计》(《中华教育界》1931年第5期);王士勉《乡村教育的研究》(《农学杂志》1923年第5—6期)均对此问题做了论述。
⑥⑧ 吴亿:《山西小学教育实况》,《西北论衡》1937年第3期,第24页。
⑦ 刘伯英:《对于山西省政十年建设计划——拟制农村教育专案之蒭荛》,《新农村》1933年第5期,第17页。

另外,1933 年度崞县西常村小学各季就学儿童的统计:"学龄儿童:82 人;就学男生:44 人;冬季平均就学男生:30 人;夏季平均就学男生:2 人。春季平均就学男生:10 人;秋季平均就学男生:0 人;就学女生:0 人。"①亦可进一步证明官方教育统计数据之不实。而且崞县在民国时期的晋省属一等县治,其所属村庄儿童实际失学情形,已这样可怕,其他偏僻县治、落后村庄就更加不堪想象了。因为这种缘故,我们对于民国时期晋省小学教育量上所谓的发达就不能不有若干的折扣。

3. 乡村小学师资的培养

自晋省当局着手普及义务教育以来,"山西义务教育学校,数量既多,师范实感不足,虽有省立师范十三所,各县师范讲习所三十七所,然统计其毕业人数,欲以足敷全省二万六千余小学之用,相差甚远,即加以各中等学校毕业生及检定合格者,亦绝不敷分配"②。为培植更多合格师资起见,晋省当局除针对乡村私塾之塾师开办速成的师范传习所外,还陆续开办国民师范及师范讲习所,并增设专门培植小学师资的县立师范学校。"山西训练小学师资之处所,在民国七年前,仅有男师范四所,女师范二所,毕业学生共六百余人。七年后陆续增设男师范二所,女师范四所,又设国民师范于省垣。同时各县亦有师范讲习所及二年师范之设。"③到 1929 年,"全省共有男师范学校七所,女师范学校六所,分设全省六学区,共有本科学生一千八百八十九人;各县共有男师范讲习所二十二所,学生六百五十九人。女师范讲习所十五所,学生二百二十三人"④。

各师范学校"历年毕业之人数,亦为数不少,但有两种不良现象:一为师范毕业生之不到农村服务,二为师范讲习所及二年制师范之毕业生太缺专业之训练及农村生产知识和技能。故现时虽总共有三万余之毕业生,而农村小学校仍缺乏优良之教师者,实由于此"⑤。近代城市中的物质生活、精神生活,皆足以诱人羡慕,与城市相比,乡村却相差甚远。因此,"下乡去当乡村教师实属知识分子的无奈之举,稍有更好的出路就会离开乡村……他们不是真心干乡村小学的,是为着暂时的生活问题没法解决,暂求得一'啖饭之所'。一旦有了良好机会,他们便舍小学而去,因此乡村小学教师的位置,便成了人们的过渡桥了……结果不管是不是内行? 有没有学识? 只要有势力便上了台。反使那专为乡村小学培养出来的乡村师范生,没有事情可干"⑥。

此外,民国时期晋省乡村小学教员的选任完全由村长学董决定,"只要你能把村长学董恭顺得很好,或你与村长有某种亲戚或友谊的关系,或是你与村长有某种利

① 吴亿:《山西小学教育实况》,《西北论衡》1937 年第 3 期,第 25 页。

②④ 黄述连:《考察山西义务教育报告——民国十七年十二月》,《山西省政府公报》1929 年第 4 期,第 68 页。

③⑤ 刘伯英:《对于山西省政十年建设计划——拟制农村教育专案之刍荛》,《新农村》1933 年第 5 期,第 34、34—35 页。

⑥ 吴可:《中国乡村小学教育的危机》,《新农村》1935 年第 29 期,第 15—16 页。

益上的交换条件的时候,不问你的学识品行如何,那你可以泰然地去当你的教员;丝毫不懂教育也可以,成天不上课也不要紧,甚至你就两三个月不到学校去,也可以随便。否则,如果你要是与村长学董没有任何关系而又不会去恭顺他们的话,不管你的学识品行如何的优良,那你随时都有被辞退的危险"①。在村长学董的腐败管制下,乡村"教界已为高小及中学生,甚至前清生员所盘踞、把持,师范毕业生或受过相应资格培训的真正合格的人,虽欲施其所学,而英雄无用武之地"②。据1934年宋震寰所做的《山西乡村教育概况之调查》中对乡村小学教师资格的统计,在接受调查的乡村学校教员中,"二年及六年师范所有教员合计,为数三十七人,仅占全数百分之三十五强,近年教部及教厅为整顿小学教育,及为师范生谋出路计,虽三令五申,检定小学教员,其结果尚且如此,以前腐败情形,更可想而知。近来师范毕业学生,自毕业离校之日起,即为社会失业游民,非不愿服务,实无务可服也"③。

于是,乡村学校"徒混日子的'人浮于事'的现象,各地皆然,乡村小学的教师大多是仗着他人的力量才谋得的地位"④。其中不合格者占大多数,"有懂得教育的,有不懂得教育的;有大学生有中学生,有坐过官儿的;有当过军人的;同时,还有前清的遗老,举人秀才之类"⑤。小学教员本身学识浅薄,且在凭借特殊关系任教之后,又常常疏于在学识、教学方法方面的提升,"乡村小学教员中,不但很少有对于教育学识继续研究的现象,有的甚至连杂志报纸都懒得去读。因此,不仅是自身的学识思想永久停留在那里,甚而有向后倒退的危险"⑥。由于教员自身学识浅薄,在实际教学中又大多流于应付差事,乡村学校教育始终处于一种流于形式而较少提高内涵的粗犷型办学状态,致使"乡村儿童被断送,乡村教育不堪问矣"⑦。

由上所述,晋省当局对乡村教育的改革调整,从行政方面到学校方面再到师资方面,可谓无所不及,但改革的效果却并不尽如人意。乡村教育发展依旧呈衰败之势。

"经费为一切事业的基本条件,教育更是如斯。若无确定的教育经费,教育的命运,永远是危险万状的。稍受外力的摧残,即陷停办的悲景。"⑧阎锡山主晋后,晋省教育经费虽逐年增加,"民国初年,山西省教育经费年仅三十万余,六年加一倍,观八年度预算表,已为一百五十九万九千有奇,比七年度增九十九万八千有奇,内临时费,增五十八万九千有余,实支尚不止此"⑨,但教育经费主要用于城市,各县村教育经费则主要靠村款筹集。如1928年,"省立师范学校,岁出经费四十四万七千八百

① ⑤ ⑥ 英武:《现在山西的乡村小学教育》,《新农村》第18期,1934年11月15日,第3、7、7页。

② ③ ⑦ 宋震寰:《山西乡村教育概况之调查》,《新农村》第十三四期合刊,1934年7月15日,第19—20、20、19页。

④ 吴可:《中国乡村小学教育的危机》,《新农村》1935年第29期,第16页。

⑧ 刘伯英:《对于山西省政十年建设计划——拟制农村教育专案之刍尧》,《新农村》1933年第5期,第20页。

⑨ 庄俞:《山西教育调查记——八年十一月》,《教育杂志》1920年第1期,第4页。

二十元,几占省教育费之半数;而县师范讲习所,岁出经费仅五千四百五十三元,且其中以村款占大多数"①。1933 年,晋省之"县地方教育经费,全年总额约三百余万,就中以村款占大多数……村教育经费完全系村款,普通多按地亩摊派"②。"山西各县农村教育经费,而无的款可依,或按亩捐,或抽地税,或征学费,但均非确定的原来,故无相当的保障。且各村所有经费,完全由村长一人把持,而大多数村长不属乡愿地痞,即是不学无术,对于教育经费,毫不介意。"③由于没有确定而充足的经费,乡村教育之改进与普及极易受挫。

乡村学校教育经费主要靠村款筹集,无形中又加重了乡民的经济负担。据《山西乡村教育概况之调查》中对乡村小学之经费来源统计显示:在接受调查的六十个乡村小学中,"学校经费之纯粹由村民摊派者共四十八校,其余除学费,村基金及县助外,仍由村担负者有七校。所谓村基金者当然出诸村民。桥款一部分系往来过桥行人负担,然其主要来源,依然由于村民。完全由县款办理者仅三校,由县助款者二校,是以村民对教育经费之担负极重"④,而且学校归村公有,学费由村长、学董所定,故花费常多,家长的经济负担亦随之加剧。尤其是在农村经济破产之时,"加之连年天灾人祸,人民经济状况愈趋愈下,而儿童受新教育的费用,却比受旧教育的费用要多得多"⑤,如此新教育"弄到老百姓,只有教育经费的负担,丝毫得不到子弟们享受良好教养的实惠"⑥。

教育经费的短缺和无保障,致使乡村教育严重滞后,城乡小学教育在许多方面都表现出明显的质的差别,"在教学上,城市小学是依照教育部规定课程与时间去教学儿童,而乡村小学则大多是由教员分派上课钟点与教习程序,在夏秋时,有许多学校,则停止上课,专事背诵;在师资上,城市小学的师资,大多是聘其专长,以授课程。乡村小学的师资,则大多兼代数种课程,不能专其所长;在设备上,城市小学的设备,大多都很完备。乡村小学的设备,大多都不完备;在学程上,城市小学的班级分配,毕业期限,皆按部定办理。乡村小学则班级混乱,并无毕业期限,有八、九、十年仍在学校者;在学习上,城市小学的学生,一学期的缺课是有一定的限制。乡村小学的学生,甚有一年仅到数日者;在办理上,城市小学,专由有教育经验者负责主办;乡村小学则由村长兼顾,大多不懂教育"⑦。

由上所述,不难看出城乡区位发展的落差甚大。晋省乡村新学教育发展的滞后性,固然与各项教育改革举措本身的缺陷关系甚大,但这并不足以构成这一问题产

---

①② 黄述连:《考察山西义务教育报告——民国十七年十二月》,《山西省政府公报》1929 年第 4 期,第68 页。

③⑤ 刘伯英:《对于山西省政十年建设计划——拟制农村教育专案之蒭尧》,《新农村》1933 年第 5 期,第20、12 页。

④ 宋震寰:《山西乡村教育概况之调查》,《新农村》第十三四期合刊,1934 年 7 月 15 日,第 9 页。

⑥ 英武:《现在山西的乡村小学教育》,《新农村》第 18 期,1934 年 11 月 15 日,第 1 页。

⑦ 吴亿:《山西小学教育实况》,《西北论衡》1937 年第 3 期,第 26 页。

生的根本原因。因为乡村新学教育向来不是孤立存在的，而与其所植根的时代背景和社会环境息息相关。

三

"教育与社会根本不能分离，有怎样的社会形式，就有怎样的教育，有怎样的社会政策，也要产生怎样的教育政策。故农村教育是适应农村社会形式，及农村社会政策的一种教育。"①乡村教育之"一切设施，必以社会背景，时代需要为原则"②，即要以切合乡村社会经济能力和实际需要为原则，"从乡村生活出发归宿到乡村生活"③。然民国时期晋省乡村教育却与乡村社会实际渐趋疏离，经改革调整后的乡村新学教育与乡村社会生活依然呈方枘圆凿之势：

首先，教育与经济之关系，至为密切，教育上一切设施与改进，虽不能完全受制于经济条件的限制，但最低限度，要适合社会经济能力。然而"现代的学校教育是不适宜于穷人的。换句话说就是卖劳力换饭吃没有盈余的人，是不能享受现代任何程度的学校教育的"④。儿童受新教育的费用，要比受旧教育的费用多得多。"山西社会，以农为本，旧式的农业生产，少数的手工工业，手胼足胝，终岁勤劳……一般农民生活，真是简单苦恼极了。以这样贫乏而生活简单之农村社会，而欲完全模仿资本主义社会下之资产化，营业化，闲暇化，机械化的教育，真是削足适履，而不能切合实际社会经济条件。"⑤尤其是在 1928 年以后，晋省乡村经济更形衰落，教育经费筹集颇感困难，"有的乡村简直不能筹集经费以致学校关门，有的虽能筹备些经费，但因其他关系也不能按时供给"⑥，于是各村庄实行裁减政策，小学数目大量减少。乡村经济破产之时，"农民救死扶亡之不暇，奚遑送子弟入学！"⑦"一般小康人家，顿时变为赤贫。一般学龄儿童，不能上学，在家帮助父兄，求谋生计"⑧；"农村小学，亦随之倒闭者，自属不少。即勉强开门，而学生人数，亦不踊跃"。自 1929 年后，晋省各县乡村教育，"上焉者仅能维持现状，下焉者竟尔宣告破产矣"⑨。

近代新学教育因不适合贫穷落后的乡村社会，而在晋省广大乡村发展严重滞后，长此以往小学教育便"成为一种畸形的发达，教育的注意点，偏重于城市；而对于乡村教育异常的忽略。所以城市的学校，日新月异的发达；乡村教育仍是腐败不堪的故状"⑩。

其次，与乡村社会实际需要相脱节。"教育之发生，就只根于当时当地人民实际

---

①②⑤⑨　刘伯英：《对于山西省政十年建设计划——拟制农村教育专案之刍尧》，《新农村》1933 年第 5 期，第 10、20、12、17 页。

③　王士勉：《乡村教育的研究》，《农学杂志》1923 年第 5—6 期，第 89 页。

④⑥　吴可：《中国乡村小学教育的危机》，《新农村》1935 年第 29 期，第 13—14、3 页。

⑦　宋震寰：《山西乡村教育概况之调查》，《新农村》第十三四期合刊，1934 年 7 月 15 日，第 46 页。

⑧　吴亿：《山西小学教育实况》，《西北论衡》1937 年第 3 期，第 24 页。

⑩　吴永詹：《乡村教育之改见》，《村治月刊》1929 年第 9 期，第 1 页。

生活的需要;它是帮助人营社会生活的一种手段。"①"乡村社会里的学校,就要以乡村里面的一切的问题为他的责任……本地的需要,儿童的需要及整个的乡村生活,乡村教育都是要负责的。"②民国时期晋省的乡村新学教育却与此不符,以致"学校自学校,社会自社会,学非所用,用非所学……所以农民对于学校的信仰,逐渐减低,而活泼泼的学校教育,竟变成枯读死符号的处所"③。其不适合乡村社会需要之最显著者体现在以下两方面:

教学内容与形式:学校应该服务于其所在的社会。"乡村教育要根据实际的生活,是有什么,学什么;学什么,就教什么……他是极求经济,使学生能有生活力的,所以不是奢侈品。他是希求实用的,所以不是'洋八股',或'老八股'。"④"一个小学毕业生一定得会应付社会上普通文字的需要,在本乡一个毕业生至少要会打算盘,会算会账","会写红白份子,会记账,会记条子"。但新学教育体制下的学生,"连自己都不会算账,不会写份子"⑤。费孝通在1936年关于开弦弓村的这段描述形象地揭示了新学教育与乡村社会需要相脱节的实况。近代新学教育基本上是工业化、城市化的伴生物,在其学制性变迁进程中并没有针对中国乡村社会实际需要而有实质性改进,教材内容自然不能切合乡村社会实际需要。

新学教育与乡村社会实际需要"不但教材上发生脱节,在教法上也发生了'格格不入'的地方","个别的教育法"与"集合教育法"断裂,实质上是"一切标准化"的制度变迁,与"社会组织本身是没有标准化"的冲突,"结果是'配不上去'"。⑥新学教育体制在"内容方面既以工商业社会的教材为教材,而形式方面,亦以工商业的社会组织为根据"⑦,其结果自然是弊端百出,不能适应乡村社会的需要。民国时期的晋省"更是个小农制度的社会,教育的经济条件,不但是比不上工商业发达的资本主义社会,就是与中国沿海各省比较,也是不能同日而语"⑧。因此,新学教育难以在乡土社会中落地生根而枝叶繁盛。

教师方面:"学校是乡村教育的中心,学校教师既是学校的灵魂,也是乡村教育的灵魂。"⑨如若乡村教师能力薄弱,便会导致学校教育难以切合乡村社会需要。"山西五万余农村小学教师之资格,高小毕业生占最多数,中学毕业者次之,各县二年制师范及国民师范初开办时之二年制师范班毕业者又次之,前清生员又次之,而真正师范学校毕业从事农村小学教育者,实为数无几,所以一般教师其基本常识多不充实,若言专业训练之教育知识,教学技能与从事农业生产之常识常能,更是无言

① 黄勉之:《乡村教育之改进》,《大夏》1934年第3期,第1页。
②④⑨ 王士勉:《乡村教育的研究》,《农学杂志》1923年第5—6期,第87、98、89页。
③⑦⑧ 刘伯英:《对于山西省政十年建设计划——拟制农村教育专案之蒭蕘》,《新农村》1933年第5期,第13、14、14页。
⑤⑥ 费孝通:《江村通讯》,《费孝通文集》第1卷,群言出版社1999年版,第381、382页。

以对。"①即使真正的师范毕业生，也因其只受城市师范教育的熏陶，而对农村教育没有真确的认识，很难切合乡村社会实际需要。

新学教育与乡村社会疏离甚远的现状，是近代以来城乡背离化发展模式的体现②，而这一历史进程的矛盾冲突，断非仅仅立足于教育体制或制度调适所能应对。民国时期晋省当局对乡村教育的改革调适收效甚微，新学教育与衰落的乡村社会日趋疏离，且呈愈演愈烈之势。对此问题，当时的费孝通曾经有过洞见本原的认识："在目前讲求或试验农村建设的地方，很多是犯了单刀直入，破坏了原有社会的有机性，弄到一盘碎局，无从收拾……正因不对社会制度缺乏了解，想单从政治来建设中国，以致造下了今日河山破碎的惨局。一般人民知识不足维持一种新制度时，这种制度迟早会'蜕形'……我们不立刻从教育上，及其他种种社会事业上着手作调适工夫，我们一不留心，它的性质随时就会变样。"③

四

"我们不愿意把我们的乡村教育像那样安定着，使儿童为预备生活所围困而勉强住留在农场上面或到城市里去。从乡间到城市的门路，必须大大的打开。城市与乡间须有相通的自由（freedom of intercourse）。"④然而，民国时期新学教育体制下的晋省乃至整个中国的乡村教育，却把这种城乡之间本该有的"相通的自由（freedom of intercourse）"变为一种从乡到城的单向流动，遂使"乡村人口日渐减少，而其质量上也渐劣化"。⑤"在新学教育制度下，大多数拥有新知识的知识分子纷纷向都市奔去，使农村失去了人才；不仅如此，大量资本也流出了广阔的乡村。新学教育兴起后，城居地主继续通过租佃关系、商品关系和债务关系将大量财富抽往城市。乡村社会最紧迫需求的、支撑乡村发展和文明转型的资金、技术、知识、人才和需求等资源大量流失造成了乡村发展的'空心化'。在失去财富和人才、并受到近代都市工业势力压迫的'空心化'乡村，必然走向全面贫困化。不仅如此，乡村精英大量向城市流失，造成了乡村社会士绅的统治严重变形，社会矛盾日益尖锐。这一切使得刚刚由新学教育而启动的现代化进程在乡村遭受顿挫，并加深乡村社会危机的发展。"⑥

在教育变革的现代取向中，城乡二元分裂的社会结构导致了教育制度、内容、发

---

① 刘伯英：《对于山西省政十年建设计划——拟制农村教育专案之蒭荛》，《新农村》1933 年第 5 期，第 15 页。

② 王先明：《20 世纪前期乡村社会冲突的演变及其对策》，《华中师大学报》（人文社会科学版）2012 年第 4 期，第 10 页。

③ 费孝通：《复兴丝业的先声》，《费孝通文集》第 1 卷，群言出版社 1999 年版，第 248 页。

④ Butterfield, K. L: The Farmer and the New Day, p. 51. 转引自王士勉：《乡村教育的研究》，《农学杂志》1923 年第 5—6 期，第 86 页。

⑤ 王士勉：《乡村教育的研究》，《农学杂志》1923 年第 5—6 期，第 84 页。

⑥ 王先明：《近代新学教育与城乡分离的加剧——20 世纪前期教育现代化进程中的乡村问题》，《中国近代社会文化史续论》，南开大学出版社 2010 年版，第 474 页。

展进程中的方向错位,以现代化、工业化实质也是城市化取向的新学教育制度建构,从根本上疏离了乡村社会需求。"近代以来,随着新式工商业、文化事业的发展,城市得到了较快发展,与繁荣的现代城市形成鲜明的对比,政府无暇顾及的、受传统力量束缚较大、被新学教育侵蚀的乡村社会则衰落已达极点。"①同时,这一历史进程提示:乡村教育的发展取向与乡村社会结构变迁的关系复杂而多重:既要适应乡村、乡民的现实需求,又不能被动地受制于乡村社会的滞后特征。如何在既适应乡村社会需求,同时也对乡村社会发展起正向的引导推动作用,是现代化进程中一个值得进一步反思的问题。鉴往知来,百年来的乡村教育与乡村社会之间复杂多重的纠葛,乃至不时处于进退失据的窘况,应该引以为鉴。

---

① 　王先明:《近代新学教育与城乡分离的加剧——20世纪前期教育现代化进程中的乡村问题》,《中国近代社会文化史续论》,南开大学出版社2010年版,第482页。

抗日战争时期晋绥边区的田税征收

范荣静　冯如昌[①]

1940 年 1 月，中国共产党于华北河套外延建立了一个抗日民主新政权——晋西北行政公署，开始了对晋绥边区的政治、经济、军事、文化等各方面的统一领导。晋绥边区是位于山西省西北部和绥远省南部的一块高原敌后革命根据地，它以管岑山为中心，北及大青山，南达吕梁山，绵延千里。其南部的晋西北根据地有神池、朔县、偏关、离石、交城等 36 个县，而北部的大青山根据地有绥远、包头、武川、集宁等 9 个县。边区的财政经济建设是根据地建设的重要部分，其中的农业税征收工作至为关键，它是当地进行物资调运和解决军政经费的基础工程，相关活动涉及面较广，意义重大。我们有必要通过各种翔实的资料，进行认真、科学的分析和研究，从而对之产生一个正确的认识。

（一）

根据 1940 年 4 月的边区财政会议精神，晋绥根据地的财政收入被确定为：田税（公粮）、其他税收、没收汉奸财产（逆产）、公私企业及统制贸易等收入、司法罚金、行政罚金、捐款等几项。其中，田税一直是边区的财政收入之大宗。除了第一年的临时筹款时期（1—8 月份）较少征收之外，在以后的各年中，田税在此处的财政收入中长期占据首位。1940 年 9 月至 1941 年 2 月，征得田税 377187.25（银）元。1941 年，开始确立了比较完备的田赋、罚金等各项税收制度，同时，利用借款、摊款、发行钞票等手段来解决财政问题。当年春天，在政治形势、经济局面相对好转的情况下，比较成功地征到了各县的税款，在农税方面，主要是追征了上年的未纳田赋，共收到税款 397552.75 元。[②] 而本年度的田赋征收甚少，边区党委为减轻根据地农民负担，根据民间实际情况豁免了大量的田税，只收取了 10 万元。1942 年的田税征收预算为 363227（银）元，实际征收公粮 246000 石，按时价折算，是比预算少了很多，但加上征收公草 27060000 斤的话，就基本上完成了任务。根据地内部田赋收入，占到全部财政收入的 20%。[③] 后来几年的征收数额相对稳定，如 1944 年田税为 219500 大

① 作者简介：范荣静，女，中国农业博物馆副研究馆员。冯如昌，男，中国农业博物馆馆员。
② 1941 年中共晋西区委：《经济建设材料汇集》之六，财政概况，整理田赋税收，山西省档案馆藏。
③ 同上书，收入之部。

石,另有 5% 征收货币;1945 年则为 205600 大石,另有 5% 征收货币。① 综合起来,边区内部的农税基本占到了整个财政收入的 18%～20%。

需要特别指出的是:其时的农业税范围稍广,除了在根据地农村正常征榷田赋之外,还努力争取到敌占区征收烟苗罚款和公粮变价,以充作边区经费之用。这样,可以在一定程度上用外部农税抵补该年内部田赋之缺(豁免)。关于"公粮变价"一项,属于不得已之举,它是由过去的征粮运粮形式改变为征粮出售易款(包括直接征款)之行为。由于在敌占区,所征公粮不易囤积保管,又不便运到根据地来。如 1940 年曾组织购粮(购中带征)委员会,在静乐、文水、交城一带的八专区购运粮食时受到日伪军袭击,损失严重。鉴于当时的严酷形势,群众也要求停止运粮,改收款项。同时为了紧急解决一部分经费,边区政府决定于 1941 年 2 月至 3 月间,出卖敌占区公粮 50000 石,及时调款到根据地……虽然未能全面完成任务,但在以后的几个月内,边区工作者曾陆续在根据地外部的农村征收公粮款,先后共收 1317164. 16 元。② 这一阶段,行署的组织策划相对适宜,工作行为实施到位。通过敌占区农民的爱国热情和中共干部斗争精神的有机配合,较为成功地转出公粮款,在很大程度上缓解了边区的财政困难——用以购置军政干部服装。在敌占区进行的公粮变价收入虽然不太稳定,但也往往能超过根据地的田赋收入,如 1943 年,获取公粮 4 万石,每石售价 40 元银洋,共得 160 万元。③ 这对当时的根据地来说,乃是一笔举足轻重的巨资,占到晋绥边区总收入 324. 7 万元的 49%,可谓是当地中共政府的支柱性财政入款。

至于烟苗罚款,也称烟苗捐,与上述公粮变价一样,同属边区政府在财政方面的开源措施之一。因侵华日军在边区附近的占领区,强迫农民种植罂粟,生产鸦片烟毒,并强制性地征收烟膏,从中牟取暴利。对此,中共工作团深入植毒区,一方面于政治上宣传禁毒思想,揭露日军的毒化政策之本质;另一方面,以罚款的名义向植烟户征收烟苗捐——实际是烟田税,施行"寓禁于罚"的方针。在 1941 年 3 月至 8 月的半年内,所收烟苗罚款数额超过了本年的公粮变价,达到 1552794. 80 元。④ 1943 年下半年至 1944 年上半年,所收烟苗罚款达到 40 万元,占到财政总收入的 12.3%。这些田税性罚款,主要来自忻州、交城等地。烟苗罚款和公粮变价的征收工作难度很大,非常危险,各地都有敌军警戒,严防物资和资金外流。表明当时在抗日战争的大背景下,边区外部的财税征收工作与军事斗争是有着连带关系的,是需要勇气和牺牲精神的。

晋绥根据地的田赋是当时边区农业税的基础部分,它与公粮变价和烟苗罚款两

---

① 1944 年 8 月 15 日《晋绥边区财政经济会议》,财政部分的报告,山西省档案馆藏。

②④ 山西省档案馆等:《晋绥边区财政经济史资料选编·财政编》,山西人民出版社 1986 年 10 月版,第 14 页。

③ 1944 年 8 月 15 日《晋绥边区财政经济会议》,财政部分的报告,山西省档案馆藏。

项结合起来，共同组成边区的全部农税内容。这三部分农税征榷是晋绥中共政府的根本性财政收入，一般占到全部财政收入的65%～69%①，成了边区政权重要的物质依托——基本的经费来源。

农业税的征收管理活动属于当时抗日政权的政府财政范畴，具有国家税的意义。而在政府财政之外，还有一种地方民间的社会公共财政（公益性）活动。这种民间的社会公共财政行为，具有自治性，可谓是自筹自支。但不能有随意性，其活动要受到边区政府的监督，其主要章程是由晋西行署规定。从而表明，根据地的民间社会公共财政是边区政府财政的附庸，是其连带部分。即如此公益财政行为必须执行当地行署的税务政策和财务政策，这是由其时中共的政治性质所决定的施政精神。

此处的公益财政或称民间社会公共财政，实际上就是村社财政，其活动内容由村社摊款和村社开支组成。民间公益财政的收入，除了按农户收状况和农村贫富等级征取之外，主要就是公粮摊款，或者叫作田税附加，即按正常农税的一定比例摊征。从经济法的角度看，这里的田税附加或公粮摊款，与那时国民党政府的田赋附加有着相同的意义，属于一定区域范围的地方税性质②。当地文献记载："按公粮摊派——即每石公粮（田税）附加村款若干，此法手续简便易行，具备了与公粮一样的优缺点，较合理负担更为公平合理。"③整个边区的公粮摊款，征收比较繁杂，没有一个长期统一的固定数额，据各种资料的推算，估计一般平均为田税的15%左右。所有收入要用于村级范围的经费开支，包括乡村办公、乡村教育经费等等，属于中共抗日政府财政活动的连带成分。

（二）

抗日战争时期，晋绥边区的财政制度几经变化，逐步调整和完善，就农业税的征管而言，也是在不断地改进着。起初在1940年时，还没有统一而明确的财税政策，县与县之间，区与区之间，各自为政，皆分别利用不同的临时筹款办法，向民间征收一定量的田税。总体上缺乏严密的管理，也没有长远的计划性。至该年下半年，才开始出现局部的简单的预算，显现一定程度的计划性。随着中共政权在晋绥的迅速发展和巩固，当地的财税制度很快得以调整和改善。1941年全面颁行和实施财政收支的预算章程，确立了总的财政原则是："统筹统支、量入为出，适当的量出为入。"并且还建立了决算制度和审计制度，严明财务纪律，给根据地的财政活动圈定了科学管理的框架。④

---

① 参考1942年10月中共《晋西北行署的财政报告》，乙"财政建设之情形"，收入方面，山西省档案馆藏。

② 参阅（民国）中央大学经济资料室编《田赋附加税调查》第11—15页，商务印书馆1935年版。

③ 1942年10月中共《晋西北行署的财政报告》，乙"财政建设之情形"，山西省档案馆藏。

④ 1941年10月1日，汤平：《在晋西北行署　第三次行政会议上的报告提纲》，载《行导报》第3卷，第4、5期合刊。

当地的财税经征工作是在边区党委的领导下开展的,要求在工作中体现中共的方针、政策。起初根据地的田赋主要由地主、富农来承担。如在保德、兴县等地,他们大都承当了75%～80%的农税负担①,有从经济上制裁封建势力打击剥削阶级之意。1941年以后,行署根据党中央的政策精神,力求与地主、富农进行暂时的政治联合,和他们结成抗日民族统一战线,共同一致对外。因而,有针对性地修改了以前过"左"的不正确的征粮制度,推行新的征榷章程:扩大征收范围,由各阶层按贫富差别,适当承担田税。到1942年,大部分县区,地主、富农的田赋负担比率降到50%以下,其中河曲、保德、偏关、朔县、五寨、宁武、临县等7个县中,地主负担22%,富农负担12%,中农负担8%,贫农1%。② 如此则较大程度地减少了地主富农的田赋压力——不侵犯其基本利益,缓解了与他们的冲突。既完成了预定的田赋征收任务,又注意了从政治上争取地主阶级,扩大统一战线,可谓为成功之举。

在田税征收方面,实行农户产量与征税相联系的方针,力求公平合理。1941年,"改订免征点为四斗,每人平均已满四斗者征百分之一,一直到六斗七升五,每增二升五,即增比例率百分之五,由六斗七升五起到九斗二升五,每增二升五,即增加百分之点八……"③每石公粮附征150斤公草,包括谷草和杂草。所征粮草,由各自然村选举组成粮秣委员会,负责保管。上一年的田赋免征点为5斗,这年又改为4斗(农户每个人平均产粮数额),使田税负担层面有所扩大,参与缴纳农税者达到农村总人口的80%以上,并且在行征的计算方式上,略带累进税制之含义,比较公平合理。同时,为了保证征纳活动的正常进行,达到真正的公平公正,而建立起监督机制:行署明确规定,"为防止较弱的工作人员被人收买,与贪污腐化及村干部的营私等。随时注意检查,发现事实时,即应加纠正,给以教育"④。不仅如此,而且自1942年后还曾将财税管理的某些规定内容列入刑法之中。边区党委宣布:对田赋等经征工作积极无私,卓有成效者,由行署分别给予奖励。而对那些徇私舞弊、收受贿赂,致人民负担不公平者,必定责成司法机关查处。"或领导人民集体隐瞒,或知情而不举发,致形成隐瞒,因而有碍征收之进行,经查有实据者,均按照刑法渎职、贪污各罪从重处罚。"⑤从体制上和管理方式上看,晋绥根据地的田赋等财税征收活动,有了明显的改进。

1942年,进一步开展对田税经征工作头绪及其过程进行整理。对失掉粮册的地区,进行调查登记,按旧日标准重派税粮。取缔过去征粮中的中间剥削弊端,由政府直接征收田赋。及时纠正往日的不公平现象——良田税少、瘠田税多之错误,组

① 1941年12月,中共晋西区党委:《经济建设材料汇编》之七,《公粮》结尾部分。
② 1943年7月《晋西北行署一九三九年至一九四二年公粮工作总结》,山西省档案馆藏。
③ 1942年10月中共《晋西北行署的财政报告》,乙"财政建设之情形",山西省档案馆藏。
④ 屈健:《敌占区的征收公粮问题》,载于晋西北行政公署:《工作通讯》1941年1月第5期。
⑤ 1943年10月20日晋西北行署公布:《晋西北统一救国公粮征收条例》,山西省档案馆藏。

织评议新征税粮办法,向累进税倾斜。1943 年边区公布:统一公粮("救国公粮")的征收程序,每年开征一次,取消诸多杂派,禁止重复征收。为了保证执行合理负担方针,并防止漏征和复征之现象出现,行署于《公粮征收条例》第13 条中明确规定:"一户财产及收入散布于二个县境以上者,由其资产所在地各县政府分别征收之,但如其资产分布不超出二十里范围,则由其户之主管县合并征之。有财产及收入而家不在本地者,以一人计算征收之。"①可以肯定地讲,这一系列新政策、新章程的先后出台,无疑是本着为晋绥抗日政府负责、为当地广大农民群众负责的精神,逐步纠偏匡正,使当时的钱粮征收活动措施日趋实用,更为合理和规范。同时,操作方法也较前进步了,彰显出简明、有效和适应性增强的特点。

为了体现中共政治上的人民性,而要于经济上为农民群众着想,必须防止在收支问题上出现弊端。因此,自1943 年以后,边区各项财政制度又趋系统、严密,尤其强调对基层征榷行为的控制(禁止滥行摊征)。在县级、区级财政编入预算、决算的基础上,行署又订立了村级财政(民间社会公共财政)的预算、决算制度。那时,"二、三分区各县,六分区宁武及直属兴县、岚县、神池县,由各县政府代编造季预决算;六分区忻县、崞县、静乐县;八分区,塞北分区各县,由各县政府代编造半年预决算……"②有个别的行政村是自己独立编造预算和决算,上报县政府。一般主要是村公所开办的初级小学和高级小学经费的预算和决算。村预算决算案,虽然属于地方自治活动范畴,多为公益事业的收支内容,但也要像县级财政预算一样,接受根据地政府的监督,预算、决算案的公文要呈送边区行署备查。同时,为了做到财税经征工作的简明划一,即力求达到制度、章程、方法上的一致性和规范性,而集中征收权力,取缔了村级单位的征收资格。正如当时文献所记"统一公粮征收后,田赋村摊款,自同年(1943 年)起,不再征收"③。至此,不论是按贫富等级收取乡村经费,还是田税比例摊征村款,都全面禁止了,统一由县级税款代替,并由县财政部门分别划拨乡村所需经费。

(三)

客观地讲,在环境艰苦和条件困难的背景下开展的晋绥边区之田赋征管工作,是非常主动积极和颇为成功的。当时的中共财税干部,本着爱国主义的精神,大力提倡救亡图存思想,全面宣传纳粮御敌之道,使边区内外的农民群众认识到积极缴纳公粮对根据地政府的重要性。他们通过长期的不断努力,不仅有效而合理地在根据地完成了历年的田税经征任务,而且还在辖区以外的敌占区开辟税源,行征公粮,源源不断地将边区外围农民提供的钱粮(包括公粮折征和烟苗罚款)输往根据地,有力地支援了抗日战争,可谓是一种卓越的创举。

---

① ③　1943 年 10 月 20 日晋西北行署公布:《晋西北统一救国公粮征收条例》,山西省档案馆藏。
② 　1943 年 12 月 14 日《晋绥边区军政民预决算制度规定》,山西省档案馆藏。

当时的田赋（公粮）既是边区政府最大的财政收入，同时又是根据地内外广大农民群众最大的课税负担。如此情状，则要求当地抗日政府有一个适时的正确的科学的财税政策，同时要求当地财税干部掌握和运用高超的权征措施。即边区一方面要努力征到足额钱粮，以支援抗日的军政活动，另一方面要求中共行署支持和帮助农民安全而健康地应征。这两点，边区政府基本上都做到了。1941年以后，行署采用了较为严密系统的征管方法，极力保证最大限度地减少课税征纳方面的不合理现象尤其是伤农现象。并且一再倡导劝民发展生产，推动公粮征收工作。宣称："分粮的征收是建立在人民生产基础之上的，人民收入越多，公粮的征收越容易。为了保证抗战供给，向人民要，不能不同时发展人民的生产，使人民有，所谓'取之于民'，不但要取之有道，而且要培养民力。"①这种思想在那时得了多方面的普遍性的落实，并且，该项精神还较为突出地贯穿于田税征收的政策当中。如为了鼓励农民种棉、种蓝和发展纺织业，政府曾实行半征或免征农税的政策。"其次对于开荒水利和农业生产密切联系的副产畜牧，也分别给了一定期间的免征或减征。"②此类政策，在当时产生了较好的效果：在一定程度上调动了大多数农民的生产积极性，植棉、种蓝和纺织户逐渐多了起来，在短时间内，不少的荒芜土地得到了垦复，耕地面积明显扩大，灌渠渐次修复，水田增多。而且，相关的副业和畜牧养殖业也有所发展。

在中共"统筹统支、量入为出，适当的量出为入"的总财政原则下，边区政府本着兼顾生产、军需、民生三方面原则，采取自力更生的方式解决一部分财政经费，以减轻民间经济压力。1942年晋西北行署在《统筹统支与自力更生》一文中宣布：晋绥根据地党政军各机关部门，"经过自己的劳作和经营，在不妨碍战争任务的条件下，尽可能自行设法解决部分开支……为了减轻人民负担，培养和爱护根据地人力、物力，以积蓄力量，准备将来的反攻，因此把应该由人民负担的一部分，归开支机关自行解决，以补政府收入之为足"③。即施行了统筹统支为主，自力更生为辅的财政方针。在此方针指引下，各部门财政经费的自给面在逐步扩大，从1942—1944年，依靠自力更生解决的财政经费一般达三分之一左右，到1945年，边区自力更生的预算款项为3531165.12万元，占到全部财政收入预算的41.07%，④再次加大自力更生的力度。如此，则产生了明显的良好效果，进一步得到了当地人民的信任和支持，充分体现了根据地政权的人民性。

为了进一步减轻人民的负担，中共晋绥分局除了动员和组织军政各部门开展生产自给活动外，还施行了全面的精兵简政，简化各部门各单位机构，压缩各机关编制人数，以降低军务政务方面的经费开支。同时提倡厉行节约，爱惜粮食，俭用衣物，

---

①② 山西省档案馆等：《晋绥边区财政经济史资料选编·财政编》，山西人民出版社1986年10月版，第269、270页。

③ 1942年12月24日《抗战日报》社论。

④ 1944年8月15日《晋绥边区财政经济会议》，财政部分的报告，山西省档案馆藏。

力求少向民间特别是农村征取和调用。① 当时实行供给制,各军队、机关、学校工作人员的办公费、伙食费、服装费等开支都很低,常常是艰苦度日,集中反映了边区政府的清廉性和亲民性。

当然,其时的财政征榷活动也有不尽如人意的地方。如生活在敌占区的农民群众,课税负担相对较重,他们一方面要承受日伪反动势力的压迫,被其强行征收财物;另一方面又要以公粮的形式和烟苗罚款的形式(如前所述),向外部的抗日革命根据地辖区输送田赋——财物,双向负担。这乃是由当时的特殊环境和客观条件所造成的,属于不得已之举,是可以理解的。就总体而言,在中共晋绥分局的领导下,边区的农税征收工作还是做出了很大成绩的,在量入为出的原则下,尽量争取不伤害农民群众,不妨碍其生产,并且,通过不断修正缺点,改善方法,使其征榷活动日趋公平合理,从而取得了较大的成绩,为抗日战争做出了应有的贡献!

---

① 1944 年 9 月 11 日《中共晋绥分局关于一九四五年财政预算之决定》,山西省档案馆藏。

20 世纪二三十年代豫西南豪绅政治生态研究

刘振华①

20 世纪二三十年代,豫西南地区的内乡、镇平、淅川等县掀起了饮誉全国的"宛西自治"。学界对宛西自治精英和自治模式的研究已取得了一定的研究成果。② 本文在挖掘资料的基础上,探究豫西南地区"自治"或"半自治"下当地社会生态演变的特点及实质。

一、掌握地方武装是建立"豪绅政治"秩序的基础

著名学者瞿同祖研究认为,在清代,"尽管个别士绅和个别地方官常常会发生利益冲突,但这种冲突从未严重到足以引起权力结构和既定社会政治秩序发生变化的程度。这种冲突,应该解释为同一权力集团或社会阶级内部的冲突,而不是两个集团或阶级间的冲突。因为士绅和官员同属于一个特权阶级,他们要互相依赖以维持现状"③。但在 20 世纪二三十年代的豫西南地区,随着官绅冲突的激烈,当地的社会权力结构和政治秩序发生了根本的变化,社会生态严重恶化。

民初以降,国内军阀混战不断,兵、匪遍地,中原秩序几近崩溃。有论者谓:"十余年来,政局屡变,内战迭起,无论南者北来,北者南去,俱视豫省为兵家必争之区,致兵败为匪,匪聚成兵,兵连祸结,民不堪命。"④在 20 世纪二三十年代的豫西南,各地豪绅建立起"自治"或"半自治"式地方政权,新政治秩序的确立未能消解本已处于紧张状态的社会结构,反而加速各地社会结构的进一步恶化。⑤ 尤其在镇平、内乡、淅川三县,

① 作者简介:刘振华,男,上海理工大学社会科学学院讲师,历史学博士,从事中国近现代社会经济史研究。
② 代表性的研究成果有沈松侨:《地方精英与国家权力——民国时期的宛西自治,1930—1943》,《中央研究院近代史研究所集刊》1992 年第 21 期;郭晓平:《30 年代宛西乡村建设中的体制改良》,《史学集刊》2003 年第 2 期;池桢:《国家、地方与乡村建设——20 世纪 30—40 年代宛西地方自治研究》,《史林》2010 年第 5 期;池桢:《"政治系统"与"军县":宛西地方自治的政治维度》,《史林》2011 年第 3 期;池桢:《为地方自治正名:彭禹廷的"地方主义"》,《史林》2012 年第 3 期。
③ 瞿同祖著,范忠信等译:《清代地方政府》,法律出版社 2003 年版,第 329—330 页。
④ 常文熙:《河南农村金融之调查》,《社会经济月报》1935 年第 2 卷第 11—12 期,第 52 页。
⑤ 张鸣强调中国农村的社会结构是独特的,他认为:"中国的农民既不同于西欧中世纪庄园的农奴,也不同于印度村社的农民。在前资本主义状态的各国农村中,中国农民是极少数具有正当政治法律身份,又具有较完全的财产私有权(可以自己支配)和独立生产经营权的农民。"见张鸣:《乡土心路八十年:中国近代化过程中农民意识的变迁》,第 217 页。拙文认为,这一结论在南阳盆地并不适用。在民国初期的豫西南一带,地权分配高度集中,社会生态畸形恶化,底层民众对大地主、豪绅的人身依附性较强。见拙文《20 世纪二三十年代南阳盆地地权分配初探》,载《民国研究》总第 22 辑,2012 年 9 月,第 80—98 页。

"由于山高水长,地处偏僻,因而形成了一角形同化外之域"①。内乡自治领袖别廷芳,"对于中央政令阳奉阴违,跟河南省政措施也是格格不入,落落寡合,他甚至于拒绝在3县设立党部,推行党务"。历任河南党政当局都视别廷芳为"据地自雄的土皇帝,河南省境之内的一大赘疣"。而别廷芳本人,"轻易不出宛西,多年不曾到过省垣开封"②。在抗日战争爆发前,国民政府势力尚不能实际控制该区。③

在实行"地方自治"的宛西各县,别廷芳、彭禹廷、陈重华等人借掌控的地方民团在剿灭地方"匪患"和消灭地方反对派后,建立起地方自治政权,地方权力牢固地掌握在手握武装的地方领袖之手。

在内乡县,别廷芳早年做过山寨"禁头",靠火并起家,不断扩充私人武装,逐渐掌握了全县民团武装。1927年秋,别廷芳统一内乡,河南省政府派袁旭任内乡县长。别廷芳对新来的县长不屑一顾。1928年冬,别廷芳诱杀内乡县长袁旭于黄龙寨,公然操纵县政,独霸内乡军、政、财、文大权。此后,河南省政府委任的历届内乡县长,"皆以别廷芳之命是从"④。从1928至1931年,别廷芳组编枪支,训练壮丁,在内乡建立了九个团,持枪团丁近两万人。他又在老虎寨建立造枪厂,生产枪炮弹药,配发给团队使用。别廷芳在推行内乡地方自治时,对国民政府明从暗抗,时从时抗。其武装力量实行"枪不离人,人不离地方"原则,既不听调,更不受编,对国民党的县政权,采取操纵、架空等手段。⑤

在镇平县,彭禹廷在清剿地方土匪中建立地方民团武装,完全操控镇平县政。1927年秋,彭禹廷因奔母丧回乡。面对当地土匪如麻、民不聊生的局面,彭禹廷放弃所任之西北国民革命军第二集团军总执法处处长职务,开始剿匪安民。为组建自己的武装,彭禹廷仿照瑞士的义务兵制,筹建民团两个队,人枪300左右。次年5月,他又建立第三、四队。1930年9月,他将镇平民团扩编为3个团,全县团丁共1.2万余人。借此地方民团武装,彭禹廷开始在镇平县及周边剿匪安民。在内乡、淅川民团的协助下,镇平民团先后击溃骚扰宛属各地多年的悍匪王太、崔二旦、魏国柱等30余股,救出被土匪拉去的男女"肉票"达数万计。对于欺压地方、苛征捐税的镇平县长阚葆贞,彭禹廷不顾阚为西北军姚丹峰部(杨虎城部属)所派的镇平县长,坚决诛杀之。1930年10月,彭禹廷发表《告宛属十三县同胞书》,表明自己创办地方自治的决心。他参照孙中山"民族、民权、民生"的"三民主义",提出了"自治、自卫、自

①② 李宗黄:《李宗黄回忆录——八十三年奋斗史》第3册,(台北)中国地方自治学会,1972年,第324、327页。

③ [美]张信著,岳谦厚等译:《20世纪初期中国社会之演变:国家与河南地方精英1900—1937》,中华书局2004年版,第272—279页。

④ 内乡县地方史志编纂委员会:《内乡县志》,生活·读书·新知三联书店1994年版,第17页。

⑤ 西峡县志编纂委员会:《西峡县志》,河南人民出版社1990年版,第607—608页。

富"的"三自主义",在镇平开始实施其地方自治措施。① 为排除对自治的干扰,彭禹廷还驱逐国民党县党部书记长赵海楼,惩治了当地大土豪王宝树。②

1926 年,淅川县保卫团改编为保安大队,陈重华为大队长,下辖 4 个团,约千余人枪。1928 年,淅川县保安大队改为人民自卫团(简称民团),9 个区各编一个营。次年,淅川县建立民团司令部,陈重华任司令、任泰昇任副司令,下设军法、军需、副官等处,并和镇平、内乡、邓县结为联防,淅川民团为第三支队,陈重华任支队长。1935 年,陈重华在淅川县推行地方自治后,又对全县民团进行整编,除人事调整(基本上都是陈的心腹)外,并对各乡、镇壮丁进行调查,颁布了《淅川县训练壮丁队暂行简章》,凡符合年龄的一律编队操练。该年,淅川全县壮丁总数 3.3 万人,次年增至7.5 万人,占全县总人口的 30% 左右。③

至 1936 年 5 月,宛西三县(内乡、镇平、淅川)地方民团已颇具规模,成为一支不可小觑的地方势力。据当时调查:"三县常备民团约二万一千人;预备民团约三万六千人,共计约有常备、预备民团四万七千人。不过枪械不完全是洋枪(即外处大厂造的),一半多是本地造的土枪,但是最可称雄的还是这几县的壮丁都受训练,当然不下数十万人。"④据当时调查者对南阳专员公署保安司令部官员的访谈:"内乡壮丁组织极为完备,操练娴熟,秩序极整齐,精神极活泼,彼曾在该县检阅过,据说其成绩,或者还在普通正式军队之上,并且该县已算真正做到全体民众武装化了。"⑤

别廷芳、彭禹廷、陈重华等宛西自治领袖凭借掌握的民团武装,确立了独具地方特色的宛西豪绅政权,开始推行其地方自治政策,揭开了宛西地方自治的新篇章。1933 年夏,行政院农村复兴委员会人员在镇平县调查时发现:"(自治)'办公处'这个名字,在农民的脑中比'县政府'听得习惯许多。"为便于在镇平县进行调查,调查人员下乡时不敢说自己是从"县政府"来的,而说是从"办公处"来的。⑥ 在内乡,调查人员认识到:"内乡地方自治的实权也在'各区自治联合办公处'手里,而办公处又必须听别(廷芳)司令(游击司令)的话。所以内乡没有人不知道别司令,正和镇平没有人不知道彭禹廷一样。"⑦1934 年初,国民政府第二十路军总司令张钫到内乡县视察时对别廷芳说:"我是河南的大劣绅,你是河南的大土豪。"⑧虽是玩笑,却一语道破了宛西自治的实质。

在宛属其他地方,因地方领袖不能牢固掌握地方武装,地方自治往往不能站稳

① 南阳地区地方史志编纂委员会:《南阳地区志》,河南人民出版社 1994 年版,第 845 页;吴国琳:《彭禹廷与地方自治》,《镇平文史资料》第 1 辑,1985 年,第 48—49 页。

② 参见陈传海、徐有礼编著:《河南现代史》,河南大学出版社 1992 年版,第 155 页。

③ 淅川县地方史志编纂委员会:《淅川县志》,河南人民出版社 1990 年版,第 471—472 页。

④ 时因:《河南镇平内乡淅川三县的自治》,载陈翰笙等编:《解放前的中国农村》第三辑,中国展望出版社 1989 年版,第 536 页。

⑤ 问渔:《旅行生活杂记(四)·内乡的情形》,《国讯》1936 年第 124 期,第 368 页。

⑥⑦ 行政院农村复兴委员会编:《河南省农村调查》附录·调查日记,第 110、115 页。

⑧ 王炎升:《宛西自治与方城》,《方城县文史资料》第 1 辑,1984 年 6 月,第 49 页。

脚跟而导致夭折。在南召县，李益闻根据宛西地方自治理论，结合南召实际，提出了在本县办自治的施政纲领。李益闻拟定了经济建设纲要，并罗致了一批在南召县有一定声望的知识分子，如阎庆秩、彭寿松、郭海坤、周启邦、符敬轩等人，作为创办南召地方自治的骨干力量。但南召自治领袖李益闻等手无民团武装做靠山，在筹办自治过程中处处遭受地方豪强掣肘，南召地方自治最终流产。①

1932年5月，在豫陕鄂边区清乡督办刘镇华的支持下，南阳县成立了地方自治办公处，由杨鹤汀和朱肇生负责。② 由于没有自己的民团武装做后盾，杨鹤汀等人在南阳推行自治时遭遇的阻力非常大，据其子回忆："重新丈量土地，极大地震动着豪绅地主们，因他们蒙瞒地亩现象很普遍，所以阻力很大。他们制造舆论，到处张贴无头帖子，声称要'杀猪'（指朱肇生）'宰羊'（指杨鹤汀），我家里经常接到恐吓信。"③1933年5月，刘镇华就任安徽省政府主席，南阳县自治势力失去了靠山。河南省政府主席刘峙随即以清查账目为名，把杨鹤汀等软禁起来，南阳县地方自治陷于停滞，未能与宛西地方自治那样继续办下去。④

新野县的地方政权亦由手握民团武装的地方豪绅所掌握。1922年，新野县有5个区，每区设1个总团，每团设团总1人，团丁100余人，加上县五区办公处的武装共800余人枪。五区办公处主任马鸣梧依靠这支武装，统治新野全县。当时，新野城南一带曾流传着这样一首民谣："新野县雾腾腾，马鸣梧赛朝廷；提兵调将宋宗海，镇殿将军肖侠青；出谋划策是高官（高资政），刀笔师爷王子京；半阴半阳刘鸣梧，狐假虎威韩先生（韩吉六）。"⑤这首民谣是新野地方豪绅政治秩序的真实写照。1928年，新野县改保卫团为自卫团，全县7个区，每区设1个自卫团，每团辖2个中队，设团长1人，团丁120人。至1930年，新野县计有团丁近2000人，而这些地方武装的大小头目绝大部分由地主豪绅充任。⑥

在宛东唐河县，豪绅操控地方政治的特点尤为突出，据中共地下党员报告：

> 唐河县政治自前清到现在，完全操在割据地主的总代表曲凌霄一人手中。上自县政府各职员暨财务、建设公款、公安、商会、保卫总局，下至四乡民团，税捐局卡、保长村长，无微不至，前后三十余年，无论哪派军阀的势力深到唐河，于曲凌霄的统治，永未动摇过。在中国各省县的旧豪绅统治势力中，比较可称第一。因为无论怎样的豪绅，在一县中也没有这样的统一，这样的长久。唐河县因为有这样豪绅统一的势力，故在以前，无论国民党改组派等等，统统不能打入

---

① 张泽霖、艾廷和：《南召地方自治始末》，《南召文史资料》第4辑，1989年12月，第25页。
② 陈舜德：《闲话宛西集》，（台北）唯勤出版社1979年版，第23页。
③④ 杨廷寅：《南阳杨氏家族》，《南阳文史资料》第6辑，第35、36页。
⑤⑥ 中共新野县委党史研究室编：《中共新野县历史》（第一卷），河南人民出版社1998年版，第3页。

下层群众中。①

1927 年底,曲凌霄死后,"唐河县统治权……分成两大派,一派抓取城市的各机关,一派抓取武装民团,两派斗争甚烈。"②两派皆无足够实力掌控全县,唐河县未能形成宛西那样的豪绅自治局面。

南召、新野、唐河等地虽也倡办地方自治,但最终未能建立起宛西各县的地方自治政权,但这些地方的政权仍掌控在地方豪绅手中。在南召,据中共地下党员介绍:"南召的基层政权一向掌握在地主豪绅手中,担任区长、联保主任和保甲长的大都是地主豪绅或其代理人。地主越大,当的官也越大。枪支武装也都在他们手中掌握着。深山区的一些联保主任、保甲长具有生杀予夺之权,实际上是'山大王'。"③在泌阳县,王友梅、张虎岑等操纵地方政权 20 多年。在 20 世纪 20 至 30 年代,泌阳号称"匪窟",驻军轮换如过江之鲫,苛征地方严重。不仅普通百姓难以忍受,一些中小地主也走向破产。④ 泌阳豪绅王友梅、王友堂、范焕台等左右地方,"无论谁来他们都欢迎,谁来都给谁合得来……军队变,县长变,绅士们不变,泌阳的形势翻来覆去就是几个绅士当家"⑤。王友梅借特权开设盐店、"官膏局"、农工借贷所,垄断食盐、毒品所得,除用于豢养联防队外,还大量购买土地。其家有房舍数百间,田地数千亩,泌阳、鲁山、开封、郑州、驻马店等地均有商号、房舍等财产。⑥ 张虎岑在其舅王友梅支持下,成为泌阳县民团首领,进而孳生为大地主。张虎岑依仗职权,以放高利贷、灭门霸产等手段掠夺 5000 多亩地,致使 400 多户农民家破人亡。⑦

在豫西南"豪绅割据"的社会政治生态下,中共地下组织在当地发动群众运动时也倍感困难,无力开展工作。1927 年 11 月,中共河南省委在给中央的报告中指出:"汝南方面,根本就是一个兵匪的世界,不打入兵匪当中去,工作当然不能开始。信阳豪绅势力太大,同志不能下乡活动,可是也没有积极的去干过。"⑧1928 年,据柳直荀的调查:"在豫南方面,党似无甚基础……我到南阳时,他们——县委已到乡下去杀豪劣去了。他们的办法是在南路军办了符号、护照,由县委自己动手,杀一两个土豪劣绅,而不是去发展群众,引导群众来干的。同时在这一带,游击战争比较的困

---

① 《唐河县代表关于政治情况和党的工作的报告(1929 年 10 月 19 日)》,中央档案馆、河南省档案馆:《河南革命历史文件汇集》(一九二七年至一九三四年),内部资料,甲 8,第 266 页。

② 《唐河县代表关于政治情况和党的工作的报告(1929 年 10 月 19 日)》,中央档案馆、河南省档案馆:《河南革命历史文件汇集》(一九二七年至一九三四年),内部资料,甲 8,第 267 页。

③ 王锡璋:《忆南召的抗日联防和现代中学》,《河南文史资料》1993 年第 1 辑,第 51 页。

④⑦　泌阳县志编辑委员会:《泌阳县志》,中州古籍出版社 1994 年版,第 257、723 页。

⑤ 张旺午口述,孙群堂整理:《民国期间泌阳的一些情况》,《泌阳文史资料》第 1 辑,第 19—20 页。

⑥ 泌阳县志编辑委员会:《泌阳县志》,中州古籍出版社 1994 年版,第 702—703 页;刘广和口述,宋书秀整理:《民国年间泌阳的"官膏局"》,《泌阳文史资料》第 3 辑,1992 年 12 月,第 122 页。

⑧ 《河南省委给中央的报告——关于形势、工农运动及党组织状况(1927 年 11 月 24 日)》,中央档案馆、河南省档案馆:《河南革命历史文件汇集》(一九二五年至一九二七年),甲 2,第 333 页。

难，因为寨内全是土劣的势力，若是得手就能占据着整个的寨子，否则打不进去；进去了，也不得出来，寨内若是领导着一小部分群众也是无用的。"①1931年，中共鄂豫边特委指出泌阳县"豪绅割据"的政权性质："在泌阳，全县的土地转移到少数封建大地主手中……少数的大地主更把持了全县的政权，形成了割据政权的形式。"②据中共中央豫南巡视员郭树勋报告，在豫南地区，"乡村及偏僻县份的统治权，仍然操之于豪绅之手"③，"许多城市（如泌阳、桐柏等）由豪绅所领导的民团统治着，因此豫南完全为军阀军队、土匪、豪绅的民团杂色队伍的分割统治"④。

近代南阳盆地社会秩序崩溃后，宛属各县地方"强人"凭借所掌握的地方武装力量，在剿灭地方匪患的基础上，逐渐控制了地方政权，先后确立了"自治"或"半自治"式的"豪绅政治"秩序。随着这种"豪绅政治"秩序的确立，宛属各地豪绅控制了地方资源，推行其"绅治"措施。

二、"豪绅政治"秩序下的社会结构和生态

在宛属各地豪绅政治秩序下，掌握权力成为掠夺或占有地方资源的必备条件。宛属各县"新式"⑤豪绅成为威慑一方的土皇帝后，多借掌控的军政资源聚敛财富，扩张土地，地权恶性集中在豪绅地主手中，颇具秦晖的关中模式"无权势者当不了地主"⑥的特点。在豫西南地区，手握权力是成为大地主的必要条件，这使当地的社会结构关系进一步恶化。

在宛西内乡、镇平、淅川、邓县等地，以别廷芳为首的自治首领及其部属，官（兵）权在握，成为"武化"的乡绅。在内乡，上自别廷芳，下至各区的乡（镇）、保长，个个独断专行，在宛西自治区内，"团长、营长、连长是地方上最有权势者"。⑦ 据中共党员的报告："内乡县在二十世纪（是）很少见的一个纯粹封建社会的地主豪绅割据政治，全县政治以前全是握在各地豪绅手里，别廷芳是一个拥有一万多枪支的天字第一号的大豪绅，所以他能够握有县城及内乡大部分的政权。"⑧

地方豪绅所办企业财力雄厚，垄断地方资源。在20世纪30年代，镇平、内乡、淅

① 《直荀关于豫南、鄂北一带社会状况的报告（1928年）》，中央档案馆、河南省档案馆：《河南革命历史文件汇集》（一九二八年），内部资料，甲3，第485页。
② 《鄂豫边特委指示泌阳县委信》，泌阳县志编辑委员会：《泌阳县志》，第784—785页。
③ 《豫南巡视员郭树勋口头报告的记录（吴德峰记）——政治、经济、军事情形，群众生活与斗争情形，党组织状况（1929年12月20日）》，中央档案馆、河南省档案馆：《河南革命历史文件汇集》（一九二九年至一九三〇年）（上），内部资料，甲4，第150页。
④ 《中央巡视员郭树勋巡视豫南的报告（1929年12月22日）》，中央档案馆、河南省档案馆：《河南革命历史文件汇集》（一九二九年至一九三〇年）（上），内部资料，甲4，第156—157页。
⑤ 这里区别于有传统科举功名的"旧式"士绅。
⑥ 秦晖等：《田园诗与狂想曲》，中央编译出版社1996年版，第73页。
⑦ 刘家骥：《豫西南的"独立王国"》，河南省文史馆：《中州钩沉》，上海书店出版社1994年版，第57页。
⑧ 《关于内乡县政治、经济、民众及党组织情况的报告（1929年10月19日）》，中央档案馆、河南省档案馆：《河南革命历史文件汇集》（一九二七年至一九三四年），内部资料，甲8，第255页。

川一带兴起了一批豪绅地主,"土地和金钱都集中到他们手中,一个豪绅拥有数十顷土地,现在成了这几县的普遍现象;一个豪绅有数十座生意,也并不稀奇"①。内乡自治首领别廷芳设立商号"程大久",掌柜牛西三,经营金银兑换、丝绸布匹,无人抗衡;内乡西峡口镇商务局局长李连寿设"广义隆",掌柜陈彩臣经营丝绸兼贩卖大烟,雇员 40 余人,资产巨万;南召县李青店商务会长杨文绍设"鸿泰生"丝行,依权势挤垮"代恒昌"等七家丝绸行;镇平民团司令王金声,仅在镇平就有"四时行""义成久""同仁昌"数家,经营京广杂货、绸缎、药材,势压一方,财富万贯。② 别廷芳一家在民国初年时有稞石 30 石,1940 年时暴增到 500 多石;后来其子又大肆聚敛,至 1948 年增加到 900 多石,按当地稞石计算,别家占地 4000 亩左右。别家的商业不仅在本地有单独字号,在开封、上海、武汉都有商号。1948 年,仅在别家核桃树下挖出来的银元就有 150 万块,用 80 只大箱子才装得下。③ 别家聚敛财富之多,由此可以想见。1929 年,别的部属刘顾三在内乡丈量土地中,利用特权隐瞒稞石 3000 余石。1936 年,为霸占更多私产,刘顾三率其团丁登记内乡县所有刘姓绝业土地与房产,不论这些田产有无继承人,统统归他占有,而原来的继承人都变成他的佃户。仅此一项,刘顾三就掠夺约 200 石租稞的田地。另外,在内乡县城及各镇均有他的商号。④

在宛西,各地民团首领掌政以后,就开始实行他们的杀戮政策:

> 凡是现在做匪的给他们杀掉;就是过去为匪的,为了斩草除根也给他们杀掉;同匪通过消息的,给他们杀掉;过去做过盗匪的,给他们杀掉;不务正业的赌棍地痞,给他们杀掉;男女奸淫,给他们杀掉;反对豪绅政权的给他们杀掉;不听民团指挥的给他们杀掉;做革命活动的,给他们杀掉;总之,凡是这些民团首领们觉得可杀的,都把他们杀掉。有时竟因个人影响至于全家的。例如内乡别司令,有一年派他的一个得力的副官长兼四团团长杨某,坐镇灌张铺小镇。这镇过去本为土匪出没之地,现在早已恢复秩序。但当杨团长来的时候,为了显扬他自己的威武,一个月内,曾杀过六十多个从前有过"腥气"的人。⑤

各地豪绅借手中权力,过着妻妾成群、荒淫无耻的生活。据时人调查,在宛西的内乡、镇平、淅川,"这几县的民团团长和区长们,那(哪)一个没有几个姨太太? 没有姨太太,好像是多么丢脸似的! 内乡别司令的一个膀臂刘××(引者注:刘顾三),

---

① 时因:《河南镇平内乡淅川三县的自治》,载陈翰笙、薛暮桥、冯和法编:《解放前的中国农村》第三辑,第 538—539 页。
② 赵魁编纂:《南阳蚕业志》,中州古籍出版社 1990 年版,第 137 页。
③ 王伯顺:《别廷芳事录》,《内乡文史资料》第 2 辑,第 171—172 页。
④ 张和宣:《内乡团阀刘顾三》,《河南文史资料》第 3 辑,第 175—177 页。
⑤ 时因:《河南镇平内乡淅川三县的自治》,载陈翰笙、薛暮桥、冯和法编:《解放前的中国农村》第三辑,第 536 页。

就有九房姨太太,他本人现在大概是五十开外,而最小的姨太太是十六岁"①。刘顾三(别廷芳的重要部属)还经常随带护兵,闯入民宅,奸人妻女。② 这些掌握地方武装的豪绅地主,"奸淫妇女是不受任何约束的;他们夜间,可以到良家妇女家里去奸淫,稍不服从,手枪就摆到桌上,忍泪也得表示欢心。前年被河南省政府枪毙的内乡豪绅杨××(引者注:杨捷三),据他自己讲,只内乡×镇一地方,他奸淫过的妇女,用一百个牛车也拉不完"③。内乡县清泉乡地霸占振德想到谁家去强奸,就让卫兵担着行李去。据他自己供认:"强奸的妇女二丈站一个,能站到城里(距城三十里)。"④ 占某强奸妇女之多可想而知。曾担任过内乡民团团长的靳绍华被人称为"三阎王"。自 1940 年,靳绍华 24 岁当上团长后的八年中,他大肆霸占土地,由其父时的 600 余亩,扩展到 1600 余亩。房舍从 32 间增加到 90 余间。至于靳掌握的地方武装,除原有团队两营外,又扩充了一个卫队营,配备枪支,全系用讹诈掠夺手段弄得好枪。八年中,他所残杀的无辜百姓,何止千数,仅在日军侵占内乡的半年时间,就残害人命 400 余条。由此可知,"三阎王"杀人之多,人们说他杀人是隔天不隔夜。当地流传有一首民谣:"岈岖有个活阎王,黄龙泰是乱尸岗,无辜穷人死此地,亲人在家哭断肠。"至于"三阎王"灭门霸产,奸淫妇女更是不可胜数,"仅其本家(姊妹、弟媳、侄女)就有十余人之多"。至于凭借权力掠夺的财物,金钱、烟土、食盐、布匹,囤积得无法数计。在日军投降后,"三阎王"往他家运的脏(赃)物,仅食盐即达 2 万余斤,纸烟 4000 余条,他手下人抢掠的财物,还不在此数。⑤

内乡蒲塘罗家四大户不仅是地产横跨内乡、淅川的大地主,还是雄踞一方的大团阀。罗辑吾曾担任内乡民团第二团团长,他与内乡、淅川自治首领别廷芳、陈重华结为儿女亲家。罗家在蒲塘安排 1 个营的兵力,平时给每家安排 10 人看门,团下边的营、连、排长,地方上的联保主任、保长、甲长均掌握在他们手中。更有甚者,罗辑吾动辄杀人,双堰沟就是他的"杀人场"。⑥

在方城县,土豪劣绅利用手握军政特权巧取豪夺,大量吞并土地。大士绅白太庚是远近闻名的大地主,占有县城附近良田 3600 多亩,瓦房数百间,是当地"脚踩着衙门堂乱动弹"的人家。方城县的民团编练、粮食摊派、地方合作事业,他无不参与。⑦ 在抗战期间,国民党第 68 军军长刘汝明在方城兼并 1.5 万亩地,建立了大韩庄等几个庄园。在方城平原区,诸如这样一家占地数顷、数十顷以上的地主比比皆

---

① ③ 时因:《河南镇平内乡淅川三县的自治》,载陈翰笙、薛暮桥、冯和法编:《解放前的中国农村》第三辑,第 539 页。

② 张和宣:《内乡团阀刘顾三》,《河南文史资料》第 3 辑,1985 年 5 月,第 175—177 页。

④ 河南省人民政府土地改革委员会编:《河南省十四个典型乡调查》,内部编印本,1952 年,第 12 页。

⑤ 张和宣:《我所了解的靳三阎王》,《内乡文史资料》第 1 辑,1984 年 11 月,第 93、96、99 页。

⑥ 罗昌绪口述,刘玉广整理:《蒲塘罗家"四大户"》,《西峡文史资料》第 1 辑,第 101—104 页。

⑦ 王炎升:《宛西自治与方城》,《方城县文史资料》第 1 辑,1984 年 6 月,第 45 页;吴同善:《曲剧在方城的兴起和发展》,《方城文史资料》第 2 辑,1985 年 9 月,第 97 页;贾身瑞:《方城旧合作商业概况》,《方城文史资料》第 5 辑,1988 年 11 月,第 106 页。

是。山区、半山区的土地也多集中在少数地主、富农手中。① 方城石头寨大地主周炳轩一出门,二三十个腰插手枪的打手前后护卫,寨内常驻团队,最少时也有 100 多人。周家奸污民女不计其数。不少佃户的闺女不等长大就被糟蹋;新媳妇不出 3 天就得上周家做活,好让瞧瞧丑俊。他们有时持枪强奸,有时威逼进府奸污。石寨的门楼上,是周家私设的刑场——吊人楼,里面放有踩杠、老虎凳、皮鞭等各种刑具。②

在宛东桐柏县,1931 年,全县仅有 134657 人,划为 6 个区,58 个乡,16 个镇,988 个闾,4972 个邻。县、区、乡、镇、闾、邻各级头目,绝大多数由地主豪绅充任。官吏、恶霸地主、土匪三位一体,上通官府,下结地痞,手握兵权、政权、财权,对广大农民进行残酷的统治。如固庙大恶霸宁子骞,担任第五区区长,在乡村中横行霸道,无恶不作。农民牛德宣、贾德山、曹茂德、傅德功等因得罪了宁家,被捆绑吊打得遍体鳞伤,傅德功还被送到县衙坐牢致死。固庙周围的妇女被宁子骞奸污的不下百人,群众敢怒而不敢言。更有甚者,有些地主恶霸私设公堂,私定杀律,不知夺去多少无辜农民的生命,使一些农民家破人亡,妻离子散。③

在南召县,基层政权控制在掌握地方武装的地方豪绅之手。担任民团团长的南召豪绅彭东川外出,总是前簇后拥地跟随者 20 多个打手。大地主彭五卿,人称“野兽”,奸污妇女 50 多人。④ 南召毛家寨寨主杨庆章,被当地人称作“杨八老虎”,他是南召西山的一大恶霸。他平日勾结官府,组织反动武装,欺邻害户,灭门霸产,无恶不作。以杨老庄为中心,方圆十里内的农民,几乎全是他的家奴式佃户。他想叫谁死,谁就别想活,群众对他恨得咬牙切齿,都唤他叫“杨八老虎”。⑤ 据中共地下党员的调查:

> 在南召,封建势力是占着特殊地位的,境内几乎全是山,耕地非常少,而这仅有的一些耕地,还集中在少数的几个地主手里,大部的农民都是地主的佃户和雇工。地主们都直接拥有雄厚的武力,差不多每一个地主都要有二三十支枪,许多下级官吏如联保主任保甲长之类,都是地主担任的。他们可以任意向民众派款派壮丁,甚至还可以任意残杀民众!⑥

唐河大地主李子炎家有武装家丁 70 名,武器 600 余件:计有小排炮 1 门、重机枪 1 挺、轻机枪 10 挺、长枪 300 多支、掷弹筒 3 个,还有很多手榴弹。从寨门口到外

---

① 孙留安:《解放初期方城的土地调查及其他》,《方城文史资料》第 7 辑,1990 年 9 月,第 138—139 页。
② 《乌云山下小“皇城”》,《黑色家谱》,农村读物出版社 1965 年版,第 22、29 页。
③ 中共桐柏县委党史委:《中共桐柏县历史》(第 1 卷),中共党史出版社 1997 年版,第 2 页。
④ 《彭“善人”恶而不善》,《罪恶之家》,河南人民出版社 1964 年版,第 152 页。
⑤ 朱卫红:《伏牛惊雷》,《南召革命斗争纪实——风雨征程》,河南人民出版社 1991 年版,第 75—76 页。
⑥ 王山石(王锡章的化名):《救亡工作在南召》,《新华社》,1938 年 5 月 17 日通讯;李长明:《南召血案》,《南召革命斗争纪实——风雨征程》,第 16 页。

院、内院，日夜站着三道岗。李子炎一出门，就是八九匹高头大马，跟七八个打手。①

随着宛属各地豪绅政权的建立，无势地主往往处于不利地位。在泌阳县，每逢派粮、派捐、派款时，当权士绅就找"老实"地主捐款、捐粮，而大绅士们却据为己有。吴茂同有40多顷地，在官场无权势，经常成为派款的重点对象。② 泌阳大地主崔抡举有地20余顷，孙远功有地10余顷，还有私人武装，在与张虎岑斗争失败后，张将孙、崔之田产"如数霸分"，并"将元功之族亲伙佃悉予烧杀"，孙远功被迫举家逃离泌阳县。③ 李子炎号称"唐河首富"，占有土地16400亩，起初他在官场没有地位，还曾因为税捐未能如数按期交纳而被传讯拘禁。④ 南召县袁宝华家有地1200亩，在其担任区长的父亲死后，母寡子幼，家产虽大，同样受土豪劣绅的欺凌。据袁宝岱回忆："每派大款时，大哥总是被荷枪实弹的兵监押着。母亲愁容满面，到处央人借钱，偿付大款。"⑤袁母审时度势，认为有钱没人，还是白受欺凌，只有培养儿子读书成人才有出路，遂不惜重资培养儿子读书。

宛属各地豪绅政权的建立，地方豪强凭借军政权力大肆掠夺财富，广占土地，蹂躏百姓，这不仅未能使南阳盆地衰败的社会生态在匪患之后有所缓解，反而进一步恶化了当地的社会环境，致使南阳盆地的社会结构更具"暴力"倾向和"武化"色彩。

三、对宛属"豪绅政治"生态的思考

在20世纪二三十年代，豫西南地区在经历了严重的匪患灾害之后，各地豪绅依借所掌控的地方民团武装确立了地方"豪绅政治"秩序。宛属各地民众虽不再遭受匪患的蹂躏，但当地的社会结构并未改变。特别是在地方豪绅势力最为强大的宛西地区，倡导实行"自治"措施，开创了近代中国地方自治的"宛西模式"。

宛西自治领袖根据地方自治需要，提出"始于自卫，止于新民"的目标，以期通过实践地方自治，使土匪如毛的世界变成光天霁日的社会，做到"夜不闭户、路不拾遗、村村无讼、家家有余"。⑥ 在近代社会衰败的南阳盆地，地方"强人"投身"自治"或"半自治"事业，建立了宛属豪绅政治秩序。在地方豪绅的"屠刀"政策威慑下，骚扰宛属各地多年的匪患得以解决，社会秩序渐趋安定，宛西地方自治事业取得了一定的成效，尤其是"自卫"的目标基本得以实现。宛西自治在当时就曾有较大影响，白崇禧说过："建设新广西所实施的三自三寓政策，便是从宛西办理地方自治的方法与

① 《剥开画皮现原形》，《罪恶之家》，第74页。
② 张旺午口述，孙群堂整理：《民国期间泌阳的一些情况》，《泌阳文史资料》第1辑，第21、23页。
③ 中国第二历史档案馆藏档案：南京国民政府（总统府）全宗号：1 案卷号：1036 缩微号：16J—2252，"河南省区级行政人员被控"；张旺午口述，孙群堂整理：《民国期间泌阳的一些情况》，《泌阳文史资料》第1辑，第21、23页。
④ 社旗县志编纂委员会：《社旗县志》，中州古籍出版社1997年版，第495页；陈弢：《李子炎及蔚文中学》，《社旗文史》第3辑，1989年12月，第185页。
⑤ 袁宝岱：《忆母亲》，《南召文史资料》第5辑，1990年12月，第27页。
⑥ 陈舜德：《闲话宛西集》，第22页。

经验中学来的。"① 当代学者也曾高度评价宛西自治,认为它"不失为一场具有改良色彩的现代化实验"。②

为实现"自治"目标,宛西自治领袖信奉"干部决定一切"。③ 为培养地方自治干部,发展乡村教育事业,彭禹廷、别廷芳、陈重华等人在内乡天宁寺创办宛西乡村师范。据当时调查:"这是三县人士认为是造就地方指导人才建设的大本营,每年费了三万余元,三县分任,这也是三县合作的一件重要事实。"④ 宛西乡师是一个带试验性质的乡村中学,师生的生活劳动化,课程也和普通的中学不同,目的是实现"教学做"合一的理想。在宛西乡师,一律免收学费,学生吃的米、烧的柴都从家里带来。即使这样,一般贫困的农家子弟仍无力求学。国民政府农村复兴委员会人员曾分析:"一则他们在学校里至少限度总得用些钱,再则一到上中学的年龄,他们宝贵的'劳动力'便须用到农耕中去,所以在农民子弟中受中等教育的仍是少数的少数。"⑤ 宛西乡师以"枪杆""笔杆""锄杆"为校训。所谓"三杆"教育,其意义就是要学生拿起枪杆能卫乡保国;拿起笔杆能写文章;拿起锄杆能耕耘田畴。⑥ 彭禹廷曾制订宛西乡师校歌:"地方自治,关系非轻,以申民权,以裕民生。有志之士,夙夜匪懈,不伐不矜,努力笃行。自治不成,革命无功。"20 世纪 30 年代,一个曾留学法国的学生求见别廷芳,走后,别廷芳说:"不要说留法国,就是留八国,不上我天宁寺师范,连个甲长也干不了。"⑦ 可见宛西乡师的教育是为宛西自治派服务的独特教育。淅川自治领袖陈重华认为这所学校对地方自治事业有重大的贡献。⑧

在宛西,"干部决定一切"的实质是豪绅决定一切。在宛西地区,虽托名"自治",实仍为"绅治","豪绅政治"的特点在宛西表现得尤为明显。"自治"要还政于民,发扬民主,实行选举地方区、镇长,由绅治过渡到民治方面,进行得不够彻底,不少地方官吏,选来选去,仍是士绅担任,真正基层民众参与政事的则寥寥无几。其他在改革习俗、改良耕作技术,使群众摆脱穷困方面,自治的收效亦不甚理想。社会上贫富悬殊的现象,仍令人触目惊心,种种弊端,仍在各个角落出现,不能一扫而清。

尽管宛西自治收到"自卫"之效果,但"豪绅政治"秩序下的"地方自治"并非解决南阳盆地社会问题的"药方"。不管是宛西的"自治",抑或宛属其他地方的"半自治",均未改变当地畸形的社会结构。1932 年,张孤山在镇平等县调查后指出:"彭氏的'刻苦'、'有恒'、'爱乡'三种精神,已为乡民信仰而听其指挥。彭氏这种精神

———————

① 李宗黄:《李宗黄回忆录:八十三年奋斗史》下册,第 327—328 页。

② 徐有礼:《宛西自治:一场夭折的区域现代化实验》,《史学月刊》2002 年第 10 期。

③⑧ 陈舜德:《闲话宛西集》,第 22 页。

④ 问渔:《旅行生活杂记(四)·内乡的情形》,《国讯》1936 年第 124 期,第 368 页。

⑤ 行政院农村复兴委员会编:《河南省农村调查》附录·调查日记,第 111 页。

⑥ 据宛西乡师第一届毕业陈照运撰写的一份材料,说是别廷芳提出了"三杆主义",他要求乡师学生毕业后能够"拿起枪杆动武,拿起笔杆为文,拿起锄杆务农"。录此备考。见江廷俊:《宛西乡村师范杂忆》,《内乡文史资料》第 7 辑,1989 年 12 月,第 109 页注释二。

⑦ 江廷俊:《宛西乡村师范杂忆》,《内乡文史资料》第 7 辑,1989 年 12 月,第 102 页。

是值得提倡而使人敬重的,不过无论什么事业,专靠一二人领导,是不妥当的",他担心会出现"人存政举,人亡政息"的结果。① 1933 年 7 月,农村复兴委员会人员在镇平调查后认为:"他们所努力的,不过是些'改良'的工作;农村生产关系的本身,还是丝毫没有起变化。而且外力时时压迫,过去所打下的一些脆弱的基础,也有随时动摇的可能。"②1934 年初,国民政府第二十路军司令张钫到宛西视察后,这样评价宛西自治:"夜不闭户,道不拾遗,固属事实。但居则有之,安则未也,乐业更谈不到。"③

最早对宛属"豪绅政治"秩序进行反思的要属镇平自治的发起人——彭禹廷。彭禹廷信仰佛教,他在推行地方自治时常对人说:"自处,要能虚心傲骨;处事,要有菩萨心肠,霹雳手段。"④彭禹廷推行镇平自治取得了一定的成效,尤其是基本消除镇平匪患,当地百姓基本安居。但在已经形成的宛属"豪绅政治"秩序的客观现实面前,彭禹廷曾陷入苦恼之中。1932 年春,彭禹廷曾自编一副诗联,既反映了他的苦闷心情,也是他对从事乡建活动的一个深刻的自我批评。其诗联曰:

> 地方事业,原无了期。纵然再作三五十载,而哭者哭,笑者笑,仍未一致。莫若屠刀早放,落得立时干净;
> 菩萨心肠,宁有止境? 即使再救千百万家,彼穷者穷,富者富,尚难均平。何若撒手远游? 寻个永久逍遥。⑤

这副对联记录了彭禹廷开创镇平地方自治的收效与苦衷。从此联可以看出彭禹廷对依靠"屠刀"形成的宛西"豪绅政治"秩序并不满意,但他又未能找到解决问题的钥匙。

陈志让认为,在 1895—1949 年间,中国政治上是"军—绅"政权,由军、绅两种人联合统治中国的政权。⑥ 这一特点在豫西南地区集中体现为"豪绅政治",而豪绅政治的基础是豪绅掌控了地方武装。长期从事河南地方自治事业的杨仪山如此评价:"宛西自治,迫于时事需要,仅收自卫之效,去民治尚远,论者谓以绅治替代官治,不为无见。"⑦民国时期积极倡导地方自治事业的李宗黄认为宛西自治是"绅治"和"人治",他指出宛西地方自治应该"由人治走向法治""由绅治走向民治":"宛西的地方自治,无疑是以人为治的地方自治,更明白点说,是信仰地方自治的英雄,开辟出来的地方自治,要是没有这一批地方自治的英雄,宛西的这一角落,恐怕仍是地方自

---

① 张孤山:《河南镇平五县之新村治》,《救国周报》1932 年第 12 期, 第 19 页。
② 行政院农村复兴委员会编:《河南省农村调查》附录·调查日记,第 108 页。
③ 范龙章、王凌云、史克勤:《张钫与二十路》,《河南文史资料》第 2 辑,第 130 页。
④⑤ 陈舜德:《闲话宛西集》,第 25、26 页。
⑥ 陈志让:《军绅政权》自序,广西师范大学出版社 2008 年版,第 5 页。
⑦ 杨仪山、张守经编著:《河南自治史略》,《河南文史资料》总第 43 辑,第 205 页。

治的一片荒地,但是地方自治是一种人人有份的政治,不能全靠英雄,要做到人人能治的地步,就不能专靠人治,要兼靠法治,因此今后宛西的地方自治,要由人治走向法治……宛西的地方自治才不会重蹈'人存政举,人亡政息'的覆辙。"他也指出,"严格地说起来,宛西的地方自治由开始到现在还是停留在地方绅治的阶段"①。从宛西地方自治的实践来看,李氏评说不无道理。

余论

宛西自治在很大程度上消灭了匪患,稳固了地方秩序,但当地畸形的社会结构并未得到有效的调整。宛西自治领袖建立的"豪绅政治"秩序,并未改变南阳盆地倒悬的"金字塔"型社会结构,社会结构的内在紧张和社会冲突不断,这种不正常的社会关系和由此而形成的社会秩序极大地激化了当地的社会矛盾,并不利于社会的稳定和发展。张鸣认为:"中国的近代化是应该可以从商人和农民两个阶层同时入手的。中国农民是精明的小生产者,只要新的生产方式引入,只要有最初政府行为的引导,农民很快就会分化,形成一种新的富有者阶层并与商人合流,其潜力断不是人们所能预料的。"②本文认为,若不打破当地畸形的社会结构,即使引入若干"新的生产方式",在"豪绅政治"秩序下,豫西南农民是无法掌握自己命运的,仍像马克思笔下 19 世纪中期的法国农民那样,只是"由一些同名数相加形成的,好像一袋马铃薯是由袋中的一个个马铃薯所集成的那样"③。宛西自治领袖彭禹廷提出"夜不闭户、路不拾遗、村村无讼、家家有余"的社会理想仍是一个遥不可及的目标。④

---

① 李宗黄:《宛西地方自治评价》,《地方自治专刊》第 2 卷第 2 期,1947 年 7 月。
② 张鸣:《乡土心路八十年:中国近代化过程中农民意识的变迁》三联书店上海分店 1997 年版,第 221 页。
③ 马克思、恩格斯:《马克思恩格斯选集》第 1 卷,人民出版社 1995 年版,第 677 页。
④ 台湾学者沈松桥认为,宛西自治领袖所探索的乡村建设模式"固有不容抹杀之重大成就,却始终无法突破民国时期地方政治过程中'土豪劣绅'专擅垄断的基本模式,更不足以为现代中国国家 / 社会关系的调整,提供一条可行的路径"。见沈松侨:《地方精英与国家权力——民国时期的宛西自治,1930—1943》,中央研究院近代史研究所集刊第 21 期,1992 年 6 月,第 371 页。

民国江南乡村居民饮用水状况与饮水改良

梁志平①

水是我们赖以生存的必需资源,近些年来,随着我国工业化、城市化的高速发展,水污染与饮水危机频频发生,饮用水问题日益成为人们越来越关注的一个现实问题。江南地区虽然河流纵横,水网密布,但它是中国最早进入工业化和城市化的地区,也成为中国最早被污染的地区之一。考虑到城市一直是学术界关注重点,但在新中国成立以前,中国绝大部分人口都生活在乡村,本文将江南乡村地区作为研究范围②。

在史学界,饮用水问题是当前的研究热点之一,特别是在城市史、疾病史、环境史研究中,相关研究成果异常丰富,代表性的如余新忠③、李玉尚④、邱仲麟⑤、胡英泽⑥诸位先生的研究,余新忠、李玉尚侧重于饮水与疾病关系;邱仲麟、胡英泽关注北方的饮用水源问题。这些为笔者的研究提供了极为有价值的参考与借鉴。不过,也许囿于研究旨趣,对近代江南乡村地区的水质环境与饮水改良还不是其关注的重点。下面笔者对民国时期江南乡村居民的饮用水状况与饮水改良展开分析与讨论,以期方家批评指正。

一、饮用水源结构分析

江南地区河流纵横,水网密布的自然环境特点,决定了江南地区的水质环境的基本特点,也就决定了在自来水普及以前江南居民传统饮用水源应当是地表水,即

① 作者简介:梁志平,男,史学博士,上海工程技术大学社会科学学院、现代城市管理研究中心副教授。

② 基金项目:本论文得到教育部人文社会科学研究青年基金项目(批准号:12YJC770035)和上海高校青年教师培养资助计划项目(项目编号:shgcjs010)的共同资助。本文的江南地区指的传统江南的中心地区太湖流域。

③ 余新忠:《清代江南的卫生观念与行为及其近代变迁初探——以环境和用水卫生为中心》,《清史研究》2006 年第 2 期,第 12—26 页。

④ 李玉尚:《地理环境与近代江南地区的传染病》,《社会科学研究》2005 年第 6 期;《清末以来江南城市的生活用水与霍乱》,《社会科学》2010 年第 1 期。

⑤ 邱仲麟:《水窝子——北京的供水业者与民生用水(1368—1937)》,李孝悌主编:《中国的城市生活》,新星出版社 2006 年版。

⑥ 胡英泽:《水井与北方乡村社会——基于山西、陕西、河南省部分地区乡村水井的田野考察》,《近代史研究》2006 年第 2 期;《凿池而饮:北方地区的民生用水》,《中国历史地理论丛》2007 年第 2 期。

河浜水、池塘水、湖泊水。不过,也许人们"习以为常,史志中很少提及"①。一些涉及江南地区居民传统饮用水源的研究也往往只能泛泛而谈,不能深入。

近三十年来虽然各地基本都新修了县志、卫生志、水利志等,这些新修方志一般会对新中国成立前居民饮用水源进行简要回顾,为进一步研究提供了相关资料。不过,新修方志的记载往往也只是只言片语,且常常前后矛盾或者含糊不清。如:新修《无锡市志》对新中国成立前无锡的饮用水源的描述也让人颇感茫然,前文说"城乡居民的饮用水主要是河水与井水",后文又说"农村饮水多数乡村以井水为主,少数仍用河水"。②

同时,不同史料的记载也常出现矛盾之处。例如,1913 年,东亚同文书院学生调查称,宝山县吴淞镇"饮用水主要使用井水,根据季节也使用河水"③,这显然不符合吴淞镇滨江的水质环境特征;同时,据民国二十二年(1933)上海市卫生局吴淞卫生事务所的调查,井水基本不作为饮用水源,居民饮用水源主要是江水:

本所调查所得吴淞镇内共有浅井 63 口(平均井深 3.433 米,平均水井 1.622米),自流井 3 口,已由本所加以详细之测量……唯此等井作为饮水用者为数极少,镇内居民饮水几全取自于江内。④

故而,对江南农村地区居民传统饮用水源、结构类型与使用还有进一步深入探讨的必要,这也是后文研究的基础。

前文已述,河浜水理应是水网密布的江南乡村地区居民最主要的用水水源,诸多文献资料也证实了这一点。这里要说明的是水井在江南乡村居民饮用水源中的地位。水井是人类创造的最早的供水系统,江南早期良渚文化有中国迄今发现的最早水井,且到良渚文化中、晚期,水井技术突飞猛进,广泛使用,在环江南地区分布很广。⑤ 近代以来,江南居民虽然也有使用井水,如在松江洞泾里小桃园有一古井,附近居民"数十家就汲"。⑥ 不过,民国江南农村地区水井极少,居民的最主要饮用水源还是河浜水。

民国十七年(1928),浙江卫生警察曾在全省进行了一次系统的饮用水调查,调查结果显示,江南乡村居民饮用水源基本都是河水,只有极少的井水。⑦ 其实,这种

---

① 上海公用事业管理局编:《上海公用事业(1840—1986)》,上海人民出版社 1991 年版,第 109 页。

② 无锡市地方志编纂委员会编:《无锡市志》,江苏人民出版社 1995 年版,第 2838 页。

③ [日]东亚同文会编:《中国省别全志》第十五卷《江苏省》,(台北)南天书局 1988 年影印本,第 159、162 页,感谢邹怡老师将此书存放在资料室,给笔者查阅带来极大的方便。

④ 李宣果:《上海市卫生局吴淞卫生事务所成立之经过》,《卫生月刊》第 4 卷第 4 期,1934 年,第 140、157页。

⑤ "良渚遗址、浙江嘉兴雀墓桥、嘉善大舜新港、湖州花城、江苏吴县澄湖、常熟东塘墅、昆山太史淀、吴江大三瑾、梅埝、九里湖、无锡南方泉、武进雪埝等遗址都有发现。仅澄湖就有数百口之多。"参见周膺著:《良渚文化与中国文明的起源》,浙江大学出版社 2010 年版,第 63 页。

⑥ 《浚井得银》,《申报》第 10 册,上海古籍出版社影印版,第 130 页。

⑦ 《嘉善县警察所及分所办理卫生警察情形调查表》,《浙江民政月刊》第 1 卷第 6 期,1928 年;又见《浙江民政年刊》,1929 年。

状况一直到新中国成立后较长一段时间里都没有太大的变化。1956 年,在江南血吸虫病流行病学调查中表达得非常清楚:

(吴兴)农村中没有水井,居民大都使用河水。①

(嘉善)居民一般都习惯饮用河水,因此在农村中的水井是稀见的,城镇的水井亦很少,但大部分都不愿采用,主要是饮用井水不习惯,不方便,有盐味。②

(嘉兴)居民分布星散,多为三五户聚集一自然村落,濒临小河或断头浜居住,很少水井,且一般也不习惯于用井水,一切生活、生产用水全部仰赖于河浜供给。③

如此看来,一些新修的方志对新中国成立前居民饮用水源概况描述得十分精辟,十分符合历史情况,例如:

上海县:50 年代以前,居民饮用水以河水为主。④

松江县:新中国成立前,城乡居民大多数饮用河水。⑤

青浦县:民国时期直至 50 年代,本县城乡居民以饮用河水为主。⑥

历来该县(湖州)城乡居民的饮用水源,山丘地区以溪涧或泉为主,平原地区以河水、塘水为主,少数城乡居民饮用井水。⑦

二、农业肥料体系与饮用水环境

化肥作为西方农业的重要标志物,虽然在 20 世纪初期就进入了中国,并首先在江南及沿海省份推广和使用。但化肥的购买毕竟需要一定的经济条件作为前提,一般只有那些农事试验场、地主富农以及经济条件较好的农户才有购买的资本。对于饱受天灾、战乱和盘剥之苦而日益贫困的江南农民来说,施用化肥只能是奢望。因而,江南农民还是和先辈一样主要靠自己的劳动去收集人畜粪尿,罱取河泥等。⑧这种农业生产肥料体系给江南乡村的饮用水环境既带来了有利影响也带来不利影响。

先来看有利的方面,即罱泥与水质环境。罱泥,即捞取河泥。太湖一带河网密布,由于雨水挟带地表肥沃的细土、无机盐、污物、枯枝落叶等汇流到沟、湖、河、塘中学沉积下来,加上水生动植物的遗体和排泄物等,因此,淤泥具有极高的肥力。用淤

　　① 《中共吴兴县委防治血吸虫病五人小组办公室关于本县县血吸虫病流行病学调查专题总结报告》,浙江省档案馆,档号:J166－003－051。

　　② 《嘉善县 1956 年血吸虫病调查统计情况》,浙江省档案馆,档号:J166－003－051。

　　③ 嘉兴市档案馆,档号:53－1－22;亦见嘉善县档案馆,档号:327－1－1;湖州市档案馆,档号:109－2－5。

　　④ 上海市县县志编纂委员会编:《上海县志》,上海人民出版社 1993 年版,第 924 页。

　　⑤ 上海市松江县地方史志编纂委员会编:《松江县志》,上海人民出版社 1991 年版,第 573 页。

　　⑥ 上海市青浦县县志编纂委员会编:《青浦县志》,上海人民出版社 1990 年版,第 718 页。

　　⑦ 湖州市卫生志编纂委员会编:《湖州市卫生志》,香港大时代出版社 1993 年版,第 630 页。

　　⑧ 过慈明、惠富平:《近代江南地区化肥和有机肥使用变化研究》,《中国农史》2012 年第 1 期,第 55—64 页。

泥作基肥,能有效提高土壤的肥力,改善土壤的结构。用淤泥作油菜和麦子的基肥还能起到保护油菜、麦子越冬的作用。因而,河泥是传统社会农业生产的主要肥料来源之一。

根据陈恒力先生的考察,罱泥行为在嘉、湖地区一直持续到新中国成立初期,并估计当时农民"罱泥占整个劳动力支出的三分之一以上"[1]。在苏南地区一般以冬、春罱积数量最多,每当秋种结束,罱泥就成为主要的农事活动之一。[2]

虽说罱泥的目的并不是为疏浚河道,但罱泥无疑起到这种客观效果。地表土壤经风吹雨打而流失是一种不可避免的自然现象。流失的土壤大部分会进入河道。在河水流动缓慢的江南,大部分进入河道的土壤都会沉淀下来,淤积于河底。如果不进行疏浚,日积月累,河道会变浅变窄,直至雍堵消失。农业生产中的罱泥行为,既起到减缓河道的淤塞,又避免了河底有机质过高而引起的水质恶化,这样就保证了作为江南居民最主要饮用水源河浜的水质稳定。这是传统农业社会维持水质环境平衡的生态体系。

不利的方面则是粪秽带来河浜饮用水污染。正是因为农业生产对粪秽强烈需求,在城市形成了专门收集粪秽的"粪业",负责收集城市粪秽,出售给农民。晚清《营业写真》写到:

粪夫担粪街头走,满桶淋漓不闻臭。无夏无冬肥料收,卖入田家获利厚。无怪世间逐臭夫,不顾臭秽将财图。说甚银钱多龌龊,不闻有利骨头酥。[3]

粪秽作为肥料带来饮水污染,主要表现在以下三个方面:

首先,粪秽收集与运输中的污染。因粪秽的干湿与稀稠关系其出售的价格,在粪秽收集与运输中,粪夫与粪商为了获取最大的经济利益,他们会把不要的液体倒进附近的运河或河里,把保留下来较干的粪便运到一定的地点,在那里它们会被铺开晒干。[4] 在上海,19世纪60年代,出现了粪便承包商,贩运大粪于城乡之间。洋泾浜两岸率先出现粪码头。码头上粪水常泄入水体,遇到恶劣天气船只不能航行时,粪便就如数倒入洋泾浜。日积月累,洋泾浜底泥淤积,污染严重。[5]

其次,坑厕设置中的水污染。沿河设置粪缸与粪坑,这是江南地区的普遍状况。在上海县城护城河,"多设有粪厕屎池"[6]。据1929年的县政调查,金山县城后河设置的坑厕,"与食水仅一瓦相隔",潮涨时,常常有淹没坑面者,"危险特甚"。[7]

---

① (清)张履祥辑补,陈恒力校释,王达参阅、增订:《补农书校释》,校者按,中国农业出版社1983年版,第60页。

② 中国科学院南京地理研究所湖泊室编著:《江苏湖泊志》,江苏科学技术出版社1982年版,第37页。

③ 《粪夫》,环球社编辑部编:《图画日报》第2册,上海古籍出版社1999年版,第548页。

④ [美]罗芙芸著,向磊译:《卫生的现代性:中国通商口岸卫生与疾病的含义》,江苏人民出版社2007年版,第223页。

⑤ 上海环境保护志编纂委员会编:《上海环境保护志》,上海社会科学院出版社1998年版,第2页。

⑥ 《除秽水以免致病论》,《申报》第4册,上海古籍出版社影印版,第85页。

⑦ 《金山县县政概况》,《江苏旬刊》第29期,1929年版,第27页。

新中国成立初，张国高经过松江、嘉定、南翔及太仓，看到是"粪便污染了江南大地"。在镇上，大多数居民将厕所建筑在河旁：

他们将粪缸安置在厕所的下方，使其尽量的接近河面，在靠河一边的厕所墙面，还特地开了个大洞，或留个缺口，目的是便利粪船前来取粪。这固然是便利了一时的工作，却也留下了无穷的祸害！这理由很简单，粪缸接近河旁，由于平时不断的渗透，已将水源污染，假如遇到河水涨升，满缸的粪便就全都流入河中了。①

不仅张国高有这样的认识，新中国成立之初许多人都有同样的感触。蔡宏道、张国高、孔祥云称太仓城内：

公私厕所林立，且甚多皆沿河建立，并于河边开一孔穴，以便粪船出粪。更因厕所建筑简陋，粪汁随时有渗入河流之可能，如逢雨天更易冲入河中。②

丛树樾亦称，在南方地区，"粪缸和厕所多设在靠近河塘两岸"。③

再次，粪秽贮存与使用的污染。新鲜的粪便是不能直接使用，要经过一段时间沤制，否则会烧坏农作物。大湖流域水网密布，城市粪秽主要通过船只运送到农村地区。农民为方便，在沿河地方建有许多粪缸。

20 世纪 30 年代，费孝通在吴江开弦弓村调查发现，农民"房后有些存放粪尿的陶缸，半埋在土地里面"，而在"沿着 A 河南岸，路边有一排粪缸，由于有碍卫生，政府命令村民搬走，但没有实行"④。

农民沿河设置粪缸，贮存粪秽，这是江南的普遍情况。在原上海县，农民贮存粪尿的粪缸到处可见，有的紧靠河边。1952 年，在爱国卫生运动的推动下，农村掀起粪缸迁离河岸，当年全县迁离河岸的粪缸 3795 只⑤。虽然有爱国卫生运动，但是农民沿河设置粪缸的情况并没有多大变化。据 1956 年嘉善县调查，为使用方便，居民"都习惯集中粪缸在河边"，在梅雨季节，粪便即随雨水流入河中，"粪缸被洪水所淹没是普遍所见的"。⑥

不过，在传统农业社会，若河水流量较大，粪秽带来水质污染可能并不直接，更多的是潜在的传染病危险。

三、饮水改良活动

对于民国时期的改水活动，新修志书叙述较少，即使有所提及，也往往只是只言

① 张国高：《看，江南乡村的环境!》，《大众医学》1950 年第 2 期，第 79、80 页。
② 蔡宏道、张国高、孔祥云：《太仓区居民与家畜感染日本血吸虫病之调查》，《华东卫生》1951 年第 4 期，第 62 页。
③ 丛树樾：《农村的给水问题》，《大众医学》1953 年第 12 期，第 482 页。
④ 费孝通：《江村经济——中国农民的生活》，商务印书馆 2001 年版，第 113 页。
⑤ 上海县卫生志小组编：《上海县卫生志》，内部资料，1990 年，第 108 页。
⑥ 《嘉善县 1956 年血吸虫病调查统计情况》，浙江省档案馆，档号：J166 - 003 - 051。

片语①,甚至在一些新修志书直接称"解放前,饮水卫生无人管理"②。其实,面对不卫生饮用水可能带来的风险,民国政府,特别是南京国民政府成立后,饮水改良成为政府第一要务。

1928年国民政府各期《卫生公报》的封底上印有"社会卫生二十要",其中第二要就是"要改良饮水"。③ 不仅在中央官员心中改水是要务,在众多地方官员心目中也有同样的认知。1929年,浙江省民政厅官员在卫生运动大会上称人民要希望身体健康,"第一紧要的事就是饮料水的清洁"。④ 还有官员把改水是第一要务写进相关论著中,1930年浙江省民政厅第五科职员编的《饮料水卫生》一书中写到:

要认真办理卫生行政,方法虽然很多,而对于设法改善饮料水,实在是一件急务⑤。

在此形势下,国民政府开始积极进行饮水改良活动。首先是制定相关法律法规,依法改水。1929年制定了《改良饮水办法》⑥,1944年制定了《饮水管理规则》和《乡村污水排泄及污物处理办法》,其中"乡村污水排泄及污物处理办法"第八条规定:

为保持乡村饮水清洁及保持公共卫生,防止病疫传染,凡污水污物不得倾入河流,影响饮料,违反规定者得由县政府处以五十元以下之罚款。⑦

以上只是国民政府制定的有关饮水管理与改良的法律和法规,在许多地区,各地政府结合本地实际情况,也制定了一些地方性的法规。为改善农村饮水卫生,1947年,浙江省政府制订了《乡村卫生公约》,其中第三条是有关饮水卫生,即:

要维护饮水的清洁,不可在河边、井旁洗涮马桶粪桶、抛弃家畜死体。⑧

除了制定法律法规,政府和相关社会团体(如中华卫生教育会、中华基督教青年会、中国卫生教育会、中华慈幼协济会)还通过卫生运动来积极宣传饮水卫生与改良。当时还编有《卫生运动歌》,用《国民革命歌》谱演唱,其中有关饮水卫生的歌词如下:

留心饮水,留心饮水,清河道,清河道,脏物不可下抛,脏物不可下抛,请记牢,请记牢。⑨

---

① 如《长兴县卫生志》对民国时期的改水活动这样描述:"民国三十五年(1946年)全县改良水井20口,消毒28次。民国三十六年(1947年)修理或改善水井16口,消毒6口。"长兴县卫生志编纂小组编:《长兴县卫生志》,内部资料,1995年,第122页。

② 丹徒县卫生志编纂委员会编:《丹徒县卫生志》,江苏古籍出版社2001年版,第239页。

③ 《卫生公报》第1卷,1928年第1—12期。

④ 《浙江省民政厅卫生运动大会宣传品》,《浙江民政年刊》1929年版,第482页。

⑤ 童振藻:《浙民衣食住问题之研究》,木砚斋印1931年版,第31页。

⑥ 《浙江民政月刊》第1卷第24期,1929年,第125—127页。

⑦ 陈明光主编:《中国卫生法规史料选编》,上海医科大学出版社1996年版,第604页。

⑧ 杭州市档案馆,档号:旧4-5-6。

⑨ 陆干臣编:《卫生运动实施计划》,青年协会书局1928年版,第287页。

这种宣传方式朗朗上口,容易为老百姓接受,对基本卫生知识的传播起到一定的积极作用。更能说明卫生运动效果的是"卫生"两字被广大市民接受,越来越多的广告喜欢借用"卫生"两字宣传。1935年,王世伟称:

二十年前"卫生"两个字是非常新的一个名词,但近年来则不然,卫生两个字已经在社会里普遍的应用了……都拿卫生两个字,作为标榜,吸引顾客,可见卫生二字已经深入民间,而且人民也很欢迎它。①

对此,沈起凤也有同样的认知:

数十年前在中国,"卫生"两个字还是一种很生疏的名词,到近年以来,"卫生"二字已经在社会上普遍的应用了。无论是我们日常吃的、用的,都用"卫生"两个字加在上面作为吸引购买者的标号,可以见得"卫生"是受大众欢迎的,并且已经深入民众的脑海了。②

针对乡村农民的知识状况、传统习惯和接受能力,国民政府还在乡村地区进行了饮水改良试点工作。

1928年后国民政府的卫生工作步入正轨,为推动卫生工作,特别是乡村地区卫生工作,国民政府开展了卫生实验区的试点工作。卫生实验的宗旨是想通过示范作用让人民主动投入到卫生建设中,以地方人力、财力办理卫生事业,节约政府经费压力,即:

教人民"自动"地起来注意卫生,知道卫生,改善自己的生活环境,增进自己的健康,绝对不教人民做"被动"。初起不能完全"自动"的时候,至少我们要有"推动"的能力,促起他们"自动"接受保健的方法,提高他们爱洁的心理。同时,教人民逐渐地把迷信费用,移用到卫生事业来,我们除掉政府按月发给的行政费用之外,一切卫生设施,不向政府请求事业费,以乡区人民的能力、财力,来办理乡区人民的健康事业。③

在卫生实验区,饮水改良是其重要工作内容。例如,上海市卫生局高桥乡村卫生模范区办事处成立于1930年,从事乡村卫生实验。1932年6月国立上海医学院加入合作,1934年改称高桥卫生事务所。1930年建设自流井1处,其余居民多取之于浜或井。1934年计经用漂白粉巡回消毒28次。各村水井不下600余处。以前在霍乱流行之年,自5至10月,即由总局派卫生巡长督率工役,用漂白粉巡回消毒,每周1次,1934年因未发现霍乱故未举行。至于提倡自流井及改良浅井,"因农民经济恐慌,进行殊非易易"。煮沸饮水实为解决我国乡村饮料的适当方法,故该所用多

① 王世伟:《"卫生"之真义与"卫生运动"之真正目标》,《卫生月刊》第5卷第7期,1935年,第357页。
② 沈起凤:《为什么要提倡夏令卫生运动》,《卫生月刊》第6卷第5期,1936年,第337页。
③ 《江苏省立镇江乡区卫生实验区工作概况》(一),《申报》第337册,上海古籍出版社影印版,第663页。

种教育方法,教育人民注意饮用水。[①] 1935 年巡回用漂白粉消毒 31 次[②]。1937 年,高桥卫生模范区毁于战火。[③]

在江苏,1935 年 8 月,省政府通过了 767 次决议,决定设立镇江乡区卫生实验区,委任朱云达为镇江区卫生实验区主任,并聘胡定安为技术指导。[④] 该卫生试验区办事处设于镇江第四区陈壁镇,以陈壁、月湖、江山等乡为范围,总共人口 11901 人,该试验区居民"饮料水大部分仰给于河水,有井的人家很少,河水都不清洁,一边在挑水洗菜淘米,一边在刷马桶倒秽水,这已成为常事"。经过卫生人员近一年宣传与工作,试验区居民的用水习惯与饮水卫生大为改善:

> 沿河一带饮料水的地方禁止人民倾弃秽水污物,人民已知道饮料水污浊,于大家健康是有碍的,互相督导。近来污秽东西,已不向河里倾倒,脏东西也不在河里洗涤了。同时规定茶馆、饭店要备两只缸,一只供用,一只先把矾沉清了备用,而且加盖。[⑤]

虽然饮水改良工作在卫生试验区取得了一定的成绩,但在那个农民极端贫困,每天都要为生计忙碌,又缺少文化知识的时代,"饮水"问题显然不是首要问题,"吃饭"才是关键问题,想通过教育示范作用,让农民自己出资改善饮水环境,改变不良卫生习惯,是极不现实的。如,无锡县张漕巷村有公井 1 口,供全村饮水之需,井壁已有损坏,每届夏令,井中秽气触鼻,曾经有人倡议修濬,然而"以全村不肯共同出资,迄未能成",其实,据称开濬之费"仅须银二三元,各户所摊极微"。[⑥]

四、结语:超越现实的民国乡村饮水改良

综上所述,在水网密布、河流纵横的江南,民国时期乡村居民的最主要饮用水源是河浜,只有极少数水井作为补充,并且这种状况一直到新中国成立后较长一段时间里(1956 年)没有太大的变化。

虽说自鸦片战争以后,清政府无力兴大工,太湖水系保留了道光时代的主干河道,所产生的变化主要是支流淤塞与微地貌的改变。[⑦] 不过,传统农业社会有一个维持水质环境平衡的体系,即农业生产罱泥行为,既减缓河道的淤塞,又避免了河底

---

① 《国立上海医学院卫生科暨上海市卫生局高桥卫生事务所年报》,1934 年,第 15 页;《上海市卫生局高桥卫生事务所二十三年度报摘要》,《卫生半月刊》第 2 卷第 4 期,1935 年,第 19 页。

② 《高桥乡村卫生模范区二十四年度工作报告》,《卫生月刊》第 6 卷第 1 期,1936 年,第 51 页。

③ 张大庆:《中国近代疾病社会史(1912—1937)》,山东教育出版社 2006 年版,第 186 页。

④ 朱云达等:《江苏省镇江乡区卫生实验工作概况》,江苏省立医政学院院友会编:《江苏省立医政学院院友会一周纪念特刊》,江苏省政府印刷局,1936 年,第 101 页。

⑤ 《江苏省立镇江乡区卫生实验区工作概况》(一),《申报》第 337 册,上海古籍出版社影印版,第 663 页;《江苏省立镇江乡区卫生实验区工作概况》(二),第 338 册,第 71 页。

⑥ 顾倬:《江苏无锡县农村经济调查第一集》,江苏省农民银行总行,1931 年,第 169、170 页。

⑦ 王建革:《华阳桥乡:水、肥、土与江南乡村生态(1800—1960)》,《近代史研究》2009 年第 1 期,第 112 页。

有机质过高而引起的水质恶化。至于农业生产中大使用粪秽在运输、贮存、使用带来的污染,在河水流动且流量较大的情况下,很难带来实质性的水质污染,更多是潜在的传染病风险。

随着卫生观念的提升,民国时期开始有单独管理卫生之机构设置,特别是南京国民政府建立后,各地卫生机构纷纷建立,使卫生工作逐渐有序开展开来;同时新县政的推行,饮水改良作为各级政府日常工作内容之一,认识到改水是第一要务,在各地广泛推行起来。依法改水则是民国时期改水活动的显著特点。中央及地方政府颁布了部门齐全、种类繁多的饮水管理与改良法律法规,使改水活动有了行动纲领,做到了形式上的依法治水,虽然法律法规在施行中肯定会有偏差。同时通过在乡村地区改水试点,取得了一些成功的经验。

不过,由于经费缺乏以及战争的影响,虽然在一些官员心中饮水改良是急务,但是实际上在那个国贫民穷与战争不断的年代,饮水改良自然是不急之务。从卫生角度来说,进行饮水改良时必的,但这超越了当时的社会实际,特别乡村居民的经济能力与自觉性,毕竟广大民众当时吃饭都成问题,想在乡村进行大规模的饮水改良很不现实。正因如此,民国时期广大乡村居民的饮水卫生条件基本没有太大变化,新中国成立初期,人们看到依然是"粪便污染了江南大地"①。

---

① 张国高:《看,江南乡村的环境!》,《大众医学》第4卷第2期,1951年,第79—82页。

泛城市化与"三农"变革

乔 柏[①]

一、城市与泛城市化的概念与内容

城市化与泛城市化,是两个既联系紧密有相互区别的不同概念。城市化也叫城镇化、都市化,是由以农业为主的传统乡村社会向以工业和服务业为主的现代城市社会逐渐转变的历史过程。泛城市化的涵盖要比城市化更广义,概括为农业现代化、农村城市化、农民市民化。泛城市化是城市的泛化,是呈"面状"弥漫式分散为重要布局特征的空间均质化,关键的是农民转化为市民,享受到市民同等的国家和社会的福利保障,农村城市化与农业现代化等方面的同步推进从而达到城乡一体化的过程。

(一)城市的基本概念与内容

城市的概念。所谓城市,也称聚落(聚落分为乡村和城市两大类),一般是指一定区域范围内政治、经济、文化、宗教、人口等的集中之地和中心所在。中国《城市规划法》第三条规定:"本法所称城市,是指国家按行政建制设立的直辖市、市、镇"。城市的法律含义,是指直辖市、建制市和建制镇,包括按国家行政建制设立的市镇。城市是人类文明发展到一定程度形成的高级聚落。"聚落"一词古代指村落,如中国的《汉书·沟洫志》的记载:"或久无害,稍筑室宅,遂成聚落"。

城市的内容。城市化也可以称都市化或城镇化,是由以农业为主的传统乡村社会向以工业和服务业为主的现代城市社会逐渐转变的历史过程。尽管不同的学科如人口学、地理学、社会学、经济学等对城市化的解释各有不同,但城市集中了居住、生活、休息等各种社会活动,直接间接集合了生活工作的相关设施和生产设施,是人类各种形式聚居地的总称。

城市的发展。城市是人类文明的主要组成部分,城市也是伴随人类文明与进步发展起来的。农耕时代,人类开始定居;伴随工商业的发展,城市崛起和城市文明开始传播。城市是工商业发展的产物。如 13 世纪的地中海岸,米兰、威尼斯、巴黎等,都是重要的商业和贸易中心;其中威尼斯在繁盛时期,人口超过 20 万。工业革命之

---

① 作者简介:乔柏,男,博士,广西师范大学产业经济与人才发展战略研究所副所长、教授。

后,城市化进程大大加快了,由于农民不断涌向新的工业中心,城市获得了前所未有的发展。到第一次世界大战前夕,英国、美国、德国与法国等西方国家,绝大多数人口都已生活在城市里。

中国古代城市。中国古代早已出现了城市,西周 300 余年诸侯国最多就达到 1200 多个。之后经历了春秋战国时期(前 770—前 221)、秦汉时期魏晋南北朝隋唐时期、五代宋元时期(907—1368),中国城市发展已经十分完善了。明清期间,城市得到了进一步的发展,一般的沿江、沿河轴线,边陲地域也都扩展开来,就算台湾(今台南),凤山(今高雄县)、嘉义、彰化等地的城池也蓬勃兴焉。

2011 年 12 月,中国社会蓝皮书发布,我国城镇人口占总人口的比重首次超过 50%。这标志着我国城市化率首次突破 50%,也就是说差不多有 7 亿人住在城市里了。这个统计应该包括了 2.5 亿农民工,否则是不会有这么多城市居民的,如果这也成立,也就是泛城市化的计算方法。

(二)泛城市化的基本概念与内容

泛城市化的"泛"字的读音是 fàn,属于乏字族,是声符兼义符,其本义是"水量因溢出而减损",现在引申为"广"的意思,指边界不精确的模糊大范围。"泛"字很大程度上是基本同质性的某一种状态,如某方面的"区域经济以城市为中心的极化发展"的地区,如"泛珠三角",又叫"9 + 2",指沿珠江流域的广东、福建、江西、广西、海南、湖南、四川、云南、贵州 9 个省,泛长三角"1 + 3"模式,即以上海为龙头,辐射江苏、浙江和安徽等。这些以城市群为重心的泛化发展过程,就是泛城市化的影射。

泛城市化不是一个很高密度的地理空间,而只是一个比较均质化效应,呈一种"面状"、相对集中又具有均衡化、弥漫式为特征的居住布局方式。这种特征不至于像时下的城镇化这么快速的空间扩张。泛城市化是让乡村与城市布局,在制度配套、环境结构、产业结构、收入结构、人口结构等综合方面的建设,过程中有一个较长的适应时期,这个适应时期给当事当地在一定程度上,带有一定的自然选择成分,也就是一个自然优化过程。

(1)泛城市化的概念。泛城市化是城市化的延伸与继续,可以理解为在一个区域内,广泛而普遍推进的一种对人口及产业集聚点的快速空间扩张,因而形成的一种弥漫式宜居空间全域性都市化过程。人口和其他各种生产要素高度密集,一定范围内的大部分地区,由于产业结构不断提升和生存环境快速优化,已具有城市那样便利的生产及生活条件,城乡差异快速缩小,再不仅是以农业为主,很大程度上与城市形成了同质性,但又不是专门的城市格局,是村庄与城市的结合,这就是泛城市化。

泛城市化也称比较外向型城市化(Exo-urbanization)、大都市带(Megalopolis,中文也称大都市区、大都会区、都市连绵区等)、都市区(Metropolitan Area)、大都市地区(Metropolitan Region)、城乡融合区(Desakotas)、城市群(Urban agglomeration)等。

这个概念共有五个方面:人口结构分化,非农工人增多;经济结构多元,第三产业比重快速增加,传统农业向外向型、商品化、现代化农业的转变;生活方式都市化;大众传播普及化;思想观念现代化,人的总体素质提高。譬如珠江三角洲发展的泛都市趋势(Extensive – Metropolitan Region),就是比较典型的泛城市化。①。

(2)泛城市化的内容。包括三方面:一是农业现代化,也有人称为农业工业化。农业现代化是把传统农业转变为现代农业,把农业建立在现代科学基础上,用现代科学技术和现代工业技术装备武装农业,用现代科学管理方法来管理农业。农业现代化是一个世界性、综合性、历史性的概念。如果一个国家的农业同当时世界先进水平国家的农业相比,各方面接近或领先于这些国家的水平,这个国家的农业就算实现了或基本实现了现代化。农业现代化包括农业生产手段(条件)现代化、农业生产技术现代化和农业生产管理现代化。譬如培育优良的品种,使动物、植物、微生物综合良性生存与发展,农业生产、交换、分配、消费等的现代化管理等。农业现代化更是包括农业生产手段(条件)现代化、农业生产技术现代化和农业生产管理现代化,其中农业生产手段现代化包括农业机械化、电气化、化学化和电子化等。

二是农村城市化。农村城市化实质就是社会一体化,农村人口向城镇人口转化,生产方式与生活方式由乡村型向城市型转化,传统的农村文明向现代的城市文明转化,变传统落后的乡村社会为现代先进的城市性质社区社会等。根据国际意义上的城市化进程:城市化率在30%以下为初级阶段,30%~70%为中级阶段,70%以上为高级阶段,泛城市化大的方面与国际城市化进程脉络虽然一样,但需要示明的是,一般的城市化是"离土离乡"化,或者"离土不离乡",泛城市化没有规定,只是提倡"既不离土也不离乡",就地就业,就地享受性的社会文明。河南省启动的15个中心镇和47个新型农村社区建设②就是泛城市化的类型,也有人称为就地城市化。

三是农民市民化。农民市民化的实质就是中国公民一体化,涉及身份、就业、社会保障三大问题。农民市民化也就是泛城市化的过程。细分就有身份、户籍、教育、就业、文化、五金一险这类的社会保障等。今年中国官方统计中国的城市化水平达到了51.7%。中国长期的工业导向与城市导向,造成了今天的局面,城乡差别成为了世界之最——城市像欧洲,农村像非洲。中国农民外部赋能(empowerment)及自身增能都很有限,靠自身去谋取社会认同更是困难,必须要国家给予强力支持,城乡一体化同时进行"行动结构化"③,否则农民难以成为市民。

(3)泛城市化的终结目的。泛城市化与城市化一样,都是一个国家和地区经济

---

　　① 周大鸣:《泛都市区与珠江三角洲城市化未来发展方向》,《广西民族学院学报(哲学社会科学版)》2004年第2期。

　　② 《河南省濮阳县西辛庄"村级市"挂牌仪式正式举行》,《河南新闻》2013年5月8日。

　　③ 文军、黄锐:《农民市民化的困境与出路——以上海郊区调查为例》,《吉林大学社会科学学报》2011年第3期。

社会现代化程度的重要标志。城市化一般是以建立城市为目的,具体包括人口职业的转变、产业结构的转变、土地及地域空间的变化等等,国内外学者对此阐述是多角度的,如从人口学、地理学、社会学、经济学等角度予以论证。泛城市化同样具体包括人口职业的转变、产业结构的转变、土地及地域空间的变化等等的内容,但更多的不是以建立城市为终结目的,是城市的泛化,整个过程就是目的。习近平5月14日至15日在视察天津南蔡村镇丁家圈村的小麦大田时强调,一个国家只有立足粮食基本自给,才能掌握粮食安全主动权,进而才能掌握经济社会发展,保障和改善民生是一项长期工作,没有终点站,只有连续不断的新起点,要实现经济发展和民生改善良性循环。泛城市化的终结目的就是要根除中国社会二元结构,填补国家出现的断层,即小部分人实现了现代化、大多数人无缘现代化,使国家整体性趋向良性循环。

泛城市化的过程更多是体现城乡一体化、公民一体化、社会保障一体化的过程。

二、泛城市化发展的必然性

城市化是人类社会发展必然阶段,是社会进步的标志。我国正处于城市化发展阶段,人口由农村向城市转移是未来相当长的时期内的必然。以美国为例,美国有各类大中小城市2000多个,日本也达到2000多个。而我们目前660个城市是行政的区别。因此,农村城市化,也就是泛城市化的建设,是启动内需,发挥增长潜力,推动中国城乡总体发展的需要。

(一)泛城市化功能性发展背景

泛城市化内涵解读。泛城市化区别于正规的城市,是政治经济发展到一定程度必然的出现。泛城市化中的"农村城市化"既然不是指规划建制完备的城市,这里所指的是除了能够满足未来人群生活的社区,它包括三个方面,一是指供人们居住的主体建筑,二是指生活在此地的可以广泛参政的公民,三是联外界的交通及信息,具有城市里基本的一切硬件与软件,以人为本的是村非村,是城非城的聚集地。现在的城市郊区就是泛城市化的典型,某些区域纵深的"后花园"之类也属于泛城市化的范围。

(1)带有"原乡"色彩的村落进化。泛城市化应该是以自然而然发展为主,带有"原乡"色彩的村落进化(杨振之:《论"原乡规划"及其乡村规划思想》,《城市发展研究》2011年第10期)。所谓原乡是指早年的台湾人对大陆故乡的称呼,即"原色本乡",意味是传承着祖先的历史记忆和原味生态环境。国际城市化平均水平,预测到21世纪50年代将达到70%,整体进入完成阶段。按照2013年中国官方统计,我国城市化率达50%,实际上我国的城市化率只有30%多一点。就现在的30%人口住在城市里,城市也已经不堪重负了,如果要70%的人住进城市,中国城市里就将有10亿人,这是世界任何一个国家都无法承受的。即使开放二三线城市,包括县镇一级的造城运动,依然不堪重负。为了防患于未然,泛城市化的就地居住功能就不容忽视。

（2）泛城市化与未来的资源难题。广义城市化进程都会经历从城市化、郊区城市化、逆城市化、再城市化的过程。这一过程不足以解决人类可持续发展的问题。联合国碳熵行动纲领指出，让占地球2%面积却消耗地球80%资源的城市可持续科学发展，其中居住倒是必不可少。泛城市化除了能在广阔天地吸收庞大的劳动力、缩小城乡间的差距、有利于改善地区的产业的结构，更多的是泛城市化与农业工业化相互影响，是区域科技和文化传播的最有效途径，可以提高区域的整体发展水平，影响乡村城市化的生产和生活。泛城市人口占总人口的比重不断上升、劳动力从第一产业向第二、三产业转移是必然，在城市用地规模不断扩大的情况下，泛城市化可以为其提供延绵的空间。泛城市化最积极的意义在对未来资源均衡的配置，不至于使有限的包括自然资源、资本资源、人力资源、科技资源、文化资源、制度资源等等这些要素过度集中。

（3）泛城市化与生活"误区"认识。目前中国的社会生活发展，存在着三大"误区"，一是认为只有城市才可以提供良好的社会生活，其他地方则无从谈起。不可否认，城市可以为人们提供优美环境、良好生态、情趣审美这些功能，实际上在中国某方面真的就是这样。只是人们忘记了，这些因素都是来自大地来自农村来自人的创造，所谓民以食为天，食以农为先，很多元素都是从大地和农村生发出来的。而多年来"城市病"（人口膨胀、交通堵塞、环境恶化、资源短缺、城市贫困等）好像不是越来越轻。泛城市化可以为人们提供良好的生活环境。其次，我国常住人口超过1000万的城市有6个，而超过700万的已经有十几个。城市作为一个有机整体，其规模结构是一个共生、互补的"生态性"，大、中、小城市的形成与完善也应该是良好综合的结果。尽管宏观布局在时间、空间和速度上呈非均衡、非对称和非线性，但是如果与城市连起来的乡村破败到无法生活，城市四周辐射到的地区自然基础就会全部沦陷为污糟之地，我们的城市就成为一座孤岛，这时候泛城市化可以解决这些问题，泛城市区域的比较干净的田园生活就成了社会生活发展的座上宾模式。其三，应该正确认识经济发展水平与区域平衡，须以实现环境的"相对均衡"这个基本原则，在这方面，泛城市化就地理区位、发展阶段和生态条件的格局与结构这些综合平衡而言，会影响人们的生活心理同时也可以提供良好的生活与居住的版本。这就是泛城市化生活与纯粹意义上的城市生活的差异所在。

泛城市化功能性发展前景看好，在于发达国家已经为世界提供了广普性的成功。当今的城市不再作为军事防御和举行祭祀仪式的地方，城市已经成为消费中心，城市外围延伸到的地方，就是泛城市化的地方。学者们普遍认为，泛城市化如果与城市真正有机融合起来，真正意义上的社会居住就会变得丰富起来，这不仅是社会富足的标志，而且是人类居住文明的象征。

（二）泛城市化的发展必然性

城市泛化已经快速发展。城市泛化的发展已成为必然的趋势。泛城市化的关键话语是"区域经济最大泛化"。上海社科院城市化发展研究中心主任、国家发改委长三角区域规划综合组成员郁鸿胜认为,泛长三角区区域经济合作与发展,到一定阶段就成了必然规律。这种泛化同样表现在珠三角。珠三角从广东省会广州开始,以区域经济一体化到大珠三角,再演变为"9+2"的泛珠态势①;再如目前环渤海湾区域发展到京津冀经济协作区,北部湾区域发展到泛北部湾区域合作,都是区域泛化发展的结果。聚集为主的经济区域泛化发展成为发展的必然选择。社会发展"内生动力"使内陆内省发展走向海洋发展,沿海沿边发展走向海洋同时也走向内陆;资源互补、产业联动、要素互配、生产互动、需求互生,以城市群为中心的泛城市化发展势头正劲。

(1)泛城市化与国家整体发展。不论在全球经济发展角度,还是站在更高的国家战略需要层面,快速区域化促进和提升了全球化,也加快了反城市化。尽管我国经济增长质量与国际先进水平仍有较大差距,但是中国组团式发展强力拉动的经济态势,开掘空间整合的优化,在有待提升的同时,也反映了区域经济社会的一体化发展。这已是我国国民经济和社会发展的一项重大战略。泛城市化有利于解决由于区域发展不平衡而导致的地方矛盾突出,特别是城乡综合发展产生与凸现的社会问题。泛长、泛珠三角城市化水平几达60%,成为周边省市劳动力转移的一个最优城市集群,与之相连的区域发展成了中国城乡一体化自然融合的泛城市化典型。国家战略发展今后的重点应该在"三农",如果泛城市化弄好了,"三农"问题也就迎刃而解,这就要从国家整体的高度上看待泛城市化。

(2)泛城市化与刘易斯模型建设。刘易斯二元经济模型揭示,发展中国家通过工业发展吸纳农业剩余劳动力、实现城乡经济一体化的规律。在该理论模型中,劳动力在城乡之间可以自由流动,不存在显著的制度性障碍。城市现代化、高工资与传统农业低工资,是劳动力在城乡之间流动的驱动力量,是落后与先进的碰撞。根据模型提示,农村劳动力迁移从无限剩余变为有限剩余时,第一个转折点出现,农村劳动力从有限剩余变为被完全吸收时,第二个转折点出现。第二个转折点出现时,城乡工资收入差距才会消失。但是中国则不然。中国的条件很明显不符合这个模型,中国的城乡差异的社会二元结构是制度安排使然,农村人口原则上不能自由流动,即使现在人口好像自由流动了但实际还是不自由。二元化制度造成了二元模式,与之跟进的有经济、技术、土地、工业等制度,而非"自然演化"的后果。解决二元现象要像建设中国城市那样整体配套推进农村建设,或许可体现刘易斯模型对实现我国城乡一体化——泛城市化的具体效用。

(3)泛城市化发展的必然性。城乡一体化的过程就是泛城市化的过程。城市化发展可分成同步城市化(Synchro Urbanization)、过度城市化(Over Urbanization)和滞

---

① 《大珠三角城际轨道明年启动 将形成一小时经济圈》,《南方日报》2004年12月30日。

后城市化(Under Urbanization)三种模式。中国的城市化近10年来平均每年以0.6%左右的速度提升,目前已到了35%左右,正处于起飞的前夜。在人类的文明史中,迄今为止还没有发生过规模如此之大、影响如此之深远的城市化运动。其直接结果是,中国这个世界上最大的农业国在未来的二三十年时间里将至少有一半人城市化。城市化不一定就要住在城里,泛城市化应该是一个很好的选择。按以往顺序,渐进的农业——工业——第三产业发展,会随着现代经济社会的发展需求,变化与改变会越来越快。现在三个产业已经发生了逆顺序状态,英国经济学家克拉克在《经济进步的条件》一书中将这种变化归纳为产业结构的顺序转换理论。顺序转换理论也可以解释为什么人们从城市返回乡村的现象。纵观区域经济发展形成的"网络关系",诸如苏州、宁波与上海的发展关系,"泛"至湖北、湖南等地,多是与地方结合,在自然选择过程形成,这也是泛城市化发展的必然①。

泛城市化是人类社会发展的必然阶段,是社会进步的标志。国家对正处于城市化发展阶段、人口由农村向城市转移的现象不可忽视,在大力推进泛城市建设中政策的建设不可忽视。国家在统筹城乡与2.5亿农民工、建设和谐社会中,政策建设是关键一环,这就需要国家战略与未来泛城市化有机对接。

三、泛城市化与解决"三农"问题

未来三十年时间,中国将由一个世界上最大的农业国变成很可能是世界最大的城市化国家,这将是何等波澜壮阔的景象。但是不能以沧海变桑田为代价,而是要在尊重自然保护沧海不变桑田的基础上进行城市化,这就是泛城市化。

农耕社会的乡土中国,至今都是以农业为基、从农村起家、以农民为主要国民的国家。广大农村蕴含着中国社会经济变迁的一切基因,无论什么时候农村的发展都与中国的经济发展密不可分。我国经济转轨,特别是泛城市化过程中,诸如农民身份、农村人口的社会保障、农地转非农地等等这些所有的问题,需要一个整体性的思路来进行研究,国家把握好"三农",就是把握了中国发展的动力和进程。

(一)明确泛城市化与"三农"政策调整

20世纪90年代下半期,中国"三农"问题日益突出,成为当前困扰中国稳定发展的大障碍。"三农"形势异常严峻,农民依然苦,农村环境依然恶化,贫困人口依然高居不下,农业依然落后,农村经济体制依然陈旧,这些严重地拖累着整个中国社会的发展。"三农"问题是中国制度设计引起的,而泛城市化可以在国家制度路径之下,以几何级数的增量快速突破与解决这些问题。国家对"三农"的政策可谓多矣,也称重中之重,但迄今没有根本解决。"三农"问题不要指望说几句话重话,发几个文件就能解决。

① 卓勇良:《不必"看空"泛城市化》,《新民周刊》2007年6月27日。

（1）明确泛城市化与整体解决"三农"过程。国家对"三农"的重视，一定程度上是对泛城市化的重视。泛城市化与"三农"的关系，需要一个完整、系统、科学、统一的长远的国家战略。如果占国家2/3以上农村人口收入不高，如果没有农民对经济稳定的贡献，如果"三农"长期得不到有效解决，国家的长治久安就有问题。所以，国家要加快三农的民主政治建设，农民需要国民身份验明，农业需要国家的长期大投入，农村需要国家的综合治理，国家需针对这些方面进行政治改革，经济配与及法律制度的全面政策建设。根据泛城市化的含义与内容，这个过程也就是泛城市的过程。

（2）明确泛城市化与城镇化同步建设措施。当城市建设的步伐赶不上大量农村人口涌入少数大中城市的速度，城市不能为居民提供就业机会和必要的生活条件，人口迁移后没有实现相应的职业转换，这时候"城市病"就出现了。政府为了避免城乡对立和"城市病"的发生，采取种种措施来限制大城市化的发展，加快中型城市的完善，广充小型城市的实力，关键还是要全面夯实城市发展的后劲。这个后劲就是泛城市化。城市化会促使人们蜂拥入城，引起工业乡土化、农业副业化，离农人口"两栖化"、城镇发展无序化等现象，这是一种违背现代化发展规律的城市化模式。要解决这些问题，使大量劳动力不往城市集聚，避免农村劳动力异地迁移职业无法转换，同时要使农村焕发新的活力，一个很有效的选择就是泛城市化与城镇化同步建设，甚至要比城镇化提前建设。

（3）明确避免与减少城市化"异化"现象。在经济条件成熟的情况下，充分体现农民利益进程上，通过政府规划，整建中心村落，形成契约性质的社区和城镇。这方面有的省市取得了好些成绩。也有的地方由于政府的传统发展观、经济发展惯性、政绩思维惯性等，使不少地方是"被城市化"。大规模乡村撤并，农民住宅"城市化"；不少村改居的实践过程中，农民不得不承担相应的损失，包括身份与经济等的损失；农村住宅基地置换获得的级差的地租收益，归地方政府而不是农民；农村城镇化是地方政府的一厢情愿，农民处于被动局面；而所谓的城镇化其配套设施不完善，无产业作为基础，没有工作的人们表现出来的是对城镇化不适应现象，是城市化"异化"现象。[①] 城市化"异化"现象与泛城市化建设有本质的区别，泛城市化现泛现代化再泛城市化。

无论是不是城市化或者泛城市化，政府对"三农"都要有清晰的目标，明确就"三农"问题要进行的政治改革，提出目标，列明方案，调整步骤，改革的具体内容，并进行体制改革和确定政策的导向等等，最终要在现实基础上从政治、经济、社会三方面一揽子解决"三农"问题。

---

① 司林波、孟卫东：《农村社区化进程中的"被城市化"现象级对策分析》，《城市发展研究》2011年第4期。

（二）泛城市化与国家政策制定路径

要彻底解决"三农"问题,就要对"三农"进行经济、政治、文化和社会四方面的建设。国家首先要从制度上对"三农"进行重新设计,至少有四个层面必须考量,一是要废止国家长期二元制的政策与法律,二是要出台城乡一体化的政策与法律,三是要国家政策性财政对三农规模化拨款投入,四是要舆论引导总动员全面参与对"三农"的建设。同时配以泛城市化的同步推进,系列措施与投入有望中国贫富差距过大及"三农"现象得以缓和。

（1）泛城市化与公民的权力和权利。泛城市化是推进中国国民身份一体化的重要手段,这个过程要求国家政策上的全面设计,对以前的一些制度要重新审核,果断废止不合理的"二元"制度之下的政策与法律,真正领会《宪法》含义。《宪法》规定我国公民的基本权利包括:法律面前一律平等;政治权利和自由,包括选举权和被选举权,言论、出版、集会、结社、游行、示威的自由;宗教信仰自由;人身与人格权,包括人身自由不受侵犯、人格尊严不受侵犯、住宅不受侵犯、通信自由和通信秘密受法律保护;监督权,包括对国家机关及其工作人员有批评、建议、申诉、控告、检举并依法取得赔偿的权利;社会经济权利,包括劳动权利,劳动者休息权利,退休人员生活保障权利,因年老、疾病、残疾或丧失劳动能力时从国家和社会获得社会保障与物质帮助的权利;社会文化权利和自由,包括受教育权利,进行科研、文艺创作和其他文化活动的自由;妇女保护权,包括妇女在政治、经济、文化、社会和家庭生活等方面享有同男子同等的权利;婚姻、家庭、母亲和儿童受国家保护;华侨、归侨和侨眷的正当权力和利益受国家保护。这些条文要真正落实,不是一件容易的事情,要改变许多意见成型的行为与所谓的"传统"的做法。

（2）泛城市化与政策法律修改问题。泛城市化是推进中国城乡一体化的重要手段,国家需要全面制定新的为"三农"服务、为泛城市化服务的制度。政策配套要符合新四化要求:农民国民身份一体化,国民社会保障统一制度化,农业现代化和农村城市化。这一切是以宪法为基准,是泛城市化在政策法律基础上彻底改变"三农"的基本权利与要求。政策法律修改同时要有具体配套。全面思考与制定泛城市化社会法律。如在《宪法》之下明确"三农"的权利,明晰产权,包括土地产权、房屋产权、土地流转权、居住权、迁移权、养老权等社会保障权利,又如农民到了60岁也可以像城镇老人那样领取同样的或者差不多的退休金等。所以,政府改革制度修改政策法律,重心倾斜于中国城乡一体化,应该被看成是"三农"政策成功第一要素。

（3）泛城市化与国家财政规模化投入。这是国家制定彻底改变"三农"政策的一个很重要的部分,从财政上对"三农"进行规模化的投入。"三农"在过去几十年里无偿支援了国家的方方面面,现在国家规模化财政投入只不过是反哺"三农"而已。2011年中央财政"三农"投入首次突破万亿元 ,达到10408.6亿元,同比增长21.3%;2013年将达到1.38万亿。但这是远远不够的。根据中国、美国、欧盟、日本四个国家(地区)的农业财政投入总量和平均量进行比较,2003 年四国(地区)按耕地平均每亩投入量,日本第一,高达 2628 元/亩,欧盟为 437 元/亩,美国为 218 元/亩,中国仅为 90 元/亩。这仅是耕地平均每亩投入。中国农业人口是欧盟的 70 倍,美国的 142 倍,日本的 206 倍,2003 年,中国每个农业人口均摊的财政投入为 188元,美国高达 97391 元/人,日本为 41954 元/人,欧盟为 37101 元/人。中国的农业人口人均财政投入量约为美国的 1/472,日本的 1/203,欧盟的 1/180。[①] 因之,国家要像拉动 GDP 投入类似四万亿元那样,规模化投入"三农",各方面补农挺农护农维农,全面激活"三农",让农民增收,农村趋好,农业发达,泛城市化在这个过程中自然而然就会成型,国家推行的标志性城镇化也会得到良性发展。

(4)泛城市化与民主及舆论监督。民主制度的建立是全面解决"三农"的政治建设。推进泛城市化除了社会舆论引导,同时要有异体性质的舆论监督。要彻底逆转历来制度与政策造成的歧视与偏见,就要使农民成为真正意义上的新农村主打力量。舆论监督可以保障农民的民主权利,监督国家政策的实施、财政投入的过程,让公开成为一种趋势。把真正的民主管理落实到生产发展、生活提升、乡风文明、村容整洁等方面。结合中国社会主体维持长治久安宣传,通过对未来泛城市化——城乡一体化的舆论提示,使政府和民众间能够形成一种制衡。制衡过程形成的举措都需要得到政府与民众的相互认可,也就是政府和民众形成良性互动的过程,是政府和民众互相作用共同进步的结果。要正确看待"三农"内生力量,改变劳动力市场买卖双方力量极不对称的状态,真正形成由市场调节为基础的均衡条件下的工资率,按机会成本理论的标准来衡量建立公平机制。所有这些都须公开化、透明化、实质化,在舆论的监督之下进行。

(5)泛城市化与推进顺序与步骤。改变农民目前的非均衡化现状,关系到"以人为本"原则及公平机制的建立,评估因此带来改革的大红利,切不可等闲视之。为此,提出四个推进步骤:一是立即对城乡二元体制彻底改革,让人为割裂的、相互封闭的、所有要素流动受严格限制的、权利不平等造成无数机会不均等之类的城乡一体化彻底改变。这也是社会大变革。二是城乡社会保障一体化,全面覆盖城乡社会保障。三是农村政策性产权明晰化,包括土地产权、土地承包权、使用权,土地流转市场化,可以抵押、转让,让农民对土地收入前景有所期待。四是政策性鼓励积极投资村庄建设,加大外生力量对三农的整体支持,鼓励国企、私企、实业家、金融财团等机构及有识之士进驻村落,诸如国家出一半投资者出一半这样的鼓励政策,先建示范点,以点带面,一个村庄一个村庄稳步地建设。

十八大关于"三农"问题的改革主要集中于推动城乡一体化上,泛城市化就有了国家政策目标的根据。"三农"政策出现过里程碑式的重大改革举措,如全面取消农

---

① 徐欣、张照新:《中外农业财政投入特点分析》,《农民日报》2008 年 10 月 6 日。

业税、对种粮农民直接补贴(每亩20元)、农村义务教育阶段免除学杂费、农村社会保障体系建立、提高农民土地增值收益中的分配比例、"促进城乡要素平等交换和公共资源均衡配置"等。但是时至今日,如果能在本节提及的四个层面上充分考量,结合已经推动中的重大改革举措,2020年农村改革发展基本目标任务有望实现。

(三)泛城市化必备的政策跟进

实现城乡一体化的阻力主要来自体制内部,特别来自既得利益集团。在前30年的改革过程中,利益集团已经构成,某方面现在这些集团已经成为继续改革的拦路虎。从法律上对"三农"彻底突破,是目前中国改革的关键,也是目前中国政治改革成本最低的突破口,这个机会还要及时抓住。政体改革必须同步配以政策与法律,同时还要有具体的细化以保证政策的实施。

(1)泛城市化需要政策性产业支撑。根据"经济是社会的一部分"(Polanyi,1944)原理,无论城市化还是泛城市化,其基础与环境都要行业投入、社会投入、国家给予三位一体。最关键的是国家与地方政策性产业支撑。没有产业支撑,城乡一体化就不会有经济动力,人不会聚集,就是聚集了也会离开。政策性产业支撑也就是农业现代化的基础,是构建新兴的农业经营体系的必须。要培育新的农业经营主体,新的经营主体,除了以家庭经营为基础,以农户家庭承包为基础,更多的是农业现代化在国家政府的主要扶持下,通过生产过程机械化、生产技术科学化、增长方式集约化、经营循环市场化、生产组织社会化、生产绩效高优化、劳动者智能化来推动农业集约经营。这七化不是一下子就能完成,但要一步一步地稳稳地做。培育农业新产业与泛城市化共同形成一个良性互动以求相得益彰。

(2)泛城市化与人的素质提高。几乎所有社会科学研究最基本的出发点都是人,泛城市化问题也是基于对人的考虑而提出的。国家及地方政府要花钱花力气建立农业技术培训中心,免费甚至补贴为农民进行技术培训。让转换了身份的农民工有稳定的高质量的就业。辩证地说,没有足够多高素质的人参与"三农"的建设,要解决好"三农"问题就是无米之炊无根之本,无论城镇化还是泛城市都不会出现。

(3)泛城市化与农民自己的组织。在法律之下建立农会组织(自组织),让农民维权为农民维权。明确农民要成为现在社会市场主体,改变农民的弱势地位,解除对农民的各种限制,改变雇者与受雇者双方地位的不对称性,改变对农产品或家畜禽限价销售等,农会在法律允许范围内直接参与这一切。农民运用属于自己的组织,直接参与中国农业现代化建设,从中发挥真正的作用。在消除了农民和市民的隔阂之后,农民要通过自身的发展,认识到自己所处的地位、争取自己应有的权利。这需要一个过程,需要不断地学习与适应(涉及人的素质提高的问题)。这个属于农民的政治团体,选出代表为农民发言,这是社会持续发展并彻底改变"三农"现象的坚实基础。

(4)泛城市化与人权改革方向。泛城市化要求农民有保障地权。农民是否进城,是个人的意愿,其宅基地在国家法律范围保护之下不能无偿被收回。宅基地要体现土地市场价值,要在政策细化配套下给予法律性的肯定。农业转移人口要有序推进,包括政府动员与个人自愿,不能用行政命令去达到"被城镇化"。户籍改革方向是户籍不与福利挂钩。可又不可能一夜剥离,但剥离过程又不能拖得太长,建议不能超过一个五年计划,否则美好的城乡公共服务目标就会大打折扣。要花大力气使国家性质的财政大钱尽快到位,使"三农"包括户籍改革在内的农村公共服务及时创新到位,即财政到位、经济到位、权利到位、项目到位、公共服务到位,这样农民融入城市或者就地泛城市化、城镇化都不再是主要的问题了。①

（四）泛城市化时空格局成因集合

泛城市化涉及地域极为广阔,包括了不同自然禀赋、不同民族文化、不同生产方式的诸多地区。因此泛城市化及中国城乡一体化的推进具有相当明显的地域性、民族性、时代性、不均衡性的差异。从中国社会发展演变分析可知,基于各地自然条件、经济发展水平、民族文化差异以及各自在国家战略地位的不同,泛城市化的实施也会走区域化发展模式。泛城市化尽管是一种概念式的提出,需要从整体性、系统性方面完善。但是,在新一届政府直面的改革取向动能中,并不能说没有实行的可能。

（1）泛城市化可借助发达国家成功范例。目前,中国"三农"问题比以往任何时候都突出,主要表现为农业效益不高、农民增收困难、农村逐渐衰微,囿于农业内部又很难真正解决这些问题。从国际经验看,英美等发达国家在泛城市化进程中注重中小城镇建设、协调城乡发展,加快城市化尤其是农村城市化进程、重构城乡空间、改造传统农业等等取得了成功。这些成功的主要启示有:①"城市反哺农村、工业反哺农业";②重构乡村空间结构、统筹乡村建设;③完善乡村民居布局与配套的公共服务;④明确"三农"与政府关系。② 这是一种世界性的成功,如美国的西雅图、洛杉矶,荷兰等城市或国家的宿舍城（dormitory towns）③,中国浙江杭嘉湖宁绍、温州等地市的城乡布局差不多就属此例④。

（2）泛城市化与时空重构。首先表现在泛城市化格局下,在空间上形成一大批居住生长点;在发展形式上形成扩张、填充、功能强化、新生居住点快速生长,在时间上大大加快了城市化进程。另外,泛城市化打破了城乡生产生活的重大差异,导致城乡生产生活条件及其方式一体化。农民在其祖祖辈辈居住的地方,也能较好地享受到城市的物质和精神文明。第三,实现城市与其外围地区的要素均衡化配置,这既是泛城市化的原因,也是泛城市化的结果。那些在传统概念上被称之为农村地区

① 韩俊:《解读十八大"三农政策"惠农和强农力度不能减弱》,金融界网站 2013 - 01 - 20。
② 陈晓华、张小林、梁丹:《国外城市化进程中乡村发展与建设实践及其启示》,《世界地理研究》2005 年第 3 期。
③ ［英］安东尼·吉登斯著,赵旭东等译:《社会学》第四版,北京大学出版社 2003 年 12 月第 1 版,第 740 页。
④ 卓勇良:《弥漫式泛城市化格局初步分析》,《浙江学刊》2011 年第 6 期。

的城市外围区域,要变成制造业的主要集聚地,网状空间结构一定意义弱化了中心—外围结构的影响,形成一种泛中心格局,大大降低了交易成本,强化了收益递增效应,增强了区域竞争力。新的空间分工格局主要是服务型的,城市外围与农村地区主要是生产型的。城市成为经济社会发展的“头脑”,城市外围区域以及广大农村地区则是经济社会发展的“身体”。随着科学发展与和谐发展逐渐深入人心和普遍实施,泛城市化也将有更广“泛”的影响。[①]

无论是运用不平衡指数、空间统计模型、还是结合 GIS 空间分析功能分析,政治发展时空差异及经济空间格局演化,不管整体局部,都具有较强的自相关性。泛城市化一定程度上呈现出集聚核心区和低度集聚区,形成一种时空格局的结构转换,在经济自相关性发展趋势中,都会不同程度地形成一种交互的、可视的协调发展。

四、结语

十八大报告中关于农业政策的主要论述就是推动城乡发展一体化。解决城乡发展一体化问题就是解决农业农村农民的问题。解决“三农”问题的根本途径,除了意识观念、政策制定、国家投入,更多的是要加大统筹城乡发展力度,增强农村发展活力,逐步缩小城乡差距,促进城乡共同繁荣,彻底打破悬殊的城乡二元社会结构。在统筹城乡配套改革面前,泛城市化有必要从国家层面提前布局,这意味着公共利益的平等分配机制的再次调整,意味着将后工业化进程的城市资源按均等化原则向乡村倾斜,意味着统筹城乡公共设施建设普惠制般的规模化,全覆盖的公共交通体系,全民性的养老医疗保险,教育卫生资源的均等化,意味着农村居住环境硬件重新配置同时改造升级,意味着配以产业规划的分散化布局,使得乡村有足够的环境财力人力要素支撑,意味着劳动力资源拥有者与生产资料拥有者之间交易成本因之被充分降低。这样,泛城市化就正得其时。

参考文献:

1. 祁建青:《中国农村土地制度的困境、实践与改革思路》,《中国农业经济》2011 年第 7 期。

2. 郭晓明:《中国农村土地制度改革:需求、困境与发展态势》,《中国农村经济》2011 年第 4 期。

3. 薛凤旋、杨春:《外资:发展中国家城市化的新动力——珠江三角洲个案研究》,《地理学报》1997 年第 5 期。

4. 查振祥:《珠三角农村地区经济发展模式研究》,《特区理论与实践》2001 年第 3 期。

5. Bijman J. , "Contract Farming in Developing Countries: an Overview", Wageningen University Working Paper,2008.

6. Shrotriya , E. G. and Daman P. , "Climate Change and Agricultural Cooperatives,IFFCO Founda-

---

① 卓勇良:《不必“看空”泛城市化》,《新民周刊》2007 年 6 月 27 日。

tion",New Delhi,2008.

7.空凡斌、廖问梅：《基于收入结构差异化的农户林地流转行为分析——以江西省为例》，《中国农业经济》2011年第8期。

8.许学强、周春山：《论珠江三角洲大都会区的形成》，《城市问题》1994年第3期。

9.姚士谋：《中国的城市群》，合肥：中国科技大学出版社1992年版。

10.陈丰：《从"虚城市化"到市民化：农民工城市化的现实路径》，《社会科学》2007年第2期。

11.文军：《农民市民化：从农民到市民的角色转型》，《华东师范大学学报》2004年第5期。

12.刘永佶：《主体辩证法》，北京：中国经济出版社2004年版。

13.周三多：《战略管理新思维》，南京：南京大学出版社2002年版。

14.阎小培：《穗港澳都市连绵区的形成机制研究》，《地理研究》1997年第2期。

15.周大鸣、郭正林：《论中国乡村都市化》，广州：广东人民出版社1996年版。

16.郭正林、周大鸣：《乡村都市化背后的政策分析》，《社会科学战线》1995年第4期。

17.欧阳婷萍：《珠江三角洲城市化发展的环境影响评价研究》，中国科学院研究生院（广州地球化学研究所），2005年。

18.广东省发展和改革委员会：《珠江三角洲率先基本实现现代化专题规划》，2003年5月16日。

19.周大鸣：《泛都市区与珠江三角洲城市化未来发展方向》，《广西民族学院学报（哲学社会科学版）》2004年第2期。

20.韩俊：《要推动包容性的城镇化进程》，《新华财经》2013年1月20日。——调查表明，进城的农民工80%以上就是不改革户籍制度也不愿意回农村去，真正回到农村的不到10%，希望在现在的就业地大中城市定居的达到了56%，希望在中小城镇定居的不到4成，我们要培育中小城市和小城镇。

21.十八大报告中关于农业政策的论述：推动城乡发展一体化。解决好农业农村农民问题是全党工作重中之重，城乡发展一体化是解决"三农"问题的根本途径。要加大统筹城乡发展力度，增强农村发展活力，逐步缩小城乡差距，促进城乡共同繁荣。坚持工业反哺农业、城市支持农村和多予少取放活方针，加大强农惠农富农政策力度，让广大农民平等参与现代化进程、共同分享现代化成果。加快发展现代农业，增强农业综合生产能力，确保国家粮食安全和重要农产品有效供给。坚持把国家基础设施建设和社会事业发展重点放在农村，深入推进新农村建设和扶贫开发，全面改善农村生产生活条件。着力促进农民增收，保持农民收入持续较快增长。坚持和完善农村基本经营制度，依法维护农民土地承包经营权、宅基地使用权、集体收益分配权，壮大集体经济实力，发展多种形式规模经营，构建集约化、专业化、组织化、社会化相结合的新型农业经营体系。改革征地制度，提高农民在土地增值收益中的分配比例。加快完善城乡发展一体化体制机制，着力在城乡规划、基础设施、公共服务等方面推进一体化，促进城乡要素平等交换和公共资源均衡配置，形成以工促农、以城带乡、工农互惠、城乡一体的新型工农、城乡关系。

22.王羚：《专家警告城乡差距鸿沟待补，关键在保障地权》，《第一财经日报》2012年11月1日。要保障地权。农民是否进城，都要完全尊重他的意愿。农民宅基地国家不能无偿收回去，要在土地市场体现价值，这些要政策细节配套。第三，渐进转移。八十年代离土，九十年代进城，新世纪进城落户，但是不能都鼓励进大城市。我们进城的农民工在城里买房子的还不到1%，如果都让他们到大城市来他买得起房子吗，没有房子几代人住地下室，能融入这个城市吗？所以党的十八大提出要形成合理的城镇化空间布局。

改革以来农村社区集体经济
组织服务功能定位的历史考察

——以完善农村基本经营制度为视角

郑有贵①

我国农村改革的第一步是改革人民公社体制，实行以家庭承包为基础、统分结合的双层经营体制。所谓分，就是在保持农民集体所有的前提下，将其由集体统一经营而又适合农户分散经营的，改由农户家庭承包经营②，让农户成为独立的经营主体；所谓统，就是以家庭承包为基础，对适合集体统一经营的，或农户需要集体提供的服务，仍实行由集体统一经营。这种以家庭承包为基础，宜统则统、宜分则分的双层经营体制，被1983年中央一号文件誉为"在党的领导下我国农民的伟大创造，是马克思主义农业合作化理论在我国实践中的新发展"，1991年召开的中共十三届八中全会将其明确为我国乡村集体经济组织的一项基本制度，1999年3月又将"农村集体经济组织实行家庭承包经营为基础、统分结合的双层经营体制"这一农村基本经营制度写入第九届全国人民代表大会第二次会议通过的《中华人民共和国宪法修正案》。坚持和完善以家庭承包为基础、统分结合的双层经营体制，一开始就是中央的政策取向，中央也不断强调要对其予以坚持和完善。本文就中央关于农村社区集体经济组织服务功能定位的历史进行考察，为农村基本经营制度的完善提供历史借鉴。

一、增强农村社区集体经济组织服务能力始终是完善农村基本经营制度的切入点和重要组成部分

在20世纪80年代推动我国农村改革的第一个中央一号文件——《中共中央批转〈全国农村工作会议纪要〉》（1982年中央一号文件），针对实行家庭承包经营制度出现的新问题，特别强调集体经济组织还应当承担起统一领导、统一管理和协调等职能。《全国农村工作会议纪要》指出："要使同志们了解：实行责任制以后，有些

---

① 作者简介：郑有贵，男，中国社会科学院当代中国研究所经济史研究室主任、研究员。
② 改革初期至中共十五届三中全会前将包产到户、包干到户等称为家庭联产承包责任制，中共十五届三中全会将包干到户这一形式的家庭联产承包责任制称为家庭承包经营，这种正名使其名副其实。

事情分散到农户承担，这样更需要改进工作方法，加强集体统一领导、统一管理和协调的工作，干部的担子不是轻了而是重了。生产大队、生产队作为集体经济组织，仍应保留必要的经济职能。要负责合理分配和调剂承包地，管好和用好耕地；安排生产计划、基本建设和推广新技术；签订和执行经济合同，完成征购任务和集体提留；照顾烈属军属和安排困难户的生产、生活等。"①中共中央在批转《全国农村工作会议纪要》的批语中特别强调指出："需要着重指出的是：最近以来，由于各种原因，农村一部分社队基层组织涣散，甚至陷于瘫痪、半瘫痪状态，致使许多事情无人负责，不良现象在滋长蔓延。这种情况应当引起各级党委高度重视，在总结完善生产责任制的同时，一定要把这个问题切实解决好。"

　　时隔一年的1983年中央一号文件《中共中央关于印发〈当前农村经济政策的若干问题〉的通知》，从完善统分结合的双层经营体制出发，进一步强调了集体经济组织为农户提供服务的要求，指出："完善联产承包责任制的关键是，通过承包处理好统与分的关系。以统一经营为主的社队，要注意吸取分户承包的优点。例如，有些地方在农副工各业统一经营的基础上，实行了'专业承包、包干分配'的办法，效果很好。以分户经营为主的社队，要随着生产发展的需要，按照互利的原则，办好社员要求统一办的事情，如机耕、水利、植保、防疫、制种、配种等，都应统筹安排，统一管理，分别承包，建立制度，为农户服务。"同时，还提出了集体向农户提供服务应向产前和产后延伸的问题，指出："当前，各项生产的产前产后的社会化服务，诸如供销、加工、贮藏、运输、技术、信息、信贷等各方面的服务，已逐渐成为广大农业生产者的迫切需要。适应这种客观需要，合作经济也将向这些领域伸展，并不断丰富自己的形式和内容。"不仅如此，还特别对社区集体经济组织向农户提供服务问题作出明确规定，指出："人民公社原来的基本核算单位即生产队或大队，在实行联产承包以后，有的以统一经营为主，有的以分户经营为主。它们仍然是劳动群众集体所有制的合作经济。它们的管理机构还必须按照国家的计划指导安排某些生产项目，保证完成交售任务，管理集体的土地等基本生产资料和其他公共财产，为社员提供各种服务。为了经营好土地，这种地区性的合作经济组织是必要的。其名称、规模和管理机构的设置由群众民主决定。原来的公社一级和非基本核算单位的大队，是取消还是作为经济联合组织保留下来，应根据具体情况，与群众商定。公社一级的各种事业机构，原有的事业费照常拨付。"1985年中央一号文件《中共中央国务院关于进一步活跃农村经济的十项政策》进一步强调指出："地区性合作经济组织，要积极办好机械、水利、植保、经营管理等服务项目，并注意采取措施保护生态环境。"

　　1986年中央一号文件《中共中央国务院关于一九八六年农村工作的部署》，则把增强服务作为完善合作制和双层经营的切入点，提出"农村商品生产的发展，要求

---

① 本文所引中共中央、国务院文件均已公开。由于引文较多，为节省篇幅，均不注释出处。

生产服务社会化。因此,完善合作制要从服务入手。我国农村商品经济和生产力的发展,在地区之间、产业之间是参差不齐的,农民对服务的要求也是各式各样的,不同内容、不同形式、不同规模、不同程度的合作和联合将同时并存。决不可一刀切,更不可采取政治运动的方法去推广。"同时,还专门强调集体经济组织要做好服务工作,指出:"地区性合作经济组织,应当进一步完善统一经营与分散经营相结合的双层经营体制。家庭承包是党的长期政策,决不可背离群众要求,随意改变。可是,有些地方没有把一家一户办不好或不好办的事认真抓起来,群众是不满意的。应当坚持统分结合,切实做好技术服务、经营服务和必要的管理工作。"不仅如此,还就不同经济实力的集体经济组织需要做好的服务工作指明了方向,指出:"由于各地社会经济条件差异较大,统分结合的内容、形式、规模和程度也应有所不同。在集体家底甚薄,生产比较单一,产品主要用于自给的地方,要从最基础的工作做起,切实帮助农户解决生产和流通中的困难,逐步充实合作内容。在经济比较发达,集体企业已有相当基础的地方,要充分利用统一经营、统一分配的条件,加强农业的基本建设和技术改造,适当调整经营规模,促使农工商各业协调发展。"

1987年中共中央发布的《把农村改革引向深入》指出:"乡、村合作组织主要是围绕公有土地形成的,与专业合作社不同,具有社区性、综合性的特点。由于经济发展程度不同,目前在乡一级,有些根据政企分开的原则设立了农工商联合社等机构;在村一级,有的单设合作机构,有的则由村民委员会将村合作和村自治结合为一体。不管名称如何,均应承担生产服务职能、管理协调职能和资产积累职能,尤其要积极为家庭经营提供急需的生产服务。有条件的地方,还要组织资源开发,兴办集体企业,以增强为农户服务和发展基础设施的经济实力。"

1991年10月,国务院在《关于加强农业社会化服务体系建设的通知》中更为明确地阐述了增强服务能力与发展集体经济的关系,指出:"发展农业生产服务,是壮大集体经济的重要途径。凡是服务搞得好的地方,就可以使双层经营的功能得到充分发挥,集体经济力量不断壮大。在集体经济薄弱的地方,不能等到经济实力强大以后再去办服务,可以从主要做好组织协调工作和技术推广等服务项目开始,也可以从收益较高、有利于服务组织自我发展的产后运销抓起,通过发展服务壮大集体经济。"

坚持和完善农村基本经营制度及其应有之义——增强农村社区集体经济组织的服务能力是长期的命题,即便是在各种新型农民合作组织大量兴起之际,中央也一以贯之。2008年中央一号文件《中共中央国务院关于切实加强农业基础建设进一步促进农业发展农民增收的若干意见》指出:"坚持和完善以家庭承包经营为基础、统分结合的双层经营体制。这是宪法规定的农村基本经营制度,必须毫不动摇地长期坚持,在实践中加以完善。"同年,中共十七届三中全会通过的《中共中央关于推进农村改革发展若干重大问题的决定》,提出了农业双层经营要实现"两个转变"

的要求,即"家庭经营要向采用先进科技和生产手段的方向转变,增加技术、资本等生产要素投入,着力提高集约化水平;统一经营要向发展农户联合与合作,形成多元化、多层次、多形式经营服务体系的方向转变,发展集体经济、增强集体组织服务功能,培育农民新型合作组织,发展各种农业社会化服务组织,鼓励龙头企业与农民建立紧密型利益联结机制,着力提高组织化程度"。2012年中央一号文件《中共中央国务院关于加快推进农业科技创新持续增强农产品供给保障能力的若干意见》指出:"壮大农村集体经济,探索有效实现形式,增强集体组织对农户生产经营的服务能力。"

二、在完善双层经营体制过程中坚持宜统则统和宜分则分原则

在建立家庭承包经营制度过程中,1982年中央一号文件针对把家庭承包经营当作单干的认识误区指出:"前一个时期有些人认为,责任制只是包干到户一种形式,包干到户就是'土地还家'、平分集体财产、分田单干。这完全是一种误解。包干到户这种形式,在一些生产队实行以后,经营方式起了变化,基本上变为分户经营、自负盈亏;但是,它是建立在土地公有基础上的,农户和集体保持承包关系,由集体统一管理和使用土地、大型农机具和水利设施,接受国家的计划指导,有一定的公共提留,统一安排烈军属、五保户、困难户的生活,有的还在统一规划下进行农业基本建设。所以它不同于合作化以前的小私有的个体经济,而是社会主义农业经济的组成部分;随着生产力的发展,它将会逐步发展成更为完善的集体经济。"在这种认识下,这一文件还强调了宜统则统和宜分则分的原则,指出:"适于个人分散劳动的生产项目,可以包到劳力、包到户;需要协作劳动的生产项目,可以包到组。承包到组、到户、到劳力,只是体现劳动组织的规模大小,并不一定标志生产的进步与落后,但必须与当时当地的生产需要相适应,宜统则统,宜分则分,通过承包把统和分协调起来,有统有包。"

三、在完善双层经营体制过程中强调把集体经济组织的工作重心转移到对农户的服务上

在家庭承包经营制度普遍建立起来后,中央在推进双层经营体制的完善过程中,非常明确地提出要把集体经济组织的工作重心转移到对农户的服务上。1984年中央一号文件《中共中央关于一九八四年农村工作的通知》提出,"地区性合作经济组织应当把工作重点转移到组织为农户服务的工作上来。首先要做好土地管理和承包合同管理;其次要管好水利设施和农业机械,组织植保、防疫,推广科学技术,兴办农田水利基本建设以及其他产前产后服务。不仅要依靠本身的力量,更重要的是要扶持各种服务性专业户的发展,并同供销社、信用社、农工商联合公司、多种经

营服务公司、社队企业供销经理部、贸易货栈,以及农林技术推广站、畜牧兽医站、农业机械站、经营指导站等企事业单位建立联系,协同工作,更好地为农户服务"。还提出,"服务也是一种劳动交换,一般应是有偿的,农民可以自愿选择。这样才能持久有效,保证服务质量"。

四、在推进农业服务社会化进程中强调集体经济组织服务的不可或缺性

在推进社会主义市场经济改革的进程中,一家一户办不了或办了不经济的问题也成为各类农业社会化服务组织兴起的历史机遇,各类农业社会化服务组织因此也应运而生。中央顺应发展的要求,及时制定了促进农业服务社会化的政策措施,鼓励多种农业社会化服务组织的发展,以便为农民的生产生活提供所需要的服务。在这种政策取向下,中央仍然坚持强调要增强农村社区集体经济组织的服务能力。1991 年国务院发出的《关于加强农业社会化服务体系建设的通知》指出,"农业社会化服务,是包括专业经济技术部门、乡村合作经济组织和社会其他方面为农、林、牧、副、渔各业发展所提供的服务"。"农业社会化服务的形式,要以乡村集体或合作经济组织为基础,以专业经济技术部门为依托,以农民自办服务为补充,形成多经济成分、多渠道、多形式、多层次的服务体系。从现实情况看,大体包括五个主要方面:一是村级集体经济组织开展的以统一机耕、排灌、植保、收割、运输等为主要内容的服务;二是乡级农技站、农机站、水利(水保)站、林业站、畜牧兽医站、水产站、经营管理站和气象服务网等提供的以良种供应、技术推广、气象信息和科学管理为重点的服务;三是供销合作社和商业、物资、外贸、金融等部门开展的以供应生产生活资料,收购、加工、运销、出口产品,以及筹资、保险为重点的服务;四是科研、教育单位深入农村,开展技术咨询指导、人员培训、集团承包为重点的服务;五是农民专业技术协会、专业合作社和专业户开展的专项服务。这五个主要方面构成了当前农业社会化服务体系的雏形"。2005 年中央一号文件《中共中央国务院关于进一步加强农村工作提高农业综合生产能力若干政策的意见》指出:"集体经济组织要增强实力,搞好服务,同其他专业合作组织一起发挥联结龙头企业和农户的桥梁和纽带作用。"2006年中央一号文件《中共中央国务院关于推进社会主义新农村建设的若干意见》指出:"培育农村新型社会化服务组织。在继续增强农村集体组织经济实力和服务功能、发挥国家基层经济技术服务部门作用的同时,要鼓励、引导和支持农村发展各种新型的社会化服务组织。推动农产品行业协会发展,引导农业生产者和农产品加工、出口企业加强行业自律,搞好信息服务,维护成员权益。鼓励发展农村法律、财务等中介组织,为农民发展生产经营和维护合法权益提供有效服务。"2007 年中央一号文件《中共中央国务院关于积极发展现代农业扎实推进社会主义新农村建设的若干意见》指出:要"积极发展农民专业合作社和农村服务组织"。"支持发展农业生产经营服务组织,为农民提供代耕代种、用水管理和仓储运输等服务"。2010 年中央

一号文件《中共中央国务院关于加大统筹城乡发展力度进一步夯实农业农村发展基础的若干意见》,从促进农业双层经营的"两个转变"出发,在多元化的农业社会化服务体系中进一步强调集体经济组织要为农民提供服务,指出"推动家庭经营向采用先进科技和生产手段的方向转变,推动统一经营向发展农户联合与合作,形成多元化、多层次、多形式经营服务体系的方向转变。壮大农村集体经济组织实力,为农民提供多种有效服务。"

五、农村社区组织参与承担日益增多的基本公共服务

农村社区集体经济组织是历史传承的组织资源,在 20 世纪 50 年代建立之日起就不仅承担生产经营功能,还承担社会建设和管理功能。在 80 年代初实行家庭承包经营的改革进程中,中央在强调农村社区集体经济组织向农户提供生产经营服务的同时,仍然强调社会建设和服务功能。1982 年中央一号文件指出:"公社、大队还要做好社会救济、教育卫生、计划生育、民兵训练、治安保卫、民事调解等各项工作,保护社会主义经济,保证国家法律、法令的执行。"

进入新世纪,特别是在建设社会主义新农村和推进城乡一体化改革的进程中,农村社区集体经济组织参与承担基本公共服务的任务日益增加。2007 年中央一号文件提出,要"逐步提高农村基本公共服务水平","推进城乡基本公共服务均等化是构建社会主义和谐社会的必然要求。必须加快发展农村公共事业,提高农村公共产品供给水平"。为此提出,要提高农村义务教育水平、增强农村基本医疗服务能力、稳定农村低生育水平、繁荣农村公共文化、建立健全农村社会保障体系、不断提高扶贫开发水平、大力发展农村公共交通、继续改善农村人居环境。2008 年,中共十七届三中全会通过的《中共中央关于推进农村改革发展若干重大问题的决定》提出,"统筹城乡基础设施建设和公共服务,全面提高财政保障农村公共事业水平,逐步建立城乡统一的公共服务制度"。2013 年中央一号文件《中共中央国务院关于加快发展现代农业进一步增强农村发展活力的若干意见》提出,"整合资源建设乡村综合服务社和服务中心";"强化村干部'一定三有'政策,健全村级组织运转和基本公共服务经费保障机制,提升推动农村发展、服务农民群众能力"。

在上述指导思想和政策取向下,在农村社区集体经济组织的基础上,建设农村社区综合服务中心和公益服务站,为农民提供一站式服务的工作提上日程。2007年中央一号文件指出:"鼓励发展农村综合服务组织,具备条件的地方可建立便民利民的农村社区服务中心和公益服务站。"2008 年中央一号文件提出:"鼓励有条件的村建立与农民生产生活密切相关的公益服务员制度。""不断增强社会自治功能,创新农村社区管理和服务模式,优先在城市郊区开展农村社区建设实验工作,加强农村警务和消防工作,搞好农村社会治安综合治理,努力把农村社区建设成管理有序、服务完善、文明祥和的社会生活共同体。"2009 年中央一号文件《中共中央国务院关

于 2009 年促进农业稳定发展农民持续增收的若干意见》,进一步提出要推进基层农业公共服务机构建设,并将"逐步推进村级服务站点建设试点"作为重要的新措施,强调提出"鼓励有条件的地方改造建设农村综合服务中心"。2010 年中央一号文件提出:"加强农村集体资金、资产、资源管理,推进村务公开和民主管理'难点村'治理。开展农村社区建设创建活动,加强服务设施建设,培育发展社区服务性、公益性、互助性社会组织。强化乡镇政府社会管理和公共服务职能,建立综合服务平台,有条件的乡镇要设立便民服务中心、村设立代办点,为农民提供一站式服务。"

此外,政府有关部门向农村提供的专项公益服务项目,也借助农村社区集体经济组织或在此基础上建立的农村社区综合服务中心和公益服务站来实施。2008 年中共十七届三中全会通过的《中共中央关于推进农村改革发展若干重大问题的决定》提出"发展农村老龄服务"。2010 年中央一号文件提出,"有关部门要抓紧健全科技、教育、文化、卫生等下乡支农制度,通过完善精神物质奖励、职务职称晋升、定向免费培养等措施,引导更多城市教师下乡支教、城市文化和科研机构到农村拓展服务、城市医师支援农村。健全农业气象服务体系和农村气象灾害防御体系,充分发挥气象服务'三农'的重要作用""完善农村三级医疗卫生服务网络,落实乡镇卫生院人员绩效工资和乡村医生公共卫生服务补助政策,逐步实施免费为农村定向培养全科医生和招聘执业医师计划""加强基层抗旱排涝和农村水利技术服务体系建设""建立覆盖城乡的公共就业服务体系,积极开展农业生产技术和农民务工技能培训,整合培训资源,规范培训工作,增强农民科学种田和就业创业能力"。2011 年中央一号文件《中共中央国务院关于加快水利改革发展的决定》提出:"建立专业化与社会化相结合的应急抢险救援队伍,着力推进县乡两级防汛抗旱服务组织建设,健全应急抢险物资储备体系,完善应急预案。"2012 年中央一号文件《中共中央国务院关于加快推进农业科技创新持续增强农产品供给保障能力的若干意见》指出:"发展水利科技推广、防汛抗旱、灌溉试验等方面的专业化服务组织。"2013 年中央一号文件提出,"规范土地流转程序,逐步健全县乡村三级服务网络,强化信息沟通、政策咨询、合同签订、价格评估等流转服务"。在这些专项服务项目中,农村社区组织无疑是将服务送达农户的主要组织载体。

六、小结

《把农村改革引向深入》(1987 年 1 月 22 日中共中央政治局通过)所指出的"乡、村合作组织主要是围绕公有土地形成的,与专业合作社不同,具有社区性、综合性的特点",既反映了农村社区集体经济组织以公有土地为基础而形成的客观历史事实,也反映了在公有土地基础上形成的农村社区集体经济组织有着自身的特点而具有不可替代性。通过上述对中央关于农村社区集体经济组织服务功能定位的历史回顾,并结合功能定位的实现情况,可以得出如下结论。

1. 坚持和完善农村基本经营制度,应当将增强农村社区集体经济组织服务能力作为重要的内容

在农村土地的农民集体所有的制度前提下,经农民发明创造,再由中央肯定的家庭承包经营,只是农村社区集体经济组织中双层经营的一个层次。坚持和完善农村基本经营制度,在统的层面,就是农村社区集体经济组织要承担起保障农户在其中的财产权益,并为农户提供所需要服务的基本职能,解决农户生产经营中面临的难题,进而促进农户家庭承包经营的发展。换言之,增强农村社区集体经济组织对农户的服务能力,是双层经营体度内的不可或缺的重要组成部分。如果农村社区集体经济组织不向农户提供统一层次的服务,则完全变成了农户的单一层次经营。如此,农村社区集体经济组织必然失去凝聚力,双层经营也就名实不副。

2. 农村社区集体经济组织服务功能日益拓展,并有着其他组织不可替代的服务功能

从上述历史回顾可以看出,中央所规定的农村社区集体经济组织服务范围在不断拓展,从生产经营服务到包括生产生活的综合服务,从组织内部的自我服务到兼顾参与承担政府所提供基本公共服务的部分工作。其中,有一些是其他农业社会化服务组织难以承担或不可能承担的功能。例如:土地的承包管理及农民土地权益保障功能,只能由农村社区集体经济组织承担;在生产经营方面,一家一户做不了或做了不经济的服务,其他社会化服务组织做了不经济而不愿承担的农业技术服务,特别是农田水利设施建设等农业基础设施建设,必然由农村社区集体经济组织承担实施;在基本公共服务方面,农村道路等基础设施建设,农村社会管理,农村文化、教育、卫生、体育、环境等公益事业的发展,离不开农村社区集体经济组织的参与。

3. 农村社区集体经济组织服务功能获得不同程度的实现

总体而言,农村社区集体经济组织在向农户提供服务方面,没有完全实现中央对其功能定位的要求。相对而言,在建设社会主义新农村和城乡一体化改革进程中,农村社区集体经济组织在参与承担政府向农村提供基本公共服务方面做了大量工作,而对农户的生产经营服务则离中央的功能定位预期有较大差距。其直接原因是,农村社区集体经济组织在经历20世纪90年代的乡镇企业产权制度改革和新世纪以来的农村税费改革后,绝大多数农村集体经济组织的经济实力较弱,其收益在弥补村级组织运转和发展村级社会公益事业经费不足后,已没有更多的资金可以用于生产经营性服务。所幸的是,在国家加强对农业支持保护的政策下,一些地方村集体经济组织可以获得农田水利设施建设等专项资金,在生产经营方面也可以提供力所能及的服务。此外,一些地方还按照"一事一议"制度的要求,通过国家财政、集体收益和农民个人出资出劳的方式,为农户提供部分服务。从组织制度安排分析,一方面,由于农村社区集体经济组织缺乏法人地位而使其从事生产经营的权利受到限制;另一方面,在很多地方实行由村民委员会代行其职能而淡化了其经济职能。

这些都使农村社区集体经济组织的生产经营业务难以发展起来。加上各种农业公司、新型农民合作社的迅速发展，又瓜分了很大部分的市场份额，使得社区集体经济组织更是在夹缝中生存，步履艰难。

4. 推进集体经营的创新和壮大集体经济，以提高农村社区集体经济组织服务能力

2013 年 11 月中共十八届三中全会通过的《中共中央关于全面深化改革若干重大问题的决定》和 2014 年中央一号文件《中共中央国务院关于全面深化农村改革加快推进农业现代化的若干意见》，进一步强调要推进集体经营与家庭经营、合作经营、企业经营的共同发展和发展壮大集体经济。实现增强农村社区集体经济组织服务功能预期目标，最关键的是要增强其经济实力。正如 1991 年《国务院关于加强农业社会化服务体系建设的通知》所指出的，"壮大集体经济实力，是搞好乡、村服务的基础。凡是乡、村服务搞得好的，一般是集体经济实力比较强大的地方，乡镇企业比较发达的地方。要通过发展集体经济，强化农业服务，完善双层经营，进一步发挥家庭经营的活力"。为此，需要从三个方面加以解决：第一，增强农村社区集体经济组织内部的激励机制，其中最为关键的是积极推进股份合作制改革，使农民有其股，保障农民在集体经济组织中的财产权益，逐步建立起以产权联结为纽带、成员共享发展成果、激励成员齐心协力共同发展集体经济的机制。第二，政府对农村社区集体经济组织实施支持政策，有关部门对其予以指导和扶持，促进其发展。第三，制定《农村社区集体经济组织法》，使农村社区集体经济组织享有法人地位，解决生产经营行为受限制问题，使其与其他市场主体获得平等的发展权利。这也是最为关键的措施。

我国农村现代化建设的现状与思考

黄爱华①

改革开放 30 多年以来,我国国民经济及社会发展有了巨大的进步,成功地解决了绝大多数农民的温饱问题。但是,农村问题依然是我国现代化进程中的一个核心问题,农民收入纵向看虽显著增加,但是城乡差距仍显示不断扩大的趋势,农村发展越来越落后于城市,广大农村地区的农村人口从改革和发展带来的丰厚成果中收获的份额太少。在此背景下,"三农"问题成为影响到发展能否持续、转型能否成功的一个关键。

一、农村现代化的基本概念

按照经典现代化理论的观点,现代化是个历史过程,它包括从传统经济向现代经济、传统社会向现代社会、传统政治向现代政治、传统文明向现代文明的转变过程。若将其与产业演进结合起来,现代化可以被概括为:从农业经济向工业经济、农业社会向工业社会、农业文明向工业文明转变的历史过程。

从本质上看,城市现代化与农村城镇现代化没有明显的区别,二者对物质、文化、环境和社会发展的追求在方向上是类似的,但是二者也存在显而易见的区别。首先,它们实际上是两个不同的城镇化过程,前者是自上而下的过程,后者是自下而上的过程,两个过程所受到的因素影响也不尽相同。

农村的现代化应该建立在城镇一体化的基础上,对于"农村城市化"当代研究者徐成华有以下定义:"在经济、社会发展上,城乡实行统一规模,协调发展;在生产生活方式上,乡村不断改变提高,最终与城市一致;在人口构成上,农村人口向城镇集中,并逐步实现大中城市郊区农户与非农人口混居;在发展方向上,不仅要发挥经济效益,更是发挥生态效益和社会效益。"而农村现代化就是"使农村全面实现农业生产产业化、农民生活城镇化、农村管理科学化、乡村风尚文明化、城乡社会一体化。这是一个全面的、全方位的进步过程,只有农村的经济、文化以及农民意识等都实现了现代化,才能说整个农村实现了现代化"。但目前中国农村的现代化体系有两大特点:其一,它是依靠外部行政力量强力推进的;其二,它需要农民自己为现代化支

---

① 作者简介:黄爱华,女,江西省社会科学院《农业考古》编辑部编务。

付成本。

由此看来,农村现代化不简单等同于物质生活进步。不言自明的,村民应该作为农村现代化的真正主体。原因在于,从弥补产业缺陷的角度出发,农民只有根据比较优势寻找自身的非农业化出路,才会形成比较持久、比较灵活的就业格局,从而农村的分工和专业化才会逐渐自发演化,其经济水平的发展才具有持续性和自发演进性,其物质生活的改善也才具有制度意义的保障。进一步分析,对于农村长期形成的特有的文化状态,也必须是身在其中的农民,随着生产方式的逐渐改进以及农村经济的不断改造,从而在文化精神层面做出相应的调整,这种调整是内生在农业组织方式改进这个进程之中的。

二、农村现代化建设的现状及主要问题

我国农村地域辽阔、人口众多,且区域发展极不平衡,注定了农村现代化进程将是异常艰巨的。但是,任务艰巨不等于无法实现,从韩国的"新村运动"与日本的"国民经济倍增计划"可以看出,适时调整经济和社会发展战略,加大工业对农业、城市对农村的支持力度,我国农村也完全有可能在不远的将来实现现代化。目前存在的主要问题如下:

(一)农田面积减少

在当代中国,中国农业受到的冲击很大,采用传统方式进行粮食种植一年下来的收入仅够口粮,因此许多农民放弃土地,纷纷进城打工。为了改变这种现状,我国政府采取了很多措施如:取消农业税、进行粮食补贴、农药化肥补贴、良种补贴等等来刺激农民的种地积极性,进行农业调整,提高农民的经济收入。但较低的粮食收购价格和产出效率影响着农民的种植热情,同时大量的青壮人口向城市输出,适龄劳动人口的减少也加重了这种趋势。根据中国中央国家机关青年"百村调研"活动的调查,原本属于农业大省的河北、山西、湖南和内蒙古等地,部分农村地区的年轻人口越来越少。中国官方"人民网"报道显示,目前全中国平均每天消失 20 个行政村,在 2005 年至 2009 年期间,全国的村民委员会数目每年减少 7000 多个。中国农村人口大量外流给农民带来经济收益,但也导致农村务农劳力缺乏的"农民荒",以及一系列连带社会问题。1999 年 11 月 1 日国土资源部、国家统计局联合发布 1996 年 10 月底的全国耕地面积为 19.51 亿亩;2002 年,全国耕种的耕地为 18.89 万亩,与 2001 年相比,减少 1.32% ;2003 年降为 18.51 亿亩,比 2002 年减少 3806.1 万亩,人均耕地由 1.47 亩降为 1.43 亩;2005 年降为 18.31 亿亩。土地撂荒及减少情况明显,严重影响着我国 18 亿亩耕种土地红线和国家粮食安全,而且这一状况短时还很难改变。

(二)农村环境及用水卫生问题

良好的饮用水和环境卫生是人类健康生存必需的基本条件之一。农村饮用水

安全与环境卫生状况是反映农村社会、经济发展和居民生活质量的重要标志。胡锦涛总书记对饮用水安全工作作出重要批示,强调"要把切实保护好饮用水水源,让群众喝上放心水作为首要任务"。目前,我国农村饮用水和环境卫生状况形势依然严峻。全国尚有 3 亿多农民没有饮用安全卫生水,无害化卫生厕所普及率只有 31%,大多数农村无污水处理设施,生产生活污水直接排放,生活垃圾没有规范的收集、清运、处理,农民不良生活方式和不卫生行为甚为普遍。这些既影响了农村的环境卫生质量,造成了部分地区传染病、地方病和人畜共患疾病的发生与流行,又阻碍了农村文明程度的提高。因此,改善农村饮用水和环境卫生设施状况是社会主义新农村建设的重要内容,是体现以人为本、构建和谐社会的必然要求,它关系到亿万农民身体健康。

(三)农民看病难,看病贵问题

我国有三分之二左右人口分布在农村地区,但是 80% 左右的卫生资源却集中在城市,城市卫生资源总量中又有 80% 以上集中在高等级医院。广大农村地区,尤其是欠发达农村地区与边远山区缺医少药现象仍然十分突出,由此导致农村农民看病难看病贵。2007 年政府在广大农村全面推行了新型农村合作医疗项目,在一定程度上缓解了农民的医疗负担。由于政府财政对乡镇卫生院的资金投入不多,造成农村公共卫生与预防保健工作基础薄弱,导致农村医疗水平和医疗资源相对城市明显落后。农民生病住院更倾向于在大城市的三甲医院治疗,从而造成医药费报销比率过低,报销程序复杂,所以农民看病难的问题在一定程度上依然存在。

(四)留守儿童教育问题

随着青壮年进城务工,留守儿童问题凸显。全国妇联近日发布《中国农村留守儿童、城乡流动儿童状况研究报告》中指出,中国农村留守儿童数量超过 6000 万,总体规模呈扩大趋势,全国流动儿童规模达 3581 万,数量也大幅度增长。根据《中国 2010 年第六次人口普查资料》样本数据推算,全国有农村留守儿童 6102.55 万,占农村儿童 37.7%,占全国儿童 21.88%,与 2005 年全国 1% 抽样调查估算数据相比,五年间全国农村留守儿童增加约 242 万。[①]

调查显示,6~11 岁和 12~14 岁的农村留守儿童在校比例分别为 96.49% 和 96.07%,表明他们绝大部分正在学校接受义务教育,农村留守学龄儿童义务教育总体状况良好,但部分中西部地区的农村留守儿童受教育状况相对较差。留守儿童在各地之间的分布很不均衡。其主要集中在四川、河南、安徽、广东、湖南等劳务输出大省。报告指出,单独居住的留守儿童占所有留守儿童的 3.37%,虽然这个比例不大,但由于农村留守儿童基数大,由此对应的单独居住的农村留守儿童高达 205.7 万。[②]如何让留守儿童受到良好的九年制义务教育,并解决其生活中的安全问题,以

---

①②　全国妇联课题组:《中国农村留守儿童、城乡流动儿童状况研究报告》,《中国妇运》2013 年第 6 期。

及成长过程中家庭关爱缺失的问题,需要我们付出更多的努力。

三、实现农村现代化的几个有利条件

(一)国家政策的高度关注

"三农"问题是我国历届党代会的重要议题,高层对推进农村现代化有了成熟和系统的认识,提出了建设社会主义新农村的整套思路,并出台了全方位的城市支持农村、工业反哺农业的政策,形成从上而下的强大推动力。

(二)全社会民众的普遍共识

从决策层对新农村建设的高调宣传,各类媒体对农村现状的深度报道可以看到社会大众凝聚了推进农村现代化建设的共识。而频频发生的食品安全、矿山安全等突出问题,更是将农村现代化建设的必要性推到一种新的高度。全社会的共识和支持,构成实现农村现代化的强大社会基础。

(三)农民群众的普遍期许

在城市化过程中,众多农民离开农村,走入城市,面对城市的种种优越和自己的诸多无奈,对建设现代化农村的愿望也与日俱增,毕竟一个现代化的农村才是农民的最好家园。所以农村的现代化建设是农民之所想所盼,拥有扎实的群众基础。

(四)国家财政给予的强大支撑

目前我国经济正处于一个稳定发展的阶段,社会拥有相对充足的资金,国家也相当安定,而且拥有改革开放 30 年发展形成的坚实物质基础,可以说拥有天时地利人和的一切,因此现在是一个发展农村的最好时期,农村现代化必将获得最后的成功。

四、农村现代化发展趋势

(一)从传统农业向现代农业发展,呈现规模化和科技化

现代农业与传统农业相比较最显著的区别是:生产的目的不同。现代农业生产的目的是为广大消费者提供农业商品,其所生产的绝大部分农产品都要进入市场进行商品交换,满足消费需求;传统农业一般满足生产者自给自足的需要,仅有少部分进入流通领域进行商品交换。在理论界,人们常用粮食商品率(25%,50%,75%,100%)这项指标来衡量传统农业向现代农业发展的不同阶段。随着现代农业高新科技和新兴大型农业机械的运用,如生物技术中植物遗传的控制与改良,大型联合收割机的使用等,农业生产的科技化和规模化相辅相成,共同形成我国当前农业现代化的核心目标。因此,小规模的农业生产已难以适应市场竞争的要求,在有条件的地方农业已开始向以社会化大生产和规模化、科技化为特征的现代农业转变。[①]

---

① 郑晔、佘欢:《农村现代化的发展趋势及其现实选择》,《社会科学研究》2009 年第 11 期。

(二)农民知识化、信息化、专业化

新一代的农民群体与老一辈的农民相比,他们对农业知识和相关专业技术的掌握和应用更广泛更深入。现代农民受教育程度普遍上升,甚至有许多大学生投身到有机农业和生态农业的生产建设中。现代化的农业基地和生态农庄不断涌现,农业专业技术培训已经成为最受农民欢迎的课程。随着网络和移动手机等先进的通信设备在农村新一代农民中的迅速应用,某些地区的一些农民已经利用互联网进行农产品的交易,甚至在淘宝上已经出现了专门销售农产品的网店。新生代的农民运用互联网学习农业技术、获取市场需求,使生产和销售更紧密地结合在一起。通过网络还可以帮助消费者实现农产品的定制,因此农村信息网络化成为我国农村现代化的必然趋势。

(三)农业向工厂化方向发展

所谓工厂化农业,是指在"农业生产车间"(塑料薄膜大棚、玻璃温室等)内,借用阳光或人工灯光进行不间断地农业生产。① 利用现代科技建成的"农业生产车间",汇集了信息技术、生物技术、新材料技术、自动化控制技术等先进的科学技术,对农作物的播种、灌溉、生长、施肥、温度等全过程自动化,是一种高水平的"种植工厂"。农业实现工厂化,可以生产出更多的反季节农产品,使外地蔬菜本土化成为可能,从根本上改变传统农业的生产模式。

(四)农民市民化和农村城镇化

农村城镇化的发展路径是自下而上的农村城镇化运动,其实质是统筹城乡发展。一般经历以下几个过程:传统农村、新农村、中心村、新集镇、小城镇、中心镇、小城市、中等城市、大城市。随着社会经济发展,城市近郊大量农村集体用地被国家征用,农民成为市民,农民住进了集中建设的农民新村,城中村成为城市的一部分。偏远地区的农民由于常年在城市打工,返乡后一般在县城或者乡镇买房定居,农民居住呈集中化趋势。

五、关于实现农村现代化几点思考

(一)合理安排财政支出结构和国民收入分配结构

进城务工是农民增收的最直接、最有效的途径,新一代的农民在城市以各种途径实现了就业。他们除了在工厂、工地做产业工人外,还广泛活跃在第三产业,比如经营小餐馆,在菜场租摊位卖菜,从事废品回收等各种各样的小生意。因此政府要对农民工从事的第三产业实行扶持政策,限制不合理的收费,切实改变重收费、轻服务的做法,帮助农民劳动致富。另外要下大力气解决拖欠克扣农民工工资、农民工劳动条件恶劣、工伤事故频繁发生等突出问题,实行最低工资制度,切实保障农民工

---

① 郑晔、佘欢:《农村现代化的发展趋势及其现实选择》,《社会科学研究》2009 年第 11 期。

的合法权益。国家财政要加大对农业基本建设的投资力度,加强农村农田水利建设,提高农业生产效率。要整合财政支农投入,改革政府财政支农资金管理体制,让支农专项资金落到实处,切实增加政府对"三农"资金的投入。要打破城乡"二元"结构,降低农民入城门槛,取消户籍限制,统筹兼顾农村和城市的共同建设,实现城乡协调发展。①

(二)构建现代农村产业体系

农村产业结构的合理化和高层次化是农村现代化的现实选择之一。目前广大农民还没有完全公平地纳入国家的养老保险社会保障体系,农民现有的退休养老金保障水平太低,有些地方60岁以上的农民每月的生活费只有55元,不足以保证最低的生活开支。在这种条件下,农民主要靠土地来维持基本生活,离开土地农民就没有基本的生活保障。因此以户为单位经营土地进行农业生产的模式相当普遍。农田被分割成很多小块,由每户独立耕种经营,农产品自给自足。因此,我国广大农村产业结构基本上以种植业为主,农产品加工业和第三产业发展落后,这与社会主义新农村建设的要求和经济的快速发展产生矛盾。因此,要通过加快建设优势农产品产业带,推进农业产业化、标准化和机械化,发展农村第二和第三产业,合理构建现代农业和农村产业体系。农村应根据各自不同的自然资源条件和传统生产习惯,变资源优势为经济优势,逐步实现优势农产品的区域化布局。通过专业化生产,形成当地的主导产品和支柱产业,比如赣南的脐橙、广昌的白莲,使农民从小而全的生产经营模式转向专业化合作的生产道路。同时利用好有限的农业资源,优化区域布局,优化调整产业结构,优化产品品种品质,提高农产品加工转化水平,提高农产品的附加值,科学合理高效地组织好农业生产,促进农业发展上台阶,使一、二、三产业保持合理的比例结构和发展速度。②

(三)提高农民综合素质,培养新型农民

目前发达国家80%的农业收益来源于先进的科学技术。因此农民素质的高低与农村现代化发展的程度息息相关。农民有文化就会去学习最新的生产技术与经营管理知识,提高自身竞争能力。现代科学技术和丰富的市场信息,把农民的生产经营与外部市场紧密联系起来,分散经营的农民通过产业化经营组织形式组织起来,实行专业化生产,实现了一体化经营。先进的科学技术还可以使农业生产在各类农场之间分工合作,对农产品生产实现产前、产中、产后的全程控制。运用科学高效的组织管理方式使农业资源合理流动,全面提高农业生产经营的总体效益。由此可见,农村人口素质的提高已成为提升现代生产力的最关键因素。提高我国现有农村劳动者的科技文化素质有以下几种形式:专项职业培训和短期技术培训,向农民讲授科学的种植、养殖和加工的方法,鼓励农民使用先进的农业生产工具等方面来

---

①② 王国敏、郑晔:《我国农业现代化的现实水平及战略选择》,《四川大学学报(哲学社会科学版)》2001年第11期。

提高农民综合素质。

我国农业生产始终坚持实施"科教兴农"的战略。从目前看要实现农业科技现代化，必须依托高新技术改造传统农业，通过生物技术、信息技术、农业工程技术与传统的优良农耕技术相结合，开拓新的现代农业产业和农业科技产业体系，延长农业产业链，实现技贸工农一体化、农科教一体化。在构建现代化农业技术体系时，应将常规现代科技与高新技术、农业科技创新与引进的工业技术等相结合，通过大量先进适用、综合配套技术的组织和推广，通过广泛运用高新技术替代传统技术并形成一大批农业高新技术产业，使农业生产和农业科技发生质的飞跃，使科技对农业增长的贡献率在本世纪中期达到 70% ~80%①。

（四）增加农民收入，建立健全农村医疗保障

实现农民增收是解决"三农"问题，建设社会主义新农村的核心目标。根据全面建设小康社会的目标要求，到 2020 年农民人均纯收入最低不能少于 6000 元，即每年的增长率不能低于 5%。目前农民增收的主要途径是外出打工，大批农民外出务工会造成许多社会问题，比如留守妇女儿童问题、老人赡养问题等等。让农民在家门口实现就业可以让农村老人老有所养，农村儿童在成长过程中有父母的陪伴，如何增加当地农民收入使农民不再背井离乡外出打工是各级政府急需解决的问题。在改革开放以前，全国农村实行社、队集体核算，中国农村合作医疗事业是统一的、规范化的模式。农村改革开放以后，由于农村各地区经济发展水平不平衡和农村经济结构发生了巨大变化，再要恢复、重建全国统一的农村合作医疗制度显然是很困难的也不现实。在这种条件下，国家虽然倡导恢复与推广农村合作医疗事业，但又难以实施统一的政策。因此自 80 年代以来，主要由各地结合自己的实际情况加以探索，从而形成了多种形式的农村合作医疗模式。目前农村合作医疗制度已经覆盖了广大农民，虽然合作医疗有着层次低、设施简陋等不足之处，但从过去数十年的实践来看，它在一定程度上避免了农民因病致贫因病返贫的现象。合作医疗不但为农民提供一般的门诊和初级住院服务，而且还承担着儿童计划免疫、计划生育、妇女孕产期保健、地方病疫情监测等任务。建立健全农村医疗保障，开展大病统筹，最终实现农村合作医疗与城镇居民医疗保障系统的并轨，实现全民医疗保险统筹。

（五）加强农村基层组织建设

农村基层组织的建设离不开高水平的人才队伍。当前实际情况是农村基层人才匮乏，素质需要提高，特别是在农村急需的教育、医疗卫生、农业技术等方面表现更为突出，有的地方已成为农村发展的瓶颈。国家适时对农村实行了"三支一扶"的政策，每年选派高校毕业生到农村基层支教、支农、支医和扶贫，为农村输送大批高素质人才。一批德才兼备的优秀学子到农村基层任职，在广大农村扎根，为农村基

---

① 王国敏、郑晔:《我国农业现代化的现实水平及战略选择》,《四川大学学报(哲学社会科学版)》2001年第11期。

层组织注入了新鲜的血液。实施"三支一扶"计划,有利于改善农村人才队伍结构,促进农村经济社会事业的发展。进一步完善和建立符合国情的农村基层治理机制,发展和完善党领导的村级民主自治机制,规范村级民主选举、民主决策、民主管理、民主监督程序。同时还要总结各地实践经验,因地制宜推广本村重大事项由村党支部提议、支委会和村委会联席会议商议、全村党员大会审议、村民代表会议或村民会议决议,以及决议公开、实施结果公开等做法。加强对村党支部、村委会换届选举的领导和指导,严肃查处拉票、贿选等行为,确保选举平稳有序,防范和制止利用宗教、宗族等势力干预农村公共事务。开展农村社区建设创建活动,加强服务设施建设,培育发展社区服务性、公益性、互助性社会组织。强化乡镇政府社会管理和公共服务职能,建立综合服务平台,有条件的乡镇要设立便民服务中心、村设立代办点,为农民提供一站式服务。

(六)发展资源节约型、环境友好型农业

实现农村资源环境现代化、农村现代化和农村经济的可持续发展,一个重要的基准就是注重合理利用自然资源和保持生态环境的平衡。长期以来由于生态平衡遭到破坏、水土流失相当严重,直接影响了农业资源的持续利用和现代化建设。同时,农业作为一种人与自然相互作用的独特产业,不仅追求产业利润,而且还要承担改善生态环境和保护自然资源的责任,尤其是在农村现代化实现过程中给生态环境带来一系列负面影响的情况下,农业应逐渐由单纯追求产业利润向"追求产业利润和提高生活质量相结合"的方向发展,将经济效益、生态效益和社会效益结合起来综合考虑农村现代化的战略选择。通过制定和实施可持续发展战略及相应的政策措施,大力发展生态农业和有机农业,积极采用高效安全的农业技术,科学使用化肥、农药,尽可能减少农业系统内部的污染程度,促进可再生资源的开发、利用和保护。同时加大水土流失的治理、土壤改良、沙漠化治理、草原的更新改造等,把农业生产的高产稳产与自然资源的合理利用、生态环境的保护结合起来。

六、结语

农村的现代化建设是我国实现全面小康社会和复兴中华民族,实现中国梦的一个重要举措。我国正处于经济发展和体制转型的关键时期,随着改革开放步入"深水区","三农"问题成为我国迈向发达国家行列的"瓶颈"。我们相信通过几代人的持续努力,发扬改革创新精神,继续坚持经济与环境协调发展的原则,积极转变经济发展方式,我国农村终将实现现代化建设的宏伟蓝图。

以城乡统筹发展推进农村现代化研究综述

李丽娜[①]

在我国现阶段,农村和城市都在发生着结构性的社会转变,农村正在从传统的农业社会向非农化生产发展,而城市正进入一个后工业时代,城市化发展已拉开结构型转变序幕。虽然,我国农村有了大幅度的发展,但是相对于城市来说,其发展速度还是落后的,城乡二元差别的加大成为我国农村发展与社会整体发展的阻碍。在这样的背景条件下,我国要取得城市和农村的整体发展,就必须缩小城乡二元差别,实现城乡统筹发展,这不仅是城市化推进的必要条件,也是我国建设社会主义新农村,实现农村现代化的必然选择。

一、城乡统筹发展相关理论

科学发展观是我国城市发展和农村建设的共同的指导思想和理念。胡锦涛同志在十七大报告中提出,在新的发展阶段继续全面建设小康社会、发展中国特色社会主义,必须坚持以邓小平理论和"三个代表"重要思想为指导,深入贯彻落实科学发展观。胡锦涛说,科学发展观,第一要义是发展,核心是以人为本,基本要求是全面协调可持续,根本方法是统筹兼顾。

科学发展观的灵魂是以人为本,城乡统筹发展的核心本质就要体现以人为本。科学发展观表现为坚持全面、协调、可持续的发展,而城乡统筹发展就要表现为全面、协调、可持续的发展。科学发展观是建设社会主义新农村的根本指针。把科学发展观贯彻落实到新农村建设中,应坚持以人为本,充分发挥农民群众的主体作用;坚持全面、协调、可持续发展,把农村建设作为一项系统工程来抓;坚持统筹兼顾,加大工业对农业、城市对农村的反哺和支持力度,建立新型城乡关系;切实转变工作作风,着力解决关系农民群众切身利益的突出问题,以新农村建设的实际成效取信于民。[②]

城乡协调发展是我国在新时期新形势下实践"五个统筹"的战略举措。"五个统筹",即统筹城乡发展、统筹区域发展、统筹经济社会发展、统筹人与自然和谐发展、统筹国内发展和对外开放。十六届三中全会的《决定》,根据科学发展观和建设

---

① 作者简介:李丽娜,女,江西省社会科学院《农业考古》编辑部编辑。

② 李军:《把科学发展观落实到新农村建设中》,《党建》2008 年第 1 期。

和谐社会的要求,把统筹城乡发展放在"五个统筹"之首。

二元结构的消除或向同质的一元结构转换是经济发展的必然。实现二元结构向一元结构转化的必然路径,必须具备两个条件:(1)现代工商业部分的扩大(高水平的新型城市化)。(2)传统农业和农村的改造(新农村建设)。

"推拉理论"是解释人口迁移原因的主要理论之一,1889 年,由英国学者雷文斯坦首次提出,主要内容:理论认为人口迁移存在两种动因,一是居住地存在着推动人口迁移的力量,二是迁入地存在吸引人口迁移的力量。两种力量的共同作用或单方作用导致了人口迁移,其中迁入地的吸引力比迁出地的推力更重要。"推拉理论"认为,在市场经济和人口自由流动的情况下,人口迁移和移民搬迁的原因是人们可以通过搬迁改善生活条件。于是,在流入地中那些使移民生活条件改善的因素就成为拉力,而流出地中那些不利的社会经济条件就成为推力,人口迁移就是在这两种力量的共同作用下完成的。然而,现阶段我国的劳动力转移过程中,流入地和流出地各自都有推和拉两种因素存在,即流入地和流出地都同时具有吸引和排斥两方面的作用力。城市化实际上就是农村人口不断迁移、积聚的过程,其基本原理在于推因和拉因共同作用。推拉理论用来解释新型城市化进程中城乡人口的迁移。

二、相关文献综述

1. 国外研究现状及趋势述评

二元结构理论是在第二次世界大战后对发展中国家一种经济现象的描述,不仅在发展中国家,在发达国家这种现象也是普遍存在的。"二元"一词通常是指发展中国家经济体系或社会体系的分化。最初是由伯克(Booke,1993)提出的,后来很多著名经济学家进一步研究并构造了二元经济结构模型。其中比较有影响的包括:刘易斯模型(1954);拉尼斯—费景汉模型(1961);乔根森模型(1967);拉克西特模型等。

二元结构模型由诺贝尔奖获得者刘易斯(W. Arthur Lewis, 1954)于 1954 年提出。这一模型将发展中国家经济划分为农业和工业两个部门,同时将经济发展的过程归结为经济结构转变的过程,即农业比重逐渐下降而工业比重上升的过程。刘易斯把农业部门看成是发展中国家传统生产部门的代表,认为传统农业部门的劳动者收入水平很低,一般只能维持自己和家庭的最低生活水平,农业劳动力的边际生产率几乎为零。而工业部门由于生产力水平较高,并且在持续扩张,其劳动力的边际生产率自然要比农业部门高,这就促使农村大量的剩余劳动力源源不断地从农村向城市输入。这一过程将一直延续到农村剩余劳动力被城市完全吸收,农村工资和城市工资趋向一致,城乡差别逐步消失,国民经济达到现代化。刘易斯二元经济模型的提出不仅对发展经济学的创立和发展中国家经济政策的制定产生了重要影响,也是此后许多人口城市化研究,尤其是通过乡城人口迁移而产生的人口城市化研究的重要理论基础。①

二元结构理论认为,二元结构反差的扩大实质上是工农业产品都遇到了有效需求不足的困难,使得工业上的先进生产力无从发挥,农业生产的提高缺乏推动力,导致城市失业和农业部门永远处于不发达状态,城市部门的经济扩张以牺牲农村地区为代价,导致农村地区不发达状况的恶化和不平等状态的强化。目前的研究认为,城乡关系的融合或者二元结构向一元结构的转换不会自动实现,必须通过政府干预才能达到结构转换的目的。

2. 国内研究现状及趋势述评

我国新农村建设的最早倡导者之一林毅夫(2001)认为,我国是一个农村人口众多的国家,有约 8 亿人口生活在农村,因此,要使我国经济取得发展,在促进城市发展的同时,也不能忽视我国农村的现代化。要遵循"以人为本"的发展理念,给予这 8 亿农村居民适当的现代生活条件,使他们享受到和城市同等的福利。虽然第三产业和不少现代生活的设施有相当大的规模经济,所以目前我国的发展最主要的是要靠一定规模的城市的发展,但是由于我国人口密度高,绝大多数地区内农村与城市之间距离较短。而随着摩托车、小汽车等现代交通工具价格的降低和普及,使得城乡之间的交通往返非常方便,农村的居民也可以很方便地到城市里消费第三产业提供的现代服务,从而使农村生活仍具有很大吸引力。所以,林毅夫提出,在几个超级城市和大城市外,形成星罗棋布的以中小城市为核心的城郊社区群,现有的农村变成中小城市的卫星社区很有可能成为未来我国城乡发展的模式。农村的现代化有利于缩小城乡差距,本来就是我们经济发展的应有之义。②

温铁军(2006)认为,仅仅是加快城市化的发展就想使"三农"问题也相应地得到解决是不太现实的。我们还要立足于现有的城乡二元结构,来解决稳定农村,改善农民的生活的问题。我们与发达国家最大的不同在于:土地仍不是完全私有的。任何一个发展中人口上亿的国家,都是因土地私有化导致农村出现大量赤贫农民,也同样导致大量的人成为流民,流入大城市,进入贫民窟的。这根本不是真正意义上的城市化,只不过是以空间平移了农村贫困人口进入城市。所以,不能简单地认为,只要加快了城市化,只要农民进了城,问题就解决了。因此,应该加快新农村建设的步伐,促进城乡经济的协调发展,而不能顾此失彼。③

何传启等完成的《中国现代化报告2006》建议,中国应从 2010 年起实施新型城市化战略,因为,在未来的五十年,中国将有 5 亿农民进入城市,然后又有 6 亿城市居民进入郊区,在一场超级"换血"中,实现以郊区化为主的新城市模式。

对于城市和农村发展的关系,大部分学者认为两者可以良性互动共同发展,如

①　赵永进:《河南省区域经济协调发展问题研究》,郑州大学硕士学位论文,2006 年。
②　林毅夫:《我国城市发展和农村现代化问题》,《政策》2002 年第 7 期。
③　温铁军:《立足现有的城乡二元结构解决三农问题》,《北京规划建设》2006 年第 3 期。

曾磊、雷军、鲁奇(2002)认为,近50年来,在社会生产力发展总体水平、国家发展战略以及复杂变化的国际形势影响下,我国国民经济的发展虽然取得了很大的成绩,但却并没有实现城乡社会经济协调、一体、均衡的发展,而是在城乡社会经济发展中形成了城乡相对隔离、自我循环的典型"二元结构"特征,严重影响了国民经济整体发展水平的提高和国家现代化目标的实现。曾磊认为,将整体关联性的系统概念引入中国城乡经济发展的研究中是十分必要的。因此,要实现城乡社会经济一体化的开放式的整体循环发展,而不是城乡社会经济各为一体、封闭式的循环发展,实现资源、经济、社会文化诸要素在城乡之间的自由流动和组合,从而提高各方面要素的利用效率,促进城乡两地整体国民经济的健康发展和国家现代化目标的实现,是我国当前乃至今后一段时间内的发展主题。①

李军、冉志(2004)认为,我国传统的工业化和城市化进程是一条最简单、迅速的城市化发展之路,是以"牺牲"农民、农村、农业的发展为一定代价的,主要以发展工业、充实城市为目的,是一条有悖于公平、均衡的道路,是非可持续的、全面的、协调的城市化发展战略。在当今文明时代,我们应该认识到传统城市化的弊端,致力于建设一个民主、法治的社会。后发达、后现代的国家曾经轻而易举并且立竿见影走过的道路,对于中国来说,显然已经没有了可搬照性,既不可能强制性地剥夺、驱赶农民,向海外大量移民也只能是一厢情愿,城市化的第一种路径选择已经被封死。出于文明、良知和正义,我们也不可能再作出这样"不文明"的选择。因此,和平渡让便成为加快推进城市化进程的唯一选择。我们现在应该考虑的是怎样通过合理的利益补偿,换取城市化的资源条件,允许、鼓励农民进城、留城,加快农业人口向城市转移的进程,而不是继续更多地向农村、农业、农民索取。②

党国英(2006)提出,像华西、南街这样的明星村,应该是农村城市化的榜样,而不是农村建设的榜样。农村建设是要解决以农业为主的区域如何改变落后面貌的问题。明星村是把自己的工业和农业捆绑在一起,直接实现了"以工补农"。而大部分农业村庄还是要借助国家的力量来间接地实现"以工补农"。这些村庄的发展最终要靠两个办法,一个是促进劳动力转移,让剩下的农民拥有更多的土地来实现一定程度的规模经营,另一个办法还是农民兼业。而目前,农民大部分的收入来源还主要是非农收入。因此,要提高农民的收入,就要让农民获得充分的兼业机会,这必须依赖国家的城市化和工业化,将是一个缓慢的过程。③

杨继瑞(2006)认为,我国新型城市化道路必须实现城乡一体化发展,必须突破二元经济结构的发展问题。我国农村幅员辽阔、人口众多,并且长期以来的城乡二

① 曾磊、雷军、鲁奇:《我国城乡关联度评价指标体系构建及区域比较分析》,《地理研究》2002 年第 6 期。
② 李军、冉志:《城市化,岂能一化了之——论城市化进程中对农民补偿的原则与机制》,《重庆工商大学学报(社会科学版)》2004 年第 8 期。
③ 党国英:《建设社会主义新农村华西南街模式能否被复制》,《中国三农》2006 年第 7(B)期。

元结构现状,使得中国的城市不得不从行政体制的层面把大面积农村纳入其管辖的范围。因此,抛开农村的城市化不仅会固化二元经济结构,而且城市本身的现代化也缺乏和谐的环境。统筹城乡经济社会发展,推进城乡一体化,是在新的历史条件下对城市化发展提出的更新、更高要求。城乡一体化是城市和农村实现有机结合,以城带乡、以乡促城,互为资源、互为市场、互为服务,达到城乡之间经济、社会、文化、生态协调发展的过程。①

杨世松(2008)认为,城乡统筹有利于农民就业和增加收入、节约土地、生态良好、与我国人口众多的国情相适应,是一种新型城市化的路子。随着科技的飞速发展,人类社会正在从传统的工业社会向知识社会、信息社会变迁,知识化、信息化、生态化、人性化已经成为时代发展的潮流。在这样的条件下,我国要实现城市化,决不能再走传统城市化的道路,而应以科学发展观和构建和谐社会思想为指导,走城乡统筹、有利于农民就业和增加收入、节约土地、生态良好、与我国人口众多的国情相适应的新型城市化的路子。这种新型城市化,不仅仅表现为农村人口向城市的集中,而更多地表现为实质内容的城市化,更多地表现为农村"就地城市化"。②

还有学者就城市化和新农村建设的问题对国外的做法进行研究,以提供可资借鉴的经验。如李水山(2007)研究了韩国新村运动的背景和社会特征。认为韩国"新村运动"是政府农村发展政策的一次大胆尝试。这一运动成为韩国农业和农村发展的强大动力,使韩国农村的经济、政治和精神领域都发生了重大变化。韩国为了实现农业农村发展,采取多种手段和措施来缩短城乡差距。从1970年的"新村培养运动"到1971年开始的"新村运动"无不体现了这样的特点,尤其是"新村运动"为农业农村的发展提供了强大的动力。"新村运动"的内容很多,它的第一任务是"农村启蒙",要使农民的精神面貌发生变化。第二个任务是"社会发展"。"社会发展"的目的是改造农民居住环境、缩小城乡之间的差距。第三个任务是"经济发展"。韩国做到了农村建设与城市建设的良好互动。由于我国的文化传统和经济发展水平与当时的韩国有很多相似之处,总结韩国新村运动的经验对于我国建设社会主义新农村具有重要的借鉴意义。③

高强、董启锦(2007)研究了印度尼西亚农村城市化进程、特点和问题。认为在印度尼西亚的城市化过程中,来自城市的拉力突出体现在城市对农村非传统产业的吸引,而非城市就业和收入方面的较好预期。农村土地集中迫使无地农民走向城市在印度尼西亚转向实行资本主义制度以后,农村土地占有关系发生了剧烈变化,私有化和自由买卖使得农村土地逐步向少数人手中集中,农村开始逐渐出现无地或少

① 杨继瑞:《中国新型城市化道路的探索与思考》,《高校理论战线》2006年第11期。
② 杨世松:《"就地城市化"是中国农民的伟大实践》,《理论月刊》2008年第7期。
③ 华兴顺:《韩国的"新村运动"及其对中国新农村建设的启示》,《当代世界与社会主义》2006年第6期。

地的农民。加之农业产品的比较优势下降,失去土地的农民在农村已无法寻到生计。他们开始向城市和农村非传统产业流动。印度尼西亚由于经济实力的原因,其城市化的质量令人担忧,而且地区之间发展不平衡的现象比较明显。印度尼西亚的城市化进程,有着发展中国家共性和特有的问题,是值得我国借鉴的。中国的城市化进程目前正处在快速推进阶段,在这一过程中,必须大力发展经济,以产业的持续发展来推动城市化进程,注意城市化的质量和均衡发展,重视政府在农村城市化进程中的宏观调控作用,探索出一条经济、高效的新型城市化推进道路。①

以上这些研究成果对我国推进城乡统筹发展有着很好的借鉴意义,我们应该在总结这些研究的基础上,寻求以城乡统筹推进农村现代化的更好的途径。

三、以城乡统筹发展推进农村现代化的途径

我国作为一个农业大国,一直以来都十分重视农村建设的发展。由于改革开放以来城市化的推进,国家的重点放在了城市的发展,形成了城乡二元结构,造成了一些"农村病"的产生。"农村病"主要指农村发展过程中形成的工业乡土化、农业副业化、务农人口"两栖化"、农村生态环境恶化等,致使耕地大量减少,农业严重萎缩、农民收入增长缓慢等。如果对农村发展的问题不引起足够的重视,未来城乡二元差别将进一步加大,农村和城市的差距也将越来越大,这将使农村永远无法摆脱对城市经济、技术、市场的依赖,农村在降低对城市化发展支持能力的同时陷入相对更加贫困的境地。依据"水桶效应"理论,制约发展的不是最长的木板(要素)而是最短的木板(要素),在社会整体发展中,城乡二元差别的加剧使农村成为制约发展的短板要素。因此,在统筹城乡发展的条件下实现农村现代化对我国的现实情况来说,是必要的也是必需的。

一是加大小城镇的建设力度。农村城市化是统筹城乡发展的重要手段。从各国城市化发展经验来看,促进农村城市化过程中,小城镇建设发挥着非常关键的作用。从我国农村现状看,实行农村城市化道路要注意两个问题,一是小城镇不能盲目模仿现有大城市;二是农村、小城市不能追求形式上、速度上的大城市化,从质量上进行城市化建设。

二是突破城乡二元分割,关注农村发展。传统城市化往往就城市而发展城市,把发展的视野局限于城市范围,因而极易强化城乡二元分割。新型城市化则强调突破城乡界限,跳出城市的圈子,更多关注农村发展,走城乡互促互进的道路,注重统筹城乡发展。我国新农村建设必须按照"生产发展、生活宽裕、乡风文明、村容整洁、管理民主"的要求,全面推进农村的经济、政治、文化、社会和党的建设,用统筹城乡经济社会发展取代城乡二元经济社会结构,关注农村的发展。

---

① 高强、董启锦:《印度尼西亚农村城市化进程、特点、问题与启示》,《世界农业》2006 年第 12 期。

三是强化农村土地整治工作。首先要明确农村土地整治的建设目标,规范推进农村土地整治工作,农田整治以开展基本农田建设、提高高产稳产基本农田比重为目标,将重点放在耕地质量的提升上,并规定整治后的耕地要及时划定为基本农田,实行永久保护。要将农田整治工作对象限定在村庄以外的广大农田,主要建设内容是田水路林等四大工程,重点是抓好基本农田建设和提高耕地质量。①

四是建立城乡一体的劳动力市场体系和社保体系。城乡统一的劳动力市场体系和社会保障体系是关键。如构建一体化的社会保障体系,把农民也纳入社保范围,消除附属在户口上的各种福利措施,这必然会使各种要素在城乡之间的流动能够更加顺畅。

五是拓宽农民的增收渠道。只有增加了农民的收入,才能真正缩小城乡收入差距。而要增加农民收入,首先必须巩固提高其经营性收入,实现主营收入大幅度提高。其次,扶持发展农产品加工业、休闲农业、乡村旅游和农村服务业等,增加农民的就业机会,提高其工资性收入。再次,可以鼓励农民优化种养结构、提高效益,逐步完善农产品市场体系和价格形成机制。最后,创造条件增加财产性收入,完善土地承包经营权流转服务机制,拓宽租金、股金、红利等财产性收入增长渠道。

六是增进农村的文化内涵。增进文化内涵是城乡协调发展的精神动力和智力支持。新农村建设,不仅包括经济、政治等方面的发展和完善,文化的因素也是不可或缺的。一个美好的新农村的画面,除了农业发展和农民增收以外,还应该有着浓郁的乡土气息。而乡土气息就是新农村建设的文化内涵和精神气质,是人与自然和谐共处,民风淳朴,老百姓安居乐业。只有增加了农村的文化内涵,我国新农村建设才是取得了真正意义上的成功。

---

① 《促进农业现代化和城乡统筹发展》,http://finance.sina.com.cn/roll/20110413/08079680009.shtml

试述我国小农经济传统下
发展农村合作经济组织的思路

王建平①

　　"三农"问题也就是农业、农村、农民问题。"三农"问题作为一个概念,其实是个现代概念,是由著名经济学家、农业专家温铁军博士于 1996 年首次提出来的,其后慢慢被外界认可;2000 年,时任湖北监利县棋盘乡党委书记的李昌平给国务院总理朱镕基上书,疾呼"农民真苦,农村真穷,农业真危险"。从 2001 年开始,"三农"问题的提法写入了文件,正式成为理论界和官方决策层引用的术语,中共中央于 2003年正式将"三农"问题写入工作报告。

　　长期以来,农民的经济组织化问题始终是人们关注的"三农"问题中的一个重点。发展农民合作经济组织,是深化农村经济体制改革、实现农业产业化、增加农民收入的客观要求,是统筹城乡发展,加快社会主义新农村建设的必然选择,更是构建现代农业、发展农村经济、全面建设小康社会的重大战略举措。

一、小农经济占我国农村经济的主导地位

　　作为一个现象,有关农业、农村和农民的问题先于"三农"问题这一概念早已存在,这是由我国的国情决定的。众所周知,长期以来我国都是小农经济占主体地位,个体小农经济,在中国封建社会延续了两千多年。这种以一夫一妻小家庭为单位的小农生产组织形式,作为封建农业经济的载体,无疑对中国经济的运行和社会的发展产生了深刻的影响。

　　自耕小农采取小农生产组织,是我国封建社会的重要阶层之一。由于拥有对土地的所有权和处理权。自耕农的这种自由小块土地所有制形式,实现了生产资料和劳动者的紧密结合,使劳动者得以直接支配必要劳动和剩余劳动。由于生产效益与劳动者的物质利益密切相关,因此封建时代的自耕农具有很高的生产主动性和创造性。

　　应该说,以自耕农出现为代表的小农经济体制在当时及以后相当长的一段时期内是历史的进步,无疑也有着极为积极的意义。由于农民土地可以私有,经营比较自主,人身依附关系较轻,因而比之西欧中世纪的农奴有较高的生产积极性,成为推

―――――――――――――――

①　作者简介:王建平,男,江西省社会科学院《农业考古》编辑部副主编。

动社会经济发展的强大动力。他们力图用增加劳动投入和改进技术的方法,争取小块土地上更高的产量,以维持一家老小的生计。中国传统农业以精耕细作著称于世,其特点是农艺水平和土地利用率很高,可以用较少的土地养活较多的人口,保证了中华古代文明持续而不间断的发展。它是中国古代农民的伟大创造,但其成型和发展则是与这种小农经济体制分不开的。

这种小农经济是以家庭为单位从事生产和消费,小农业与家庭工副业相结合、自给性生产与商品性生产相结合的经济体,它所能掌握的劳力资源和物质资源虽然有限,但利用比较充分和合理,具有很大的灵活性、适应性,能够在恶劣的社会环境和自然环境下顽强地生存下来。虽然不免贫困破产,但一俟条件稍有改善,小农经济马上重新展现其蓬勃的生机,支撑起中国历史上一个又一个辉煌的封建"盛世"。

即使到了新中国成立初期,这种以自给自足为最大特色的小农经济仍然呈现出了勃勃生机。只是随之而来的大规模的农业合作社运动,靠政府的力量急遽地把它压制住了,集体农业在随后的二十多年里占据了绝对的上风。到了1978年,党的十一届三中全会召开以后,农村实行经济体制改革,全面推行家庭联产承包责任制,个人付出与收入挂钩,使农民生产的积极性大增,解放了农村生产力。

小农经济下,农业生产以家庭为生产、生活的基本单位,讲究精耕细作,同时,注重农业和家庭手工业相结合,农民自己掌握了生产资料和生产工具,生产积极性得到提高。农民经营规模较小。在自己有限的土地上,只能努力致力于提高耕作技术,因此,精耕细作成为我国传统农业的突出特点。

时代在发展,社会在前进。近些年来,我国农村虽然不断受到市场经济的强烈冲击和影响,但小农经济占统治地位的局面却没有太大改变,单门独户的生产格局也基本没有改变。这种固化状态已经带来了一系列不利的日趋严重的经济后果,譬如农业经济难以实行规模化经营,现代化生产力难以被广泛采用,科技在农村的推广代价过大,整个农业生产的成本不降反升,农村第三产业和加工企业因没有农业生产的产业化、规模化作保障而难以大规模发展,自给自足的小生产者因能力、水平、效益所限,无法应对日益市场化的现代经济的冲击等等,结果一方面产生了农户个体销售农产品难的现象,另一方面又产生了社会大市场需求不足的现象。种种乱象表明,小农经济的改变是势在必行了。

二、培植和发展农村合作经济组织是农业生产的大势所趋

虽然说小农经济为特色的农村家庭联产承包责任制激发了农民的生产热情,也在一定程度上解放了生产力,特别是在全社会基本保障制度尚未建立和健全时,能为广大农民提供生存保障,在很大程度上避免了因贫困而对全社会产生的巨大冲击。但由于它只是维持了一家一户自给自足为主的生产模式,土地、劳动力等生产要素基本处于非商品状况,农业生产无法进行规模经营,不利于农产品商品率的提高和农村经济市场化的进程,因此,注定要成为我国农村经济体制改革深入开展的阻力。

小农经济的弊端随着经济的发展也日显突出:农民经营规模小,生产条件简陋,缺乏必要的积累和储备能力;自给自足,产品商品率较低,生产经营模式陈旧落伍,生产技术难以革新;单打独斗,抵御天灾人祸的能力薄弱。"小农户与大市场"的矛盾十分突出,具体体现在这些方面:(1)分散和独立的生产,已严重阻碍了生产要素的合理配置,比如资金的筹集、农业科技的推广、标准化生产、农业基础设施建设等。(2)因自身掌握市场资源、信息资源等极其有限,在不对称的价格关系中,承受极大的风险和压力,也最容易受到伤害。(3)随着农业市场的开放,还更大范围地面临着来自国际国内的巨大的压力和挑战。

为了有效地参与市场竞争,克服小农经济经营规模较小这一短板,现行农业生产必须进行制度创新。在这一背景下,有效地整合与配置土地、资金、信息、科技、劳动力等农业经营资源,形成有竞争力的各类农业合作组织,就成了当前农业和农民面临的必然选择,农村合作经济组织也就应运而生了。

出现农村合作经济组织的原因是多方面的,主要原因是:

(1)市场竞争的需要。由于小农经济下的农户经营规模比较小,在农业生产资料的采购和农产品的出售方面难以获得价格上的优势和实惠,为了降低成本,提高盈利,就需要通过合作制联合起来,借助外部交易规模的扩大来节约交易成本,提高在市场竞争中的地位,寻求规模经济。

(2)抵御各类风险的需要。在市场经济条件下,原先自给自足的农户,不可避免地要走向市场。在经济规律这只看不见的手的影响下,分散的农户面对变幻莫测的市场,风险骤增,加之农业是弱质产业,受自然灾害影响最为严重,农民单家独户无力抗御自然灾害。为了减少和避免市场与自然所带来的风险,农民迫切需要合作制。

(3)社会分工与专业化生产的需要。农业生产越专业化、商品化,就越要求进行各种形式的合作或联合。如果农业生产是建立在自给自足的自然经济基础之上,各个农户生产出来的农产品除了满足自给性需求外,基本上没有什么剩余,那么农户之间就没有实行合作的必要。只有在各个农户之间,出现相当的社会分工和专业化,生产的各个不同环节、阶段由不同的生产组织去完成的情况下,彼此之间才有合作的必要。

三、我国农村合作经济组织的发展现状

真正意义上的农村合作经济组织在我国的出现历史并不长,也就数十年的光景,这种合作经济组织与新中国成立初期的农业合作社有着本质的区别:解放之初的农业合作社,其本质是对生产资料进行改造,就是要改变生产资料所有制的性质,

把个人家庭所有变成集体所有,取消农民的财产权和身份自由,目的在于集体化、公有制,带有强烈的行政命令色彩。而新型农村合作经济组织,首先是农民自发组织起来的,是农民自己的组织,没有来自政府的行政干预,农民仍然具有生产经营自主权。其次,新型农村合作社遵循"入社自愿、退社自由"的原则。农民可以根据自己意愿加入一个或者多个合作社,也可以按照自己的意愿退出合作社。第三,新型合作经济组织没有改变生产资料所有制的性质,仍然是以家庭承包经营为基础。从这个意义上讲,合作经济与集体经济具有实质区别,合作经济的本质是交易的联合,它承认私人产权;而传统集体经济的本质特征是财产的合并,它否认私人产权。第四,合作经济组织是新的独立的市场主体,属于一种全新的经济组织形态。《中华人民共和国农民专业合作社法》也以法律的形式明确了合作社的市场主体地位,赋予了其法人的资格。

经过数十年的萌芽和发展,我国农村合作经济组织已呈现出良好的态势:

1. 规模粗具、分布广泛、多类型并存

调查表明,经过农村改革开放30年来的发展,中国部分省份和地区发展农村专业合作经济组织的数量规模不断扩大,农村合作经济组织的覆盖面扩大,呈现了逐步加快发展的态势(见表)①。据统计,截至2010年3月底,全国依法登记的合作社已超过27万家,并且呈现出产业门类日益增多、服务内容不断拓展、组织功能逐步完善、市场竞争能力逐步增强的良好发展态势。

表　2006 年我国各省合作经济组织发展情况

数列	省、区、直辖市	合作组织数目(个)	带动农户数(万户)	占总农户的百分比(%)
1	山东省	10752	412	20
2	江苏省	6862	330	22
3	浙江省	4608	245.42	27.7
4	广东省	1136	127.7	12
5	福建省	1700	59	8.7
6	河南省	8473	755	45
7	河北省	6590	660	45
8	北京市	1103	26.4	44
9	海南省	769	15.88	14.8

---

① 杨欢进、王剑:《我国农村经济合作组织发展中的问题与对策》,《经济论坛》2009年第8期。

续表

数列	省、区、直辖市	合作组织数目(个)	带动农户数(万户)	占总农户的百分比(%)
10	安徽省	5000	333	26
11	重庆市	5422	200	27.8
12	湖南省	7833	208.39	15.03
13	湖北省	4998	221	20.4
14	江西省	3639	99.2	12.2
15	四川省	9439	522.16	29
16	内蒙古自治区	3045	83.4	23.6
17	新疆维族自治区	1123	42.27	—
18	西藏自治区	248	3.03	—
19	甘肃省	4173	103.83	22.3
20	宁夏回族自治区	892	57	58.8
21	吉林省	4510	126	32.7
22	辽宁省	2821	126	18
23	黑龙江省	4807	71.4	15.1
24	青海省	350	10	9.1
25	云南省	2858	148.3	17.1
26	陕西省	9400	150	26
27	贵州省	2203	107.57	14.4
28	广西壮族自治区	1678	140	13.6
29	山西省	3850	74.9	11.8

从表中可以看出,农村合作经济组织基本覆盖全国,从经济发达的地方到经济落后的地方都有发展,中部最多,东部次之,西部最少。

据分析,目前农民合作组织中89%属于农产品专业组织,其余11%是服务类组织。在农产品类组织中,46%为养殖类(畜牧和水产),42%为蔬菜、水果等特色作物类,12%为粮食作物和棉花等一般经济作物类。农民合作组织的产品分布相对比较集中,最多的是生猪,占23%,其次是蔬菜,占12%,苹果、鸡、水产和茶叶分别占10%、8%、6%、6%左右。服务类组织主要是农机合作社(协会)、资金互助社和劳务协会等。①

2. 具有特色鲜明的内部治理结构

目前大部分农村合作经济组织都允许会员在符合协会规定的条件下自愿加入,自愿退出,基本能遵循"入社自愿,退社自由"的原则;大多数组织对普通农户、专业大户和技术能手、销售专业户加入协会没有限制,有一些协会限制地方政府官员和社会团体人员加入;农村合作经济组织的收益在会员中分配的方式中,按经过组织销售的产品数量分配组织收益的稍多,其余是按经由组织销售的产品价值和提供给组织的资金分配,两者比例比较接近;合作经济组织相对而言走上了规范操作之路,大部分出台了组织章程并能照此规范自身的行为。

3. 注重创设品牌

越来越多的农村合作经济组织在残酷的市场竞争中,认识到了品牌效应的重要性。以品牌为导向的农民专业合作社规模逐步扩大,农民专业合作社在生产经营上注重农产品质量标准体系建设,在营销上实施品牌策略,进行品牌销售,以提高自己的竞争力。

4. 存在的一些问题

在取得长足进步的同时,我国农村合作经济组织的建设还存在一些亟待解决的问题,譬如说,农民自主组织能力有待增强。目前,新型农村合作经济组织有一部分并非由农民发起,其内生性弱,在市场竞争中受到农业产业资本的挤压现象比较突出,而政府部门所一贯倡导的"公司加农户"的农业产业化模式,更是扶持助长了农业产业资本的力量而削弱了合作社的力量;农村合作经济组织内部治理不健全,合作基础比较薄弱。内部管理上流于形式,运作和管理随意性大,常常是牵头的农户或企业说了算,缺乏科学性和民主性,容易出现"遇好则合,遇险则散"的情况,这种不稳定性,制约了自身的发展;多数的新型农村合作经济组织规模偏小,功能和作用有限;农村合作经济组织的主体是农民,大多数自身综合素质不高,经营管理水平较低、服务手段滞后、适应市场经济的意识和能力不强遂成为常态。加上懂技术、善管理、市场开拓能力强的复合型人才比较缺乏,从而导致对政府及政府部门的依赖性增强,这也在很大程度上制约了农村专业合作性经济组织的创新与发展。

四、我国农村合作经济组织的主要模式

经过数十年的探索和运行,我国农村合作经济组织形成了几种主要的模式,大致可概括为政府主导型、能人主导型、公司主导型和专业合作社四种形式,有学者在

---

① 邓衡山、徐志刚、柳海燕:《中国农民专业合作经济组织发展现状及制约因素分析——基于全国7省760个村的大样本调查》,《现代经济探讨》2010年第8期。

此基础上,进一步总结出了五种各具风格的实践中的典型发展模式:①

(1)邯郸模式。其特点是"官民结合",由政府及有关涉农的技术经济部门选派少量骨干,与农民一起共同组织"农业服务协会"。按服务功能和产品类别不同,分别成立"综合农协"和"专业农协"。综合农协主要为农户解决产前、产中、产后服务,专业农协侧重围绕主导产品发展,办一体化经营的实体,为专业农户提供服务。

(2)莱阳模式。其特点是根据农业生产发展及农产品加工出口企业的需要,组织农民建立专业合作社。农民是兴办合作社的主体,同时发挥国营流通企业和农口服务部门以不同形式参与兴办合作社的作用。

(3)宁津模式。其特点是在培育农民组建比较规范的专业合作社上实行两步走的步骤,即:先以"农民合作协会"形式组织起来,作为初级阶段,经过一定时期的发展,再建立比较规范的专业合作社。

(4)安岳模式。其特点是以一种农产品为纽带,成立股份合作制的农村专业技术协会,实现劳动者的劳动联合和劳动者的资本联合。

(5)江山模式。其特点是农民联合起来办专业合作社,再由若干合作社联合起来办龙头加工企业,形成"农户 + 合作社 + 公司"的格局。这是由农民自愿组织起来办合作社的一种较好的模式。他们还以行业协会为纽带,把农户、合作社、加工企业、销售企业等多种经营主体联合起来,形成一个较大规模的现代农业的一体化经营体系。这种"公司 + 合作社 + 农户"很长一段时间都是政府极力推崇的引领农民致富的好方式。

五、国外发展农村合作经济组织的做法及给我们的启示

由于社会发展及所属自然条件的不同,世界各地发达国家(地区)的农业合作经济组织也存在着差异,但粗略划分,可分为地广人稀型和人多地少两种类型。对于我国来说更多的是关注后者。

地广人稀型的代表应是美国、加拿大、澳大利亚等。美国现在拥有世界上最发达的现代化农业,但在由小农经营阶段走向完全由大企业控制的农业现代化进程中,也遇到过许多问题,在这种情况下,美国选择了由农户组成合作社的办法。就其制度形式而言,是农场主自愿参加组织起来的非赢利机构,其经营目标不是获得合作组织的利润最大化,而是通过为其成员服务,使参加者从合作经营中获取最大利益。为鼓励成立合作组织,1922 年美国政府就专门立法,给予美国农场主法定基金,以便联合起来,组织和经营种植以外的业务,以改善种植业的收益,而这种联合不受反托拉斯法的约束。与欧洲的发达国家许多农业合作社类似,参加的农户绝大多数不是自给自足的农户,而是主要从事商品生产的专业农户。从经济角度上讲,

---

① 郑有贵、龙熹:《农村合作经济组织研究》,《古今农业》2003 年第 2 期。

这样的农户有内在的合作要求。从这点看,美国的农业合作社不须用行政推进,便能沿着经济轨道运行。

人多地少型的代表主要有日本、韩国以及我国的台湾等,共同特点都是土地零星分散,私人所有,小规模家庭经营。这三地农业之所以能够在相当程度上克服小生产的局限性,取得较大发展,就是与农民组织化分不开的。

我国台湾地区农会最早成立于1900年,台湾农民在土地规模较小的情况下,依靠农会提供的技术技能培训、生产资料供应、农产品全天候营销网络、信息、融资等周到细致的服务,以及"小地主、大佃户"的土地"代耕制度",劳动生产率仅1960年至1968年间就提高了4倍,至1999年底,台湾农会在组织农民、提供服务、对外投资中积累了30.7亿元的资金。

日本农协创建于1947年,现有3574个基层农协、47个县经济联合会、1个中央联合会,三级农协利用联合的力量,为农民提供营农指导,农业生产资料供应、农副产品贩卖、信用服务、农业保险、信息服务等服务。据了解,日本农民生产的农副产品80%以上是由农协销售,90%以上的农业生产资料是由农协提供的。

韩国农协是以1961年成立的综合农协为基础发展起来的,自70年代韩国经济高速增长后,基层单位农协(简称单位组合)迅速扩大。1981年中央农协、市(郡)组合、单位组合三级组织调整为中央农协和单位组合,进入21世纪,农协又与畜产、人参协会合并,运作机制自上而下,改为自下而上,并且增添了会员组合独立运作等运转机制。韩国农协接受农业部的业务指导,但不是上下隶属关系。20世纪60年代韩国经济政策的基本目标在于及早实现工业化。70年代工业腾飞后,工、农业发展严重失调,已制约成为经济发展的重要因素。为此,韩国政府和农业部门重点实施了以下4项中心工作:高产水稻新产品的培育及推广;保障化肥、农药等主要农资的供给;农产品价格保护;发展农村金融业。至70年代末,韩国被国际社会誉为实现了农业"绿色革命"。

结合这些国家和地区的做法,对发展我国农村的合作经济组织有着重要的借鉴作用。

1. 要协调理顺新型农民合作经济组织的管理体制和实体内部关系

一是在外部环境中相关职能部门要加强管理和扶持,逐步引导合作组织由小变大、由松散变紧密。二则必须在完善内部治理结构上下功夫。建立健全民主决策制度。制定并严格实施合作《章程》:制定财务管理、民主监督、经营决策等规章制度,并通过签订合同、协议、契约等,明确各自的权利和义务,规范各自的行为,始终坚持合作制原则,为社员提供信息、技术、生产、收购、加工、储藏、运输、销售等方面的服务,以市场为导向,利益共享、风险共担,真正办成"民办、民管、民受益"的新型合作经济组织。

2. 要加强政府扶持力度,营造良好的外部发展环境

支持合作社发展是政府的一项重要职能。农民专业合作社在发展壮大的过程

中,在资金、技术、人才、经营等诸多方面都会遇到自己难以解决的问题,需要各级政府和有关部门的支持。在财政、金融、税收、土地、工商管理、技术培训、宣传教育等方面给予积极的支持和扶助,以帮助其加强生产基础设施建设、技术引进、产品促销等。通过规范引导、政策扶持等途径,鼓励农民各类新型合作经济组织打破区域界限,实行优势叠加,联合抗御市场风险。

3.要扩大农村合作经济组织示范效应

虽然广大农民有搞好专业合作经济组织的需求和愿望,但缺乏必要的知识储备和行动能力,需要进行引导和帮助。因此,各级政府应该根据实际情况,在产业基础良好、农户经营专业化、市场化程度较高的地方继续开展培育与扶持工作。并通过典型引路,发挥示范作用,带动更多的农民合作经济组织规范化发展。

4.加强对新型农民经济合作组织的人才输入和培训

解决新型农民经济合作组织管理水平和效益低下的一个重要措施就是要提高组织管理人员的自身素质,尤其是对其管理能力、经营能力的提高。现阶段可以采取积极输送高素质人才的方法,补充新鲜血液。如创造条件,让选聘的优秀大学生村官直接参与当地的新型农民经济合作组织的内部管理;创新管理,让有意到合作社工作的科技、管理人才保留其原单位岗位。要积极探索并充分发挥基层党组织在发展新型农民经济合作组织中的作用,把农村基层党建和经济发展结合起来。同时要做好对相关人员的培训,不断提高他们的自身素质和经营管理能力,培养具有现代市场意识的管理者。

近些年以来,农产品价格极不稳定,透过"豆你玩"、"蒜你狠"、"姜你军"、"辣翻天"等暴涨暴落现象也可以看出,我国的农民合作经济组织建设任务仍然艰巨,路,依然很长。

论农业政策与增产增收

尧水根①

为了发展农村经济,新中国成立后出台了一系列农业政策,有些政策促进了农业农村经济发展,达到了理想效果,也有些政策由于违背了经济规律,并未达到促进农业增产和农民增收的目的,但农业政策与增产增收有着非常紧密的关系却是不容置疑。

一、新中国的农业政策解析

新中国成立后制定出台的一系列农业政策深刻地影响了农业和农村经济社会的发展。

一是土地改革政策。新中国成立后,如何发展经济成了摆在全党和全国人民面前的重要任务,其中发展农业和农村经济是重中之重。发展农业和农村经济关键是要解放土地生产力,继续完成和完善土地改革。为了达到这个目标,中国共产党和中华人民共和国政府制定了一系列的政策。如《中国人民政治协商会议共同纲领》(1949年9月通过)规定:要"有步骤地将封建半封建的土地所有制改变为农民的土地所有制"。中央人民政府于1950年6月28日颁布了《中华人民共和国土地改革法》,提出:"废除地主阶级封建剥削的土地所有制,实行农民的土地所有制,借以解放农村生产力,发展农业生产,为新中国的工业化开辟道路。"此后,中共中央、政务院分别颁布了《关于土地改革中应注意防"左"倾危险的指示》、《关于划分农村阶级成分的决定》等一系列的政策法规,保证了新解放区土地改革有领导、有步骤、有计划地展开。至1953年,国内大陆基本顺利地完成了中国历史上规模最大的土地改革运动,实行农民土地所有制,实现了"耕者有其田",将7亿亩土地分给了约3亿无地、少地的农民,极大地提高了土地生产力和农民的生产积极性,农业增产和农民增收得到大幅度加快。

二是农村集体化公有制政策。新中国建立后,人们的精神面貌有很大改观,急切尽快建立共同富裕的社会主义和共产主义。这种急切的心情表现在政策上就是开展农业合作化运动和人民公社化运动。农业合作化就是通过互相帮助和互相合

---

① 作者简介:尧水根,男,江西省社会科学院《农业考古》编辑部编审。

作,把以生产资料私有制为基础的个体农业经济,改造为以生产资料公有制为基础的农业合作经济的过程。1955 年 7 月 31 日,中共中央召开省、市、自治区党委书记会议。毛泽东在会议上作了《关于农业合作化问题》的报告,对党的农业合作化的理论和政策作了系统阐述,并对合作化的速度提出新的要求。10 月 4 日至 11 日,中共中央在北京召开七届六中全会,通过了《关于农业合作化问题的决议》,要求到 1958 年春在全国大多数地方基本上普及初级农业生产合作,实现半社会主义合作化。会后,农业合作化运动急速发展,仅 3 个月左右的时间就在全国基本实现了农业合作化,完成了由农民个体所有制到社会主义集体所有制的转变。"人民公社化运动"是现代中国历史上的一次重大的制度变革,它改变了传统的农村经济、政治组织相分离的局面,实现了政社合一。关于开展"人民公社化运动"的重要政策是《在农村建立人民公社问题的决议》,该决议是中共中央于 1958 年 8 月在北戴河会议上讨论通过的。决议对人民公社建立作了原则性的规定:公社的规模一般一乡一社,两千户左右为适合,有的地方根据需要可由数乡组成一社,六七千户左右,至于达到万户或两万户以上,也不要去反对;实行政社合一,乡党委就是社党委,乡人民委员会就是社务委员会;采用集体所有制,逐步向全民所有制过渡,实行按劳分配,准备向按需分配过渡;实行组织军事化、行动战斗化、生活集体化。在中国共产党的指导下,一场大办人民公社的运动迅速在中国农村展开。1958 年 10 月底,我国农村共建立人民公社 26576 个,参加的农户占总农户的 99.1%。为了保证公有化程度,社员的自留地、家畜、果树等收归集体所有,家庭副业、小商小贩以及集市贸易也被取消。另一方面,表现在分配制度上,大办公共食堂,吃饭不要钱,实行供给制。人民公社化运动的实质是试图通过生产关系的变革,在生产力尚不发达的农村建设平等、平均、公平合理的社会,通过人民公社早日过渡到共产主义。事实上,这只能是一种超越阶段的空想,违背了生产关系必须适应生产力发展水平这一客观规律,给中国带来了严重的后果。

三是改革开放以来的一系列农业政策。家庭联产承包责任制的农业政策是改革开放以来的一系列农业政策的基石。1978 年 12 月 18—22 日,中共十一届三中全会在北京举行。这次会议首次作出农村改革的决策。1979 年 1 月 11 日,中共中央将经过十一届三中全会原则通过的《中共中央关于加快农业发展若干问题的决定(草案)》(9 月 25—28 日,中共十一届四中全会讨论通过)印发各省、市、自治区讨论和试行。《决定》以调动广大农民群众的积极性为首要出发点,制定了包括建立生产责任制在内的发展农业的 25 条政策措施,强调要关心农民的物质利益,保证农民的民主权利,保护人民公社、生产大队和生产队的所有权和自主权,不允许无偿调用和占有生产队的劳动力、资金、产品和物资。明确提出社员自留地、自留畜、家庭副业和农村集市贸易,是社会主义经济的附属和补充,不能当作所谓资本主义尾巴去批判。由于认识的局限,当时仍然规定不许包产到户。《决定》的影响在于揭开了中国农村改革的序幕，开创了农村工作的新局面。1979 年 3 月 1 日，根据中共十一届三中全会提出的建议，国务院决定从 3 月份起，提高粮、棉、油、猪等 18 种主要农副产品的收购价格。其中粮食统购价格从夏粮上市起提高 20%，超购部分在这个基础上再加价 50%；18 种农副产品的收购价格平均提高 24.8%。这个措施使农民的收入得到大幅度增加，极大地调动了农民发展生产、交售农副产品的积极性。1980 年 9 月 14 日至 22 日，中共中央召开各省、市、自治区党委第一书记座谈会，着重讨论加强和完善农业生产责任制问题。9 月 27 日，中央印发这次会议的纪要《关于进一步加强和完善农业生产责任制的几个问题》（即 75 号文件）。纪要肯定了党的十一届三中全会以来各地建立的各种形式的农业生产责任制，同时指出：集体经济是我国农业向现代化前进的不可动摇的基础；加强和完善农业生产责任制，在不同的地方、不同的社队，要根据实际情况，采取各种不同形式，不可拘泥于一种模式，搞一刀切；在边远山区和贫困落后地区，长期"吃粮靠返销，生产靠贷款，生活靠救济"的生产队，可以包产到户，也可以包干到户，并在一个较长时间内稳定。这是联系群众，发展生产，解决温饱问题的一种必要的措施。它标志着中央对包产到户认识的重大突破，标志着中央在农村改革上由被动的适应、观望向主动调整政策、积极指导转变。1981 年 3 月 30 日中共中央、国务院转发国家农委《关于积极发展农村多种经营的报告》并发出通知。通知指出：只有继续坚持党的十一届三中全会以来确定的一系列方针、政策，尊重客观规律，真正信任和依靠亿万农民，精耕细作，因地制宜，合理利用和开发各种资源，大力发展商品经济，才能保证我国农业建设的正常进行。通知强调搞好多种经营是发展商品经济的关键环节。并指出：改善农村集体经济的管理办法，调整农业内部的生产结构，建立农工商综合经营的农业经济体制，都是我国经济建设中具有战略意义的问题，都是摆在全党面前的新课题。其影响在于促进了农村商品经济的发展和农村经济的繁荣。

1982 年 1 月 1 日，中共中央批转《全国农村工作会议纪要》（简称 1982 年中央一号文件）。《纪要》指出：目前，全国农村已有 90% 以上的生产队建立了不同形式的农业生产责任制，包括小段包工定额计酬，专业承包联产计酬，联产到劳，包产到户、到组，包干到户、到组，等等，都是社会主义集体经济的生产责任制，反映了亿万农民要求按照中国农村的实际状况来发展社会主义农业的强烈愿望。不论采取什么形式，只要群众不要求改变，就不要变动。各级党的领导应向干部和群众说明，我国农业必须坚持社会主义集体化的道路，土地等基本生产资料公有制是长期不变的，集体经济要建立生产责任制也是长期不变的。中央同意《纪要》的基本内容，指出：实践证明，党的十一届三中全会以来，我们的农村政策是正确的，农村经济近几年的变化、发展是令人鼓舞的。这是改革开放的首个专注"农业"的中央一号文件，对迅速推开的农村改革进行了总结，明确提出包产到户、包干到户或大包干"都是社会主义生产责任制"，同时还说明它"不同于合作化以前的小私有的个体经济，而是社会主义农业经济的组成部分"。它让中国的农民从计划经济,从人民公社体制的束缚下逐步地解脱出来。农民可以自主地支配劳动时间了,农民的生产积极性空前的高涨,农民收入迅速增长,从此以后,中国的农村,中国也进入了一个新的改革开放的阶段了。1983 年 1 月 2 日,中共中央印发题为《当前农村经济政策的若干问题》的文件(简称 1983 年中央一号文件,1982 年 12 月 31 日经政治局讨论通过),作为草案给各地试行。文件指出:党的十一届三中全会以来,我国农村发生了许多重大变化。其中,影响最深远的是,普遍实行了多种形式的农业生产责任制,而联产承包制又越来越成为主要形式。联产承包制是在党的领导下我国农民的伟大创造,是马克思主义农业合作化理论在我国实践中的新发展。联产承包责任制和各项农村政策的推行,打破了我国农业生产长期停滞不前的局面,促进了农业从自给半自给经济向着较大规模的商品生产转化,从传统农业向着现代农业转化。现在,方向已经明确,道路已经开通。其重要意义在进一步从理论上说明"家庭联产承包责任制"符合社会主义经济原则。1984 年 1 月 1 日,中共中央发出《关于 1984 年农村工作的通知》(简称 1984 年中央一号文件)。《通知》指出:1983 年 1 月发出的《当前农村经济政策的若干问题》,经过一年的试行,取得明显的成效,证明所提出的基本目标、方针、政策是正确的;中央决定作为今后一个时期内指导农村工作的正式文件,继续贯彻执行。1984 年农村工作的重点是:在稳定和完善生产责任制的基础上,提高生产水平,梳理流通渠道,发展商品生产。《通知》要求:土地承包期一般延长到十五年以上,以鼓励农民增加投资,培养地力,实行集约经营;生产周期长的和开发性的项目,如果树、林木、荒山、荒地等,承包期应当更长一些;制止对农民的不合理摊派,减轻农民的额外负担;农村工业适当集中于集镇;发展林牧渔业;加强农村工作的领导,提高干部的素质;加强农村思想政治工作和文化教育工作。16 日至 26 日,农牧渔业部召开全国农业工作会议,讨论如何贯彻落实《通知》精神,表示要用大胆探索、勇于改革的精神,巩固和完善联产承包责任制,迅速把主要精力转到抓好商品生产上来,使广大农民尽快富裕起来。1984 年全国农业取得增长 12.95% 的好成绩。1985 年 1 月 1 日,中共中央、国务院发布《关于进一步活跃农村经济的十项政策》的文件(简称 1985 年中央一号文件)。文件指出:打破集体经济中的"大锅饭"以后,农村的工作重点是,进一步改革农业管理体制,改革农产品统购派购制度,在国家计划指导下,扩大市场调节,使农业生产适应市场需要,促进农村产业结构的合理化,进一步把农村经济搞活。以这个文件为标志,我国农村开始了以改革农产品统购派购制度、调整产业结构为主要内容的第二步改革。这个文件被评价为在农村改革上迈出了相当勇敢的一步。文件取消了 30 年来农副产品统购派购的制度,对粮、棉等少数重要产品采取国家计划合同收购的新政策,更有利于农民发挥自主积极性和增加收入。农民负担减轻了实际上就是帮助农民增收。1986 年 1 月 1 日,中共中央、国务院发出《关于 1986 年农村工作的部署》(简称 1986 年中央一号文件)。文件指出:我国农村已开始走上有计划发展商品经济的轨道。农业和农村工业必须协调发展,把"无工不富"与"无农不稳"有机地结合起来。1986 年农村工作总的要求是:落实政策,深入改革,改善农业生产条件,组织产前产后服务,推动农村经济持续稳定协调发展。为达到这一总要求,必须进一步摆正农业在国民经济中的地位,坚定不移地把以农业为基础作为一个长期的战略方针;依靠科学,增加投入,保持农业稳定增长;深入进行农村经济改革;切实帮助贫困地区逐步改变面貌;加强和改进对农村工作的领导。文件肯定了农村改革的方针政策是正确的,必须继续贯彻执行。

1986 年 6 月 10 日,国务院办公厅转发《国务院贫困地区经济开发领导小组第一次全体会议纪要》。《纪要》指出:目前,全国仍有一部分地区生产条件很差,社会生产力发展缓慢,经济文化落后,部分农民的温饱问题尚未完全解决。各级党政领导部门必须下大的决心,争取在"七五"期间解决大多数贫困地区人民的温饱问题。并在这个基础上,使贫困地区初步形成依靠自身力量发展商品经济的能力,逐步摆脱贫困,走向富裕。这是特别关注贫困地区和贫困农民增收的政策,由此拉开了中国扶贫开发的序幕,并在未来的 20 多年中取得了巨大成就。

1994 年 2 月 28 日至 3 月 3 日,全国扶贫开发工作会议在北京召开。国务委员兼国务院扶贫开发工作领导小组组长陈俊生在会上宣布:国务院决定从今年起实施《国家八七扶贫攻坚计划》,力争在本世纪最后的 7 年内,基本解决目前全国 8000 万贫困人口的温饱问题。"八七扶贫攻坚计划"是我国历史上第一个有明确目标、明确对象、明确措施和明确期限的扶贫开发行动纲领。2001 年 6 月 13 日国务院发布《中国农村扶贫开发纲要(2001—2010)》。《纲要》包含:序言;奋斗目标;基本方针;对象与重点;内容和途径;政策保障;组织领导等部分。这是一个指导中国农村扶贫开发工作的纲领性文件,对中国期间 10 年及以后的扶贫开发都起重要的指导作用。

2004 年 1 月,针对近年来全国农民人均纯收入连续增长缓慢的情况,中央下发《中共中央国务院关于促进农民增加收入若干政策的意见》(2 月 8 日全文公布),成为改革开放以来中央的第六个"一号文件"。2004 年一号文件主要内容为:当前农业和农村发展中还存在着许多矛盾和问题,突出的是农民增收困难。全国农民人均纯收入连续多年增长缓慢,粮食主产区农民收入增长幅度低于全国平均水平,许多纯农户的收入持续徘徊甚至下降,城乡居民收入差距仍在不断扩大。文件提出了增加农民收入的九大措施:一、集中力量支持粮食主产区发展粮食产业,促进种粮农民增加收入;二、继续推进农业结构调整,挖掘农业内部增收潜力;三、发展农村二、三产业,拓宽农民增收渠道;四、改善农民进城就业环境,增加外出务工收入;五、发挥市场机制作用,搞活农产品流通;六、加强农村基础设施建设,为农民增收创造条件;七、深化农村改革,为农民增收减负提供体制保障;八、继续做好扶贫开发工作,解决农村贫困人口和受灾群众的生产生活困难;九、加强党对促进农民增收工作的领导,确保各项增收政策落到实处。这是时隔 18 年后中央再次把农业和农村问题作为中

央一号文件下发,也是新中国成立 55 年来中央首次就农民增收问题出台文件,充分
体现了党中央、国务院在新形势下把解决"三农"问题作为全党工作重中之重的战略
意图。这份一号文件的主旨非常突出,即促进农民增收,尤其是各项政策措施要更
多地向粮食主产区和种粮农民倾斜,主要内容共九大部分,表现四大主题。着重解
决农民增收中的两个难点和两个重点:粮食主产区种粮农民和贫困地区未解决温饱
及未稳定解决温饱的贫困农民;丰富了农民增收的具体途径;同时为农民增收创造
了好的环境和条件。2004 年一号文件中的"三项补贴"属于短期决策,当年就产生
了明显效果。但如果补贴增加过多,不仅财政负担加重,影响对农业综合生产能力
增加投资,而且可能因过分刺激粮食生产导致粮价骤跌,反而会导致更大幅度的粮
食生产波动。"两税减免"应该属于"中长期决策",既对减轻农民负担具有长远意
义,也对农村税收体制改革具有促进作用。而土地征用制度、粮食流通体制及农村
金融制度改革则属于"长期决策",若能进一步加大实施力度,则有更长远的意义。
2005 年 1 月 30 日新华社受权全文播发《中共中央国务院关于进一步加强农村工作
提高农业综合生产能力若干政策的意见》(即 2005 年中央一号文件)。《意见》强
调,加强农业基础,繁荣农村经济,必须继续采取综合措施。当前和今后一个时期,
要把加强农业基础设施建设,加快农业科技进步,提高农业综合生产能力,作为一项
重大而紧迫的战略任务,切实抓紧抓好。2006 年 2 月 21 日新华社受权播发《中共中
央国务院关于推进社会主义新农村建设的若干意见》。这份 2006 年中央一号文件
显示,中共十六届五中全会提出的建设社会主义新农村的重大历史任务,今年将迈
出有力的一步。文件指出,"十一五"时期(2006—2010)是社会主义新农村建设打
下坚实基础的关键时期,是推进现代农业建设迈出重大步伐的关键时期,是构建新
型工农城乡关系取得突破进展的关键时期,也是农村全面建设小康加速推进的关键
时期。这是 2004 年以来中国连续第三个以农业、农村和农民为主题的中央一号文
件,显示了中国领导人解决"三农"问题的决心。该一号文件的重要影响为:通过新
农村建设,比较快地改善了农村的基础设施和环境条件,提供相对良好的人际关系
和丰富的文化生活,从而使农民可以在农村安居乐业,同时,低成本地完成劳动力的
再生产。经过建设的新农村不仅可以为农民提供体面而有尊严的生活(相对于城市
贫民窟),而且可以为城市提供源源不断的廉价劳动力,从而使中国可能在一个不长
的时间突破现代化中可能出现的瓶颈,最终实现高水平的现代化。2007 年 1 月 29
日新华社受权全文播发《中共中央国务院关于积极发展现代农业扎实推进社会主义
新农村建设的若干意见》(2007 年中央一号文件)。《意见》指出,加强"三农"工作,
积极发展现代农业,扎实推进社会主义新农村建设,是全面落实科学发展观、构建社
会主义和谐社会的必然要求,是加快社会主义现代化建设的重大任务。《意见》强
调,建设现代农业的过程,就是改造传统农业、不断发展农村生产力的过程,就是转
变农业增长方式、促进农业又好又快发展的过程。必须把建设现代农业作为贯穿新

农村建设和现代化全过程的一项长期艰巨任务,切实抓紧抓好。2008 年 1 月 30 日,《中共中央国务院关于切实加强农业基础建设进一步促进农业发展农民增收的若干意见》下发,即改革开放以来中央第十个一号文件。文件分析了当时形势,认为:随着工业化、信息化、城镇化、市场化、国际化深入发展,农业和农村正经历着深刻变化。农业资源环境和市场约束增强,保障农产品供求平衡难度加大,要求加速转变农业发展方式。农产品贸易竞争加剧,促进优势农产品出口和适时适度调控进口难度加大,要求加快提升农业竞争力。农业比较效益下降,保持粮食稳定发展、农民持续增收难度加大,要求健全农业支持保护体系。农村生产要素外流加剧,缩小城乡差距难度加大,要求加大统筹城乡发展力度。农村社会结构深刻转型,兼顾各方利益和搞好社会管理难度加大,要求进一步完善乡村治理机制。全党必须深刻认识"三农"工作面临的新形势新任务,全面把握新机遇新挑战,增强做好"三农"工作的紧迫感,粮食安全的警钟要始终长鸣,巩固农业基础的弦要始终绷紧,解决好"三农"问题作为全党工作重中之重的要求要始终坚持。2009 年中央一号文件,即《中共中央、国务院关于 2009 年促进农业稳定发展农民持续增收的若干意见》,文件指出,当前,国际金融危机持续蔓延、世界经济增长明显减速,对农业农村发展的冲击不断显现。"2009 年可能是新世纪以来我国经济发展最为困难的一年,也是巩固发展农业农村好形势极为艰巨的一年。"文件包涵五部分:加大对农业的支持保护力度;稳定发展农业生产;强化现代农业物质支撑和服务体系;稳定完善农村基本经营制度;推进城乡经济社会发展一体化,重点突出农业发展与促进农民增收。文件强调,必须切实增强危机意识,充分估计困难,紧紧抓住机遇,果断采取措施,坚决防止粮食生产滑坡,坚决防止农民收入徘徊,确保农业稳定发展,确保农村社会安定。在对农业的支持政策方面,将大幅度提高政府土地出让收益、耕地占用税新增收入用于农业的比例,耕地占用税税率提高后新增收入全部用于农业,土地出让收入重点支持农业土地开发和农村基础设施建设。同时进一步增加补贴资金。增加对种粮农民直接补贴。2010 年中央一号文件,即《中共中央、国务院关于加大统筹城乡发展力度进一步夯实农业农村发展基础的若干意见》。文件对 2010 年农业农村工作的总体要求是:全面贯彻党的十七大和十七届三中、四中全会以及中央经济工作会议精神,高举中国特色社会主义伟大旗帜,以邓小平理论和"三个代表"重要思想为指导,深入贯彻落实科学发展观,把统筹城乡发展作为全面建设小康社会的根本要求,把改善农村民生作为调整国民收入分配格局的重要内容,把扩大农村需求作为拉动内需的关键举措,把发展现代农业作为转变经济发展方式的重大任务,把建设社会主义新农村和推进城镇化作为保持经济平稳较快发展的持久动力,按照稳粮保供给、增收惠民生、改革促统筹、强基增后劲的基本思路,毫不松懈地抓好农业农村工作,继续为改革发展稳定大局做出新的贡献。文件的主要内容为 :一是健全强农惠农政策体系,推动资源要素向农村配置。即继续加大国家对农业农村的投入力度;完善农业补贴制度和市场调控机制;提高农村金融服务质量和水平;积极引导社会资源投向农业农村;大力开拓农村市场。二是提高现代农业装备水平,促进农业发展方式转变。即稳定发展粮食等大宗农产品生产;推进菜篮子产品标准化生产;突出抓好水利基础设施建设;大力建设高标准农田;提高农业科技创新和推广能力;健全农产品市场体系;构筑牢固的生态安全屏障。三是加快改善农村民生,缩小城乡公共事业发展差距。即努力促进农民就业创业;提高农村教育卫生文化事业发展水平;提高农村社会保障水平;加强农村水电路气房建设;继续抓好扶贫开发工作。四是协调推进城乡改革,增强农业农村发展活力。即稳定和完善农村基本经营制度;有序推进农村土地管理制度改革;着力提高农业生产经营组织化程度;积极推进林业改革;继续深化农村综合改革;推进城镇化发展的制度创新;提高农业对外开放水平。五是加强农村基层组织建设,巩固党在农村的执政基础。即加强和改进农村基层党的建设;进一步完善符合国情的农村基层治理机制;切实维护农村社会稳定。2011 年中央一号文件,即《中共中央、国务院关于加快水利改革发展的决定》文件指出,水是生命之源、生产之要、生态之基。兴水利、除水害,事关人类生存、经济发展、社会进步,历来是治国安邦的大事。促进经济长期平稳较快发展和社会和谐稳定,夺取全面建设小康社会新胜利,必须下决心加快水利发展,切实增强水利支撑保障能力,实现水资源可持续利用。近年来我国频繁发生的严重水旱灾害,造成重大生命财产损失,暴露出农田水利等基础设施十分薄弱,必须大力加强水利建设。《决定》内容为:一是新形势下水利的战略地位。包括水利面临的新形势;新形势下水利的地位和作用。二是水利改革发展的指导思想、目标任务和基本原则。包括指导思想;目标任务;基本原则。三是突出加强农田水利等薄弱环节建设。包括大兴农田水利建设;加快中小河流治理和小型水库除险加固;抓紧解决工程性缺水问题;提高防汛抗旱应急能力;继续推进农村饮水安全建设。四是全面加快水利基础设施建设。包括继续实施大江大河治理;加强水资源配置工程建设;搞好水土保持和水生态保护;合理开发水能资源;强化水文气象和水利科技支撑。五是建立水利投入稳定增长机制。包括加大公共财政对水利的投入;加强对水利建设的金融支持;广泛吸引社会资金投资水利。六是实行最严格的水资源管理制度。包括建立用水总量控制制度;建立用水效率控制制度;建立水功能区限制纳污制度;建立水资源管理责任和考核制度。七是不断创新水利发展体制机制。包括完善水资源管理体制;加快水利工程建设和管理体制改革;健全基层水利服务体系;积极推进水价改革。八是切实加强对水利工作的领导。包括落实各级党委和政府责任;推进依法治水;加强水利队伍建设;动员全社会力量关心支持水利工作。2012 年中央一号文件为中共中央、国务院近日印发的《关于加快推进农业科技创新持续增强农产品供给保障能力的若干意见》。《意见》对 2012 年农业农村工作的总体要求是:全面贯彻党的十七大和十七届三中、四中、五中、六中全会以及中央经济工作会议精神,高举中国特色社会主义伟大旗帜，以邓小平理论和"三个代表"重要思想为指导，深入贯彻落实科学发展观，同步推进工业化、城镇化和农业现代化，围绕强科技保发展、强生产保供给、强民生保稳定，进一步加大强农惠农富农政策力度，奋力夺取农业好收成，合力促进农民较快增收，努力维护农村社会和谐稳定。文件内容为：一是加大投入强度和工作力度，持续推动农业稳定发展。包括毫不放松抓好粮食生产；狠抓"菜篮子"产品供给；加大农业投入和补贴力度；提升农村金融服务水平；稳定和完善农村土地政策。二是依靠科技创新驱动，引领支撑现代农业建设。包括明确农业科技创新方向；突出农业科技创新重点；完善农业科技创新机制；改善农业科技创新条件；着力抓好种业科技创新。三是提升农业技术推广能力，大力发展农业社会化服务。包括强化基层公益性农技推广服务；引导科研教育机构积极开展农技服务；培育和支持新型农业社会化服务组织。四是加强教育科技培训，全面造就新型农业农村人才队伍。包括振兴发展农业教育；加快培养农业科技人才；大力培训农村实用人才。五是改善设施装备条件，不断夯实农业发展物质基础。包括坚持不懈加强农田水利建设；加强高标准农田建设；加快农业机械化；搞好生态建设。六是提高市场流通效率，切实保障农产品稳定均衡供给。包括加强农产品流通设施建设；创新农产品流通方式；完善农产品市场调控。文件强调，各级党委和政府必须始终坚持把解决好"三农"问题作为重中之重，不断加强和改善对农业农村工作的领导，切实把各项政策措施落到实处，努力形成全社会关心支持"三农"的良好氛围。全面贯彻落实党的十七届六中全会精神，促进城乡文化一体化发展，增加农村文化服务总量，缩小城乡文化发展差距。加快推进社会主义新农村建设，切实保障和改善农村民生，大力发展农村公共事业，认真落实《中国农村扶贫开发纲要（2011—2020 年）》。推进以党组织为核心的农村基层组织建设，完善农村基层自治机制，健全农村法制，加强和创新农村社会管理，确保农村社会和谐稳定。

二、农业政策与增产增收的关系

毋庸置疑，农业政策对农业增产和农民增收有巨大的相关性，这在"1949—2012年我国农业总产值比较"表中可以得到充分的反映。

表1　1949—2012 年我国农业总产值比较

年份 （年）	农业总产值 （亿元）	比上年增长 （%）	年份 （年）	农业总产值 （亿元）	比上年增长 （%）
1949	326	—	1981	2181	13.4
1950	384	17.8	1982	2483	13.8
1951	420	9.4	1983	2750	10.8
1952	461	9.8	1984	3214	16.9

续：

年份 （年）	农业总产值 （亿元）	比上年增长 （%）	年份 （年）	农业总产值 （亿元）	比上年增长 （%）
1953	510	10.6	1985	3620	12.6
1954	535	4.9	1986	4013	10.9
1955	575	7.5	1987	4676	16.5
1956	610	6.1	1988	5865	25.4
1957	537	−12.0	1989	6535	11.4
1958	566	5.4	1990	7662	17.2
1959	497	−12.9	1991	8157	6.5
1960	457	−8.0	1992	9085	11.4
1961	559	22.3	1993	10996	21.0
1962	584	4.5	1994	15751	43.2
1963	642	9.9	1995	20341	29.1
1964	720	11.2	1996	22354	9.9
1965	833	15.7	1997	23788	6.4
1966	910	9.2	1998	24542	3.2
1967	924	1.5	1999	24519	−0.1
1968	928	0.4	2000	24916	1.6
1969	948	2.2	2001	26180	5.1
1970	1021	7.7	2002	27391	4.6
1971	1068	4.6	2003	29692	8.4
1972	1075	0.7	2004	36239	22.0
1973	1173	9.1	2005	39451	8.9
1974	1215	3.6	2006	40811	3.4
1975	1260	2.9	2007	48893	19.8
1976	1258	−0.2	2008	58002	18.6
1977	1253	−0.4	2009	60361	4.1
1978	1398	11.6	2010	69320	14.8
1979	1698	21.5	2011	81304	17.3
1980	1923	13.0	2012	89453	10.0

　　从表1看出，在1950—1953年土地制度改革的三四年间，"耕者有其田"的政策促进了农业增产和农民增收的大幅度加快。1950年为新中国成立后土地改革的第

一年,该年农业总产值比上年增长 17.8% ,紧接的 1951、1952 和 1953 年都达到或接近百分之十的增幅,分别为 9.4%、9.8% 和 10.6% 。这是解放土地生产力,调动农民生产积极性的充分体现。"大跃进"期间的 1958 年和 1960 年农业生产停滞不前甚至倒退。1958 年 5 月,中共八大二次会议,正式通过了"鼓足干劲、力争上游、多快好省地建设社会主义"的总路线。会议提出要使中国在 15 年或更短的时间内,在主要工业产品产量方面在十年内超过英国、十五年内赶上美国(所谓"超英赶美")。总路线提出后,党发动了"大跃进"运动。"大跃进"运动,在生产发展上追求高速度,以实现工农业生产高指标为目标。要求工农业主要产品的产量成倍、几倍、甚至几十倍地增长。毛泽东号召大家要破除迷信,解放思想,发扬敢想敢说敢干的精神。会后全国形成了全民大炼钢铁和人民公社化的高潮。"大跃进"运动在建设上追求大规模,提出了名目繁多的全党全民"大办""特办"的口号,例如,全党全民大炼钢铁,大办铁路,大办万头猪场,大办万鸡山。1958 年底,全国为满足毛泽东的意愿,把钢产量比 1957 年翻一番,提出"以钢为纲"的口号,号召全民炼钢。但由于技术不合规格,只是炼出大量的废铁,造成极大的浪费。炼钢需要铁矿、焦炭、燃料等材料。由于铁矿不足,于是全民不下田耕作,全都上山采矿,使粮食产量大减,还去把家里的铁器丢到炉火中,却炼成一个个的铁疙瘩。由于燃料不足,只好上山伐林,把一座又一座青山砍得光光,引发日后的天灾。尽管这条总路线的出发点是要尽快地改变我国经济文化落后的状况,但由于忽视了客观经济规律,实际上是阻碍甚至破坏了农业生产。如 1959 年和 1960 年的农业总产值都是负增长,分别为 -12.9% 和 -8.0% 。"大跃进"运动的教训是残酷的,其恶劣影响严重,"浮夸风"作为"大跃进"运动的症结之一,首先在当时造成了前所未有的浩劫就是大量农民的饿死;另一方面,"大跃进"之后的几十年直至现在,"浮夸风"的影子不时若隐若现,如一些党政领导为了追求政绩虚报数据就是其遗害的表现。

1967—1977 年是人民公社化运动的主要阶段,由于生产关系脱离了生产力的水平,最终导致生产力的停滞和倒退,产生了农民收入减少甚至大幅度降低的严重的后果。在这 10 年间就有 8 年的农业总产值比上年仅增长 1%—2% ,有的甚至是负增长,如 1976 年为 -0.2% ,1977 年为 -0.4% 。

从 1978 年到 1990 年,农业总产值比上年的增长都在 10% 以上,这是以家庭联产承包责任制为主的一系列农业政策的巨大效果。从 1979—2009 年农民人均纯收入的比较可以看出两个增长高峰期,第一个高峰期是 1979—1985 年,第二个高峰期是 2004—2009 年,它们分别与两个连续出台中央一号文件的时段高度吻合。1979—1985 年,农民人均纯收入几乎每年都以 10% 的速度迅速增长,这一时期农业生产年均增长速度为 10% 以上,粮食总量年均增长速度为 4.8% ,解决了 8 亿农民的温饱问题,城乡居民收入差距缩小。期间也正好是 20 世纪 80 年代 5 个中央一号文件连续出台时期,这 5 个中央一号文件具有两个显著特点:一是突出农村改革在于构建新的经济体制。推行家庭联产承包责任制,废除人民公社,突破计划经济模式,构建了适应发展社会主义市场经济要求的农村新经济体制框架。二是突出解放和发展农村生产力,繁荣农村商品经济。农村改革的根本目的是解放和发展生产力,发展农村商品经济,促进农业现代化,使农村繁荣富裕起来。推动农村商品经济发展和农民增收,中央一号文件功不可没。

20世纪80年代,农业生产力获得解放,农业产量和农民收入出现超常规增长,这是由于在5个中央一号文件等党和国家政策的指导下,两个主要的制度因素在起作用:一是以农民行为为主体的家庭联产承包责任制这一诱致性制度变迁,大大提高了农民的劳动积极性,促进了农业产量和农村剩余劳动产品的增长。更为关键的是,家庭联产承包责任制这种制度创新,使农民获得了对剩余劳动产品和劳动时间的支配权,而国家富民政策减少了工业对农业的提取量,使相当一部分农业剩余产品留在农民手中,加大了农民对非农产业投资的选择。二是以政府行为为主体的农产品价格调整这一强制性制度变迁,较大幅度地提高了农副产品收购价格。仅上述两项制度变迁就为农业生产带来了60%以上的增长,促进了农业大发展和农民的快速增收。

2004—2012年,农业总产值年平均增长也在10%以上,2004—2009年,农民人均纯收入每年都以6.2%以上的速度增长,期间也正好是新世纪中央一号文件连续出台时期。新世纪中央一号文件有以下特点:一是在战略决策上,体现了"统筹城乡发展"。新世纪6个中央一号文件的共性是统筹城乡发展,建立以工补农、以城带乡的长效机制,逐步解决"三农"问题,改变城乡二元经济结构。二是在指导方针上,体现了"多予、少取、放活",重点在"多予"上下功夫。调整国民收入分配结构,扩大公共财政覆盖农村的范围,加强政府对农村公共服务的投入。国家对农民实现了由"取"向"予"的重大转变。城市与农村经济之间的关系由"汲取型"向"反哺型"转变。三是在着力点上,体现了"改善农村民生"。切实解决农村民生问题,扎实推进社会主义新农村建设,将成为今后一个时期"三农"工作的"亮点"。如2004年一号文件对今后一个时期的农业和农村工作都将产生重大影响。一是农村税制改革取得了实质性突破,减免、取消农业税的各项改革有序推进,"皇粮国税"的历史正在加快改变。二是确立了"工业反哺农业"方略,促进农村发展的新突破。三是坚持人本改革观,促进城乡公平、协调发展的新突破。2010年中央一号文件再次提出"加大统筹城乡发展力度",同时提出要夯实农业农村发展基础,高度重视农村社会问题,提出了发展农业农村的软环境政策条件。2011年和2012年是在基础建设和科技支持的硬条件上给以农业发展政策支持。显然,农民的增收与农业政策密切相连,"多予、少取、放活"的方针和支农惠农的长效机制仍是当今和未来农民长期增收的政策保障。①

---

① 参考了1982—1986年和2004—2010年中央一号文件以及其他有关政策文件,同时参考了作者的相关文章。

广东农村结婚消费变迁研究

——以肇庆市高要 H 镇为例

李毅钊　赵　雯　左晓丽　向安强①

一、引言

改革开放三十年来，中国社会发生了巨大的变迁。无论是经济、政治，还是文化层面，作为婚姻文化重要组成部分的结婚消费也随之发生了很大改变。结婚消费作为家庭消费的一种，它的改变反映着农村家庭消费功能的变迁。同时，结婚消费作为农民结婚时的消费行为，必然会受到诸多婚姻行为规范的制约，反映一定的社会文化特征，而我国农民消费问题一直都备受关注，这些问题前人也做过不少研究②。自改革开放以来，农民的生活有了巨大的变化，但同时也存在很多问题。而农民的消费能力和消费倾向问题是农民问题的集中表现形式，随着国家经济的发展，到底这些年来农村的结婚消费内容和费用上发生了多少变化、什么变化？夫妻双方在结婚消费的变化上角色有什么发展变换？以及这些变化背后的因素到底是什么？前人的研究里，一般都是研究我国非广东地区比较多③，关于广东农村结婚消费的文献资料几乎没有，所以笔者希望在本文里讨论和探讨这些问题，通过对问题的分析和研究，得出广东省肇庆市农村结婚消费的一般规律和方向，也希望对以后有关广东省的农村结婚消费研究有所帮助。

---

①　作者简介：李毅钊，男，华南农业大学人文与法学学院硕士研究生。赵雯，女，华南农业大学公共管理学院社会学系 2013 届本科生。左晓丽，女，硕士，华南农业大学信息学院讲师。通讯作者向安强，男，硕士，华南农业大学公共管理学院社会学系教授，硕士生导师。

②　王红娜：《我国农村消费问题的研究》，首都经济贸易大学 2006 年版；费孝通：《江村经济——中国农民的生活》，商务印书馆 2001 年版；杨凌：《中国农村居民消费及其影响因素分析》，西北农林科技大学博士学位论文，2008 年；刘明：《中国农村居民消费状况分析——基于西方消费理论的实证检验》，《中国发展》2011 年第 11 卷（第 3 期），第 41—45 页；郑元敏：《广东农村居民消费行为研究》，《统计教育》2008 年第 12 期，第 46—50 页。

③　李景汉：《定县社会概况调查》，中国人民大学出版社 1986 年版；杨善华、沈崇麟：《城乡家庭市场经济与非农化背景下的变迁》，浙江人民出版社 2000 年版；张春艳、李凤英：《中国当代婚姻仪式及消费习俗的变迁》，《文化学刊》2009 年第 6 期，第 129—132 页；王小蕾：《当代农村家庭结婚高消费的社会学分析》，《江西金融职工大学学报》2006 年第 19 卷，第 114—115、141 页；陈创练、李艳军：《广东农村居民消费行为的实证分析》，《广东培正学院学报》2007 年第 7 卷（第 3 期），第 33—36 页；王宁：《消费社会学》，社会科学文献出版社 2001 年版。

二、调查地点及调查对象的概况

H 镇位于广东省高要市东南部,距高要市城区 20 多公里,全镇总面积 124.25 平方公里,有 3 万亩耕地和 9.8 万亩山地,辖 16 个村委会(33 个自然村)和 1 个社区,人口 2.5 万人,是高要市著名侨乡。近年来,全镇经济持续快速增长,社会各项事业全面进步,曾获得"全国婚育新风进万家活动先进乡镇"的称号。

本研究的调查对象选取已婚人士为访谈对象,主要是基于已婚人士有过相应的婚姻经历,对结婚消费的状况比较具有发言权。主要从调查对象的结婚年代、结婚总花费、结婚花费内容进行调查。所以调查对象分为三大类,分别选取 20 世纪 90 年代初结婚的,21 世纪初结婚的,以及 21 世纪 10 年代初结婚的人。

三、1990—2010 年 H 镇家庭结婚消费内容及分析

1. 农村结婚传统概况

肇庆地区风俗婚嫁历来被看重。古代《仪礼·士昏礼》所定的纳采、问名、纳吉、纳征、请期、亲迎六礼历经演变。婚前诸礼旧俗的定亲、行聘(过礼)、纳吉、请期(报日期)诸礼繁简不一,必行的有订婚、请期,以确定婚期、礼物和其他细节。旧习积重的还包括婚礼中的关键仪节,如裁衣、铺床、梳髻等等的"吉时"一一列出,具请柬贴、礼物送达女方,通称报期、报日,俗称"送日子"。在成婚"日子"之前一天、几天以至十天,有的地方还另择"吉日"举行"过礼",郑重其事地将礼金和龙凤礼饼、桂圆、槟榔等礼品送达女方。在正式成婚日子,全面致送聘礼,女方也全面随送嫁妆。新中国成立后以后逐渐删繁就简,一般有订婚、请期、结婚三个程序和婚后延续的礼节。80 年代以后,旧俗中某些仪节、形式有所复苏,特别是在农村,在操办婚事的时候,举行某些旧仪式、旧习俗。由此可见,其实农民们还是偏向于较为传统的结婚方式,旅行、集体婚礼等在农村还是少见的。尽管如今已经距离 20 世纪 80 年代三十多年,但本次的考察访谈显示,从 20 世纪 90 年代至今,H 镇的农民基本从未有过"旅行结婚"和"集体婚礼"的结婚模式,基本上是清一色的在村内祠堂办酒席作为婚礼的主要模式,只是可能各村各户在其他迎亲、拜天地等细节上略有不同。可见其实设宴招待亲戚朋友,是农村里最常见也被视为最必不可少的,以表示夫妻二人已经结婚的一种活动。

2. 20 世纪 90 年代,21 世纪 00 年代,21 世纪 10 年代相同的结婚消费项目的变迁

(1)婚宴

设宴招待一直是结婚消费最主要的部分,从访谈中得知,1990 年后的几年间,H 镇人结婚设婚宴的支出大约是 1000～3000 元之间,而 2000 年后的几年支出则为 20000～30000 元,到了 2010 年后至今,支出达到了 40000～50000 元(见图 1)。当然,婚宴的消费总额除了跟设宴的菜式有关以外,还跟设宴的席数有很大关系。设

的席数多了自然消费额也就会增长。但由于H镇各个村有自己设酒席的习俗,有的村习惯设三天的流水席,有的可能是只设三顿的流水席,所以总席数较难统计,在此就只讨论普遍情况下大概的消费支出。

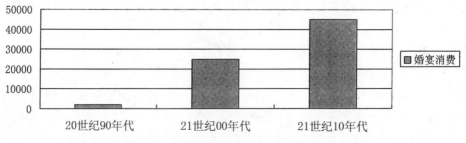

图1 H镇结婚婚宴消费条形图

（2）结婚服

20世纪90年代初结婚的受访者表示,当时的新婚服饰非常简单,可能当时大家还没受到那么多国外的风潮影响,购买或者租借婚纱并不常见,受访者表示"那个年代"新娘通常都是上百货公司或者哪里买一套全身大红的新衣服,就算是"婚纱"了,新郎则多数是买一件新的衬衣、一条新的西裤就算是新郎服了。而且,基本都是整个"婚礼"过程都穿着同一套衣服,不会换其他的服装,总花费大约为200～400元。

到了十年后的21世纪初,也就是2000年开始的往后几年,农村人的结婚消费已经跟十年前有了比较大的出入。首先最明显的一点,受访者明确表示他们当时已经十分流行,或者说是绝大部分的新人都会租借婚纱、新郎西服等,并且他们并不是只租借一套衣服,通常都会是2～3套,新娘服包括婚纱、旗袍,还可能有一套晚礼服,而新郎的服装则是跟新娘的相对应的,在这方面的支出一般是600～800元左右。

而到最近的几年,即2010年后,农村人的结婚消费则更是变化巨大了。如今的农村新人们会选择把婚纱和旗袍买下,因为他们认为"买下来比一天天租还划算",婚纱的价格为1000元一件左右,旗袍和新郎的西服会稍微便宜些,大约不到1000元。相比二十年前几百元的购买新婚服装费用,如今的服装支出翻了几番,达到2000～3000元。

（3）家具

20世纪90年代大部分的新人结婚都会有的是新婚大床和衣柜。在外面买一张普通的大床大约需要200～300元,而质量较好的则要500元甚至更多,衣柜的价格和大床基本相当。当时的人比较多的是家里自己做家具。自己做的家具相比在外购买价格更低,还有很多是有这方面能力的亲戚朋友相赠的。到今天,农村的新人也还是会选择大床和衣柜作为最首要的新婚家具。不过家具的价格也上升了不少,质量好点的床和柜子都要 1000～2000 元,更好的更贵,而比较差的或者特价的才会有 1000 元以下的。如今的农村人已经极少极少用自己做的家具了,即使有也可能是取个意头的小件家具,而不会是像大床、衣柜这种大型的、生活必需的家具。

（4）结婚摄影

有关结婚照片的方面,20 世纪 90 年代初受访者表示他们只是花了 68 块拍了几张结婚照,在婚宴之时则没有任何现场拍照的摄影、录像等等。结婚照跟记录婚礼基本上没有关系,总花费还不到 100 元。2000 年后 H 镇新人婚照片相对开始流行的是婚纱照,那个时期大多数的新人都会去拍一套的婚纱照或者艺术照以作纪念,但是婚礼现场的摄影录像则还是比较罕见,那时候的新人会自己用相机记录一下婚宴现场,但是很少有请专业的婚庆摄影公司来拍摄,所以具体的数额主要是参照婚纱照的消费,有高有低,与新人本身的家庭状况有极大的关系。如今关于结婚照片,结婚艺术照片几乎是所有新人都会拍的,只要家庭条件不是太差,价钱的差距也比较大,少则一两千,多则上万。至于婚宴现场拍照、录像更是已经发展成为常态,只要家庭条件过得去的新人,都会选择请婚庆公司帮忙记录婚宴现场的喜庆景象。当然,婚庆公司的收费也出入很大,最便宜的几百块,而最贵的则达到 7000 元左右。

购置或租赁新婚服饰、购置新婚家具、拍摄结婚照片是三个阶段的受访者都有的支出,只是随着时间的推移所支出的金额有所不同。单单从 1990 年至今的农村结婚消费都有的三项消费习惯看来,就已经有很大的变化。首先婚嫁的服饰从简单变得越来越隆重,数量和花式越来越多,自然投入的金钱也越来越多。而新婚家具方面虽然内容基本都没变,大床和衣柜成为一直以来最多人的优先选项,但是价格和来源都有了比较大变化,从以前的手工制作和几百块的礼品,演变到如今都是商场购买的上千元一件的商品。最后,三个年代都有的结婚照片,更是有了翻天覆地式的变化,从 68 元的简单结婚照,发展到了今天上千元购买婚庆摄影公司的婚宴全程拍摄服务,可见农民们也越来越注重对自己婚宴（或者说是婚礼）的记录了（见图 2）。

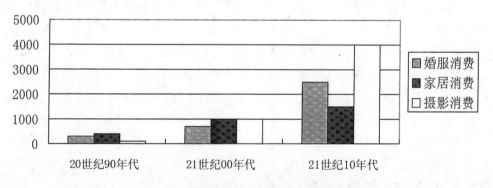

图 2　H 镇结婚婚服、家居、摄影消费条形图

与时下的消费情况对比看来，20 世纪 90 年代 H 镇的新人结婚的支出还不高，算是比较低的了。总花费才几千元（2000～3000 元左右），远不到万元的支出。

与十年前相比，2000 年后 H 镇新人的结婚消费总额已经上升到 20000～30000 元，几乎是 20 世纪 90 年代的 10 倍。不难推测，十年间 H 镇人的消费习惯发生了变化，在结婚上的经资金投入比从前多得多。

3. 20 世纪 90 年代，21 世纪 00 年代，21 世纪 10 年代改变的结婚消费项目

除了三个年代都有的婚服、家具和结婚照片，还有一些结婚的"必须项"是随着时间推移而发生了变化。

比如接亲的花车。1990 年附近结婚的农村人，他们那时候还没有"婚车"的概念，不管是同村的、附近村落的或者是村外的女性嫁入村里，基本都是自行到村里等着，"吉时"到了以后就正式开始拜天地、婚宴等程序。当时农村里没多少人有足够的钱拥有或者聘一辆专门的婚车，所以并不流行使用花车，大部分的农村婚礼都不包括花车接新娘这一程序。但是到了 2000 年以后，布置婚车并用婚车接亲已经成为普遍的婚礼消费。H 镇 2000 年普遍的装饰花车所需花费的总价大约为 200～300 元，但到了 2010 年后，跟花车相关的消费已经上升到数千元，具体数字大约是 2000～3000 元，是十年前的 10 倍。当然，对婚车的要求也随着时间推移不断提高，除了车本身的牌子要够响亮以外，婚车车身的装饰也越来越细致。2000 年左右的时候婚车装饰主要使用的装饰品是鲜花和塑料彩带花，而近几年的装饰品则层出不穷，鲜花、彩带、蕾丝、毛线球等等各种材质的饰品都被运用到了婚车的布置中，力求喜庆又独特。

除了接亲的花车在各个年代表现得不一样，还有一样消费是以前的农村婚礼所没有的，那就是婚宴现场的装饰布置。由于农村人结婚多数是在村里自家姓氏的宗祠设婚宴，所以在访谈中提到关于婚礼现场布置的问题，20 世纪 90 年代和 21 世纪初时间段的受访者均表示他们那时候基本没太多的饰品，基本上就是把宗祠的卫生搞好，然后在门楣、门框贴上大红的喜庆对联，还有在墙上以及其他适合的位置贴上"囍"字就算是布置好婚礼现场了。不过到了 2010 年后的最近几年，H 镇婚礼现场的布置则跟城市里在酒店设宴的布置有所相似，只要家庭经济条件支付得起，新人们通常都会花 1000～2000 元聘请专业的婚庆公司或者自己设计然后请工人回来帮忙布置婚礼的现场，比如会有铺红地毯让新人走进场的，有在宗祠的各处贴挂装饰品的等等。婚礼也即婚宴现场的布置，不再像从前那样单一地"贴红纸"了事。

结婚消费内容的日趋丰富和多样化，自然消费额也会随之增长。这一方面反映了 H 镇的农民在自我身份构建的需要及同一阶层的示范效应基础上，对于结婚越来越重视，程序、仪式、布置等都搞得越来越繁复隆重。另一方面也反映出 H 镇农民生活水平的提高，对于结婚消费有了更多的金钱投入。

4. 农村新婚夫妇在结婚消费中的角色变化

从访谈中不难得知，农村人如今筹办结婚事宜的支出大部分均有男方家里承

担,但是女方在嫁入男家之时一般都会携带一定数量的嫁妆。20世纪90年代的嫁妆可能是小电器一两件,而进入21世纪后嫁妆的价值和数量更是一路看涨,从十几年前的一辆摩托车到如今可能是一辆小车。由此可见农村人越来越重视新人婚礼之余,也可以看出女方家庭在结婚这一过程中扮演更为重要的角色。

20世纪90年代及以前,在新婚这一过程中新郎更多地扮演主动的角色,在新郎家进行婚礼,新郎家人操办起大部分跟结婚相关的事情——购买物资、布置好场地、做好拜天地的准备、甚至盖好新房等等,并且由于多数是男方家承担结婚的大部分甚至全部支出,自然在结婚这一过程中新郎便有更多的主动权和话事权。但随着时间推进,男女平等的概念日益深入人心,而且农民们的生活水平有了大大的提高,随着男方家庭不再承担结婚的大部分支出,女方家庭为了自己的女儿婚后的生活有所保证,也开始付出越来越大数额的嫁妆。这部分数额巨大的嫁妆,在一定程度上使女方家庭在结婚这一过程中获得了一定的话事权。因为尽管"主场优势"还是在新郎一方,但是由于资金的投入不再只有男方家庭,所以女方家庭作为这段婚姻的另一重要"投资者"便有了更多做决定的权利。

还有一项十分显著的变化就是,20世纪90年代新娘从家里带过来的嫁妆一般是能在婚后生活用上的实用物件,比如衣柜、自行车,经济条件好的可能有小家电等,而到了最近十年,嫁妆一般都已经转化为与实物等值的金钱。这说明新娘在结婚这一过程中的主动权变大了,并且她们的需求与感受开始被重视,因为她们不再需要依靠实物的存在来保证婚后的生活水平,这笔作为嫁妆的资金成为夫妻婚后共同的财产,对夫妻共同的生活起保障作用。

诚然,尽管新娘一方在结婚事项中有了更多的话事权,毕竟我国的传统观念以男权主义的"嫁鸡随鸡嫁狗随狗"为主,所以在实际情况中,婚姻过程中做主的大部分还是新郎一方。但是新娘不管是婚前还是婚后的权利相比以前都得到了更多的尊重并存在发展的空间,比如男方操办的婚礼需要征询女方的意见;夫妻婚后的生活不是只有女方扮演照顾家庭的角色;男女双方一同维持家庭的美满并且各自分别在外赚钱养家等,妻子一方不再是只留在家里为家庭服务而与外界基本不接触,而且不再是只有接受安排没法提出自己的意见的生活状况。

四、影响 H 镇结婚消费变迁的原因

1. 经济因素

从经济因素的角度来看,我国经济体制改革极大地促进了生产力的发展,增加了农村家庭的经济基础。随着时间的推进,农民的收入也有了很大的提高,当地农民的人均收入可以说是成几倍增收。由此我们可以得知,结婚消费水平的不断"水涨船高",其实我国经济迅速发展和人民生活水平提高也在其中产生巨大的作用,但这只是其中一个原因。结婚消费水平在一定程度上是遵循着经济发展和生活水平提高所规定的轨迹在变化。

(1) 农民收入提高

近年养殖、种植技术的改进,加上 2006 年全面取消了农业税,这些都使农民的收入增多,生活水平有所提高。农民收入的增加,消费能力的增强是结婚消费变迁的直接原因。近年来 H 镇的居民收入有了显著的增长,他们在解决了日常生活的基本温饱以后,还能有足够多的余钱投入去满足更高层次的生活需要。尽管笔者无法通过调查或者向官方索取得到近年 H 镇居民收入的增长数据,但是在访谈中,问到如今的结婚消费投入的变迁,当地人显然是最有体会的。当笔者问及为什么结婚消费会有如此大的变化时,有相当多的村民表示"近几年赚的钱多了,一生人一次,能做好点就弄好点咯""现在收入多了嘛,可以花的闲钱自然也多咯""一辈子就一次,现在给得起当然要给自己儿女一个风光的婚礼嘛"。由此可见,近年来农民的收入确实有所提高,并且提高的幅度足以支撑他们在改善生活水平满足生活需要以后投入更多到新人的婚礼去。他们的回答虽然各种各样,但有一点是相同的,那就是钱挣得多了,生活比以前富裕。农民经济收入的增长和国家经济政策的调整或稳定毫无疑问为其提供了物质保障,有了物质保障自然生活水平就会有质的提升,也能让他们除了基本的生活以外对物质生活和精神生活有更进一步的追求。

(2) 农村青年职业的改变

从前的农村村民多是世代相传地在村里以耕地、养殖牲口等为生,甚少外出务工。而且从前的进城务工农民毕竟还不是多数,可能只有少数通过读书、农民工进城热潮等契机进城务工。但是如今除了春节之外,到 H 镇接触到的大都是四五十岁以上的中老年人,年轻男女一般都外出打工(还有部分是读书成绩优异的出外上大学)。很明显,在外打工的收入比在家务农种田的收入要多,而且能走出家门,在城市里立足,也说明这个家庭及个人在当地农村具有相当的能力和社会关系。并且不难看出,如今的 H 镇年轻人已经越来越不情愿留在家中种田务农了,他们渴望到外面的世界去闯荡,实现独立和追求自己的梦想。当然,还为了在城市里工作相比农村能有更高的收入。

农村青年近年来的变化表现在两个方面:一是开始拥有独立人格。通过社会流动,青年在与社会互动过程中逐渐意识到自己的价值,并开始通过自己的能力追求自己的幸福,实现自己的理想。从某种程度上而言,因为农村青年在外获取的信息更多元化,他们会促进农村和城市之间的交流,也加快了落后农村城市化的进程。二是价值观念的变化。农村青年在进入城市工作以后,不再只是一味地追求实在、节省等传统农村人惯有的想法,他们变得更加注重结婚的象征意义和表面形式。他们想要得到一个更加"独特""难忘"的婚礼。在调查中,21 世纪后结婚的年轻夫妻或者未结婚的年轻人的想法,大多是比在农村的老一辈多赚了钱,结婚的时候就要像样些。"毕竟是出去过的人,在外面见识也不少,城里人结婚都是轿车、婚纱在豪华酒店里设宴什么的,我们不能和别人比,但回来结个婚起码不能太寒酸了。"但是20世纪90年代结婚的夫妻,则比较少有这样的想法。他们的婚礼大多数都是要求实实在在的,图个喜庆,并不追求过多的花哨装饰等。通过对比可见,职业的变动所带来的农村青年群体思想观念的变化也使得结婚消费在逐年上升。这种上升是由于农村青年进城务工后把城市里的新风气新观念带回到了自己的家乡,并通过自身的行为加以宣扬推广而产生的。

2. 家庭因素

家庭在社会中是最初级的群体,虽然一个家庭对于整个社会的影响显得十分小,但是结婚就是为了组成一个新的、独立的家庭,并且很多个小小的家庭组合成了社会,所以家庭因素对于农村社会结婚消费的影响也是不可忽视的。

20世纪90年代末结婚的一批人,大多数还不是计划生育年代出生的,所以他们大部分都不是独生子女,加上农村的经济条件落后,所以大部分的农村家庭根本无力给每个子女都办一个豪华的婚礼,每个子女能分到的可能只是为数不多的一笔资金,加上这笔钱还在一定程度上与子女婚后的生活相关,所以那时候的农村人结婚消费基本不可能太高。加上那时候结婚的新人,他们的父辈就是经历简朴、实在的婚礼走过来的,他们的父辈没有给他们留下更多关于婚礼的其他丰富或花哨的想法。家庭经济环境的限制和父辈思想的影响,让他们基本不可能办一个十分华丽的婚礼。但是到了21世纪以后,相当部分的农村新人可能是独生或者只有一个兄弟姐妹,家庭可以给予的结婚资助自然有所增多。年轻一辈与老一辈的思想有了交流和碰撞以后,通常都是长辈由于宠爱自己的孩子而任由年轻人自行安排处理。加之农民收入的增多,农村年轻人出外打工以后的经济和思想上的独立,都让他们更有资本也更有理由支付结婚的更高消费。

还有一个原因就是由于21世纪后H镇年轻人进城务工明显增多,所以伴侣不再局限于同镇、同村的人,有更多与外界的交流,对象也可能是外地人。各地结婚习俗的结合、伴侣的家庭经济状况等,都会对农村的结婚消费产生影响。在H镇内,如果伴侣是城里人嫁到农村里的话,那婚礼也必定会搞得更加隆重,因为城里人对待婚礼的态度本来就比农村的更多样化、繁复化,他们的家庭灌输给他们的思想会比农村里的更为重视结婚的形式、排场等等。

3. 社会文化

农村长久流传下来的关于婚嫁的习俗对农村人结婚消费有一定的影响。据被访者反映,H镇的人对结婚的一些礼数要求比较多,追求好意头,尤其是十几二十年前,当时思想仍没有那么开放,人们对结婚"吉利"的要求也特别多。比如要选个好彩头的日子,新婚二人要看生辰八字,出嫁也要选吉时等等。不过近年来随着思想的开放,农村人走向城市,外来文化的冲击也越来越多,所以尽管老一辈的农村人还是比较看重这些传统,但出于对年轻人尊重以及爱护,很多习俗已经被尽可能地简化,比如可能不再那么注重二人的生辰八字,选择方便亲友参加婚宴的吉日而不只是单纯的吉利日子等等。

随着传统习俗的日渐简化,取而代之的是城市的很多婚庆文化被加入到农村人的婚礼当中。比如上面提及的婚纱、花车、结婚照等等。农村与城市的交流日益增多,年轻人由于外出读书、打工等接触到越来越多的新信息,也会逐渐被外部的价值观影响乃至同化,故而他们在举行婚礼的时候就会受到很多城市文化的影响。资料显示,某些农村还有年轻人旅行结婚或者参加集体婚礼。但仅就 H 镇的情况来看,这些比较现代潮流的结婚方式还是极少数,因为即使到了 2010 年后,H 镇也基本都是在自己村里宗祠举行传统婚礼。

尽管传统的结婚习俗被简化可能使结婚消费有所减少,但是其实新结婚文化的冲击和加入使农村的结婚消费有了更为大幅度的增长,因为这些新鲜的婚庆文化其实有相当一部分是商家为了获取利益而推波助澜,新人们又通过交流互相仿效。加上本身城市人办婚礼就会更加讲究,投入的金钱更多,这在一定程度上也影响了农村人结婚时对经济支出的考量。

4. 国家政策

毫无疑问,20 世纪 80 年代推行的家庭联产承包责任制使农民的生产、生活有了很大的改变。农民的收入有所提高,但是也依然受制于国家的市场需求,所以导致部分农民开始出外务工。所以 20 世纪 90 年代结婚的农民,婚礼依然相对简朴,因为可用资金确实不多,即使是外出务工的农民也不见得收入会很高。不过 2006 年 1 月 1 日起国家全面取消农业税,这在很大程度上增加了农民的收入,尽管此时农民工进城已经十分普遍,但是这一政策使得依然在农村务农的农民收入有所提高,而出外务工的年轻人所要负担的家庭生活支出费用也相对减少。加上近年来,国家对农民工的帮扶政策有增加的趋势,农民工在城里的薪金、生活水平等都能得到更好的保障,所以他们自然有更多的钱能够投入婚礼。

此外国家推行计划生育政策,鼓励公民晚婚晚育。这基本阻止了农村人"多生孩子多有劳动力"的可能性,H 镇的大多数村民家里都是 2 个孩子,部分超生的也不会像几十年前十个八个孩子那么多。如此一来每个家庭的孩子少了,自然经济压力也相对降低,相应地每个孩子所能得到的结婚资助会相对更多,正如上文所说的,结婚消费的增多几乎是自然而然的。在 H 镇里,晚婚晚育政策对于自小在农村长大的年轻人而言并没有太多的影响,极少数还是留在村里的年轻人都相对较早结婚。但如果是进城生活的年轻人,受城里的思想以及国家这一政策的影响,他们一般都会比较晚婚。晚婚也让他们有更充裕的时间打拼自己的事业,然后积蓄更多的资金去组建家庭。这样一来,结婚的时候花钱也更有余地。

五、结语

通过对 20 世纪 90 年代,21 世纪 00 年代,以及 21 世纪 10 年代结婚的人群进行访谈和观察,大致了解这三个年代 H 镇的结婚消费内容、方式等,并且归纳出 H 镇结婚消费的变化状况。随着时间的推移,结婚消费的内容和形式以及功能发生了巨大变化,换句话讲,人们在缔结婚姻的过程中,是与社会的变迁相适应,他们的行为传达出新的信息。

从图 3 看,H 镇的农民新婚消费总趋势是越来越高的。婚宴的消费 2000 年后跟 1990 年左右相比几乎增长了十倍(由于数额差距太大影响其他消费项的变化对比,所以婚宴消费额并未列入图表中)。到了 2010 年后所有的结婚消费都有极大的提升尤其是结婚照、婚车和场地布置的费用,大大高于以往在这些方面的消费。婚服和家具的消费虽然相比其他四项提高的幅度不算特别大,但也确实有了很大的提升。可见其实近年来农村的结婚消费均呈现上升趋势,并且上升幅度并不少,农村人在结婚消费上可以花费的项目种类也越来越多。从总消费额看,在 H 镇三个年代的结婚消费支出大约为 2000～3000 元,3 万～4 万元,以及 9 万～10 万元。

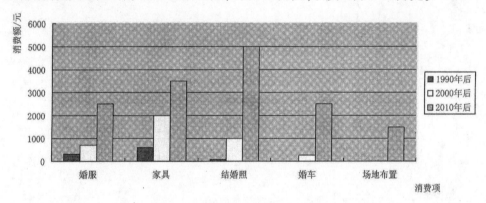

图 3　H 镇各项结婚消费条形总图

H 镇结婚消费的增多,除了受上述的经济、家庭、社会因素影响,还说明一个问题,我国的物价上扬速度已经十分快。在农村办一场婚礼,即便花样再怎么繁多,也不可能使总消费额在短短十年间上涨十倍。在当今社会,很可能人民的生活消费支出上涨速度甚至超过了他们的收入水平上涨的速度。所以即便是用在最平凡普通的事物上的花费,也可能是从前的数倍甚至数十倍。

而以 H 镇结婚消费的上升和花费项目的增多,看出农村人操办婚礼越来越多地与城市有所关联;农村与城市的交流明显增多了,这跟农村里的年轻人纷纷出外务工有很大关系。农村人习惯回乡办婚礼和设宴,即便是外出务工的或者是出外念书的,也都会回乡举办一场体面的婚宴。这其实是农村父辈对于儿女回到身旁的一种渴求表现。儿女尽管出外务工,经济独立了,但是仅靠他们自己的经济实力或许还不足以办一场体面的婚礼,所以需要回乡得到父母的资助,而父母在乡里的婚礼进行过程中,也满足了希望被他人知道自家孩子长大成人的心情。但是笔者在访谈中发现,大部分的农村年轻人只是回乡举办婚礼,婚后还是小两口回到城市居住和工作,甚少有回到村里生活的。这或许也是如今大多数的农村青年的想法,他们渴望到外面的精彩世界去创一番事业,希望自己独立,也希望能够享受更舒适的生活并追求更加体面的生活。

　　总体而言,导致 H 镇结婚消费产生变化(主要是消费额上升)的原因是多样并且复杂的,而其造成的影响也各不相同。消费的背后反映了人们生活水平的变化,对物质生活的需求、精神生活的需求呈现多元化、复杂化。笔者以高要市 H 镇所做的结婚消费研究只能是当时广东农村结婚消费实际情况的缩影,以个案事实为主要分析材料,因个案局限性,无法穷尽各种消费现象,希望能为进一步深入的研究分析提供依据。

论农业自然灾害救助机制与应对

尧水根①

　　中国处于不稳定的季风环流控制下,农业自然灾害发生危害异常严重。据统计,我国旱灾占 57%,水灾占 30%,风雹灾占 8%,霜冻灾占 5%。2008 年的南方冰冻雨雪灾害和 2010 年的西南五省市大干旱都是我国有史以来罕见的巨大农业自然灾害;2011 年我国北方又现严重旱情(新华网),至 2011 年 1 月 29 日,安徽 1600 余万亩小麦受旱,山东旱情已达特大干旱等级,北方多个省区干旱未见好转,山东、河北等地旱情已造成当地居民饮水困难。农业自然灾害对农民的打击太重了,对于直接的经济损失而言,受灾农民承担了主要损失,国家救灾占损失比重基本维持在 2%~3% 左右,因灾致贫甚至赤贫已经非常严重。这些重大农业自然灾害的频繁爆发给国家和农民带来巨大损失和灾难,对此任何暂时的应急和救助都非长远之计,尽快构建我国农业自然灾害救助长效机制已是我国的必破之题并且迫在眉睫。

一、农业自然灾害救助机制及研究概况

　　目前,我国农业自然灾害救助机制很不健全,国内有关农业自然灾害救助机制的研究也比较零散,且主要集中在农业自然灾害保险方面。

　　对于农业保险立法的思路,温铁军(2004)认为,农业保险立法应该对农业保险的主要性质和目标予以明确;高伟(2006)认为,要通过立法明确政府补贴是促进我国农业保险事业发展的重要保障。对于农业保险立法的目标,庹国柱、朱俊生(2007)认为,目前中国农业保险的立法目标是促进农业和农村经济发展,同时推进农村社会保障制度建设。关于农业保险立法的原则,多数学者(尹海文等,2006;谷政,2006;张春玲,2007;詹福乐,2007)都提出非营利原则、强制保险原则、政府扶持原则等。关于我国农业保险法律制度的构建研究,在具体内容的构想上大多过于简略,较少提出能够指导立法实践工作的具体设计。

　　在农业保险研究方面,聂峰研究了我国农业自然灾害保险救助问题②;田丽提出了我国农业巨灾保险制度的现实路径③;周惠萍、陈友兴研究了我国农业保险发

---

① 作者简介:尧水根,男,江西省社会科学院《农业考古》编辑部编审。
② 聂峰:《我国农业自然灾害保险救助问题研究》,《上海经济研究》2008 年第 4 期。
③ 田丽:《建立我国农业巨灾保险制度的现实路径选择》,《人文杂志》2010 年第 4 期。

展的可行性问题①;龙文军、温闽赟阐述了国家农业防灾救灾措施和农业保险经营管理机制,重点对两者的利弊进行了对比分析②;王祎、张川、肖坤阳研究了我国政策性农业保险发展的作用问题及措施③。所有这方面研究的主要观点可归纳为:一是我国农业自然灾害保险很落后。二是积极发展巨灾债券以分散自然灾害的风险。三是设立国家农业巨灾风险保障基金,用于应对农业巨灾可能对农业保险体系造成的毁灭性打击。四是建立自然灾害保险的再保险体系,以分散自然灾害的风险。这些观点基本上借鉴了国际上农业保险的经验做法,对我国农业保险有一定参考作用;但对于中国的现状而言,更需要尽快填补农业保险补偿率分析、我国的农业巨灾保险可行模式、我国政策性农业保险可行模式及经验总结等方面的研究空白。

有关农业自然灾害救助政府财政补贴研究的很少,且多限于提出问题和不足,深入研究的仍然空缺。祁毓在《我国自然灾害救助财政投入现状、问题及对策》④研究中指出,国家财政对自然灾害的救助只占灾害损失的 2% ~ 3%。董梁⑤认为,当前我国农业自然灾害国家财政救助的主体地位缺失,表现在:一是农业自然灾害财政救助投入少,如 2008 年只占 GDP 的 0.11%;二是各级政府财政投入责任不明确。

从一个完整体系层面研究农业自然灾害救助的更少,缺乏对农业保险、财政补贴及社会捐助在农业自然灾害救助中的准确定位与辩证关系的研究。崔佳在《农业自然灾害风险控制和补偿机制研究》⑥中提出,由于政府可供支配的社会资源有限,实际补偿水平与灾害的损失程度是不成比例的,政府对农业自然灾害的补偿作用主要是临时性和应急性的,政府主导的灾害救济普遍具有浓重的行政色彩且大都缺乏效率和流于形式。邢慧茹、陶建平对美国农业自然灾害救助体系进行了较详细的评价⑦,同时对中国农业自然灾害救助体系也有分析。

国外对农业自然灾害保险的研究较早也很系统。关于农业保险补贴的研究,Luz Maria Bassoco(1986)等人指出,一旦保费补贴低于保费的 2/3 时,农业保险就对生产者缺乏足够的吸引力。Siamwalla and Valdes(1998)通过运用消费者剩余和生产者剩余进行成本—收益分析后指出,如果对农业保险进行补贴的话,将会导致补贴成本大于福利总产出,使社会福利出现一个净损失,因此政府不应该对农业保险提供补贴。Glauber and Collin(2001)证明,政府的"特别灾害计划"会影响到农民参加农作物保险的积极性,农民参加农作物保险主要是为了得到政府客观的补贴所产

① 周惠萍、陈友兴:《我国农业保险发展的可行性分析》,《经济问题》2007 年第 11 期。
② 龙文军、温闽赟:《我国农业保险机制与农业防灾救灾措施及政策建议》,《农业现代化研究》2009 年第 2 期。
③ 王祎、张川、肖坤阳:《浅谈我国政策性农业保险发展》,《中国集体经济》2010 年第 8 期。
④ 祁毓:《我国自然灾害救助财政投入现状、问题及对策》,《地方财政研究》2008 年第 1 期。
⑤ 董梁:《中国自然灾害救助财政投入体制研究》,《经济研究导刊》2008 年第 15 期。
⑥ 崔佳:《农业自然灾害风险控制和补偿机制研究》,《农村经济》2006 年第 12 期。
⑦ 邢慧茹、陶建平:《美国农业自然灾害救助体系评价》,《农村经济》2009 年第 8 期。

生的预期利益而不是为了规避风险。关于农业保险中政府定位的研究,Mark Wenner 和 Diego Arias 认为,由于存在很高的管理成本、逆向选择和道德风险等问题,使得传统的农业保险计划无法维持,但政府的介入不能从根本上解决问题,保险的创新工具才是解决的最佳途径,创新工具包括利用资本市场的巨灾债券、保险期货、天气指数合同等。Jerry R. Skees 认为,如果把效率作为绩效的标准,世界上没有一个政策性的农业保险是成功的,因此,农业保险是否需要政府的介入是值得怀疑的。关于农业保险中的逆向选择和道德风险研究,美国学者 Wright and Hewitt(1990) 分析了保险人与被保险人在信息不对称条件下引起的道德风险和逆向选择问题。Reed(1986)、Yamauchi(1986)、Goodwin(1994)、Knight and Coble(1997) 指出,可以通过精心制定费率来解决逆向选择和道德风险问题(美国和加拿大的费率具体到农场,日本的费率具体到地块)。

国外很多国家的农业自然灾害救助早已进入了法制化和制度化的阶段。美国、日本、欧盟等发达国家都建立了一整套关于自然灾害危机管理的法规,如美国的《灾害救济法》,日本的《灾害对策基本法》等。美国为应对农业自然灾害,建立了完善的以农业保险为主的农业自然灾害救助体系,从价格和产量损失等方面对农场主的生产经营风险进行了分散。美国的农业自然灾害救助体系具有很强的法制性、科学性和系统性。

二、中国农业自然灾害应对措施

(一)制定完善农业自然灾害救助法律法规

当前中国制定和颁布实施了一系列有关减灾的法律、法规。20 世纪 80 年代以来,颁布了《中华人民共和国突发事件应对法》《中华人民共和国防震减灾法》《中华人民共和国防洪法》《中华人民共和国抗旱条例》《中华人民共和国防汛条例》《森林病虫害防治条例》等 30 多部防灾减灾或与防灾减灾密切相关的法律、法规。2007年 8 月,中国政府颁布《国家综合减灾"十一五"规划》,明确要求地方政府将减灾纳入当地经济社会发展规划。虽然这些法律、法规对防灾减灾起到了较好的作用,但应对灾害最关键和最重要的也是受灾人最迫切需要的是救助,遗憾的是目前我国所有的有关灾害的法律法规就是缺乏救助的法律法规。[①] 对农业自然灾害救助尚没有一部明确的、高级别的法规,也没有一部完整的涉及农业灾害救助的范围、灾害损失的评定、灾害损失补偿的申请、救助支付流程等全方位的农业自然灾害救助手册来规范灾害救助流程。虽然在最近出台了一个救助条例即自 2010 年 9 月 1 日起施行的中华人民共和国国务院令第 577 号——《自然灾害救助条例》,但这个条例对自然灾害救助是非常宏观的,它的具体指导也是有限的,因此尽快制定《中国农业自

---

① 尧水根:《中国农业自然灾害与古今救助》,《农业考古》2012 年第 4 期。

然灾害救助法》已是迫在眉睫。①

同时要加快制定《农业保险法》,重点发展农业自然灾害保险制度。农业保险制度的完善要注重区域经济发展的客观差异性,各地因地制宜,根据抗风险能力的不同和地区、保险对象的不同分别采取不同的保险手段。另外,还应当设计和开发符合当地农业风险和保障需要的保险产品、尝试研发新险种、建立农业保险补偿基金和再保险基金、建立合作保险社、互助保险基金和巨灾损失基金等。

在农业自然灾害救助的法律方面,美国有较好的借鉴作用。美国政府一般通过立法和规范的救助流程来保证农业自然灾害救助的有效实施。2007 年 5 月 25 日,当时的总统布什签署了 2007 法案,其救助覆盖了农作物损失、家畜和家禽、应急保护实践和奶牛损失。美国政府对每一项灾害救助都制定了规范性的文件(Handbook)以指导灾害救助,如农作物灾害救助手册包含 13 个部分 600 多页,囊括了接受援助的条件、单位损失的建立、合格面积、质量、农作物损失评估和农作物灾害申请、支付流程等。

(二)建立农业自然灾害财政救助机制

1. 确立国家财政对农业自然灾害救助的主体地位

当前我国农业自然灾害国家财政救助的主体地位空缺。表现在:一是农业自然灾害财政救助投入少。1986 年国家财政对农业自然灾害的救助资金占当年 GDP 的0.41%,1996 年降至 0.16%,1999 年有所回升,但仍未达到 1986 年的水平,仅为 0.31%。2004 年我国 GDP 达到 136515 亿元,而财政救助资金仅为 122 亿元,仅占GDP 的 0.089%,2008 年我国 GDP 达到 314045 亿元,而财政救助资金仅为 356.92亿元,仍然只占 GDP 的 0.11%,实际上是年四川汶川特大地震爆发,是我国历史上的巨灾年,因灾直接经济损失高达 13547.5 亿元,相比之下国家财政用于灾害的救助资金就是九牛一毛。对于直接的经济损失而言,受灾单位和个人承担了主要损失,国家救灾占损失比重基本维持在 2% ~3% 左右。二是各级政府财政投入责任不明确。自然灾害救助涉及的利益主体比较多,在不同的利益渠道下利益主体会做出不同的行为。作为中央政府,试图让地方政府在自然灾害的预警、防治中加大投入,以建立健全完善的预防机制,来减少自然灾害发生后中央财政专项救助的数额;而地方政府却往往将财政支出用于经济建设、教育、社会保障等方面。造成的结果就是当遇到重大自然灾害的时候需要中央财政拨出更多的资金来进行救助。这样的尴尬局面直接导致了自然灾害救助的不足和不及时。

2. 明确农业自然灾害财政救助机制的重点

一是通过立法明确中央和地方财政在自然灾害救助中的责任义务和主体地位,以及灾害救助资金占 GDP 的比例。根据辖区收益论的原则,全国性的或者大局部

---

① 尧水根:《中国农业自然灾害与古今救助》,《农业考古》2012 年第 4 期。

性的自然灾害应该坚持以中央财政支出为主、地方财政支出为辅的支出结构,而对于局部性的、地方性的自然灾害应该坚持以地方财政为主、中央财政为辅的支出结构;中央财政与地方财政应当共同承担起自然灾害救助的主体责任。根据国际经验,在工业化中后期阶段,政府财政救助资金至少应占 GDP 的 1.5%。二是建立灾害救助专项资金项目,明确界定划分中央与地方政府对灾害救助专项资金的管理权限,建立与财政收入体系相适应的灾害救助专项资金管理模式。鉴于自然灾害的财政支出较为分散,应该整合规范自然灾害救助财政支出,即按照支出的方向不同可划分为:预防支出和救助支出。并将其纳入日常性专项财政支出项目来进行管理,以确保自然灾害的防治和救助工作能够及时、有效的开展。长期以来中国中央和地方财政都没有安排防灾救灾专项资金,防灾救灾资金主要依靠国家拨款、动用政府行政首长预备资金和社会募捐资金办法来解决。这种财政支出结构存在着明显弊端,客观上加大了资金筹措和调度的难度,行政效率低,不利于防灾救灾工作的正常进行。要提高政府应对自然灾害的救助能力,各级政府就必须统筹安排财政支出,设立防灾救灾专项资金,确保在自然灾害降临时有足额资金应急调配,保证救灾工作的顺利进行。[1]

(三)建立和探索我国农业自然灾害救助保险机制

1. 我国农业保险发展现状与存在问题

我国的农业保险最早出现于 20 世纪 30 年代,后一度停办,1982 年逐渐恢复。此后,农业保险业务在中国人民保险公司和地方政府的努力推动下逐步发展起来,在 1992 年曾达到历史高峰。此后一路下滑,陷入了长期的萎缩状态。1985 年至 2006 年间,除两年农业保险实现微利外,20 年呈现亏损。2006 年农业保险保费收入达到 8.5 亿元,仍然低于 1992 年的数据。1982—2006 年农业保险保费总收入只有 96.9421 亿元,占同期财险保费收入 0.86%,占同期农业总产值(保险深度)0.0383%,2006 年保险密度不足 4 元。由于投保率低,保险报赔金额占损失总额的比例相当小,农业保险面对自然灾害损失的补偿作用微乎其微。以 2006 年为例,农业保险赔款只有 5.84 亿元,占直接损失的 0.23%。目前,从农业保险的供需主体看:由于农险的赔付率很高,因而保险公司规定了农作物的高保费,其费率一般在 10%左右,比家财、企财的损失率 1‰高出很多。高保费像一道门槛,将广大农户挡在了农业保险市场之外。我国目前农业保险制度存在的最为重要的问题是主体缺位,即缺乏政府主导型的保险供给和健全完善的保险运作法规制度和网络体系。[2]

从农业保险的需求主体看:目前保险业遇到的最大问题是资金酬集困难,即保险的有效需求不足。其原因一是农民的收入低。1998—2004 年我国城镇人均可支配收入年均增长 8.6%,同期农村居民人均纯收入增长 4.3%;从城乡居民收入比来

———————

① 尧水根:《中国农业自然灾害与古今救助》,《农业考古》2012 年第 4 期。

② 聂峰:《我国农业自然灾害保险救助问题研究》,《上海经济研究》2008 年第 4 期。

看,1998年为2.5：1,2004年为3.21：1,城乡收入进一步拉大。二是农民对保险的认知程度不高。由于宣传不到位,农民对保险知识缺乏了解,更谈不上参加保险,偶或有保险事项的,也心存侥幸心理,不愿保险。三是保险公司存在诚信经营的问题。如实理赔存在困难,加之保险理赔手续繁杂,即使一部分人虽有保险需求,但对保险不寄予多大希望,参加保险的积极性不高,动力不足。四是政策的有效扶持不足。

从保险产品的供给主体看：由于自然灾害频繁,在目前还没有建立起政策性农业保险机制的前提下,作为商业保险公司,从事农险的积极性不高,即农业保险有效供给不足。因为农业保险的风险非常之大,往往一次灾害会造成巨额的损失,保险公司根本无力赔付。再则,农业保险的服务对象是广大农户,按照商业化的运行模式,保险公司必须建立起自己的营销网络,一面是高成本运行,一面是低效益甚至经营亏损的业绩,这对于商业保险公司而言,那简直是一块烫手的山芋,谁都不想拿在手上。

2. 我国农业灾害保险发展主要模式

国外的农业保险模式按本质来说可分为两类：政策性农业保险模式和市场性农业保险模式（即政府扶持的商业性农业保险模式）。前者由政府直接建立保险公司经营农业保险;后者由商业保险公司来经营农业保险,政府提供一定的财政补贴、税收优惠和技术支持等。两者各有利弊：政策性农业保险的优势在于政策性是其最大的特点,有利于贯彻国家农业保护政策,制定和执行农业保险政策,在全社会范围内筹集农业保险基金,实施农业灾害的预防和救助,执行灾后损失的评估和理赔,尤其适合经济比较落后、农民平均收入较低的中西部地区;但政府成立保险公司及其分支机构将导致固定投资和费用开支十分庞大,供给与需求、成本与价格的关系被割裂,从而运转成本高、效率低。政府扶持的商业性农业保险,可以充分利用保险公司现有资源,降低经营费用,同时,政府只对损失较大、受灾面较广的灾害事故提供补贴,经营上仍由保险公司按商业化模式经营,从而保险公司有防灾防损、按商业规则展业理赔的激励;但过于追求利益最大化,可能出现对某些险种不愿意承保、对经济欠发达地区的农民保护不足的现象。孰优孰劣,还得视具体情形而定。①

根据我国的特情,笔者认为,由政府直接建立保险公司经营农业保险会大大增加成本,甚至政企不分和产生腐败;故我国宜大力推进由商业保险公司来经营农业保险,同时探索引进基金、证券等非传统风险转移方式分散农业巨灾风险的新途径,推动我国农业自然灾害保险救助机制的建立。

一要建立健全我国的农业保险相关法规,把我国的农业保险纳入法制化轨道。国家应尽快制定《农业保险法》,以法律的形式规范农业保险的经营主体、参与主体、收益主体的权利与义务关系,明确政府在开展农业保险中应发挥的作用和职能。

---

① 聂峰:《我国农业自然灾害保险救助问题研究》,《上海经济研究》2008年第4期。

二要积极发展巨灾债券以分散自然灾害的风险。巨灾债券作为一种保险市场和证券市场融合的新兴产物,为我国开展巨灾保险提供了一条新思路,它给保险公司提供了一种有效的巨灾风险管理手段,有助于提高保险公司承保巨灾业务的积极性和承保能力,降低自然灾害对我国国民经济和人民生活的不利影响。巨灾债券类似于公司债券或政府债券,投资者将资金贷放给债券发行人(通常是保险公司),从而取得息票形式的利息和最终返还本金的请求权。但巨灾债券本金的返还与否取决于特定事件的发生。若发生债券预先规定的巨灾,债券发行人向投资者偿付本金或利息的义务则可部分乃至全部被免除,债券发行人(保险人)将运用该笔资金进行理赔。

三要设立国家农业巨灾风险保障基金,用于应对农业巨灾可能对农业保险体系造成的毁灭性打击。在我国最脆弱最需要保险的是农村经济,最缺乏保险保障的也恰恰是农村。由于我国不仅是一个农业大国,而且也是一个农业灾害频繁、农业灾害损失严重的国家,必须由政府、国内外慈善基金组织、保险公司及行业协会牵头组成国家农业灾害保险基金,地方上分层次建立各级农业灾害保险基金,保证广泛调剂使用农业风险基金,同时,国家对地方的巨灾保险基金给予适当的财政补贴并指定专门机构对基金进行严格的集中管理,以此增强农民防范自然灾害的能力,切实降低灾害给农村可能带来的不利影响。

四要建立自然灾害保险的再保险体系。一方面引进资金实力雄厚、业务技术精湛、经营经验丰富的国际知名再保险公司和组织进一步开放保险市场;另一种借鉴发达国家再保险的经验,大力发展不同层次的再保险公司,活跃再保险市场,便利再保险交易;第三,设立国家再保险公司,以分散自然灾害的风险。要运用再保险机制对分散的各类保险组织实行联网,层层分保,以突破基层保险组织的界限,形成上下贯通、多层联防的比较完备的自然灾害保险体系。①

(四)建立减灾的社会参与机制

"如何减轻灾害的社会后果"越来越引起学者重视,克雷普斯在《美国社会学年评》上撰写的灾害社会学研究综述中,特别强调灾害的定义里必须包含灾害对社会及其子单位(如社区)正常实施功能所带来的扰动,灾害的成因与结果都与社会结构与社会运行密不可分。卡斯佩松等指出,风险和灾害存在着一种"社会放大"的可能性。当前我国农业自然灾害对农村社会和谐稳定的影响到了必须高度重视的时候。

社会救灾是一股巨大的力量,中国正在积极努力地调动发挥社会救灾的作用。

中国重视社会力量在防灾减灾工作中的地位和作用,积极支持和推动社会力量参与减灾事业,提高全社会防灾减灾的意识和能力。中国政府及时发布灾情和灾区需求信息,加强引导,规范管理,提供保障服务,不断完善社会动员机制,统筹安排政

① 聂　峰:《我国农业自然灾害保险救助问题研究》,《上海经济研究》2008年第4期。

府资源和社会力量,形成优势互补、协同配合的抗灾救灾格局。每遇大灾,社会各界积极参与抗灾救灾,香港同胞、澳门同胞、台湾同胞以及海外华侨华人踊跃为灾区提供援助。四川汶川特大地震中,中国接收境内外各类救灾捐赠款物近 760 亿元人民币。社会力量还开展有效的心理抚慰等个性化服务,帮助灾区群众树立战胜灾害的信心。

慈善事业在减灾中发挥重要作用,国家采取措施支持慈善事业发展。在鼓励捐赠的税收优惠制度上,2008 年 1 月起施行的《中华人民共和国企业所得税法》,将企业公益性捐赠的税前扣除标准由年度应纳税所得额 3% 以内统一规定为企业年度利润总额 12% 以内。四川汶川特大地震发生后,国家规定企业、个人通过公益性社会团体、县级以上人民政府及其部门向受灾地区的捐赠,允许在当年企业所得税前和当年个人所得税前全额扣除。2008 年 12 月,政府有关部门发布通知,明确公益捐赠事业范围、公益性社会团体捐赠税前扣除资格以及捐赠税前扣除资格的认定权限和程序等问题。国家鼓励基金会的正常发展,截至 2008 年,中国共有各类基金会 1531家,比上年增加 162 家。近年来,国家推进慈善组织社会公信力建设,推广基金会年度检查办法和评级制度。

国家积极推动捐助活动日常化和社会化,鼓励并引导志愿者参与减灾行动。近年来,以捐助活动经常化、募集主体民间化、参与捐助自愿化为特点的经常性社会捐助活动在中国全面展开。截至 2008 年,在大中城市和有条件的小城市设立接收社会捐助站点和慈善超市 3.4 万个,初步形成全国经常性社会捐助服务网络。随着国家现代化建设不断取得新成就和人民生活水平的日益提高,减灾志愿者队伍快速发展。截至 2008 年,中国社区志愿者组织数达到 43 万个,志愿者队伍规模近亿人,其中仅共青团、民政、红十字会三大系统就比上年增加志愿者 1472 万人,年增长率达31.8%。四川汶川特大地震发生后,中国公众、企业和社会组织参与紧急救援,深入灾区的国内外志愿者队伍达 300 万人以上,在后方参与抗震救灾的志愿者人数达1000 万以上。

中国政府重视防灾减灾的宣传教育。在每年 10 月的"国际减灾日",国家举办内容丰富的减灾宣传教育活动。有关部门和地方政府在公共场所设置减灾宣传专栏,在报纸、杂志、电台、电视台、互联网门户网站等开设减灾知识宣传栏目,制作公益广告,向公众宣传灾害预防避险的实用技能。在中小学开设防灾减灾课程,开展多种演练活动。开发一系列减灾宣传教育产品,编制系列减灾科普读物、挂图、音像制品和宣传案例教材。红十字会等社会团体积极开展急救培训,普及急救知识和技术,在提高全社会防灾减灾意识和能力方面发挥重要作用。

国家重视对灾害保险业防灾减灾作用的政策研究和试点工作。不断总结并完善农业、林业自然灾害保险与财政补贴相结合的农业、林业风险防范与救助机制,统筹考虑农业、林业巨灾风险分散机制,逐步加大保险对灾害损失的经济补偿和转移分担功能。①

　　扶弱济困是人类的共同美德,对于贫困特别是对于遭受天灾的农民,国内外很多人都是满怀同情,都想尽自己的能力给予帮助,它是一股巨大的救助力量。对此,国家迫切需要制定和完善社会救灾机制,出台奖励政策条例甚至法规,以积极鼓励国内外组织和个人对农业自然灾害的救助捐赠,同时严格管理捐赠资金,让捐赠者的爱心真正洒落在受灾农民的心田!

---

① 《中国的减灾行动》,http://wenku.baidu.com.

基于历史文化传承的古村落保护与开发

——以江西古村落为例

李丽娜①

　　作为我国宝贵的历史文化遗产,古村落承载着我国源远流长的历史文化,正因为此,古村落被形容为乡村历史文化的"活化石"、民间文化的生态"博物馆"。古村落的发展历史悠久,因此,它蕴含着古村落的村镇格局、环境、民俗信仰等多方面的内容,这也是对于古村落研究的重点所在。但是,如今,随着城市化的发展,古村落消失的速度也越来越快。在这样的背景下,对于古村落的开发和保护已经引起了人们的重视。本文就基于江西古村落的现状来探讨我国古村落的保护和开发。

一、古村落的概念

　　作为一个传统的农业国家,我国村落自古就有,但是也随着岁月的变迁而逐渐消失。保留下来的古村落除少量的为宋元时期的之外,多为明清时期遗留下来的。这些古村落虽然年代比较久远,但是却有居民世代居住于此,因此,其村落环境、建筑风貌、村落选址均没有太大的变动,保留了大量的历史沿革,居住于此的人们也形成了独具特色的风俗习惯。这些古村落具有历史文化价值、审美价值、使用价值、研究价值。进入21世纪以来,古村落的历史文化价值引起了人们的重视,各地都积极开展古村落的调查与宣传推广,深入探讨古村落保护与开发的策略,取得了相当的成效。

二、古村落的保护价值

1. 历史文化价值

　　我国的古村落,较为完整地保存了民族的传统文化,承载着历史的厚重,是民族传统历史文化的"活化石",是我们母体文化最有效的载体。古村落的历史文化价值不仅体现在其精美的建筑、科学的选址、独特的民俗等方面,更体现在其中蕴含的大量的乡土文化、历史、社会的信息。这些信息有助于我国了解尚未认识的历史事实和印证已经掌握材料的真伪,具有无可替代的历史文化价值。如果古村落遭到破

---

　　① 作者简介:李丽娜,女,江西省社会科学院《农业考古》编辑部编辑。

坏,修复起来将没有可能,其损失是难以估量的。因此,在大量实施社会主义新农村建设的背景下,社会各界要充分认识到古村落的历史文化价值,积极行动起来,保护好古村落。

2.审美价值

古村落的选址和规划一般都运用风水理论,强调天人合一的理想境界,能够很好地遵循大自然的客观规律,与自然环境达到和谐统一,注重物质和精神的双重需求,有着科学合理的基础和很高的审美价值。因此,对于久居喧嚣城市的人们来说,古村落的审美价值就在于它不仅仅是一个美丽的乡村,在这里可以领略到优美的自然风光、巧妙的建筑、传统的民俗,更是人们的精神家园,在这里可以感受到城市中少有的悠闲恬静,远离世俗的纷扰,唤起人们心中对世外桃源般生活的美好向往,从而获得精神上的享受。

3.使用价值

古村落由于地处我国广大的农村,大部分古村落至今仍然有人居住,具有很高的使用价值。古村落相对来说居住环境比较差,由于建筑年代比较久远,设施往往比较陈旧,卫生状况堪忧,和城镇相比差距还是很大,但是,由于一些居民世代居住于此,这些古村落经过了人们的内部改造,使用功能还是比较完好,能够满足人们日常生活的需要。

4.研究价值

古村落虽小,但是其涉及社会生活的方方面面,因此,具有很高的研究价值。目前,学术界对于古村落的研究主要集中在古村落的选址和布局、古村落的分布现状、古村落的建筑风格和特征、古村落的传统文化、古村落开发与保护、古村落旅游的开发、古村落的开发模式等方面。

三、在保护的基础上对古村落进行适度开发是传承历史文化的有效手段

1.在保护的基础上进行适度开发是保护我国历史的有效手段

史证、史考和史记是我国古村落最首要的价值。古村落作为一种历史文化遗产,在其建筑外表和形式中,蕴含了大量的历史信息,而这些信息是具有积累性的,人们只是部分地认识和了解到这些信息,因此,必须保护古村落的历史原真性,在最大程度上保护古村落原有的面貌,使其中蕴含的历史信息能够被人们真实地去发掘和研究。在此基础上,对历史建筑进行必要的修补,修补的原则是要用原材料、原工艺、原式原样积极维修,尽量保护它所遗存的全部历史信息,以还其历史的本来面目。

2.在保护的基础上进行适度开发是传承我国文化的有效手段

作为祖先留下来的宝贵的历史文化遗产,古村落也是一种不可再生的文化资源。因此,对这种不可再生的文化资源进行保护,也是古村落保护的重中之重,是我

们每一个社会成员共同的责任。这就需要在保护好古村落原有资源的基础上，进行必要的开发，如果不开发，这种文化就不能被发扬光大。但是在保护的基础上进行适度开发，不是单纯将原有的古村落围起来打造成景区，而是在保护原有资源的前提下，活化民俗，深入挖掘景区的旅游功能，将地方历史文化内涵发挥到最大。

四、古村落保护和开发现状及存在的问题

1. 现状

我国古村落分布密集的省份有浙江、江西、福建、广东、安徽、湖南、贵州、云南、山西、甘肃、宁夏、湖北、河北等。[①] 据我国住房城乡建设部 2012 年 9 月 29 日发布的全国传统村落调查结果显示，我国各地共上报上万个传统村落，其中云南、山西和贵州拥有的古村落数量居前列。作为我国乡村社会中一个特殊的群体，它们的现状却是不容乐观的。据中国文联副主席冯骥才介绍，2012 年全国有 230 万个村庄，依旧保存与自然相融合的村落规划、代表性民居、经典建筑、民俗和非物质文化遗产的古村落还剩下两三千座，而在 2005 年还是约 5000 个，7 年消失近一半。因此，古村落的有效保护和开发已经刻不容缓。

就目前来讲，我国古村落的现状主要分为以下几种情况：一是随着现代化的发展，古村落也与时俱进，古村落已经完全失去了原有的风貌。这些古村落的居民为了追求更好的生活，不断在原村落的外围修建现代化的新式住宅，新老建筑交叉在一起，破坏了古村落的传统风貌，从而使古村落以惊人的速度被毁坏。二是古村落虽然衰落，但是有部分建筑仍然保存完好。这些古村落里大部分的原有居民都离开了村落到城市去打工以寻求出路，只留下一些老人、儿童或者外来人口。村里的建筑早就因年久失修变得破败不堪，周围的环境也很脏乱，但就建筑本身而言，还是很有研究价值的。但是古村落价值不只体现在建筑上，而且体现在传统民风民俗中。由亲缘、地缘、宗族、民间信仰、乡规民俗组成的天然社会连接纽带正在不可避免地瓦解，村落认同感丧失。三是古村落面貌基本得到完好地保存。这些古村落民风淳朴，山清水秀，村落仍基本保持着过去古老的风貌。这里大部分民居基本都是村民自己的祖屋，本身的建筑条件也较好，再加上村民有比较高的保护意识，因此几乎没有新式的建筑，古村的风貌和古建筑甚至细部构件都保存得比较完整，具有很高的保护价值。

2. 古村落的保护与发展存在的问题及原因

目前，我国城市化步伐明显加快，2011 年城市化率已经超过 50%。城市化在各地的迅速推进，对于古村落来说却是带来了被破坏甚至消亡的压力。为了适应城市化的发展，这些古村落有些进行了重新集聚，有些正在衰退或萎缩，有些正在成为城

---

① 周骏羽：《从历史文化传承角度保护中国古村落》，《人民日报》2011 年 7 月 27 日。

市(镇)的一部分从而改变其社会存在的形式。① 另外,我国社会主义新农村建设的实施对于古村落的保护和开发也带来了不小的压力。如新农村建设对于农村基础设施建设的要求,使得古村落开始加大道路改造和硬件设施的改善,这就容易造成一些公路建设对村落景观的破坏,使一些建筑原有的历史风貌遭到破坏;国家和地方水力发电站建设对流域下游古村落的冲击,使得大量古村落因此拆迁移址;乡村旅游的发展,使一些城市游客大量涌入古村落,但是也不可避免地对古村落造成了一些开发性的破坏;由于古村落村民向往着更好的生活,大量村民外出务工,造成了古村落的房子长期无人居住,加速了房子的颓败等等。而对于仍然居住在古村落里的居民来说,随着社会的进步和人民生活水平的提高,他们也在追求着现代化的物质文明和精神文明,但是这就使得古村落的保护存在一些不利因素,从而产生了一系列的矛盾和冲突:历史建筑与历史风貌的保护和村民迫切改善传统落后的居住环境与生活方式之间的矛盾与冲突;社会主义新农村建设与历史文化村落保护之间的矛盾与冲突;快速发展的城镇化建设与历史文化村落保护的矛盾与冲突;发展旅游经济与历史文化村落保护之间的矛盾与冲突。②

之所以会出现古村落保护和开发方面的问题,主要有以下几个方面的原因:

一是思想认识不到位——对古村落保护与开发的重要性和必要性认识不足。虽然古村落的价值已经引起了相当一部分人的重视,特别是受到了国家和省市级政府的重视,一些专家学者也在大力呼吁保护古村落,但是基层政府部门对古村落保护的认识仍不足,甚至存在违背古村落保护原则,曲解利用古村落保护工作的现象。此外古村落地处乡村,部分村民还没意识到保护历史文化遗传的重要性,常常发生不自觉的破坏历史文化遗产的行为。

二是古村落保护和开发没有做到合理规划。要做好古村落保护这种一类历史文化保护专项规划工作,是需要专业的团队的,因为其涉及规划建筑文物、民俗等诸多学科。目前,我国大部分省市关于古村落保护的规划都还是处于探索的阶段,导致规划的编制水平良莠不齐,没有形成适合自身特点的规划编制方法和模式,规划编制的长远性和深度不够,可实施性较差,这些都严重影响了古村落的进一步保护。

三是相关资金的投入不足。古村落的保护工程往往很大,需要保护的建筑颇多,几乎年间都有残损需要修缮,这就导致其所需经费很高。然而各级财政文化遗产保护经费有限,按照现行文物保护资金使用政策,专项资金不能补贴产权属于私人的传统民居,单凭居民、村镇和地方政府的力量难以承担全部费用。因此,许多古村落因为资金缺乏的问题长期得不到有效的保护和修缮,出现破损甚至倒塌。

四是古村落保护的经济效益不明显。古村落保护是一项长效投资,其收益主要表现在文化传承、环境提升等方面。虽然可以通过古村落观光旅游、农家乐等方式

① 尹超、姜劲松:《江苏省古村落保护与实施状况分析》,《小城镇建设》2010 年第 7 期。
② 周骏羽:《从历史文化传承角度保护中国古村落》,《人民日报》2011 年 7 月 27 日。

实现一些经济效益,但从总体来说古村落保护的经济效益总量较少,实现过程缓慢。基层管理部门和村民很难在短期内获得经济方便的实惠,这也是古村落保护难以推向深入的主要原因之一。

五是管理与维修技术不成熟。古村落居住人口多,产权关系不清晰,新旧建筑混杂,保护对象与周边环境十分复杂,这都加大了古村落管理与保护工作的难度。有的地方图省事或怕承担责任一股脑将村落整体圈起来,这种整体保护存在很大盲目性,比如缺乏分门别类的大包大揽,不利于任何一栋古建筑的修缮使用与更新。在维修方面,古建筑技艺精湛,艺术品位极高,凝聚着古人的聪明睿智,体现了古代高超的技术工艺,要切实保护好祖先留存的这份珍贵和丰厚的遗产。传统技术的传承不可忽视,而现在会修复的工匠师傅越来越少。[①]

五、江西古村落的发展现状

江西是一个风光迤逦的地方,其境内不乏闻名世界的匡庐奇秀,同时又有着享有千年古村美誉的安义古镇和中国最美乡村的婺源。江西的古村落资源丰富,不仅有安义和婺源古村落,还有流坑村、渼陂古村等等。

安义千年古村落是由罗田、水南、京台三个自然村组成,村里有保存完好的古民居建筑和古街古道。当地村民仍生活在那些古民居中,保持着一派原生态的农家风光,在古村古镇,这种人与文物和谐相处的景观并不多见。

江西婺源地处赣东北,与皖南、浙西毗邻,已被国内外誉为"中国最美丽的农村"。婺源古村落的建筑,是当今中国古建筑保存最多、最完好的地方之一。全县至今仍完好地保存着明清时代的古祠堂113座、古府第28栋、古民宅36幢和古桥187座。村庄一般都选择在前有流水、后靠青山的地方。村前的小河、水口山、水口林和村后的后龙山上的林木,历来得到村民悉心的保护。婺源明清时代的徽式建筑几乎遍布全县各乡村。婺源民居中的"三雕"(石雕、木雕、砖雕)是中国古建筑中的典范。不仅用材考究,做工精美,而且风格独特,造型典雅,有着深厚的文化底蕴。[②]

被誉为"千古第一村"的流坑村,位于江西省抚州市乐安县牛田镇东南部的乌江之畔,四周青山环抱,三面江水绕流,山川形胜,钟灵毓秀。该村依山傍水,有明清古建筑309栋,其中近百座祠堂,数十座大小书院,还有玉皇阁、魁星阁、三官殿等神社建筑,以及状元楼、五桂坊、魁元坊、步蟾坊等30座纪念、表功性楼房。名人墨客所题写的各种门额、牌匾、楹联、题词琳琅满目,现已保存的古代书法精品就达430多幅,许多名人如王安石、朱熹、曾巩、梅圣俞、吴澄等曾为流坑董氏撰文赠诗。文天祥曾称流坑村为"文明之会"。[③]

在离吉安城区30公里处有一个古村落,那就是渼陂古村。古村里有着近千年

---

① 尹超、姜劲松:《江苏省古村落保护与实施状况分析》,《小城镇建设》2010年第7期。

②③ 《江西古村探幽:江西著名古村落文化之旅》,http://blog.sina.com,2012-08-02.

的历史,村中至今保存着较为完整的古近代文化遗迹。古街里现存完好的店铺有108 家,据说鼎盛时期多达 200 个店铺,这里的店铺建筑很科学,一个店铺全长 10 多米,前面是货柜,后面是货仓。两旁的居民住所大都为砖瓦房木板门,走在这里,眼前能隐约浮现昔日人流熙熙攘攘、挥袖成荫的情景。在渼陂古村里,有 5 处古书院,分别为文昌阁、敬德书院、明新书院、振翰学舍和养源书院,在这里能够想象出当时浓厚的学习氛围。①

　　江西古村落较好地集中体现中国传统文化、建筑艺术、审美情趣等精华,是特定历史、文化的产物,有其自身的历史和文化内涵,同时也是文化多样性的表现,具有历史文化价值、艺术与教育价值、科学价值、社会经济价值、红色革命价值等,在中国乃至世界建筑史上都有重大价值。(1)江西古村落是经过历史的长期演变而来的,形成了依山傍水、与自然环境和谐相融的生存形态。目前,寨墙、寨门等防御设施,街巷系统及寺庙、宗祠、祖坟、古井构成要素齐备,部分民居建筑保存完好,从村落与环境的协调关系、村落整体格局形态、街巷空间和建筑群落空间布局、公共设施布置等方方面面,充分体现了江西古村落历史和社会生活的真实性、历史风貌的完整性。(2)古村落有着丰富的文化价值,江西古村落也不例外。江西古村落建筑艺术水平较高,并具有风格多样的特点,在客家聚集地的古村落体现了客家文化、本土文化融合的特点,在中国传统民居中占有重要的地位。(3)江西古村落民居一般都是就地取材建造的,适应了当地的气候环境,实现了自然生态的可持续发展,许多古村落保存较好,适合发展古村落旅游,可以取得可观的经济收益。同时古村落的居民都是聚族而居,集中体现了我国古代农耕社会下的宗族思想,具有强大的向心力和凝聚力,促进了社会的稳定和人际关系的和谐发展,社会价值巨大。(4)中国传统建筑既注重情感的表达,也注重情感的节制;既注重形式美的追求,又注重理性的创造,"文"与"质"并重,在表达象征含义的同时注意其设计的科学性,这种现象在江西传统村落中普遍存在。例如住宅门枕石、上部镂空的隔扇等,其雕刻的精美无一不是附于结构、构造及使用功能上,表现为形式与功能的统一。另外在村落环境的选择和利用上,选择"大"环境,注重小气候,仍然是我们今天的建筑选址和布局的重要原则,无一不体现了科学的理性精神。(5)在江西不少古村落中可以看到很多抗战时期的标语,村中也洋溢着红色文化。这些古村落的历史是一部革命斗争的历史,它折射出封建社会、半殖民半封建社会时期、新民主主义革命时期、社会主义改造时期、"文革"时期村民的政治、经济、文化生活,是一部活生生的社会史、精神发展史与空间演变史,无疑对现在开展青少年爱国主义教育大有益处,也具有丰富的启发意义。

　　但是,在江西古村落的保护和开发中,还存在许多问题。

_____

① 《江西古村探幽:江西著名古村落文化之旅》,http://blog. sina. com,2012 - 08 - 02.

一是古村落和新建民居混杂,违规建房严重。江西传统村落近年来新盖的住房,都是外观如火柴盒般的"现代派"(如丰城白马寨村、乐安源坪村、赣县白鹭村等),外粉刷基本上是白色的石灰和灰色的水泥,与传统民居相比,外形简单得如同碉堡。这些现代建筑在显示江西传统村落居民的生活慢慢改善的同时,还暗示着面临的压力——人口的增长已使居住空间成为第一需要。另外,越来越多的新房和老房挤在一起,牛羊鸡猪与人共处。给排水系统也尚未启动,深巷中,时有污水在青石路面流淌,村中卫生环境堪忧。如在被文史界称为"千古第一村"的江西省乐安县流坑村,自 1998 年以来,部分村民在流坑村保护区及建设控制地带建有新房 68 栋,严重影响了流坑村文物安全,并在不同程度上影响了其原有风貌。

二是古村落中的建筑正在逐渐毁坏。由于古村落中的村民大部分都外出打工,导致村中不少建筑保存相对完好的院落却大门紧闭。这些院落多是私宅,大多已没人居住,由于缺乏日常的维护,房子正在逐渐毁坏。

三是当地村民对古村落的保护意识淡漠。目前,江西古村落居民大多数文化程度不高,他们对目前政府的对于古村落保护方面的方针政策极不了解,观念比较落后,对古村落保护的积极性不高。另一方面,政府对新农村建设思想缺乏详细且有力、有组织地指导。为了发展旅游的需要,部分江西传统村落在改造中,由于建设思想不统一,导致江西传统村落原有的肌理遭到一定程度的破坏。目前,新农村建设在江西推广实施较快,流坑村由于新选地段离原住区较远,且需交纳较多资金,多数村民不愿搬迁。相当数量的村民拆建房屋现象较为严重,因新建房屋较原房偏矮,没有影响天际线,但古村落的肌理逐渐破坏,目前尚无较好的办法进行控制。

四是古村落保护的资金短缺。目前江西古村落旅游的发展已经渐渐步入了正轨,但由于资金不足,旅游的配套设施相对落后。如流坑古村为例,一为原村支书董家兴所开旅馆,接待人数为 10 人左右;另一为董氏之妻谢氏所开旅馆,有电视、空调,但无热水,接待人数为 6 人,无法形成规模效应。流坑村居民几乎都用寒冷井水,不方便淋浴,来村住宿的多为个别散客,基本上无游客团体留宿情况。同时,该村很少有上档次的餐饮。目前的几个餐馆卫生条件一般,多为农家菜。村内较好的公共厕所仅有两所,但卫生条件差,少有人使用。村子经营的土特产多为乐安县等地特产,虽然该村的冬酒、芝麻饮等也有特色,但未开发。

六、古村落的保护策略

古村落是重要的历史文化遗产,是不可再生的,并且由于其独特的建成环境,古村落也是极其脆弱的。因此,保护古村落也成为社会各界的共识,越来越受到人们的重视,成为当今社会发展的迫切任务。对于古村落的保护,应该从宏观和微观层面着手,针对其保护和发展中存在的问题,理清古村落保护和发展的内外部作用机制,提出一系列有针对性的策略,以促进古村落的持续健康发展。

（一）政府要做好对古村落保护与开发的宏观引导，同时加大对古村落保护的投入力度

政府在古村落保护和发展的过程中要充当好重要的角色，做好对古村落保护的宏观引导，不能以强制性的行政命令来干预古村落的保护与开发。政府可以通过组织专家评选等方式定期发布"古村落保护区"名录，政府要认识到古村落保护的重要性，必须建立各级历史文化名村和村落保护区的"声誉"，一旦被确认为"国家级（或省级、市级）"的古村落保护区，这种无形资产将直接或间接地带来不同程度的经济利益，从而促使市场、村集体和村民共同致力于古村落的保护事业。对于一些需要重点保护的古村落，要加强保护，通过监测体系，采用警告、濒危、取消名录的方式，保证古村落保护的持续性等方式来做好古村落的保护与开发；也可以通过新闻媒体的力量来扩大古村落的知名度。

此外，政府通过行政力的控制防止古村落的盲目开发和破坏性建设，在土地使用控制、交通、公共设施服务、旅游发展管理等方面发挥其应有的指导作用。加强舆论宣传，提高认识，即能不能从历史与未来的双向高度，认识这些村落的价值，能否下决心、付诸大力气进行全面的普查与调研，深入发掘其中的文化历史价值。

另外，政府要加大对古村落保护的投入力度，把古村落保护经费列入政府财政预算，设立古村落保护专项基金；在尽量保持原貌的基础上，对古村落的整体布局进行合理的整建，对古民宅进行修缮，保持古村落的完整性与独特性；同时鼓励各种社会资金或采取捐献冠名等方式投入古建筑和古村落保护，实现保护工作的多元化。

（二）要以长远的眼光规划好古村落的保护和开发

要做好古村落的保护和开发，一项长远的规划是必不可少的。由于古村落保护涉及的学科领域多，因此制订好古村落保护的规划，首先应该组织综合学科领域内的专家学者团队，研究并建立古村落保护的价值体系，有了价值评估体系，保护才有可能得到真正的落实，才能够真正调动古村落村民保护的自觉性和积极性，使一些无序盲目的开发得到适当的控制和防范。在价值体系标准的基础上对古村落进行甄别、分类、评级，针对不同的情况制订相应的保护规划。各地区可以根据本地实际情况制定地方性保护与发展的法律法规，这是保护的重要保障。古村落保护与发展规划首先要立足于对传统古村落的保护，而不是立足于依赖于市场的开发。古村落的所有开发建设活动都应置于保护规划的框架内，实行梯度开发、渐进式开发，对少数资源占优势的景点实行优先开发，对尚不具备开发条件的古民居和古建筑实行严格保护。①

同时，在制订规划的同时，不仅仅只是要考虑古村落的保护，也要兼顾到古村落当地居民的利益，为他们的发展提供更好的机会，这样，规划才能更好地调动当地居

---

① 罗长海、彭震伟：《中国传统古村落保护与发展的机制探析》，《上海城市规划》2010 年第 2 期。

民的积极性,才能使古村落的保护更加具有现实性。某些规划案例只注重了对古村落及其建筑遗产的保护,而将被保护区域内村民的发展要求置于规划目标之外,使古村落的保护规划只能流于形式,束之高阁。因此,古村落的保护规划也应充分考虑当地村民的发展需求,在规划编制过程中吸收当地村民的充分参与,广泛征求当地村民的意见。①

(三)调动好当地村民和社会力量对于古村落保护与开发的积极性

尊重和维护村民自治的权利。在旅游开发中,村民应享有一定的话语权、自治权和经营权,参与决策和表决。政府不应以各种形式取代村民权利的行使,使村落文化、民族文化在政府包装与商业运作中失去它的本色和原生态。加强教育,新农村建设过程中应加强历史文化村镇保护的普及、宣传、教育、引导工作,提高全社会的保护意识和责任感,使全体民众都加入到文化遗产保护的行列。同时还需专业人员的参与。

(四)做好古村落的旅游开发,提高古村落的知名度,使其在开发中得到保护

古村落作为一项旅游资源,吸引了众多的游客。开发好古村落旅游,可以提高古村落的知名度,使古村落在适度开发的情况下得到更好的保护。而古村落旅游开发是一项系统工程,要具有整体性、前瞻性、动态性,在开发的过程中,要以古村落的保护为前提,要正确处理好资源保护与旅游开发的关系,坚持在对古村落资源保护的前提下进行合理的开发利用,古村落资源得到完整的保护,其市场开发价值才会得到充分体现。以古村落旅游的可持续发展为目标,通过新闻媒体宣传的方式扩大古村落的知名度和美誉度,开拓客源市场。加强对古村落居民旅游服务的培训力度,提高古村落旅游服务的质量。同时,应协调好历史环境保护、旅游开发和古村落居民生活环境改善的关系,以历史保护为基础,旅游开发为手段,以彻底改善居住环境,提高居民的物质和精神生活水平为最终目的,使当地居民获得强烈的归属感和凝聚力,积极投入到古村落保护的行列中来。

---

① 罗长海、彭震伟:《中国传统古村落保护与发展的机制探析》,《上海城市规划》2010年第2期。

农村文化的现状与农家书屋的发展

——以江西为例

王建平①

　　农家书屋是为满足农民文化需要，在行政村建立的、农民自己管理的、能提供农民实用的书报刊和音像电子产品阅读视听条件的公益性文化服务设施。每一个农家书屋原则上可供借阅的实用图书不少于 1000 册，报刊不少于 30 种，电子音像制品不少于 100 种（张），每个农家书屋的配置标准为 2 万元，有的地方达到了 2.5 万元。中央财政分别给予西部地区 80%、中部地区 50% 的补助资金。农家书屋的问世，是与新农村建设的如火如荼密不可分的。

一、农村文化的现状及农家书屋的成因

　　长期以来，城乡二元结构给城市与乡村之间带来了经济、政治、文化和社会的全面失衡。这种失衡，不仅表现在物质生活差距的拉大，在居民的文化素质方面，城乡之间的差别更是明显。囿于公共教育资源的不均等，农村居民的受教育年限落后城市居民一大截。据资料显示，2004 年全国文化事业财政拨款为 113.58 亿元，其中对城市文化和农村文化的投入分别为 83.47 亿元和 30.11 亿元，两者之比为 73.5∶26.5；到 2006 年，财政对城市文化投入占总财政投入的比重仍然高达71.5%，超过对农村文化投入比重 43 个百分点。这种城乡有别的二元投入方式，是造成农村文化工作落后的重要原因之一。尽管"十五"期间，国家共安排专项资金 4.8 亿元用于支持县级图书馆、文化馆建设，但仍有部分县无文化馆、图书馆，一些农村乡镇无文化站；部分农村地区的文化站、图书馆设施因建筑年代早、长年失修，几乎不能正常使用。据统计，目前全国共有 700 多个县级图书馆无购书经费，占公共图书馆总数的 26%；县级图书馆人均藏书量仅为 0.12 册，低于全国图书馆人均藏书量 0.3 册的水平；多数县级电影公司难以正常运转，县级文艺剧团有名无实。据统计，2002 年全国 2860 个县（县级市、区）中还有 49 个县无文化馆，562 个县文化馆无馆舍，占全国县（县级市、区）总数的 21.4%；全国 121 个县无图书馆，225 个县图书馆无馆舍，占全国县（县级市、区）总数的 12.1%；全国 38240 个农村乡镇中还有 3965 个无文化站，占乡镇总数的 10.03%（四川省情况更为严重，根据四川省文化厅的统计，

---

　　① 作者简介：王建平，男，江西省社会科学院《农业考古》编辑部编辑、副研究员。

2004年全省4800个乡镇中,尚有1250个乡镇无文化站,缺站率高达26%)。即便已建的许多乡镇文化站,也存在面积狭小、年久失修、简陋破旧等问题,不少图书馆、文化馆、文化站设施陈旧落后,活动器材和设备奇缺,很多乡镇文化站难以满足规模性文化活动的需要,有的有站无舍,名存实亡。①

国家统计局这两年对我国进城务工农民的情况进行了全面的监测,有关受教育程度的数据是这样的(分别见表1、表2):

表1　2011年进城务工农民的文化程度构成　　　　单位:%

	全部农民工	本地农民工	外出农民工	30岁以下青年农民工
不识字或识字很少	1.5	2.1	0.9	0.3
小学	14.4	18.4	10.7	5.9
初中	61.1	59.0	62.9	59.8
高中	13.2	13.9	12.7	14.5
中专	4.5	3.2	5.8	8.6
大专及以上	5.3	3.4	7.0	10.9

表2　2012年进城务工农民的文化程度构成　　　　单位:%

	非农民工	全部农民工	本地农民工	外出农民工	30岁以下青年农民工
不识字或识字很少	8.3	1.5	2.0	1.0	0.3
小学	33.8	14.3	18.4	10.5	5.5
初中	47.0	60.5	58.9	62.0	57.8
高中	8.0	13.3	13.8	12.8	14.7
中专	1.5	4.7	3.3	5.9	9.1
大专及以上	1.4	5.7	3.6	7.8	12.6

从中可以看出,尽管进城务工农民属于农村中的高级知识分子阶层,但其中还是有3/4为小学初中文化程度,农民文化素质的劣势可见一斑。农村文化贫瘠的现状甚至可以用"早上听鸡叫,白天听鸟叫,晚上听狗叫"来概括。

江西的情况比这还糟,据2001年全省农村入户调查表明,小学及以下文化程度

---

① 王建平:《农村文化的困境与对策分析》,《老区建设》2008年第10期。

为42.62%,初中文化程度占46.87%,高中及以上为10.52%,虽说稍后略有进步(见表3),但低层次徘徊的情况并没得到根本性的扭转。这意味着该省近九成的农民仅受过初等层次的教育,低素质的必然结果就是低发展。

表3 2000—2009 年江西省农村劳动力文化构成

年份	文盲、半文盲	小学程度	初中程度	高中程度	中专程度	大专以上程度
2000	6.77	36.95	44.96	9.33	1.65	0.34
2001	5.86	36.66	46.92	8.91	1.30	0.35
2002	5.92	35.66	47.99	8.75	1.37	0.31
2003	5.51	34.76	48.88	9.00	1.44	0.40
2004	6.65	32.85	48.96	9.58	1.52	0.44
2005	5.94	31.30	50.30	9.52	2.21	0.73
2006	5.14	28.65	50.78	11.67	2.61	1.15
2007	4.83	27.69	51.42	12.01	2.50	1.55
2008	4.63	27.40	51.50	12.00	2.70	1.76
2009	4.73	27.16	50.52	12.59	2.90	2.09

资料来源:根据 2001—2010 年《江西统计年鉴》整理。

改变源自实践。从 2003 年开始,国家新闻出版署在总结前些年来图书下乡、农民文化服务各方面的经验教训的基础上,提出了建设农家书屋工程的设想,先后在甘肃、贵州等西部省市做了两三年试点。2007 年 3 月,新闻出版总署会同中央文明办、国家发展改革委、科技部、民政部、财政部、农业部、国家人口计生委联合发出了《关于印发〈农家书屋工程实施意见〉的通知》,开始在全国范围内实施"农家书屋"工程。

二、江西省农家书屋的相关做法

"农家书屋"在我国还是新生事物,由于没有现成的经验与管理模式可以学习和借鉴,各地在具体的实践中根据自身的情况做了许多有益的探索,出现了多样的发展形态与模式,①比较有特点的主要有下述几种。

---

① 王建平:《农村文化的困境与对策分析》,《老区建设》2008 年第 10 期。

（一）全国主要的"农家书屋"模式①

（1）河南模式

河南出版集团根据各地农村不同的经济承受能力、人口资源状况以及风俗习惯等特点，设计了分为经济型、标准型、示范型的"农家书屋"标准化装备模式供农民选择。同时在充分研究"三农"目标市场需求的基础上按照集团提出的"小、薄、朴、实、廉"和"专业强"、"技术新"、"版别优"、"类别丰"、"质量好"的特点要求，根据农民、农民时间需求，由专家审定六种标准。

（2）贵州模式

贵州省"农家书屋"总结了六种管理模式，一是村集体经济实力较强的，书屋管理员由村委会聘任，为行政主导模式；二是产业化结构基础较好的，由蔬菜、花卉协会提供支撑，为协会主导模式；三是由镇图书馆带动，为协调管理模式；四是由村级共青团、妇联组织参与管理，为社团扶持模式；五是由农民自我管理，为完全自主模式；六是由志愿者义务管理，为志愿管理模式。

（3）四川模式

四川的"公益性起步，经营性发展"的模式。"公益性起步"是指建设农家书屋的初衷是为了解决农民"买书难、买书贵、看书难"的问题，具有鲜明的公益性特点，应作为政府的一项公益性事业来推动。建设初期，政府应给予必要的投入。"经营性发展"是指书屋在做好公共阅读服务的前提下，积极探索"售、租、借"相结合的路子，在新闻出版部门的指导下开展出版物销售、实用农业技术培训、健康文化活动及其他服务等多种经营，以"公益＋市场"的运行模式多渠道增加收入，增强后续发展能力，保证长效运转。

除此之外，目前"农家书屋"的管理模式尚有北京的"读书益民工程"及"星级书屋评选标准"、江苏的品牌标识形象设计等。

（二）"农家书屋"的江西模式

"农家书屋"的健康发展离不开政府部门的强力支持。以江西为例，为了保障农民群众基本文化权益，江西省将农家书屋工程列为全省公共文化服务体系建设五大工程之一，纳入社会主义新农村建设整体规划，按照"政府组织实施、鼓励社会捐助、农民自我管理"的原则，在全省每个行政村建立为农民提供免费阅读图书、报刊、电子音像制品的公益性文化场所。江西省农家书屋工程建设自2007年开始试点，在政府的强力推进和社会各界的大力支持下，5年来取得了巨大的成绩，在很多方面有着浓郁的江西特色。

（1）独具特色的书屋模式

江西模式的农家书屋以瑞金市云石山乡丰垅村的农家书屋为代表。丰垅村是

---

① 王建平：《农村文化的困境与对策分析》，《老区建设》2008年第10期。

苏区时期中央政治局所在地,中央红军在这里迈出了长征第一步,被誉为长征第一村。全村有农户 618 户,总人口 2472 人。为解决当地农民群众"买书难、借书难、看书难"问题,按照"政府组织建设、鼓励社会捐助、农民自我管理、创新机制发展"的工作思路,2006 年,该村开始建设"农家书屋",同年 10 月,书屋正式投入使用。经过一年多的运行,该书屋已逐步发展成为辐射周边 10 多个村、5 所中小学的先进文化的传播中心、科学知识的普及中心、致富技术的推广中心和休闲娱乐的活动中心。丰垅村"农家书屋"赢得了广大农民群众的大力支持和交口称赞,得到了各级领导的充分肯定和高度评价,该村在建设"农家书屋"的实践中,探索形成了"三好六制"的经验模式:建立帮建制和验收制,整合社会力量高品位建好"农家书屋";建立再生制和考评制,构建良好的机制高标准管好"农家书屋";建立辅导制和积分制,多措并举高效率用好"农家书屋"。该书屋的建设经验得到了时任中央和省市相关领导的好评,被誉为"江西模式"。①

（2）独辟蹊径的管理员模式

农家书屋开办以来,碰上的一个棘手问题就是没有专职的人员来进行管理,不能保证开放时间,经常出现铁将军把门的尴尬局面,以至于书屋发挥不了其最大作用。为了改变这种现状,从 2009 年开始,江西省新闻出版局就与省残联合作,通过政府出资购买公益性岗位的方式,选聘残疾人担任农家书屋的管理员,既解决了农家书屋管理问题,又开辟了一条农村残疾人就业的新路子,实行农家书屋工程、残疾人就业工程两个民生工程一起抓。经过培训,2010 年 1 月,首批 2000 名残疾人农家书屋管理员已经上岗。2011 年江西农家书屋新增残疾人管理员 3500 名,2012 年又增聘了 3000 名,三年共为残疾人提供了 8500 个就业岗位（见图1）。由于效果显著,从 2012 年开始,中国残联与新闻出版总署决定在全国范围内推广江西省的做法,在有条件的地方选聘贫困残疾人担任农家书屋管理员。

（3）资金预算常态化

开展农家书屋工程五年来,江西共投入建设资金 3.82 亿元,建成农家书屋 17333 家,提前 3 年完成了"村村有、全覆盖"的目标任务。这个了不起的成就的取得,是与政府把农家书屋建设当成民生工程、德政工程来抓是分不开的。在资金支持上,中央财政 2008 年补助江西省农家书屋工程建设资金 2300 万元、省财政配套资金 2300 万元,每个书屋按 2 万元的标准建设;2009 年省财政共计安排农家书屋配套资金 4600 万元,实际使用 4505 万元。2010 年起又将建设 5000 个农家书屋的资金纳入了财政预算安排,在全国率先实现了农家书屋工程财政保障机制常态化。

（4）鼓励社会资本积极参与

2009 年 4 月江西省新闻出版局出台《江西省农家书屋工程社会捐助工作实施

---

① 王建平、吴漂生:《"农家书屋"管理模式的探讨》,《老区建设》2009 年第 4 期。

人 数

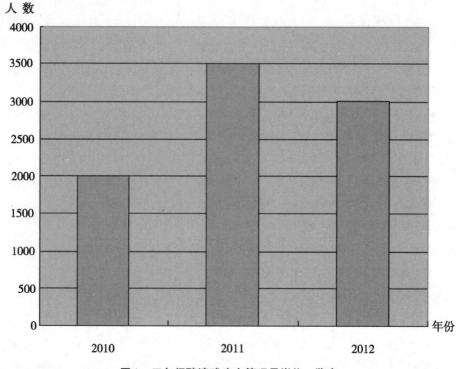

图 1　三年间聘请残疾人管理员岗位一览表

意见》,明确了江西省农家书屋工程建设社会捐助工作主要采取局社共建、定点帮扶、社会捐赠三种形式展开。一是与省内外 80 多家出版社建立农家书屋工程战略合作伙伴关系,签订合作协议,共建共享"农家书屋"。二是发动各级领导、机关、企事业单位与农家书屋结对子,定点帮扶农家书屋解决发展中的困难。三是倡导社会力量援建农家书屋。安利公司率先在九江、上饶、赣州等地建设"安利农家书屋",收到了很好的社会效益。

三、农家书屋建设给江西省农村带来的变化

1. 提高了农民素质,丰富了农民文化生活

江西省新闻出版局曾做过一项调查,70% 以上的农家书屋每天可以迎来 5 至 20 名读者;50% 以上的农民经常到农家书屋借书看书,另有 45% 的农民会利用空闲时间来看书;中小学生、教师、种养能手以及拥有一定文化水平的老年人是农家书屋的主要读者。①

2. 开阔了眼界,学到了致富知识

农民通过在农家书屋看书学习,既开阔了眼界,更满足了他们对技术知识的渴

---

① 《农家书屋建设五年成就辉煌》,www. farmer. com. cn/zt. snsn. cjwh/201206/t20120607 - 722505. htm.

望。据报载,上高县敖山镇接官村农民聂草根家里养了一百多头猪,以前猪生了病,只能求助于村里的技术人员,如今以通过农家书屋,他不但学到了养猪技术,还可以获得不少养猪信息,遇到难题还可以自己查资料解决。

3. 给儿童和老人提供了一个排遣忧烦的去处

农村的很多家庭,主要劳动力进城务工后,留在家中的老人和儿童衍生出了很多社会问题。农家书屋的建立,给这一群体提供了打发时光、充实知识的去处。

四、农家书屋建设中需要进一步完善的几个方面

在农家书屋的发展过程中,也出现了一些问题,这些问题不解决,将会影响到农家书屋的良性发展,对此,我们应该有科学而清醒的认识。

1. 如何保证农家书屋的可持续发展

"公益性起步,经营性发展"应该是农家书屋建设的一个科学性原则,没有政府的强力支持固然很难成事,但单纯依靠各级政府部门的输血性支持,是不利于其长远发展的,因为,必须鼓励书屋在保持自己风格与特色的基础上,逐渐融入市场,完善自身的造血功能。

2. 农家书屋的规模及形式

基于农村当时的实际情况及改变农村文化现状的考虑,农家书屋成立之初,对其规模有着明确的要求,就是每一个农家书屋原则上可供借阅的实用图书不少于1000册,报刊不少于30种,电子音像制品不少于100种(张),每个农家书屋的配置标准为2万元。江西省也基本是按这个思路这个标准进行建设的,问题是,随着时间的推移,在规模上及图书的内容上都要与时俱进,要加大对农家书屋的资金投入,变一次性投入为持续性投入,让农家书屋根据实际需要更新出版物,常换常新,为农民提供新信息、新知识。[①]

3. 数字化农家书屋的建设亟须加快

农家书屋要跟上时代的步伐,数字化建设必须纳入规划。所幸,政府已经注意到了这个问题,也取得了一定成果。目前江西在南昌、九江、新余等市开展数字农家书屋建设试点,使农民足不出户就能及时了解市场行情变化和他们希望掌握的新知识。据报载,2013年春节来临之际,江西省首批10家数字农家书屋在新余市部分乡镇正式开张,读者们按照提供的账号密码,上网登录,随时都能方便地在网络阅读全国200部图书、100种杂志、40份中央地方报纸以及100余种视频节目等。这是江西省新闻出版局在全省开展文化科技卫生"三下乡"活动的重要举措,同时也是农家书屋全面建成后在江西省进行的数字农家书屋第一批试点。

---

① 罗俊民、曹小武:《书屋里有没有致富钥匙?》,《江西日报》2011年11月10日。

图书在版编目(CIP)数据

2013 年中国·南昌"明清以来的农业农村农民"学术研讨会论文集 /
施由明主编. —南昌：江西人民出版社，2014.5
（中国农业文明史论丛；1）
ISBN 978 - 7 - 210 - 05322 - 4

Ⅰ．①2… Ⅱ．①施… Ⅲ．①农业史 – 中国 – 明清时
代 – 学术会议 – 文集 Ⅳ．①F329.04

中国版本图书馆 CIP 数据核字(2014)第 091777 号

书名：2013 年中国·南昌"明清以来的农业农村农民"学术研讨会论文集
作者：施由明主编
责任编辑：陈子欣
封面设计：游珑
出版：江西人民出版社
发行：各地新华书店
地址：江西省南昌市三经路 47 号附 1 号
编辑部电话：0791 – 86898683
发行部电话：0791 – 86898815
邮编：330006
网址：www.jxpph.com
E – mail：jxpph@ tom. com　web@ jxpph. com
2014 年 5 月第 1 版　　2014 年 5 月第 1 次印刷
开本：787 毫米 × 1092 毫米　　1/16
印张：24
字数：480 千字
ISBN 978 - 7 - 210 - 05322 - 4
赣版权登字—01—2014—142
定价：38.00 元
承印厂：南昌市红星印刷有限公司
赣人版图书凡属印刷、装订错误，请随时向承印厂调换